中国古代物质文化史

瓷器（上）

郑建明 编著

开明出版社

编委会

主　　编：张文彬

执行主编：孙　华

副 主 编：罗世平　蒋迎春

编　　委：（按姓氏笔画排序）

　　　　王仁湘　王贵祥　白云翔　冯　时　朱凤瀚　刘守安
　　　　孙　华　李裕群　杨　泓　张文彬　陈振裕　陈滨滨
　　　　罗世平　赵　超　赵　辉　顾　森　蒋迎春　焦向英
　　　　谭徐明　霍　巍

项目编辑组

组　　长：柴　星

副 组 长：魏红岩　程　锦

出版说明

在人类历史长河中,我们的民族创造出光辉灿烂的中华文明,虽历经坎坷而连绵不绝,成为我们这个星球上唯一从远古走来,中途不曾断裂的最完整的一脉文化体系,留下了博大丰厚的文化遗产,对人类文明进步作出了独特而巨大的贡献。完整而丰富的地上、地下物质文化遗存就是中华文明传承与发展的最好佐证。然而遗憾的是,到目前为止,尽管我们的物质遗存如此丰赡,却没有一部全面系统基于实体的物质资料而构建和叙写的中国古代文化史。我们这个出版项目的主旨,就是尝试弥补这个巨大缺憾和学术空白。

以往我们看到的中国历史著作,大都是基于传统文献资料,来进行政治、经济、军事、文化等各个领域的书写和诠释。当我们开始有意识地利用考古资料、地上文物遗存资料,并借助人类学、民族学、社会学等研究方法和手段来观察历史时,我们的研究空间和视域顿时更加广阔,某些隐藏至深的信息得以深入发掘,原有的历史认识进一步丰富而立体。这是因为历史本身的复杂性,决定了我们发掘历史信息的方法和途径也应该是多方面的。而随着近几十年考古发掘工作的不断推进,地下考古发现越来越丰富,地上文物遗存越来越受关注,同时学界的相关研究也越来越多,这些地下、地上文物遗存所展示给我们的信息就越来越系统,这些信息所构成的历史文化空间就越来越恢宏。最终使得我们不仅有必要而且也有可能不再拘泥于传统的历史记述与研究的路数,另辟蹊径,书写一部基于物质的中国古代文化史,即首先立足于地下、地上文物遗存,同时充分参考文献资料来诠释这些文物遗存的文化内涵与外延而构建的中国古代物质文化史。

这样的一部中国古代物质文化史,必然是一部能够让我们从物质实体出发来认识博大精深的中国古代文化的历史,一部广阔而深邃、客观而生动、系统而完整的历史,既能反映政治、经济、军事、文化、法制、科技、社会各方面情况,又能反映人们的生产、生活、信仰以及思想观念、审美理念、价值取向、生活情趣等。从中我们可以感受到历史发展的脉搏,探索历史最生动的层面,还原历史本来面貌。

从某种意义上来说,编纂这样一部系统科学的物质文化史不但势在必行,而且极具创新价值、学术价值和开拓意义。这样的工作,对于彰显中华民族的伟大创造力、诠释中华民族优秀的历史文化、使我们更好地认识源远流长的中华文明有着极为重要的意义。同时这种注重物质的客观性和系统关联性的学术视角,也必然会在学术领域产生积极的影响,对于推动历史学、人类学、考古学等学科的深入研究具有积极意义。此外,我们也希望这部书能够进一步唤起我们珍视历史、热爱文物、保护文物的意识。一个爱护文物、爱护历史文化遗产、尊重历史的民族，才是一个有未来的民族。

我们的中国古代物质文化史项目从策划到最终立项经过了数年时间的酝酿，从立项到陆续开始出版又经历了数年。我们计划全套书共出70卷，除索引卷外，分为通史和专题两个系列，以纵、横的脉络建立历史时空坐标。纵的是通史系列，分为史前、商周、秦汉、魏晋南北朝、隋唐五代、宋元明清六个阶段，按中国历史的时间顺序，遵循物质文化变化节奏和规律，在历史大背景下宏观阐述中国古代物质文化史的发展进程，使读者对文化遗存在中国历史洪流中有个整体、全局性的把握。横的是专题系列，按照材质、用途和功能、艺术表现形式等的不同分为石器、陶器、瓷器、玉器、青铜、金银器、漆器、兵器、乐器、家具、纺织、货币、天文历法、水利、建筑、墓葬、雕塑、绘画、书法篆刻等类。内容丰富的类别再做进一步的细致分类，并分册出版，如绘画类包括壁画（寺观壁画、墓室壁画、石窟寺壁画）、卷轴画等；雕塑类包括石窟寺雕塑、墓葬雕塑和其他雕塑等。各专题或以时间为轴或以类别为序，展现各个物质形态继承与发展、沿袭与嬗变的过程，通过点线面结合，揭示物质遗存所特有的发展曲线和深层次的历史内涵。每卷随文附图200幅左右，以体现内容和版面的活泼生动，强调实证效果，增强视觉感知及可读性。对于某些卷册，如龟兹、敦煌等，由于涉及大量译名，还会附加名词索引。

经过编委、各位作者和编辑人员的共同努力，如今这套书终于要依次与读者见面。个中滋味，甘苦各半。回顾起来，我们不得不说，这样大规模高难度的项目，在当今要集合如此众多的专家学者，进行如此大量的资料、图片的收集与整理工作，其难度远超我们的预期；尤其是若没有足够的资金支持，仅凭一家出版社的力量，几乎是不可能开展也不可能完成的。对此，国家出版基金会给我们提供了最大限度的支持，不仅是资金方面，还有精神方面，使得我们有决心、有信心也有力量把这个项目逐步完成。也正因为这样，这套书才能有幸与读者见面。在此，我们对国家出版基金会表示由衷的感谢。此外，参与主编策划和书稿撰写的各位专家、学者也付出了异常艰辛的努力，他们每个人本身的工作都很忙，可为了这套书的构思策划，为了每一卷书稿的高质量完成，还是付出了大量的时间和精力，做了最严谨而细致的工作，在此也对他们表示诚挚的谢意。

项目编辑组

总序：中国历史和文化的物质表征

《中国古代物质文化史》经过参与该书策划、撰写和编辑的诸多学者的共同努力，现在终于问世了。这个总序本来应该由项目的主编、前国家文物局局长、北京大学兼职教授张文彬先生来写，以阐述项目成果即本套书的编写宗旨、设计体例、内容特点，并介绍每分卷的写作情况等。由于张文彬先生在主持项目过程中遇身体不适，我这个后来被指定的执行主编只有勉为其难，代张文彬先生撰写这个《中国古代物质文化史》的总序了。鉴于这套书的编写宗旨、内容特点及框架体例等在出版说明中已有介绍，每分卷的写作情况在每本书的后记中也多有述及，无须我在这里重复。下面，我拟从中国物质文化史的概念定义、发展历程、专项分类三个方面，谈谈自己对中国古代物质文化史以及编写这套书的粗浅认识。

一、中国物质文化史的含义

人们通常这样认为，"物质文化，是指为了满足人类生存和发展需要所创造的物质产品及其所表现的文化"。物质文化既然是文化的一种呈现形态，那么，与"物质文化"相对应的另一种文化呈现形态就是"非物质文化"，它们之间的关系是怎样的呢？要弄清这个问题，还需要从"文化"这个最基本的概念说起。

关于文化的定义很多，20世纪50年代有人作过统计，据说那时就有164种之多。文化人类学的鼻祖英国学者爱德华·伯内特·泰勒（Edward Burnett Tylor，1832—1917）是第一个从学术的角度对文化进行定义的学者。他认为，文化是复杂的整体，它包括知识、信仰、艺术、道德、法律、风俗，以及其他作为社会成员所习得的任何才能与习惯的综合体，是人类为使自己适应其环境和改善其生活方式的努力的总成绩[1]。泰勒关于"文化"的定义，尽管还存在不全面等问题（如泰勒没有提及需要后天习得的文化要素"语言"），却已给后人奠定了很好的解释基础，以后的学者又不断有补充和发展。英国功能主义人类学家A. R. 拉德克利夫-布朗（Alfred Radcliffe-Brown，1881—1955）认为，文化是一定的社会群体或社会阶级与他人的接触交往中习得的思想、感觉和活动的方式，是人们在相互交往中获得知识、技能、体验、观念、信仰和情

---

[1] [英]爱德华·泰勒著，连树声译：《原始文化》，上海文艺出版社，1992年。

操的过程，文化只有在社会结构发挥功能时才能显现出来，如果离开社会结构体系就观察不到文化。美国学者阿尔弗雷德·克鲁伯（A.L Kroeber）和克莱德·克拉克洪（Clyde Kluckhohn）在1951年出版的著述中，对西方164种文化的定义进行了评析后，提出了他们新的定义，即"文化存在于各种内隐的和外显的模式之中，借助符号的运用得以学习与传播，并构成人类群体的特殊成就，这些成就包括他们制造物品的各种具体式样，文化的基本要素是传统（通过历史衍生和由选择得到的）思想观念和价值，其中尤以价值观最为重要"[1]。以后，还有一些学者对文化下过定义，如美国学者罗伯特·F.墨菲（Robert F.Murphy）这样定义文化："文化是意义、价值和行为标准的整合系统，社会的人们据此生活并通过社会化将其在代际传递。"文化具有这样一些特点："文化定义关键部分就是，它意指行为的规则和确定方式，而不是指行为的本身""文化是我们在这个世界上的行为导引和对这个世界经验的符号表达""文化也是所有知识、信念和生存技能的百科全书""行为的不同习惯方式，以及某些特定的物质制品或艺术风格，可以使文化具有典型特征"[2]。根据以上学者对文化这一概念的解释，我们可以将文化理解为：

文化是人类社会在长期发展过程中凝固下来并在代际传承的价值观念、社会机制和行为规则，社会的人们据此思维、交流和行为，并且产生和创造具有特征的物质制品或艺术风格。

上述对文化的解释，包括了三个层面：其核心层面是人们的社会性，其中间层面是人们基于这种社会性的思维和行为，其外表层面则是人们思维和行为的产物。文化从表至里的三个不同的层面，其他两个层面都蕴含在表层的物质层面之下，故文化的三个层面又可以归结为两个不同的范畴（或两种不同的存在状态）——无固定形态的非物质的范畴就是所谓"非物质文化"（无形文化），有固定形态的物质范畴就是通常所说的"物质文化"（有形文化），这两种文化范畴构成了完整的文化形态。作为前人的完成了代际传承，经历了时间的筛选的两种文化的存在形态，已经成为我们需要加以关注、保护和传承的遗产。按照通行的解释，"非物质文化遗产"是人类创造这些物质文化的过程以及人类各社群为了满足自己精神生活需要的具有社会性、凝固性和典型性的行为，它是被各地区和社群视为其文化传统的表现形式、知识和技能，包括了口头传说、表演艺术、社会风俗、礼仪节庆、传统工艺等；而"物质文化遗产"，则是人类这些思维和行为的创造物，是有固定形态的可以被视觉感知的人类创造、制作和使用的人工遗留物。

说到文化的物质层面，就不得不提到考古学的一个核心概念"考古学文化"。我的专业是考古学，我们考古学家天天都在与考古学的文化打交道，不少考古学家还强调我们的考古学文化与别的学科的文化如何的不一样。翻开《中国大百科全书·考古卷》，该书对考古学文化的解释代表了目前中国考古界的主流认识："文化一词有着不同的含义，一般是指人类社会在科学、技术、艺术、教育、精神生活以及其他方面所达到的总成就，如中国文化、文化遗产等。考古学中所讲的文化，有其特定的含义，专门指考古发现中可供人们观察到的属于同一时代、分布于共同地区、并且具有

---

[1] A.L.Kroeber & Clyde Kluckhohn, Culture: A Critical Review of Concepts and Definition, Random House, New York, 1952.
[2] [美]罗伯特·F.墨菲著，王卓君译：《文化与社会人类学引论》，北京：商务印书馆，2009年。

共同的特征的一群遗存。"¹ 从这个定义中也可以看出，所谓具有独特性的考古学文化，与其他学科的文化概念并没有什么不同。文化的物质表层要素——即可以观察到的一定时期、一定区域的一群经常共存的具有共同特征的遗迹和遗物——就是考古学的文化；获取并研究这些文化的物质表征，透过现象去发现本质，揭示隐藏在物质表层之下的创造和使用这些遗存的人们的行为及其社会关系，即这些物质遗存所蕴含的非物质的东西，就构成了考古学这一学科的基本内涵。

考古学在包括中国在内的不少国家和地区的学科分类中，是历史学的分支，是以物质材料为主要研究对象去探究人类历史的一门学问。这里，我们有必要再谈谈物质文化史与考古学的联系与区别。考古学是通过调查和发掘地下古代物质遗存、并通过这些遗存提供的信息来理解和复原古代社会历史的学科，物质文化研究也是通过古人的物质文化遗存来重构古代社会历史，从研究目的上来看，二者并没有什么不同。正是由于这样的原因，苏联的全国性考古研究机构曾经被命名为"物质文化史科学院"或"物质文化研究所"²，以后才改为"考古学研究所"。仅从研究机构名称上来说，物质文化研究与考古学之间无疑具有密切的关系。不过，物质文化研究与考古学尽管内涵大致相同，其外延（主要是研究对象、研究内容等）也还存在差异。考古学研究的主要是埋藏在地下的古代物质遗存，物质文化研究的对象则包括了地下、地上和传世的古代文化遗存，后者比前者的研究范围要宽；考古学不仅研究古人遗留下来的物质遗存所包含的历史文化信息，还要研究获取这些物质遗存并提取其包含信息的技术和方法，后一方面的研究已经不是物质文化史研究所关注的问题。就中国的考古学科而言，其构成包括了考古学理论与方法、中国考古学、外国考古学、专门考古学等，如何开展田野考古和如何更多地提取遗存的历史信息，已经包含在考古学方法和专门考古学的分支中。可以这样说，中国考古学是基于考古获取的物质资料和考古学的研究方法所构建的中国物质文化史；而中国物质文化史，则是通过考古发现和现存于世的实物资料所构架的能够反映历史发展主线的中国古代史。

英国学者鲁惟一（Michael Loewe）和美国学者夏含夷（Edward Louis Shaughnessy）在《剑桥中国古代史》的序言中，将研究中国古代史的材料分为"文献资料"和"物质资料"两类，前者包括了出土文献和传世文献，后者也就是通过考古调查和发掘获取的实物资料。他们指出："一个不注意考古证据的历史学家会感到他无法去顺应当代的学术潮流；同样，一位不熟悉传统文献的考古学家会难以把握相当一部分的中国文化之精髓。"正是基于这种考虑，这两位学者在主编《剑桥中国古代史》时，组织了历史学家和考古学家两个领域学者，各自基于不同类型资料来分别撰写同一个时期同一个区域的历史³。《剑桥中国古代史》的先秦卷面对的是文献资料并不丰富的"原史时代"，所以他们采取了历史学家和考古学家各自表述而不加整合的编写方式。即使在文献资料逐渐丰富的汉唐时代，甚至文献资料已经非常丰富

---

1 中国大百科全书总编辑委员会《考古学》编辑委员会：《中国大百科全书·考古学》，北京/上海：中国大百科全书出版社，1986年。
2 王伯洪、王仲殊：《苏联考古工作访问记（一）》，《考古》1959年第2期，101—104页。
3 The Cambridge History of Ancient China: From the Origins of Civilization to 221B.C., Edited by Michael Loewe and Edward L. Shaughnessy. Cambridge University Press, 1999.

的宋元明清时代，主要基于通过物质的资料来编写一套中国古代的历史，与主要采用文献资料编写的中国古代历史并行于世，这对于全面认识和理解中国的古代文化和古代社会，仍然会有很大的帮助。

二、中国古代物质文化发展的历程

我们这套"中国古代物质文化史"是由纵、横两部分组成。最前面的是"中国物质文化史综述"，这是按中国历史的纵向时间顺序来概述中国古代物质文化史的发展进程。中国古代漫长的物质文化发展进程从来不是匀速前进，波澜不惊的，发展中会有大小不同的转折，高低不同的峰谷。根据物质文化面貌变化节奏的不同和撰写史书详略的不同，一套多卷本的中国古代物质文化史也有不同的分卷方式。如果编写比较简明的中国古代物质文化史，我个人倾向于以魏晋之际将其划分为两个阶段，也就是一套两卷本的书系。如果编写稍微详细的中国古代物质文化史，我希望划分为四卷，四卷本除了以魏晋之际作为一个分界外，另两个分界可定在龙山时代与二里头文化时代之间、五代十国与北宋之间。如果要编写更为详细的中国古代物质文化史，也就是类似本书系的规模，我们可将其细分为史前中国、商周、秦汉、魏晋南北朝、隋唐五代、宋元明清六个阶段即六卷，这样分卷主要基于这样一些理由。

我们知道，最能导致物质文化发生大变化的因素，是重大技术发明带来的产业革命。这些发明或本土自身产生，或域外传播而来。正是基于这些重大发明，才导致了中国古代社会的巨大变化，才引起中国物质文化的多次明显转折。在这些创造性的发明中，首先应该提到的是谷物栽培和动物驯化。谷物中的人工粟等人工栽培作物大约在距今一万年前后出现在中国北方的黄河流域，以后向周边传布，甚至远布至青藏高原地区，形成了范围广大的北方旱地粟作农业区。而稻等人工栽培作物，更远在一万多年前就出现在中国南方长江中游地区，以后更传播至东北至朝鲜半岛，东南至东南亚等广阔的温暖湿润的区域，形成了广大的南方水田稻作农业区。农业的发生和推广，使得人类的生活资源趋于稳定，从而脱离了栖居山洞和追猎迁徙的不稳定生活，开始走出山洞步入旷野，在平川形成了定居的聚落，产生了钻孔、磨制和制陶等新的工艺，促使社会逐渐复杂化和多样化，奠定了中国万年农业文明的基础。大约在距今4000年前后，大麦、小麦和青稞等作物传入中国，这种适应性强的谷物丰富了旱地农业的种类，除了在低海拔地区普遍种植外，青稞这类作物还经过了高原严酷的自然选择，成为青藏高原的单一谷物。至于工业的技术革命，从先前的手工业发展成为近代化的大工业，在中国开始较晚，直到清代晚期的鸦片战争后才逐渐引入西方工业革命的成果，从而从某种程度上推动了社会的变革。因此，以农业革命的发生和工业革命的引入为标志，将中国的物质文化史划分为三个大的时代，也就是猎取时代、农业时代和工业时代（相当于以生产工具为标准划分社会发展史的旧石器时代，新石器、青铜、铁器的时代，以及机器的时代），应该是比较恰当的。只是中国的工业时代已经属于近代，古代的物质文化史不宜包括工业革命时代；而旧石器时代的人类物质文化遗存较少，如果把它作为书系中的一本就显得单薄，故将其与新石器时代合并称为"中国史前物质文化史"，只是在这个"史前时代"

中,也明确划分出这两个时代而已。换句话说,这套中国古代物质文化史去掉了工业时代,弱化了猎取的时代,强调的是建立在农业革命基础上的石器、铜器、铁器三个时代。物质文化材料的年代越早,保存至今的也就越少,因而石器时代和青铜时代只能各自作为一卷,而物质文化材料丰富的铁器时代却被划分为四卷,可能会给人以前轻后重之感,尽管历史时代考古学的重要性已不如更早的时代。

说到史前时代,这就不可避免地会涉及介于史前与历史时代之间的"原史时代"。学术界一般认为,原史时代是一个过渡性质的时期,这一时期无论是属于本社群文字还是他社群文字的文献记录都相当有限,仅据这些零星和片段的文字和文献资料无法复原该社群历史的主要梗概,要认识一时期该社群的历史需要综合考古学、人类学、文字学、历史学及自然科学的知识体系和研究手段[1]。原史时代可有广狭二义:严格的原史时代不包括传说时代,而是以成熟文字体系的出现为开始,以这种文字体系撰写的史书出现为结束。具体到中国古代史来说,也就是商代晚期至西周时期,其开端以殷墟甲骨文的出现为标志,结束以中国最早的编年体史书《春秋》开始的年代为标志,二者间的年代跨度很小[2]。宽泛的原史时代以中国古史传说时代为开始,以文字产生后出现史书为结束,具体到中国古代史来说,其开端可以上推到传说中的夏代甚至龙山时代,而其下限则与狭义的原史时代相同。不过,就物质文化这个层面来看,无论是技术上还是艺术上,大约相当于夏代后期的二里头文化与先前的龙山时代诸文化都发生了许多变化,而这种变化在战国中期又一次出现。这之间的时间幅度约略相当于中国考古学界的夏商周时代或史学界的先秦时代,也约略相当于西方汉学界所说的"从文明起源到秦统一"的阶段[3]。在这个时代里,青铜既是一种制作工具、武器和礼仪用器的最重要材料,制造青铜器又是当时技术含量最高的工艺,青铜器具这类作品还是当时艺术的集中体现,如果史前时代是以石器制作为标志的石器时代,这个时代就是以青铜为标志的青铜时代。尽管关于中国青铜时代开始和结束的时间,学术界还有一些不同的说法。

按照我个人的见解,中国的原史时代应当定位在二里头文化中期至战国前期,这是基于这样几个考虑。首先,从二里头文化兴盛开始,具有中国金属铸造的特色的泥范铸造技术开始出现,并完成了从红铜时代(或称铜石并用时代)向青铜时代的转变;而人工铁器尽管早在两周之际就已引入中国,却也是在战国前期偏晚才与青铜冶铸技术相结合,使得大量冶炼铁和普遍使用铁器成为可能,才真正进入了铁器时代。其次,也是从二里头文化兴盛期起,青铜鼎等礼器、青铜戈等兵器,以及兽面纹等动物纹样才出现并流行,独特的中国艺术传统才开始形成;而到了战国前期以后,先前流行的礼器种类和装饰纹样已经趋于消失,来自北方草原地区的艺术风格已经占据主导地位。其三,从中国的史学传统来看,中国古人向来有将秦以前的历史划分为五帝时代和三王时代的传统,现代的史学家也还将先秦史单独出来,并将夏以前的传说时代与夏商周三代区分开来。因此,我们将夏、商、周三代作为中国物质文化

---

[1] Glyn Daniel, A Short History of Archaeology. London: Thames and Hudson, 1981.
[2] 李学勤先生就这样说,这样一个原史时代与中国古代历史时代的对应关系,学者们认识也不尽相同,李学勤先生认为,商与西周时期属于原史时代,而不同于商和西周的东周已脱离原史时代而跨入真正意义的历史时代了。参看李学勤《东周与秦代文明》,北京:文物出版社,1984年。
[3] 鲁惟一、夏含夷主编的《剑桥中国古代史》,其副标题就是"从文明起源到秦统一",由此可见一斑。

发展历程中的第二个时期，也就是这套书通史系列的第二卷。

中国中心地区在战国后期就已出现了统一的趋势，东齐西秦是当时最有可能推进统一事业进行的大国，在齐国当时就有一批学者聚集在一起，开始构拟大一统后的政治构架，勾画新王朝的理想图景。秦国结束了战国时期诸侯割据的局面，建立了中央集权的大一统王朝，开创了中国历史的一个全新的时代。从此广泛推行的郡县制代替了传统的封建制，由中央政府控制的官营手工业作坊遍及全国各地，各地间的商业往来也较过去更为频繁。在这种背景下，秦汉王朝直接统治范围内物质文化产品，无论是工艺、种类，还是形制、纹饰，都逐渐呈现高度一致的状况，中国大部分地区的延续了千百年的区域文化差异从此逐渐减弱甚至消失。尽管从战国后期到西汉前期，这一时期物质文化的总体面貌还处在从商周旧制向秦汉新制的转变过程中；尽管在三国至两晋时期，中国的物质文化的发展进程发生了从"早期中国"到"晚期中国"的大转变；但如果模糊这个具体的分界，将秦汉时期这个中国古代文化发展的高峰期作为中国物质文化史的一个时期，单独设置秦汉卷作为这套书通史系列的第三卷，这应该是恰当的。

从三国鼎立局面形成一直到隋代，除了西晋短暂的统一外，中国出现了长达三百余年的分裂局面。北方古族在这期间纷纷进入中原，出现了空前的民族大融合。在这种历史背景下，各地区在文化面貌上的差异也进一步缩小，但由于从西晋以后长期的南北对峙，以及僻处一隅的某些由少数民族建立的国家保留了比较多的自身文化传统，这一时期文化除了存在着比较明显的南北差别外，在北方还存在一些更小的地区之间的差异。隋王朝结束了自西晋以后长期的分裂混乱局面和南北对峙的政治文化格局，中国遭受长期战乱破坏的社会经济得以恢复和发展。唐王朝继承了隋王朝的统一基业，实行了一系列重要的政治、经济和军事的改革措施，将中国古代社会推向了秦汉王朝以来又一个空前鼎盛的发展阶段。盛唐气象强大而持久，流风余韵，一直延续至五代十国间。基于这种考虑，虽然两晋南北朝和隋唐都是宗教热情极度高涨的时期，但两晋南北朝与隋唐五代的物质文化仍然存在比较大的差异。因此，我们将两晋南北朝与隋唐五代各自作为中国物质文化史的一个时期，各自单独作为一卷。

至于宋元明清时期，这个时期文献资料已经非常丰富，考古学家讲历史时期考古一般都只讲到元，北京大学过去的中国考古学教材最后一卷就是《宋元考古》，就反映了这个问题。我们认为，尽管在中国历史的重要性中，明清时期的物质遗存的确不如早先时期，但作为中国物质文化史应该是一个完整的过程。因此，我们这套中国古代物质文化史通史系列的最后一卷，从宋代一直写到清代，希望这些年代较晚的物质文化资料有助于丰富对这段时期历史的认识。

三、中国古代物质文化的种类

如同历史著述有通史和专门史一样，按照中国物质文化发展阶段编写的历史，只是基于物质文化遗存透露的历史文化信息，按照时间发展顺序和物质文化表征的变化程度连缀而成的中国物质文化的"通史"，"通史"中不同时段的物质文化史则相当于"断代史"。就整个中国物质文化史来说，有了这个"通史"系列，虽然可以从纵向认识整个中国古代物质文化发展的概貌，却难以从横向全面展示中国古代物质文化的方方面面。因此，还需要根据中国古代物质文化遗存的分类，按"类"来叙述某类物质文化遗存的分述系列，这个系列就是中国物质文化的"专门史"。

物质文化具有可视性，不同的物质文化具有不同的面貌特征，因而可以根据这些特征展开分类。物质文化是一个笼统的概念，我们所面对的古代物质文化是过去人们行为创造的物质遗留，也就是人们通常所称的"物质文化遗产"或"文物"。物质文化遗产的体量有大有小，大的文化遗产如建筑、壁画、纪念碑等，当初选址、设计、创造时就考虑了永固性等因素，没有考虑其位置变换，今天我们采取保护措施时也不便于将其移至他处，只能在原地保存（从保留关联信息的角度，也只能在原地保存）；小的文化遗产如家具、陈设、用具等，当初设计制作时就考虑了方便移动的使用功能，今天我们对其进行保护时，可以将其搬移到博物馆等具有更好保存环境的空间去保存。因此，物质文化遗产即文物首先可以划分为不可移动文物和可移动文物两大类，这两大类文物各自可以作为中国古代物质文化史"专门史"中的一个系列。

不可移动文物包括了大到历史城镇、传统村落、古代遗址等综合性的文物，也包括了宫殿衙署、寺观祠庙、陵园坟墓、石刻造像等专门性的文物，这些文物有三类不同的保存状态：第一类文物在历史上就已经废弃，成为历史的陈迹，呈现在人们面前的只是残缺不全的局部，有的还全部或大多掩埋在地下。历史上城镇村落的废墟、曾经一度兴旺的工矿作坊场所、废弃并垮塌殆尽的寺观祠庙、地面建筑甚至封树都已经不存的帝陵坟墓，乃至于一座房屋或一座塔幢的废址等，都属于这类文物。第二类文物虽然失去了它在历史上的作用，却仍然屹立在地表，被作为其他用途或作为历史名胜而存在。已经没有皇室官员使用的宫殿衙署、中断了宗教活动的寺观祠庙、原有功能已经退化或消失的石窟碑刻、已经弃置或被改做他用的城堡等，都属于这类文物。第三类恐怕已不能简单地称之为文物，而是具有"物"和"非物"的综合体。至今还基本保持着原来的功能和文化传统，并随着时代的推移，继续在发生着变化，古今重叠且文化延续的城镇和村落，至今还有人居住的古村落民居，仍在使用传统工艺进行生产的作坊、农庄、牧场等，都可归属此类。

可移动文物，包括历史上各时代的重要工具、武器、礼仪用器、生活用器、艺术品、文书、档案、图书等，这些文物的材料和材质大致有两大类：第一类采用曾经具有生命的物质制作而成，也就是被称为"有机质文物"的一类，如竹木漆器、骨牙角器、纤维制品等。这类文物的存在周期相对较短，对保存条件要求也较高。第二类采用没有生命的物质制作而成，也就是被称为"无机质文物"一类，包括地球自然演化形成的天然材料和人工合成的金属材料，如玉石制品、金属制品等。这类文物的存在周期相对较长，对保存条件的要求也相对较低。

上述对于物质文化遗产即文物的分类方式，是以文物的保存状态和保存条件作为分类标准，这对于文物的保护研究来说，无疑是最恰当的分类方式。不过，这种分类没有考虑这些文物的用途和功能，而文物这方面的属性恰好是从文物这一文化的表层物质现象通向创造和使用这些文物的人、人的行为及其社会关系的桥梁，是将物质资料变为物质文化史的重要途径。因此，我们这部中国古代物质文化史的"专门史"不采取上述分类方式来分卷，而是按照材质和功能对不可移动文物进行分类。

中国文物管理部门对于不可移动文物的分类，以全国重点文物保护单位的分类最具代表性。该文物分类体系将不可移动文物分划为古遗址、古墓葬、古建筑、石窟寺及石刻、近现代重要史迹及代表性建筑等类。这些类型的不可移动文物，除了古遗址是以文物的保存状态为分类标准，近现代重要史迹及代表性建筑是以时代为分类标准，其类型与以功能作为分类标准的类型有所不同外，其他诸类都可以作为中国物质文化专门史的不可移动分系列。由于遗址大多都在中国物质文化通史系列中曾经引述，且通史系列的物质材料主要就是遗址加上遗址和墓葬等出土的各类可移动文物，专门史系列可以不必再列出遗址作为一卷；由于中国物质文化史只是有关古代中国，不涉及近代中国，故本丛书也没有近现代重要史迹及代表性建筑的内容。

中国文物管理部门对于可移动文物的分类，以全国首次可移动文物普查的分类标准最为详细。该分类标准"根据文物的异同，即构成每件文物基本物质的自然属性和社会属性之差异性、同一性"，将可移动文物划分为金/银器、铜器、铁器、陶/泥器、瓷器、砖瓦、宝/玉石器、石器石刻、漆/竹器、绘画、书法、拓片、珐琅器、玻璃器、骨/牙/角器、纺织/绣品、皮革、玺印、文具/乐器/法器、货币、雕塑/造像、古人类遗体遗骸、文献图书、徽章/证件、邮品、票据、音响制品、交通/运输工具、度量衡器、武器装备/航天装备、古脊椎动物化石和古人类化石、其他共32类[1]。正如该分类系统的分类标准有文物的自然属性和社会属性两个一样，可移动文物实际上可以划分为两个小系列：一个系列是按照文物的自然属性即材料和材质划分的系列，如玉石器、金银器、铜器、铁器、陶器、瓷器、玻璃器、骨牙角器等；一个系列是按照文物的社会属性即功能用途等划分的系列，如纺织品、货币、雕塑、武器、度量衡器等。我们编写的这套中国物质文化史的可移动文物部分基本就按照这个体系进行划分，只是一些偏小的文物类型和产生年代较晚的文物类型难以单独成册，我们这套古代物质文化史只能暂且舍弃了。

在艺术史学界，尤其是西方关于中国艺术史的研究，往往综合考虑其时代、功能和形式等方面的因素，将能够基于视觉观察的物质文化领域的中国艺术品划分为四大类。第一大类是主要兴盛于商周时期的青铜艺术；第二大类是主要存在于两汉时期的汉画艺术；第三大类是风行于晋唐时期的佛教艺术；第四大类则是从宋代以后大盛的以卷轴画为主体的绘画艺术。青铜艺术比较单纯，其物质材料就是青铜器。绘画艺术也不复杂，主要是卷轴画，此外就是壁画。汉画艺术的涉及面较广，包括了汉代画像砖、画像石、独立雕塑和建筑雕刻等诸多类型的文物。佛教艺术就更为广泛，与佛教相关的石窟、雕像、壁画、供器等，乃至于佛教寺庙建筑等都可归属于佛教艺术。以上四大类，只是中国艺术门类的主流，其他如产生于中国本土且长期与佛教艺术并存的道教艺术，在东亚地区具有广泛影响的建筑艺术（尤其是园林建筑），具有中国特色的玉器、漆器、瓷器等艺术类型，也从不同的方面丰富和补充着中国艺术史和中国物质文化史。

正是基于以上诸方面的考虑，我们主编的这套中国物质文化史的专门史划分为了不可移动文物和可移动文物两大系列，前者又包括了古建筑、石窟寺、古陵墓、古水利、古天文等不同的功能类型，后者更包括了玉器、铜器、铁器、瓷器、金银、玻璃

---

[1] 国家文物局编：《第一次全国可移动文物普查工作手册》，北京：文物出版社，2013年。

等不同的材料材质类型，雕塑、绘画等不同艺术表现形式的类型，以及兵器、货币、纺织品等不同社会功能的类型。每个类型作为一卷，有的类型因文物丰富再细分为若干册。这种最终分卷的分类标准的不一致，我想读者应该是能够理解的。

四、另类的中国物质文化史

　　编写一套系统的中国古代物质文化史，是主编张文彬教授提出的构想。张文彬教授早年就读于北京大学历史系考古专业，以后曾在郑州大学历史系任教，对中国古代物质文化史自然非常熟悉；他又曾担任国家文物局局长和中国博物馆学会会长，熟悉全国的文物状况和博物馆藏品情况，是主编中国古代物质文化史的最好人选。在已经拟定了基于文物分类的物质文化史编写纲要，这套书各卷刚启动编写不久，张文彬教授就因病卧床，不能继续主持编写工作。还在张文彬教授患病之前，我就受他之命协助联络作者；张文彬教授患病后，我受参与编写工作的朋友的推举，担任这套书的"执行主编"。我基于自己对中国古代物质文化史的理解，增强了这套书的纵向通史系列，其他基本上按照张文彬教授原先拟定的编写体例来组织。现在大部分分卷已经定稿，回过头来看当时全书的设计框架，总觉得还有一些不尽如人意之处。这些主要表现在以下两个方面：

　　首先，一套完整的古代物质文化史通史不仅要有以时间为纲的通史主干，还应该有相应的纵向旁支。就如同北宋司马光主持编写《资治通鉴》（下简称《通鉴》），他首先按照年代编出汇集史料的"长编"，以此为基础才编写《通鉴》这部翔实的编年体通史。与此同时，为了说明自己对史料异同的取舍，还编写了《资治通鉴考异》作为附属，以驳斥相反意见并客观保存异说。由于皇帝日理万机，没有那么多时间来翻阅294卷的《通鉴》，他们还编写了简写本30卷的《通鉴目录》，以满足特定读者的需要。除此之外，为了弥补《通鉴》覆盖时间跨度上的不足，司马光等还编写了20卷的《稽古录》这样的简录，时间上溯至传说中的伏羲，下延至宋英宗末年。可见司马光等人编写《通鉴》，原本有一整套完整周密的构想，即便都是编年体的史书，也有主有从，有繁有简，有纲有目，所以《通鉴》才显得与众不同，为史家所重。作为一套体例完整的中国物质文化史，在通史部分也需要像《通鉴》那样，除了需补充强化史前的旧石器时代卷和新增近现代卷，编写与中国古代物质文化史相关的资料和研究汇集外，还需要考虑简化本的中国古代物质文化史。

　　简化本的中国古代物质文化史以上下两卷最为恰当，这是因为基于可视的物质文化形态和面貌，在公元3—4世纪间，也就是三国至两晋间，以佛教传入并流行中国为标志，中国的主流物质文化发生了重大变化——在佛教传布开来之前，中国的城市和乡村的标志性建筑和景观是统治者的宫殿、衙署、宗庙、神祠，人们崇奉的是祖先以及社稷、山川、天地诸神祇，并且这些神祇都不采用造像的形式来表现；而在佛教流行中国后，中国城市的标志性建筑和人文景观除了宫殿和衙署外，佛教寺庙（包括仿效佛寺而建的道教宫观）成为城乡最引人瞩目的标志性建筑和人文景观，大量佛教造像和少许道教造像占据了人们精神世界，成为最广泛的崇奉对象。因此，西方汉学界往往都是以佛教传入并流行中国作为中国历史和艺术的最重要的转折标志，这以前的中国为"早期中国"，这以后的中国是"中晚期的中国"。早期中国的文化主流是传统的自然发展过程，尽管不断会有来自周边，尤其是来自北方草原地区文化的影响，但这种影响的程度是有限的，没有造成传统的变异、转移或中断。晚期的中国，由于外来佛教的强力介入，使原先中国的主流文化发生了变异，佛教深深地浸入到社会生活的各个方面。原先不事偶像崇拜的中国社会，开始将大量财富用于制作顶礼膜拜的佛教像设和象征物，用于营建覆盖这些像设和象征物的殿堂楼塔，从而导致国家财政来源的分流，带来相应的经济和社会问题。宗教的驱动力量往往巨大且持久，以佛教传入中国且在中国流传为标志，将中国物质文化史划分为早晚两个大的时期，我想应该比较恰当。佛教传入中国的年代，尽管可以追溯到两汉之际前后[1]，但在整个东汉时期，佛教都是混杂在中国传统的神仙方士中流传，还没有得到人们的广泛认知。佛教成为一种专门的宗教为人们所接受，不会早于三国两晋时期。三国两晋时期正是中国制度、思想和文化的大变革时期，文学上有所谓"魏晋风骨"，反映在物质文化上，这时期的城市、陵墓、器用、书画等也都出现了一系列新的气象。据此，以三国两晋之际作为首要转折点，将中国古代物质文化史的通史部分划分为两个大的时期，编写一套两卷本的中国古代物质文化史简本，这一定是很有意义的。

其次，我们这套中国古代物质文化史虽配有大量的图片，但基本体例还是以文字为主，图片配合文字出现。而物质文化的视觉感知非常重要，故以文物的图像为基础而加以文字解说和诠释，对于形象地认知和理解中国古代物质文化非常必要。中国国家博物馆（原中国历史博物馆）研究员孙机先生，曾编写了一本《汉代物质文化资料图说》。这是孙机先生基于多年对汉代文物研究的心得，在数十篇论文的基础上完成的图文并茂的著作[2]。这种以图说的方式叙述一个朝代的物质文化史，既是中国"左图右史"史学传统的延续，又是博物馆陈列必要的基础研究和公众获取知识的良好途径，应当大力推广。只是这种以图说史的著述，另有一套独特的编写体系，需做大量资料整理的工作，还需有系统的研究积累，编写难度很大，故迄今未见以图说的形式撰写的其他时代的中国物质文化史的著作。续写一套中国古代物质文化史图说，应当很有必要。

作为一套全方位的"中国古代物质文化史"，理所当然应有一个"中国古代物质文化史图说"系列。这套图说不宜按照中国的历史时代来述说，而应该以物质文化本身发展演变的阶段性来编写。如果按照我们前面所说的中国物质文化发展的进程，需要有史前、三代、秦汉三国、两晋南北朝、隋唐五代、两宋·辽金西夏·南诏大理、蒙元、明清诸时代。每个发展阶段则应该有都城市镇、宫殿衙署、坛壝社稷、神祠寺观、祭祀礼器、街坊住宅、园囿苑林、陵园坟墓、矿场作坊、生产工具、钱币量具、路河邮驿、衣冠服饰、家具陈设、生活用器等名目，每个名目下再细分为若干种类来展开图文的叙述。这样一部图说的中国古代物质文化史，可以弥补目前这套书的不足，

---

1 关于佛教传入中国的时间，有两种说法：一种是西汉末期汉哀帝元寿年间，大月氏使者伊存向博士弟子景庐口授《浮屠经》之说，见《三国志》卷三〇裴松之注引曹魏鱼豢《魏略·西戎传》；一种是东汉明帝永明年间，蔡愔出使大月氏，与僧人摄摩腾和竺法兰一起用白马驮回佛经和佛像至洛阳之说。二说的年代相差不多，且都与大月氏有关。

2 孙机：《汉代物质文化资料图说（增订本）》，北京：文物出版社，2008年。

能够从更具体和更微观的层面展现中国古代物质文化的面貌。

我希望，今后如果能够有比较充裕的时间，组织相关专家编写一套这样的中国古代物质文化图说，对于更加深入地理解古代中国，普及传统文化知识，推进博物馆教育，将是一件很有意义的事情。

编写中国古代物质文化史是一项长期的工作，要有相当长时间的资料积累和研究积累。北京大学的考古学科，自1952年以来先后编写过多个版本的《中国考古学》征求意见稿，如1960年、1972年版的《中国考古学》铅印本等，并有"多卷本中国考古学"这样的重大科研项目来推动，但迄今为止，这套多卷本《中国考古学》仍然没有问世。这其中既有新的考古资料不断涌现所带来的认识的更新，也有老一辈学者与新一辈学者认识上的差异，当然也还有这样和那样的原因。不过，仅从这一事例就可以看出，要编写一套优秀的学术著作是多么的不容易。《中国考古学》从某种意义上来说，与《中国古代物质文化史》有许多共通之处，要编写这样一套书需要投入较长的时间和相当的人力和精力。这部《中国古代物质文化史》作为一项国家出版项目，有出版的时间限定，我这个慌忙上阵的执行主编，只能尽可能召集一些长期从事中国考古学教学和科研，手头有比较现成的研究成果或讲稿，经过补充、整理、强化就可以成书的研究者，来承担中国古代物质文化史的通史系列各卷的撰写任务[1]。由于撰写时间的限制使得一些作者在完成初稿后，可能没有更多的时间来广泛征求意见和做细致的加工完善。可安慰的是，这套《中国古代物质文化史》本来就有为今后编写《中国考古学》和修订补充各专门物质文化史征求意见的意图。如果读者发现这套《中国古代物质文化史》存在着这样或那样的不足，就尽管提出批评和建议，我们一定虚心听取，以便在今后编写《中国考古学》系列时能够做得更好些。

孙　华

---

[1] 考虑到我所在的北京大学考古文博学院，也在考虑重启多卷本《中国考古学》的编写，为了使二者不发生重合，保持《中国古代物质文化史》通史系列自身的特色，我主要邀请了北京大学以外的高校考古专业的专家和教师来承担各卷的编写任务。

目 录

绪论　古代陶瓷器研究的目标与层次 / 〇〇一

第一章　原始瓷相关问题概述 / 〇〇五

　　一、先秦原始瓷的发现史 / 〇〇五

　　二、原始瓷名称的争议 / 〇一三

　　三、原始瓷分期与编年的确立 / 〇一四

　　四、科学测试与原始瓷的起源及其早期发展研究 / 〇一六

　　五、全国先秦时期原始瓷出土概况 / 〇一八

　　六、浙江先秦时期原始瓷出土概况 / 〇二〇

　　七、先秦原始瓷窑址考古新进展 / 〇二四

第二章　夏代原始瓷 / 〇三一

　　一、北方地区夏代"原始瓷"材料 / 〇三一

　　二、东苕溪流域夏代原始瓷材料 / 〇三二

　　三、东苕溪流域原始瓷起源的探索 / 〇五九

第三章　商代原始瓷 / 〇六二

第一节　商代原始瓷出土情况 / 〇六二
一、东南地区 / 〇六二
二、北方地区 / 〇六八

第二节　商代原始瓷分期 / 〇七九
一、东南地区商代原始瓷分期 / 〇七九
二、北方地区商代原始瓷分期 / 〇八二

第三节　商代原始瓷的烧造 / 〇八四
一、浙江东苕溪流域商代原始瓷窑址群 / 〇八四
二、江西商代窑址 / 〇八六
三、福建浦城猫耳弄山商代窑址 / 〇八七

第四节　商代原始瓷的技术成就 / 〇八八
一、商代原始瓷胎土的选择 / 〇八八
二、商代人工釉的出现 / 〇八九
三、商代原始瓷成型技术 / 〇九〇
四、商代原始瓷装饰工艺 / 〇九二
五、商代原始瓷烧成工艺 / 〇九五

第四章　两周时期原始瓷 / 一〇一

第一节　两周原始瓷概况 / 一〇一
一、北方地区出土两周原始瓷 / 一〇二
二、东南地区出土两周原始瓷 / 一〇九
三、其他地区出土的两周原始瓷 / 一一九

第二节　两周原始瓷分期 / 一二〇
一、西周原始瓷的分期 / 一二〇
二、春秋原始瓷分期 / 一二四
三、战国原始瓷分期 / 一三〇

第五章　社会复杂化与夏商原始瓷起源 / 一三六

第六章　两周原始瓷发展的政治文化背景 / 一四七

第一节　西周的政治架构 / 一四七
一、西周德礼秩序的迁贸 / 一四八
二、中原文化对南方族群的陶染 / 一五〇

第二节　东周的政权下移 / 一五二
一、儒学兴起 / 一五二
二、礼器泛滥与商业发展 / 一五三

第三节　南方对礼乐制度的接受 / 一五五
一、楚对中原礼制的接受 / 一五五
二、南方接受的礼乐制度 / 一五六

第七章　秦汉原始瓷 / 一五九
一、关于瓷器概念的讨论 / 一五九
二、秦汉原始瓷的分期与特征 / 一六〇
三、秦汉原始瓷的技术来源 / 一六五
四、秦汉原始瓷与成熟青瓷的起源 / 一六七
五、秦汉原始瓷的烧造 / 一六八

第八章　汉六朝时期的早期越窑 / 一七〇
一、成熟瓷器的出现及汉代青瓷 / 一七〇
二、成熟青瓷的第一个高峰——三国西晋青瓷 / 一七六
三、生产的停滞与越窑的第一次衰落——东晋南朝时期 / 一七九
四、上虞曹娥江流域的古代窑业 / 一八〇
五、大尖顶山片区 / 一八九

第九章　成熟青瓷的起源 / 一九二

第一节　上虞地区东汉窑址类型划分与瓷器起源过程 / 一九二

　　　　一、上虞地区东汉窑址类型 / 一九二
　　　　二、上虞地区东汉瓷器起源过程 / 一九四
　第二节　瓷器起源过程中的外来文化因素 / 一九四
　第三节　从绍兴地区纪年墓材料看窑业的发展过程 / 一九六
　　　　一、纪年墓材料所反映的曹娥江流域在汉六朝时期的突出地位 / 一九六
　　　　二、纪年墓材料所反映的成熟青瓷起源过程 / 一九六
　　　　三、纪年墓材料所反映的中国成熟瓷器发展第一个高峰 / 一九七
　　　　四、墓葬材料所反映的早期成熟青瓷产品的等级与流向 / 一九八
　第四节　成熟青瓷起源的文化背景 / 一九九
　　　　一、南方的全面开发 / 一九九
　　　　二、经济发展促进文化进步 / 二〇三
　　　　三、南方器物引领文化风尚 / 二〇八
　　　　四、早期越窑的衰落 / 二一〇

第十章　隋唐五代时期的越窑 / 二一三

　第一节　隋唐五代时期越窑的基本特征 / 二一三
　　　　一、隋—唐代早中期的越窑 / 二一三
　　　　二、唐代中晚期的越窑 / 二一五
　　　　三、五代时期的越窑 / 二一八
　第二节　上林湖主要考古历程 / 二二〇
　　　　一、陈万里先生的努力 / 二二〇
　　　　二、浙江瓷窑址考古拉开帷幕 / 二二〇
　　　　三、上林湖地区主要考古工作 / 二二一
　第三节　后司岙与秘色瓷 / 二二六
　　　　一、后司岙窑址 / 二二六
　　　　二、秘色瓷 / 二三三
　第四节　唐代越窑兴起的原因 / 二三五

第十一章　汉唐时期的其他窑场 / 二三八

　第一节　德清窑 / 二三八

　　　　一、德清窑发现历程 / 二三八
　　　　二、德清窑历代产品基本特征 / 二四〇
　　　　三、德清与余杭两地区东晋南朝时期窑址产品的比较 / 二四二
　　　　四、德清窑的主要特点 / 二四三
　　　　五、德清窑的兴衰及其特征形成的原因 / 二四四
　第二节　瓯窑 / 二四六
　第三节　婺州窑 / 二四九
　第四节　南方地区其他窑址 / 二五〇
　　　　一、丰城窑 / 二五〇
　　　　二、湘阴窑 / 二五二
　　　　三、邛窑 / 二五二
　　　　四、宜兴与宣城窑址 / 二五三
　第五节　北方地区其他窑址 / 二五五
　　　　一、相州窑 / 二五五
　　　　二、曹村窑址 / 二五五
　　　　三、贾壁窑址 / 二五六
　　　　四、白河窑址 / 二五七
　　　　五、寨里窑址 / 二五七

第十二章　汉唐时期窑业的时空特征 / 二五九

绪论
古代陶瓷器研究的目标与层次

物质文化史是近世兴起的新学科，以古人遗留下来的各种文物为研究对象，考察古代社会的生活方式、意识形态、礼仪制度、社会组织、文化交流直至族群融合等内容。无论是出发点还是研究目标都是基于文物学研究又高于文物学研究的研究，也可以说是对追求透物见人之考古学研究的另一种说法。物质文化史陶瓷卷和陶瓷史虽然都是以古代陶瓷器为考察对象，但关注的内容和追求的目标既有相同的部分，也有不同的内容。这种不同主要表现在物质文化史陶瓷卷是通过观察古人遗留下来的陶瓷器及相关的资料探讨古代社会生活，而不像陶瓷史追求的只是陶瓷自身的历史。

根据现有的考古学成果，可以探讨古代人类生活的最古老的物质证据是旧石器时代的石器、骨蚌器以及壁画等。长达数百万年的旧石器时代，各种工具的制成都是古人直接取材于自然的结果，直到陶器出现，人类才有了通过改变自然材料的化学性能实现自我需求的能力。所以说陶器出现被视为人类历史上最大的革命性事件之一，有学者甚至以陶器的出现作为从旧石器时代进入新石器时代的分界点。

距今28000年的捷克下维尼采出土的陶人是世界上已知最早的陶器，但有研究者指出下维尼采陶人是泥土人经野火而成陶，非人工有意为之，其历史真相若何，或许永久成谜。在中国，女娲抟黄土造人的传说则家喻户晓，这些泥土人有无且何在，至今无考古证据。但是，上古时代的陶塑人像在中国则多有出土，牛河梁遗址出土的陶塑女神像堪称红山文化的代表符号。然而，红山文化时代较晚，且不是陶器生产技术的原生地，制陶技术是何时以何种方式从何处传来，则值得思考。这个问题从红山文化的陶器本身虽然难觅答案，但是观察红山文化的玉龙则可以发现，该文化的人群在文化认同上已经是龙文化圈内的一员，换言之，红山文化陶器生产技术也有可能与龙文化因素一样和中原有关。如此，在上古时代族群交流、经济共同体和文化共同体形成过程中，陶器的普及和制陶技术传播或许是窥知古代社会的渠道。

江西万年仙人洞出土的距今24000年的陶器是已知中国最早的陶器，也是世界上最早的陶容器。有研究者在对比早期陶器的器类、原料和成型、烧成技术后，认为东亚和东北亚的陶器是同源的，诚若是，早期陶器的普及、技术传播和人群流动有关。对新石器时代陶器的关注，除了陶器自身类别的增多、生产技术进步外，对以陶器为代表的新石器时代考古学文化本身的解析则更为重要。考古证据表明以陶器为代表的同一种考古学文化并不一定是有共同血缘关系的人群创造，反之，有共同血缘关系的人群也可能分属不同的考古学文化。仰韶文化时代和龙山文化时代，彩陶文化和黑陶文化分别在全国范围内普及，绝不是人群的替代结果，而是大范围内的不同人群对先进陶器文化的认同。这种以陶器和陶器生产技术促成的认同，在中国早期族群融合、经济共同体、政治共同体乃至国家形成过程中的作用，尤其应引起关注。同时，为烧造陶器的半倒焰式高温窑炉出现，在后来青铜冶炼、铁器冶炼方面所起到的积极作用，以及由此而促成军事、农业技术的发展，促成中国由王国时代进入帝国时代的变化，这些虽然并非陶瓷器本身研究的内容，但作为陶瓷生产技术进步影响到的历史进程，则是物质文化史区别于陶瓷史本身不能不关注的内容。

原始青瓷在夏商之际烧成，是陶瓷史上最具里程碑意义的事件之一。其后三千年间，瓷器逐步从东苕溪流域和江西、浙江、福建三省交界地区向全国普及，并向全世界传播，至今仍是世界各地人民日常用器类别之一。在这一现象背后是瓷器生产技术的进步、使用人群和地域的普及、生产技术的传播以及器物新品种的出现和原有品种的消逝等等，它们无疑都是陶瓷史重点关注的内容。而在物质文化史的构架下，对中国古代瓷器的研究除了上述内容外，还试图通过瓷器本身观察与之相关的古代人类的文化生活情况，下面的内容或其中之荦荦大者。

在早期制瓷技术的兴起和普及方面，原始青瓷何以在出现之初就进入了夏王朝的宫廷并为以后的商、周王朝统治者所接纳？同样，原始青瓷的生产者为何以中原王朝的青铜器为原型烧造原始青瓷，而且原始青瓷又如何成为越人礼制中最具特色的内容之一？楚灭越、秦统一造成原始青瓷生产的衰颓，以及汉代原始青瓷上楚式纹样的兴起是否是汉文化形成模式在瓷器生产方面的体现？汉魏六朝时期，制瓷技术在长江流域的传播方式，地方青瓷特色的出现是纯粹的技术、原料原因还是为适应各地文化传统而为之？同时期南方青瓷产品和生产技术北传的深层原因和对南北方社会政治各方面产生的影响如何？以及北朝晚期低温彩釉瓷器和白釉瓷器在北方地区出现的技术原因和社会背景等。

在宫廷用瓷来源方面，从隋唐时期的贡瓷传统，到北宋晚期制度的转变：从地方掌握进贡的主动权到由中央下令地方官府依"样"烧造，再到中央政府设窑自烧出现了官窑，进而发展成为明清时代的御窑，这在表象上只是宫廷用瓷的生产机构或来源方式的变化，但实质上可能和赋税制度、政治制度、皇权极化、宫廷物料的征集方式等上层建筑相关。

研究北宋晚期宫廷用瓷时往往会谈及徽宗皇帝"因定州白瓷有芒不堪用"而命汝州、唐州、邓州、耀州和处州等地造青窑器，并"于京师自置窑烧造"，同时自然会延伸思考到南宋的官窑。但是，为什么不让定州或其他白瓷窑场烧造没有芒的白瓷器呢？可能是徽宗皇帝对当时白瓷生产概况和生产技术有着清楚的认识。再结合关于辽代的考古成果可知，辽代烧造瓷器的窑场如北京龙泉务窑、辽阳江官屯窑、巴林左旗的上京窑等瓷器窑场皆在辽的五京畿地内，从产品的风格并分析文献，可知辽代瓷器的技术源头与辽人南进从定州掠虏工匠相关。这些窑场不仅极有可能是辽代官手工业的重要组成部分，而且供应宫廷或官府的瓷器生产地集中在京城周边与两宋时供应宫廷的窑场也随京城移动的现象相同，二者之间或有内在的关联。通过瓷器釉色、产品类别、器物用途和用法以及瓷器的生产技术、管理制度等内容所表现的对宋代制瓷技术和瓷器文化的学习，既可以从表象上视为辽宋交流密切的物证，也可从深层次窥得辽之两院制度及其对宋文化的开放、接纳。同样是与宋人对峙的金代，考古出土瓷器表现出的情况与辽代则大不一样。在原来的辽人统治区域内，不仅流行辽代窑场烧造的瓷器，而且大量出土宋人烧造的瓷器，但在金人统治区域内，南宋境内各窑场烧造的瓷器则极少见。金代所用瓷器呈现的这种现象，固然与金人占有河北、河南、陕西、山西后拥有丰富的瓷器资源有关，但一定也另有原因，对比其前的辽代及其后的元代，南方的景德镇青白瓷器、枢府釉瓷器、青花、釉里红瓷器以及龙泉青瓷大举北上的情况，说明市场对南方青瓷存在需求。元代南瓷北上的原因，当得益于至元八年世祖"南人贸易北方者不禁"的诏命，同样从这条诏命又可以知道至元八年以前南人（南宋统治区域内的人民）是不可以到北方贸易的。这里面除了宋金关系紧张外，金人坚持猛安、谋克、与汉人区分的封闭性民族政策或其根本原因。

如果放在瓷器生产史的大脉络中看，从原始青瓷出现直到南北朝时期的瓷器，基本上是以铁为呈色剂的一元体系。随着白瓷在北方的出现和发展，到唐代的瓷器生产已表现出南青北白的二元格局。两宋时期，官民用瓷开始出现分野，并因生产技术的普及和商业刺激在同一个窑场往往能烧造不同文化因素的瓷器，研究者用窑系的概念来表述此时瓷器生产面貌的多样和复杂，我们可以称之为多元竞争的时代，这极有可能与国家分裂造成的区域政治、经济竞争相表里。元代瓷业踵宋代多元竞争之余绪，但在官匠制度和南北方窑场自由竞争的影响下，景德镇和龙泉两地的产品已逐渐占有全国市场，并成为海外市场的主要供应者。及至明清，随着钧州、磁州、处州三地官府窑场的衰落，到明代成化时期以后，不仅供应宫廷用瓷的窑场只有景德镇一处御窑，而且景德镇民窑的产品也垄断国内市场，景德镇独大的同时是宋元时代各地的名窑场纷纷衰落成为地方性窑场或直接停烧。

在上古时代以陶器为礼祭器虽然是常态，但在青铜时代及以后，陶质仿青铜礼器又成为流行样式。但是，这种文化因素既和青铜器物造型的原始青瓷器无关，也没有直接传承给汉代以后的瓷器，宋代开始，瓷器再次进入礼坛有其政治和经济原因。至明代，以日用瓷器为礼祭器，其名则沿用古礼所用的簠、簋、笾、豆等，也成一代规模，其风延及清代雍正时期，成为明清两代文化趣向世俗的内容之一。乾隆时期烧造三代铜器造型的瓷质簠、簋、笾、豆、登、铏等器，和同期宫廷蒐集古器、编纂西清诸鉴、《四库全书》等文化盛举一道，反映清代皇帝已成为中华文化的典守者和传承者，是清代统治者从满洲的汗向中华皇帝成功转型的表现。

瓷器是中国先民发明的，数千年间瓷器生产技术进步的主战场也在中国，但是中国古代瓷器生产技术的进步同样也受到外来文化因素的影响。琉璃生产技术的传入不仅丰富了中国陶瓷产品的品种，而且琉璃产品一直和精神领域的需求有关。从佛教的七宝之一，到成为宗教建筑用材和皇家宫殿建材，并严禁官民使用，琉璃作为舶来陶瓷品种之一，从佛教的法物转变成为神权和王权的代表，在中国产生了深远的影响。至于北朝隋唐时期中国陶瓷器在器物造型、装饰内容方面，也多见波斯、阿拉伯乃至罗马玻璃器、金银器的影响。汝窑、官窑瓷器的满釉、小支钉支烧技术，也应该是北朝晚期以来西方玻璃支烧技术间断传入中国的结果。元代客匠、钴料输入和青花瓷器间的关系，明代早期钴料的输入和御窑瓷器中伊斯兰风格的器物，到明代中期以后"回回花纹"已成为御窑瓷器装饰中的官式纹样之一，都是中东文化因素和生产技术进入中国御用瓷器生产的例证。根据记载，清代御窑厂烧造的五十多种釉色品种中，和来自东西方之域外文化因素、技术、原料相关者达三分之一以上。汉代的低温铅釉，北朝至唐代的低温彩釉、白瓷和青花，元代的孔雀蓝釉、青花，明代伊斯兰风格的器物品种和装饰内容，清代的彩釉技术等等，历史上几次大的瓷器生产技术飞跃和新的釉色品种出现，多与外来技术相关，且这种进步均发生在中外交流畅通的时代。而宋代定窑、汝窑、官窑和龙泉窑在单色方面表现出的精致与努力，缺少的正是上述各时代对外来文化的包容。

如同中国古代瓷器生产技术的进步在各历史时期内都引进外来技术、接纳不同的文化因素一样，中国的瓷器产品和瓷器生产技术从南朝开始就不间断地由近邻到远方向世界各地传播。从早期单纯的产品输出，到唐宋时期东亚、西亚各地对中国瓷器的仿烧，瓷器和瓷器生产技术先后走出国门惠及更多的人群。元明时期，以龙泉青瓷为代表的青瓷不仅在旧世界内广泛流行，而且成为时尚和各地模仿生产的对象，以一种产品揭开世界早期全球化的大幕，这不能不让人深入思考生产技术和高精产品在引领文化发展和带来文化认同方面的价值与作用。元明时期高质量青花瓷器的输出和技术交流，尤其是在中东和伊斯兰世界的传播发展，成为促成寻找通往东方新航路的诱因之一。而新航路的开辟又为瓷器在全世界的普及和青花瓷器生产技术全球化提供了机遇，到明代晚期最终形成世界范围内的青花瓷器文化。瓷器始自中国，至此也真正成为了世界的。

通过分析产品、观察造成的财富集累和对社会阶层造成的分化，一直是手工业考古关注的内容。陶器的生产对上古社会在文化认同、经济共同体、政治共同体和国家形成过程中的作用，已如前述，但是瓷器的生产和销售关乎社会分工、国家经济、政治等方面的内容，也是必须思考的问题。历代帝王对高精瓷器产品的占有，以及他们通过垄断御窑瓷器作为皇权的标志，和一切御用物资一样，是中国古代皇权政治见于物质遗存的表现。在民间窑场，虽然以商品生产为目的，但从南宋元明时代瓷器窑场遗址、生产过程中表现的分工仍可以看到瓷器生产形态从农副业、家庭手工业再到集约化手工业的变化过程，进而可以看到明代晚期以后商业资本进入瓷器生产的情形。观察瓷器对外输出，从早期固有产品自海内到海外市场的自然扩大，到生产过程中注意市场需求及行销区域的文化因素，再到明代晚期以后的来样加工，这无疑是当时的瓷器生产主动适应并力图融入世界各地文化的努力。同样是为了外销的便利，瓷器生产窑场一步一步从中国内地向沿海发展并形成以外销为目的生产模式，对产品精细化和质量的无视、以追求产量为目的的模具化生产都对明代中期以后以外销为目的的瓷器生产形态和组织产生了影响。因为瓷器外销，中国的瓷业经济已经从生产始端自觉融入国际经济链中。

至清代晚期，筹建商办江西瓷业公司，引进机器生产，这固然是传统的瓷器生产适应现代经济形态和工业化生产的努力，但以御窑厂为官股加入商办瓷业公司的举动，可能带来的御用瓷器和商品用瓷一体化生产，则在生产过程中表现出了对几百年来以御用瓷器为代表的皇权不再重视，这反映的或是清朝末年政治改革的浪潮及皇权危急。

以上所述只是从物质文化史的角度对中国古代陶瓷器略加审视，是用极少数的例证阐述物质文化史陶瓷卷关注的本质是人文历史的方方面面，超越陶瓷器本身对古代社会的研究无疑是古陶瓷研究的远大目标。

陶虽细事，关乎国政，确矣！

第一章
原始瓷相关问题概述

原始瓷是原始瓷器的简称，由于原始瓷多为青瓷，因此有时也称原始青瓷[1]，原始瓷或原始青瓷一般认为是："处于原始状态的青瓷制品。由高岭土制胎，表面施石灰釉，经过1200℃高温烧成。胎体烧结后呈灰白色或褐色，击之可发出清脆之声"[2]，"它是由陶器向瓷器过渡阶段的产物，也可以说原始瓷器还处于瓷器的低级阶段"，"我国古代人民在烧制白陶器和印纹硬陶器的实践中，不断改进原料选择和处理，以及提高烧成温度和器表施釉的基础上，就创造了原始的瓷器"[3]。原始瓷出现于夏代晚期，成熟于商代早期，初步发展于西周早期，兴盛于战国早期，战国晚期衰落[4]。其分布遍及北方地区的河南、河北、山东、山西、甘肃和南方地区的浙江、江苏、江西、湖北、湖南、福建、广东等地，主要集中于浙江以及与浙江相邻的江苏南部、安徽东南部、江西东北部、福建西北部等地区。广泛出土于这一时期的墓葬、遗址中。其器型中礼器占相当比例，包括樽、豆、鼎、簋、卣、提梁盉、鉴等，战国时期出现仿青铜的甬钟、镈钟、錞于、句鑃、钲等乐器和兵器、工具、农具等，其门类几乎遍及青铜器除车马器外的各个种类；也有部分日用器存在。

一、先秦原始瓷的发现史

1. 1949年以前：原始瓷的最初发现时期

1926年西阴村遗址的发掘标志着中国学者独立主持现代田野考古工作的开端，而1928—1937年间对殷墟遗址的15次发掘，是新中国成立之前中国田野考古工作最重大的成果之一，同时浚县等地的考古工作也陆续展开。伴随着20世纪20至30年代考古工作的展开，特别是

---

1 原始瓷以青瓷为主，但除青瓷以外，尚有部分黑瓷的存在。黑釉瓷器主要分布于浙江中西部一带的土墩墓中，由于出土材料不多，因此关于其形成、发展、衰落的脉络并不是十分清晰。
2 冯先铭主编：《中国古陶瓷图典》，文物出版社，1998年。
3 中国硅酸盐学会编：《中国陶瓷史》，文物出版社，1982年。
4 战国晚期原始瓷衰落以后至东汉晚期以上虞大园坪、小仙坛等窑址为代表的成熟青瓷出现之间，在浙江一带流行一种青釉器物，其釉接近于商周原始瓷，但在胎质上有较大的变化，传统上称之为高温釉陶，也有部分学者称之为原始瓷。此类器物无论是胎、釉，还是器型，均与商周原始瓷有较大差别。其与商周原始瓷的传承，有待进一步研究。

殷墟等商周遗址的发掘，原始瓷也首次以正式考古发掘材料的面貌问世。在殷墟遗址[1]、辛村[2]墓地中均发现了此类器物。殷墟出土的原始瓷器有豆、罐等，称为釉陶器，而辛村出土的标本则直接称为瓷片。

这一时期除正式考古发掘出土品外，民间盗挖或其他原因出土的原始瓷也进入了专业人员的视野。陈万里先生在《山阴道上访古记》有这样的描述"孙君告诉我关于所谓吹釉一类东西出土情形，他说：'七八年前在旧埠山里掘到一坑，大大小小的编钟是整套地发现出来，就摆在旧埠的娄家祠堂前面出卖，很少有人顾问。后来挑到绍兴城里，筐篓里整整的一篓，经有数十只，我以其数量太多，只给了一块钱一只的价值，没有买得成。后来听说完整的，仅仅卖了三块钱。大概旧埠那里的山上，是当时窑厂的库房，否则不会有这样成套的发现，至于烧窑的地方呢，恐怕就在附近。'他说了以后，竟引起我前往旧埠探索发现地点的兴趣，并且还说，我上次所见到的那只破钟，就是他亲自督工去挖掘出来的东西"[3]，"约莫在抗战前十年间，出土的物品着实不少"[4]。

越国考古尤其是墓葬方面的考古在2000年以来取得了很多进展，其中很重要的一个方面是战国时期大中型墓葬中器物陪葬坑的发现与确认，目前浙江共发现了包括长兴鼻子山M1、安吉龙山D141M1（图1-1）、嵊州小黄山战国墓、安吉笔架山D131M4在内的至少四座带陪葬坑墓葬。陪葬坑内放置器物均为陶瓷器，无青铜器和玉石饰品，有一种组合情况是绝大部分为各类仿青铜的陶瓷乐器，另有少量的礼器——压席之镇，主要是一个乐器坑。十分明确属于此种情况的是长兴鼻子山M1。此墓在陪葬坑内，共放置了原始青瓷的甬钟（图1-2）、镈、钩

图1-1　安吉龙山战国墓葬陪葬器物坑

图1-2　长兴鼻子山出土原始瓷甬钟

---

1 李济：《民国十八年秋季发掘殷墟之经过及其重要发现》，《安阳发掘报告》第二期，1930年；李济：《殷墟陶器研究》，上海世纪出版集团，2007年；石璋如：《小屯最近之重要发现》，《中国考古学报告》第二册，1947年。
2 郭宝钧：《浚县辛村》，科学出版社，1964年。
3 陈万里：《山阴道上访古记（二）》，《瓷器与浙江》，中华书局，1946年。
4 陈万里：《中国青瓷史略》，上海人民出版社，1956年。

镯、钲、錞于22件，和硬陶的磬13件，其他还有12件原始青瓷与硬陶的镇[1]。而江苏无锡鸿山邱承墩越国贵族大墓（图1-3）及早年发掘的杭州半山石塘战国墓葬情况当与此相似。

图1-3 无锡鸿山越国大墓的陪葬器物坑

绍兴是越国贵族墓葬的集中分布区，旧埠为今日绍兴皋埠镇旧埠村，这一带是越国贵族墓葬的重要分布区之一[2]。而战国时期生产礼乐器的原始瓷窑址，从目前的考古材料来看，都集中在浙北的德清一带[3]，绍兴战国时期窑址产品以印纹硬陶为主，原始瓷基本为碗类日用器，不见大型的礼乐器类器型[4]。

因此从越国贵族墓葬与窑址的分布、越国贵族墓葬陪葬坑，尤其是放置乐器的陪葬坑的情况来看，陈万里先生笔下的所谓吹釉器的出土地点应该是某个战国时期越国贵族墓葬的器物陪葬坑，而非窑址，这种吹釉器就是战国时期的原始瓷。

1937至1949年间，由于日本侵华战争及国内战争，这一时期少量的考古工作基本集中于中国的西部地区，超出原始瓷的分布范围。

1949年前正式发掘的原始瓷数量并不多，但已引起学者的特别关注，民间盗挖出土的器物则不在少数。而相关的研究则几乎无从谈起，仅陈万里先生作了一个推测性的结论："烧制青釉器物的开始年代，到今天虽不能有一个确切的答案，但是就现有发现的可信材料说，远在战国时期已经有了烧成火度相当高而全面被以淡淡黄绿色的、薄薄的、带有透明性釉药的半瓷质器物。此种器物的造型，有錞于以及编钟等等，都是仿照铜器式样烧制的墓葬物"[5]。

2.20世纪50至60年代

1949年以后，殷墟等停顿多年的考古工作逐步恢复，同时，全国各地的考古工作陆续展开。辉煌的夏商周三代文明，几乎吸引了绝大部分的考古力量投入其中。这一时期的考古工作主要在中原及邻近的北方地区展开，随着考古发掘规模

---

[1] 浙江省文物考古研究所：《浙江越墓》，科学出版社，2009年。
[2] 蒋明明：《浙江绍兴皋埠任家湾茅家山战国墓清理简报》，《东方博物》第14辑，2005年。
[3] 朱建明：《浙江德清原始青瓷窑址调查》，《考古》，1989年第9期；浙江省文物考古研究所等：《德清亭子桥》，文物出版社，2011年。
[4] 绍兴县文物管理委员会：《浙江绍兴富盛战国窑址》，《考古》，1979年第3期；沈作霖等：《绍兴㠟山和东堡两座窑址的调查》，《考古》，1987年第4期；符杏华：《浙江绍兴两处东周窑址的调查》，《东南文化》，1992年第6期。
[5] 陈万里：《中国青瓷史略》，上海人民出版社，1956年。

| 大口罐 | 罐 | 盉 | 壶 |

图1-4 安徽屯溪土墩墓中出土原始瓷器

的不断扩大，原始瓷出土的数量也不断增加。这一时期的原始瓷主要出土于商周时期的四大都城与邻近的大型重要遗址中：郑州商城[1]、殷墟[2]、西周沣镐[3]、东周都城洛阳[4]、济南大辛庄[5]、邢台[6]、辉县琉璃阁[7]、石家庄[8]、侯马[9]等。而作为原始瓷主要分布区的东南地区，此一时期因考古工作少而发现不多，有长兴[10]、安徽屯溪[11]等地。

其中安徽屯溪的发现最为重要。该土墩墓群位于安徽南部的新安江流域上游地区，1959年发掘第一与二号墓，1965年清理第三与四号墓，1972年清理第五至七号墓，1975年清理第八号墓。共出土原始瓷器311件、几何印纹硬陶23件、陶器29件，其中有多座墓葬未被后期扰动，组合完整，是研究原始瓷组合的重要材料（图1-4）。同时，该墓地出土的原始瓷成为研究瓷器起源及北方原始瓷产地的重要对比材料，周仁先生认为屯溪原始瓷与张家坡西周居住遗址出土的原始瓷化

---

[1] 安志敏：《一九五二年秋季郑州二里冈发掘记》，《考古学报》（第八册），1954年；郑州市文物工作组：《郑州市人民公园第二十五号商代墓葬清理简报》，《文物参考资料》，1954年第12期；河南省文化局文物工作队第一队：《郑州商代遗址的发掘》，《考古学报》，1957年第1期；河南省文化局文物工作队：《郑州二里冈》，科学出版社，1959年；郑州市博物馆：《郑州市铭功路西侧的两座商代墓》，《考古》，1965年第10期；河南省博物馆：《郑州南关外商代遗址的发掘》，《考古学报》，1973年第1期；河南省文物考古研究所：《郑州商城——1953至1985年考古发掘报告》，文物出版社，2001年。

[2] 安志敏等：《1958—1959年殷墟发掘简报》，《考古》，1961年第2期；中国社会科学院考古研究所：《殷墟发掘报告（1958—1961）》，文物出版社，1987年；安阳工作队：《1969—1977年殷墟西区墓葬发掘报告》，《考古学报》，1979年第1期；中国社会科学院考古研究所：《殷墟的发现与研究》，科学出版社，1994年。

[3] 李长庆：《陕西长安斗门镇发现周代文物简报》，《文物参考资料》，1955年第2期；陕西省文物管理委员会：《长安普渡村西周墓的发掘》，《考古学报》，1957年第1期；考古研究所沣西发掘队：《1955—1957年陕西长安沣西发掘简报》，《考古》，1959年第10期；中国科学院考古研究所：《沣西发掘报告》，文物出版社，1962年。

[4] 河南省文化局文物工作队第二队：《洛阳的两个西周墓》，《考古通讯》，1956年第1期；洛阳博物馆：《洛阳庞家沟五座西周墓的清理》，《文物》，1972年第10期；

[5] 山东省文物管理处：《济南大辛庄遗址试掘简报》，《考古》，1959年第4期。

[6] 河北省文化局文物工作队：《邢台尹郭村商代遗址及战国墓葬试掘简报》，《文物》，1960年第4期。

[7] 中国科学院考古研究所：《辉县发掘报告》，科学出版社，1956年。

[8] 河北省文物管理委员会：《河北石家庄市市庄村战国遗址的发掘》，《考古学报》，1957年第1期。

[9] 山西省文管会侯马工作站：《侯马牛村古城南东周遗址发掘简报》，《考古》，1962年第2期。

[10] 邱鸿炘：《浙江吴兴苍山古战堡试掘》，《文物》，1966年第5期。

[11] 安徽省文物局文物工作队：《安徽屯溪西周墓葬发掘报告》，《考古学报》，1959年第5期；李国梁：《屯溪土墩墓发掘报告》，安徽人民出版社，2006年。

学成分接近,属于南方青瓷的系统[1]。

3. 20世纪70年代至今

20世纪70年代以来,随着社会经济的发展,基础建设蓬勃展开,由此迎来了考古发现的黄金时代,原始瓷的发现亦不例外。

这一时期北方的考古重镇——先秦时期的都城遗址,如郑州商城[2]、殷墟[3]、沣镐[4]、洛阳[5]等地,随着考古工作的深入,原始瓷在数量上不断增加,商代的一些大型遗址或城址,如偃师商城[6]、垣曲商城[7]、济南大辛庄遗址[8]、辉县孟庄遗址[9]、固

---

[1] 周仁等:《张家坡西周陶瓷烧造地区的探讨》,《考古》,1961年第8期。

[2] 河南省博物馆等:《郑州商代城址试掘简报》,《文物》,1977年第1期;河南省文物研究所等:《郑州新发现商代窖藏青铜器》,《文物》,1983年第3期;河南省文物考古研究所:《郑州铜器窖藏》,科学出版社,1999年;河南省文物研究所:《郑州北二七路新发现三座商墓》,《文物》,1983年第3期;河南省文物考古研究所编著:《郑州商城——1953—1985年考古发掘报告》,文物出版社,2001年;郑州市大河村遗址保管所:《郑州市木材公司商代遗址发掘简报》,《华夏考古》,1990年第4期;河南省文物考古研究所等:《郑州南顺城街青铜器窖藏坑发掘简报》,《华夏考古》,1998年第3期;河南省文物考古研究所等:《郑州小双桥遗址的调查与试掘》,《郑州商城考古新发现与研究》,中州古籍出版社,1993年;河南省文物考古研究所等:《1995年郑州小双桥遗址的发掘》,《华夏考古》,1996年第3期。

[3] 安阳工作队:《1975年安阳殷墟的新发现》,《考古》,1976年第4期;安阳工作队:《1969—1977年殷墟西区墓葬发掘报告》,《考古学报》,1979年第1期;中国社会科学院考古所安阳队:《1982—1984年安阳苗圃北地殷代遗址的发掘》,《考古学报》,1991年第1期;安阳市博物馆:《安阳铁西刘家庄南殷代墓葬发掘简报》,《中原文物》,1986年第3期;安阳市文物工作队:《1983—1986年安阳刘家庄殷代墓葬发掘报告》,《华夏考古》,1997年第2期。

[4] 陕西省博物馆等:《陕西岐山贺家村西周墓葬》,《考古》,1976年第1期;宝鸡茹家庄西周墓发掘队:《陕西省宝鸡市茹家庄西周墓发掘简报》,《文物》,1976年第4期;陕西周原考古队:《陕西岐山凤雏村西周建筑基址发掘简报》,《文物》,1979年第10期;罗西章:《陕西扶风杨家堡西周墓葬清理简报》,《考古与文物》,1980年第2期;陕西周原考古队:《扶风召陈西周建筑基址发掘简报》,《文物》,1981年第3期;中国社会科学院考古研究所沣西发掘队:《1976—1978年长安沣西发掘简报》,《考古》,1981年第1期;陕西周原考古队:《陕西岐山贺家村西周墓发掘报告》,《文物资料丛刊》第8辑,1983年;中国社会科学院考古研究所沣西发掘队:《1984年沣西大原村西周墓地发掘简报》,《考古》,1986年第11期;罗红侠:《扶风黄堆老堡三座西周残墓清理简报》,《考古与文物》,1994年第3期;宝鸡市考古工作队等:《宝鸡县阳平镇高庙村西周墓群》,《考古与文物》,1996年3期;中国社会科学院考古研究所:《张家坡西周墓地》(1983—1986),中国大百科全书出版社,1999年;中国社会科学院考古研究所丰镐工作队:《1997年沣西发掘报告》,《考古学报》,2000年第2期;周原考古队:《陕西周原遗址发现西周墓葬与铸铜遗址》,《考古》,2004年第1期;周原博物馆:《1995年扶风黄堆老堡子西周墓清理简报》,《文物》,2005年第4期;中国社会科学院考古研究所沣西发掘队:《长安张家坡西周井叔墓发掘简报》,《考古》,1986年第1期。

[5] 洛阳市文物工作队:《洛阳北窑西周墓》,文物出版社,1999年;洛阳市文物工作队:《洛阳林校西周车马坑》,《文物》,1999年第3期。

[6] 杜金鹏等主编:《偃师商城遗址研究》,科学出版社,2004年。

[7] 中国历史博物馆考古部等:《1991—1992年山西垣曲商城发掘简报》,《文物》,1997年第4期;中国历史博物馆考古部等:《垣曲商城——1985—1986年度勘察报告》,科学出版社,1996年。

[8] 山东大学历史系考古专业等:《1984年秋济南大辛庄遗址试掘述要》,《文物》,1995年第6期。

[9] 河南省文物考古研究所:《辉县孟庄》,中州古籍出版社,2003年。

始平寨古城[1]、登封王城岗[2]、湖北盘龙城[3]、江西吴城[4]等均发现了原始瓷,而西周时期出土的原始瓷主要集中于都城及各个主要封国的贵族墓中,如周原周公庙墓地、洛阳北窑墓地[5]、晋国墓地[6]、燕国墓地[7]、应国墓地[8]、弓鱼国墓地[9]、滕国墓地[10]、倗国墓地[11]、霸国墓地[12]、曾国墓地[13]以及长子口墓[14]、刘台子墓地[15]、白草坡墓地[16]等。

南方地区这一时期原始瓷的发现呈爆炸式地增长,与北方地区的点状发现不同,其分布几乎呈面状而遍地开花,在东南以浙江为中心的包括苏南、皖东南、赣东、福建以及南至岭南地区,绝大多数先秦时期的遗址与墓葬中均发现了原始瓷器,成了构成东南越文化区域的最重要文化特征。重要的有浙江德清独仓山土墩墓群[17]、小紫山土墩墓群[18]、长兴便山土墩墓群[19]、石狮土墩墓群[20]、抛渎岗土墩墓群[21]、安吉龙山土墩墓群[22]、湖州妙西土墩墓群[23]、海宁夹山土墩墓群[24]、衢州西

---

[1] 北京大学考古文博院:《河南固始平寨古城》,《考古学报》,2000年3期。

[2] 河南省文物研究所等:《登封王城岗与阳城》,文物出版社,1992年。

[3] 湖北省文物考古研究所:《盘龙城——1963—1994年考古发掘报告》,文物出版社,2001年。

[4] 江西省文物考古研究所等:《吴城——1973—2002年考古发掘报告》,科学出版社,2005年。

[5] 洛阳市文物工作队:《洛阳北窑西周墓》,文物出版社,1999年。

[6] 北京大学考古学系商周组等:《天马—曲村(1980—1989)》,科学出版社,2000年;孟耀虎等:《晋侯墓地出土的原始青瓷》,《文物世界》,2002年第2期。

[7] 北京市文物研究所:《琉璃河西周燕国墓地》,文物出版社,1995年。

[8] 河南省文物考古研究所等:《平顶山应国墓地八十四号墓发掘简报》,《文物》,1998年第9期。

[9] 卢连成、胡智生:《宝鸡鱼国墓地》,文物出版社,1988年。

[10] 中国社会科学院考古研究所山东工作队:《滕州前掌大商代墓葬》,《考古学报》,1992年第3期;中国社会科学院考古研究所山东工作队:《山东滕州市前掌大商周墓地1998年发掘简报》,《考古》,2000年第7期;中国社会科学院考古研究所:《滕州前掌大墓地》,文物出版社,2005年。

[11] 山西省考古研究所等:《山西绛县横水西周墓地》,《考古》,2006年第7期。

[12] 山西省考古研究所等:《山西翼城县大河口西周墓地》,《考古》,2011年第7期。

[13] 湖北省文物考古研究所等:《湖北随州叶家山M65发掘简报》,《江汉考古》,2011年第3期;湖北省文物考古研究所等:《湖北随州叶家山西周墓地发掘简报》,《文物》,2011年第11期。

[14] 河南省文物研究所报告等:《鹿邑太清宫长子口墓》,中州古籍出版社,2000年。

[15] 德州行署文化局文物组等:《山东济阳刘台子西周早期墓葬发掘简报》,《文物》,1981年第9期;德州行署文化局文物组等:《山东济阳刘台子西周墓地第二次发掘》,《文物》,1985年第12期;山东省文物考古研究所:《山东济阳刘台子西周六号墓清理报告》,《文物》,1996年第12期。

[16] 甘肃省博物馆:《甘肃灵台白草坡西周墓》,《考古学报》,1977年第2期。

[17] 浙江省文物考古研究所等:《独仓山与南王山》,科学出版社,2007年。

[18] 浙江省文物考古研究所发掘资料。

[19] 浙江省文物考古研究所:《浙江长兴县便山土墩墓发掘简报》,《浙江省文物考古研究所学刊(1980—1990)》,科学出版社,1993年。

[20] 浙江省文物考古研究所:《浙江长兴县石狮土墩发掘简报》,《浙江省文物考古研究所学刊(1980—1990)》,科学出版社,1993年。

[21] 浙江省文物考古研究所发掘资料。

[22] 浙江省文物考古研究所发掘资料。

[23] 浙江省文物考古研究所等:《湖州妙西独山头土墩墓发掘简报》,《东方博物》第36辑,2010年。

[24] 浙江省文物考古研究所:《海宁县夹山商周土墩石室结构遗存》,《中国考古学年鉴(1985)》,文物出版社,1986年。

山土墩墓群[1]、江山肩头弄土墩墓群[2]、黄岩小人尖土墩墓[3]、瑞安石棚墓群[4]、慈溪彭东土墩墓群[5]、上虞白马湖土墩墓群[6]、福建浦城管九土墩墓群[7]、江苏金坛上水土墩墓群[8]、金坛裕巷土墩墓群[9]、大港—谏壁土墩墓群[10]、句容浮山果园土墩墓群[11]、武进城湾山土墩墓群[12]、宜兴黄梅山土墩墓群[13]、宜兴潢潼土墩墓群[14]、丹徒南岗山土墩墓群[15]、溧水凤凰山土墩墓群[16]、句容与金坛土墩墓群[17]、安徽南陵千峰山土墩墓群[18]。

而最引人注目的是最近十多年来一批越国贵族墓葬的发现、发掘，以及大量高质量、高等级，特别是仿青铜礼乐器的原始瓷器发现。主要有浙江长兴鼻子山[19]、安吉龙山[20]、德清梁山[21]等（图1-5）。其中以无锡鸿山越国贵族墓葬规模最大、产品最为丰富、数量最多，该墓地共有老虎墩、老坟墩、邹家墩、杜家坟、曹家墩、万家坟、丘承墩等共计七座墓，丘承墩墓葬属于特大型贵族墓，共出土的随葬器物共计1098件，可分为青瓷器、陶器、玉器、琉璃器等，其数量之多，器类之齐全，器形之复杂，为江浙一带越国贵族墓之最。其中原始瓷器共计581件，有礼器共计475件，乐器106件。礼器有盖鼎、盖豆、盖壶、盆形鼎、冰酒器、

---

[1] 金华地区文管会：《浙江衢州西山西周土墩墓》，《考古》，1984年第7期。

[2] 牟永抗等：《江山县南区古遗址、古墓葬调查试掘》，见浙江省文物考古所编：《浙江省文物考古所学刊》，文物出版社，1981年。

[3] 浙江省文物考古研究所等：《黄岩小人尖西周时期土墩墓》，见浙江省文物考古研究所：《浙江省文物考古研究所学刊》，科学出版社，1993年。

[4] 浙江省文物考古研究所：《瑞安岱石山石棚和大石盖墓发掘报告》，见浙江省文物考古研究所编：《浙江省文物考古研究所学刊》，长征出版社，1997年。

[5] 浙江省文物考古研究所：《慈溪市彭东、东安的土墩墓与土墩石室墓》，见浙江省文物考古研究所编：《浙江省文物考古研究所学刊》，科学出版社，1993年。

[6] 王晓红：《上虞白马湖畔石室土墩墓发掘简报》，《东方博物》第29辑，2008年。

[7] 福建博物院：《福建浦城县管九村土墩墓群》，《考古》，2007年第7期。

[8] 南京博物院考古研究所：《江苏金坛县薛埠镇上水土墩墓群二号墩发掘简报》，《考古》，2008年第2期。

[9] 南京博物院：《江苏金坛裕巷土墩墓群一号墩的发掘》，《考古学报》，2009年第3期。

[10] 南京博物院等：《江苏丹徒横山、华山土墩墓发掘报告》，《文物》，2000年第9期；王玉国等：《镇江吴文化研究》，中国文史出版社，2006年。

[11] 镇江市博物馆浮山果园古墓发掘组：《江苏句容浮山果园土墩墓》，《考古》，1979年第2期；南京博物院：《江苏句容县浮山果园西周墓》，《考古》，1977年5期。

[12] 镇江博物馆：《江苏武进、宜兴石室墓》，《文物》，1983年第11期；常州市博物馆：《江苏省武进县潘家乡腰沿山土墩石室墓》，《东南文化》，1989年第4、5期。

[13] 镇江博物馆：《江苏武进、宜兴石室墓》，《文物》，1983年第11期。

[14] 南京博物院等：《宜兴潢潼土墩墓群发掘报告》，《东南文化》，2006年第6期。

[15] 南京博物院：《江苏丹徒南岗山土墩墓》，《考古学报》，1993年第2期。

[16] 刘兴等：《溧水凤凰井春秋土墩墓》，《东南文化》，1989年第4、5期。

[17] 南京博物院考古研究所等：《江苏句容及金坛市周代土墩墓》，《考古》，2006年第7期；南京博物院：《江苏句容寨花头土墩墓D2、D6发掘简报》，《文物》，2007年第7期。

[18] 安徽省文物考古研究所：《安徽南陵千峰山土墩墓》，《考古》，1989年第3期；官希成等：《安徽省南陵县千峰山一带土墩墓及石铺塘西古城遗址遥感调查》，《光电子技术与信息》，1998年第5期。

[19] 浙江省文物考古研究所等：《浙江长兴鼻子山越国贵族墓》，《文物》，2007第1期。

[20] 浙江省文物考古研究所等：《浙江安吉龙山越国贵族墓》，《南方文物》，2008年第3期；浙江省文物考古研究所等：《浙江越国》，科学出版社，2009年。

[21] 浙江省文物考古研究所发掘资料。

安吉龙山越国贵族墓出土原始瓷兽面鼎　　德清梁山墓葬中出土提梁盉　　长兴鼻子山越国贵族墓出土原始瓷镈

长兴鼻子山越国贵族墓出土原始瓷錞于　　长兴鼻子山越国贵族墓出土原始瓷句鑃　　长兴鼻子山越国贵族墓出土原始瓷镇

图1-5　浙江越国墓葬中出土原始瓷器

　　　镈　　　　　　　錞　　　　　　鉴　　　　　　甬钟

图1-6　无锡鸿山越国墓葬中出土始瓷器

温酒器、角形器、璧形器、镇等；乐器有磬、缶、甬钟、镈钟、句鑃、丁宁、錞于、振铎、三足缶、悬鼓座等（图1-6）。大部分胎色灰白或局部泛红，釉色泛黄，脱釉严重，其中部分胎色泛白或灰白，釉色泛青，胎釉结合好，烧成温度高，与常见的原始青瓷有着明显的差异，代表了原始瓷制作的时代最高水平[1]。同时，越地一大批原始瓷的发现，进一步证明了它是越人的最重要文化因素之一。

---

[1] 南京博物院考古研究所等：《无锡鸿山越国贵族墓发掘简报》，《文物》，2006年第1期；南京博物院考古研究所等：《鸿山越国》，文物出版社，2007年。

二、原始瓷名称的争议

原始瓷出现之初,并没有作为瓷器看待,而是作为带釉的陶器,名称各异,有带釉器物、青釉器物、釉陶、高温釉陶、原始青瓷、青瓷、商周粗瓷等。陈万里先生将其作为吹釉器物,并认为"远在战国时期已经有了烧成火度相当高而全面被以淡淡黄绿色的、薄薄的、带有透明性釉药的半瓷质器物"。早期的发掘报告则多作为釉陶,20 世纪 20 年代晚期以来殷墟原始瓷的发现被称之为"釉陶",以此为开端,这一称呼几乎是 20 世纪 60 年代之前原始瓷的通用名称,并在 60 年代之后仍为不少学者所沿用。

从 20 世纪 60 年代开始,不少学者对这批带釉器物的性质进行了探讨,许多学者认为其应该是属于瓷的范畴而非陶器。安金槐先生直接将其称之为商代青瓷[1]。周仁、李家治等先生认为西周张家坡陶瓷碎片矿物组成已接近于瓷器[2]。周先生等从科技测试角度确认这批器物的性质,当然更有说服力。这些学者认为先秦青釉器物应该属于瓷器的范畴,从而基本奠定了此后对这批器物性质的认定,得到了此后多数学者的赞同,同时进一步认为,这些器物与晚期瓷器相比,较为原始,处于陶器与瓷器的过渡阶段,称之为原始瓷较为合适[3]。原始瓷或原始青瓷这一概念,从 20 世纪 70 年代开始,逐渐取代釉陶,成为称呼先秦时期青釉器物的主流名称[4]。

不少学者则否认原始状态的存在,认为可以直接称之为青瓷。刘秉诚认为"原始"二字可以用来表示器物在发展过程中的先期阶段,不应选用为特定的专有名词,更不宜在"后代"命名的器物前面加上"原始"二字移用于"前朝",一如在魏晋间开始出现的"瓷"字前面加上"原始"二字加于商周一样……正如,我们不必用"原始玻璃"字样来改称历史上的"料器"和"琉璃";用"原始火箭"改称明代的"火龙出水"。不考虑量变、质变只追溯其源的话,任何器物都各有其历史,差不多都可以在现今的名字前面加上"原始"二字改称先期已经有名的相应器物,而这将是不够适宜的[5]。宋伯胤先生认为构成瓷器的条件应该是:用瓷

---

[1] 安金槐:《谈谈郑州商代瓷器的几个问题》,见《安金槐考古文集》,中州古籍出版社,1999 年(原载《文物》1960 年第 8—9 期合刊)。

[2] 周仁、李家治、郑永圃:《张家坡西周居住遗址陶瓷碎片的研究》,《考古》,1960 年第 9 期;周仁、李家治、郑永圃:《张家坡西周陶瓷烧造地区的探讨》,《考古》,1961 年第 8 期;周仁、李家治、郑永圃:《我国黄河流域新石器时代和殷周时代制陶工艺的科学总结》,《考古学报》,1964 年第 1 期;周仁:《我国陶瓷工艺技术发展过程的初步总结》,见《中国古陶瓷研究论文集》,轻工业出版社,1982 年,本文曾发表于 1964 年,系硅酸盐学会年会论文。

[3] 李家治:《我国瓷器出现时期的研究》,中国硅酸盐学会:《中国古陶瓷论文集》,文物出版社,1982 年。本文在 1978 年学术会议上宣读。

[4] 安金槐:《对于我国瓷器起源问题的初步探讨》,《考古》,1978 年第 3 期;安金槐:《对于我国瓷器起源问题的初步探讨》,见《安金槐考古文集》,中州古籍出版社,1999 年(原载《考古》1978 年第 3 期);李辉柄:《略谈瓷器的起源及陶与瓷的关系》,《文物》,1978 年第 3 期;中国硅酸盐学会:《中国陶瓷史》,文物出版社,1982 年;田海峰:《试谈青铜冶炼与原始青瓷起源的关系》,《景德镇陶瓷》,1984 年第 2 期;李家治:《浙江青瓷釉的形成和发展》,《硅酸盐学报》,1983 年第 1 期;彭适凡:《从原始瓷器到早期青瓷及其与印纹陶的关系》,见彭适凡著:《中国南方考古与百越民族研究》,科学出版社,2009 年(原载《争鸣》1984 年第 2 期)。

[5] 刘秉诚:《论所谓"原始青瓷"》,《中国陶瓷》,1979 年第 2 期。

土或高岭土做原料，在1200℃的温度下烧结，质地坚致，吸水率小，坯体表面施有光泽的色釉，胎釉结合很好，商代烧出的青釉器应当是瓷而不是陶，是我国最早的青瓷，而且也不是原始型的，或者处于原始阶段的[1]。蒋赞初先生则认为，造成对先秦青釉器物不同的称呼和看法，主要是由于对瓷器的标准问题在认识上的不一致所造成的。对处在刚发明不久的瓷器来说，它在原料处理、胎釉结合和烧成气氛等方面，确实有不少粗糙的地方，但在本质上已与陶器不同，所以不应再列入陶器的范畴。同时，也不能用后代很成熟的瓷器或者用现代瓷器的标准来要求，只要基本上具备了一般概念上的瓷器条件就可以称之为瓷器而不必标准过多、过严。这些条件主要有下列几项：原料必须是使用瓷土，含铁量必须在2%—3%之间；应该通过高温烧成，至少需要1100℃以上温度；烧成后胎质较密，已经产生玻璃相，胎色多数灰白，孔隙度和吸水率较低；器表都施有一层玻璃质的釉。先秦包括商代的器物就符合这一标准，后代的六朝青瓷，部分器物还不如这些器物。因此，与其订出个完全符合现代瓷器标准的严格要求来检验古代青瓷，并把其中很大一部分排除出瓷器范畴的话，不如采取"约定俗成"的方式，只要基本符合瓷器条件的就不必再改称为陶器[2]。

然而，值得注意的是，安金槐、蒋赞初等直接使用青瓷称呼的学者，后来都修订为原始瓷这一概念[3]，称为釉陶的冯先铭先生，在其主编的《中国陶瓷史》[4]《中国古陶瓷图典》等著作中，均使用了原始瓷或原始青瓷一词，不知是否可看成是冯先生观点的转变。

值得一提的是，由于无锡鸿山越国大墓的发现，作为发掘领队的张敏先生，则再次坚持青瓷的概念，其观点与刘秉诚等人近似，认为不应该是存在着原始一说[5]。而朱建明先生则将战国之前的产品称之为原始瓷，战国时期的产品称之为青瓷，持此观点的尚有一些学者，亦备一说[6]。

因此在20世纪80年代以后，原始瓷或原始青瓷概念成为称呼先秦青釉器物的统一名称。

三、原始瓷分期与编年的确立

邹厚本先生将江苏南部土墩墓分成西周前期、西周后期、春秋早中期、春秋晚期、春秋战国之际等五期，其基本特征为五期贯穿始终的是作为炊器的鼎、釜，作为盛器的坛、罐、瓿，作为食器的豆、碗，各项变化极小。第一、二期有樽、

---

1 宋伯胤：《关于我国瓷器渊源问题的探讨》，《中国古陶瓷论文集》，文物出版社，1982年。
2 蒋赞初：《关于我国南方青瓷的发展问题》，见《长江中下游历史考古论文集》，科学出版社，2001年（原载中国硅酸盐学会编：《中国古陶瓷论文集》，文物出版社，1982年，与李蔚然合著）。
3 蒋赞初：中国南方原始瓷器与早期瓷器研究的新进展，见《长江中下游历史考古论文集》，科学出版社，2001年（原载北京大学考古系编：《迎接21世纪的中国考古学国际学术讨论会论文集》，科学出版社，1998年）。
4 中国硅酸盐学会：《中国陶瓷史》，文物出版社，1982年；冯先铭主编：《中国古陶瓷图典》，文物出版社，1998年。
5 南京博物院：《无锡鸿山越墓》，文物出版社，2007年。
6 朱建明：《德清窑》，西泠印社，2009年。

带把鬲、带角鼎、双兽耳罐、带盖钵，盛行原始瓷豆，豆有敞口与敛口两种。第三期有硬陶钵、盂、长腹罐、折肩罐，不见陶鬲、带角鼎，原始青瓷豆逐渐被原始青瓷碗替代。第四期新增敛口垂腹罐与钵式鼎。第五期有大口器、三足盘、钵形罐、原始瓷罐，盛行直口带盖原始瓷碗，另外第一、二期发现有青铜器[1]。

刘林等将苏南土墩墓分成三种类型并分别划分成相应的三个时期。

第一类墓葬有些有铜器出土，有较为普遍的原始瓷豆。夹砂陶器有鬲、鼎，印纹硬陶的纹饰以回纹为主，以回纹、折线纹的组合为代表。瓮坛上的纹饰为多层的组合纹，原始瓷品种很少，多见原始瓷豆，罐、碗很少。时代在西周时期。

第二、三类墓葬，出土器物和第一类墓葬有明显区别，均未有青铜器物出土。第二类墓中的印纹硬陶纹饰已趋向简单化，原始瓷已被重视，形式多样化。红砂陶炊器有釜、鼎，无鬲，鼎无角状把手或装饰。印纹陶坛丰肩，多是两层纹饰组合。新出现一种深腹、折肩、大口的印纹坛，原始瓷已进入鼎盛时期，器型多样，无原始瓷豆，流行撇口的原始瓷碗。时代为春秋早期。

第三类墓葬与第二类相比，原始瓷制造又有进步，器形趋向规范化，炊器和食用器形有了显著的变化，炊器仍为釜、鼎，夹砂陶鼎，不但已无角状把手和装饰，且将圆锥状足、肩圆足改变为鸭嘴形的扁足，食用器无豆，而有直壁形盅。时代为春秋晚期。[2]

浙江土墩墓与原始瓷的分期工作主要由陈元甫与杨楠等先生完成。陈元甫先生长期从事并主持浙江商周时期的考古工作，对于土墩墓着力尤多。浙江地区商周时期基本编年体系的建立，陈先生功不可没。

其中第一期时代为夏至商代早期，着黑陶、印纹硬陶和泥质陶共存，未见原始瓷。第二期时代为商代中晚期，着黑陶基本不见，原始瓷出现，但数量很少，往往通体施黄绿色或青绿色釉，釉层较薄。第三期为西周早期，虽仍以印纹硬陶为大宗，但原始瓷的数量已大有增加，基本特征同上期，胎色白中泛灰，颗粒较粗，内外施满釉，釉层极薄，常见的 A 型敛口豆外壁往往有粗弦纹和贴饰几组小泥饼，B 型敞口豆的内壁往往有几组细密的弦纹，有的还有篦状纹。第四期为西周晚期，原始瓷数量持续增加，印纹硬陶地位受到挑战，其胎釉特征基本无变化，器形歪斜扭偏的现象较为多见，豆的圈足均已变矮，盘壁趋直，弦纹变细变浅。第五期为西周晚期至春秋早期，原始瓷不但器形丰富，纹饰多样，而且在数量上也超过了前期，其特征是胎壁厚重，胎色较上两期细白，但常有微细的灰色斑点，造型不甚工整，在碗、盘等器物的外腹壁，常可见到明显的修削，在内底有粗疏的盘旋状纹样，圈足往往另有泥条贴附，外底常见有不同刻划符号，釉层丰厚浑浊，厚薄不均，凝釉现象较多，釉色较深，胎釉结合欠佳，剥落现象较为普遍，除豆外，尚有碗、碟、盂、钵、樽、罐等，纹饰较多，有弦纹、水波纹、S 形堆贴等，豆逐渐过渡到碗。第六期为春秋早期，原始瓷圈足器基本消失，豆退出历史舞台，器形趋于规整，内壁出现细密整齐轮旋纹，外底有箕状线割痕迹，胎质较上一期细净致密，内外施釉及底，流釉剥釉现象明显减少，纹饰少见。第七期为春秋中期，原始瓷普遍采用轮制，胎质细白致密，胎壁减薄，通体釉层薄匀，釉

---

1 邹厚本：《江苏南部土墩墓》，《文物资料丛刊》第 6 辑，文物出版社，1982 年。
2 刘兴、吴大林：《谈谈镇江地区土墩墓的分期》，《文物资料丛刊》第 6 辑，文物出版社，1982 年。

面润泽，多呈黄绿或青绿色，少见剥釉现象，器类明显减少，常见碗。第八期为春秋晚期，原始瓷胎釉特征同上期，流行盅式碗。第九期为春秋末战国初期，原始瓷与印纹陶减少，泥质陶增加，釉层薄而光亮，釉色偏黄。

杨楠则对上述工作进行了综合研究，将土墩墓分成宁镇、太湖—杭州湾、黄山—天台山以南三个地区，每个区分成若干小区，再进行详细的分期，这是目前对原始瓷与土墩墓最全面的一个研究[1]。

四、科学测试与原始瓷的起源及其早期发展研究

利用科学技术手段开展原始瓷的研究进行得很早，在 20 世纪 50 年代末期即已开始并成果颇丰，由此开辟了瓷器研究的另外一个分支。科技测试手段的应用主要体现在：原始瓷理化标准的确立及原始瓷与陶、成熟瓷的区别，原始瓷起源的探索、原始瓷的成分及产地分析等方面。

1. 原始瓷理化标准的确立及原始瓷与陶、成熟瓷的区别

这是科技测试手段引入之初首先，要解决的问题，周仁、李家治等先生在这方面的研究卓有成效[2]。他们通过早期对张家坡、屯溪等地出土青釉器物的测试分析，认为其已超出陶的范畴而属于瓷器，但与晚期青瓷相比仍具有相对的原始性，并建立了原始瓷的理化标准。如李家治先生认为远在三千多年前的商、周时代即创造了原始瓷器，经过一个过渡时期，使原始瓷器的工艺更为成熟，遂在三国魏、晋时期或更早一些的汉代完成由陶向瓷的过渡，使我国成为世界上最早发明瓷器的国家，由陶器经过原始瓷器向瓷器过渡的过程中，化学组成中起特别重要作用的 Fe_2O_3，由陶器中含量为 6% 以上，降到原始瓷的 3% 左右，然后再降到瓷器的 1% 左右。正是由于 Fe_2O_3 含量的降低，才使烧成温度有提高的可能[3]。

原始瓷的这一理化概念，几乎完全被以后的研究所沿用。

2. 关于瓷器起源的探索

瓷器的起源是古陶瓷研究的重大课题之一，为学者广泛关注。许多学者认为中国瓷器起源经历了陶器、原始瓷器和瓷器三个发展阶段。虽然安金槐先生曾提出过原始素烧瓷概念[4]，但并不为大家所接受[5]。

而科学技术手段的引入，为瓷器的起源过程提供了更科学的数据依据。李家治先生在百多个陶器、原始瓷、瓷器标本综合研究的基础上认为，我国陶瓷工艺

---

[1] 杨楠：《商周时期江南地区土墩遗存的分区研究》，《考古学报》，1999 年第 1 期；杨楠：《江南土墩遗存研究》，民族出版社，1998 年。
[2] 周仁、李家治、郑永圃：《张家坡西周居住遗址陶瓷碎片的研究》，《考古》，1960 年第 9 期；周仁、李家治、郑永圃：《张家坡西周陶瓷烧造地区的探讨》，《考古》，1961 年第 8 期；周仁、李家治、郑永圃：《我国黄河流域新石器时代和殷周时代制陶工艺的科学总结》，《考古学报》，1964 年第 1 期；周仁：《我国陶瓷工艺技术发展过程的初步总结》，见《中国古陶瓷研究论文集》，轻工业出版社，1982 年。
[3] 李家治：《我国瓷器出现时期的研究》，中国硅酸盐学会：《中国古陶瓷论文集》，文物出版社，1982 年。本文在 1978 年学术会议上宣读。
[4] 安金槐：《对于我国瓷器起源问题的初步探讨》，《考古》，1978 年第 3 期。
[5] 水既生：《对瓷器起源问题的管见》，中国硅酸盐学会：《中国古陶瓷论文集》，文物出版社，1982 年。

发展的三个重大突破是原料的选择和精制，炉窑的改进和烧成温度的提高，釉的发现。我国陶瓷发展的三个阶段是陶器、原始瓷器和瓷器。在商、周出现原始瓷器，经过一千多年的发展，到了东汉使陶器通过原始瓷器完成了向瓷器的过渡[1]。这几乎是目前有关瓷器起源过程的标准解释[2]。

而在原始瓷的起源过程中，着黑陶或者说泥釉黑陶很可能是原始瓷的前身[3]。

3. 原始瓷成分的测试及原始瓷产地的分析

原始瓷尤其是北方原始瓷的产地研究，是原始瓷研究中的另外一个重要课题，有北方说与南方说两种观点，并且直至目前仍然聚讼不已。

北方说者以安金槐先生为代表，主要是一批北方的考古工作者持此观点。安先生认为郑州与盘龙城的原始瓷比较接近，但又不完全相同，郑州与吴城的虽然有共性，但差别较大，说明三地原始瓷不在一地生产。郑州商代遗址中，曾出土有和原始青瓷樽形制、胎质、纹饰完全相同的原始素烧瓷樽，只是器表没有施釉，并且有被烧裂的原始青瓷片。这些废品的出土在郑州，证明它们就是在郑州附近烧制的。西周原始瓷器从北京到江西，从福建到陕西都有出土，各地在器型、胎质、纹饰和釉色等方面也有许多共同之处，但也各有明显的地方特点。同时在河南洛阳出土的西周原始青瓷器中，除实用器物外，还有许多小型明器，也有一些被烧胀烧裂的残器，说明各地出土的西周原始瓷器也应是在当地烧制的[4]。张剑、孙新民先生基本重申了这一观点[5]。

而南方说首先由夏鼐先生提出，认为西周张家坡陶瓷碎片和安徽屯溪西周墓中以及南方其他地区所获得的釉陶，在形制和装饰上都有很多相似之处，因而使我们对这些碎片的烧造地区发生了怀疑[6]。后来有学者对北方出土的原始瓷与印纹陶进行了梳理，并与本地区的陶器进行了对比，认为中原出土的商代印纹陶、原始瓷风格一致，它们与灰陶、红陶差别很大。中原印纹陶、原始瓷上的几何花纹，无论种类、结构、风格都不同于青铜器、白陶、灰陶、红陶上出现过的几何纹。综观中原商代印纹陶和原始瓷，与以江西为中心的南方商代印纹陶、原始瓷，其形式和时代表现出亦步亦趋的变化。中原商代印纹陶的产地应在以江西为中心的

---

1 李家治：《我国瓷器出现时期的研究》，中国硅酸盐学会：《中国古陶瓷论文集》，文物出版社，1982年。本文在1978年学术会议上宣读。

2 叶宏明等：《中国瓷器起源的研究》，《硅酸盐通报》，1995年第1期；叶文程等：《略论中国古代瓷器的源流》，《陶瓷研究》，2000年第3期。

3 李家治等：《浙江江山泥釉黑陶及原始瓷的研究》，国际古陶瓷科学技术讨论会论文，《中国古陶瓷研究》，科学出版社，1987年；李家治：《我国古代陶器和瓷器工艺发展过程的研究》，《考古》，1978年第3期；李家治：《浙江青瓷釉的形成和发展》，《硅酸盐学报》，1983年第1期；毛兆廷：《瓷器起源新说》，《东南文化》，1991年第3、4期；李家治、罗宏杰：《浙江地区古陶瓷工艺发展过程的研究》，《硅酸盐学报》，1993年第4期；罗宏杰等：《原始瓷釉的化学组成及其显微结构研究》，《硅酸盐学报》，1996年第1期。

4 安金槐：《对于我国瓷器起源问题的初步探讨》，见《安金槐考古文集》，中州古籍出版社，1999年（原载《考古》1978年第3期）。

5 张剑：《洛阳西周原始瓷器的探讨》，《景德镇陶瓷》，1984年第2期；孙新民等：《河南地区出土原始瓷的初步研究》，《东方博物》第29辑，2008年。

6 周仁、李家治、郑永圃：《张家坡西周居住遗址陶瓷碎片的研究》，《考古》，1960年第9期。

南方区[1]。

虽然原始瓷的产地是否在江西仍是一个争议的问题，但南方说得到了大量的科技分析数据的支持。在对张家坡等原始瓷进行成分分析后，周仁等先生就提出了北方原始瓷是由南方生产的，这一观点得到了其他不同角度测试结果的验证，包括胎釉元素成分[2]、中子活化分析[3]、电感耦合等离子体发射光谱分析[4]、感耦等离子体质谱法分析[5]等。由此北方原始瓷的南方产地说为广大学者所接受。

然而，2000年以后，情况又发生了变化，中国科学技术大学王昌燧、朱剑等先生主要从微量元素的测试角度，提出了北方产地说的观点[6]。朱剑认为我国原始瓷出土遗址很多，其器物的形态也多样。以吴城为中心，通过微、痕量元素分析手段，与商周各代各遗址出土原始瓷的比较分析表明，吴城虽出土了大量原始瓷器，但其形态以及化学元素特征与北方和江浙地区出土的原始瓷都相距甚远。这一事实表明，即使在我国南方地区，原始瓷也并非是统一的面貌，浙江黄梅山遗址不仅时代更早，且其化学成分与吴城截然不同，安徽汤家敦遗址出土原始瓷成分特征也迥异于吴城，这说明即使在我国南方地区，原始瓷的发生与发展也存在着差异。北方遗址与吴城以及江浙地区出土的原始瓷在微、痕量元素组合特征上的差异，反映出不同地区，制作原始瓷的原料有所不同，即北方原始瓷应该为本地烧制。通过对我国南、北方遗址出土原始瓷的成分进行分析，可以看到，我国商代原始瓷并无统一面貌，具有多元性的特点。吴城遗址与其他地方出土的原始瓷，无论是外观还是化学成分的差别都很大，而不同地区的原始瓷都具有各自的化学成分特征。表明在商代，我国原始瓷的产地并非个别现象，即并非产于少数地区，而呈现出明显的多元性特征[7]。

因此，直至目前，原始瓷的南北产地说仍是诸家各持己见。

五、全国先秦时期原始瓷出土概况

1. 原始瓷的分布

原始瓷的分布可分成两大区域：东南地区和北方地区。以浙江为中心的东南地区是全国原始瓷的中心分布地区，尤以浙江省出土覆盖面最广、数量最多、规模最庞大、产品种类最丰富、质量最高、持续时间最长、序列最完整。

东南地区以浙江为中心，包括邻近的江苏南部、安徽东南部、江西东北部、福建西北部。其中浙江省覆盖范围最广，全省均有发现，从商代到战国的各个时

---

1 廖根深：《中原商代印纹陶、原始瓷烧造地区的探讨》，《考古》，1993年第10期。
2 程朱海、盛厚兴：《洛阳西周青釉器碎片的研究》，《硅酸盐学报》，1983年第4期；罗宏杰、李家治、高力明：《北方出土原始瓷烧造地区的研究》，《硅酸盐学报》，1996年24卷第3期。
3 陈铁梅等：《中子活化分析对商时期原始瓷产地的研究》，《考古》，1997年第7期。
4 古丽冰等：《电感耦合等离子体发射光谱分析商代原始瓷样》，《岩矿测试》，1999年第3期。
5 古丽冰等：《感耦等离子体质谱法测定商代原始瓷中的稀土》，《岩矿测试》，2000年第1期。
6 朱剑等：《商周原始瓷产地的再分析》，《南方文物》，2004年第1期；朱剑：《商周原始瓷产地的研究》，中国科技大学2006年博士论文；王昌燧、朱剑：《原始瓷产地研究之启示》，《中国文物报》，2006年1月6日。
7 朱剑：《商周原始瓷产地研究》，中国科学技术大学2006年博士论文。

期的墓葬、遗址、城址中均有大量出土，墓葬中随葬原始瓷成了这一地区最主要的文化特征之一。中小墓葬中一般有一定数量出土，而大型墓葬特别是战国时期大型墓葬往往成组、成套随葬，数量庞大，气势宏伟。战国时期的原始瓷产品种类最全，档次高，包括各种日用器、礼器、乐器、兵器、工具等，几乎囊括了青铜器的所有门类。江苏主要集中在苏南地区，商代在遗址中有零星发现，西周早期发现不多，西周晚期到春秋早期是这一地区的原始瓷发展的第一个高峰，出土一定数量的卣、鼎、簋等礼器，战国时期无锡鸿山发现的大型越国贵族墓葬出土了一大批高质量的仿青铜礼器与乐器。安徽出土原始瓷的规模不大，主要在皖东南屯溪一带，西周时期的器物占绝大多数，早晚均有，除日用器还有鼎、豆、樽、罐、壶等，产品质量较高；春秋时期的器物不仅发现数量少，器类单一，而且产品质量极差；战国时期的器物基本不见。福建出土的原始瓷主要集中在闽西北的遗址、墓葬中，以西周为主，偶见商代器物。皖东南与闽西北地区出土的原始瓷无论是在兴衰时代，还是产品种类、胎釉特征等方面，均与浙西的衢州、金华一带几乎一致，当属于同一小文化分布区。

北方地区以河南为中心，包括陕西、山东、山西南部等地区。原始瓷出现时间亦较早，商代即有发现，但只持续到西周早期，西周中期以后基本不见。北方原始瓷主要出土于中大型高等级贵族墓葬与都城或诸侯国都的大型建筑遗址中，小型墓葬或一般遗址未见出土。

河南原始瓷时代较早，为商代与西周早中期，西周中期后段以后基本不再出土。数量并不是很多，均出土于高等级的墓葬中，凡出土原始瓷的墓葬均随葬大量的青铜器，在殷墟等地还发现使用嵌绿松石的漆木座，当为极珍稀之物品。商代数量较少，西周时期有长足进步：从数量上看，这一时期有大幅度的增加，其中光洛阳北窑西周墓就出土有上千件；从时代上来看，主要集中于周初，最晚到西周早期，西周中期后基本不再出土；从出土的地点上来看，主要集中于大型的墓葬中，凡随葬原始瓷的墓葬，均属于高等级墓葬，往往同时随葬大量的青铜器，部分带有车马坑，如北窑西周墓地、长子口西周墓、应国墓地等。西周时期的原始瓷器型主要为豆，少量罐、樽等，胎质多呈灰白色，青绿色釉，器表以素面较多，少量纹饰主要为弦纹、篦划纹、方格纹等。

2. 商代原始瓷的分布

商代原始瓷的出土主要集中在浙江、河南、江西等省，在山西、山东、福建有少量发现。其中以浙江省发现数量最多，分布最广泛，浙江在商代即已成为原始瓷中心分布区。

浙江商代原始瓷出土数量最多，材料最丰富，演变关系清晰，胎质细腻坚致，施釉均匀，青釉玻璃质感强，完全具备瓷器的所有要素。

江西商代原始瓷主要集中在吴城大型城址与新干大洋洲贵族墓葬中，总体上产品质量不高，胎呈土黄色，火候较低，接近陶胎，不见浙江商代灰白色高火候的瓷胎器物；釉层极薄，一般呈土黄与土灰的点状，位于器物朝上的部位，如罐的肩部与豆的豆盘内，玻化不明显。因此，无论是胎釉还是火候，都与浙江商代原始瓷有较大差距。

河南商代原始瓷集中于两地：郑州商城与殷墟，分别是商代早、晚期的都城所在，社会权力中心。

3. 先秦时期瓷器的发源地

原始瓷产地上，从现有的考古资料来看，几乎绝大多数窑址均集中在浙江，说明浙江不但是先秦时期的瓷都，也是瓷器的发源地。

浙江发现的原始瓷出现时间早，从商代开始出现，历西周、春秋至战国，持续不断；窑址数量已超过百处，分布密集、生产规模庞大；原始瓷龙窑不仅最早而且相当成熟，窑具形态各异，装烧工艺发达；产品档次高，除生产日用器外，还大量生产大型礼器与乐器；质量上乘，胎质细腻，釉色青翠，几乎可以与晚期青瓷相媲美；并独立于生活遗址而形成专门的烧造区。

江西省在吴城遗址中发现数条窑炉，不仅没有与生活区相分离，而且无法确定其产品是原始瓷还是陶器，因此其作为原始瓷窑炉的根据不足。在赣东北鹰潭角山所谓的窑址区，窑炉不清晰，出土器物几乎不见原始瓷，部分带釉产品质量不高。

福建的闽西北与德化亦发现少量窑址，时代均为西周时期，规模不大，序列不完整。

4. 商周原始瓷的中心产区

无论是南方还是北方，出土的大多数器物与浙江窑址产品几乎一致，说明原始瓷基本为浙江所产，浙江是商周原始瓷的中心产区。

江苏、安徽等东南地区出土的原始瓷，无论是早期的西周时期还是晚期的春秋战国时期，也无论是日用器还是礼乐器，均可在浙江的窑址中找到相同或相似的产品，在这些省份至今无窑址发现的情况下，几乎可以确定其产地在浙江。

北方地区殷墟遗址出土的豆、罐及西周时期的各种豆，无论是器形、胎、釉、装饰均与浙江同一时期的窑址产品相似，北方原始瓷当从浙江输入。

郑州商城出土的器物主要是樽，目前无法完全与浙江商代器物相对应，但与余杭所藏的商代原始瓷罐无论是器形，还是胎、釉、装饰上均非常相似。

浙江是商周时期全国原始瓷产地。

六、浙江先秦时期原始瓷出土概况

浙江发现的原始瓷主要出土于遗址与墓葬中。历年来已经发掘的遗址已有上百处，绝大多数属于新石器时代，纯商周时期遗址极少，在部分遗址的新石器时代地层之上叠压商周时期地层，但普遍保存不理想，因此出土的器物并不丰富，不能全面反映这一时期原始瓷的基本情况。从发掘的材料来看，遗址中出土的原始瓷主要为碗、杯类日用器，一般器型较小、器类单一，质量不佳。

目前已发掘比较重要的遗址材料主要有以下几批。

湖州毘山遗址[1]：2004年发掘。属于新石器时代至商周时期的遗址，商周时期的堆积为商至西周早期，或相当于马桥文化和后马桥文化时期。以陶器为主，出

---

[1] 浙江省文物考古研究所等：《毘山》，文物出版社，2006年。

土极少量以瓷土作胎，表面有极薄釉层的疑似原始瓷器物。器类单一，均为中、高柄豆，可能代表了原始瓷的早期形态。

湖州已经过发掘的类似遗址还有钱山漾与塔地[1]等；宁绍平原，属于马桥文化时期的遗址有象山的塔山遗址[2]与诸暨楼家桥遗址[3]，出土极少量早期原始瓷器。

从历年的发掘情况来看，浙江商周时期墓葬基本遍及全省各地，时代从商代中晚期一直延续至战国早中期。从出土的基本情况来看，原始瓷主要分布于两个区域：一是浙西的金华、衢州一带；另一是浙北的环太湖西南岸与浙东杭州湾沿岸。金衢一带以西周晚期至春秋早期的墓葬为主，极少见有春秋中晚期至战国时期的材料[4]；浙北则主要是春秋战国时期墓葬。此外在台州、温州地区亦有少量发现[5]。墓葬出土的原始瓷数量众多，种类丰富，主要器类有作为日用器的碗、盘、碟、杯、盅等；作为礼器的鼎、豆、簋、卣、樽、鉴、壶、提梁盉、甗、盘、瓿、匜等；作为乐器的甬钟、纽钟、镈钟、钲、錞于、句鑃、磬、器座等；作为兵器的矛、斧等；作为工具的斤、凿和作为农具的锸等。代表了浙江商周原始瓷的基本面貌。

目前经过发掘的重要墓葬材料有：江山肩头弄[6]、东阳歌山[7]、长兴石狮[8]、长兴便山[9]、长兴鼻子山[10]、安吉龙山[11]、安吉笔架山[12]、德清皇坟堆[13]、德清塔山[14]、德

---

1 浙江省文物考古研究所发掘资料。
2 浙江省文物考古研究所等：《象山县塔山遗址第一、二期发掘》，见浙江省文物考古研究所编：《浙江省文物考古研究所学刊（1997年）》，长征出版社，1997年。
3 浙江省文物考古研究所：《楼家桥、歪塘山背、尖山湾》，文物出版社，2010年。
4 衢州市文管会：《浙江衢州市发现原始青瓷》，《考古》，1984年第2期；金华地区文管会：《浙江衢州西山西周土墩墓》，《考古》，1984年第7期；金华地区文管会：《浙江义乌县平畴西周墓》，《考古》，1985年第7期；浙江省磐安县文管会：《浙江东阳六石西周土墩墓》，《考古》，1986年第9期。
5 俞天舒：《浙江瑞安凤凰山周墓清理简报》，《考古》，1987年第8期；温州市文物处等：《浙江苍南县埔坪乡发现一座商代土墩墓》，《考古》，1992年第6期；浙江省文物考古研究所等：《黄岩小人尖西周时期土墩墓》，《浙江省文物考古研究所学刊：建所十周年纪念（1980—1990）》，科学出版社，1993年。
6 浙江省文物考古研究所等：《江山县南区古遗址、墓葬调查试掘》，见浙江省文物考古所编：《浙江省文物考古所学刊（1981年）》，文物出版社，1981年。
7 浙江省文物考古研究所发掘资料。
8 浙江省文物考古研究所：《浙江长兴县石狮土墩墓发掘简报》，见浙江省文物考古研究所编：《浙江省文物考古研究所学刊（1993年）》，科学出版社，1993年。
9 浙江省文物考古研究所：《浙江长兴县便山土墩墓发掘报告》，见浙江省文物考古研究所编：《浙江省文物考古研究所学刊（1993年）》，科学出版社，1993年。
10 浙江省文物考古研究所等：《浙江长兴鼻子山越国贵族墓》，《文物》，2007年第1期。
11 浙江省文物考古研究所等：《浙江安吉龙山越国贵族墓》，《南方文物》，2008年第3期。
12 浙江省文物考古研究所发掘资料。
13 姚仲源：《浙江德清出土的原始青瓷器》，《文物》，1982年第4期。
14 朱建明：《浙江德清三合塔山土墩墓》，《东南文化》，2000年第3期。

清独仓山[1]、海宁峡口[2]、海盐黄家山[3]、慈溪彭东[4]等。

江山肩头弄[5]：这其实是以肩头弄为代表的一组土墩墓遗存。出土器物共可分成六个单元，第一至三单元可能早于商代，第四单元约为商代，第五单元为西周早期，第六单元为西周中晚期。第四单元开始出现原始瓷，器类单一，仅有豆一种器物，但胎釉已相当成熟；第五单元原始瓷大量出现，器类有所增加，有豆、樽、罐等，通体施黄绿色釉，釉层薄，施釉均匀；第六单元在器物数量上原始瓷已超过陶器上升到重要地位，器类丰富，有豆、樽、罐、碗、盂等，除黄绿色薄釉外，新出现青褐色厚釉制品，开始出现繁缛的纹饰，罐类器物形体硕大，代表当时制瓷类的高超水平（图1-7）。

德清皇坟堆[6]：时代约为西周晚期至春秋早期，在基建中发现并由民工取出。原始瓷计有筒形卣、垂腹卣、簋、鼎、樽、碗、碟等27件。大多器型巨大，制作

西周原始瓷罐　　　西周原始瓷桶形罐　　　西周原始瓷樽

图1-7　江山肩头弄出土原始瓷

鼎　　　　　　　　卣　　　　　　　　樽

图1-8　德清皇坟堆墓葬出土原始瓷

---

1 浙江省文物考古研究所等：《独仓山与南王山》，科学出版社，2007年。
2 浙江省文物考古研究所：《海宁县夹山商周土墩石室结构遗存》，见《中国考古学年鉴（1985年）》，文物出版社，1985年。
3 浙江省文物考古研究所等：《浙江海盐出土原始瓷乐器》，《文物》，1985年第8期。
4 浙江省文物考古研究所：《慈溪市彭东、东安的土墩墓与土墩石室墓》，见浙江省文物考古研究所编：《浙江省文物考古研究所学刊（1993年）》，科学出版社，1993年。
5 浙江省文物考古研究所等：《江山县南区古遗址、墓葬调查试掘》，见浙江省文物考古所编：《浙江省文物考古所学刊（1981年）》，文物出版社，1981年。
6 姚仲源：《浙江德清出土的原始青瓷器》，《文物》，1982年第4期。

图1-9 绍兴出土战国原始瓷器

春秋原始瓷黑釉鼎　　　　　春秋原始瓷卣　　　　　春秋原始瓷樽

图1-10 龙游出土的原始瓷

规整，通体施釉，胎釉结合好，釉色较深，多呈青褐色，玻璃质感强。装饰纹样繁多，风格粗放（图1-8）。

长兴鼻子山[1]：战国早期大型越国贵族墓。长方形竖穴带墓道木椁墓，上有高大的封土，墓外有一陪葬器物坑。墓内出土器物共62件（组），原始瓷有碗、罐、瓿等。陪葬器物坑已被扰动，收集器物47件，大部分为原始瓷或硬陶的仿青铜大件乐器，原始瓷有甬钟、磬、镈、句鑃、钲和錞于（参见图1-5）。

配合基建由地方上进行抢救性清理或资料未发表的重要原始瓷材料有：绍兴历年来出土的原始瓷（图1-9），主要是战国时期鼎、豆、壶、鉴、镇、盘、罐、钵、烤炉、甬钟、缶、矛、碗、杯、盅等的礼器、乐器、兵器与日用器[2]。这里是战国时期越国的首都，因此基本汇集了战国时期最重要的原始瓷器类，不仅器类丰富，且器型硕大，胎、釉、成型、装饰等均属上乘，代表了商周时期原始瓷制作的最高水平。龙游出土的原始瓷（图1-10），主要是西周晚期与春秋早期的原始瓷卣、樽、鼎、碗等礼器与日用器[3]。余杭崇贤（图1-11）[4]及杭州半山（图1-12）[5]

---

1 浙江省文物考古研究所等：《浙江长兴鼻子山越国贵族墓》，《文物》，2007年第1期。
2 周燕儿等：《浙江绍兴县出土一批原始青瓷器》，《江西文物》，1990年第1期；周燕儿：《绍兴出土越国原始瓷的初步研究》，《考古与文物》，1996年第6期；周燕儿等：《绍兴出土的印纹硬陶和原始青瓷器》，《东方博物》第14辑，2005年；蒋明明：《谈绍兴出土的印纹陶与原始瓷》，《南方文物》，2001年第1期；绍兴县博物馆（越国文化博物馆）资料；绍兴市文物考古研究所藏资料。
3 龙游博物馆资料。
4 余杭县文管会：《浙江省余杭崇贤战国墓》，《东南文化》，1989年第6期；盛正岗：《余杭出土的战国时期原始瓷礼乐器及其产地初步分析》，《东方博物》第27辑，2008年。
5 杭州历史博物馆发掘资料。

鉴　　　　　兽面鼎　　　　　甬钟

图1-11　余杭崇贤出土的战国原始瓷

镈　　　鉤鑃　　　兽面鼎　　　长颈镂空瓶

图1-12　杭州半山出土的战国原始瓷

一带出土的原始瓷，主要是战国时期的鼎、豆、罐、鉴、匜、提梁盉、甗、盘、瓿、镇、甬钟、句鑃等礼乐器。

七、先秦原始瓷窑址考古新进展

从全国范围来看，原始瓷窑址目前发现于浙江、江西、福建、广东等少数几个省份。

福建仅在德化、武夷山发现数处，时代均比较晚，在西周时期。

德化辽田尖山原始青瓷窑址位于德化县三班镇三班村南部与永春县交界的辽田尖山山坡处，距离县城约10公里。2007年发现，在山坡的断面上发现宽近1米的弧形窑炉痕迹，烧结面较为清晰。从采集的标本来看（图1-13），印纹硬陶与原始瓷合烧，原始瓷器型主要有罐与豆等，胎呈灰白色，胎质略松，施青黄色釉，釉层薄而均匀，玻璃质感强。流行纹饰装饰，主要绳纹、箅点纹、圆圈纹、堆贴、耳等。绳纹一般位于罐类器物的腹部，通体纵向拍印；圆圈纹则作为与绳纹等纹饰的复合装饰出现，多位于器物的肩颈部；弦纹多为堆贴的凸弦纹，位于器物的肩部起辅助作用；耳多作桥形，较宽，耳面作多道凸棱。绳纹均为拍印，圆圈纹则为戳印。器物产品质感较佳，产品类型与闽北及浙江地区有较大的差别。时代为西周早期左右。

图 1-13 德化西周原始瓷窑址原始瓷标本

图 1-15 武夷山竹林坑窑址窑炉

图 1-14 武夷山竹林坑窑址环境

图 1-16 武夷山竹林坑窑址原始瓷标本

武夷山窑址目前发现两三处，其中竹林坑一号窑址经过发掘[1]（图 1-14）。清理窑炉一斜，属洞穴斜坡式龙窑，分火膛、火道、窑室三部分（图 1-15）。其中火膛较宽，窑室较窄，平面略呈葫芦形，窑顶大部分坍塌，窑壁保存较好，火膛进深 2.8 米、内宽 2.6 米，晚期火膛残存最高 0.75 米，与窑室高差 0.6 米；火膛前部正中为窑门，有左右两个，窑门口外用红烧土块窑门；火道位于火膛后壁，窑室前部，分东西二个火道；窑室斜长 5.2 米、水平残长 4.8 米、高差 1.87 米。前段内宽 1.95 米、内高 0.8 米；中段内宽 1.65 米、内高 0.85 米；后段内宽 1.55 米、内高 0.3 米。窑室烧结层较厚。窑室尾部两侧各有一个烟道，呈斜坡状通向地表，后部则直接呈斜坡状通向窑尾工作面，未见烟囱或其他排烟设施。火道坡度约 13°，窑室中段窑底坡度约 18°，窑室后段晚期窑底坡度 23°，早期窑底坡度约 26°。

武夷山竹林坑窑址出土产品以原始瓷为主（图 1-16），少量的陶器。原始瓷主要是各种器型豆。胎多呈灰色或灰白色，含较多细砂及小孔。釉多呈青黄色，薄而均匀，内外施釉，剥釉现象较为严重。装饰较为普遍，以豆盘内篦划纹较为

---

[1] 福建博物院等：《武夷山市竹林坑一号原始瓷窑址发掘简报》，《福建文博》，2012 年第 4 期。

常见及复杂，豆盘外腹则普遍施以细弦纹，口沿下有小圆形小饼堆贴。时代为西周早期。

但此窑址较为特殊之处是，产品堆积几乎不见，出土的标本极少。是延续时间少造成的，还是原有堆积已破坏掉尚存疑。

此外，福建在浦城猫耳弄还发现了商代陶窑，此在后面介绍。

江西古窑址目前主要发现于两处地点：吴城遗址与鹰潭角山窑址。时代主要在商代中、晚期。具体情况将在商代原始瓷部分介绍。

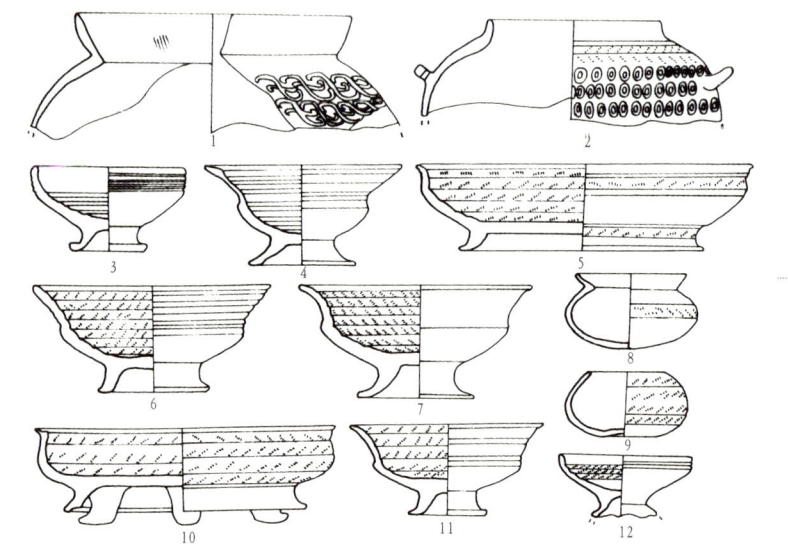

图 1-17　广东博罗窑址出土原始瓷器

广东在博罗发现春秋时期原始瓷窑址一处，清理窑炉一条，呈长条形斜坡状，由火膛、火道、窑床和窑尾等部分组成。窑体全长 15 米。其中火膛长 1.95 米、宽 1.05 米—1.5 米、深 0.5 米，火膛略呈椭圆形，火道呈斜坡状，窑床前窄后宽，呈斜坡状，底部铺沙，窑尾近圆形，烟道已不存。窑尾底部比窑床后端低约 50 厘米，亦铺沙，与窑床底部的垫沙层相连接。产品以印纹硬陶为主，少量的原始瓷与釉陶器。原始瓷器占出土器物总数的 1.41%，多为豆类，亦有少量的罐、盂、三足器等。原始瓷器产品胎壁较厚，胎色白中微泛灰，质地纯净细密，釉色较深，玻璃质感不强，多呈青绿色。器内壁均施满釉而外壁施釉常不到底，釉层欠均匀，往往在内底及外壁釉面的下缘凝聚较厚，而口、肩部位的釉层显薄。大部分器物胎釉结合较差，仅少量产品釉层厚薄均匀，玻璃质感强，胎釉结合佳。原始瓷器的制法是先以泥条盘筑成粗坯，然后用轮旋成形，内、外壁都可见到拉坯成形时留下的细密螺旋纹，外底则有明显的线割痕迹。器物纹饰以弦纹和篦点纹为主，少数有篦划线纹、重圈纹、方格纹和圆圈纹等，大部分器物在圈足内有刻划符号[1]（图 1-17）。

而目前考古发现的原始瓷窑址，浙江占了绝大多数。浙江发现的原始瓷窑址，可分成两个区域：以德清为中心的东苕溪流域和以萧山为中心的浦阳江流域，其中又以前者为主体。包括绍兴、诸暨等县，时代为春秋晚期至战国初期，产品较单一，主要为碗类器物；东苕溪流域，以德清为中心，包括湖州市区，时代从商至战国。

浦阳江流域先秦时期窑址群主要集中在浦阳江中下游地区，以萧山南部的进化镇为中心，包括绍兴及诸暨的相邻地区，主要有萧山前山窑址[2]、鞍山窑址（图 1-18）、绍兴长竹园（图 1-19）、诸暨柁山坞（图 1-20）等。该窑址群从产品类

---

[1] 广东省文物考古研究所等：《广东博罗县园洲梅花墩窑址的发掘》，《考古》，1998年第 7 期。
[2] 浙江省文物考古研究所等：《浙江萧山前山窑址发掘简报》，《文物》，2005年第 5 期。

| 碗 | 碗 | 盅 |

图 1-18　萧山鞍山窑址出土原始瓷器

型上看以生产印纹硬陶为主，少量的原始瓷器；从时代上看，始于春秋中晚期，兴盛于战国早期，衰落于战国中期；从原始瓷种类上看，基本为原始瓷碗、碟类小型生产日用器，偶见小型的罐类器物，不见大型的原始瓷礼器与乐器。该窑址群应该是德清为中心东苕溪流域先秦时期窑址群的一个补充。

浙江是瓷窑址的最重要分布省份之一，先秦原始瓷与汉六朝成熟青瓷窑址几乎都集中在浙江。浙江瓷窑址的出现最早可以上溯至夏商时期，延续至明清，其整个发展过程可以划分成四个大的阶段：先秦时期的原始瓷、汉六朝时期的成熟瓷器产生、唐宋时期的越窑、宋元明时期的龙泉窑。其中制瓷史上两个里程碑式的技术跃进：原始瓷的起源与成熟青瓷的出现，均发生在浙江，浙江不仅在夏商时期发明了原始瓷，而且在东汉时期成功烧

图 1-19　绍兴长竹园窑址原始瓷与印纹硬陶产品

图 1-20　诸暨窑址中的印纹硬陶

造出了成熟青瓷，同时这一伟大的技术成果造就了先秦与汉六朝时期浙江作为全国乃至全世界制瓷中心的地位，而唐—明代，其制瓷技术亦处于全国的领先水平。因此浙江先秦及汉六朝时期的瓷窑址考古是解决世界瓷器起源与早期发展史的重要手段。探索瓷器的起源尤其是先秦原始瓷的起源及其发展与成熟的"瓷之源"课题，是浙江省文物考古研究所近几年来重点实施的课题之一。2007年以来，"瓷之源"课题组先后对德清火烧山西周至春秋时期窑址、德清清子桥、长山战国时期窑址、湖州南山夏商时期窑址进行了发掘，并完成了对东苕溪中游两岸窑址的初步调查工作，取得了丰硕的成果：新发现了大量的窑址，将原始瓷最早出现时

间上溯至夏商时期，并建立从夏商时期到战国时期基本完整的原始瓷起源与发展序列；出土大量的原始瓷标本与揭露丰富的窑炉、作坊等遗迹，为恢复先秦时期窑业积累了大量的资料；确立了以德清为中心的东苕溪流域在中国瓷器起源史上的重要地位。

以德清为中心的东苕溪流域先秦时期窑址具有以下几个方面的特征：

第一，出现时间早、持续时间长。

本窑区从夏商时期开始出现窑址，历经西周、春秋，至战国时期，连绵不绝，基本不曾间断，是目前国内已知出现时间最早、持续时间最长的先秦时期窑区。

第二，窑址密集、生产规模大。

从目前已掌握的材料来看，这一地区商周时期窑址已超过130处，数量相当庞大，这是其他任何一个地区所无法比拟的。这些窑址主要集中在两个区域：一是德清的龙山窑址群，一是湖州青山窑址群。其中龙山窑址群为主体，数量多，近100处，序列完整，从夏代一直延续到战国时期，产品质量高。青山窑址群约有20多处，主要是商代窑址，包括以烧造原始瓷为主的南山类型和以烧造印纹硬陶为主兼烧少量原始瓷的水洞坞类型。

许多窑址如亭子桥窑址，分布面积超过1500平方米，堆积层厚，出现了晚期窑址中常见的纯瓷片层堆积，产品产量已达到了相当的规模（图1-21）。

第三，产品种类丰富。

除生产日用的碗、盘、碟类器物外，还大量烧造象征身份与地位、具有特殊意义的仿青铜礼器和乐器（图1-22），这些礼乐器包括作为礼器的鼎、卣、簋、豆、壶、罍、罐、瓿、盘、盆、鉴、三足盘、镂孔瓶、提梁壶、提

图1-21　德清亭子桥战国时期窑址瓷片堆积层

鼎　　　　　缶　　　　　罐　　　　　鉴

镂孔瓶　　器座　　　　　匜　　　　　甬钟　　樽

图1-22　德清亭子桥窑址出土战国时期礼乐器

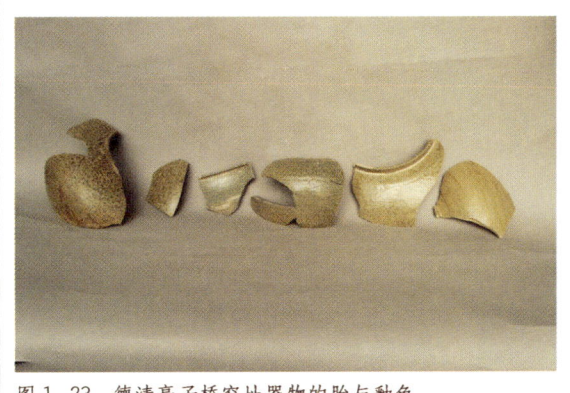

图1-23 德清亭子桥窑址器物的胎与釉色

梁盉、匜、钵，以及作为乐器的甬钟、句鑃、錞于、悬铃、悬鼓座。这些大型礼乐器的生产，目前仅见于东苕溪流域。

第四，产品质量高。

原始瓷的发展，有几个里程碑式的跃进：第一个跃进发生在夏商时期，原始瓷在几千年陶器发展的基础上终于发明成功，并且一出现即体现了强大的生命力，但这一时期的原始瓷无论是胎还是釉均不是十分稳定，处于发展的初期；第二个跃进是西周时期，这一时期不仅胎釉完全成熟，胎质较细，施釉均匀，玻璃质感强，而且迎来了发展的第一个高峰，出现了大量各种形态的礼器与日用器，包括盉、樽、罐、盂、瓶、盘、碟等；第三个跃进是战国早中期，这一时期许多产品体形硕大、制作规整、胎质坚致细腻、釉色青翠匀润、施釉均匀、玻璃质感强、几乎可以与东汉以来的青瓷相媲美，不仅标志着原始瓷已完全成熟，也是原始瓷发展的最高峰（图1-23）。

第五，龙窑成熟，窑具形态各异，装烧工艺成熟。

在夏商时期南山窑址出现最早烧造瓷器的龙窑，但尚有相当的原始性，处于龙窑发展的起源阶段：窑炉整体较短，仅7米左右；坡度达到20°多；底部不铺砂而较为不平；火膛几乎占据了窑炉的三分之一左右。经过西周春秋时期的发展，到了战国时期的亭子桥窑址，龙窑已完全成熟：长近10米，坡度为10°多，并且为了更好地利用窑温而前后坡度有一定的差异，窑底使用很厚的细砂层，火膛作横长方形，宽不足1米，与窑床的比例相当合理。在窑具的使用上，春秋时期大量出现作为间隔具的托珠，形体小、制作精细，可有效地保护釉面。战国时期则大量涌现各种支烧具：有直筒形、喇叭形、托盘形和浅盘形等多种形式。不同的器物使用不同的窑具，成功解决了甬钟、句鑃类器物的装烧方法，装烧工艺相当成熟。

第六，独立窑区的形成。

自商代开始，本地区形成独立的窑区而不再依托于遗址中，并且已有相当的规模，说明制瓷业已完全作为一个独立的手工业门类存在。进入西周晚期，各窑址基本纯烧原始瓷，这也是目前其他同时期的窑区所无法比拟的。

因此以德清为中心的东苕溪流域的先秦时期原始瓷窑址群，无论是从生产时间、窑址规模，还是窑址产品种类、产品质量、装烧工艺等方面，在全国都是独一无二、一枝独秀，在中国陶瓷史上占有非常重要的地位，是中国制瓷史上的第一个高峰，为汉代成熟青瓷的出现打下了坚实的技术基础。它具有以下几个方面的重要学术价值。

第一，为探索瓷器的起源及其发展成熟提供了重要的实物依据。

本地区发现的原始瓷窑址时代上可上溯至夏代或夏商之际，无论是产品的胎、釉、成型技术，还是窑炉的装烧工艺，既有成熟性，又有原始性，具有瓷器早期形态的特征，是真正意义上的"原始"瓷，为探索瓷器起源和中国瓷器发展史提供了重要实物资料。东苕溪流域商代大规模原始瓷窑址群的发现，充分证明这一地区是中国瓷器的重要起源地。

第二，为各地出土的部分原始瓷产品找到了产地。

江南及北方包括殷墟地区、周原等地出土原始瓷器，无论是器型还是胎、釉等特征，均与东苕溪流域窑址产品相近，可初步确定是本流域产品。因此，东苕溪流域系列窑址的调查与发掘，为探索出土原始瓷器的产地问题提供了极为重要的资料。在殷墟、周原等商周都城区发现本流域的窑址产品，不仅证明原始瓷在先秦时期是一种象征身份与地位高等级器物，而且进一步证明北方原始瓷极可能是南方生产。

第三，为建立太湖地区先秦时期原始瓷编年提供了丰富的实物资料。

东苕溪流域先秦时期原始瓷窑址持续时间长，器物演变脉络清晰，从夏商时期开始，一直延续到战国晚期，可基本建立太湖地区完整的先秦时期原始瓷编年序列。在本区域内遗址发掘不多、编年材料不丰富的情况下，可反证遗址的年代，有助于建立本区域内更加详细的先秦考古学文化编年。

第四，充实了太湖地区商周考古学文化的研究。

使用原始瓷礼器而非青铜器随葬是越国墓葬的最重要特征之一，因此原始瓷在越及先越文化中具有极其重要的地位，其意义类似于中原地区的青铜器，是使用者身份与地位的象征。先秦时期原始瓷的规模生产，表明当时原始瓷制作不再依托遗址而形成独立窑区，是探索当时社会分工的重要依据；大量原始瓷礼器、乐器、工具、兵器、农具等的出现，反映本区域内有自身独特的礼器制度；本窑区产品在殷墟、周原等都城区的出现，为探索中原与太湖地区交往提供了重要线索。

2000年以来，原始瓷研究得到了进一步的推动，先后出现了多篇博士与硕士论文进行全面的探讨[1]，并有了专门的研究著作和图录[2]。而2007年以后浙江省文物考古研究所与其他单位在东苕溪流域原始瓷窑址考古发掘工作的开展及2009年"瓷之源"课题组的成立，更是将这一问题全面推向了全面深入的研究。

---

1 朱剑：《商周原始瓷产地研究》，中国科学技术大学2006年博士论文；朱嵩：《中原地区出土商周时期"原始瓷器"初步研究》，北京大学2006年硕士论文；王汇文：《南方原始瓷研究》，苏州大学2009年博士论文；宋黎蓁：《安徽地区周代原始瓷研究》，安徽大学2010年硕士论文。

2 王屹峰：《中国南方原始瓷窑业研究》，中国书店，2010年；浙江省文物考古研究所：《古越瓷韵》，文物出版社，2010年。

第二章
夏代原始瓷

原始瓷在商代早期基本成熟，这已为学界所公认。商代原始瓷无论是从北方诸如郑州商城还是从南方东苕溪流域的原始瓷窑址产品来看，已相对较为成熟，至少胎土的选择上已与晚期原始瓷很接近，不仅相当稳定，且与印纹硬陶的胎有较大的差别，当是人工有意选择而为；部分器物人工施釉痕迹明显，可以称得上真正的原始瓷器了。但原始瓷也应该有其发展过程，最早、最"原始"的原始瓷出现于何时呢？它是如何起源的？与印纹硬陶或陶器的关系如何？由于之前商以前的原始瓷材料少之又少且有争议，因此关于原始瓷的起源时间及起源过程仍是需要解决的重大学术问题。

一、北方地区夏代"原始瓷"材料

夏代的"原始瓷"材料，目前见诸报告的，在二里头有零星发现，数量仅数片，其中最大的一件出土于二里头遗址宫殿区一座贵族墓葬的填土中[1]，为长流平底盉的口沿残片，宽沿，折敛口，长颈，圆肩，长颈及肩部有弦纹，肩部通体拍印云雷纹。胎体较薄，胎色青灰，质地较细密，硬度较大，吸水性较弱。器表施青绿色釉（图2-1）。

从此件器物的外观来看，其胎色青灰，夹杂有较多的黑色杂质，总体上看颗粒较粗而略显粗糙，与商代原始瓷浅灰或灰白色细腻胎相比有相当的差距；釉色集中在一侧的肩部、颈部及口沿上，施釉区域不规则，釉层厚薄不均，并从中心

图2-1 河南偃师二里头宫殿区贵族墓填土出土带釉器物

---

1 孙新民主编：《中国出土瓷器全集·河南卷》，科学出版社，2008年，第1页。

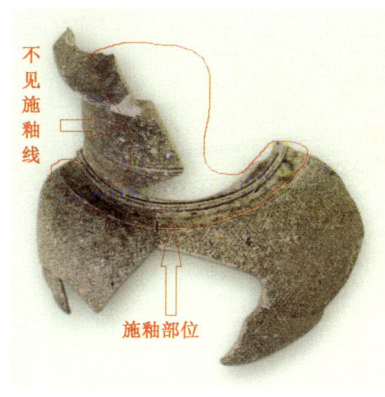 

图 2-2　河南偃师二里头带釉器物施釉部位　　图 2-3　德清水洞坞商代窑址标本的青灰色胎与黑色斑点

图 2-4　德清水洞坞商代窑址出土带釉印纹硬陶　　图 2-5　德清水洞坞商代窑址标本内颈轮制痕与内腹凹窝

区域向四周逐渐变薄直至完全消失，有釉区域与无釉区域之间不见明显的施釉线。颈部有明显的轮制痕迹，内腹有密集的凹窝（图 2-2）。

此种胎釉情况在南方地区特别是东苕溪流域的印纹硬陶上常见，德清水洞坞商代窑址以生产印纹硬陶为主，胎色以青灰色、紫红色、土黄色等为主，多夹杂有黑色的斑点状杂质（图 2-3）；相当一部分器物带有青褐色釉，施釉部位不大，主要集中在器物肩部、长颈部及口沿同一侧的小范围内，釉层厚薄不一，由中心向四周逐渐变薄且不见施釉线（图 2-4）；肩部及口沿施弦纹，通体拍印细密云雷纹；颈部见有显明的轮制或轮修留下的轮旋痕，内腹部有密集的凹窝（图 2-5）。一般认为此类器物上的釉色不是人工施釉而是自然形成的，我们所做的分析测试结果也表明，其釉的成分与窑壁上的窑汗成分更接近，而与后期原始瓷釉的成分差别较大[1]，因此可能是与窑壁上的窑汗形成机理相似。

因此二里头遗址出土的此类带釉器物性质很可能与印纹硬陶相似，是自然形成的釉。

二、东苕溪流域夏代原始瓷材料

东苕溪流域夏代的材料极少，带釉的"原始瓷"材料目前仅见于窑址中，共有四处窑址两个类型：瓢山类型与北家山类型（图 2-6，图 2-7）。

---

[1] Min Yin, Thilo Rehren, Jianming Zheng. The earliest high-fired glazed ceramics in China: the composition of the proto-porcelain from Zhejiang during the Shang and Zhou periods (c. 1700- 221 BC). Journal of Archaeological Science (2011) 1-14.

图2-6 东苕溪流域夏代窑址环境

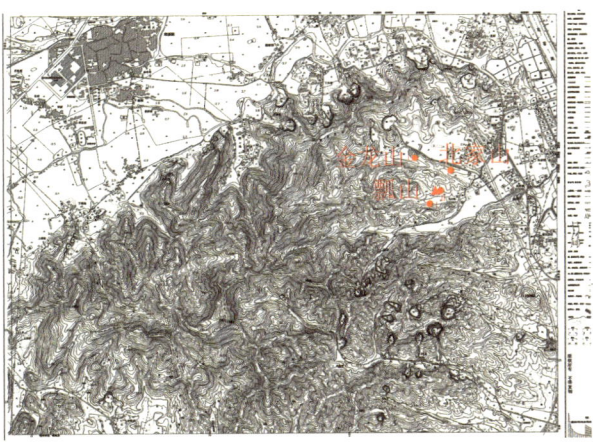
图2-7 东苕溪流域夏代窑址分布图

1. 瓢山类型窑址

瓢山类型窑址共发现三处：瓢山Ⅰ区、瓢山Ⅱ区、金龙山Ⅰ区。面貌基本一致，其中瓢山Ⅱ区经正式发掘。

产品主要包括印纹硬陶与原始瓷两种（图2-8）。以TG4⑦层为例，包含物以硬陶为主，少量的原始瓷片。硬陶约占50.7%、原始瓷约占37.3%、生烧片约占11.8%。硬陶中灰黑胎占68.7%、紫红色胎约占31.3%，胎色多不纯；原始瓷灰黑胎为主，少量的紫红色胎，胎色不纯，多呈夹心状，胎质疏松，尤以灰黑胎为甚。

整个窑址产品无论是原始瓷还是硬陶，胎基本一致：胎色较深，多呈灰黑色、青灰色、紫红色、土黄色等，且多不纯净，大多数胎呈夹心饼干状，内灰黑外土黄、内土黄外青灰色等；胎质较疏松，夹有大量的大小不一气孔，吸水率较高；胎质较细；火候较高，胎质较硬，除一部分生烧瓷片外，几乎不见软陶（图2-9、图2-10）。

图2-8 瓢山类型夏代窑址部分标本

图2-9 瓢山类型夏代窑址部分产品胎质

图2-10 瓢山类型夏代窑址部分产品胎质

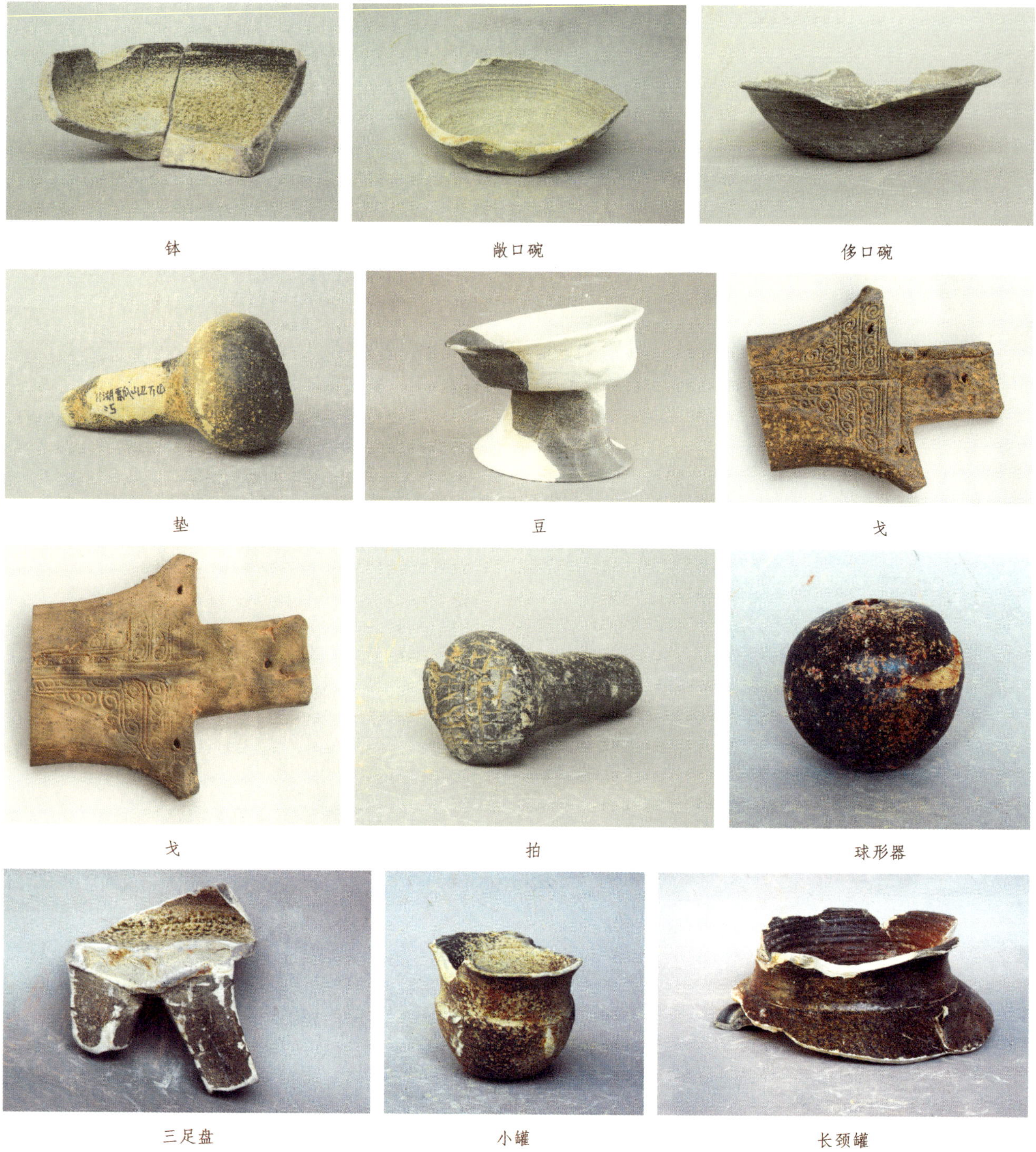

钵	敞口碗	侈口碗
垫	豆	戈
戈	拍	球形器
三足盘	小罐	长颈罐

图2-11 瓢山类型夏代窑址部分原始瓷产品

原始瓷主要器型包括钵、三足盘、长颈罐、大翻折沿罐、豆、网坠形器、垫、拍等（图2-11）。施釉部位多位于器物朝上的部分与器体的一侧，如三足盘的内侧、罐类器物的肩部及口沿等，较厚釉层都往往集中于器物的一侧局部、如罐的肩及颈、豆柄的一侧，施釉线不清晰，有釉与无釉处逐渐变薄过渡。多数器物釉层极薄，仅在局部釉的小范围内釉层较厚，向四周逐渐变薄而呈极薄的点状，厚釉处施釉不均匀，呈点状凝釉，玻化程度较高，玻璃质感强，但胎釉结合差，剥釉严重。釉色呈较深的黑褐色、棕褐色或青色的（图2-12）。

而无釉素面器物，外表多呈深色的黑褐色或棕褐色衣或膜，内腹则或施或不施（图2-13）。此类陶衣极薄，近似于本地区马家浜文化时期的红陶衣，或良渚文化时期的黑皮陶上的陶衣，光洁、未玻璃化，不具有玻璃质感，但与其他陶器，如印纹硬陶或不施陶衣的内腹部有明显区别，当是人工有意施加的一种外表美化或装饰或光洁化工艺。此种工艺似乎与原始瓷关系紧密，几乎所有的原始瓷器均带有此种陶衣：三种盘、碗类器物，或内腹有较厚的釉，外腹施有黑衣，或在内腹亦为黑衣的基础上呈现出棕褐色斑点状薄釉；长颈罐类较大型的器物，除有釉的部位外，均为棕褐色或黑褐色外衣所覆盖。

原始瓷以素面为主，偶见少量的纹饰装饰，主要有云雷纹、弦纹以及刻划符号等。云雷纹构图较为丰富，一般呈圆角的卷云状为母体纹饰，或呈对卷的勾云状，或在大的卷云外密布小的卷云头，或呈圆角云雷纹状，一般位于三足盘类器物的足面、近足根的下腹部，罐类器物的腹部，一件戈的正反面均有密布的云雷纹。弦纹可分成凸弦纹与凹弦纹两种，见于豆柄、三足盘的足面上，三足盘的足面均为细凹弦纹，且多呈多道一组的横短下线状（图2-14、图2-15）。装饰技术基本为刻划。

除纹饰外，原始瓷上还偶见有刻划符号，多为简单的指甲印形短弧线，也有十字形纹图案。一般位于罐类器物的口沿、肩部等，也见有小型器物的腹部及底部（图2-16、图2-17）。

印纹硬陶以翻折沿束颈罐占绝大多数，少量的长颈罐。翻折沿罐则尖唇、宽沿外翻，束颈，垂腹或鼓腹，凹圜底；沿面有多道弦纹，通体拍印纹饰。长颈罐尖圆唇，侈口，长颈，圆肩，颈肩间折棱明显，近垂腹，凹圜底；长颈内腹一般有多道弦纹，外颈素面；一般通体饰有纹饰。印纹硬陶纹饰以曲折纹占绝大多数，也见有方格纹、曲折纹与云雷纹的复合纹饰，无论是曲折纹还是云雷纹，均较粗放（图2-18、图2-19）。

硬陶除拍印纹饰外，部分器物还带有釉。不带釉的印纹硬陶一般不见有类似于原始瓷的陶衣，胎色较浅或胎内心较深，而内外表较浅。带釉器物施釉部位相当特殊，一般多位于器物的外底部，外底中心釉层最厚，而向四周逐渐变淡变浅，内腹则完全不见有釉，内表胎色较浅，多呈浅灰或灰白色，并且外腹常见有黑褐色的薄衣（图2-20）。

无论是原始瓷还是印纹硬陶，罐类大型小口类器物内腹不平，均有较多的凹窝，印纹硬陶凹窝更密集且更深。原始瓷外腹光洁，许多器物可看到外腹极细密的横向涂抹痕迹，口沿部分旋纹多数较为规则，也有不甚规则者，判定此类器物为手制泥条盘筑成型或经过慢轮修整。小件器物如钵类内外腹均光洁，内腹常有不明显的轮旋痕迹，当为轮制成型，外底则有明显的切割痕迹，为轮制加手制修整。豆按其豆柄粗细可分成两种类型：粗柄豆与细柄豆，粗柄豆圈足粗大，为轮制成型，而细柄豆柄则为手制后修刮干净，无论是细柄豆还是粗柄豆，豆盘与豆柄分制黏结而成（图2-21、图2-22）。

装烧方法上，部分原始瓷器物底部黏结有大块的砂结块，明显是从窑炉底部黏结上来，几个窑址均未发现有窑具，因此推定器物直接置于窑床上烧造（图2-23、图2-24）。原始瓷由于普遍施有釉或深色薄衣，釉多位于器物的上半部分或内腹部，未见外底带釉的情况，且深色薄衣上腹部、下腹部与外腹颜色几乎一致，如果是叠烧的话，则叠压部位颜色当有所差异，据此判定，原始瓷可能多为

长颈罐施釉部位：集中于一侧　　长颈罐施釉部位：集中于一侧　　长颈罐施釉部位：另一侧无釉　　长颈罐施釉部位：肩部厚釉

长颈罐施釉部位：与带釉肩相对一侧口沿上釉　　长颈罐釉部位：内腹无釉但有红褐色涂层　　长颈罐施釉部位：集中于一侧　　长颈罐施釉部位：集中于一侧

长颈罐施釉部位：肩部厚釉　　长颈罐釉部位：内腹无釉　　长颈罐肩颈部星点状薄釉　　三足盘内腹厚釉

三足盘外腹黑色涂层　　三足盘内腹点状较薄釉　　三足盘外腹黑色涂层　　豆盘内腹厚釉

豆柄近足端处星点太薄釉　　豆柄内腹元釉　　侈口碗内腹较厚釉　　侈口碗外腹无釉但有黑色涂层

侈口碗内腹星点状薄釉　　侈口碗外腹无釉　　钵内腹厚釉　　小罐外腹一侧星点状薄釉

小罐口沿一侧星点状薄釉

图 2-12　瓢山类型夏代窑址部分原始瓷产品施釉部位

长颈罐外腹深黑色衣　　　长颈罐内腹　　　长颈罐外腹黑衣　　　长颈罐内腹浅黑色衣

长颈罐外腹紫黑色衣　　　长颈罐内腹　　　长颈罐外腹浅黑色衣　　　长颈罐内腹

长颈罐外腹紫红色衣　　　长颈罐内腹紫红色衣

图 2-13　瓢山类型夏代窑址部分原始瓷外衣

罐上的粗大云雷纹　　　罐上的粗大云雷纹　　　三足盘上的细小云雷纹与足面上弦纹

三足盘足面上细弦纹　　　盘类器物腹部的刻划直条纹　　　豆柄上的细弦纹

图 2-14　瓢山类型夏代窑址部分原始瓷装饰

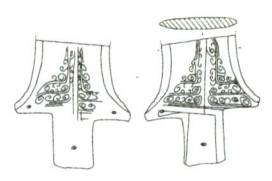  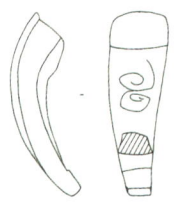  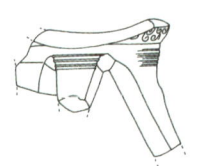

戈上的云雷纹　　三足盘足面上云雷纹　　三足盘足面上云雷纹　　三足盘足面上云雷纹　　三足盘下腹部云雷纹及足面上细凹弦纹

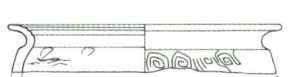  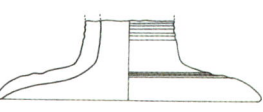 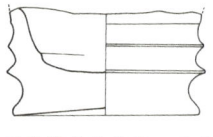

罐肩部云雷纹　　　　罐腹部云雷纹　　　　豆柄上细凹弦纹　　　不明器物上的凸凹弦纹

图 2-15　夏代瓢山类型窑址原始瓷装饰纹样

原始瓷长颈罐上刻划符号　　　　　　原始瓷钵上刻划符号

原始瓷侈口碗上刻划符号　　　　　　原始瓷长颈罐口沿上刻划符号

图 2-16　瓢山类型夏代窑址原始瓷钵上刻划符号

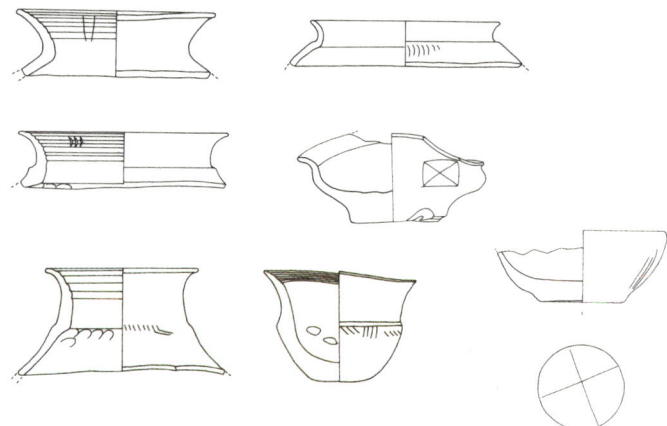

图 2-17　夏代原瓢山类型窑址原始瓷的刻划符号

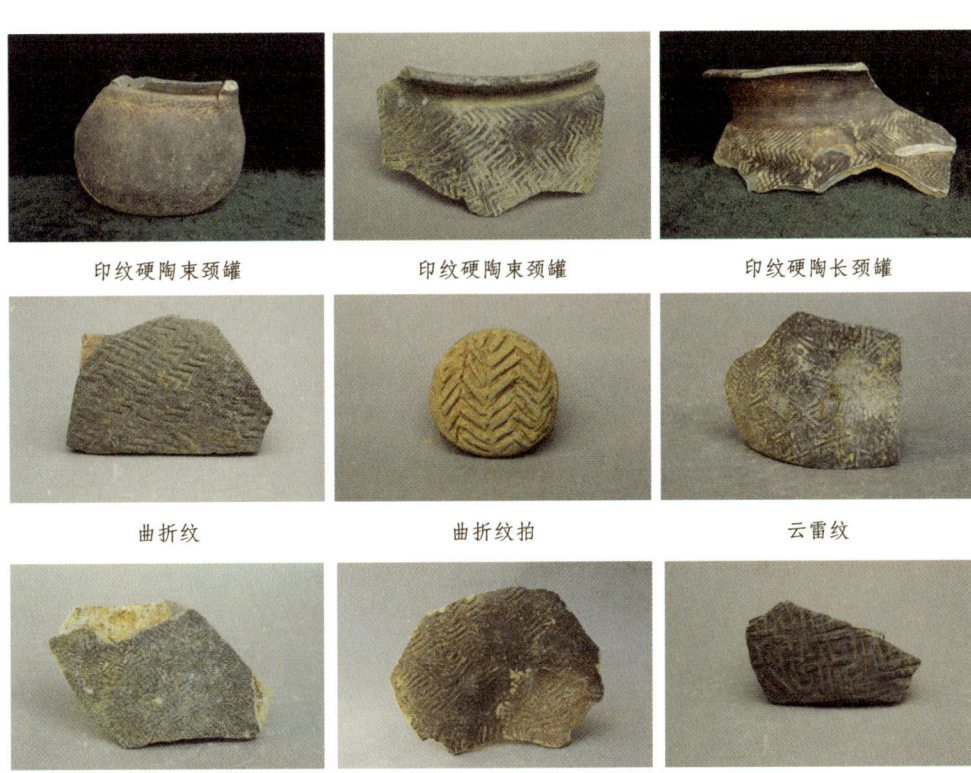

图 2-18 瓢山类型夏代窑址部分印纹硬陶产品

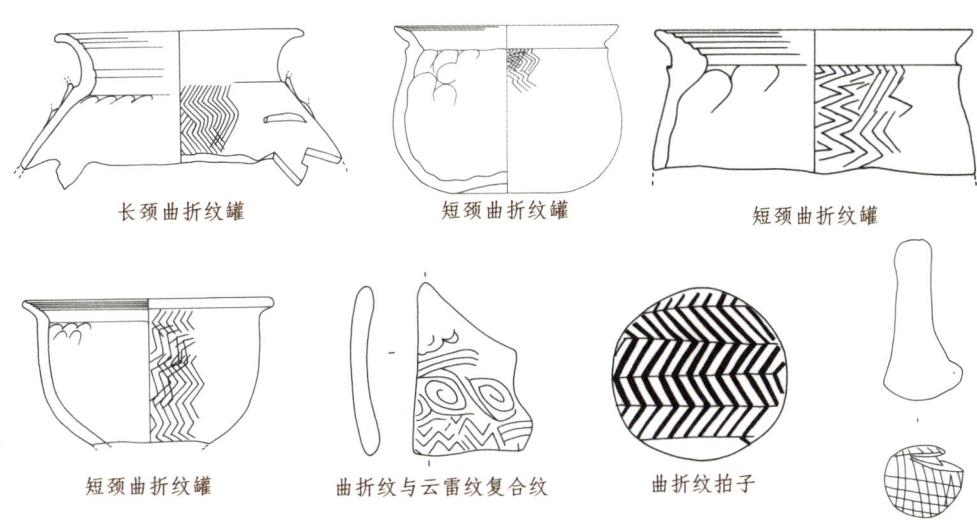

图 2-19 夏代瓢山类型窑址出土主要印纹硬陶器型

图 2-20　瓢山类型夏代窑址部分印纹硬陶产品施釉部位

单位装烧。当然这很影响装烧量，但由于釉烧熔后很容易黏结，在没有很好解决叠烧器物间隔的问题下，单件装烧当是烧造原始瓷器迫不得已而为之。此种情况其实在西周至春秋早期时期还相当普遍，以火烧山窑址为例，其西周晚期至春秋早期的产品主要是大量的浅弧腹碗或碟类器物，内腹经常黏结有大块的窑渣块，而外底黏结有窑床上的窑砂粒，确证为单位装烧，说明当时窑炉的装烧量是相当少的。而此种问题的稳定解决要到春秋中期左右，这一时期出现近小锥形的间隔具，置于小件器物的内底，多件叠烧，可以增加产量且不至于大面积地破坏内底釉面（图 2-25）。

瓢山 II 区发现窑炉一条，虽遭严重破坏，窑尾不存，保留部分火膛、两侧壁，可以确定是条龙窑，这是目前已知最早烧造瓷器的窑炉。残长 4.2 米、西头上坡处宽 2.9 米、东头下坡处宽 2.2 米、坡度 22°。东头下坡处坡度较缓，表面烧结严重，为火膛所在，火膛与窑室之间低缓坡过渡，不见垂直的断坎。残存的窑室南部虽然窑壁不存，但边线平直且窑炉底部下凹于生土层中，是其南壁所在；北边在残存的中段保存有一小断窑壁，长约 1 米、残高 0.2 米、厚 0.2 米左右，内侧烧结严重，壁体为草拌泥，因长期烧烤而呈红色。窑室底部呈红褐色，不甚平整，未见窑底铺砂现象。窑炉底部土层中夹杂有少量的原始瓷与硬陶片，显示该窑炉经过多次修整再利用。窑炉上为大量的红烧土块与烧结块，为窑炉坍塌形成，红烧土块与烧结块均较破碎，土层中并包含有较多的陶片与原始瓷片，显示该窑炉坍塌后亦经过后期的扰动（图 2-26）。

印纹硬陶的装烧可能与原始瓷有所不同。从整体上看，印纹硬陶外观差别更大（图 2-27），不仅生烧比例高，而且正烧产品呈灰白色、棕褐色、浅黄色、黑褐色等多种颜色，与原始瓷普遍呈深褐色相差较大。这可能是前后窑位不同造成的，而高低不同窑位可能是形成类此面貌的另一原因，即印纹硬陶存在着叠烧的可能性。印纹硬陶外观呈现出的多种颜色可算是叠烧证据之一。此外，外底

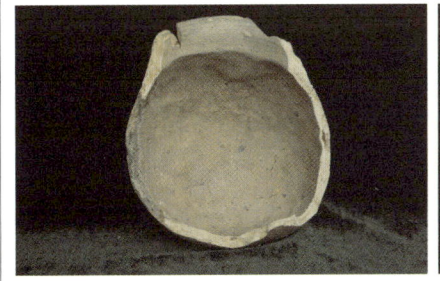
印纹硬陶内腹密集较深凹窝

印纹硬陶内腹密集较深凹窝放大

印纹硬陶罐内腹明显经涂抹过的浅凹痕迹

原始瓷长颈罐光洁外腹

原始瓷长颈罐内腹不规则弦纹

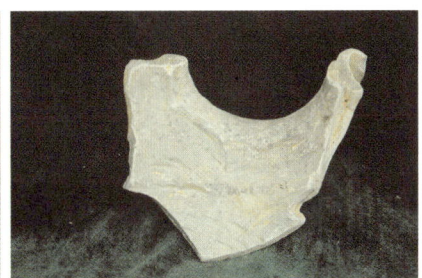
原始瓷长颈罐内腹制作痕迹

原始瓷长颈罐内腹明显经涂抹过的浅凹痕迹

原始瓷豆柄内腹粗疏轮旋痕迹

侈口碗内腹轮旋痕迹

侈口碗内腹轮旋痕迹

敞口碗内腹轮旋痕迹

敞口碗内腹轮旋痕迹

敞口碗外底修割痕迹

细柄豆柄手制痕迹

图 2-21　瓢山类型夏代窑址部分产品制作痕迹

原始瓷内腹凹窝

图 2-22　夏代瓢山类型窑址出土部分产品内腹凹窝痕

图 2-23　瓢山类型夏代窑址原始瓷底部黏结砂结块

豆盘　　　　印纹硬陶内腹凹窝　　　　豆柄

豆柄　　　　钵　　　　三足盘

图 2-24　夏代北家山类型窑址原始瓷

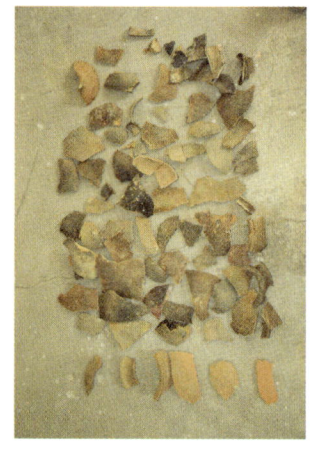

图 2-27　瓢山类型夏代窑址部分地层出土器物概观

带釉印纹硬陶底部叠烧痕迹　　　　带釉印纹硬陶底部叠烧痕迹且叠烧部位严重变形

图 2-28　瓢山类型夏代窑址部分产品叠烧痕迹

原始瓷浅弧腹碗内腹窑渣

原始瓷浅弧腹碗外腹窑底砂

原始瓷小盂内腹窑渣

原始瓷小盂外腹窑底砂

间隔具

间隔具

器物内底间隔具

不同器物叠烧

同类器物叠烧

图 2-25 德清火烧山西周春秋时期窑址装烧方法

图 2-26 瓢山类型夏代窑址窑炉东南—西北

带釉的印纹硬陶，一般外腹呈较深的深褐色，内腹则呈浅灰白色，且外表干净，绝无窑渣掉落的现象，判定此类器物为倒置烧造，而口沿又见有黏结砂粒的现象，很可能是两件同类器物口部对扣叠烧，此其叠烧证据之二。部分带釉器物的外底部有明显的叠烧痕迹，但叠烧痕迹均较小（图 2-28），两件同类器物对扣相叠后，再在其上叠置较小形的器物，如小罐等。此为叠烧证据之三。据此，印纹硬陶与原始瓷多单件装烧不同，可能普遍使用叠烧方法，一般是两件同大的器物口部对扣叠烧，也可能再上其上叠置一件小型器物而三件叠烧。

2. 北家山类型窑址

目前仅发现北家山一处，该窑址位于瓢山Ⅱ区东北约 30 米处，进行过小范围的试掘。主要产品仍为原始瓷与印纹硬陶两大类，只不过与瓢山类型窑址以印纹硬陶为主不同，此处窑址产品以原始瓷为主，印纹硬陶数量较少。以主要地层 TG1③层为例，原始瓷约占 66.1%、硬陶约占 12.2%、生烧片约占 20%，夹砂软红陶占 1.7%（图 2-29）。

原始瓷器型以豆占绝大多数，其次是三足盘，极少量的长颈侈口罐与钵类器物。豆盘为宽沿，沿面上斜，斜直腹较深。豆均为宽沿斜直腹较深，粗柄豆不见，细柄较厚重，喇叭形高矮不一，以较高者为主，足端不见缺口。三足盘浅坦腹，三足细高，足端外撇、足根内聚于盘外腹中心，足截面多呈圆角三角形，足面与两侧面之间折棱较明显，足面较平，两侧面之间多呈圆角。长颈侈口罐与钵类器物与瓢山类型基本一致，罐为侈口，长颈，圆肩，颈内腹有粗弦纹；钵为弧敛口，浅弧腹，平底（图 2-30、图 2-31）。

原始瓷胎色普遍较浅，以青灰胎为主，约占 83.2%、灰黑胎占 16.8%，无论是青灰胎还是灰黑胎，胎色均较纯，几乎不见瓢山窑址夹心胎的现象，但仍普遍夹杂有较多的黑色小斑点；火候高，胎质较细而硬，但仍见胎质略疏松而呈大量气孔的现象；较南山窑址商代早期地层中出土原始瓷豆胎色略深而疏松（图 2-32）。

豆、三足盘的釉见于盘的内腹、豆柄外腹部，其中釉色主要呈青釉与黑褐色两种（图 2-33），青灰胎施青釉，釉层厚、玻璃质感强（图 2-34），灰黑胎釉色较深，釉层薄，呈黑褐色，部分器物玻璃质感不强（图 2-35）。从部位上看，豆盘、三足盘内腹一般满釉、釉层厚、玻璃质感强，而豆柄通常在一侧或一侧及足端外撇部分有釉，局部釉层厚，玻璃质感强，不见施釉痕迹。长颈罐施釉方式与釉色与瓢山类型接近，釉位于颈及肩、上腹部的一侧局部范围内，由釉的中心向四周逐渐变薄变淡，直至消失。除施釉器物外，也有相当一定数量的器物外腹见薄衣现象，一般呈较深的黑褐色，极薄，不见玻璃质感（图 2-36）。

装饰以素面为主，但也有一定比例的装饰器物。主要见于豆柄、三足盘的足面上，有细弦纹、细弦纹组成的弦纹带、细弦纹组成的菱形网格纹、云雷纹等。均为细线刻划，不见有拍印。豆柄上也有镂孔装饰，偶见豆柄足端有三个小缺口的现象。也偶见盘类的外腹有刻划装饰（图 2-37、图 2-38）。

豆与三足盘一般手制与轮制结合，盘用轮制，内腹有粗疏的轮旋痕，外上腹光洁，下腹有修刮痕；豆柄与盘足则为手制，部分豆柄外壁有明捏或纵向刀刮痕迹，但较细平，内壁旋挖而成。制作好后再拼接而成。径颈罐的制作方式与瓢山类型相似（图 2-39、图 2-40）。

图 2-29　北家山窑址 TG1 ③出土部分器物

　　豆　　　　　　　　　豆　　　　　　　　豆柄

　　三足盘　　　　　　　　　　　钵

图 2-30　北家山类型夏代窑址部分原始瓷

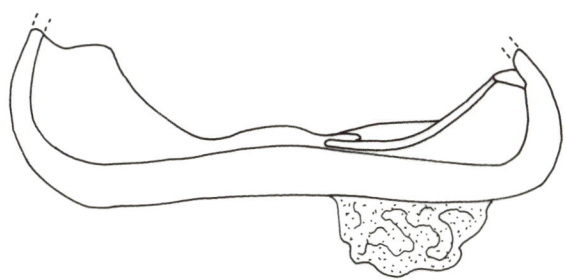

图 2-31　瓢山类型夏代窑址原始瓷底部黏结砂结块

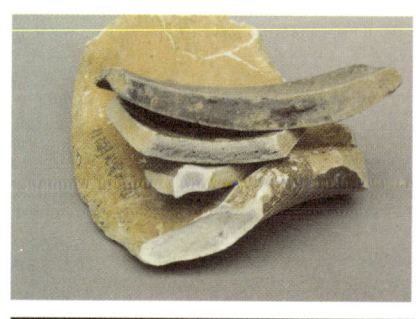

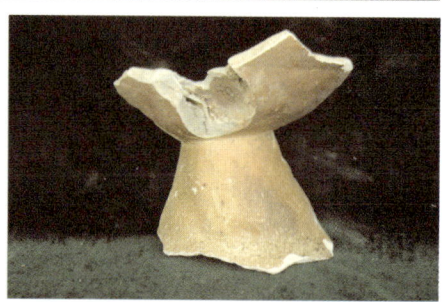

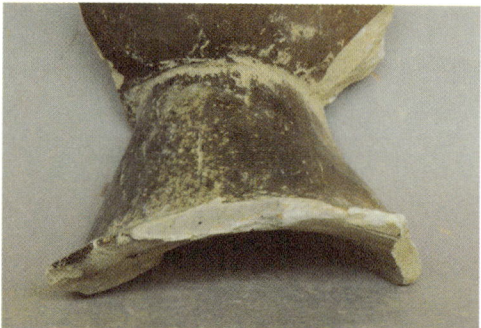

图 2-32　北家山类型夏代窑址原始瓷胎

图 2-33　北家山类型夏代窑址原始瓷釉色

图 2-34　北家山类型夏代窑址原始瓷青釉

图 2-35　北家山类型夏代窑址原始瓷褐釉

图 2-36 北家山类型夏代窑址深色薄衣

豆柄足端缺口	豆柄上刻划	豆柄上刻划	豆柄上镂孔与刻划

豆柄上刻划	豆盘上刻划符号	豆柄上镂孔与刻划	三足盘足面刻划

三足盘足面刻划	三足盘足面刻划	豆柄足端缺口	三足盘足面刻划

图 2-37 北家山类型夏代窑址原始瓷装饰

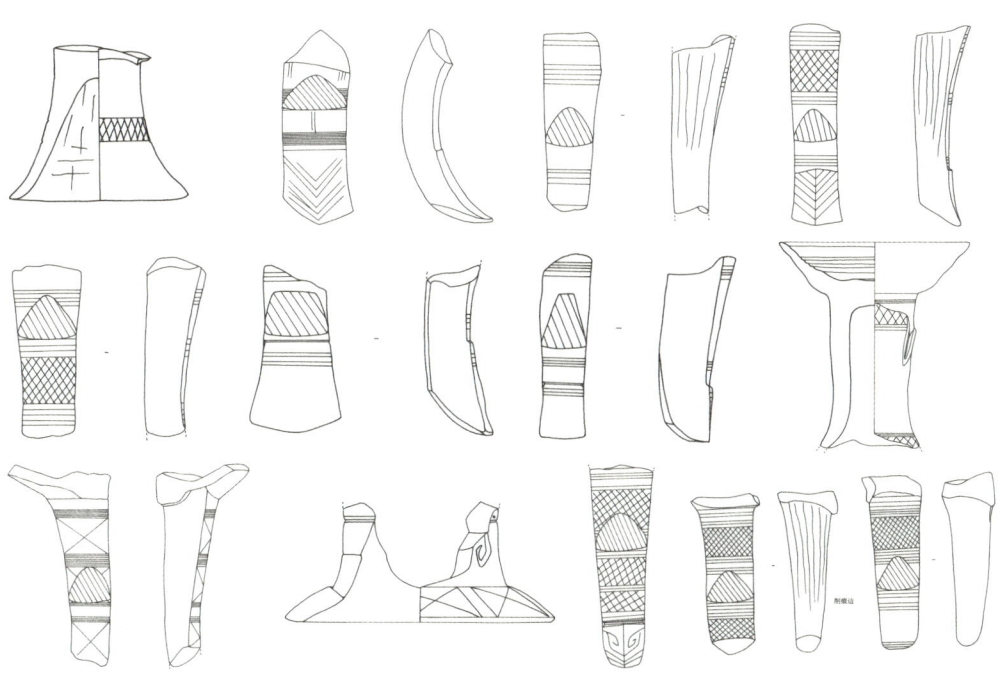

图 2-38　夏代北家山类型窑址原始瓷装饰纹样

豆柄内腹修刮痕迹

豆柄内腹修刮痕迹

豆柄与豆盘的拼接

钵外下腹与底修刮痕迹

钵外底修刮痕迹

图 2-39　北家山类型夏代窑址原始瓷制作痕迹

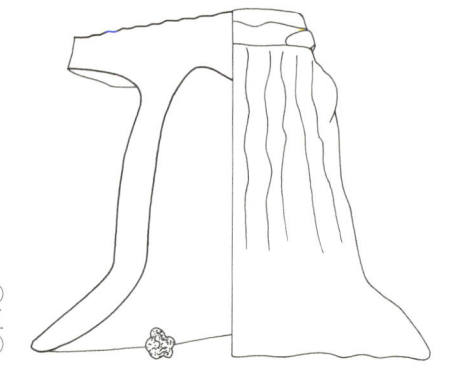

图2-40 夏代北家山类型窑址原始瓷制作痕迹

印纹硬陶罐上的叠烧痕迹

豆柄底部黏结的窑砂

图2-41 北家山类型夏代窑址装烧工艺

由于试掘处地层较薄,而试掘面积较小,仅数平方米,因此出土标本较少。在出土的标本中尚不能确定是否有叠烧情况。在豆柄等器物的底部见粘有窑渣块的现象,应当为单件直接置于窑床上烧造(图2-41)。

印纹硬陶器型主要有长颈侈口罐和宽沿束颈罐两种,长颈侈口罐为尖圆唇,侈口,长颈,圆肩,肩颈间折棱明显。宽沿束颈罐则为宽沿外翻,束颈,圆肩。外腹均通体拍印纹饰,主要有方格纹与云雷纹等(图2-42、图2-43)。

印纹硬陶胎色多呈灰黑、紫红与灰白色,比例基本一致,与原始瓷一样,胎色均较纯,无论是灰黑胎还是紫红胎,亦几乎不见夹心现象。其中灰白色胎器物无论是胎色还是胎质,与原始瓷极为相像。

印纹硬陶部分器物仍带有釉,尤其是灰白色胎的器物,带釉较为普遍。一部分带釉位置与瓢山类型相似,居于器物的外底部,中心釉层厚,玻璃质感强,向器物的下腹部逐渐减淡变薄;部分器物与瓢山类型的原始瓷相似,在肩、颈、口沿一则带釉,局部釉层厚,向四周变薄变淡。其与原始瓷的唯一区别在于原始瓷不拍印纹饰,而此类器物通体拍印纹饰。

装饰工艺上,由于标本过少,不能确定。一件器物外底见有叠烧的痕迹,而内底与腹则较为干净(图2-41),因此判定其叠烧方式可能仍与瓢山时期一样,两件相同的器物口部对扣叠烧,部分器物上部再叠烧一件小型器物。

3. 南山窑址第一期(商代早期)产品

南山窑址整体上应该属于商代,共可分成五期,最早从商代早期延续至商代晚期,其第一期的产品据C^{14}年代测定及类型学排比,约在公元前3560年左右,

肩颈部的釉　　　　　　　　　　　　　胎

肩颈部的釉　　　　　胎质与制作痕　　　　底及下腹部的釉

图2-42　北家山类型夏代窑址带釉印纹硬陶

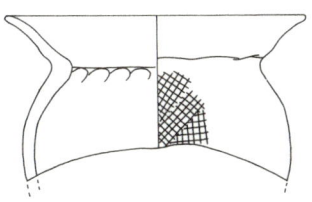
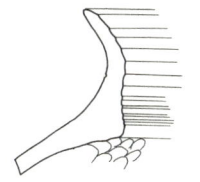
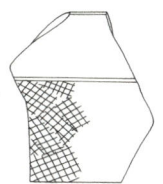

图2-43　夏代北家山类型窑址印纹硬陶

也即相当于商代早期。与瓢山、北家山窑址具有前后承接的关系，因此为了材料的完整性，第一期的材料于此处一并介绍[1]。

器类较为单一，以豆为主，少量的钵、盂与印纹硬陶。豆基本为A型Ⅰ式与Ⅱ式，前期以A型Ⅰ式为主，后段T402第13—14层以A型Ⅱ式为主，偶见C型Ⅰ式豆、D型、G型Ⅰ式。钵数量不多，但种类齐全，盂数量极少。

A型Ⅰ式豆敞口、宽沿略向上斜，沿腹间折棱不明显，沿面素面或有细浅的弦纹。斜直腹较深，底较尖而小；圈足低矮，足缘较直。足缘有三个半圆形小缺口，等距分布。

A型Ⅱ式豆敞口、宽沿较平，沿腹间折棱明显，沿面有数道细凹弦纹。斜直腹仍较深，但部分已变浅，底较Ⅰ式略大而平；除低矮圈足，部分圈足增高，足端外撇。足缘有三个半圆形小缺口，等距分布。

D型豆宽沿较平，但不外翻，腹极浅，浅平坦，内腹有较细密清晰的旋纹。高大喇叭形圈足。

G型Ⅰ式豆尖圆唇，弧敛口，弧腹较深，底较小，圈足较高外撇。口沿上有细凹弦纹，并残存的细扁泥条形耳一个，足端有三个半圆形小缺口。

---

1 浙江省文物考古研究所等：《湖州南山商代原始瓷窑址发掘简报》，《文物》，2012年第11期。

A 型钵圆唇宽沿、弧敛口，浅弧腹斜收，平底，底腹间折棱不明显。沿面上有多道较粗的凹弦纹，沿、腹间堆贴有肩泥条小耳，一般三个等距分布。

B 型钵宽沿折敛口钵。圆唇宽沿、折敛口，浅弧腹斜收，平底，底腹间折棱明显。沿面上有多道较粗的凹弦纹，沿、腹间堆贴有肩泥条小耳，一般三个等距分布。B 型 I 式钵为窄沿弧敛口、深弧腹，小平底。

C 型 I 式钵圆唇宽沿，折敛口，浅弧腹斜收，平底，底腹间折棱凸起。沿面上有多道较粗的凹弦纹，部分器物沿、腹间堆贴有肩泥条小耳，一般三个等距分布。

D 型钵尖圆唇，弧敛口，弧腹较浅，小平底，底腹间折棱明显。

E 型钵尖圆唇，折敛口，弧腹较深，小平底，底腹间折棱明显，沿面有多道细凹弦纹（图 2-44、图 2-45）。

无论是原始瓷还是印纹陶，胎色、胎质基本一致：胎色浅灰，质量高的器物胎质细腻坚致，烧结度高，多数器物含有极细的黑色斑点（图 2-46）；气孔较普遍，或起泡现象较为严重（图 2-47）。

普遍施釉，一般位于豆盘的内腹与钵的口沿及内腹部，质量差别较大，质量较佳者釉色青翠，釉层厚，胎釉结合好，玻璃质感强，但多数器物釉色呈较深的灰色，釉层薄，施釉不均匀，玻璃质感不强（图 2-48）。豆盘内腹釉色最佳（图 2-49），施满釉，通体釉层较厚而均匀，但凝釉明显（图 2-50）。外腹则多不施釉，而带有较深色极薄衣（图 2-51），其中薄衣的颜色与内腹的釉色有对应关系：内腹釉色越佳，釉色越厚而青绿，则外腹颜色较浅；内腹釉色欠佳，呈棕褐色而较薄，玻璃质感不强，而外腹颜色亦较深（图 2-52）。豆柄的足部通常仅在一侧局部有釉，呈条带状且主要集中在中下部，中心部位釉色、釉层厚度、玻璃质感一般与豆盘内腹近似，向四周逐渐变薄变淡；除条带状釉区外，大喇叭圈足的外撇部位同样有釉，但通过不如条带状区厚、玻璃质感强，一般较薄，且分布不均匀（图 2-53）。钵类器物釉一般位于器物的内底与内腹部，以内底为最厚，向上腹部逐渐变薄，仍不见施釉浅，折沿的口沿下面一般逐渐过渡并消失；亦见有内腹及口沿的一侧局部釉较厚而佳的情况（图 2-54）。

素面为主，少量的器物装饰有纹样，主要见于豆柄、钵腹与底、盖面等，均为细线刻划，线条细密，构图规整，纹样有曲折纹、近叶脉纹、网格纹等，其中盖面纹饰最为复杂，共发现两件，构图基本一致，可能具有某种特殊的含义。也见有简单的刻划符号。钵类器物的口沿下常见有扁泥条形的鋬（图 2-55）。

轮制成型结合手工修整。豆盘及钵的内腹可见清晰的轮旋痕，豆盘及钵外下腹、豆柄外腹部、钵底部为手工修刮而成，豆柄内侧用片状工具掏挖而成，而钵类器物的鋬则堆贴后在黏结处有明显的修抹痕迹（图 2-56、图 2-57）。

窑址中未发现窑具，部分器物底部黏结有大块烧结块，为直接置于窑床上装烧。原始瓷豆通常见有叠烧情况：豆柄直接置于豆盘内腹，黏结的材料发现两件叠置，也有标本内底中心有叠烧痕迹，外腹黏结有同类器物的口沿，由此判定当时可能以三件左右叠烧为主。钵类大口平底器一般内腹较薄釉且有落渣，外腹黏结有窑底砂粒，作为单件装烧的可能性比较大（图 2-58）。

印纹硬陶以长颈罐、樽类器物为主，偶见小钵。樽与长颈罐可能器型上比较接近：高领、圆肩、鼓腹，长颈内壁常见有粗弦纹，肩部有宽桥形耳与鸡冠状堆

AⅠ式豆　　　　AⅡ式豆　　　　CⅠ式豆

D型豆　　　　　　　　　　　　GⅠ式豆

钵型豆 　　　　A型钵　　　　BⅠ式钵

CⅠ式钵　　　　D型钵 　　　　E型钵

A型盂　　　　　　南山窑址第一期主要器物

图2-44　南山商代窑址早期原始瓷器

图2-45 南山商代窑址第1期部分原始瓷器物

图2-46 南山商代窑址第1期主要原始瓷胎　　图2-47 南山窑址第1期原始瓷豆盘上大气泡

图2-48 南山商代窑址第1期主要原始瓷各种釉色　　图2-49 南山商代窑址第1期原始瓷豆盘内腹釉

图2-50 南山商代窑址第1期豆盘内腹厚釉

图 2-51 南山商代窑址第 1 期不同釉色豆盘外腹　　图 2-52 南山商代窑址第 1 期青釉豆盘较浅外腹

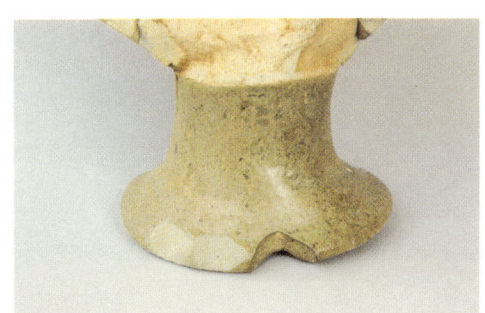
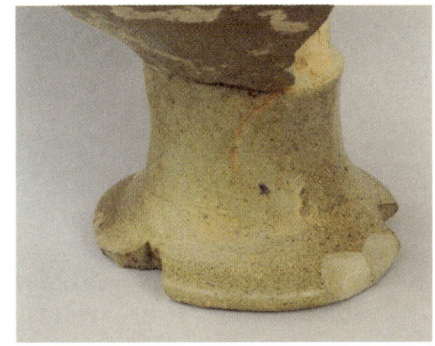

图 2-53　南山商代窑址第 1 期豆柄上的釉

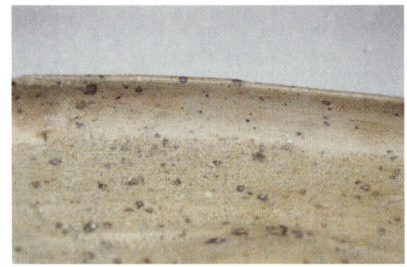 

图 2-54　南山商代窑址第 1 期原始瓷钵的施釉情况

图 2-55　南山商代窑址第 1 期原始瓷装饰纹样

豆内腹轮旋痕迹

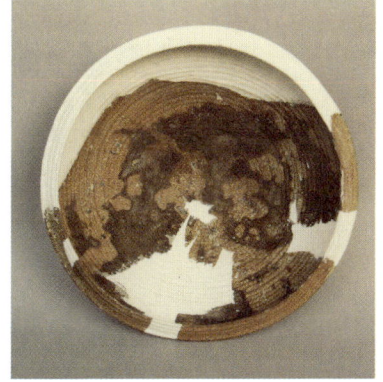
钵内腹、口沿轮旋痕迹

豆外下腹、豆柄修刮痕迹

钵外下腹、外底修刮痕迹

豆盘与豆柄的拼接

豆盘与豆柄拼接处

豆盘的拼接痕迹

豆盘的拼接痕迹

鋬粘贴处的修抹痕迹

图 2-56 南山商代窑址第 1 期原始瓷成型工艺

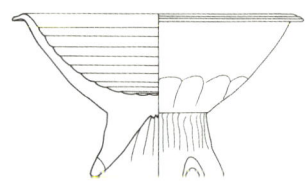 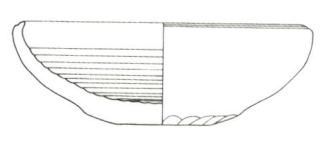 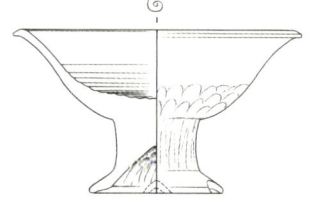

图 2-57　南山商代窑址第 1 期原始瓷制作痕迹

豆叠烧　　　　　　　　　　　　豆柄外底粘砂

豆盘内底叠烧痕迹　　　　　　　豆三件叠烧痕迹

豆三件叠烧痕迹　　　　　　　　大圈足器底粘结窑砂

钵的单件装烧痕迹　　　　　　　钵的单件装烧痕迹

图 2-58　南山商代窑址第 1 期原始瓷装烧工艺

图 2-59　南山商代窑址第 1 期印纹硬陶

图 2-60　南山商代窑址第 1 期印纹硬陶胎

塑，通体拍印纹饰。罐可能为凹圜底，而樽则为粗大矮圈足。偶见折沿、束颈鼓腹罐与直口、鼓腹、圜底略凹的小钵（图 2-59）。

胎体基本与原始瓷一致，呈较浅的青灰或浅灰白色，胎质细腻坚致（图 2-60）。

纹饰以云雷纹为主，较粗大，拍印较为杂乱，重叠重复拍印，一种云雷纹线条粗而清晰，纹饰大而较方正，另外一种纹饰仍旧较大，但呈尖菱形，线条略细。晚段（T402 第 13 层）偶见席纹与方格纹，其风格与云雷纹近似，粗大杂乱而清晰（图 2-61）。

图 2-61　北家山与南山早期窑址原始瓷胎比较

内腹有密集的凹窝，可能是拍印时承垫留下。

三、东苕溪流域原始瓷起源的探索

东苕溪流域的瓢山、北家山、南山三个夏商时期的窑址，从目前的考古材料来看，无论是胎、釉、器型、成型、装烧等工艺上看，可能构成了一个连续的发展脉络，其中瓢山最早，南山早期最晚，北家山介于两者之间，具有承上启下的桥梁作用。

产品器类上，瓢山窑址原始瓷与印纹硬陶比较，基本相似，两者兼烧，比例基本相等，原始瓷长颈罐、钵与豆等为主，豆基本为圈柄，细柄豆之柄壁亦较细薄，偶见云雷纹装饰，云雷纹转角较为圆转；印纹硬陶则主要是长颈与束颈曲折纹罐，偶见云雷纹，纹饰粗大豪放。北家山窑址虽然印纹硬陶与原始瓷兼烧，但原始瓷占据了主导地位，原始瓷粗柄豆不见，细柄豆则胎壁较厚，足端偶见带有三个半圆形小缺口，钵仍有一定数量；印纹硬陶除胎质胎色与北家山的深色胎类似外，出现少量的与原始瓷浅灰胎接近的胎色，纹饰中云雷纹的比例增加，粗大豪放而较为杂乱，器型主要是长径侈口罐。南山窑址早期原始瓷占绝对主流，少量的印纹硬陶；原始瓷器型仍主要是豆与钵两种，其中又以豆占绝大多数。豆的器形与北家山的细柄厚胎豆基本一致，但足端带缺口的装饰则成为最具特色和最普遍的装饰，几乎每器物必有；钵的器型种类较北家山有所增加，但仅存在细微

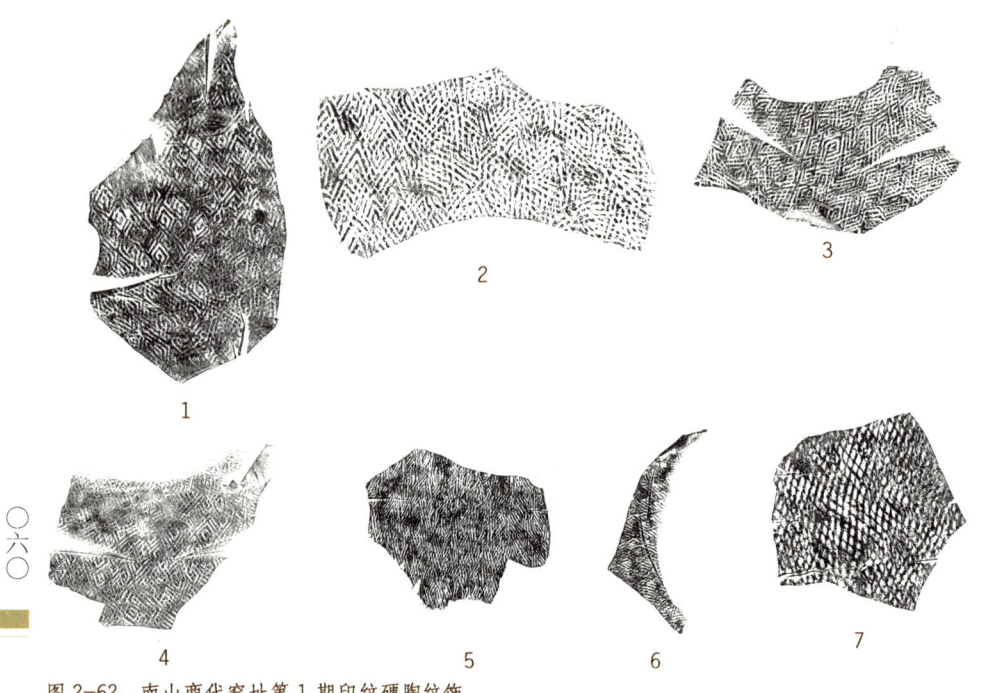

图 2-62　南山商代窑址第 1 期印纹硬陶纹饰

处的变化，其中器型不变，即敛口，深弧腹斜收，平底。印纹硬陶不见深色胎，浅色原始瓷从北家山窑址出现后成了主流，纹饰亦由北家山既已出现的浅胎硬陶上的云雷纹成为主体，偶见其他的纹饰如方格纹等，而此种纹饰在瓢山时期也已出现，瓢山窑址带方格纹拍的出现即是明证，器型仍主要是长颈侈口罐与翻折沿束颈罐。

产品器胎上，瓢山窑址原始瓷与印纹硬陶基本一致，无论是胎质还是胎色两者均十分相似，似乎原始瓷与印纹硬陶在胎质上尚未分化；以灰黑色胎为主，胎色不纯，通常胎心呈灰黑色，内外表呈浅灰色或灰白色，少量的紫红色胎；胎质较细，但普遍疏松，常见大量的气孔。北家山窑址仍保留了少量瓢山的此类胎质，但新出现浅灰或灰白色胎，胎质较细，气孔明显较灰黑色胎为少而致密，此类胎质迅速取代瓢山类型的黑灰色胎成为主流，但胎中仍普遍见有黑色的斑点；说明此原始瓷与印纹硬陶在胎质上开始分野，逐渐形成真正意义上的瓷胎。南山窑址早期，瓢山窑址作为主体，北家山窑址仍有少量保留灰黑色胎几乎完全不见，而为浅色的灰白与浅灰色胎所取代，胎质更细腻坚致，胎色较纯白而稳定。虽与北家山类似，仍有相当数量的器物夹杂有黑色斑点，但斑点的个体明显较北家山为小而少（图 2-62）。这种胎色由深变浅，胎质由粗变细、由多气孔变致密的过程，一方面与胎土的选择密不可分，另一方面，可能与火候的提高有关：瓢山时期虽然绝大多数胎色灰黑，但许多器物胎心灰黑，而内外表皮呈较浅灰白色，胎表的气温当较胎心为高，是否可证明此类器物在火候提高的情况下，亦可呈现较浅的颜色呢？

原始瓷釉色上，瓢山窑址原始瓷釉色分布范围极小，一般仅在罐类器物的肩部与口沿局部范围内，且施釉线不清晰，釉色多呈酱褐色或黑褐色，仅小范围内釉层厚，玻璃质感强；器表施深色陶衣者占多数。北家山窑址除一部分器物的釉仍与瓢山接近外，大部分器物，主要是豆，在青釉上明显进步：豆盘内腹满釉，釉层厚，玻璃质感强，釉色青绿，胎釉结合较好；与瓢山窑址接近的深色釉色比例较小，且基本不见深色的陶衣；胎与釉之间存在着一定的对应关系，胎色越浅，胎质越致密，则釉层厚而满，釉色青翠。南山窑址早期则完全不见了北家山时期的深色釉，青绿色釉的比例大大增加，豆盘内多施满釉而均匀，釉层厚，少见仅一侧局部施釉的现象；一部分釉色较差，呈棕色的薄衣状，不见玻璃光泽，较瓢山、北家山的薄衣颜色明显为浅。

图 2-63　南山商代窑址第 1 期原始瓷变形情况

　　成型工艺上，瓢山窑址主要是手制结合轮修、轮制结合手制修整结合等，大型的罐类器物可能是手制成型为主要工艺，结合口沿部位的轮修；小型的钵类器物则以轮制为主，外下腹部与底部结合手工修刮；豆由于柄较粗大，则基本以轮制为主，豆柄与豆盘分段拼接。这种成型技术为北家山窑址与南山窑址早期所沿用，大型罐类器物，无论是原始瓷还是印纹硬陶，均为手制结合轮修，而小型的钵类器则以轮制结合手工修整，唯一变化比较大的是豆的制作，由于从北家山窑址开始，豆柄变粗、胎壁变厚，因此豆盘轮制，外下腹用片状工具手工纵向修刮，豆柄的外腹亦与此相同，留有片状修刮痕迹，而内腹则多用片状工具旋挖而成（图 2-63）。

　　装烧工艺上，瓢山窑址原始瓷似乎均是单件器物直接置于窑床上烧造，而印纹硬陶可能对口扣置叠烧，这种情况可能延续至北家山窑址。到了瓢山早期，豆亦开始叠烧，这是瓷器烧造史上一个较大的改变，不仅提高了原始瓷产品的产量，更重要的是可能已经意识到叠烧时釉的黏结性并成功地解决了此问题。这种不使用间隔具直接叠烧方式，延续的时间相当地久远，从这一时期确定其出现后，几乎延续至明清时期。虽然间隔具及涩圈的选择使用可以使釉面更加完整，但在许多晚期的低档产品中，直接叠烧仍不失为一个增加产量和降低成本的好方法。

　　纹样装饰上，三个类型窑址的产品无论是原始瓷还是印纹硬陶的面貌接近并有一定的历时性。原始瓷与印纹硬陶在装饰上完全分野：原始瓷均以素面为主，偶见少量的刻划纹饰，几乎不使用拍印的印纹硬陶技法；纹饰内容亦完全不同，多是一些刻划的直条纹构成的简单图案，如水波纹、叶脉纹、网格纹、直条纹组等。印纹硬陶在瓢山窑址流行曲折纹，北家山窑址出现云雷纹，南山窑址早期则不见了曲折纹，以拍印的云雷纹占据主体，偶见方格纹，后者在瓢山时期即已使用；纹饰的总体风格粗放豪迈，与原始瓷上的细密刻划图案风格迥异。

　　归纳起来，瓢山、北家山、南山三个类型窑址其变化：产品类型从原始瓷与印纹硬陶合烧、比例相当逐渐过渡为以原始瓷为主，偶见印纹硬陶；胎从以灰黑色较疏松为主，逐渐胎色变浅，胎质致密，最后以浅灰或青灰色细密胎为主；釉从以深色局部有釉为主，过渡为以青色满釉为主，最后为基本不见深色的釉；成型上以轮制与手工修整相结合或以手工制结合轮修；装烧上，早期在印纹硬陶上叠烧以增加产量，而到了南山早期则解决了釉的黏结问题，在原始瓷上亦使用多件叠烧工艺，以提高原始瓷产量；装饰上，原始瓷与印纹硬陶无论是在纹饰内容，还是在装饰技法上均有本质的区别。

第三章
商代原始瓷

第一节　商代原始瓷出土情况

　　商代作为原始瓷的滥觞期，在全国范围内出土器物数量并不多，主要集中浙江省境内，与浙江邻近的江苏、福建及北方的河南、山东、河北、山西、陕西诸省亦有少量的发现，北方地区又以河南省出土数量较多。浙江省出土的原始瓷种类较丰富、数量众多、质量较高，不仅在同时期的遗址有较普遍存在，近年来还发现了随葬原始瓷的商代墓葬，且有大规模原始瓷窑址群存在，因此，从目前的考古材料来看，浙江应该是商代原始瓷生产与使用的中心地区。

　　根据原始的器物组合、器型、胎釉特征等，商代原始瓷主要可分成以浙江为中心的东南地区和以河南为代表的北方主要是中原地区，此外，在江西、福建和广东的闽南粤东地区出土有一批带釉的器物。

一、东南地区

　　商代原始瓷的出土以浙江为中心，包括周边邻近浙江的地区：上海、江苏南部、福建西北部等，与两周时期东南地区原始瓷的分布范围基本重合。商代原始瓷主要出土于商代遗址中，一般大型的遗址中均有发现，但数量均不多。浙江又主要集中在浙北地区的东苕溪流域，包括杭州市余杭区、德清县、湖州市区等地区。这里不仅是商代大型遗址的分布区，而且还有大型的城址、大规模的商代原始瓷窑址群存在，而出土商代原始瓷的土墩墓亦为其他地区所少见。综合城址、大型遗址、墓葬、窑址等情况来看，这里是良渚文化之后东南地区或环太湖地区文化的分布中心。原始瓷器型主要以豆与罐为主，少量的樽、簋、盘、钵、盆等。胎的制作较为成熟，一般胎色呈较浅的灰白色，胎质细腻坚致，气孔较少而小，火候高，吸水率低。釉一般施于豆类大口器物的内腹部与罐类小口器物的肩部，也有通体施釉的。与洁白细腻而坚致的胎相比，釉显得很不稳定与成熟，除少量器物如豆的内腹施满釉，釉色青翠、釉层厚、玻璃质感强以外，大多数器物釉层薄、施釉不均，玻璃质感不强，呈土黄色的细薄点状，且一般仅在朝向火膛的一侧有釉，釉与无釉处逐渐过渡，不见施釉线。素面为主，早中期有少量的细线刻划图案与镂孔装饰，偶见同时印纹陶上常见的纹饰如方格纹；轮制成型，早期轮旋痕较粗，晚期

瓷豆　　　　　　　　　　　　　瓷罐

图 3-1　湖州下菰城址出土商代原始瓷

较细密；龙窑叠烧，未见有窑具，在窑址中出土的部分圆饼状器物可能作为支垫具使用。根据 C^{14} 测年，最早一期的时代可到公元前 1560 至公元前 1500 年[1]。

1. 城址中出土的商代原始瓷

这一地区目前明确为商代的城址是处于东苕溪中下游地区的湖州下菰城[2]。下菰城北靠和尚山，东南临东苕溪。现存内外两重城垣，平面不规则，近圆角三角形，内城位于外城的南侧中部，城墙保存基本完好，一般墙高 9 米、上部宽 5 米—6 米、底部宽 30 米左右，城墙外有护城河，城址总面积约 68 万平方米。在城墙地层堆积及城址内的灰坑中出土了一定数量的陶片，少量的原始器，器型主要是豆与罐两种（图 3-1）。

豆为子母口内敛、浅弧腹、高喇叭形圈足，足端带有三个小的半圆形缺口。罐为直口，短颈，折肩，深弧腹，小平底。胎色灰白略泛灰、胎质细腻，釉保存不佳脱落严重。

2. 遗址中出土的商代原始瓷

出土原始瓷的遗址北及江苏的北阴阳营[3]、昆山、句容，东到上海的马桥[4]、浙江的塔山[5]等遗址，南至浙江的柴岭山[6]、楼家桥[7]、肩头弄[8]、福建的光泽[9]等遗址，西边安徽境内目前尚未见有商代原始瓷的报道，在与安徽相邻的浙江长兴是目前已知的西界。其中以东苕溪流域最为集中，这里不仅遗址规模庞大，而且大型遗

---

1 浙江省文物考古研究所"瓷之源"课题组调查资料。
2 浙江省文物考古研究所"瓷之源"课题组调查资料。
3 南京博物院：《北阴阳营》，文物出版社，1993 年。
4 上海市文物管理委员会：《马桥》，上海书画出版社，2002 年。
5 浙江省文物考古研究所等：《象山县塔山遗址第一、第二期发掘》，见浙江省文物考古研究所编：《浙江省文物考古研究所学刊》，长征出版社，1997 年。
6 杨金东等：《杭州萧山柴岭山、蜈蚣山商周土墩墓》，《中国文物报》，2013 年 2 月 27 日。
7 浙江省文物考古研究所等：《楼家桥、歪塘山背与尖山湾》，文物出版社，2010 年。
8 车永抗、毛兆廷：《江山县南区古遗址墓葬调查试掘》，见浙江省文物考古所编：《浙江省文物考古所学刊》，文物出版社，1981 年。
9 福建博物院：《21 世纪初福建基建考古重要发现》，福建人民出版社，2009 年。

| 豆 | 豆 |

图 3-2　湖州毘山遗址出土商代原始瓷

商代早期豆　　　　商代早期豆　　　　商代早期豆

商代早期小钵　　　商代中期豆　　　　商代晚期豆

图 3-3　湖州塔地遗址出土商代原始瓷

址集中，主要有毘山（图3-2）[1]、钱山漾[2]、塔地（图3-3）[3]、西山[4]等遗址，均围绕下菰城分布。遗址中出土原始瓷的数量与遗址的规模大小直接相关，规模越大、等级越高，出土的原始瓷数量越多。从已公布的毘山遗址材料来看，其面积在数万平方米，是包括邱家墩、陆家湾等村诸多地点在内的大型遗址，发掘出土和采集有青铜器、卜骨、玉器等遗物，暗示着这是一处夏商时期具有较高等级、相当重要的遗址，出土的原始瓷数量也是诸遗址中最多的。

诸遗址出土的原始瓷器型仍以豆与罐为主，豆的形式丰富，有宽沿深斜腹、足端带缺口的矮喇叭形圈足豆，有高柄带镂孔的豆，敛口高喇叭形圈足豆，也有

1　浙江省文物考古研究所等：《毘山》，文物出版社，2006年。
2　浙江省文物考古研究所等：《浙江湖州钱山漾遗址第三次发掘简报》，《文物》，2010年第1期。
3　塔地考古队：《浙江湖州塔地遗址发掘获丰硕成果》，《中国文物报》，2005年2月9日。
4　湖州市博物馆调查资料，承湖州市博物馆陈云先生见告。

直口浅弧腹的高喇叭形圈足豆。时代从商代早期一直延续到商代晚期。胎质较细，胎色较浅，呈灰白或浅灰色。釉主要见于豆盘的内腹，部分器物剥釉严重，并有生烧器物在遗址中出现。制作上，商代早期轮制结合手工修整，豆盘轮制，外下腹手工修刮，豆柄手制，外腹纵处修刮，内腹旋挖而成，豆柄与豆盘拼接；中期修刮现象逐渐少见，豆柄出现轮制；晚期修刮现象极少见，豆柄、豆盘均为轮制成型，器型规整，器面干净；豆盘内腹见有叠烧现象，从叠烧痕迹的大小来看，应该是豆类器物的直接叠烧。

3. 墓葬中出土的商代原始瓷

江南地区的土墩墓，一般从西周早期开始大量出现，商代土墩墓或夏商时期墓葬发现极少。遗址中仅在马桥、塔地诸遗址中有零星墓葬发现，不仅规模小，且均未见随葬品。土墩墓中在德清独仓山[1]、长兴便山[2]等地有少量发现，均未见有墓坑，仅有一件器物在土墩的底部出土，器物为泥质陶或印纹硬陶。在江山肩头弄采集到零星的原始瓷豆与小罐，小罐器型为直口短颈，溜肩，折颈，深弧腹斜收，平底，与南山窑址中晚期小罐接近；豆为尖唇外撇，折敛口，浅弧腹，极矮圈足，内外腹及豆柄外腹施满釉，釉层厚，施釉均匀，玻璃质感强，时代在商代晚期（图3-4）[3]。此类器物在2012年萧山湘湖地区土墩墓发掘中亦有出土[4]（图3-5）。

2010年，在德清小紫山土墩墓发掘中，首次清理了商代的土墩墓与随葬原始瓷的墓葬。德清小紫山土墩墓群共清理先秦时期土墩14座共计50多座墓葬，夏商时期土墩墓的发现，是此次考古发掘的最重大收获。其中夏商时期墓葬2座，商代中晚期墓葬9座，并明确商代土墩的存在。9座商代中晚期墓葬有两种形制，一种是传统的土墩墓，不挖坑，平地掩埋；另外一种沿袭商代早期的形制，在基岩上开凿长方形竖穴墓坑。随葬品也有两种类型：一种为随葬原始瓷，一种为随葬印纹硬陶。分别与湖州青山商代窑址群与德清龙山商代窑址群的产品相当（图

图 3-4　江山出土商代原始瓷

1　浙江省文物考古研究所等：《独仓山与南王山》，科学出版社，2007年。
2　浙江省文物考古研究所：《浙江长兴县便山土墩墓发掘报告》，见浙江省文物考古研究所编：《浙江省文物考古研究所学刊（1980—1990）》，科学出版社，1993年。
3　牟永抗、毛兆廷：《江山县南区古遗址墓葬调查试掘》，见浙江省文物考古所编：《浙江省文物考古所学刊》，文物出版社，1981年。
4　杨金东等：《杭州萧山柴岭山、蜈蚣山商周土墩墓》，《中国文物报》，2013年2月27日；杭州市文物考古研究所等：《萧山柴岭山土墩墓》，文物出版社，2013年。

图 3-5　萧山湘湖土墩墓出土的原始瓷与印纹硬陶

长兴原始瓷樽　　　余杭原始瓷大罐　　　德清原始瓷小罐

长兴原始瓷小罐　　湖州下沈窑址原始瓷豆　　湖州下沈窑址原始瓷豆

图 3-6-A　其他商代原始瓷

敛口豆　　　　　　　　　　　小罐

小樽　　　　　　　直口豆　　　　　　直口黑釉豆

图 3-6-B　小紫山土墩墓出土商代原始瓷

3-6-A）。出土的原始瓷主要有豆、罐与樽等（图 3-6-B）。豆形式较为丰富，有宽沿敞口浅弧腹豆、敛口豆、直口豆等，足端均不带缺口，时代可能在商代中晚期；罐为直口，短颈，折肩，深弧腹，小平底；樽侈口、短颈、折肩、深弧腹、矮圈足，肩部有耳。这批器物胎色灰白，胎质细腻坚致；釉施于豆盘内腹与罐的肩部，多数器物釉不佳，釉层薄，施釉不均匀，釉色差，玻璃质感弱，仅不多的器物釉色较佳，如小罐肩部釉色，有一定的玻璃质感。较为特殊的是出土一件直口豆外表呈灰黑色，但未玻璃化，类似于陶衣。

4. 窑址中出土的商代原始瓷

窑址是该地区出土原始瓷数量、种类最多的遗迹类型。目前，共发现商代窑址 20 多处，集中于两个区域：德清龙山片区与湖州青山片区。

龙山片区商代窑址群与春秋战国时期窑址群基本重叠，发现窑址近 10 处，产品以印纹硬陶为主，原始瓷器数量较少，可见的器型均为豆，胎质细腻，火候极高，釉层较薄（图 3-7）。

青山片区位于龙山片区的下游，目前发现商代窑址 20 多处，按产品分为两种类型：一类接近于龙山类型，以印纹硬陶为主。另一类几乎纯烧原始瓷，产品主要有豆、罐及盖、樽、簋、钵、盂、盘、盆等。胎色灰白或青灰色，胎质细腻坚致，火候高；釉层明显（图 3-8）。时代初步判定均为商代：最早从商代早期开始，一直延续到商代晚期。

此外，本地区按文化面貌可以分成两个亚区，除以东苕溪流域为中心的浙中以北和苏南地区外，还存在着一个包括浙江西部、福建西北部、江西东北部地区在内的浙闽赣三省交界亚文化区域，该地区先秦时期文化面貌以印纹陶、原始瓷与土墩墓最具特征，与东苕溪流域文

印纹硬陶罐　　　　　　　　原始瓷豆

图 3-7　德清龙山类型商代窑址出土器物

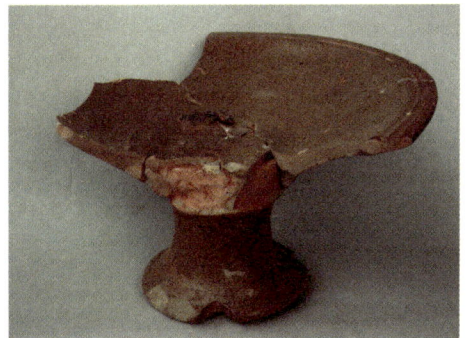

商代晚期原始瓷罐　　　　　　商代早期原始瓷豆

图 3-8　湖州青山类型商代窑址出土原始瓷

化面貌较为接近，然而在具体的器物特征上两地又存在着一定的差异，越是早期，差异越大，特别是该地区大量流行着黑陶，很少见于东苕溪流域。东苕溪流域文化区的着黑陶，从地域分布上看，越接近浙西地区，其比例越大，如接近浙中地区的诸暨楼家桥遗址，出土的着黑陶比例最大，而在浙北湖州一带，则几乎不见。这里出土的原始瓷主要是樽与豆，其中樽类器物与郑州商城比较接近。

图 3-9 福建光泽出土的原始瓷器

光泽池湖 M9 商代墓葬出土的原始瓷樽，高领，大翻沿，折腹，胎色较深，青釉色釉，釉层厚、玻璃质感强，釉位于大翻折沿趄上部位与折棱以上的上腹部，釉折沿的朝下部位及折棱以下的下腹部仅在朝向火膛的一侧有釉（图 3-9）。其器物已较接近于郑州商城出土的原始瓷樽。除原始瓷樽外，本地区还出土一种着黑陶的樽，虽然其质地为本地特有的着黑陶器，但其器型更加接近于郑州商城出土的原始瓷樽。这预示着该地区可能与郑州商城一带的中原地区有更多的联系。

二、北方地区

北方地区商代原始瓷出土数量极少，集中在大型都城遗址或高等级的墓葬中，以作为早、晚期都城的郑州商城[1]和安阳殷墟[2]两遗址最为集中，此外还包括河南郑

---

[1] 安志敏：《一九五二年秋季郑州二里冈发掘记》，《考古学报（第八册）》，1954 年；郑州市文物工作组：《郑州市人民公园第二十五号商代墓葬清理简报》，《文物参考资料》，1954 年第 12 期；郑州市博物馆：《郑州市铭功路西侧的两座商代墓》，《考古》，1965 年第 10 期；河南省博物馆：《郑州南关外商代遗址的发掘》，《考古学报》，1973 年第 1 期；河南省文物研究所、郑州市博物馆：《郑州新发现商代窖藏青铜器》，《文物》，1983 年第 3 期；郑州市大河村遗址保管所：《郑州市木材公司商代遗址发掘简报》，《华夏考古》，1990 年第 4 期；河南省文物考古研究所：《郑州市杜岭商代遗址和汉墓》，《中国考古学年鉴（1994）》，文物出版社，1997；河南省文物考古研究所等：《郑州南顺城街青铜器窖藏坑发掘简报》，《华夏考古》，1998 年第 3 期；河南省文物考古研究所等：《郑州商代铜器窖藏》，科学出版社，1999 年；河南省文物考古研究所：《郑州商城：1953—1985 年考古发掘报告》，文物出版社，2001 年。

[2] 石璋如：《小屯最近之重要发现》，《中国考古学报（第二册）》，1947 年；安志敏等：《1958—1959 年殷墟发掘简报》，《考古》，1961 年第 2 期；安阳工作队：《1975 年安阳殷墟的新发现》，《考古》，1976 年第 4 期；安阳工作队：《1969—1977 年殷墟西区墓葬发掘报告》，《考古学报》，1979 年第 1 期；安阳市博物馆：《安阳铁西刘家庄南殷代墓葬发掘简报》，《中原文物》，1986 年第 3 期；中国社会科学院考古研究所：《殷墟发掘报告（1958—1961）》，文物出版社，1987 年；中国社会科学院考古所安阳队：《1982—1984 年安阳苗圃北地殷代遗址的发掘》，《考古学报》，1991 年第 1 期；中国社会科学院考古研究所：《殷墟的发现与研究》，科学出版社，1994 年；安阳市文物工作队：《1983—1986 年安阳刘家庄殷代墓葬发掘报告》，《华夏考古》，1997 年第 2 期；李济：《殷墟陶器研究》，上海世纪出版集团，2007 年；中国社会科学院考古研究所安阳工作队：《2004—2005 年殷墟小屯宫殿宗庙区的勘探和发掘》，《考古学报》，2009 年第 2 期；中国社会科学院考古研究所安阳工作队：《河南安阳市殷墟刘家庄北地 2008 年发掘简报》，《考古》，2009 年第 7 期；中国社会科学院考古研究所：《安阳殷墟小屯建筑遗存》，文物出版社，2010 年。

州小双桥[1]、偃师商城[2]、藁城台西村[3]、辉县孟庄[4]、辉县琉璃阁[5]、柘城孟庄[6]、固始平寨[7]、耀县（今陕西省铜川市耀州区）北村[8]、登封王城岗[9]、巩县（今河南省郑州市巩义市）稍柴[10]、河北磁县下七垣[11]、武安赵窑[12]、邢台尹郭村[13]、邢台大桃花与坂上[14]、山西垣曲商城[15]、山东济南大辛庄[16]、滕州前掌大[17]、益都苏埠屯[18]、阳信李屋[19]、苍山高尧[20]、陕西西安老牛坡[21]、华县南沙村[22]等。商代早期相当于二里岗时期器型主要是大口樽，胎呈较浅的灰白色，釉主要施于大翻折沿与肩部的朝上部位，大翻折沿与折肩以下部分不见釉，部分器物在朝向火膛的一侧有釉，青釉较佳，釉层薄，玻璃质感较强[23]，一般通体装饰斜方格纹、绳纹、席纹、弦纹等纹饰；商代晚期相当于殷墟时期大口樽基本不见，器类有所增加，包括罐、豆、瓿、樽等，除早期的薄釉类器物外，还出现一种厚釉类产品，釉层厚、釉色深、施釉不均匀，流釉现象严重，素面为主。

---

1 河南省文物考古研究所等：《郑州小双桥遗址的调查与试掘》，见河南省文物研究所编：《郑州商城考古新发现与研究》，中州古籍出版社，1993年；河南省文物考古研究所等：《1995年郑州小双桥遗址的发掘》，《华夏考古》，1996年第3期。

2 杜金鹏等主编：《偃师商城遗址研究》，科学出版社，2004年。

3 河北省文物研究所：《藁城台西商代遗址》，文物出版社，1985年。

4 河南省文物考古研究所：《辉县孟庄》，中州古籍出版社，2003年。

5 中国科学院考古研究所：《辉县发掘报告》，科学出版社，1956年。

6 中国社会科学院考古研究所河南一队等：《河南柘城孟庄商代遗址》，《考古学报》，1982年第1期。

7 北京大学考古文博院：《河南固始平寨古城》，《考古学报》，2000年3期。

8 北京大学考古学商周组等：《陕西耀县北村遗址1984年发掘报告》，《考古学研究（二）》，北京大学出版社，1994年。

9 河南省文物研究所等：《登封王城岗与阳城》，文物出版社，1992年。

10 河南省文物研究所：《河南巩县稍柴遗址发掘报告》，《华夏考古》，1993年第2期。

11 河北省文物管理处：《磁县下七垣遗址发掘报告》，《考古学报》，1979年第2期。

12 河北省文物研究所等：《武安赵窑遗址发掘报告》，《考古学报》，1992年第3期。

13 河北省文化局文物工作队：《邢台尹郭村商代遗址及战国墓葬试掘简报》，《文物》，1960年第4期。

14 河北省文物复查队邢台分队：《河北邢台县考古调查简报》，《文物春秋》，1995年第1期。

15 中国历史博物馆考古部等：《1991—1992年山西垣曲商城发掘简报》，《文物》，1997年第4期；中国历史博物馆考古部等：《垣曲商城（1985—1986年度勘察报告）》，科学出版社，1996年；中国历史博物馆考古部等：《1991—1992年山西垣曲商城发掘简报》，《文物》，1997年第4期。

16 山东省文物管理处：《济南大辛庄遗址试掘简报》，《考古》，1959年第4期；山东省文物管理处：《济南大辛庄商代遗址勘查纪要》，《文物》，1959年第11期；山东大学历史系考古专业等：《1984年秋济南大辛庄遗址试掘述要》，《文物》，1995年第6期；山东大学东方考古研究中心等：《济南市大辛庄商代居址与墓葬》，《考古》，2004年第7期。

17 中国社会科学院考古研究所山东工作队：《滕州前掌大商代墓葬》，《考古学报》，1992年第3期；中国社会科学院考古研究所山东工作队：《山东滕州市前掌大商周墓地1998年发掘简报》，《考古》，2000年第7期；中国社会科学院考古研究所：《滕州前掌大墓地》，文物出版社，2005年。

18 谢秀治等：《中国出土瓷器全集·山东卷》，科学出版社，2008年。

19 山东省文物考古研究所等：《山东阳信县李屋遗址商代遗存发掘简报》，《考古》，2010年第3期。

20 临沂文物收集组：《山东苍山县出土青铜器》，《文物》，1965年第7期。

21 刘士莪：《老牛坡》，陕西人民出版社，2002年。

22 北京大学考古教研室华县报告编写组：《华县、渭南古代遗址调查与试掘》，《考古学报》，1980年第3期。

23 本人对河南博物院、郑州市博物馆陈列的几件大口樽作过仔细观察，上述釉的特征据此总结出来，不排除存在以偏概全的可能。

北方地区商代原始瓷，无论是胎还是釉，质量均已较高，脱离了陶的范畴，而符合原始瓷的概念。

1. 郑州商城出土的原始瓷器[1]

郑州二里岗期遗址与墓葬中，出土不少原始青瓷器与瓷片，形制以樽占绝大多数，少量罍、钵和罐类器（图 3-10、图 3-11）。

原始瓷樽尖唇外凸近窄平沿，沿面内弧，敞口，长颈呈大喇叭形外敞，折肩，深弧腹斜收凹圜底，一般通体拍印纺纹饰。按器身的高矮，可以分成深腹与浅腹两种类型。两者可能存在着早晚期关系，前者略早而后者略晚。

圈足樽，器型与深腹樽近似，侈口，大喇叭开长颈，折肩，深弧腹斜收，圜底，矮圈足外撇。

罍，南顺城传街窖藏出土的一件，侈口，短颈，近圆肩，深弧腹斜收，凹圜底，肩部有S形纹。

一般通体有纹饰：主要有席纹与短篮纹复合纹、小竖短篮纹、小横短篮纹、人字形纹、横S形纹、方格纹、曲折纹、云雷纹等。而器物的口与内颈则多为密集的细弦纹。

胎以灰白泛青色为主，少量灰褐色，胎质较细。

青釉极薄，施釉部位因器型不同而略有所差别。深腹樽釉一般位于器物的肩部及口沿上，而长颈一侧自肩至口沿通常也有，玻璃质感强，釉色青绿，折肩以下的下腹部则基本不见有施釉现象；而浅腹樽与罍类器物似乎通体施釉，其中罍的釉色较深，呈酱褐色，薄不其均匀，凝釉明显，比较特殊（图 3-12）。郑州商城亦有时代上的早期，其中深腹樽是最早出现的原始瓷器型之一，而浅腹樽与罍等器物可能时代上略晚。这样，在施釉部分上，郑州商城与东苕溪地区一至，也是先施釉器物肩部而并非通体施釉，发展到近商代中期左右始出现通体施釉的现象，这也是原始瓷技术上演进的一种反映。

商代早期前段原始瓷樽

商代早期前段原始瓷樽

图 3-10 郑州商城出土原始瓷

---

[1] 安金槐：《谈谈郑州商代瓷器的几个问题》，见《安金槐考古文集》，中州古籍出版社，1999 年（原载《文物》1960 年第 8—9 期合刊）；安金槐：《对于我国瓷器起源问题的初步探讨》，见《安金槐考古文集》，中州古籍出版社，1999 年（原载《考古》1978 年第 3 期）。

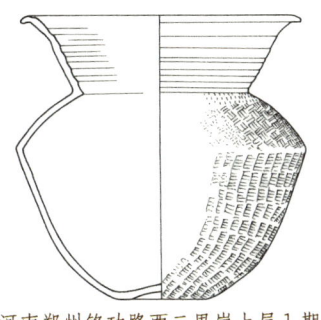  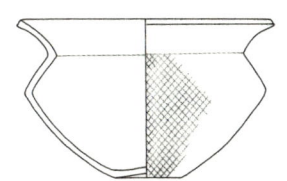

河南郑州铭功路西二里岗上层1期原始瓷深腹樽　　河南郑州人民公园二里岗上层1期原始瓷深腹樽　　河南郑州木材公司二里岗上层原始瓷浅腹樽

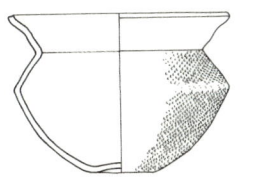 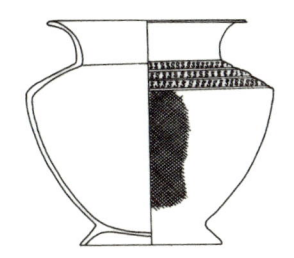 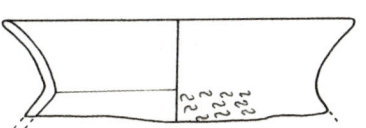

河南郑州南关外二里岗上层1期原始瓷浅腹樽　　河南郑州南顺城街窖藏原始瓷圈足樽　　河南郑州木材公司二里岗上层

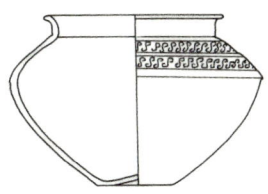 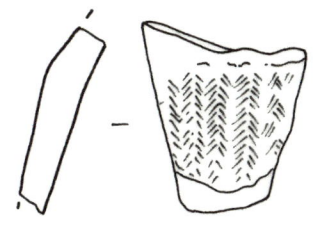 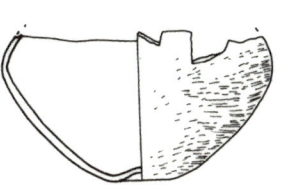

河南郑州南顺城街窖藏　　河南郑州商城宫殿区二里岗上层　　河南郑州商城人民公园1期

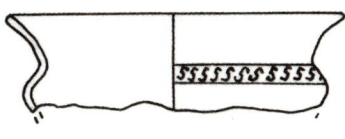 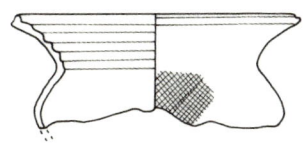 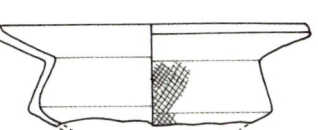

河南郑州小双桥　　河南郑州小双桥H29：16—白家庄期　　河南郑州小双桥H29：59—白家庄期

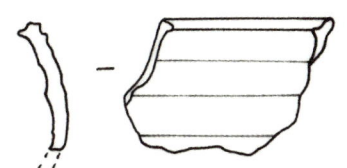 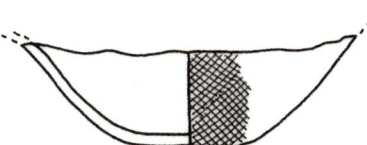 

河南郑州小双桥H57：24—白家庄期　　河南郑州小双桥H57：27—白家庄期　　河南郑州小双桥H57：36—白家庄期

图3-11　郑州商城出土原始瓷器

深腹樽肩部釉　　　　　深腹樽下腹部不见釉

深腹樽长颈一侧的釉　　扁腹樽通体施釉　　罍通体施釉

图 3-12　郑州商城出土原始瓷施釉技术

2. 殷墟出土的原始瓷器[1]

商代晚期相当于殷墟时期，大口樽基本不见，器类有所增加，东南地区最为常见的豆与罐均可在殷墟发现，无论胎釉均十分相似。主要器型有罐、豆、瓿、樽、壶等，而纹饰则大量减少，除少量的樽类器物上仍有纹饰外，其余器物基本为素面，偶见极简洁的弦纹、S形堆贴、扁泥条耳等纹样（图3-13、图3-14）。

豆大致可分成两种类型，一种是折腹豆，近直口或侈口微外侈，折腹，下腹弧收，大喇叭形圈足较矮，口沿下常见有细弦纹。通体施釉，釉层薄而均匀，釉色泛黄，玻璃质感强。部分器物足端残断，有多件器物呈此种形态，结合西周早期鹿邑太清宫长子口墓中出土的均豆柄足端残断的现象（图3-15），此种做法完全可能有意为之，下或置漆器等器座。另外一种豆为敛口近子母口状，浅弧腹，喇叭形圈足较细高，素面，口沿上有三个等距分布的扁泥条耳。釉一般不甚佳。后者与南山窑址晚期地层出土的器物十分接近。

罐形态比较多。直口罐：直口，短颈，折肩，深弧腹斜收；翻折沿罐：大翻

商代晚期前段原始瓷豆　　原始瓷豆残件　　原始瓷罐

图 3-13　殷墟出土的原始瓷器

---

[1] 安金槐：《谈谈郑州商代瓷器的几个问题》，见《安金槐考古文集》，中州古籍出版社，1999年（原载《文物》1960年第8—9期合刊）；安金槐：《对于我国瓷器起源问题的初步探讨》，见《安金槐考古文集》，中州古籍出版社，1999年（原载《考古》1978年第3期）。

图 3-14　东南地区商代第一期原始瓷器

图 3-15　河南鹿邑长子口西周初期墓出土原始器

图 3-16　商末周初益都苏埠屯出土原始瓷豆

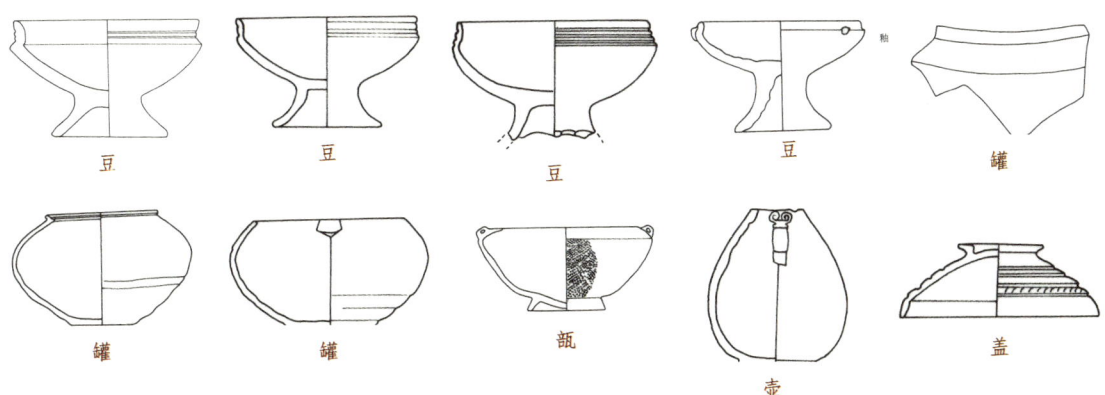

图 3-17　殷墟出土原始瓷器

折沿，束颈，扁鼓腹，小平底；敛口罐：弧敛口，扁鼓腹，小平底，肩部有小耳。直口罐无论是胎质、胎色，还是施釉部位、釉色、釉的厚薄等与南山窑址中晚期地层出土同类型器物近似。

壶：敛口，垂腹，假圈足略内凹。肩部有耳。

瓿：折敛口，深弧腹斜收，圜底，矮圈足。口沿上有耳，下腹部有方格纹。

殷墟的原始瓷器，明显可分成三种类型，一种无论是器型、胎釉，还是耳的形态、装饰风格均与东南地区商代晚期窑址、遗址出土器物十分相似；第二种类型主要是豆类器物，亦常见于东南地区的土墩墓与窑址中；第三种类型则仅见于北方地区，如壶、翻折沿罐、瓿等。

商代晚期益都苏埠屯出土的原始瓷豆质量亦相当高（图 3-16、图 3-17）。

3. 长江中游地区出土的商代带釉类器物

主要包括江西与湖北、湖南地区，见诸报道的主要有湖北盘龙城遗址[1]、湖南江陵荆南寺[2]、岳阳铜鼓山[3]、江西吴城文化诸遗址与墓葬。盘龙城发掘报告中所称的原始瓷樽形器，与辉县孟庄出土的殷墟期原报告中称为原始瓷樽的器物近似：方唇、束颈、鼓腹、矮圈足，颈部有数周凸弦纹，腹部拍印细绳纹。基本不见釉。此类器物应该是印纹硬陶类器物而非原始瓷，印纹硬陶类器物因火候较高，在局部会出现极薄的釉层，如器物朝上且无遮挡的口沿、肩部，朝向火膛的一侧，此种情况在东苕溪流域商代印纹陶窑中非常常见，根据其釉层的分布、厚薄分析，该种釉是自然形成而非人工釉，而相关的测试也表明其成分与窑壁上的窑汗接近，与同一时期的原始瓷上的釉相差极大[4]。盘龙城的樽也应该属于此类印纹硬陶而非原始瓷。同时，江南荆南寺等遗址出土的原始瓷器，根据中子活化分析，很可能是来自于夏商时期的江西吴城及其邻近地区，而不是本地烧造的[5]，而文化因素的分析也支持这一观点[6]。

江西青铜时代文化遗存，各地均有发现，其中以赣北、赣东北、赣西北、赣中地区分布最为密集，总计达千处以上，主要是西周遗存，商代遗存较少。通过对已发掘的墓葬与遗址材料的排比，整个江西商代遗存可以命名为吴城文化[7]，主要包括万年和吴城两个类型。万年类型主要分布在赣东北地区，包括万年、鹰潭、乐平、横峰、玉山、弋阳、上饶、贵溪、婺源、波阳、景德镇等地，时代与吴城遗址约相当，即商代中期和晚期，下限在西周初。生活用具基本为陶器，原始瓷或釉陶极少。器形主要是鼎、罐、钵、三足盘等。吴城类型分布在赣江中、下游和鄱阳湖西北岸一带，从长江南岸的九江、湖口，到都昌、星子、德安、永修、南昌、清江、新余等地[8]。吴城遗址共可分成三期七段，时代相当于中原二里岗上层到殷墟时期，绝对年代约为公元前 1427 至公元前 1038 年左右。生活用具主要是陶器，以夹砂灰色软陶为主，次为夹砂红色软陶，印纹硬陶比例较小，釉陶和原始瓷数量更少，但印纹硬陶、釉陶与原始瓷的比例逐渐增多，器型主要有鬲、豆、盆、罐、樽等。

江西的釉陶与原始瓷主要出土于吴城文化诸遗址中，经调查与发掘重要的

---

[1] 湖北省文物考古研究所：《盘龙城——1963—1994 年考古发掘报告》，文物出版社，2001 年。
[2] 荆州地区博物馆、北京大学考古系：《湖北荆南寺遗址第一、二次发掘简报》，《考古》，1989 年第 8 期；荆州博物馆：《荆州荆南寺》，文物出版社，2009 年。
[3] 湖南省文物考古研究所等：《岳阳铜鼓山商代遗存及东周墓葬发掘报告》，《湖南考古辑刊》第五集。
[4] Min Yin, Thilo Rehren, Jianming Zheng. The earliest high-fired glazed ceramics in China: the composition of the proto-porcelain from Zhejiang during the Shang and Zhou periods (c. 1700—221 BC). Journal of Archaeological Science (2011) 1—14.
[5] 何驽等：《湖北荆南寺遗址陶器中子活化技术与文化因素综合分析》，《考古》，1999 年第 10 期。
[6] 何驽：《荆南寺夏商时期遗存分析》，见北京大学考古系编：《考古学研究（二）》，北京大学出版社，1994 年。
[7] 江西省文物考古研究所等：《吴城：1973—2002 年考古发掘报告》，科学出版社，2005 年。
[8] 李家和等：《江西青铜文化类型综述》，《江西历史文化》，1986 年第 12 期。

遗址与墓葬有：樟树吴城[1]、新干大洋洲[2]、牛头城[3]、德安陈家墩[4]、石灰山[5]、猪垅山[6]、清江营盘里[7]、筑卫城[8]、狮子山[9]、九江神墩[10]、乐平高岸岭[11]、万载茶树窝[12]、下窝和柞树窝、永修戴家山[13]、鹰潭角山[14]等遗址、墓葬与窑址中。以吴城遗址出土数量最多、最为典型。

吴城遗址的陶系包括软陶、硬陶、釉陶与原始瓷，其中第一期硬陶占16.28%、釉陶占3.84%、原始瓷占0.23%，第二期硬陶占21.28%、釉陶占3.87%、原始瓷占1.21%，第三期硬陶占22.58%、釉陶占16.6%、原始瓷占12.6%。三期的原始瓷器的器型与同期的陶器完全一致，而且品种更为丰富多样。除生活用的罐、盆、大口樽、豆、碗、瓮、樽等容器外，还有刀、纺轮、瓷拍等工具。少数为素面施釉，多数釉下施几何纹，常见有方格纹、弦纹、篮纹、锯齿状堆纹、S形纹、圆圈纹、圈点纹、水波纹、刻划纹、云雷纹、人字纹[15]。釉陶与硬陶从大的分类上来看均属于硬陶范畴。从胎质来看，硬陶与釉陶区别不大，主要是淘洗较为纯净的难熔黏土和耐火黏土，铁含量较高，胎色多呈青灰色或褐灰色或浅灰色。原始瓷为淘洗干净的难熔黏土和耐火黏土，其胎一般呈灰白或白色。从釉的方面来看，釉陶灰胎上釉多呈深褐或酱褐色，釉层厚薄不匀，大多数釉层较薄，只有少数釉层较厚。原始瓷所施釉一般为浅褐色、米黄色或酱褐色，釉层厚薄不一[16]（图3-18、图3-19）。

罐主要分成两种，一种是长颈呈大喇叭形外敞，折肩，腹内弧收，近平底。通体饰细弦纹及圆圈纹，釉主要集中于长肩部；一种侈口短颈，折肩，深弧腹斜收，凹圜底或平底，肩部饰圆圈纹与弦纹，有带盖与不带盖两种，釉集中于斜肩部；筒形罐，折敛口，近垂腹，大平底，釉集中于折沿上。

豆一般为宽沿，浅坦腹，大喇叭形圈足，圈足上常有装饰，釉集中于豆盘内腹。

---

1 江西省文物考古研究所等：《吴城：1973—2002年考古发掘报告》，科学出版社，2005年。
2 江西省文物考古研究所等：《新干商代大墓》，文物出版社，1997年。
3 江西省文物工作队：《江西省新干县牛头城遗址调查与试掘》，《东南文化》，1989年第3期。
4 江西省文物考古研究所等：《江西德安县陈家墩遗址发掘简报》，《南方文物》，1995年第2期；江西省文物考古研究所等：《陈家墩遗址第二次发掘简报》，《南方文物》，2000年第3期；邱文彬等：《江西德安、永修界牌岭商周遗址调查》，《南方文物》，1993年第2期。
5 江西省文物工作队等：《江西德安石灰山商代遗址试掘》，《东南文化》，1989年第10期；江西省文物考古研究所：《江西德安石灰山商代遗址发掘简报》，《南方文物》，1998年第4期。
6 江西省文物考古研究所等：《江西德安米粮铺遗址发掘简报》，《南方文物》，1993年第2期。
7 江西省文物管理委员会：《江西清江营盘里遗址发掘报告》，《考古》，1962年第4期。
8 江西省博物馆等：《江西清江筑卫城遗址第二次发掘》，《考古》，1982年第3期。
9 江西省文物古研究所：《清江山前遗址调查简报》，《江西文物》，1989年第1期。
10 江西省文物工作队等：《九江神墩遗址发掘简报》，《江西历史文物》，1987年第3期。
11 乐平县文物陈列室：《乐平县试掘高岸岭遗址》，《江西历史文物》，1981年第1期。
12 李家和：《万载县发现商代遗址》，《江西历史文物》，1985年第3期。
13 江西省文物考古研究所：《永修县古文化遗址调查与试掘》，《江西文物》，1991年第2期；万载县博物馆：《万载县商周遗址的调查》，《江西历史文物》，1986年第3期。
14 江西省文物工队等：《江西鹰潭角山窑址试掘简报》，《华夏考古》，1990年第4期；江西省文物工队等：《鹰潭角山商代窑址试掘简报》，《江西历史文物》，1987年第3期。
15 周广明：《吴城遗址原始瓷分析》，见江西省文物考古研究所等：《吴城：1973—2002年考古发掘报告》，科学出版社，2005年。
16 江西省文物考古研究所等：《吴城：1973—2002年考古发掘报告》，科学出版社，2005年。

图 3-18　吴城文化出土带釉器物

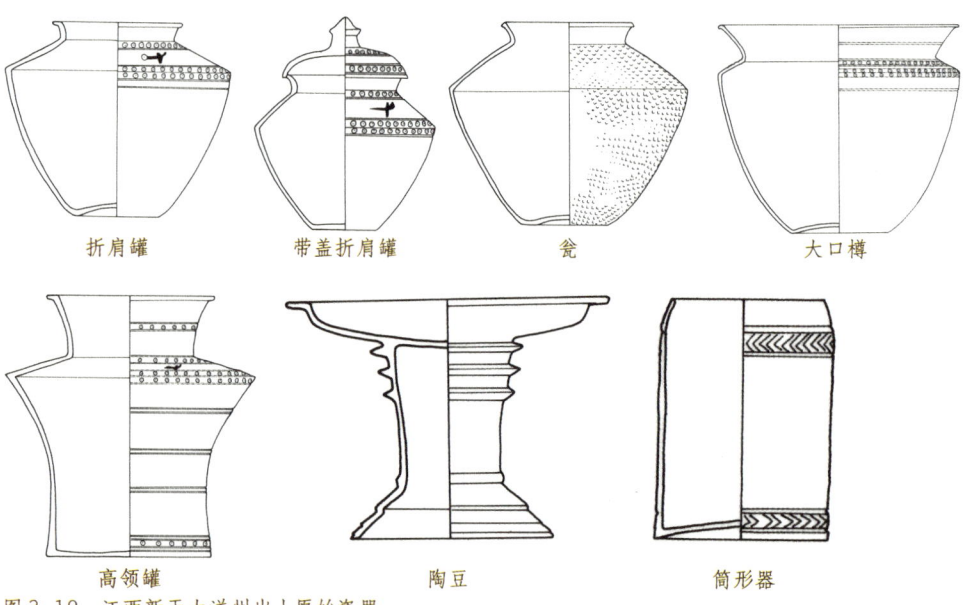

图 3-19　江西新干大洋州出土原始瓷器

　　樽为大喇叭形大敞口，颈不是很长，折肩较短，深弧腹斜收，凹圜底，肩部饰细弦纹与圆圈纹，釉主要集中于肩部。

　　瓮器型与罐近似，口较小，折肩位置更低，有的通体饰凹方格纹，釉主要集中于肩部。

　　与浙江等地商代原始瓷相比，吴城文化带釉类器物明显胎色较深，火候较低，根据对采自江陵荆南寺、郑州二里岗、黄陂盘龙城、岳阳铜鼓山和清江吴城等 5 个商代遗址陶、原始瓷、印纹硬陶标本的中子活化分析表明，荆南寺、郑州、盘龙城和铜鼓山四地出土的陶片不与该地出土的瓷片聚在一起，吴城样品，无论是陶还是瓷却都聚在一起，这可理解为前者陶与瓷的原料不同而后者则基本相同所致[1]，表明吴城地区陶瓷在成分上十分接近，换言之，吴城地区的原始瓷或釉陶在胎土的选择上可能并非是有意为之。相较于胎，吴城文化带釉类器物的釉更加不稳定：从施釉的部位来看，一般位于器物朝上并且无遮挡的部位，可豆的内腹、罐与樽类器物的肩部等，以及朝向火膛的一侧，不见施釉线；多数器物釉层极薄，呈细小的斑点状，局部如朝向火膛的一侧釉层较厚；釉色深，几乎没有玻璃质感，且胎釉结合不佳。从报告将带釉器物划分为釉陶与原始瓷两类器物也说明此类器物是相当不稳定的，特别是作为原始瓷的确认，并不是很明确[2]，根据报告公布的材料来看，要将此类釉确认为人工釉，还是比较困难的，而更可能是自然形成或因烧造温度太低、火候控制不娴熟而使釉未能很好呈现。当然这也需要进一步的理化测试来确定，尤其是各地区的联合测试研究。

4. 粤东闽南地区出土的商代带釉类器物

粤东闽南地区先秦时期的浮滨文化出土有大量的釉陶，与原始瓷当有密切的关系，是先秦时期很重要的带釉类器物，故作为一个重要的文化区在此一并叙述。浮滨文化因 1974 年广东饶平县浮滨区塔仔金山和联饶区顶大埔山两遗址的发掘而得名的商代中晚期至西周初期的青铜文化，主要分布于粤东和闽南一带，东至福建南部九龙江流域的华安、长泰、龙海等地；西至广东揭西、海丰、南至广东潮阳；北至福建龙岩地区的南部一带。浮滨文化可分成两个类型：粤东浮滨类型和闽南浮山类型，两地文化面貌总体一致同时又存在一定区别。浮滨类型的分布范围集中于粤东地区，可能还包括福建龙岩地区的南部，其中心区域为韩江流域。浮山类型分布范围为福建境内的漳州地区，可能还包括龙岩地区东部一带。其中心区域为九龙江中下游流域，尤以华安、南靖、龙海、漳浦等地分布最为密集。浮滨文化的陶系有夹砂陶和泥质陶两大类，以泥质陶为主。泥质陶按陶色分褐陶、灰白陶，以烧结程度较高、胎质较硬的硬陶为主，少量软陶。硬陶中又绝大多数为表面施釉的釉陶。釉色有酱色、酱褐色和酱黑色几种。浮滨文化的代表性器物，如樽、豆、壶、罐、钵多见釉陶器，说明施釉陶器是浮滨文化的一大特色[3]。重要的遗址有广东饶平县浮滨公社塔仔金山和联饶公社顶大埔山[4]、南澳县东坑仔[5]、揭阳县地都蜈蚣山、油柑山[6]、揭东县梅林山、大盘岭[7]、大埔金星面山[8]、普宁市牛

---

1 陈铁梅等：《中子活化分析对商时期原始瓷产地的研究》，《考古》，1997年第7期。
2 限于已发布的材料的分析。
3 陈兆善：《试论浮滨文化》，《南方文物》，1996年第4期；邱立诚：《略谈粤东"浮滨类型"文化的发现及其有关问题》，见陈历明编：《潮汕考古文集》，汕头大学出版社，1993年；朱非素：《粤闽地区浮滨类型文化遗存的发现和探索》，见陈历明编：《潮汕考古文集》，汕头大学出版社，1993年。
4 广东省博物馆、饶平县文化局：《广东饶平县古墓发掘简报》，《文物资料丛刊》第8辑，1983年。
5 广东省南澳县海防史传物馆：《广东南澳县东坑仔古遗址》，《东南文化》，1991年第6期。
6 吴诚：《广东揭阳云路出土一批石器、陶器》，《考古》，1985年第5期；广东省博物馆等：《揭阳地都蜈蚣山遗址与油柑山墓葬的发掘》，《考古》，1988年第5期；揭阳县博物馆考古组：《揭阳考古三题》，见陈历明编：《潮汕考古文集》，汕头大学出版社，1993年；邱立诚等：《广东揭阳先秦遗存考古调查》，《南方文物》1998年第1期；揭阳考古队等：《揭阳考古（2003—2005）》，北京科学出版社出版，2005年。
7 广东省文物考古研究所等：《广东榕江中下游地区商周时期遗存调查》，《四川文物》，2005年第2期。
8 黄玉质等：《广东梅县大埔县考古调查》，《考古》，1965年第4期；广东省博物馆等：《广东大埔县古墓葬清理简报》，《文物》，1991年第11期。

图 3-20　浮滨文化出土釉陶

伯公山、花鼓岩[1]、丰顺田头崧和拱厝盘[2]、揭西赤岭埔[3]、潮阳九斗尾山、月地山、塔山[4]、福建省的鸟仑尾和狗头山[5]、漳州市的虎林山和松柏山[6]、南靖县圩后沟山[7]、平和县西林村[8]诸遗址与墓葬。

器型上以釉陶杯为最多，均带圈足，按腹的深浅可分成多种形态，一种是深弧腹杯，侈口，垂腹，矮喇叭形圈足外撇；一种是浅折腹杯，侈口，下腹折腹，细长喇叭形圈足；一种是深折腹杯，侈口，深折垂腹，矮圈足外撇（图3-20）。

浮滨文化是目前商代遗址或墓葬中出土带釉类器物最多的文化类型，如饶平塔仔金山和顶大埔山的统计釉陶占陶器总数的 20.7%，大埔枫朗五处墓地的 143 件陶器中，釉陶为 72 件，占总数的一半，虎林山商代晚期浮滨文化时期的 M13 与 M16 釉陶分别占 63.64% 和 66.67%。这种高比例的带釉类器物，在商代是相当罕见的，并且施釉技术较为成熟：一般在杯、樽等器物的外腹通体施釉，釉层较厚，施釉均匀，表明其具备相当的技术积淀，但由于胎质原因造成的低火候使釉层玻璃质感不强，玻化程度不高，且釉色深，多呈深黑、酱色等深色。其与原始瓷的最大差异在于器物的胎质上：多呈土黄色的硬陶质，较商代原始瓷胎色深，火候低。因此将之称为釉陶是合适的，但另一方面它具备了原始瓷的施釉技术，与原始瓷具有较紧密的联系。商代原始瓷本身处于发展的初期，无论是胎还是釉，均具有一定的原始性，各地仍处于摸索的状态，在技术领先的局部地区，如东苕溪流域，胎已相当成熟，施釉技术仍旧不是十分稳定，质量参差不齐，佳者釉层厚、胎釉结合好，玻璃质感强，差者则釉层极薄。而浮滨文化分布区，釉相对较为成熟，胎则仍处于摸索的状态。因此各地的这种技术积累，为西周初期原始瓷技术的稳定和爆炸性发展奠定了良好的基础。

---

[1] 广东省文物考古研究所等：《广东普宁市牛伯公山遗址的发掘》，《考古》，1998 年第 7 期；吴雪彬等：《广东普宁两处先秦遗存的调查》，《南方文物》，1999 年第 2 期。

[2] 邱立诚等：《广东丰顺县先秦遗存调查》，《考古与文物》，1998 年第 3 期。

[3] 邱立诚：《广东揭西县先秦遗存的调查》，《考古》，1999 年第 7 期。

[4] 中山大学榕江流域史前期人类学考察课题组：《广东潮阳市先秦遗存的调查》，《考古》，1998 年第 6 期。

[5] 福建省博物院文物考古研究所等：《鸟仑尾与狗头山》，科学出版社，2004 年。

[6] 陈兆善，杨丽华主编：《虎林山遗址》，海潮摄影艺术出版社，2003 年。

[7] 福建博物院等：《福建南靖县圩后沟山遗址发掘简报》，《福建文博》，2010 年第 3 期。

[8] 郑辉等：《福建平和县发现一座西周墓》，《东南文化》，1991 年第 3 期。

从四个地区各自出土的器物来看，粤东闽南的浮滨文化带釉类器物施釉技术较为成熟，但胎较差，达不到原始瓷胎的标准，称其为釉陶还是准确的；江西地区吴城文化的带釉类器物无论是胎还是釉，均不太稳定，与原始瓷相比，绝大多数尚有相当的差距，并且这两个地区时代相对另外两个地区均要晚；以浙江为中心的东南地区与以河南为中心的北方地区，无论是胎还是釉，均与晚期的原始瓷较为接近，胎色灰白、胎质细腻，部分器物釉色青翠、釉层厚、玻璃质感强、火候较高、胎釉结合好，完全符合了原始瓷的要求，可以称为商代原始瓷。这两个地区也是目前发现原始瓷最早的地区，北方地区可以早到二里岗下层二期，而浙江地区甚至可以早到商代初期，是目前发现原始瓷最早的地区。从出土的数量上来看，又以浙江地区出土数量最多，浙江是商代原始瓷烧造与使用的中心地区，是中国瓷器的最重要起源地。当然这一时期的原始瓷处于发展的初期阶段，技术上具有一定的原始性，特别是施釉与烧成上，还不十分成熟。

浙江商代原始瓷发展序列相当完整，演变过程清晰，也是这一时期唯一形成完整体系的地区，说明原始瓷在浙江地区具有特殊的意义。从原始瓷樽、簋、豆等礼器等器型来看，其意义相当于中原地区的青铜器，是身份与地位的象征。

浙江地区不仅在遗址、城址、墓葬中出土了数量上占全国首位的商代原始瓷，而且还发现大量原始瓷窑址，特别是 2009 年以来，"瓷之源"课题组在商代窑址的专题调查中，在东苕溪中游地区发现了 30 多处商代原始瓷窑址，这是国内首次发现的大规模商代原始瓷窑址群；东苕溪中游也是国内目前已知最早的、仅见的商代原始瓷窑址群分布区[1]。

完整的序列、高质量的礼器、大规模窑址群等迹象表明，浙江应该是原始的起源地，也即瓷器起源地，瓷器就是古代越人对世界文明的重要贡献。

第二节　商代原始瓷分期

原始瓷的分期是建立在大量材料的基础上的，商代本身是原始瓷的初创时期，数量极少，而中原地区与东苕溪流域相对较为集中，特别是东苕溪流域的商代原始瓷窑址材料相当丰富，为分期编年提供了可能。闽南粤东地区的釉陶与原始瓷尚存在着相当的差距，而长江中游地区的绝大多数器物相当不稳定，介于陶与瓷之间，因此本文作为原始瓷的分期，仅针对东南与北方两地区进行分期研究。

一、东南地区商代原始瓷分期

本地区遗址密集，但经过发掘遗址数量较少、地层叠压情况并不是十分理想，许多遗址商代地层薄，作为独立单元的灰坑较多，对于编年的地层意义不大。而东苕溪流域丰富的商代原始瓷窑址材料则可以作为建立商代编年序列的重要依据，

---

[1] 浙江省文物考古研究所等：《浙江东苕溪流域商代原始瓷窑址群》，《考古》，2011 年第 7 期。

特别是 2010 年发掘的湖州南山商代窑址，持续时间长，地层堆积丰厚，叠压关系明确，器物演变脉络清晰，从商代早期开始，贯穿整个商代，可初步建立太湖地区较为完整的商代原始瓷编年序列。

湖州南山窑址出土的产品标本主要是原始瓷器，兼烧极少量印纹硬陶器。原始瓷标本器型以豆、罐与器盖为主，少量簋、尊、盆、盘、钵、盂等器物。均用瓷土作胎，瓷土经过选择和一定工序的处理，但仍不是十分成熟；人工施釉痕迹明显，但多数器物釉不佳，施釉技术仍处于相当原始阶段；早期轮制加手工修坯，晚期演变成纯轮制成型；一般多件器物叠烧。按地层叠压关系及类型学的排比，出土器物共可分成五期。

第一期：器物类型单一，以豆为主，少量的钵、盂与印纹硬陶。豆基本为宽沿深腹、豆柄足端带三个小缺口；钵数量不多，种类丰富，包括宽沿弧敛口、宽沿折敛口、窄沿弧敛口、窄沿折敛口等类型；盂数量极少，腹一般较高。印纹硬陶主要是高领、圆肩、鼓腹、大圈足尊，拍印粗大杂乱云雷纹为主。原始瓷与印纹陶胎质、胎色基本相同；浅灰色胎，少量器物胎质细腻坚致，多数器物常见一种极细的黑色斑点；人工施釉，少量器物釉较佳，釉层厚，青釉玻璃质感强，多数器物釉层极薄，呈土灰色点状凝釉；轮制结合手工修整成型；直接置于窑床上装烧，通常多件器物叠烧（参见图 3-14）。时代为商代早期前段或夏商之际。

第二期：器类与第一期基本相似，以豆为主，少量的钵、盂与印纹硬陶器，新出现小罐与器盖。宽沿深腹豆消失，新出现宽沿浅腹豆，偶见浅坦腹豆；钵与盂变化不大；新出现罐与小罐，数量极少，近敛口，颈几乎不见，折肩；盖呈浅弧形。少量印纹硬陶出现较浅细的云雷纹和粗乱席纹。胎、釉、成型、装烧等技法与第一期相似（图 3-21）。时代为商代早期后段。

第三期：承上启下，无论是器型、纹饰、成型还是胎、釉等均具有过渡的特征。种类丰富，器型多样。豆、罐、小罐及器盖成为主流产品。豆除宽沿浅腹豆外，新出现敛口豆，并且数量比较多，此种类型的豆足端多不带缺；罐与小罐口沿变高，由凸唇发展成短颈；器盖除浅弧形盖面外，新出现盖沿下折及子母口盖；此外仍有少量的钵与盂。少量豆柄上有细阴线刻划装饰，内容有饕餮纹、细凹旋纹、三角形镂孔、圆形戳印等。印纹硬陶流行各种类型的罐，一般为长颈侈口，纹饰陶云雷纹外，新出现大量的席纹，前期流行的粗大云雷纹变成细小而排列整齐，粗大席纹成为主体纹饰，偶见排列较为规则、细小的席纹。原始瓷胎色逐渐加深，多呈青灰色胎，胎质较前期更细腻。釉变化不大。成型上，除轮制与手工修坯相结合的外，出现完全轮制成型。装烧方法与前期相同（图 3-22）。时代约为商代中期。

第四期：器型、纹饰均较单一。原始瓷敛口豆、直口短颈罐、小罐及器盖占绝大多数。豆柄足端带三个半圆形缺口的做法完全消失。印纹陶主要是各种罐与研钵，

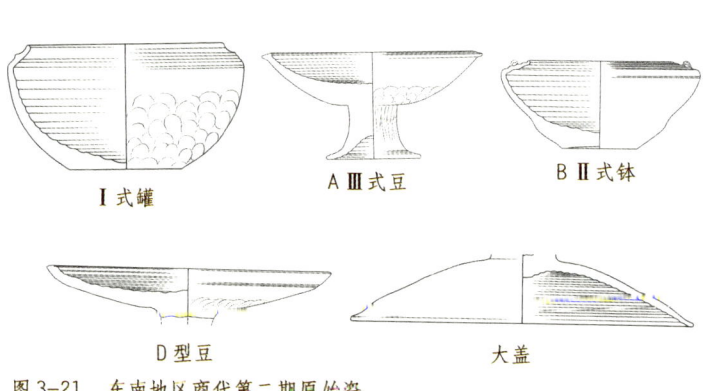

图 3-21　东南地区商代第二期原始瓷

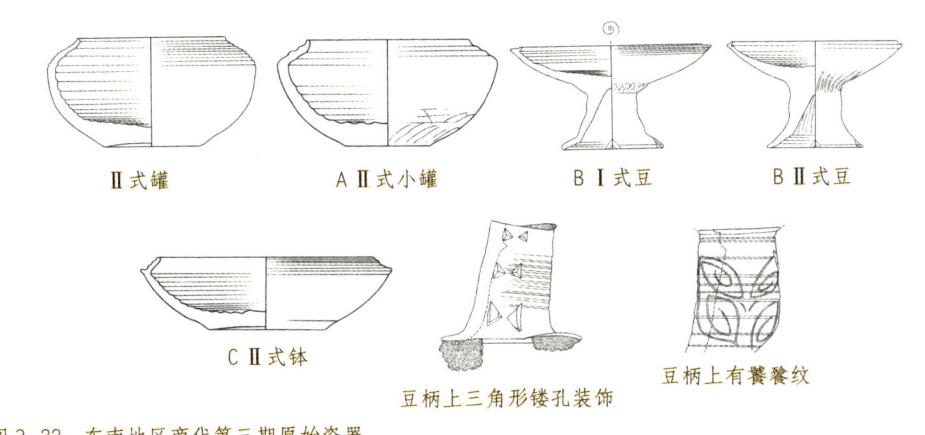

图 3-22　东南地区商代第三期原始瓷器

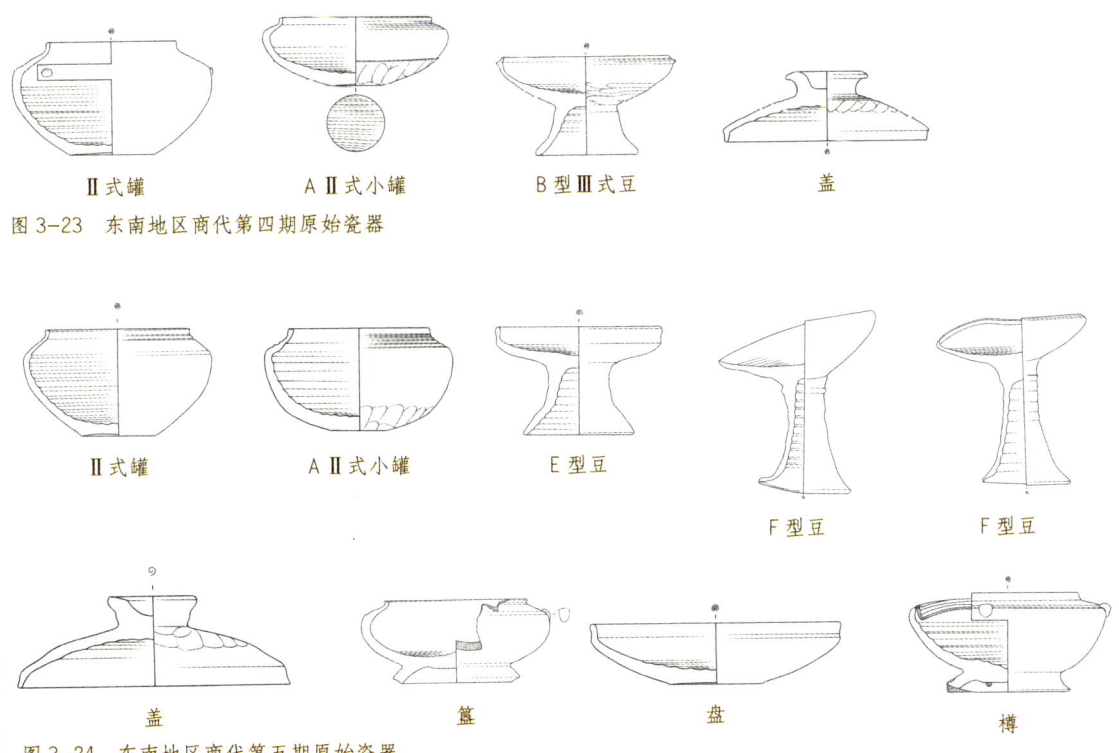

图 3-23　东南地区商代第四期原始瓷器

图 3-24　东南地区商代第五期原始瓷器

罐多直口短颈，细密规整细席纹占绝大多数。原始瓷胎色较深，多呈青灰或灰白色，胎质明显较前期细腻。釉变化不大。均轮制成型。多件叠烧（图 3-23）。时代约为商代晚期后段。

第五期：器型变化较大，器类丰富。直口短颈罐与小罐、器盖及新出现的直口豆成产品主流，其次是敛口豆和新出现的豆柄带凸棱浅弧豆，新出现少量樽、簋。印纹硬陶主要有直口短颈罐与研钵两类，除席纹外，新出现大量的重菱形纹，菱形中间带一小凸点。胎、釉、制作、装烧与第四期变化不大（图 3-24）。时代约为商代晚期后段。同时从江山肩头弄、萧山湘湖土墩墓出土近子母口原始瓷豆来看，质量上有极大的飞跃，通体施釉，除豆盘内腹外，外腹、豆柄亦施釉。

二、北方地区商代原始瓷分期

北方地区考古工作起步早、研究深、文化序列完整，并且有甲骨文、史记等文献材料可利用，根据陶器、青铜器、甲骨文等材料已基本建立详细的时代编年[1]。而原始瓷出土数量少、器类单一、分布范围窄，不具有分期的典型意义，因此其在编年上的贡献，远不如浙江地区商代原始瓷，更多的是依据伴出的器物，纳入已有的商代编年序列中。参照商代的编年，北方地区原始瓷可分成五个大的时期：

第一期：商早期前段，也即二里岗下层二期，这是北方地区最早明确出土有原始瓷的时期，出土地点不多，数量极少，主要发现于郑州商城[2]，此外柘城孟庄下层与华县南沙村也偶有发现。出土标本碎，且多不能复原，据《郑州商城》发掘报告公布的资料，可见器型为大口樽，无论是胎、釉，还是器型与二里岗上层一期基本没有差别。

这一时期相当于东南地区的第一期后段，东南地区第一期还包括二里岗下层的第一期，也即说东南地区原始瓷出现较北方地区早，在相当于二里岗下层一期或夏商之际即已出现。

第二期：商代早期后段，也即二里岗上层一期。出土地点有河南郑州商城、登封王城岗、巩县稍柴、辉县孟庄二里岗期层、藁城台西遗址早期地层、山西垣曲商城、陕西耀县北村、西安老牛坡等。主要器型基本为樽，敞口、长颈内收、宽折肩、深腹或浅腹略鼓、圜底或底微内凹，可分成折肩深腹与折肩浅腹樽两种。流行纹饰装饰，有席纹、绳纹、方格纹、叶脉状纹等。这一期相当于东南地区第二期。

第一、二两期南北两地原始瓷差别比较大，从目前的考古材料来看，器型上基本没有交集，北方地区的原始瓷折肩樽不见于东南地区，而东南地区最主要的器型——宽沿深腹豆也不见于北方地区。然而两地胎、釉、施釉方式与部位则较为接近，浅灰色胎，青釉以器物肩部与大敞口朝上部分较厚，青釉玻璃质感强。

第三期：商代中期[3]，相当于二里岗上层二期或白家庄期至殷墟一期。出土地点有郑州商城[4]、郑州小双桥、藁城台西遗址晚期地层、固始平寨、殷墟小屯[5]、河北磁县下七垣、山东济南大辛庄等遗址。早期的樽这一时期仍有少量发现，但折肩深腹樽不见，折肩浅腹樽腹更浅，新出现圈足樽、盘口罐等器型，以樽为主，偶见罐类器物。早商前段的大口深腹凹圜底樽这一时期不见，主要是浅腹樽，腹

---

1 邹衡：《夏商周考古学论文集》，文物出版社，2001年。
2 河南省博物馆：《郑州南关外商代遗址的发掘》，《考古学报》，1973年第1期；河南省文化局文物工作队第一队：《郑州商代遗址的发掘》，《考古学报》，1957年第1期；河南省文物考古研究所：《郑州商城——1953至1985年考古发掘报告》，文物出版社，2001年。
3 依《中国考古学（夏商卷）》，分出商代中期，见中国社会科学院考古研究所：《中国考古学（夏商卷）》，中国社会科学出版社，2003年。
4 河南省文物考古研究所：《郑州商城——1953至1985年考古发掘报告》，文物出版社，2001年；河南省文物考古研究所等：《郑州南顺城街青铜器窖藏坑发掘简报》，《华夏考古》，1998年第3期；河南省文物考古研究所：《郑州商代铜器窖藏》，科学出版社，1999年。
5 中国社会科学院考古研究所安阳工作队：《2004—2005年殷墟小屯宫殿宗庙区的勘探和发掘》，《考古学报》，2009年第2期。

较第二期更浅，新出现大口深腹带圈足的樽和短颈深腹樽、盘口鼓腹罐等。樽类器物流行纹饰装饰，篮纹、S纹、方格纹、席纹、人字纹等，盘口鼓腹罐则基本为素面。这一期是前后过渡时期，即保存有早期折肩樽，同时新出现晚期流行的素面盘口鼓腹樽。但与东南地区的原始瓷在器型上目前仍旧没有交集的证据。

第四期：商代晚期前段，相当于殷墟的第二、三期。主要有河南殷墟小屯[1]、河北武安赵窑、邢台郭村、邢台大桃花和坂上等遗址。数量不多，器型主要是豆与小罐两种。豆敛口、浅弧腹，豆柄较高；小罐直口、短颈、折肩、深弧腹。浅灰略泛青色胎；釉层较薄。均为素面。该期是与东南地区交集最多的一期，两种主要的器型豆与罐，不仅与东南地区第四期同类产品器型接近，而且胎、釉亦十分相似，不排除此类产品是由东南地区进贡给商王朝的。

第五期：商代晚期后段，相当于殷墟第四期，下限可延续到西周初期。主要出土于殷墟各遗迹单位中，此外包括河南辉县孟庄、阳信李屋、山东益都苏埠屯、滕州前掌大等遗址与墓地。是整个商代出土原始瓷最多的一期，器类较为丰富，器型以各种罐和豆为主，还有少量壶、瓿、器盖等。盘口罐在第三期已出现，此期数量有所增加，并新出现敛口球腹罐，豆较第四期变化极大，敛口豆不见，代之以直口折腹或侈口折腹豆，豆柄较矮。胎色多较浅，呈灰白色，釉主要是青黄色薄釉，施釉均匀。另外新出现一种厚釉产品，釉层厚，施釉不均匀，流釉明显，釉色较深，几呈酱褐色，此类胎釉特征产品盛行于东南地区的西周中晚期至春秋早期。

东南地区第五期也是商代原始瓷的较大发展时期，种类最为丰富，直口折腹豆取代第四期的敛口豆而成为主流产品，并有一定数量的罐、樽、簋、钵等器物，但两地直口折腹豆仍存在着一定的差异，东南区直口折腹豆胎体较厚、豆柄较高，北方地区则较薄而矮，从器物形态上看，前者更为原始，时代上也应该略早。北方地区该期下限延续到西周早期，学术界关于前掌大墓地年代划分的争议，恰恰说明这一时期本身即存在着朝代上的跨越，部分豆的器型甚至延续至西周早中期。

安阳刘家庄 M32：4[2] 和妇好墓 M5：139[3] 两件印纹硬陶（图3-25），无论是器型还是纹饰均与东南地区第五期的同类器物具有相当的一致性，亦反映两地在年代上还是有一段时期的交叉，只是东南地区第五期结束较早，而北方第五期延续时间较长。

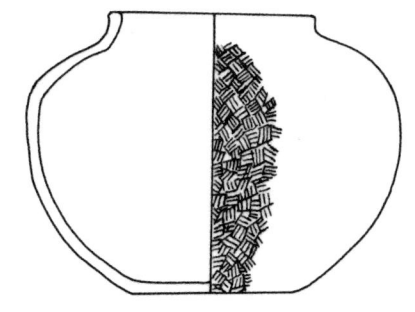

图 3-25　河南殷墟妇好墓印纹硬陶罐

---

1 石璋如：《小屯最近之重要发现》，《中国考古学报（第二册）》，1947年。
2 安阳市文物工作队：《1983—1986年安阳刘家庄殷代墓葬发掘报告》，《华夏考古》，1997年第2期。
3 中国社会科学院考古研究所：《殷墟妇好墓》，文物出版社，1980年。

第三节　商代原始瓷的烧造

商代明确烧造原始瓷的窑址，目前仅发现于浙江东苕溪流域的德清与湖州南部两地，而江西鹰潭与福建浦城的商代窑址可能与原始瓷有一定联系，在此一并介绍。

一、浙江东苕溪流域商代原始瓷窑址群

东苕溪流域商代原始瓷窑址目前共发现30多处，集中于两个区域：德清龙山片区与湖州青山片区。

龙山片区商代窑址群与春秋战国时期窑址群基本重叠，发现窑址近10处，大致可分成三个类型（图3-26）。

第一个类型为水洞坞类型，主要分布于德清龙山窑址群，在湖州青山窑址群的南部也有少量的发现。产品面貌基本一致，以印纹硬陶占绝大多数，少量原始瓷器。印纹硬陶器类较为单一，多为器型巨大的罐或坛类器物，高领、圆肩、深腹、凹圜底或低矮大圈足，通体拍印云雷纹，纹饰细密、排列杂乱；内壁密布拍印纹饰撑垫形成的凹窝。器物胎色较深，多数呈深灰或紫红色，胎质细腻，火候较高，部分器物肩部见有极薄而不均匀光亮层。原始瓷器数量较少，可见的器型均为豆，豆柄呈高喇叭形，胎色灰白，胎质细腻坚致，火候极高，豆盘内壁有釉，釉层较薄，有一定的玻璃质感。

第二个类型为尼姑山类型，目前该类型的窑址仅发现这一处，分布于龙山窑址群的东部，以印纹硬陶与硬陶（或原始瓷）为主，印纹硬陶纹饰主要是粗大的云雷纹，也有少量的曲折纹，硬陶（或原始瓷）少量器物表面有极薄的土灰色点状凝釉。器型主要是高领罐。两类器物胎多呈砖红色，胎质较差。

第三个类型为湖州南山类型，该类型窑址主要分布于湖州青山窑址群中。德清地区仅在县城武康镇的西部城山的东坡发现一处，称为城山窑址。以原始瓷为主，偶见印纹硬陶。原始瓷主要是豆，少量的罐。印纹硬陶拍印细云雷纹。

湖州青山窑址群位于德清龙山窑址群的下游，两地直线距离不足10公里。这里地处湖州市南郊原青山乡范围内，因此名之，今隶属于湖州市吴兴区东林镇。窑址的主要分布现在的青山、南山、青莲诸村之内，共有20多处窑址，按产品差异分为两种类型（图3-27）。

一类接近于龙山类型，以印纹

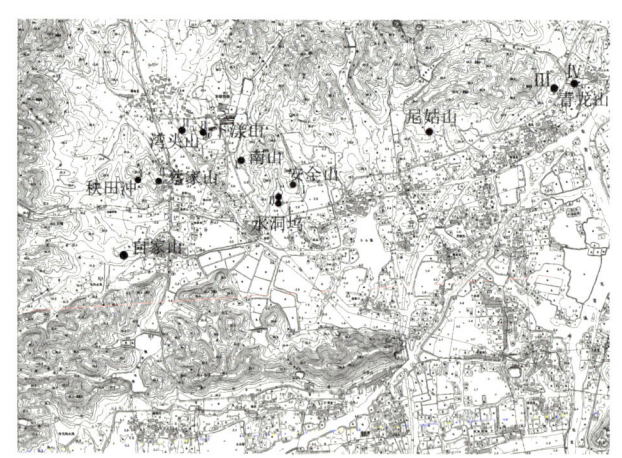

图3-26　德清龙山商代窑址群分布图

硬陶为主，器型主要是大型罐或坛类器物，长颈口，深弧腹，凹圜底，通体拍印云雷纹，方正规则，排列整齐，内腹有较多的凹窝，但与龙山窑址群同类型器物相比，胎质多呈橘红色而非深色（图3-28）。主要包括下沉、虎墩山两个窑址，在南山窑址Ⅱ区亦有少量兼烧。

另一类几乎纯烧原始瓷，称为青山类型，产品主要有豆、罐及盖、樽等，豆既有宽沿、深腹，足端带三个半圆形缺口的早期形态，也有敛口高圈足的中间形态与直口高圈足的晚期形态。胎色灰白或青灰色，胎质细腻坚致，火候高；釉层明显。代表窑址有南山、周家山窑址等。时代初步判定均为商代：最早从商代早期开始，甚至夏商之际开始，一直延续到商代晚期。龙山类型窑址数量比较少，主要是虎墩山与下沉两处堆积，均位于窑址群的南端，更接近于龙山窑址群。此外在南山窑址二区采集到少量的标本，但其与青山类型商代窑址的关系至今仍未找到地层上的证据。

青山窑址群均为商代，产品以原始瓷为主，这一地区应该是商代原始瓷的核心产区，而从目前的调查材料上来看，龙山窑址群的商代产品主要以印纹硬陶为主，可能是印纹硬陶的主要产区。从窑址的分布上亦可证明这一点。青山窑址群

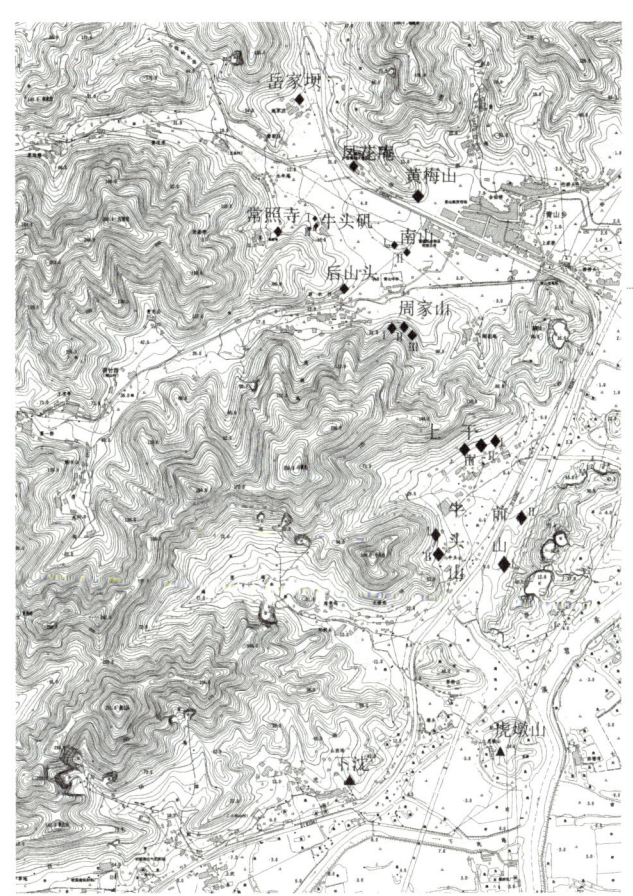

图3-27　湖州青山商代窑址群分布图

图3-28　青山地区出土水洞坞类型商代窑址出土印纹硬陶

生产印纹硬陶为主的窑址主要分布于接近龙山方向的窑址群边缘地区，如下沉窑址、虎墩山窑址。而德清生产原始瓷为主要窑址群则主要分布于龙山窑址群之外。当然，从窑址的分布规律上来看，一般是呈集群化分布，而极少见有孤立窑址存在的，因此也不排除城山周边存在着以生产原始瓷为主的窑址群存在的可能性。

上述调查资料表明，这是国内首次发现的大规模商代原始瓷窑址群；东苕溪中游也是国内目前已知最早的、仅见的商代原始瓷窑址群分布区[1]。

---

[1] 浙江省文物考古研究所等：《浙江东苕溪流域商代原始瓷窑址群》，《考古》，2011年第7期。

二、江西商代窑址

江西商代原始瓷窑址包括鹰潭角山商代窑址和吴城遗址中的制陶区。

角山遗址位于鹰潭市月湖区童家乡角山徐家村。窑址坐落于角山西北坡及河傍台地上，总面积达1万余平方米，文化层堆积厚达0.4米—1.2米。没有发现窑炉，但从出土大量的残次品、陶拍和陶垫等窑具、大块烧结块等现象来看，这里应是一处窑址堆积。主要产品当为陶器。陶器质料多为泥质灰色硬陶，其次为泥质红色硬陶，夹砂灰陶和红色软陶较少，黑皮陶发现甚少。器型主要有：甗、罐、钵、三足盘、豆、杯、盂、樽、坛、壶等；器表面除素面外，流行云雷纹和篮纹及两种纹饰构成的复合纹装饰，此外还有一定数量的方格纹、菱形纹、曲折纹、席纹、叶脉纹、绳纹、方格填线纹等纹饰。制作方法当为轮制与手制兼用，大型小口类器物如罐类器物为手制成型，内腹凹凸不平，盘、钵类大口小型器物内腹有密集整齐的轮旋痕，当为轮制拉坯成型。原发掘简报称有部分釉陶和原始瓷[1]。从其胎釉特征观察，应该是硬陶上自然形成的一种釉，可以归入釉陶类，而与原始瓷有一定的距离，这在前文已述及，此不再赘述（图3-29）。

江西地区商代窑址除角山一处，还在吴城遗址中发现了制陶区。到目前共清理了14座陶窑，平面形态可分成圆形、圆角三角形、圆角方形和长方形4类。其中的长方形窑炉原始报告认为可能是龙窑，从发表的资料来看，是否为龙窑值得商榷。龙窑必须具备要有一定的长度和坡度的条件，东苕溪流域南山商代窑址长7米左右、坡度15°—21°，火烧山西周至春秋时期窑址坡度15°左右[2]，亭子桥战国窑址长近9米、坡度17°左右[3]，都是符合龙窑的条件的。吴城长方形窑炉残长7.5米、宽1米左右，坡度1.7°，窑头残断，北壁小孔9个，一字排开。窑床与窑墙烧结面坚硬，呈砖红色，窑尾部分呈青灰色，表明窑尾温度高于窑头。报告认为9个小孔为火道，也就是说这是相当于带有投柴孔的龙窑。该窑炉至少在三个方面与龙窑特征不符：首先是火道问题，姑且不说火膛移位技术的出现从目前的考古材料来看至少要迟至汉六朝以后，且它的底部与窑床底部平齐，与投柴孔高于窑床很多不符；其次是窑尾温度高于窑头问题，龙窑窑头火膛大，是整个龙窑中温度最高的，越往后温度越低，在春秋时期的窑址中，窑头部位烧原始瓷、

图3-29　江山鹰潭角山窑址出土部分器物

1　江西省文物工队等：《江西鹰潭角山窑址试掘简报》，《华夏考古》，1990年第4期；江西省文物工队等：《鹰潭角山商代窑址试掘简报》，《江西历史文物》，1987年第3期。
2　浙江省文物考古研究所等：《德清火烧山》，文物出版社，2008年。
3　浙江省文物考古研究所等：《德清亭子桥》，文物出版社，2011年。

窑尾则烧印纹硬陶[1]，这是对不同部位窑温的合理利用，原始瓷的温度要求高，硬陶则相对较低；窑炉坡度太小，目前已知的龙窑中，早至夏商时期[2]，尚未见如此平坦的龙窑炉。各种迹象表明，吴城的长方形窑炉其结构应该与其余的方形窑炉一样，火道的北面是火膛，而不是西面的残破部位，只是它比其余的方形窑炉更宽，火道更多，装烧量也更大。之所以不厌其烦地在这里讨论吴城这条长方形窑炉的龙窑性质问题，主要是因为从目前的考古材料来看，南方地区瓷器起源与龙窑的出现密切相关。龙窑在中国陶瓷史上具有革命性的意义，正是这种窑炉上的革命，才带来了瓷器的出现，并且几乎和南方地区的瓷器生产相始终。从窑炉的结构角度来说，至少从目前的考古材料来看，吴城一带还不具备烧造原始瓷的条件，这也与遗址中出土的带釉类器物无论是胎还是釉均相当不稳定的特征相符合。

三、福建浦城猫耳弄山商代窑址

位于闽西北的猫耳弄山商代窑址共清理了9座窑炉，其中圆形窑炉1座（Y1）、椭圆形窑炉6座（Y2、Y3、Y5、Y6、Y7、Y9）、长条形窑炉2座（Y4、Y8），并且有相互叠压关系：长条形叠压上椭圆形之上，椭圆形又叠压在圆形之上[3]。

椭圆形窑结构相似，大小不一，窑炉结构分火膛、分焰柱和窑室前后部分，窑前多发现有窑前工作面，Y3和Y5火膛仅有1层烧结层，Y2、Y6和Y7均有2—5层烧结层。以Y2为例，其平面大致呈尖椭圆形，由火膛、分焰柱和窑室构成。其中火膛长1.82米、宽1.22米—2.08米，底部有4层烧结层，最下层烧结层硬度最高，上部3层烧结层下铺垫灰黑砂土，最下层即最早期火膛平面略呈梯形，后壁斜向上与窑室底部衔接。窑壁厚0.02米—0.06米。残存2座分焰柱位于火膛和窑室中间的南北两侧，呈圆柱状，表面烧结成青灰色硬面。窑室平面大致呈圆角三角形，长1.51米、前端最宽处为1.64米。窑底为青灰色硬面，后部保存局部窑顶，为拱形顶。窑内堆积为红褐土与倒塌的窑壁残块混合堆积，内出土少量黑衣陶片。

Y4平面形状为长条形，仅残存窑室和窑尾。窑尾平面呈圆弧形，窑底有3层，均为青灰色或黄灰色硬面，底下铺垫层为红褐土，夹杂少量红烧土粒和炭粒。窑底的前段坡度10°，中段4°，至尾端则为8°。从残存壁上的横向凹槽推测，两侧窑壁系横向掏挖形成，尾端留有从上至下掏挖形成的凹槽，烧结成青灰色硬面。应该属于洞穴式的龙窑遗迹。

整个窑址的产品均为陶器，器型主要有罐、

图 3-30 福建浦城猫耳弄山出土着黑陶

---

1 浙江省文物考古研究所等：《浙江萧山前山窑址发掘简报》，《文物》，2005年第5期。
2 "瓷之源"课题组在东苕溪流域发现了相当于夏代的龙窑窑炉，其坡度亦在10°以上。
3 郑辉等：《福建浦城县仙阳镇猫耳弄山发现商代窑群》，《中国文物报》，2006年5月31日；陈明忠：《浦城仙阳商周窑址发掘的初步收获》，《福建文博》，2006年第1期；郑辉等：《浦城县猫耳弄山商周窑址》，见中国考古学会编：《中国考古学年鉴2006年》，文物出版社，2007年；郑辉等：《浦城猫耳弄山窑群》，见福建博物院：《21世纪初福建基建考古重要发现》，福建人民出版社，2009年。

盆、釜、盅等，器表多施黑衣（图3-30）。而未见原始瓷。时代可以到商代早期，但三种窑炉上下叠压，前后应该有一定的延续时间，最晚的两条龙窑就晚于商代早期。

从目前的考古材料来看，商代原始瓷窑址目前仅见于德清与湖州两地的东苕溪流域，并且规模庞大，窑址数量众多，时代也最早。龙窑窑炉则除东苕溪外，在浦城亦有发现，后者时代可能略晚，窑炉规模亦较小。

第四节　商代原始瓷的技术成就

商代原始瓷的技术成就主要表现在胎土的选择、人工釉的出现、成型技术进步、高温烧造技术的出现等四个方面。由于仅在东苕溪流域有原始瓷窑址的存在，并经过系统的调查和大规模的发掘，材料相当丰富，因此以下分析主要建立在这一地区窑址材料的基础上。

一、商代原始瓷胎土的选择

商代原始瓷的胎质已经较为细腻，以灰白色为主，少量青灰色，但胎质中普遍见有一层极细的黑色斑点，并有一定数量的细小气孔。胎土的来源，可能主要是当地的一种黏土。湖州青山商代窑区以南山为中心，沿南山四周分布，一般山势均不高，坡度较缓，窑址所在的山坡一般土层较厚，土质多较细腻致密，接近于黏土，如南山窑址近坡脚探方的生土层，即为一层极细腻致密的近似于黏土的土层。这种土分布范围广、开采方便，可就近利用。由于其极为细腻，略经淘洗即可利用。

南山窑址发现的相关遗迹来看，商代已经存在着完整的陶洗工艺流程，它由淘洗池、澄泥沟与贮泥坑三个部分组成。淘洗池位于窑炉东侧的上坡处，开挖在基岩层上，是长约5米、宽约2.5米的长方形规则大坑，坑口与坑底均南面上坡口高，北面下坡口低，呈倾斜状；澄泥沟位于淘洗池的下坡处，呈曲尺状，在较低一端的底部发现极细腻的灰白色土（图3-31）；贮料坑有两个，分别位于窑炉的南边与西南角，均在基岩上开凿而成，底部保存有少量的白色细黏土。从以上遗迹分析其淘洗的工艺流程如下：窑址附近取细纯的瓷土放置于淘洗池中、从上坡

图3-31　南山窑址淘洗池与沉泥沟

图3-32　南山窑址第1—3期与第5期豆的瓷胎

处引水注入进行搅拌淘洗，粗粒沉于坑底，细腻瓷土随水漂浮，并越过北面坑口往下坡流入 G1 之内进行沉淀。沉淀后的细泥取出贮藏于贮料坑中。

整套成熟的淘洗工艺，使南山窑址产品中，胎无论是从胎色还是胎质方面均已相当地成熟并十分稳定，是商代原始瓷中很高的一项成就（图 3-32）。

二、商代人工釉的出现

南山等窑址主要产品为豆、罐、樽、簋、盆等器物，施釉部位因器类不同而有所差异，豆类敞口的大口浅腹器主要施于豆盘的内腹部；罐、樽、簋等口略小深腹的器物施于肩部，盆类宽沿大口深腹器物则施于宽沿上。无论是釉层还是釉色、胎釉结合情况均差别极大，说明这一时期的釉尚不稳定。

部分釉佳者如豆盘内腹、罐的肩部、盆的宽沿上施满釉，釉层厚，施釉均匀，玻璃质感较强，胎釉结合好，釉色青翠。但是除此类高质量的釉外，还有相当比例的产品，釉层极薄，呈灰色的星星点点状，基本没有玻璃质感；或者仅在朝向火膛的一侧有釉。如豆的釉：豆柄的一侧自上而下狭长一道有釉，由此向上，豆盘外侧外凸部分亦有釉，豆盘内侧的釉位于朝向火膛，与外腹施釉部位相对的位置，除少量器物局部，主要是中心位置施釉较厚，玻璃质感较强外，通常是釉层薄，施釉不均匀，几乎没有玻璃质感，多数呈灰白的斑点状，施釉处向无釉处釉层逐渐变薄变淡，不见施釉线。罐类器物的釉除肩部施釉外，部分器物在内底及内下腹部，或朝向火膛的一侧肩腹部局部有釉，而内腹与底则在面向火膛的一侧釉层范围较大，呈弧形上凸，施釉线不见，呈点状逐渐向无釉部分过渡。

还有一点值得说明的是，南山窑址普遍采用叠烧技术，在部分被叠压器物的叠压范围内亦有釉存在（图 3-33），同时还有部分器物内外腹均有釉，薄而均匀（图 3-34）。再结合质量较佳产品的釉色、釉层、施釉部位等分析，南山窑址已经是人工施釉。

理化测试数据也证明了南山窑址原始瓷标本釉成分与其余 6 个地点原始瓷标本釉成分十分接近，而与窑壁上釉的成分相关较远；水洞坞窑址印纹硬陶标本釉成分与窑壁上的釉成分接近，而与其余 7 个标本釉的成分相差较远；由此说明南山窑址应该属于人工釉，水洞坞印纹硬陶上的釉是自然形成的。

但是，这一时期的施釉与烧成技术相当不成熟，釉的烧成当与窑炉的火温、气氛等的控制密切相关，即与窑炉的烧造技术紧密相连。并不是所有的施釉器物

图 3-33 叠烧痕迹下的釉

图 3-34 内外腹均有釉

均能烧成釉，只有娴熟掌握控制窑炉的烧成技术，才能烧造出理想的青绿釉效果。商代的窑炉处于龙窑的初期阶段，具有相当的原始性，因此火温、气氛的控制上应该还是不十分成熟，由此造成大量器物的釉均不理想。

另外，除人工釉外，部分器物部位的釉层不排除是自然釉的可能性，特别许多器物朝向火膛一侧的釉，如豆柄、罐下腹部的釉，这些釉不仅仅限于局部范围内，且不见施釉的迹象。这种釉无论是釉色、部位、特征等均与水洞坞及后期印纹硬陶上的釉相似，理化测试也说明这种釉是自然形成的。

这部分商代釉器上的釉是目前能确定的最早的人工釉，虽然尚有相当数量的原始瓷，但对于中国瓷器的出现来说，具有革命性的意义。

三、商代原始瓷成型技术

商代原始瓷的成型，普遍采用轮制技术，商代早期则轮制与手制，或手工修整相结合。

豆，商代早期（相当于湖州南山窑址的第一与二期）的豆均为宽沿深斜腹豆，豆柄较矮。轮制与手制并用。豆盘轮制，内腹轮旋痕清晰，外下腹使用片状工具纵向修刮，保留清晰的痕迹。豆柄为手制，外腹用片状工具纵向修刮，内腹则多次掏挖而成，足端用慢轮修整。豆盘与豆柄分段制拼接而成。

商代中期（相当于湖州南山窑址第三期）手、轮制并用的早期技术明显减少并居于次要地位；部分豆柄手制成型后外壁不再用片状工具纵向修刮，而是涂抹光洁（图3-35），内壁下端轮修光洁，上端近豆盘处用片状工艺一次旋挖而成（图3-36）；开始大量出现豆柄拉坯成型工艺，外壁均光洁规整，内壁有轮旋痕，但

图3-35 南山窑址商代中期豆柄及外腹制作痕迹

图3-36 南山窑址商代中期豆柄内壁制作痕迹

图3-37 南山窑址商代中期豆柄上端下凹痕

图3-38 南山窑址商代中期豆盘装柄处外凸痕

图 3-39　南山窑址商代晚期豆外部光洁表面

图 3-40　南山窑址商代晚期豆柄内壁制作痕迹

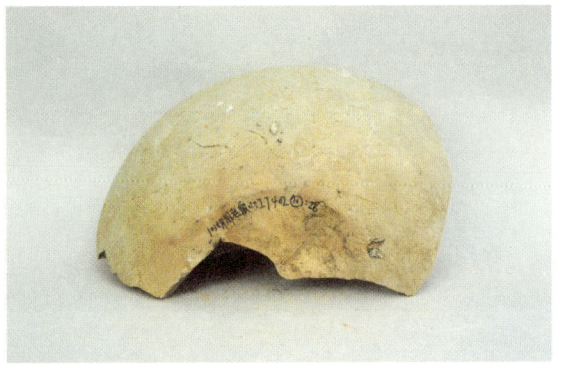

图 3-41　南山窑址商代中期罐外下腹及底较光洁的小片修整痕迹

图 3-42　南山窑址商代晚期罐外底较直线切割痕迹

此类豆柄一般较矮，豆盘与豆柄仍旧为分别制作再拼接而成，豆柄与豆盘相接处开始内凹，略似于榫卯状以增加拼接处的牢度（图 3-37、图 3-38）。

商代晚期（相当于湖州南山窑址第四、五期）豆柄与豆盘均分别用轮制成型再拼接而成。豆盘下腹不再修刮，内腹有轮旋痕，而外腹较为光洁（图 3-39）；豆柄由手制演变成轮制型，较矮的豆柄轮制清晰，较高豆柄下柄为轮制痕，上端略作修

图 3-43　火烧山窑址春秋时期碗底箕形切割痕迹

挖（图 3-40）。豆柄与豆盘连接的上端下凹较深，使整个豆柄上下两头中空，柄、盘连接处略作修抹。

商代早期罐、盆类大口平底器采用轮制加手工修刮，内底、腹轮旋痕粗疏，外底与下腹部用片状工具多次修刮，修刮痕清晰。

商代中期开始此类修刮痕逐渐不清晰而器物表面趋向光洁，或仅在器物的近底部的下腹部及底部修刮（图 3-41）。

商代晚期轮制成型，较少使用修刮技术，外底出现一次切割而成，其切割痕呈细密的直线形（图 3-42），与春秋时期的用线切割的箕形线切割痕明显有别（图 3-43），表明这一时期是使用片状的硬质工具切割。

矮圈足类器物如樽、簋等主要见于商代晚期，器腹的制作与罐类器物相同，

矮圈足拼接而成。

罐类器物的耳等附件则手制拼接而成。

四、商代原始瓷装饰工艺

1. 江南地区商代原始瓷装饰纹样

南北方地区的商代原始瓷装饰存在着较大的差异，北方地区商代早期的原始瓷普遍见有诸如弦纹、旋纹、篮纹、方格纹和席纹等纹饰，晚期则以素面为主，少见纹饰。

南方原始瓷则要简洁许多，基本为素面，少见纹样装饰。浙江省出土的众多原始瓷包括豆、罐、樽、簋、钵、盆、盘等，绝大多数器物为素面，少量器物有纹饰装饰，主要有云雷纹、叶脉纹、饕餮纹、方格纹、弦纹、其他几何纹饰、刻划符号及镂孔等。装饰技法包括刻划、拍印、镂空等。时代上主要见于商代早中期，商代中晚期较为少见，且越是早期，风格上越是规则整齐，越是晚期则越为粗放随意（图3-44）。

云雷纹：纹样一般较大，云雷纹连绵勾连，转角较圆，均为刻划而成，有位于罐的肩部的。

叶脉纹：多位于豆类器物的豆柄外侧，刻划而成，有排列较为规则而繁密的，也有刻划较为单一而随意的，后者时代一般较晚。

饕餮纹：数量极少，在湖州南山窑址发现一件，位于豆的豆柄正中，纹饰简洁粗放，与之相对的另外一侧为一条纵向叶脉纹。

网格纹：有两种，一种是刻划网格纹，一种是拍印网格纹。前者多位于三足盘的足面上，且多与细弦纹甚至云雷纹等其他纹饰组合使用，少见纯刻划网格纹的现象；后者则与本地区的传统印纹硬陶技法相似，拍印而成，甚至器型亦与之相同。

水波纹：一般较为细密规则，多见于豆的柄部或盆类器物的底与腹部。

"人"字形纹：多个"人"字上下重叠构成一组，且一般多组并排或相对连绵。

斜"十"字形纹：多个连绵成带状装饰于器物的足部或腹部，并与弦纹等纹饰复合使用。

弦纹：除三足盘足面等与其他纹饰构成复合纹的细弦外，还在豆柄上装饰有较为粗犷的弦纹，多圈重叠，并且多与镂空纹饰构成复合纹。

复合形几何刻划纹饰：在湖州南山窑址少量出土，位于较大型器盖的盖面上，以盖纽为中心呈圆环形，再分成若干个扇形等分，内分别刻划细弦纹、"十"字纹、云雷纹等，有一定的组合方式，当具有一定的特殊含义。

镂孔：不多，多位于豆柄上，包括三角形、"Z"字形、圆形等，一般多个连续成组出现。

刻划符号：商代早期或夏商之际多见于器物的口沿上，商代中晚期则多见于底部或盖面上，内容较为简单，包括"×"形、"井"字形、多条短弧线形和不规则形等。

近人字形纹

刻划符号

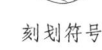

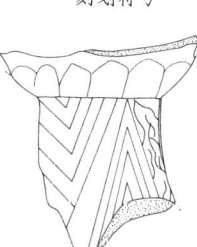
刻划符号

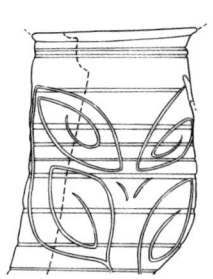
刻划符号

三角形纹

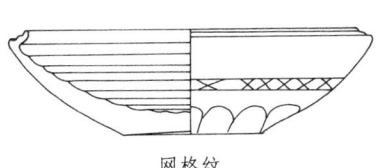
水波纹

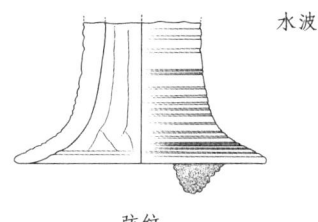
水波纹

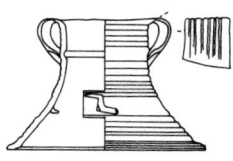
饕餮纹

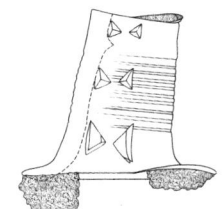
网格纹

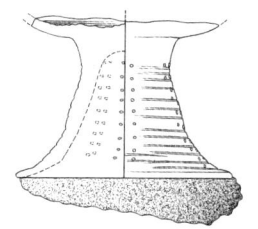
弦纹

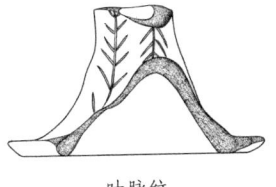
弦纹与Z字形镂孔

弦纹与三角形镂孔

弦纹与圆形镂孔

叶脉纹

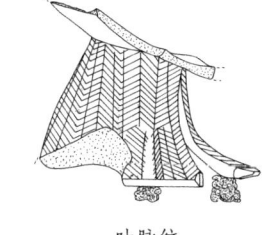
叶脉纹

组合纹

云雷纹

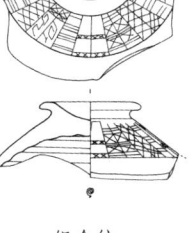
祖形圆雕

图 3-44　商代东南地区原始瓷装饰纹样

其他几何纹饰：豆柄器物等见有少量的连续简洁几何形纹饰，包括近人字形纹等。

仿生形装饰：商代原始瓷装饰多为高度几何化的构图，很少见有十分具象的图案，此件祖形瓷垫，当属于相当特殊的异类了，也有可能除作为制瓷工具外，还有某种象征意义。

2. 北方地区商代原始瓷装饰纹样

北方地区商代原始瓷出土数量极少，集中在大型都城遗址或高等级的墓葬中，以作为早、晚期都城的郑州商城[1]和安阳殷墟[2]两遗址最为集中，因此据此可分成二里岗期与殷墟期两个大的时期。

二里岗期分成二里岗下层与上层两个时期，大约相当于商代前期，原始瓷从二里岗下层二期开始出现，数量极少，类型单一，仅有樽类器物：敞口、折肩、凹圜底，按腹深浅分成深腹与浅腹两种类型，一般通体满布纹饰：主要有席纹与短篮纹复合纹、小竖短篮纹、小横短篮纹、人字形纹、横S形纹、方格纹、曲折纹、云雷纹等。而器物的口与内颈则多为密集的细弦纹。

商代晚期相当于殷墟时期，大口樽基本不见，器类有所增加，东南地区最为常见的豆与罐均已在殷墟发现，无论胎、釉均十分相似。主要器形有罐、豆、瓿、樽等，而纹饰则大量减少，除少量的樽类器物上仍有纹饰外，其余器物基本为素面，偶见极简洁的弦纹、S形堆贴、扁泥条耳等纹样。

弦纹多位于豆盘的外腹口沿下，细密，多道刻划成组。

方格纹：均较细小，位于罐或瓿形器的腹部，通体拍印。

耳：有多种，均为堆贴，一种呈卷云状位于壶类器物的上腹部，另外一种为扁泥条耳，堆积于豆的口沿下。后者无论是器型、胎釉，还是耳的形态、装饰风格均与东南地区商代晚期豆十分相似。

3. 长江中游地区商代釉陶或原始瓷装饰纹样

在以江西为中心的长江中游地区，商代带釉类器物主要出土于吴城文化诸遗址中，一般火候低，胎色较深，胎质较松，釉呈深褐或酱褐色，釉层厚薄不匀，大多数釉层较薄，只有少数釉层较厚[3]，从第三期开始釉陶或原始瓷器的品种较为丰富多样，主要有罐、盆、樽、豆、瓮，少数为素面施釉，多数釉下施几何纹，常见有方格纹、锯齿状堆纹、圆圈纹、弦纹、篮纹、S形纹、水波纹、刻划纹、云雷纹、人字纹等[4]。

方格纹：见于瓮与樽等器物上，通体拍印，细密规则。吴城文化的瓮器型较大，敞口短颈，折肩，深腹凹圜底。

---

1 河南省文物考古研究所等：《郑州商代铜器窖藏》，科学出版社，1999年；河南省文物考古研究所：《郑州商城：1953—1985年考古发掘报告》，文物出版社，2001年。
2 中国社会科学院考古研究所：《殷墟发掘报告（1958—1961）》，文物出版社，1987年；中国社会科学院考古研究所：《殷墟的发现与研究》，科学出版社，1994年；李济：《殷墟陶器研究》，上海世纪出版集团，2007年；中国社会科学院考古研究所：《安阳殷墟小屯建筑遗存》，文物出版社，2010年。
3 江西省文物考古研究所等：《吴城——1973—2002年考古发掘报告》，科学出版社，2005年。
4 周广明：《吴城遗址原始瓷分析》，见江西省文物考古研究所等：《吴城——1973—2002年考古发掘报告》，科学出版社，2005年。

锯齿状纹：多见于深腹瓮或樽类器物的肩部，多道密布，压印堆贴。

圆圈纹：带釉类器物上较为常见的纹饰，施于樽、瓮、罐等大型器物的肩部，豆类器物的圈足、器盖的盖面等部分，呈条带状构成连珠纹。

此外，吴城文化还出土相当数量的刻划符号，多较为简洁，可能具有记事、记数等功能，也有人认为是早期的文字，而原始瓷上亦有一定数量发现，一般为刻划或戳印于器物的沿部、肩部和底部等部分。

4. 粤东闽南地区商代釉陶装饰纹样

粤东闽南地区先秦时期的浮滨文化遗存出土有大量的釉陶，其数量在许多遗址或墓葬的出土物中所占比例高达一半以上，此种出土高比例带釉类器物的现象，在商代其他文化遗存中是相当罕见的。浮滨文化的釉陶施釉技术较为成熟：一般在杯、樽等器物的外腹通体施釉，釉层较厚，施釉均匀，表明其具备相当的技术积淀，但由于胎、低火候等造成低釉层玻璃质感不强，玻化程度不高，且釉色深，多呈深黑、酱色等深色。其与原始瓷的最大差异在于器物的胎质上：多呈土黄色的硬陶质，较商代原始瓷胎色深，火候低。因此称之为釉陶是比较合适的。

浮滨文化的釉陶器以素面为主，少量器物有细竖条纹、方格纹、复线菱形纹和斜线纹。其中较为突出的是流行刻划符号装饰，主要见于豆盘内外壁、圈足等部位，除"十""人""二""川"等两三个笔画外，还有一些较为复杂的类似人物舞蹈的图案，可能已摆脱了简单记号的范畴，具有一定的象形符号或文字的功能[1]（图3-45）。

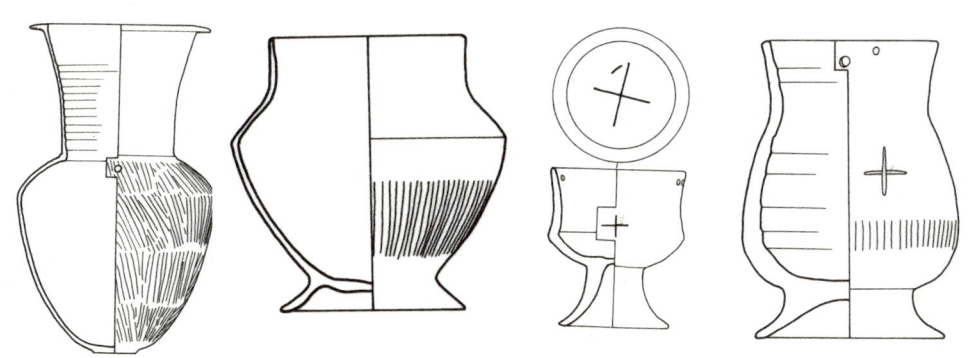

图3-45 商代闽南粤东地区釉陶

五、商代原始瓷烧成工艺

商代烧造原始瓷的窑址，目前仅发现于浙江东苕溪流域，在南山窑址不仅清理了龙窑炉遗迹，还揭露了可能是属于作坊的遗迹（图3-46）。

揭露的三条窑炉遗迹均修建在小山缓坡上，平面呈长条形，主体包括火门、火膛与窑床等几部分，属富有南方地区特色的龙窑窑炉（图3-47）。

以3号窑炉遗迹（Y3）保存最好。窑床和火膛平面保存基本完整。通斜长7.1米，最宽处2.2米，坡度15°—21°。火膛位于窑床前端中部，纵向（与窑炉同向）长方形，后端与窑床相接位置急收，但未形成断坎，两侧壁较宽，向中间凹

---

[1] 福建博物院文物考古研究所等：《鸟仑尾与狗头山》，科学出版社，2004年。

弧，形成纵向长方形的凹槽，底面略呈斜坡状，坡度较窑床为缓。整个火膛底面为青灰色的烧结面，在整个窑炉中呈色最深，烧结程度较高。前壁保存不佳，原先火膛口已被破坏。窑床底部为不平的青灰色烧结面，且不见铺砂现象，整个尾部高低起伏最大。窑床的中部较为平坦，窑床前端近火膛部位有多块基岩外露，并使底部凹凸不平。窑壁均不十分平直，西壁保存较好，尤以中段为佳，后段较差。中段两侧壁保存最高处达30厘米，向后壁逐渐降低。窑壁普遍厚10厘米左右，烧结面不十分明显，不见青黑色烧结层，内壁呈土黄色，外壁呈橘红色，整体联结。西壁从底部即开始倾斜，推测窑壁基本自底部起开始起券拱顶。从坍塌的烧结块内壁的痕迹来看，其内部的衬托有两种情况，一种是用竹类材料拱成半圆形，直接涂抹草拌泥，再经火烧烤而成；另一种是先用竹类材料拱成半圆形，再在之上铺垫宽粗的席子，席子之上涂抹草拌泥。窑之两侧壁均未见开边门现象，窑底不见投柴孔烧造形成的灰黑色烧结底面，因此此时的窑床既不开窑门，也不使用投柴孔（图3-48）。

原始瓷窑炉发展到战国时期，已比较成熟，德清亭子桥战国时期原始瓷龙窑长通斜长8.7米，方向112°。其中窑床斜长7米，后段宽3.54米，前段宽3.32米，总体具有短而宽的特点。窑底斜平，未见分段与分室现象。坡度不一，以中段最大，达17°，前段和后段较小，分别为5°和7°。窑底铺细沙，有少量小件废次品与器物残碎片留于底面上。解剖显示，Y2共有上、中、下三层窑底，表明窑底先后经过三

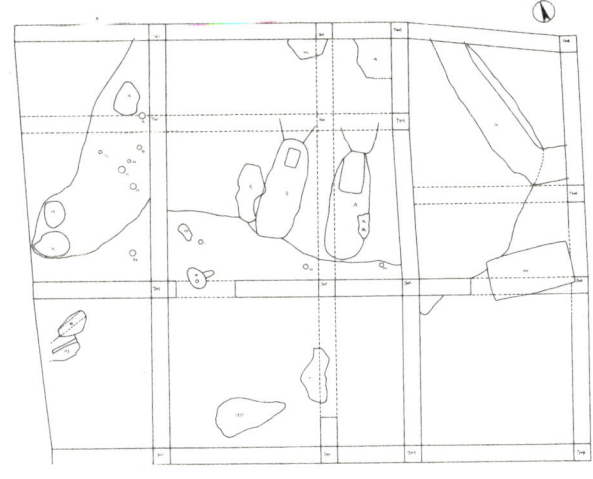

图3-46　湖州南山窑址平面分布图

图3-47　南山窑址三条龙窑炉

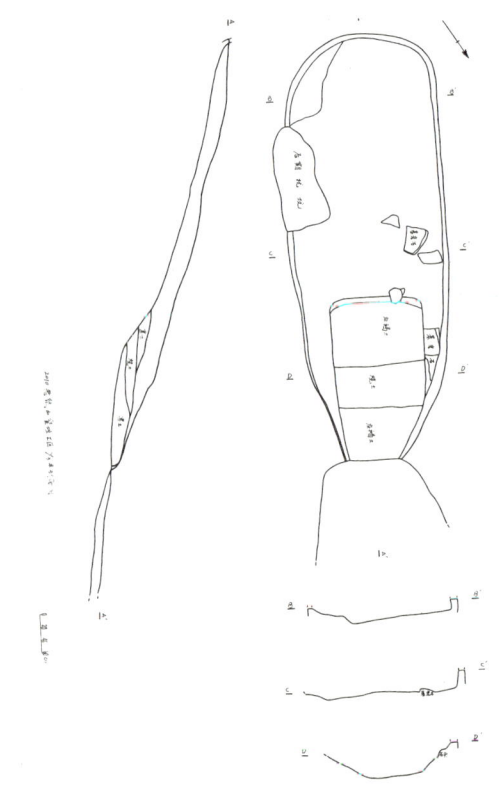

图3-48　湖州南山窑址Y3平剖面图

次整修。每层窑底总厚 8 厘米左右，每次修建时先垫一层厚约 5 厘米左右的红烧土或烧结块，然后在其上铺一层厚约 3 厘米左右的细沙。窑壁普遍厚达 20 厘米左右，内面有凹凸不平现象，烧结面十分坚硬明显，呈青黑色，烧结面外依次呈紫褐色和红色。窑壁不见用砖形土坯叠砌修建迹象，整体联结，推测当时建造的长条状圆拱顶窑炉，应是在事先用竹子构建的圆拱形支撑架上，反复用草拌泥糊抹并晾干后，再经火烧烤而成。在内壁烧结面上，局部可见排列紧密的横向条状凹弧形印痕，可能是竹子的痕迹。两侧窑壁均未见开边门现象。窑尾内壁未见整体联结的明显烧结面，在烧结程度上远远不如两侧窑壁，但土经烧红。联系到两侧壁未开边门和废品堆积主要集中分布在窑后上坡面的现象，推测当时可能是从窑尾装窑与出窑，后壁经反复拆建，未见残留有明显的出烟孔，但在后壁之外的地面上，有宽与窑床相同、长 0.4 米左右的烧结硬面，此处原先很有可能是储烟坑。火膛位于窑床前端，低于窑床 36 厘米，平面基本呈长方形，与窑床连接的后壁至火膛口长 1.7 米，宽 2.86 米—3.32 米。底部略向外倾斜，不铺沙，整个底面为青灰色的烧结面，显得极其坚硬，其上堆积有 10 厘米—15 厘米厚的黑灰。南侧壁和后壁保存较好，内面烧结呈青黑色。北侧壁和前壁已破坏不存，但根据底部的烧结面分布范围，仍可确定其原先位置。位于前壁正中的火膛口宽 30 厘米左右，火膛口内留存有一堆烧结块，推测可能系当初窑烧好后闷窑时为封堵火膛口之用[1]（图 3-49）。

与之相比，南山商代窑址更具原始性：龙窑总体较短；火膛不甚规整，大体呈纵向长方形，与窑床之间无明确分界，所占范围大，几乎占据窑炉的三分之一位置；窑床底部不平整，局部为高低不平的自然山岩，亦不见窑底铺砂现象；窑床坡度较大，最陡处达到 21°（图 3-50）。

从发现的大量窑壁坍塌块来看，窑炉的修建方法为：在地面上挖出浅坑，用竹条类材料起拱，其上铺席类竹（或芦苇）编，再用草拌泥糊抹成型（图 3-51）；也有的可能直接在条状细枝上糊草拌泥（图 3-52）。

南山窑址中出土多种大型烧结块颇为特殊，一种是柱状的大型烧结块，整个标本烧结极其严重，表面均为呈玻璃化的窑汗，显然经过长时期的火烤（图 3-53）；也有的大型烧结块形状不是很规则，一侧烧结严重，另一侧则未见火烧痕迹。福建浦城商代陶窑、武夷山西周原始瓷窑址结构来看，其火膛与窑室之间以分烟柱支撑窑顶，使火从左右两侧进入窑室，分烟柱还可以起到支撑与加固窑顶的作用。因此南山窑址出土的柱状烧结块应当就是分烟柱，而不规则形烧结块可能用于加固分烟柱，其裸露于窑室中的烧结，而置于地面或半地下的则保持原来的样子。

窑址中窑大量窑壁坍塌块烧结严重，窑汗较厚，呈黑色的玻璃相，当非短时期内形成，说明单条窑炉的使用时间比较长、窑温较高。

未见支烧具，直接置于窑床底部烧造。由于窑床坡度、底部不甚平整且不见窑底铺细砂，器物在窑床上无法平置，必须在朝向下坡的一侧支垫才能使器物放平。从出土的直接置于窑床上器物底部黏结来看，这一时期的衬垫物并不是十分严格，既有用大块的窑渣的，也有用较粗的砂粒的（图 3-54）；许多豆柄圈足

---

[1] 浙江省文物考古研究所等：《德清亭子桥》，文物出版社，2011 年。

图 3-49　德清亭子桥战国时期龙窑炉

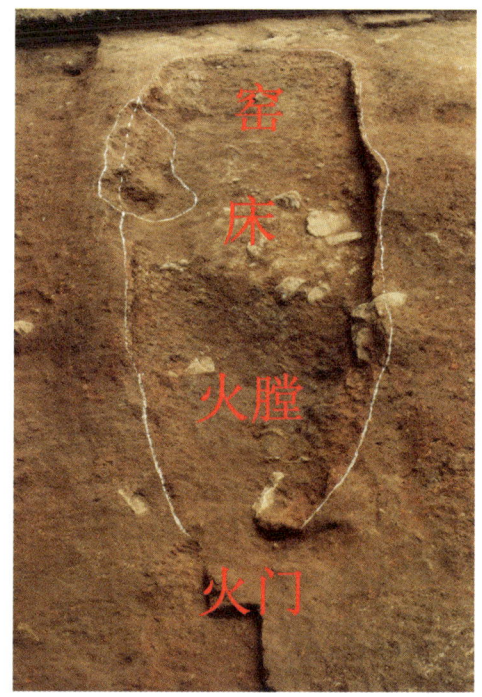

图 3-50　南山窑址 Y3 结构

图 3-51　南山窑址窑壁表面的纺织痕

图 3-53　南山窑址出土分烟柱

图 3-52　南山窑址窑壁烧结块中的草拌泥

图 3-54　南山窑址底部垫烧物

图 3-55　南山窑址原始瓷豆柄足端一侧生烧

图 3-56　南山窑址出土的饼形器

图 3-57　德清亭子桥窑址出土战国时期支垫具

豆叠烧

罐叠烧

樽叠烧

图 3-58　南山窑址的叠烧

底端一侧呈月牙形生烧，可能是下坡处不衬垫而将上坡部分置于砂土中形成（图 3-55）。在第五期中出土一种圆饼形器物，制作规整，直径约 20 厘米、厚不到 2 厘米，胎质较细，一侧面生烧严重，另一侧面有叠烧器物的痕迹，并黏结有小块的原始瓷片，应该是用于装烧的支垫（图 3-56）。这一时期的一些器物如簋、樽等，不仅器物大，且带有圈足，在陡且不平的窑底很难平置，使用此类圆饼形器物来承托。类似于晚期窑址的支垫具，但它与支垫具还是有很大的差异。支垫具的目的不光是形成一个平面以放置器物，更重要的是窑工们已认识到了窑室内不同高低位置窑温的差别，特别是知道避开窑室底部的低温区，这是烧成高质量的大件器物的最重要前提条件之一，如战国时期伴随着大量高大支垫具出现的是一大批高质量大型礼乐器，从而将先秦的制瓷业推向了顶峰（图 3-57）。而商代的圆饼形器厚度不足 2 厘米，完全达不到将器物托离窑室底部低温区的作用，因此与战国以来的支垫具在功能上还是有很大的区别。

普遍使用叠烧工艺，一般是 2 至 3 件器物叠烧，其叠烧方式有：同类器物叠烧，如多件豆叠烧、多件罐叠烧、多件樽叠烧；非同类器物叠烧，如大型印纹罐上叠烧一件原始瓷小罐；有同类器物之上再叠烧其他之物，如多件豆之上再叠烧一件器盖。当然，也有单件装烧的，如大型的印纹罐、大口扁腹簋、盆、钵等（图 4-58）。

从整个窑址出土青瓷标本的情况来看，废品的变形现象较为严重，而窑壁烧结面的窑汗层比较厚，说明这一时期的火温较高。西周春秋时期的德清火烧山窑

图 3-59　德清火烧山窑址器物内腹窑壁坍塌块

图 3-61　南山窑址原始瓷豆底部叠烧后留下痕迹

叠烧

间隔具　　　　　　　　　间隔使用的粉末

图 3-60　当代烧酒坛使用的间隔方法

址出土的原始瓷标本经常黏结大小不一的窑渣块（图 3-59），此种现象在南山窑址比较少见，说明其窑炉的修筑技术相对比较成熟，坍塌现象不是很严重。

装烧时使用叠烧方式，可以极大地提高产量，降低成本，是制瓷技术上的一大跃进。但釉类器物叠烧要黏结，因此如何解决这一问题，是叠烧工艺的关键，从南山窑址大量使用叠烧来看，商代已很好地解决了间隔这一问题。

现在湖州长兴一带烧造酒坛等带釉的粗陶器时，在多层叠烧的间隔具上撒一层干土粉，可以有效地防止黏结，此类干土粉入窑烧造后，几乎不留痕迹，而呈极细的灰白色（图 3-60）。此种效果，与南山窑址原始瓷上的叠烧痕迹极其相似，因此商代亦不排除使用干土粉作为间隔的可能性（图 3-61）。

第四章
两周时期原始瓷

第一节　两周原始瓷概况

两周时期以浙江为中心的东南地区是全国原始瓷的中心分布地区，尤以浙江省出土覆盖面最广、数量最多、规模最庞大，产品种类最丰富、质量最高、持续时间最长、序列最完整。

东南地区以浙江为中心，包括邻近的江苏南部、安徽东南部、江西东北部、福建北部。其中浙江省覆盖范围最广，全省均有发现，从西周到战国的各个时期的墓葬、遗址、城址中均有大量出土，墓葬中随葬原始瓷成了这一地区最主要的文化特征之一，中小墓葬中一般有一定数量出土，而大型墓葬特别是战国时期大型墓葬往往成组、成套随葬，数量庞大，气势宏伟，产品种类最全，档次高，包括各种日用器、礼器、乐器、兵器、工具等，几乎囊括了青铜器的所有门类。江苏主要集中在苏南地区，西周早期的原始瓷发现不多，西周晚期到春秋早期是这一地区的原始瓷发展的第一个高峰，出土一定数量的卣、鼎、簋等礼器，无锡鸿山发现的大型战国时期越国贵族墓葬出土了一大批高质量的仿青铜礼器与乐器。安徽的原始瓷出土规模不大，集中在皖东南屯溪一带，西周时期的器物占绝大多数，早晚期均有，除日用器外，还有鼎、豆、樽、罐、壶等，产品质量较高；春秋时期的器物不仅发现数量少，器类单一，而且产品质量极差；基本不见战国时期的器物。福建的原始瓷主要集中在闽西北的遗址、墓葬中，以西周时期器物为主，偶见商代器物。皖东南与闽西北地区出土的原始瓷无论是在兴衰时代，还是产品种类，胎釉特征等方面，均与浙西的衢州、金华一带几乎一致，当属于同一小文化分布区。

出土两周时期原始瓷的北方地区以河南为中心，包括陕西、山东、山西南部等地区。两周时期的原始瓷集中在西周早期，西周中期以后很少见。北方原始瓷主要出土于中大型高等级贵族墓葬与都城或诸侯国都的大型建筑遗址中，小型墓葬或一般遗址未见出土。

此外，在闽南、广东等地区亦发现一定数量的原始瓷。

全国两周时期原始瓷在时代、器物组合、器型、胎釉特征等方面存在着一定的差别，据此可以大致划分成以浙江为中心东南地区和以河南陕西为中心的北方地区两大区域。

一、北方地区出土两周原始瓷

北方地区两周时期的原始瓷主要集中在宗周和成周两京地区的遗址、墓葬中，各诸侯国的大墓中也有一定数量的发现。由于河南不仅有东周时期的都城，西周时期亦是东都所在，而陕西除作为西周都城的宗周外，早期的周原亦仍是重要的政治中心，因此北方两周时期的原始瓷主要集中在这两个地区。均出土于高等级的墓葬与遗址中，凡出土原始瓷的墓葬均随葬大量的青铜器。

张礼艳博士将沣镐地区原始瓷与印纹硬陶进行了统计研究，该地区总计有22座西周墓葬出土原始瓷和印纹硬陶。原始瓷器种类主要有豆、樽和器盖，豆的数量占绝大多数，是原始瓷的主要器类。器盖从器形上看，应该是与豆配套使用的，而原始瓷樽目前仅出土1件。印纹硬陶器目前共出土3件，均为罍。[1]

同时她将沣镐地区西周时期的墓葬分成五个等级，其中原始瓷仅见于前三个等级中（原文中称为釉陶器），而不见于后两个等级。

而雷少将整个关中地区的西周墓葬进行了梳理，将其划分成五个等级，原始瓷器同样仅见于前三个等级中[2]。

河南地区已发现西周墓葬2000多座，是原始瓷出土数量最多的地区，其中仅洛阳北窑西周墓就出土有上千件。

张应桥将其划分成五个等级：根据有墓道的为特大型墓，墓室面积10平方米以上为大型墓，墓室面积在5至10平方米之间者为中型墓，墓室面积在5平方米以下的为小型墓，以及有无墓圹之标准把河南西周墓葬划分为特大型墓、大型墓、中型墓、小型墓、无圹墓五大类型，而原始瓷器亦仅见于前面三个等级中[3]。

山西地区的原始瓷则主要集中在晋侯墓地、横水墓地、大河口墓地等大型的西周墓地的大型墓葬中。横水墓地原始瓷器见于四座墓葬，M2102、M2113、M2158、M2165，都有原始瓷豆，是最普遍发现的瓷器，钵、壶、瓶、罐则不多见。除了M2102性别不详外，其余3座墓葬墓主均为男性。头均向西，用鼎数量为1至8鼎，M2158有车马坑。而大河口墓地仅在最高等级霸伯墓葬中有随葬原始瓷器[4]。

从时代上来看，西周时期的原始瓷主要集中于早中期，西周中期后数量极少。目前已公布的最晚材料为凤雏建筑遗址中出土的两件原始瓷豆，从形态上看，可以到西周中期甚至西周中期略偏晚；从出土的地点上来看，主要集中于都城遗址与大型的墓葬中。凡随葬原始瓷的墓葬，均属于高等级墓葬，往往同时随葬大量的青铜器，部分带有车马坑，如北窑西周墓地、应国墓地等。西周时期的原始瓷器型主要为豆，少量罐、樽、簋、瓿等，胎质多呈灰白色，青黄色薄釉为主，施釉均匀，胎釉结合佳，釉层薄而透明，玻璃质感强。少量器物为酱褐色深色釉，釉层较厚，施釉不均匀，流釉较为明显，胎釉结合较差，剥釉现象较为严重，此类深色厚釉一般见于盘口罐类器物上。器表常见有装饰，纹饰主要为弦纹、篦划纹、方格纹等。

---

[1] 张礼艳：《丰镐地区西周墓葬研究》，吉林大学博士论文，2009年。
[2] 雷少：《关中地区西周墓地等级现象的初步研究》，西北大学硕士论文，2010年。
[3] 张应桥：《河南地区西周墓研究》，郑州大学博士论文，2006年。
[4] 谢尧亭：《晋南地区西周墓研究》，吉林大学博士论文，2010年。

有人统计出土原始瓷的西周墓葬保存完好的有 32 座，将原始瓷放置在棺椁之间的墓葬共 13 座，数量最多，分布在山西、陕西、北京、湖北、山东、河南。将原始瓷放置在二层台上的墓葬共 8 座，分布在湖北、山东、陕西。将原始瓷放置在棺内头侧的墓葬共 4 座，分布在山东、河南。将原始瓷放置在椁顶盖板上的墓葬仅 1 座，山东济阳刘台子 M4，根据简报介绍，该墓葬人骨堆放近方形，较整齐，应是二次葬。张家坡 M152 原始瓷豆分为 3 组，每组 2 件，上下相扣合，摆放成一列，器物周围有朱砂；洛阳北窑 M54 出土的原始瓷器摆成三角形。这种现象可能有某种象征意义。墓葬中的原始瓷多与青铜礼器和漆木器放置在一起，表明其功能或与礼器相类。扶风庄李 M9 的原始瓷放置在铜鼎中；扶风北吕 IIM1 出土一件残豆盘，豆盘在入葬前已将残片上打破后的锋利瓷茬错磨圆钝；被盗的洛阳北窑 M410 墓圹北壁的填土中，在漆痕上放着一个圈足缺失的瓷豆盘，这件镶嵌蚌泡的漆器应是原始瓷豆的器托；洛阳北窑 M307 出土原始瓷豆无圈足，豆盘均粘在特制的镶有蚌泡的漆座上。以上实例足以表明原始瓷在西周时期是比较珍贵的[1]。

1. 陕西出土的两周原始瓷

陕西西周时期原始瓷出土较商代为多，遗址和墓葬中均有，以墓葬出土为主。西周早期原始瓷类较单一，主要是豆。西周早、中期之际原始瓷的种类开始增加，新增有樽、罍等，组合形式也较丰富，但仍以单个器物组合为主。纹饰新增有方格纹。至西周中期原始瓷的数量大增，但无新器类出现，墓葬中仍多见单一器类随葬器，装饰无大的变化。西周中、晚期之际原始瓷的数量与中期相比骤减。随葬原始瓷的墓葬等级较高，是判断和划分西周墓葬等级的一个重要标准。陕西地区的原始瓷具有一定的地域特征，就整体器形风格而言，与河南地区的原始瓷更为接近[2]。以长家坡墓地（包括井叔墓）出土最为集中[3]。总共发现了 36 件原始瓷器：罍（原报告称樽）1 件、豆 31 件、器盖 4 件（图 4-1）。

罍出土于 M129 中。侈口，斜直颈，折肩，深弧腹，矮圈足外斜。肩部有四个环形系。肩部饰小方格纹和弦纹，腹部饰小方格纹。器身施青黄色釉，圈足不施釉，胎色白而泛黄。口径 21.2 厘米、高 24.2 厘米。

豆可分成敞口豆、敛口豆与直口豆三种类型。均为浅弧腹，矮喇叭形圈足，上腹部多施细弦纹，内腹见有篦划纹装饰。灰白

原始瓷罍

原始瓷樽

图 4-1 张家坡墓地出土原始瓷

---

1 袁瑗：《北方出土西周原始瓷研究》，吉林大学硕士论文，2016 年。
2 张利芳：《陕西地区商周原始瓷的发现与初步研究》，《艺术科技》，2014 年第 1 期。
3 中国社会科学院考古研究所沣西发掘队：《长安张家坡西周井叔墓发掘简报》，《考古》，1986 年第 1 期；中国社会科学院考古研究所沣西发掘队：《1984 年沣西大原村西周墓地发掘简报》，《考古》，1986 年第 11 期；中国社会科学院考古研究所：《张家坡西周墓地》，中国大百科全书出版社，1999 年。

色胎，青黄色薄釉。

器盖盖顶有纽，盖面装饰弦纹，灰白色胎，青黄色薄釉。

其中 M157 为井叔墓，是规模比较大的墓葬。该墓由墓室、南墓道、北墓道组成的一座"中"字形大墓，总长 35.4 米，墓室为长方形竖穴，南北长 5.5 米、东西宽 4 米，墓底距地表深 8.24 米。棺椁结构。墓葬被盗，保存了一定当量的青铜车马器与少量的陶器，原始瓷豆 7 件，均为浅盘矮圈足。时代在西周中期左右。

M304 长方形竖穴墓。墓口长 4.06 米、宽 2.6 米，墓底长 4.5 米、宽 3 米，深 6.94 米。方向 7°。墓室四周有二层台。墓内有一椁一棺。墓葬被盗，墓内残存有铜壶盖、原始瓷器、陶鬲及牙饰、铜鱼、玉饰等；少数器物放在西面二层台上，计有一件缺失三足的铜鼎及一件缺少器身的铜盉盖。此外，在盗洞内还发现铜块若干。时代为西周晚期。出土原始瓷豆 2 件。

M315 长方形竖穴墓，墓口长 3.85 米、宽 2.8 米，墓底长 4 米、宽 3 米，墓深 5.2 米。墓室四面均有夯土二层台。墓内有一椁一棺。墓葬经扰动，但仍残存有铜簋、戈、矛等青铜器以及原始瓷盘一件。M304 长方形竖穴墓。墓口小于墓底，整个墓扩如覆斗状。墓口长 4.06 米、宽 2.6 米，墓底长 4.5 米、宽 3 米，深 6.94 米。墓室四周有二层台。墓内有一椁一棺，现存器物多数放在棺内，计有铜壶盖、原始瓷器、陶鬲及牙饰、铜鱼、玉饰等。原始瓷为豆盘残器，青黄色薄釉，西周早期。

此外在周公庙也出土了多个原始瓷的碎片标本（图 4-2）。

1955—1957 年在沣西大规模发掘中，在张家坡西周居住遗址中，发现了一些带有青灰色透明釉的陶瓷碎片。这些陶瓷碎片的胎为灰色，质地坚硬，断面较粗，有气孔和裂纹，无显著的吸水性，有显著的釉层[1]。

1997 年发掘的沣西遗址的 H18 灰坑中出土 20 多片原始瓷片。其数量在整个

原始瓷残片

原始瓷罐

图 4-2 周公庙遗址出土原始瓷

---

[1] 考古研究所沣西发掘队：《1955—1957 年陕西长安沣西发掘简报》，《考古》，1959 年第 10 期；周仁等：《张家坡西周居住遗址陶瓷碎片的研究》，《考古》，1960 年第 9 期。

遗址中所占比例极低[1]，时代均为西周早期。

2. 河南出土的两周原始瓷

河南两周时期出土原始瓷数量较多。目前发现原始瓷的重要墓地有洛阳北窑墓地（图4-3）、平顶山应国墓地（图4-4）、鹿邑太清宫长子口墓（图4-5）、浚县辛村墓地、洛阳林校西周墓（图4-6）、襄城县霍村西周墓、庞家沟墓地等，此外在鹤壁市可能属于墓葬的遗迹、信阳孙砦遗址等亦发现少量的原始瓷[2]。出土器物所属的时代基本集中在西周早期，西周中期数量急剧减少，在北窑西周墓地有定为西周晚期的器物，但此类器物无论是胎、釉、纹饰，还是器型均与早中期基本一致，作为特征变化很快，时代感强烈的陶与原始瓷器，同一种器型与纹饰从西周早期一直使用到西周晚期，这种可能性值得怀疑。河南出土的原始瓷，以洛阳北窑墓地最为集中[3]。

北窑墓地位于洛阳北部邙山的南麓，面对洛河。已发掘西周墓348座、车马坑7座，墓葬严重被盗。2座有墓道，其余均为长方形竖穴墓。其中大型的46座，中型的284座，小型的12座，不明的6座。由于墓葬严重扰动，原始瓷多出土于大中型墓葬的填土中，碎片多可拼合复原。

47座西周早期墓出土有原始瓷，其中大墓10多座、包括2座带墓道的大墓，中型墓30多座，小型墓仅1座。

可辨原始瓷器型的有174件，其中116件可复原，58件不能复原。

以豆、罍为主，包括豆盖、樽、瓿、罐、匜、簋、瓮等。原始瓷器的胎呈灰白色，表面釉极薄，器物底部与圈足一般不施釉。小型器物如豆、碟类，中型器物如罍、簋、瓿等，施釉均匀，釉色呈淡青色，大型器物如瓮，火候略低，胎未完全烧结，呈灰红色，釉不均匀，流釉与凝釉现象严重，釉色较深，呈黑绿色等。流行纹饰装饰，有弦纹、水波纹、云雷纹、斜方格纹、席纹等，许多器物肩部或口沿下有桥形系和小圆形泥饼。

豆共有64件，包括簋型豆、有柄豆与无柄豆三大类，完整的豆有57件，簋型豆最少，仅3件，有柄豆最多33件，无柄豆21件。

有柄豆绝大多数不完整，仅有豆盘，柄残断规整，从周围出土的漆痕并伴有蚌泡的情况来看，其柄当为有意打去，下装漆座。部分豆带有盖。在庞家沟出土有带嵌蚌的漆器底座[4]。

罍41件，其中完整的8件，一般一墓1或2件，最多的4件，可分成三型。一般敞口短颈，折肩，腹较深，底有圈足，肩上饰弦纹及桥形耳。

樽8件，完整者7件，一般与豆、瓮或豆、簋共出，一墓1或2件。大口、折肩，深弧腹，矮圈足。肩部有纹饰及耳。

瓿12件，完整者10件，小口、折肩、深腹、矮圈足。

簋22件，复原5件，个别仅一墓1件，多为一墓2件，且多与豆、罍、瓿和

---

[1] 中国社会科学院考古研究所丰镐工作队：《1997年沣西发掘报告》，《考古学报》，2000年第2期。
[2] 安金槐：《河南原始瓷器的发现与研究》，《中原文物》，1989年第3期；孙新民、孙锦：《河南地区出土原始瓷的初步研究》，《东方博物》第29辑。
[3] 洛阳市文物工作队：《洛阳北窑西周墓》，文物出版社，1999年。
[4] 洛阳博物馆：《洛阳庞家沟五座西周墓的清理》，《文物》，1972年第10期。

豆

豆　　　　　　　　　　　豆

豆盘

簋

厚釉罐残片内外腹釉色

罍

樽

樽

图 4-3　洛阳北窑墓地出土原始瓷

豆

豆

豆

图 4-4　应县平顶山墓地出土原始瓷

图 4-5　鹿邑太清宫长子口墓出土原始瓷樽

罐

罐

图 4-6　洛阳林校墓葬出土的原始瓷

罐等共出，可分成双耳簋与无耳簋两种。

瓮 24 件，完整 17 件，多一墓 1 件，有一墓多达 4 件的。大口，深鼓腹，小平底。器型极大。

罐 4 件，复原 3 件。匜形器 1 件。

西周中期墓葬中出土原始瓷 96 件，另外 22 件不能复原。其中大型墓 4 座，中型墓近 20 座，小型墓仅 1 座。原始瓷的胎、釉、纹饰、器型与西周早期基本一致。器类与西周早期也基本一致，包括豆、罍、樽、瓿、簋、瓮、罐和小碟。其中以豆为主，共 61 件，簋形豆 3、有柄豆 45、无柄豆 13 件。罍 9、樽 8、瓿 5、簋 8、瓮 8、罐 1、小碟 1 件，樽中出现较瘦高的新器型，瓮出现平底较大的新器型。

西周晚期 8 件，胎质、釉色、纹样与早中期基本一致，在 6 座墓中出土有豆、簋、瓮残片 10 片，只在 1 座墓中分辨出有残原始瓷樽和残原始瓷簋各 1 件。其中大墓 2 座，中型墓 4 座。

在未分期的 141 座墓葬中，其中近 20 座墓葬的填土中出土原始瓷，2 座大型墓，16 座为中型墓。原始瓷完整者有 10 件，有簋形豆、无柄豆、有柄豆和小碟等，另外有原始瓷豆、罍、樽、瓮的残片 20 多片。

3. 山西地区出土的两周原始瓷器

山西发现比较完整的原始瓷器的器型有豆、樽、罐、瓮、瓿以及壶、瓶，相比南方和中原其他地区，山西发现原始瓷器的数量和地点均比较少。山西地区的原始瓷器主要发现于晋南和雁北两大地区，其中，晋南地区发现的原始瓷器数量多、分布广、延续时间长。山西出土的西周原始瓷器除在郑州、洛阳、陕西几乎都可以找到原型，与中原地区原始瓷器胎质颜色基本一致。山西原始瓷器主要发现于高等级的墓葬中，在有的大型墓都极少发现。原始瓷器尤其是在墓葬中的器物都很完整而且非常成熟精美。同时多伴随出土有青铜器、漆器和玉器等珍贵遗物[1]。山

垂腹罐　　　豆

罐　　　樽

图 4-7　天马—曲村墓葬出土原始瓷

---

[1] 郭智勇等：《山西地区出土原始瓷器及相关问题探析》，《山西档案》，2016 年第 3 期。

垂腹罐　　　　　罐　　　　　樽　　　　樽

图 4-8　滕州前掌大墓地出土原始瓷

西出土的西周时期原始瓷，以天马—曲村晋侯墓地最为集中[1]。历年发掘出土 10 多件器物，以豆为主，亦有瓮、罐、樽等大型器物（图 4-7）。

4. 山东地区出土的两周原始瓷器

山东出土的原始瓷器一般多出自墓葬，绝少能在遗址和墓地的地层中见到，有些虽然出土时比较破碎，但基本可以复原，并且残缺的很少，表明当时放置在墓内的原始瓷器应是完整的，一般多出自一些高级墓葬中。作为高等

罍

图 4-9　济阳刘台子墓葬出土原始瓷

级墓的随葬品，它的数量是十分稀少的，见于报道的商代完整的原始瓷器总数不超过 10 件，发现残瓷片遗址更少。西周时期的原始瓷器其总数不超过 40 件，而与之关系比较密切的印纹硬陶器数量也与原始瓷器大体相当，原始瓷器是一种稀少的，贵重的，只能为少数人所占有的，能显示拥有者地位和身份的物品。从山东原始瓷器发现的地点看，商代分布区域主要在泰沂山系北侧，以济南为中心的济南—青州一线，泰沂山系西侧的枣庄—滕州地区，表明商王朝的范围还没有深入到鲁东南和胶东半岛地区。西周时期的遗址虽然几乎遍及山东全境，但原始瓷基本局限于前掌大（图 4-8）、庄西里、苏埠屯、刘台子（图 4-9）等少数几个墓地中，表明西周统治和控制的中心区域没有多大扩展[2]。山东地区西周时期的原始瓷，以滕州前掌大墓地最为集中[3]。共出土 28 件，不仅数量多，而且质量高。器型以豆为主，包括大型的罍、樽、罐等，时代为西周早期或介于商周之际。

此外，北京琉璃河燕国墓地[4]、甘肃灵台白草坡西周墓地[5]、河北石家庄市市庄村战国遗址[6]等也发现了少量的西周时期原始瓷。

---

[1] 北京大学等：《天马—曲村（1980—1989）》，科学出版社，2000 年。
[2] 梁中合：《山东地区商周时期原始瓷器的发现与研究》，《东南文化》，2003 年第 7 期；钱益汇：《浅谈山东发现的商周原始瓷器》，《中国文物报》，2001 年 10 月 26 号第 7 版。
[3] 中国社会科学院考古研究所：《滕州前掌大墓地》，文物出版社，2005 年。
[4] 北京市文物研究所等：《1995 年琉璃河遗址墓葬区发掘简报》，《文物》，1996 年第 6 期；苏天钧主编：《北京考古集成：琉璃河燕国墓地·北京大葆台汉墓》，北京出版社，2005 年。
[5] 甘肃省博物馆：《甘肃灵台白草坡西周墓》，《考古学报》，1977 年第 2 期。
[6] 河北省文物管理委员会：《河北石家庄市市庄村战国遗址的发掘》，《考古学报》，1957 年第 1 期。

二、东南地区出土两周原始瓷

东南地区以浙江为中心,包括邻近的江苏南部、安徽东南部、江西东北部、福建西北部。大致可分成几个小的区域:环太湖地区、宁绍兴地区、宁镇地区、浙闽赣交界区。环太湖地区包括浙江北部的湖州、长兴、安吉、德清、余杭、临安以及江苏的宜兴、无锡、苏州、常州、江阴、武进、安徽广德等地区;宁镇地区包括江宁、溧水、句容、高淳、丹徒、镇江、丹阳、金坛、繁昌、南陵、郎溪等;宁绍地区主要包括绍兴、上虞等;浙闽赣交界区包括衢州、江山、淳安、松阳、瑞安、黄岩、金华、东阳、义乌、浦城、光泽、屯溪等地区。

从地区的分布来看,以环太湖与宁绍地区为核心地区,出土的原始瓷数量多、器型大、质量高;而从时间分布上看,环太湖地区出土原始瓷的所属时期主要集中在夏商、西周与春秋时期,尤其是太湖西南岸的苕溪流域,是最核心的分布区;宁绍地区出土原始瓷的所属时期则主要是春秋晚期至战国时期。也即夏商至西周春秋时期原始瓷的分布中心是环太湖地区,而春秋晚期至战国时期中心转移到了绍兴地区。宁镇与浙闽赣地区有一定的相似性,原始瓷一般见于春秋早期之前,春秋中期以后则较为少见,主要集中在西周早期,所不同的是,浙闽赣地区原始瓷出现的时间更早,至少在商代即已出现,而宁镇地区原始瓷在西周早期之后才出现。同时浙闽赣地区西周时期有原始瓷窑址的存在,在商代有印纹硬陶窑址,而宁镇地区几乎未见先秦时期的窑址。这两个地区使用原始瓷的普遍性远不及早期的环太湖与晚期的宁绍地区。

1. 环太湖地区

环太湖地区主要包括浙江的湖州、长兴、安吉、德清、嘉兴地区、杭州钱塘江以北及余杭、临安,江苏的宜兴、溧阳、武进、苏州地区、无锡地区,上海地区,安徽的广德等。这一地区发现的原始瓷主要出土于遗址与墓葬中。历年来已经发掘的遗址有数百处,绝大多数属于新石器时代,纯商周时期遗址极少,在部分遗址的新石器时代地层之上叠压商周时期地层,但普遍保存不理想,因此出土的器物并不丰富,不能全面反映这一时期原始瓷的基本情况。从发掘的材料来看,遗址中出土的原始瓷主要为碗、杯类日用器,一般器型较小、器类单一,质量不佳。浙江商周时期的墓葬材料远较遗址材料丰富,而江苏省的情况也大致如此。

从历年的发掘情况来看,环太湖地区两周时期墓葬主要分布于太湖的西南、西与北岸,东与东南岸极少发现。时代从夏商时期一直延续至战国早中期,其中以西周至春秋中期的墓葬最多。墓葬出土的原始瓷数量众多,种类丰富。这是原始瓷出土数量最多、种类最为丰富的地区,几乎每一个遗址、土墩墓中均出土有原始瓷。

西周早中期是本地区原始瓷的第一个高峰,一般胎呈土黄或灰白色,一般通体施釉,釉层薄、施釉均匀,釉色多呈青黄色。器类相当丰富,以豆占绝大多数,其次是盉、瓶、壶、罐、盘、樽、杯、漏斗、碟等,无论是器物种类还是产品质量、装饰纹样,原始瓷均迎来发展的第一个高峰。流行纹饰装饰,但题材相对较为单一,常见细凹弦纹、水波纹等。豆和樽的口沿、外腹常堆贴有几组小泥饼。礼器占绝大多数,其最大特征为整体上器型都不是很大,在造型上与本地区的印纹硬陶及中原地区的青铜器均有较大的区别，说明各自按照自己的轨迹发展演进。

西周晚期至春秋早期是本地区原始瓷发展的第二个高峰。器类大量增加：除日用的碗、盂、小盂、钵、盘类器物外，还出现大量的包括平底樽形器、大型罐、樽、鼎、簋、卣等在内的礼器类器物。这类礼物不仅器型巨大，而且制作规整、胎釉结合好、釉色佳、玻璃质感强，代表了这一时期窑业的最高制作水平。装饰复杂，大多数礼器类器物装饰有繁缛的纹饰：勾连"S"形纹、勾连纹、云雷纹、对称弧形纹、圆圈纹、菱形纹、锥刺纹等。器物口沿的堆贴由小泥饼演变为"S"形。纹饰总体风格粗放、布局杂乱，仅少量双勾线"S"形纹、勾连双勾线"S"形纹和云雷纹排列较为整齐有序。

釉色较深，呈酱褐色，釉层厚，施釉不均匀，凝釉现象严重。从窑址发掘情况来看，窑址出土标本不多，装烧量不大，不见叠烧现象，单件放置于窑床上烧造，存在着大量的生烧现象。

整体上面貌发生了极大的变化：器物种类迥异于前期，以鼎、卣、簋、樽等取代了以豆、罐、盂、瓿为主的器物群；器型大型化，尤其是卣类器物，体量巨大；釉色上从青黄色较均匀的薄釉演化成酱褐色的不均匀厚釉；除礼器外，出现大量的碗盘类日用器；装饰上出现大量的几何形纹饰，风格与印纹硬陶接近，具体的结构又完全不同。这一时期的原始瓷礼器还有一个现象是，部分器物如鼎、樽、簋等无论是器形还是纹饰，均有几乎是一致的青铜器存在，而此类青铜器从造型与装饰上看，又是江南地区特有的类型，与中原地区以鼎簋为组合的青铜礼器有较大的差异。江南地区的青铜器从发展上看完全是受中原影响而出现的一种次生文化，而原始瓷与印纹硬陶才是本土的基本文化因素，不仅渊源有自，且一直以来都是烧造与使用的中心，引领着本地区技术与文化习俗的发展。因此相似类型的原始瓷与青铜器的存在，并不一定如前许多学者所谓的原始瓷必定仿青铜器，从文化的心理上看，情况更有可能完全相反。从整个越文化与中原文化的交流及其逐渐接受的过程来看，这种可能性就更有依据了。

春秋中晚期本地区出土原始瓷数量仍旧较多，且原始瓷在技术上获得了较大的发展与提高。胎比前期有极显著的提高，无论是胎色还是胎质均较前几期更加稳定，胎色变化更少，多呈灰白或灰色，胎质细腻致密，气孔大量减少；釉层变薄，施釉均匀，釉色变浅而较为青翠，胎釉结合佳，剥釉现象明显减少，大型小口类器物不再内外满釉而仅外腹部施釉；不管是大小器物，普遍使用快轮成型；春秋中期大量使用作为间隔具的托珠，大大提高了装烧量。为战国时期原始瓷发展最后一波高峰的出现完全做好了技术上的准备。

但器类大量减少，以日用的碗占绝大多数，少量罐、盘类器物，中期偶见少量卣类礼器。纹饰极少，基本为素面，少量纹饰如对称弧形纹、米筛纹细密规矩，排列整齐，一改春秋早期粗放风格。春秋中期开始，碗、盘类器物内底、腹旋纹相当细密、规矩，这可能具有装饰功能，也体现了成型技术的进步。

与西周—春秋时期相比，本地区战国时期的原始瓷虽然数量仍旧不少，但与绍兴地区相比，太湖南岸地区完全退出了作为原始瓷出土中心的地位，不仅数量少，且种类较为单一，质量上亦略逊一筹。而太湖北岸地区的无锡一带，在战国中期前后出现一批大型的战国墓葬，出土大量的礼乐器、日用器等，由此与长兴、安吉构成了战国时期原始瓷出土的次一级中心。

目前经过发掘，出土有原始瓷的重要墓葬材料有：湖州堂子山[1]、湖州龙湾[2]、湖州独山头[3]、湖州杨家埠[4]、长兴石狮（图4-10）[5]、长兴便山（图4-11）[6]、长兴抛渎岗与西山头[7]、长兴李家巷[8]、长兴南符[9]、长兴鼻子山[10]、长兴龙港溪[11]、安吉龙山[12]、安吉笔架山[13]、安吉上马山[14]、安吉三官[15]、安吉垅坝[16]、德清皇坟堆[17]、德清塔山[18]、德清独仓山（图4-12）[19]、德清小紫山（图4-13）[20]、德清邱庄（图4-14）、海宁峡口[21]、海盐黄家山[22]、余杭崇贤[23]、余杭石马阧[24]、余杭半山[25]等。

2. 宁绍地区

这一地区的原始瓷主要集中在春秋晚期到战国时期。绍兴是战国时期越国的首都，在绍兴以北若耶溪畔的平水镇一带，是越国最主要的王陵和贵族墓葬区，密集分布着大小不一的战国时期墓葬。大型墓葬有高大的长方形覆斗状封土，墓室为长方形竖穴土坑式，带墓道，有棺有椁，并带有随葬器物坑，以随葬大量的

---

[1] 湖州市文物保护管理所：《浙江湖州堂子山土墩墓发掘报告》，《东方博物》第11辑，2004年。

[2] 刘荣华：《湖州云巢龙湾出土的战国原始瓷》，《文物》，2003年第12期。

[3] 浙江省文物考古研究所等：《湖州妙西独山头土墩墓发掘简报》，《东方博物》第36辑，2010年。

[4] 浙江省文物考古研究所：《浙江省湖州市杨家埠古墓发掘报告》，《浙江省文物考古研究所学刊》第7辑，杭州出版社，2005年。

[5] 浙江省文物考古研究所：《浙江长兴县石狮土墩发掘简报》，《浙江省文物考古研究所学刊（1980-1990）》，科学出版社，1993年。

[6] 浙江省文物考古研究所：《浙江长兴县便山土墩墓发掘报告》，《浙江省文物考古研究所学刊（1980—1990）》，科学出版社，1993年。

[7] 浙江省文物考古研究所配合合溪水库建设发掘资料。

[8] 孟国平：《长兴县李家巷长岭山商周土墩墓》，《中国考古学年鉴》，2012年。

[9] 孟国平：《长兴县南符小山西周春秋土墩墓》，《中国考古学年鉴》，2012年。

[10] 浙江省文物考古研究所：《浙江越墓》，科学出版社，2009年。

[11] 夏星南：《浙江长兴发现东周遗物》，《考古学集刊》第5辑，1987年。

[12] 浙江省文物考古研究所等：《浙江安吉龙山越国贵族墓》，《南方文物》，2008年第3期。

[13] 浙江省文物考古研究所发掘资料。

[14] 浙江省文物考古研究所发掘资料。田正标等：《安吉县上马山战国汉代墓葬》，《中国考古学年鉴》，2009年；田正标等：《安吉县上马山西周至六朝墓葬》，《中国考古学年鉴》，2012年。

[15] 浙江省文物考古研究所等：《安吉三官土墩墓发掘简报》，《东方博物》第36辑，2010年。

[16] 金翔：《浙江安吉县垅坝村发现一座战国楚墓》，《考古》，2001年第7期；浙江省安吉县博物馆：《浙江安吉垅坝D12土墩墓发掘简报》，《南方文物》，2003年第3期。

[17] 姚仲源：《浙江德清出土的原始青瓷器》，《文物》，1982年第4期。

[18] 朱建明：《浙江德清三合塔山土墩墓》，《东南文化》，2000年第3期。

[19] 浙江省文物考古研究所等：《独仓山与南王山土墩墓发掘报告》，科学出版社，2007年。

[20] 浙江省文物考古研究所发掘资料。

[21] 浙江省文物考古研究所：《海宁县夹山商周土墩石室结构遗存》，见《中国考古学年鉴（1985年）》，文物出版社，1985年。

[22] 浙江省文物考古研究所等：《浙江海盐出土原始瓷乐器》，《文物》，1985年第8期。

[23] 余杭县文物管理委员会：《浙江省余杭崇贤战国墓》，《东南文化》，1989年第6期。

[24] 盛正岗：《余杭出土战国原始瓷及其产地问题》，《东方博物》第28辑，2008年。

[25] 余杭县文物管理委员会：《浙江省余杭崇贤战国墓》，《东南文化》，1989年第6期；盛正岗：《余杭出土战国原始瓷及产地问题》，《东方博物》第28辑，2008年；杭州市文物考古研究所半山发掘资料。

| 春秋早期原始瓷筒形卣 | 春秋早期原始瓷樽 | 春秋中期原始瓷罐 |

图4-10　长兴石狮出土原始瓷

西周晚期—春秋早期原　　　春秋中期原始瓷罐　　　　　春秋中期原始瓷罐
始瓷筒形罐

图4-11　长兴便山出土原始瓷

西周原始瓷豆

西周中晚期原始瓷盘口罐　　西周中晚期原始瓷盘口樽　　西周中晚期原始瓷托盘

图4-12　德清独仓山出土原始瓷

土墩墓分布

山坡下的大土墩

一墩多墓：土坑墓与平地掩埋墓

石床墓

石室墓

马桥文化时期土坑墓

商代晚期土墩

修筑在商代土墩上的西周土坑墓与平地掩埋墓

马桥文化时期墓葬出土器物

商代墓葬出土原始瓷

商代墓葬出土印纹硬陶

西周早期石床墓出土器物

西周中期墓葬出土器物

西周中期墓葬出土原始瓷组合

战国土坑墓中出土原始瓷组合

商代原始瓷罐

西周早期原始瓷豆

西周早期原始瓷豆内纹饰

西周中期原始瓷豆

西周晚期—春秋早期原始瓷碟

春秋中期原始瓷碗

春秋晚期原始瓷碗

战国原始瓷碗

图 4-13 德清小紫山土墩墓出土原始瓷

带流罐

附耳鼎

立耳鼎

提梁盉

盂形鼎

图 4-14 德清邱庄战国墓出土原始瓷

鼎

簋

碗

盂

图4-15 萧山长山土墩墓出土原始瓷

原始瓷与玉器为主。因此基本汇集了战国时期最重要的原始瓷器类，不仅器类丰富，且器型硕大，胎、釉、成型、装饰等均属上乘，代表了商周时期原始瓷制作的最高水平；器型主要有鼎、豆、壶、鉴、镇、盘、罐、钵、烤炉、甬钟、缶、矛、碗、杯、盅等礼器、乐器、兵器与日用器[1]。

外围的慈溪[2]、上虞[3]、萧山[4]一带也有一定数量的土墩墓。而萧山地区，因靠近环太湖地区，因此出土的原始瓷特征上与浙北地区更加接近，包括已发掘的萧山长山（图4-15）、萧山柴岭山等墓地。

3. 浙闽赣三省交界区

这一地区出土的原始瓷多出自浙江与福建两省，江西数量相对比较少。时代上最早的是商代，在江山肩头弄出土了商代中晚期的原始瓷豆类器物，胎质细白，釉色青黄，胎釉结合好，火候高，胎釉技术完全成熟。而原始瓷的大量出现，则是在西周至春秋早期，大致可分成两个高峰：西周早期与西周晚期至春秋早期，其发展脉络与环太湖地区基本一致，器型、装饰、胎釉特征也基本相同，墓葬形

---

[1] 周燕儿等：《浙江绍兴县出土一批原始瓷青瓷器》，《江西文物》，1990年第1期；周燕儿：《绍兴出土越国原始青瓷的初步研究》，《考古与文物》，1996年第6期；周燕儿等：《绍兴出土的印纹硬陶和原始青瓷器》，《东方博物》第14辑，2005年；蒋明明：《谈绍兴出土的印纹陶与原始瓷》，《南方文物》，2001年第1期；绍兴县博物馆（越国文化博物馆）资料；绍兴市文物考古研究所藏资料。

[2] 浙江省文物考古研究所：《慈溪市彭东、东安的土墩墓与土墩石室墓》，见浙江省文物考古研究所编：《浙江省文物考古研究所学刊（1993年）》，科学出版社，1993年。

[3] 王晓红：《上虞白马湖畔石室土墩墓发掘简报》，《东方博物》第29辑，2008年；浙江省文物考古研究所：《上虞驿亭凤凰山西周土墩墓》，《南方文物》，2005年第4期；王晓红：《上虞董村牛山战国墓清理》，《东方博物》第36辑，2010年。

[4] 杭州市文物考古研究所等：《萧山柴岭山》，文物出版社，2012年。

式亦为土墩墓，因此总体上两者仍属于同一文化区。但本地区亦有自身较为浓郁的地方特色，除原始瓷外，还流行一种着黑陶，即在器物的外表施一层黑色陶衣，薄而均匀，未烧结，不见玻璃质感，且容易剥落，总体上看此类着黑陶火候较低，胎多呈土黄色。着黑陶的出现时间极早，可能可以追溯到本地区的新石器时代晚期，主要流行于商代之前，在商代开始减少而逐渐为印纹硬陶所取代。此类器物许多学者认为是印纹硬陶的前身，而在印纹硬陶的基础上，再发展出原始瓷[1]，有学者称之为泥釉，认为是原始瓷的前身[2]。当然原始瓷与印纹硬陶的前后关系、着黑陶与原始瓷的关系是否一定如此尚值得商榷，但着黑陶在本地区的早期文化中扮演着重要的角色。着黑陶的延续时期相当长，在春秋时期尚有一定的数量，并且这一时期涂层加厚，烧结程度也较高，具有一定的质感，胎釉结合好，部分器物完全烧结而呈釉状，是最早的黑釉类器物。因此黑釉瓷器的起源相当地早，即使撇开着黑陶不说，在西周晚期至春秋早期亦已基本成熟。但原始瓷在发展过程中是青釉与黑釉分别起源并各自发展，还是如一些学者所谓的着黑陶基础上发展出青瓷与黑釉瓷器，仍是一个有待确认的问题，如果是后者，则黑釉器物的起源要早于青釉器物的起源。

在浦城管九、屯溪奕棋等墓葬中均发现了相当数量的青铜器。

本地区的原始瓷仍主要出土于土墩墓中，重要的材料有：浙江江山肩头弄、

图4-16 东阳歌山土墩墓出土原始瓷

---

[1] 牟永抗等：《江山县南区古遗址墓葬调查试掘》，见浙江省文物考古所编：《浙江省文物考古所学刊》，文物出版社，1981年。
[2] 李家治：《浙江青瓷釉的形成和发展》，《硅酸盐学报》，1983年第1期；毛兆廷：《瓷器起源新说》，《东南文化》，1991年第3—4期。

簋　　　　　　　　盂　　　　　　　　樽

图 4-17　衢州西山土墩墓出土原始瓷

豆　　　　　　　　　　　　樽

图 4-18　蒲城土墩墓出土原始瓷

江山大夫第[1]、东阳歌山（图 4-16）[2]、东阳六石[3]、义乌平畴[4]、淳安左口[5]、衢州西山（图 4-17）[6]、福建南安[7]、建阳山林仔[8]、光泽杨山[9]、浦城管九（图 4-18）、江西上饶马鞍山、安徽屯溪等。

4. 宁镇地区

宁镇地区西北面向长江，东临太湖地区，南至黄山一带。自 20 世纪 50 年代以来，本区江苏的溧水、江宁、丹徒、镇江、句容、高淳、丹阳、金坛以及安徽的南陵、繁昌、良溪等地区，在土墩墓、遗址中出土了较大数量的原始瓷器（图 4-19）[10]。

这一地区原始瓷出现比较迟，约相当于西周早期略偏晚开始出现，兴盛于西周至春秋早期，春秋晚期以后数量减少，而战国时期原始瓷基本不见。

1　江山县文管会：《浙江省江山县发现战国墓》，《文物》，1985 年第 6 期。
2　浙江省文物考古研究所发掘资料。
3　浙江省磐安县文管会：《浙江东阳六石西周土墩墓》，《考古》，1986 年第 9 期。
4　金华地区文管会：《浙江义乌县平畴西周墓》，《考古》，1985 年第 7 期。
5　浙江省文物考古研究所：《浙江淳安左口土墩墓》，《文物》，1987 年 5 期。
6　衢州市文管会：《浙江衢州市发现原始青瓷》，《考古》，1984 年第 2 期；金华地区文管会：《浙江衢州西山西周土墩墓》，《考古》，1984 年第 7 期。
7　俞越人：《福建南安发现的青铜器和福建的青铜器文化》，《考古》，1978 年第 5 期。
8　福建省博物馆：《福建建阳市山林仔遗址的发掘》，《考古》，2002 年第 3 期。
9　福建省博物馆：《福建省光泽县古遗址古墓葬的调查和清理》，《考古》，1985 年第 12 期。
10　杨楠：《江南地区土墩遗存研究》，民族出版社，1998 年。

江苏丹徒大笆斗出土原始瓷大罐　　江苏丹徒磨盘墩出土原始瓷罐　　江苏丹阳五郎墩出土原始瓷豆　　江苏丹阳芋山墩出土原始瓷簋

图4-19　宁镇地区出土原始瓷

西周早期的原始瓷主要出土于大型墓葬中，宁镇地区的大型墓葬主要集中在长江沿岸的大港至谏壁一带，墓葬不仅规模大，而且通常随葬有原始瓷与青铜器。器型以豆为主。从墓葬的结构、大量随葬青铜器等特征来看，这一地区的西周早中期土墩墓带有浓郁的中原色彩，部分青铜器很可能是直接从中原输入的。而原始瓷的出现很可能与中原亦具有相似性，亦作为显赫物品从外输入。

而在中小型墓葬中，从西周中期开始随葬原始瓷数量明显增多，原始瓷的比例越是晚期越高，越是接近于太湖地区，比例也越高。

5. 浙江东南沿海地区

浙江东南沿海地区主要包括温州与台州两地，这一带东临大海，西靠雄峻的山脉，山海之间地形狭窄，因此在传统的农业社会，这一带一直没有形成大的文明。在文化特征上，除与浙江北部地区具有一些相同的因素外，尚有其自身浓郁的地方特色，主要表现在两个方面：首先，这一带虽然流行土墩墓，除传统的土墩墓外，其中的石棚墓作为一种独特的墓葬形制，不见于东南地区的其他小区域内；其二，这一带先秦时期的土墩墓中较为普遍地使用青铜器随葬。

瓯海杨府山土墩墓，是一座位于山顶的平地掩埋型土墩墓，随葬器物共83件（组），包括铜器和玉石器两大类，以青铜器为主。青铜器共61件（组），分为礼乐器和兵器两种，礼乐器有鼎、簋、铙等，兵器共58件，器形有短剑、戈、矛、镞等[1]。这种仅随葬青铜器而不见陶器与原始瓷器的土墩墓在浙江地区可以说是绝无仅有的。

黄岩小人尖发掘的土墩墓，为平地掩埋型，在墩的西南部有52件器物，有青铜器、玉器与陶瓷器，包括采集器物，共78件。青铜器22件，少量的樽与勺类容器，多数器物为武器与工具；玉器5件，棱形环4件，玦1件；原始瓷49件；夹砂陶鼎1件。豆45件，敞口豆7、敛口豆36、折腹豆2件；罐3件；簋1件[2]。釉色较深，呈酱黄色，釉层厚而流釉严重。此类原始瓷与浙北地区及其他地区存在着较大的差别。无论是豆，还是罐与杯形器，器型、装饰、胎釉等均极少见于其他地区（图4-20）。

此外，原始瓷中还普遍见有深色釉器物，包括酱黑色、酱褐色、黑色等釉色，

---

[1] 浙江省文物考古研究所等：《浙江瓯海杨府山西周土墩墓发掘简报》，《文物》，2007年第11期。
[2] 浙江省文物考古研究所等：《黄岩小人尖西周时期土墩墓》，见《浙江省文物考古研究所学刊（1980—1990）》，科学出版社，1993年。

杯　　　　　　豆　　　　　　罐　　　　　　盂

图 4-20　黄岩小人尖墓地出土原始瓷

部分器物未烧结，与浙闽赣地区的晚期着黑陶近似，部分器物有完全玻璃化的釉。即使是青釉器物，釉色亦较深，多呈酱黄色。这一带也是着黑陶与深色釉原始瓷的重要分布区[1]。

三、其他地区出土的两周原始瓷

长江中游地区出土原始瓷数量极少，在湖北的鄂北地区可能与中原有密切关系的诸侯国的高等级墓葬中出土有少量的原始瓷，主要有随州叶家山曾国墓等。

叶家山是西周时期的一处大型墓地，共发现 80 多座墓葬，实际发掘了 63 座墓葬和 1 座马坑。在发掘的墓葬中绝大多数都有随葬品，出土陶、铜、瓷、漆木、玉石等各类质的文物共达 739 件（套），其中，青铜器多达 325 件（套），据器物形制和纹饰等特点，这批遗物的年代约当为西周早期。大量西周青铜器和原始瓷器的出土，是本次发掘的一个亮点[2]。如 M65 墓葬为长方形土坑竖穴墓，随葬品有 160 件（组），大多保存完好，按质地可分为铜、陶、原始青瓷、漆木、石、骨器和皮制品七大类。原始瓷有 4 件。器类有豆、带盖豆、罍、瓮。胎表多有纹饰，分为弦纹、波浪纹、云雷纹和纽突。胎质灰白色夹细砂。釉色有灰绿、灰黄色，有的器表流釉较多。而 M1、M2、M27 三座墓葬中共出土原始瓷器 17 件，有樽、罍、瓮、双系罐、四系罐、盖豆和豆等（图 4-21）[3]。

这一区域出土的原始瓷，应该与北方的中原地区一致，作为显赫物品集中出现在少量的高等级墓葬中，同时可能是外来输入而非本地生产的。

豆　　　　　　罐　　　　　罍　　　　　樽

图 4-21　湖北叶家山墓地出土原始瓷

1　俞天舒：《浙江瑞安凤凰山周墓清理简报》，《考古》，1987 年第 8 期。
2　湖北省文物考古研究所等：《湖北随州叶家山 M65 发掘简报》，《江汉考古》，2011 年第 3 期。
3　湖北省文物考古研究所等：《湖北随州叶家山西周墓地发掘简报》，《文物》，2011 年第 11 期。

第二节　两周原始瓷分期

一、西周原始瓷的分期

西周是原始瓷发展的第一个兴盛时期，出现了大量的礼器类制品，从而逐渐迎来了中国制瓷业发展的第一个高峰。但是原始瓷的发展并不是直线上升的，而是呈波浪状往前演进，其中西周时期的原始瓷发展即沿这一轨迹发展，大致可以划分成西周早中晚期三期。

1. 西周早期的原始瓷

西周早期应该是整个原始瓷发展史上出土器物分布范围最为广泛的一个时期，西周早期的原始瓷器物不仅在以浙江为中心的东南地区广泛地出现，而且在北方的墓葬与遗址中也有大量器物出土。可以说西周早期是原始瓷发展史上的第一个兴盛时期。

西周早期原始瓷摆脱了商代胎釉不稳定的状态，胎色浅白，胎质细腻坚致，一般通体施釉，施釉均匀，釉层薄，胎釉结合好，玻璃质感强，釉色青黄，原始瓷的各种性状至此完全稳定下来。火候普遍较高，烧结程度较好，很少见早期一侧生烧现象，生烧的比例亦大大降低。大型器物当为泥条盘筑而成，小型器物沿用慢轮技术。说明这一时期的原始瓷制作、烧造技术已完全成熟。

同时，这一时期的原始瓷一改商代区域特征明显的特点，全国大部分地区出土的原始瓷具有趋同的趋势，不仅器型、胎釉特征较为一致，且纹饰亦十分接近。从出土的区域来看，以浙江及周边省份出土数量最多，产品质量高，器类丰富，但器形普遍不是很大。北方地区出土的先秦时期原始瓷器中以这一时期的最为多见。原始瓷见于大中型墓葬中，凡是出土原始瓷的墓葬均随葬有大量的青铜器等器物，因此这一时期的原始瓷在北方地区是作为象征身份与地位的显赫物品使用的。器类、器型、胎釉特征、纹饰与南方的浙江地区十分接近。

器物种类相当丰富，以豆占绝大多数，其次是盉、瓶、壶、罐、盘、樽、杯、罍、瓿、盂、釜、漏斗、碟等。整体上器型都不是很大（图4-22）。

豆可以划分成敛口豆、直口豆与敞口豆三大类。器型一般较大，豆盘的腹部较深，圈足呈大的喇叭形外撇，一般均较高。外腹流行使用粗的弦纹，并常见堆贴泥饼现象，内腹或素面，或有篦划纹。

樽类器物多作长喇叭形颈并敞口，折肩，深弧腹，高圈足外斜。喇叭形颈有高矮之分。口沿与肩部常作粗弦纹或篦划纹状。

盉则多作侧把形，尖首上常有立鸟，扁鼓腹，圜底带圈足，一侧为扁平斜上翘的流，另一侧与之呈90°亦有一小的管状流。通体饰以粗的弦纹。

伴随着原始瓷第一个发展高峰的到来，特别是大量礼器的出现，原始瓷装饰纹样也得到了较大的发展。这一时期的原始瓷普遍见有装饰纹样，几乎不见素面

图 4-22　西周早期主要原始瓷

器物，纹饰主要有弦纹、篦划纹、叶脉纹、曲折纹、方格等。同时，还出现了一部分仿印纹硬陶上席纹的纹饰。

弦纹大量出现。饰于豆、盉、樽等器物的外腹部，一般线条较粗大，与早期刻划细弦纹差别比较大。

篦划纹主要见于豆盘的内腹部，多圈盘旋，间以细弦纹，布满整个豆盘内腹，刻划而成。

方格纹数量较少。拍印或刻划均有，多见于樽类器物的外腹部。

此外，还有少量叶脉纹及曲折纹，常见于樽等器物的肩部，刻划。席纹则见于与印纹硬陶相似的罐类器物上。

这一时期流行小泥饼作为耳饰。豆等小型器物为口沿下上腹部设多组小圆形泥饼，一般三组等距分布，每组由两个构成；而樽、罐类较大型的器物则在桥形耳的两端各堆贴一小圆形泥饼。除小泥饼耳外，还有扁泥条形耳，堆贴于豆类器物的口沿下，一般为三个等距分布，装饰性强而基本不具有实用性。

除以上地区外，南方的闽南等地区还出现一些独具特色的器物，无论是器形还是纹饰，均与其他地区有较大差别，流行各种圆点纹或小泥饼构成的连珠纹、

豆

豆

豆

图4-23　西周中期主要原始瓷

篦划纹、弦纹等，一般满布器身。

2. 西周中期的原始瓷

无论是器物种类还是产品质量、装饰纹样，均较西周早期有所衰落，应该是原始瓷发展史上的第一个相对衰落期，以豆与碟占绝大多数，器型小，装饰简单。豆柄较前期明显变低矮。纹饰较为常见但单一，常见细凹弦纹、水波纹等。（图4-23）

西周中期是原始瓷发展相对低潮的时期，西周早期常见的大型礼器此时已基本不见，仅剩豆、碟等少量器物，不仅器类单一、器形矮小，且装饰单一，基本仅剩细弦纹一类。在敞口、浅坦腹的豆或碟类器物上一般刻划于内腹部，敞口、折腹的豆类器物上则除了外敞的口沿外，外折的腹部也有刻划。纹饰刻划细密。少量较大型的罐类器物外腹部刻划有曲折纹等纹饰。

3. 西周晚期至春秋初期的原始瓷

这是先秦时期原始瓷发展的第二个高峰。器类大量增加：除日用的碗、盂、小盂、钵、盘类器物外，还出现大量的包括平底樽形器、大型罐、樽、鼎、簋、卣等在内的礼器类器物。这类礼物不仅器型巨大，而且制作规整、胎釉结合好、釉色佳、玻璃质感强，代表了这一时期窑业的最高制作水平。装饰复杂，大多数礼器类器物装饰有繁缛的纹饰：勾连"S"形纹、勾连纹、云雷纹、对称弧形纹、圆圈纹、菱形纹、锥刺纹等。器物口沿的堆贴由小泥饼演变为"S"形。纹饰总体风格粗放、布局杂乱，仅少量双勾线"S"形纹、勾连双勾线"S"形纹和云雷纹排列较为整齐有序（图4-24）。

釉色较深，呈酱褐色，釉层厚，施釉不均匀，凝釉现象严重。从窑址发掘情况来看，窑址出土标本不多，装烧量不大，不见叠烧现象，单件放置于窑床上烧造，存在着大量的生烧现象。

窑址仍仅限于东苕溪流域。开始纯烧原始瓷，窑址中基本不见印纹陶。说明

图 4-24 西周晚期—春秋早期主要原始瓷

原始瓷与印纹陶的制作、烧造已完全分离。

纹饰发达，包括曲折纹、斜方格纹、弦纹、锥刺纹等，满布器身，流行 S 形堆贴。装饰技法基本为刻划。

曲折纹有两种，一种是大曲折纹，折线较大而疏朗，见于大型的罐类等器物腹部；一种是细曲折纹，折线较细密，转折较小，装饰于小型器物上。

斜方格纹是主题纹饰之一。一般呈条带状装饰于器物的腹部，有单条的，也有多条的。一般见于较大型器物上。

锥刺纹是由数个锥刺点构成短斜直线，两条相对的短直线构成"人"字形纹，多个"人"字形纹组成条带状。一般为多条装饰于器物的肩部、外腹部等。

弦纹是最为常见的纹饰。小型器物独立使用，大型器物则多与其他纹饰组合使用。

除上述刻划纹饰外，这一时期还流行堆贴装饰，除偶见锥形泥点等外，基本为 S 形堆贴。西周早期流行的小泥饼装饰在西周中期左右逐渐消失，而代之以 S 形堆贴，广泛见于各种器物的肩部、宽沿及桥形纽的两侧，在部分器物上甚至成了主题纹饰。

西周晚期原始瓷除使用大量的纹饰来显示其珍贵和与众不同外，使用大量特殊的造型亦是其重要表现手法之一，如托盘形器、带甗壶形器等，为以前诸时期所少见。

二、春秋原始瓷分期

春秋时期的原始瓷,以德清火烧山窑址最具代表性,地层清晰,前后连贯,根据地层叠压关系及器物类型排比,将春秋时期出土的器物共分为3期9段,其中第1期包括第1—3段,相当于西周末—春秋早期;第2期包括第4—6段,相当于春秋中期,第3期包括第7—9段,相当于春秋晚期。

第1期第1段

器类比较简单,以A型Ⅰ、B型Ⅰ、Ⅱ式碗为主,其中A、B两型碗所占比例基本相当,少量的水盂,偶见A型Ⅱ式与B型Ⅲ式碗、器盖、鼎与筒形卣等。这一时期是保留矮圈足风格最多的一期。碗的圈足均保存了手捏的痕迹而不另加修整,作风较为粗放。B型Ⅰ式碗保留了较多豆的遗风,其腹部接近于豆盘,浅坦腹状,圈足亦未完全消失,处于晚期豆与碗的中间形态,具有承上启下的作用。鼎仅见一件,圆锥形足较直,其装饰纹样与装饰技法均与后期有较大的区别,剔刻的S形纹较粗放,剔刻方法由S形自上到下一次刻成,起笔处较浅细,收笔处最深粗,在S形的两个转折处及收笔处因积泥而形成小突。肩部堆贴对称的倒U形小耳。制作顺序为先堆贴小耳,再刻划S形纹。不见扉棱与其他堆贴。筒形卣数量极少,以素面为主,往往釉色较佳,纹饰仅见有近似于圆圈纹的一种装饰。

均为满釉,施釉不均匀,流釉与缩釉现象严重,釉色较深,呈青褐色,釉层较厚,多数玻璃质感较强,釉色较佳,但胎釉结合较差,常见大面积剥落现象。除剥釉外,生烧的比例也很高,生烧件往往呈土黄色,火候明显较其余器物为低。

装饰以素面为主,仅在极少部分的卣、平底樽形器、水盂上有少量的圆圈形纹、S形纹等简单纹饰。器底不见旋纹或旋纹极粗疏,旋纹绝大多数呈顺时针方向旋转。少量的碗与水盂上堆贴横向S形纹,其中B型Ⅰ式碗位于翻折沿的沿面上,多为三个,B型Ⅱ式碗则无堆贴或仅有两个堆贴。水盂则位于短颈近折肩处,均为两个。部分水盂的折肩处有对称小双泥条小系一对,并在肩部刻划S形细阴线纹。

从制作工艺上看,这一时期碗类器物的底足均为手捏而成,保留了明显的手捏痕迹,外底往往凹凸不平,B型Ⅲ式碗与水盂底部较平,可见明显的线割痕迹,弧形线割痕迹较为粗疏而不是十分清晰。从碗类器物底部的旋纹来看,应该为轮制拉坯成形。

从烧造工艺上看,这一段是生烧与剥釉比例最高的一期,废品率很高,废弃的产品中往往黏结有大块的窑渣,说明窑炉的砌筑技术还不是十分成熟,室温的控制还不是十分熟练。不见窑具,中期大量出现的托珠此期似乎不见,但器物底部往往有明显的白色砂状烧结物黏附,不仅几乎占据了整个器底,而且一般均较厚,应该起间隔作用。据此推测当时不使用间隔具而在器物涂抹该层砂状物后直接叠烧。

这一时期器物还有一个总的特征是除鼎外,包括碗、水盂在内的器物口沿均作子母口状,但出土的器盖极少,且B型Ⅰ式、Ⅱ式碗的子母口处往往有S形堆贴,据此推测这一时期的子母口只是一种技术上的方便或是一种装饰,而非为器盖专门制作的子母口。

偶见印纹硬陶片，纹饰主要是细密的重回字纹，风格接近于云雷纹。

第1期第2段

无论是器类还是装饰纹样均大量增加，这一时期是整个窑址各个时期中器物种类最多，装饰最纷繁复杂的一段，是本窑址发展的鼎盛时期。器物种类上，最显著的变化是B型碗数量远远超过A型碗，开始占据最主要的地位。B型Ⅰ式碗消失，B型Ⅱ式碗占据主流地位，其次是A型Ⅰ式和A型Ⅱ式碗，水盂、平底樽形器的数量与比例有所增加，筒形卣、鼎、器盖数量有较大的增加。新出现B型Ⅲ式碗、垂腹卣、钵、簋等器型。B型Ⅲ式为碗假圈足变矮或变成平底，但保留了线割后所留下的痕迹而不加任何修整，风格仍旧较为粗放，内底有明显的旋纹，仍较为粗疏。鼎三圆锥形足外撇，腹部通体饰剔刺纹，除双系外，在双系之间设有对称的扉棱，在扉棱上部有的还有立鸟。钵器型接近于筒形卣，直筒腹，只是器型较矮小。簋保留了较高圈足的风格。

釉与第1期第1段相似，均为满釉，施釉不均匀，流釉与缩釉现象严重，釉色较深，釉层较厚，多数玻璃质感较强，釉色较佳，但胎釉结合较差。青褐色占绝大多数，偶见黑褐色釉。

装饰复杂，除碗外，其余器物包括鼎、簋，绝大部分卣，大部分钵、器盖、水盂、平底樽形器上均有大量的纹饰装饰。鼎除S形纹外，还有三角形纹等，均为剔刻，并在剔刻的收笔处积泥形成小的泥点。S形纹剔刻方式也与前期相异，从S的中间向两头分别剔刻，因此在两头积泥形成小的泥点。卣的纹饰最多、最复杂，仅极少量为素面，包括双勾线勾连S形纹、勾连S形纹、双勾线S形纹、双勾线双S形纹、细乱多次拍印的勾连云纹、规则的云雷纹、对称弧形纹、圆圈纹、菱形纹等，对称弧形纹一般为上下各两道弧形纹构成，五组对称弧形纹构成一个完整的印模，纹饰较为粗大。钵的纹饰基本与卣相同，主要包括双勾线双S形纹、勾连S形纹等。簋均在腹部刻划细的S形纹，近肩部等距各设有对称的扉棱与绳索状倒U形系一对。水盂和平底樽形器主要是肩部刻划细阴线的S形纹，器盖主要装饰双勾线S形纹、双勾线双S形纹，盖纽一般呈绳索状，两头往往有S形或反S形堆贴。这一期的纹饰总体风格粗放杂乱，仅少量双勾线S形纹、勾连双勾线S形纹、云雷纹排列较为整齐有序。

从制作工艺上看，伴随着B型Ⅱ式碗数量与比例的减少、B型Ⅲ式碗数量的增加，碗的底足线割后不再用插捏制出假圈足，底部保留线割后外凸的不规则泥痕。除筒形卣等大型器物外，内底往往有旋纹，旋纹与第1期第1段相似，基本为顺时针方向旋转，且较为粗疏，因此在轮制技术上变化不大。大型卣类器物底部不见有旋纹，器物腹部一般隐约可见较粗的泥条纹，当为泥条盘筑，器腹与底足为拼接而成。除鼎外，器物底部有弧形线割痕迹，仍旧较为粗疏。

从烧造工艺上看，这一段生烧与剥釉比例虽然较第1期第1段有所下降，但比例仍旧很高，废品率亦较高，废弃的产品中往往黏结有大块的窑渣。说明窑炉的砌筑技术还不是十分成熟，室温的控制还不是十分熟练。而发掘出土的窑床也基本证明了这一推测。本次发掘在Ⅰ区，揭露了窑床三条，按照地层叠压关系，时代属于第2段，虽然窑床保存不完整，但从Y3残存的情况来看，其长当在10米以内，用泥土砌筑的窑壁较薄，残留部分不过20厘米，内壁无窑汗，仅见因火烧烤而略变灰黑色，一方面说明每一条窑床的烧造时间不是很长，另外一方面也说明了窑床底部的温度较低，在没有使用垫具的情况下，在这一部位烧成的器物很容易出现生烧现象。不见窑具，第 2 期大量出现的托珠此段仍然不见，但器物底部亦有明显的白色砂状烧结物黏附，烧造方法还是直接放置于窑床上叠烧。

这一阶段的器物仍旧常见子母口，并且出现较大型的器盖，少量器盖装饰有双勾线 S 形纹等精美的纹饰，因此推测部分卣类器物的是带盖类器物，其子母口具有实用的功能。

第 1 期第 3 段

器类单一，B 型 Ⅲ 式碗占绝大多数，少量水盂与卣。偶见 A 型 Ⅰ、Ⅱ 式、B 型 Ⅱ 式、C 型 Ⅰ 式碗、钵、器盖等，产品质量明显较 Ⅰ 区为差：胎质较粗，且胎色较深，一般呈灰黑色、土黄色或紫红色，夹有较多的细砂粒，胎体表面往往不太光洁；釉较差，釉层薄、施釉不均匀、剥落严重、玻璃质感不强，多数器物呈土黄色。偶见少量釉色较佳器物，釉层厚、釉色深、玻璃质感较强。

卣以筒形卣占绝大多数，极少量的垂腹卣，纹饰以勾连双勾线 S 形纹为主，少量的对称弧形纹。勾连双勾线 S 形纹排列较为整齐规则，重复重叠拍印现象较为少见，仅在两组纹饰的衔接处有局部的重叠。对称弧形纹仍以上下各两道弧形纹相对构成，纹饰较大而粗放。

装饰以素面为主，仅少量卣形器有纹饰装饰。

均为满釉，但因剥釉严重及釉层较薄，因此整个器物往往呈现一种以胎体为主的土黄色。

制作工艺上，碗类器物的底部顺时针方向旋纹仍旧较为粗疏，卣类器物的底、腹仍为分段拼接而成，器腹当为盘筑而成，碗类器物底部的弧形线割痕迹仍旧较为粗疏。

在烧造工艺上，这一阶段生烧比例较第 1 期第 2 段又有所下降，但剥釉现象仍旧是很严重。器物外底延续了施白色砂状物的做法，还开始出现少量的托珠，形体较为扁平，胎质较粗，近似于陶质，且多因为挤压而胎体开裂。

这一阶段碗、盂类器物仍采用子母口的形式，而卣类器物的子母口已消失，演变成侈口卷沿、沿面装饰几道凹弦纹状（图 4-25）。

第 2 期第 1 段

器物种类、纹饰仍比较单一，但较第 1 期第 3 段略为丰富，以 B 型 Ⅲ 式碗为主，其次是新出现的 C 型 Ⅱ、Ⅲ 式碗，以及筒形卣、钵等，少量水盂、器盖，偶见 A 型 Ⅱ 式、C 型 Ⅰ 式碗、盘、小罐等。

产品与第 1 期第 3 段相似，质量、釉色较差，新出现的 C 型碗质量较 B 型碗略佳，釉色较深，施釉较为均匀，但玻璃质感不是很强。C 型碗由前期 B 型碗的翻折沿、沿面内凹演变成了窄平沿，沿面上有数道细凹弦纹，腹部由浅坦腹变成较深。卣均为筒形，不见垂腹卣。

以素面为主，部分器物装饰有纹饰，主要集中在卣形器与 C 型 Ⅰ、Ⅱ、Ⅲ 式碗、钵上。卣上纹饰以对称弧形纹为主，其次是勾连双勾线 S 形纹。勾连双勾线 S 形纹排列仍旧较为整齐规整。而对称弧形纹除上下两道弧形构成的较为粗放的形态外，还出现由上下三或四道弧线构成，纹饰较为细密，排列更为整齐的细密对称弧形纹，并且以后者为主。拍印细密对称弧形纹的器物部分釉色较佳，施釉均

鼎　　　　　　　　鼓腹卣　　　　　　　　簋

筒形卣　　　　　　　碗　　　　　　　　　　盂

图 4-25　火烧山窑址出土西周晚期—春秋早期主要原始瓷

匀、玻璃质感较强。C 型 I 式碗腹部拍印粗放的对称弧形纹一圈，其两式碗则装饰纵向水波纹，为阴线刻划。其中 C 型 II 式纹饰略粗，而 C 型 III 式碗纹饰则更为细密。钵系有绳索状倒 U 形与细泥条下端黏结在一起近心形两种，纹饰主要集中在上腹近折肩处，为一窄圈，极少量器物在短颈处也有纹饰，有两种，一种是 S 形或反 S 形，另外一种是水波纹，均为阴线刻划。

均为满釉，但釉色仍旧较差，玻璃质感不强，特别是 B 型碗，剥釉严重，多呈土黄色。新出现的 C 型 III 式碗施釉技术明显进步，釉层薄、施釉均匀，玻璃质感略强，剥釉现象较为少见。

制作工艺与第 1 期第 3 段相比发生变化，除 C 型 III 式碗外，其余器物内底旋纹仍旧较粗疏，而新出现的 C 型 III 式碗旋纹明显较其余碗为细密，外底的弧形线割痕迹亦更为细密，推测此一时期的轮制技术有所突破，速度更快，技术更为娴熟。

在烧造工艺上，不仅生烧器物，而且剥釉器物的比例较第 1 期第 3 段有所下降，剥釉现象主要集中在 B 型碗上。托珠数量较第 1 期第 3 段有所增加，形体以扁平为主，胎质较粗，近似于陶质，且多因为挤压而胎体开裂，形体呈圆锥形状，胎质较细，器物规整，火候较高，表面往往有爆汗釉。从器物底部保存的托珠痕迹来看，一般是三个托珠同时使用，等距分布于器物内底近中心部，偶见仅用较大型近圆饼的托珠置于器物底部中心单个使用的现象。几乎所有的器物外底保留了施白色砂状烧结物的作风。

碗、盂、钵类器物保留了子母口的形式，而卣类器物的子母口完全已消失，演变成侈口卷沿、沿面装饰几道凹弦纹状。

第 2 期第 2 段

C 型 III 式碗占绝大多数，其次为少量筒形卣，偶见 A 型 II 式、B 型 II、III 式碗、钵、水盂等。C型Ⅲ式碗无论是胎还是施釉技术上更加进步，胎呈灰白色，较为细腻致密，气孔明显较前几个期段减少，釉层薄、施釉均匀、玻璃质感较强，极少有剥釉现象，内底施纹较为细密。表面往往装饰有纵向水波纹，纹饰细阴线刻划，细密规则，排列整齐。外底线割痕迹明显，并黏结有白色沙状烧结物。卣作侈口卷沿状，纹饰均为细密的对称弧形纹，仍旧为上下三或四道弧线构成一组纹饰，五组对称弧形纹构成一个完整的印模。胎釉亦存在着明显的进步，胎质细腻致密，青釉色较佳，施釉均匀、玻璃质感较强。底腹可能仍旧是分段制作，外底黏结有大量的白色砂性烧结物。均为满釉。

在烧制技术上，生烧与剥器物比例大大减少。出现少量的托珠，均为圆锥形。托珠胎质较为致密、细腻，火候较高，表面往往有爆汗釉。所有器物底部均有大量的白色砂性烧结物。

第2期第3段

除C型Ⅲ式碗外，还出现了C型Ⅳ式碗，两者比例基本相当，并且占据了出土器物的绝大多数，其次是少量的B型Ⅲ式碗、钵、卣等。C型Ⅳ式碗在C型Ⅲ式碗窄平沿的基础上进一步发展，沿更窄，部分甚至变成了方唇，沿面上的弦纹也几近消失。卣为侈口卷沿，沿上有凹弦纹数道。

胎色较白，一般呈灰白色，胎质较为致密、细腻，气孔很少，火候高。均为满釉，釉层薄、施釉均匀、玻璃质感较强，釉色佳。

以素面为主，纹饰仍旧集中在C型Ⅲ式碗与卣上。C型Ⅲ式碗上的纹饰为水波纹，卣上装饰细密的对称弧形纹。

在制作技术上，碗的内底旋纹与外底弧形线割痕迹更加细密。

在烧制技术上，生烧、剥釉的比例很低，但器物内底黏结有大块窑渣的比例仍旧较高。开始大量出现托珠，圆锥形，虽然形态一般较小，但从大到小仍旧有一定的差异，胎质较为致密、细腻，表面许多有爆汗釉。从器物底留下的痕迹上，看仍是三个等距分布使用。器物外底仍保留了施白色砂状烧结物的做法（图4-26）。

第3期第1段

器类单一，C型Ⅳ式碗占据了绝大多数，其次是少量的盘、钵、罐、小罐等

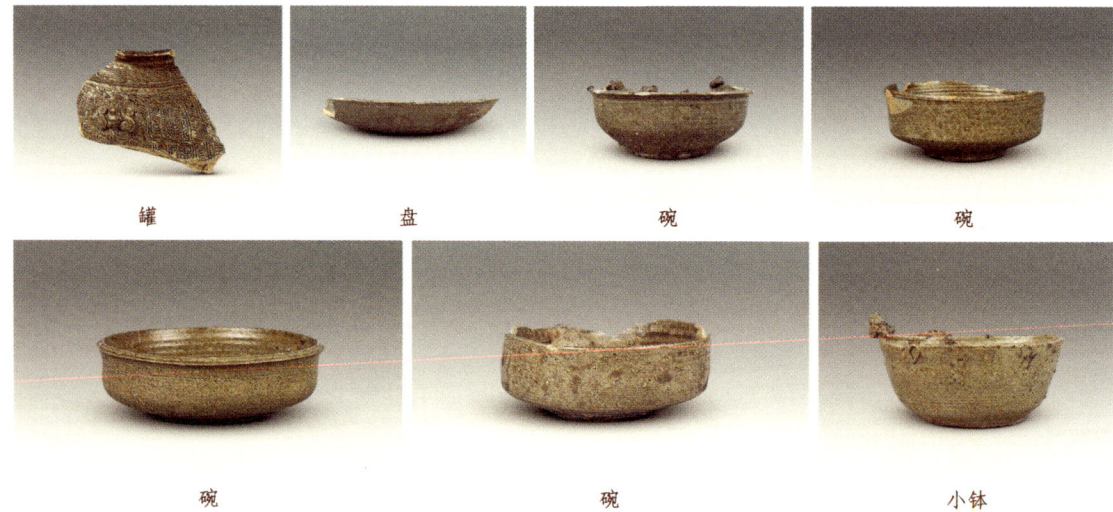

图4-26　火烧山窑址出土春秋中期主要原始瓷

器物。C型Ⅳ式碗大小各异，部分窄平沿器物完全演变成了方唇器物。盘方唇、浅坦腹，器型较大。钵在形态上与前几期发生了较大的变化，腹更斜，下底、腹胎较为厚重。

胎色浅，胎质较为致密、细腻，气孔很少，火候高。均为满釉，釉层薄、施釉均匀、玻璃质感较强，青黄釉色佳。部分器物出现了窑变现象，积釉较厚处呈乳白色状。

装饰均为素面，仅在少量器物的口沿部位有细弦纹，但盘、碗类器物此一时期的旋纹不仅限于底部，而且腹部也常满布，纹路细密，此一时期可能已具有装饰功能。

在烧造技术上，此一阶段的生烧与剥釉现象极少，但是内底黏结大块窑渣的现象仍旧较为普遍。并且从地层上看，前面几期地层中的瓷片极少，其堆积类似于生活类遗址中的地层堆积，但是这一时期的地层堆积发生了明显变化，瓷片极多，主要是瓷片的堆积层，其情况较为接近晚期窑址中地层堆积，表明这一时期窑床的装烧量有了较大的提高。窑具中仍旧流行使用托珠，器物底部保留施白色砂状烧结物的做法。

第3期第2段

器类更为单一，C型Ⅴ式、Ⅵ式碗及器盖三类器物几乎占据了出土器物的全部。C型Ⅴ式较C型Ⅳ式碗腹更直，几乎不见方唇而均为圆唇，但腹仍旧较扁矮。C型Ⅵ式碗则在C型Ⅴ式直腹碗的基础上加深腹部，演变成典型的盅式碗，并且出现了子母口，从出土的大量器盖来看，此子母口当具有实用功能。三类器物胎色较浅，胎质较细密、坚致，气孔小而少，满釉，釉色青黄、釉层薄、施釉均匀、玻璃质感较强。均为素面，仅在盖钮的钮面上有叶脉纹纹饰。碗的内底及盖背的旋纹更加细密，外底保留了细密弧形线割痕迹及黏结白色砂状烧结物的做法。不见托珠痕，虽然绝大多数器物火候较高，生烧与剥釉现象极少，但部分器物的底足火候较低，呈砖红色，并存在着剥釉的现象。大部分黏结在一起的器物来看，器物是底部叠置在同类器物的口沿上叠烧，而不再像原来的使用托珠时堆叠在器物的内底部。地层中瓷片极多。

第3期第3段

器类更为单一，仅剩C型Ⅶ式碗一种器物，为典型的盅式碗，与C型Ⅵ式碗相比，子母口完全弱化，仅存极弱的一道，几乎与腹部的旋纹相近，均为尖圆唇。内底及腹部有极细密的旋纹，外底有白色砂状烧结物及弧形线割痕迹。胎质较为致密、细腻。满釉，釉色青黄，釉层薄、施釉均匀、玻璃质感较强。不见托珠。与第3期第2段一样，虽然绝大多数器物火候较高，生烧与剥釉现象极少，但部分器物的底足火候较低，呈砖红色，并存在着剥釉的现象。

除碗以外，还新出现一种圆饼形器物，其器型与盅式碗的底部相近，但均为生烧，无釉，火候较低，用途不明（图4-27）。

上面的分期可以归纳为几点。

1. 第1期2段器物种类最多、纹饰最复杂，并有较多的卣等仿青铜礼器的大件器，代表了本窑址的最繁荣时期。从第1期3段开始，器类逐渐走向单一，主要为碗，到了第3期第3段，仅剩下碗一种器物。反映制瓷技术变化的器物胎细腻、致密程度、施釉的均匀程度、胎釉的结合程度等，在第1期2段亦处于一处

盖　　　　　　　　　碗　　　　　　　　　碗

图 4-27　火烧山窑址出土春秋晚期主要原始瓷

较高的层次，但生烧比例较高，第 1 期 3 段、第 2 期 1 段、第 2 期 2 段无论是胎还是釉均较差，胎近似于陶胎，色深而粗，从第 2 期 3 段开始又有了显著的提高，胎质更细腻、致密，施釉更薄而均匀，剥釉、生烧现象更为少见。

2. 器物形态上，以碗的变化最为明显：口沿由翻折沿、沿面内弧上有三个 S 形堆贴→两个 S 形堆贴或无堆贴→窄平沿、尖圆唇外凸→方唇略外凸或方唇、圆辰→尖唇、子母口→尖唇或尖唇、子母口极端弱化成一道装饰演变；腹部从弧腹浅坦→腹较直、深而略弧凸→直腹较高演变；底从矮圈足→假圈足或假圈足略内凹→平底演变。

3. 在施釉上，第 1 期 1 段到第 2 期 2 段釉层厚、釉色深，施釉不均匀，积釉或流釉明显，生烧与剥釉现象严重，比较高。第 2 期第 3 段开始釉色变浅、施釉均匀、釉层薄，胎釉结合佳，生烧、剥釉现象大为减少。

4. 在装饰上，主要是见于第 1 期 2 段，种类多，无论是纹饰的个体还是整体布局，均较为粗施，从第 2 期 3 段期开始，纹饰大为减少，且更细密、规整。

三、战国原始瓷分期

战国是先秦原始瓷发展的鼎盛时期，不仅生产规模大、数量多、种类丰富、质量高，而且大量生产仿青铜的礼乐器，是高度礼制化的一个时期。这一时期的原始瓷主要发现于各地大小不一的墓葬中，遗址虽然数量不少，但文化层相对比较薄，在年代分期上具有编年意义的地层并不丰富，因此这一时期的分期更多的仍是借助于类型学对主要出土于墓葬中的器物进行排比，而近几年在德清东苕溪流域窑址的调查，在许多地点发现了完整的组合，为分期提供了坚实的材料。整个战国时期原始瓷大致可以分成六个时期。

第一期

这一期目前发现的材料比较少，主要有德清梁山墓葬[1]。

随葬品均集中在墓室后部，以原始瓷为主，包括印纹硬陶与泥质陶。原始瓷有仿青铜礼器的提梁盉、仿青铜兵器（或农具）的斧类器物以及实用的小罐、盅式碗等。提梁盉等原始瓷器物施釉均匀，釉面匀净，胎釉结合好，代表了相当高的制瓷水平。

其基本特点是器物基本为素面，装饰简洁，但造型饱满有力，制作相当规整，

---

[1] 浙江省文物考古研究所与德清县博物馆 2008 年发掘资料。

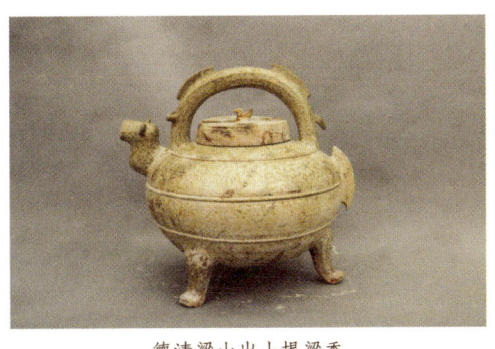 

德清梁山出土提梁盉　　　　　　德清梁山出土盅式碗

图4-28 战国第一期主要原始瓷器

如提梁盉器型较大而浑圆，兽首形流粗圆上昂，双圆耳耸立，提梁上及与流相对位置的扉棱棱角分明，腹部多道绞索纹向外圆凸，三蹄足粗壮有力，器盖上的鸟形纽形象而有张力；同墓葬中的工具类器物制作相当规整，开刃线清晰而挺直；其余如小罐、盅式碗亦制作相当规整，器型相对较瘦高（图4-28）。

第二期

主要包括上虞牛山墓葬[1]，余杭大陆石马坵，余杭水洪庙以及绍兴离渚瓦窑山等墓葬出土器物[2]。窑址以亭子桥为代表，数量最多，是窑址发展的鼎盛时期[3]。省内各馆旧藏的主要有桐乡博物馆的提梁壶等。

这一时期器物种类最丰富，包括大量的日用器、礼器、乐器、兵器、工具等，许多器物造型巨大，制作规整，成型工艺成熟，胎土经过精细的淘洗，胎质细腻坚致，胎色多呈浅灰或灰白色。青釉极佳，施釉技术相当高超，施釉均匀，胎釉结合好，玻化程度高，玻璃质感强，釉色青翠，基本不见生烧与剥釉现象。满釉，大口类器物内外满釉，小口类器物外腹满釉，内腹不施釉，仅在口沿下一圈有釉。大量的各种类型的支烧具出现，装饰工艺有质的提高。

其基本特点是器物仍造型饱满，制作规整，但较第一期风格上已偏软。装饰繁缛而华丽，流行云雷纹，少量卷云纹，云雷纹较为方正，线条深而清晰，排列整齐，在大多数礼乐器上均可见到此类纹饰，许多器物如提梁盉通体满饰云雷纹。罐、瓿类器物流行堆贴铺首，铺首扁平，紧贴于器表，刻划细致、具体而生动。

从整体面貌上看，器物华丽繁缛，总体风格虽然较前期偏软，但仍不失前期向上的朝气。这是越国鼎盛时期的风格，时代相当于越王勾践以后二、三王时期。

主要器物有作为礼器的鼎、豆、罐、瓿、壶、钫、鉴、盆、盘、钵、匜、镇、烤炉等；乐器有甬钟、句鑃、錞于、缶、鼓座等；日用器有碗、盅、杯、碟、盒等（图4-29）。

第三期

包括绍兴凤凰山M3、余杭老鸦桥墓葬。窑址包括下漾山等窑址。

这一时期无论是器型还是纹饰，特别是后者，都发生了剧烈的变化。器物种

---

[1] 浙江省文物考古研究所编：《浙江考古精华》，文物出版社，1998年。
[2] 盛正岗：《余杭出土战国原始瓷及其产地问题》，《东方博物》第28辑，2008年。
[3] 浙江省文物考古研究所、德清县博物馆：《德清亭子桥》，文物出版社，2010年。

上虞牛山出土盆形鼎　　上虞牛山出土盖鼎　　上虞牛山出土盂形鼎　　绍兴瓦窑山出土兽面鼎

上虞牛山出土提梁壶　　绍兴大兴村出土匜　　余杭石马斗出土瓷鉴　　余杭石马斗出土句鑃

图 4-29　战国第二期主要原始瓷器

类仍旧很最丰富，包括大量的日用器、礼器、乐器、兵器、工具等，与前一时期基本一致，但许多器物的造型、制作、成型、胎土、淘洗、施釉等技术明显不如前一时期：器型较前一时期变小，造型趋向疲软而不具有早期棱角分明的线条；胎质较细腻但趋向松软，黄胎增加；青黄釉仍较佳，但釉层更薄而不均匀，釉色更黄，剥釉与生烧现象增加，以满釉为主，但出现施半釉现象。仍使用大量的支烧具装烧，但种类不如前一时期丰富。

装饰上变化更加明显，仍有一定数量的云雷纹，但出现大量的卷云纹、S形纹、云雷纹与C形纹的复合纹、S形纹与C形纹的复合纹等，少量篦点纹。C形纹弧度较大而呈半圆状，一般正反两个构成一个S形纹，细条变细浅但仍清晰，排列仍较整齐，在大多数礼乐器上均可见到此类纹饰。罐、瓿类器物流行堆贴铺首，铺首凸起于器物表面，刻划细致较为草率。水波纹有一定数量，较为疏朗。

主要器物有作为礼器的鼎、豆、罐、瓿、壶、钫、鉴、盆、盘、钵、匜、镇、烤炉等；乐器有甬钟、句鑃、錞于、缶、鼓座等；日用器有碗、盅、杯、碟、盒等，与前一时期变化不大（图4-30）。

第四期

包括长兴鼻子山、安吉龙山、笔架山、无锡鸿山等墓葬。窑址包括德清冯家山等，数量仍旧较多。

这一时期器物种类较前两个时期变化不是很大，仍较为多样，包括大量的日用器、礼器、乐器等，但在各种技术表现上更加不如前两时期：器型小，制作粗

德清新市出土盆形鼎　　德清新市出土盖鼎　　余杭老鸦桥出土兽面鼎　　德清新市出土提梁盉

图 4-30　战国第三期主要原始瓷器

| 无锡邱承墩出土盆形鼎 | 无锡邱承墩出土盖鼎 | 无锡邱承墩出土盂形鼎 | 无锡邱承墩出土兽面鼎 |

| 无锡邱承墩出土壶 | 无锡邱承墩出土提梁盉 | 无锡邱承墩出土甬钟 |

图 4-31　战国第四期主要原始瓷器

疏草率，装饰简化；器型疲软萎缩而更加猥琐的状态，前期昂扬、饱满的精气神完全不见，绝大多数器物仅具形而不太具有神韵；胎质普遍松软，黄胎为主，生烧严重；较佳青黄釉不多见，釉色多呈土黄色，剥釉严重，多施半釉，大量出现釉极差，仅在朝上且无遮挡的部位有星点状薄釉，中心较厚，向边缘逐渐过渡而变薄，无清晰施釉线的特征，器物朝下部位或被上部有遮挡的部位不见釉。仍使用支烧具装烧，支烧具的制作亦不如前期，胎质粗。

装饰纹样较为单一，主要是C形纹、水波纹与篦点纹，C形纹为正反两个构成S形纹，C形的弧度较大而呈半圆形，纹饰较为清晰，布局较整齐，也有C形纹朝向一个方向的，水波纹细密。铺首除略凸起于器物表面外，有隆起于器物的。（图4-31）。

第五期

包括海盐黄家山、杭州半山、湖州西山墓葬等，窑址主要以德清喻堡里窑址为代表，数量较少。

这一时期器物极度萎缩，大部分器物种类虽然仍在，但如果说前一时期包括提梁盉、提梁壶、鉴等在内的礼器尚具有某种实用功能的话，则这一时期的许多器物几乎沦落为明器，许多器物器型极小，甚至一掌即可抓下，制作更加粗率，外形猥琐，完全是仅略具早期的形而不具有礼制上的神韵；黄色松质胎占绝大多数，生烧普遍，施釉器物较少，大多数器物仅在朝上且无遮挡的部位有星点状薄釉。

装饰粗粗，C形纹、水波纹与篦点纹为主，C形纹弧度直而接近于指甲印形，浅而小，虽仍有正反构成的S形纹构图，但许多器物或正反连续构图，或同一方向连续构图，甚至接近于水波纹状；水波纹细而繁密；铺首隆起于器物表面，甚至高度超过口沿高度（图4-32）。

第六期

这一时期的墓葬主要集中在浙江西北部的安吉、长兴一带，其中尤其以安吉

海盐黄家山出土盖鼎　　　湖州西山出土兽面鼎　　　湖州西山出土提梁盉

湖州西山出土匜　　　德清喻堡里窑址出土罐　　　海盐黄家山出土甬钟

图 4-32　战国第五期主要原始瓷器

为多，在安吉良朋镇、高禹镇一带集中了相当数量的此一时期的墓葬。此外，宁波地区亦有一定数量发现。

器物无论是器类还是器型、质地、施釉方式均发生质的变化，是整个战国时期风格变化最大的一期，早期的大量原始瓷礼乐器此一时期基本不见，代之以较多的泥质灰陶器物或彩绘泥质灰陶，主要器型有鼎、豆、盒、钫等。器型较大（图 4-33）。

由于战国时期越国原始瓷器物上极少发现文字，而具有编年意义的文字完全是空白，因此给绝对年代的判定带来了很多困扰。

第一期的器物具有年代判定意义的主要是盅式碗。盅式碗是春秋中期以来最主要的原始瓷器物，其演变过程相对比较清晰：春秋中期主要是一种方唇直腹较矮的盅式碗，多数器物腹径大于器高；春秋中晚期则流行带盖盅式碗，子母口、直腹较深，腹径小于器高；春秋末期则子母口消失，但保留残余的子母口形状，整体器型有较矮的趋势。而整个战国时期的盅式碗中，只有战国第一期的盅式碗与春秋末期器型最为接近，器型较高，仍有子母口的孑遗。因此在年代上亦当最为接近，当为战国初期。

先看第三期的时代。在绍兴凤凰山 M3 木椁墓中同出土一件玉矛，矛身中部左右均刻划"戉王"二字，近本处左右刻"不光"两字。不光即越王翳，在位时间为前 411—前 376 年[1]。第三期的年代当在越王"不光"或此后不远。也即公元前 376 年前后的不远时期，大约战国开始后一百年左右的时间，开始进入了战国中期。

第三期的年代基本确认后，再来看第二期的年代，从逻辑上说，第二期介于第一期与第三期之间，应该不足一百年时间。这个时期与我们当时对这一时期具有代表性的窑址——亭子桥窑址的年代判定是吻合的："我们判定亭子桥窑址的始

---

[1] 曹锦炎：《越王嗣旨不光剑铭考》，《文物》，1995 年第 8 期。

余姚老虎墩出土鼎

余姚老虎墩出土罐

余姚老虎墩出土壶

余姚老虎墩出土熏

图 4-33　战国第六期主要原始瓷器

烧年代应该在战国初期，废弃年代可能已经接近战国中期，其间大约烧造了一百年左右的时间。"亭子桥窑址以大量的云雷纹装饰各种大型的礼乐器物为特征：几乎所有的乐器上均装饰有云雷纹；许多礼器上有云雷纹装饰。云雷纹造型转折方正，排列整齐，庄严而沉稳。窑址中发现一个文字，经专家鉴定，认为系一鸟虫体的"自"字，此字笔法显得柔软流畅，字体风格具有越王州句前后的时代特征。州句又称朱句，为句践曾孙，在位于公元前 447—前 412 年，时属战国早期的偏晚阶段。因此亭子桥大量云雷纹装饰的器物早于不光。然而，该窑址同时出土少量的风格接近于第三期的器物：有卷云纹、S 形纹、C 形纹等装饰，说明亭子桥窑址的下限已进入了第三期。这样，第二期的年代为不光之前，包括州句、不寿、翳与几个王时期。

第六期的带釉器物，称原始瓷也好，叫高温釉陶也罢，无论是胎、釉，还是器型，均接近于西汉时期的同类型器物，如鼎、瓿、壶等，是两汉时期主流器物。因此这一时期的年代当接近于战国末期。

第四、第五期的年代大致在不光之后战国末期之前的战国中晚期。

第五章
社会复杂化与夏商原始瓷起源

原始瓷的出现与社会复杂化进程的起伏密切相关。东苕溪流域所在的环太湖南岸地区，是浙江史前到西周时期文化发展水平最高、序列最完整的地区，因此从某种意义上说，东苕溪是浙江文化上的母亲河。

环太湖地区史前文化在聚落形态、墓葬形式、仪式性建筑、房屋结构等方面随着时间的推移发生了巨大的变化，这种变化最明显的转折时期是在崧泽文化的晚期。在马家浜文化与崧泽文化早期，聚落规模较大，数量较少，密度较稀，聚落内功能分区不明显，遗址与遗址之间看不出明显的分化。墓葬一部分散布在生活区内，也有紧邻生活区的大型墓地。墓葬基本为单人仰身直肢葬，也不少量同性合葬，随葬品较少且平均，主要是日常的陶器与作为生产工具的石器，墓地内看不出墓葬之间的组合关系。尚不见仪式性建筑，在遗址生活区内发现了少量的非实用性的艺术品，可能与当时的某种仪式性活动有关，表明当时的仪式性活动还是一种家庭性质的小规模活动。在较大规模的遗址中，房屋主要是一种类似于印第安人或中国西南少数民族中的"长房子"，反映了一种聚众而居的群体生活。从崧泽文化晚期开始，遗址的数量明显增多，密度增大，逐步形成了大的遗址群，遗址群内的遗址与遗址之间、单个遗址的内部形成了明显的功能分区，有专门的手工业作坊、墓地、生活区、仪式性活动区等。手工业作坊除了制作石器与陶器的外，还出现了制作玉器等显赫物品的制作技术。遗址群与遗址群之间、遗址群内部的遗址之间，等级分化明显；墓葬开始出现专门的家族墓地，虽然仍为单人仰身直肢葬，但是许多墓地内可看到明显的两两组合的现象。在修筑方式、墓葬规模、随葬品等方面差别巨大，形成了大型、中型、小型墓葬的分化，大型墓葬往往修筑有高大的土台，墓坑往往是小型墓的几倍，随葬品主要是大量的玉礼器，这些玉礼器完全具备了作为"显赫物品"的功能，最高级别的墓葬还有祭坛，小型墓平地挖坑掩埋，大小仅容尸骨，随葬少量的陶器与石器，部分墓葬甚至无随葬品，中型墓介于两者之间，随葬一定数量的玉器。出现了修筑规模庞大的仪式性建筑，一种是类似于瑶山、汇观山的金字塔形的祭坛，另一类是大观山与姚家墩之类的大型宫殿型建筑，表明这一时期的仪式性活动不再是家庭性小规模活动，而是整个社群的一种大规模集体活动。居住形态也从"长房子"演变成小型的多间结构，表明社会形态从聚族而居的家族形态演变成了核心家庭形态，私有财产、个人权力等观念因核心家庭的出现而形成。

环太湖地区社会复杂化的物化形态的演变表明这一地区在崧泽文化晚期开始社会复杂化程度有了巨大的提高：人口增加，社群规模扩大，社群内等级分化形成，整个社会从平等社会进入了等级社会——复杂的酋邦。

良渚文化的中晚期，整个社会成为一种神权社会，贵族与普通民众的社会差距加大。修筑土墩与制作玉器等工程的资源和劳力投入日渐增大，对经济基础产生持续的压力，而过于特化了的神权社会又逐渐失去较为弹性的适应机制，当整个社会的能量向非生产性的宗教活动倾斜，并且这种压力积累到了一定的程度，加上距今 4000 多年前气候的变化等外因的刺激，导致良渚社会无法再承受如此重担，造成人口的锐减，复杂社会完全崩溃。社会又进入了一个相对比较平等的状态，这就是钱山漾文化。

钱山漾文化[1]（广富林文化[2]）与良渚文化相比，最明显的是遗址数量锐减。钱山漾类型文化目前发现或重新识别出来的遗址仅数处，看不出遗址之间明显的功能分化，单个遗址内部等级分化亦不明显。墓葬建筑极其简陋，多分布于遗址区内，普遍为规模极小的竖穴浅坑墓，许多仅容一人而无随葬品。不见良渚文化时期为墓地而专门修筑的大型土台，随葬品不仅不见精美的玉器，而且随葬的陶器与石器亦多为实用型器，制作粗糙，远非良渚文化大中型墓葬中的陶石器制作精美。从复杂化的物化形态来看，这一时期社会复杂化程度不仅不能与良渚文化时期相比，甚至不及崧泽文化中晚期的水平，而更接近于马家浜文化时期，是一种平等部落社会。

夏商时期的社会再复杂化进程、文化中心的形成与东苕溪中下游地区在夏商至西周时期逐渐成为这一地区的社会政治中心密切相关。考古学上，体现在东苕溪中下游地区中心聚落的形成。

浙江的先秦时期，始于约公元前 1900 年前后[3]，终于秦始皇 25 年（公元前 222 年）秦王翦降越君、置会稽郡[4]，前后历时 1800 多年。大体上以越国立国为界可分成前后两个大的时期：前一时期包括马桥或高祭台类型文化、西周至春秋早中期文化，可以称之为越文化考古；后一时期从春秋中晚期越国立国开始，历经战国早期越国的兴盛、中期败于楚的衰落、末期的亡于秦，称之为越国考古。

钱山漾文化之后、越国之前的文化中心，逐步形成于今天的东苕溪中下游地区，表现在大型遗址群的出现、城址的出现、围绕城址与遗址的专门手工业区——原始瓷窑址群的出现、独具特色的埋葬形式——土墩墓的形成和最重要分布区等方面。

1. 大型聚落的形成

从目前调查的材料来看，浙江北部的苕溪中下游尤其是东苕溪中下游包括湖州市区、余杭西部南、德清、长兴东南部等在内的地区，是马桥文化时期至西周春秋时期遗址的最密集分布区之一，目前能确认的遗址当在三十处以上。2010 年

---

[1] 浙江省文物管理委员会：《吴兴钱山漾遗址第一、二次发掘报告》，《考古学报》，1960 年第 2 期；浙江省文物考古研究所等：《浙江湖州钱山漾遗址第三次发掘简报》，《文物》，2010 年第 7 期。

[2] 上海市文物保管委员会：《上海市松江县广富林新石器时代遗址试掘》，《考古》，1962 年第 9 期；上海博物馆考古研究部：《上海松江区广富林遗址 1999—2000 年发掘简报》，《考古》，2002 年第 10 期。

[3] 浙江省文物考古研究所等：《浙江湖州钱山漾遗址第三次发掘简报》，《文物》，2010 年第 7 期；丁品《浙江湖州钱山漾遗址第三次发掘带来的新思考》，《南方文物》，2006 年第 4 期。

[4] 司马迁：《史记·秦始皇本纪》。

至2011年配合"瓷之源"课题进行的东苕溪两岸狭窄范围内考古调查过程中，新发现这一时期遗址多处，并且在这一带的山坡几乎均可采集到零星的印纹陶与原始瓷片，说明这一时期该地区的人类活动相当频繁。

2000年以来经过发掘的大型马桥文化时期的遗址主要有三处：毘山[1]、钱山漾[2]、塔地[3]等，均集中在湖州市区南部的东苕溪下游一带。这些遗址面积庞大，都在数万平方米左右，除出土包括石器、玉器、绿松石器、陶器、原始瓷器等在内的大量遗物外，还揭露了房址、排水沟、灰坑、水井、大型灰沟等丰富遗迹现场。其中石器延续史前时期的主要有锛、斧、刀、镞、犁、破土器等，新出现戈、凹槽锛、半月形石刀等；陶器主要有夹砂红陶鼎、甗、鬲、泥质灰陶豆、盘、盆、觚、觯等，成套的觚、觯等酒器不见于史前时期，而与中原地区有密切联系，新出现印纹硬陶瓮、罐、樽、鸭形壶与原始瓷豆、罐等器物独具本地特色；此外在毘山遗址还采集中到青铜樽、鼎、铙、戈等的残片，卜骨、卜甲、玉斧、玉璧等，其中青铜礼器与卜骨、卜甲、玉璧仅见于毘山遗址。毘山遗址位于湖州市郊毘山周边，于1957年发现，包括邱家墩、陆家湾、山西头、状元头、曹家会等村诸多地点的大型遗址，于2004年进行了两次大规模的发掘。从出土的青铜器、卜骨、玉器等遗物的种类数量及遗址的规模，均暗示着这是一处马桥文化时期具有较高等级、相当重要的遗址。

调查发现同类型遗址还有湖州基山、西山等多处地点，从整个太湖地区来看，这一带不仅遗址数量多、分布密集，而且等级高，因此苕溪中下溪地区是马桥文化时期至西周时期遗址的中心分布区。

2. 大型城址的出现

浙江西北部尤其是东苕溪流域有不少以城命名的地点，如下菰城、小古城（图5-1）[4]、邱城[5]、花城、洪城、安吉古城等。这些地点均发现有古代的遗存，部分明确为古代的城址，时代从史前一直延续到先秦时期，反映这一地区有发达的史前及先秦时期的文明。如余杭小古城有至少从良渚文化

图5-1 余杭小古城遗址

---

1 浙江省文物考古研究所等：《毘山》，文物出版社，2006年。
2 浙江省文物考古研究所等：《浙江湖州钱山漾遗址第三次发掘简报》，《文物》，2010年第7期。
3 塔地考古队：《浙江湖州塔地遗址发掘获丰硕成果》，《中国文物报》，2005年2月9日第1版。
4 见《余杭文物志》编纂委员会：《余杭文物志》，中华书局，2000年。
5 芮国耀：《湖州市邱城马家浜文化与马桥文化遗址》，《中国考古学年鉴1993年》，文物出版社，1995年。

时期至马桥文化时期的文化堆积；邱城遗址从马家浜文化开始，历良渚文化，延至春秋时期；花城遗址从清理的一座木构窖穴情况来看，时代处于良渚文化至马桥文化时期。21世纪以来，在安吉古城进行了钻探与试掘工作，初步的考古成果表明这是一处春秋至西晋时期的城址，主体为汉六朝堆积。遗址地表尚存土筑城墙及护城河遗迹，城墙东西长600米，南北宽550米，包括护城河总面积约0.5平方公里。城墙残高6米左右，结合周边龙山、笔架山越国墓群资料分析，古城遗址应该是越国的重镇之一和秦汉时期的鄣郡。除此之外，近年来新发现的良渚古城，是目前中国已知规模最大的史前城址。从良渚文化之后，到春秋战国之前，这一地区明确的城址一直缺失，下菰城商代城址的确定，则为这一地区先秦时期城址考古的重大突破。

下菰城，位于湖州市南郊10多公里处云巢乡窑头村一个自北向南倾斜的山坡上，北靠和尚山，东南临东苕溪。现存内外两重城垣，平面不规则，近圆角三角形，内城位于外城的南侧中部，并利用外城南城墙中段作为南城墙。城墙保存基本完好，一般墙高在9米、上部宽5米—6米、底部宽30米左右，城墙外有护城河，南城墙外较宽，近30米左右，东西两城墙无论是内城墙还是外城墙，仅在南半边有保留，北半边情况不明。城址总面积约68万平方米，其中内城面积约18万平方米。内城南低北高，南边低洼处约占面积三分之一，北边为高台地，低地与高地落差在1米左右（图5-2、图5-3、图5-4）。

宋人叶廷珪《海录碎事·地部·菰城》："乌程县乃古菰城，楚以封春申君，今俗呼下菰城，而旧经谓之五菰城。"《太平寰宇记》等亦有类似记载。此一说法沿袭至今，而少有人怀疑。《史记·春申君列传》对于春申君的封地有很明确的记载："考烈王元年，以黄歇为相，封为春申君，赐淮北地十二县。后十五岁，黄歇言之楚王曰：淮北地边齐，其事急，请以为郡便，因并献淮北十二县，请封于江东。考烈王许之，春申君因城故吴墟，以自为都邑。"关于这一点乾隆《浙江通志·古迹·湖州府》条下亦考证认为："因城吴故墟以为都邑，在今姑胥城内西北隅，吴兴非所封。"此言甚确。因此根据《史记》的记载可以确定春申君的都邑在吴故都即今苏州一带，下菰城当另有人所居。

2010年，浙江省文物考古研究所"瓷之源"课题组在邻近的南山窑址发掘之际，对下菰城进行调查，在内城采集到的标本均为商代的印纹陶与夹砂陶、泥质陶片，而基本不见春秋战国时期的标本，因此怀疑此城的时代可能比较早。2011年"瓷之源"课题组借东苕溪流域古窑址调查之机，对城址进行了复查和内城小范围的勘探并取得重要成果。

村民在内城墙东南角挖开一个狭窄的缺口，以作为由城外向城内水田引水灌溉的渠道，断面基本横贯墙底，形成一个理想的地层剖面，以此为基础，略作清理，结合南边的小范围钻探与试掘，城墙和城内地层初步弄清。

内城东南角缺口处城墙主体分成两部分，中心人字形部分以大量直径约10厘米左右的鹅卵石为主体堆筑而成，余坡状人字形，底部较平坦，并有一薄层红烧土块层。石块层上以纯净的黏土堆筑，从城内解剖部分来看，堆筑层自石块层底缘开始，宽超过10米，厚超过2米，硬质黄色黏土层，纯净而有极强的黏性，按土质土色的细微差别共可分成5层，堆积厚度不一，并由东向西倾斜状（图5-5）。土层中夹杂有少量红烧土粒、陶片、原始瓷片及石器，数量不多。陶片主要为印纹硬陶、夹沙红陶和泥质灰陶等，印纹硬陶片纹饰有长方格纹、梯格纹、菱形状云雷纹、席纹和折线纹等。器型主要为罐，一件修复器物为敞口，球腹，凹底，通体拍印菱形状云雷纹。原始瓷主要是豆与罐，豆为敛口状、浅盘、喇叭形高把，足尖无缺口。夹砂红陶有鼎、三足浅盘、袋足鬲等。泥质灰陶有罐和圈足器。石器有小型石锛等。根据陶片与原始瓷的器型、纹饰，可判定其时代为商代。

城墙的外侧未作相关工作，具体情况不明。

在此剖面及试掘点南面约20米处的城墙顶部，有一沿城墙方向因开垦形成的横向断面，在此剖面上城墙修筑痕迹清晰可见：为分段板筑，每段长约2.4米，夯土层厚薄不一，分层清晰可见，这种分层现象在北边城墙上亦存在（图5-6）。在内城西墙中部略偏南有一个村民进出的豁口，底部有大量的鹅卵石，大小与东城部试掘处中心部位的石块层相近，其分布走出村民行走的小径，因此性质应该与石块层相似，是城墙的中心部分。根据三个地点的调查，可以初步判定内城墙的修筑方法基本是一致的：底部是石块层，其上用纯净的黄色黏土分段夯筑。从底部有大量红烧土存在情况分析，在筑城时可能举行过某种仪式。

内城内有丰富的堆积与遗迹存在。在西南部剖面上可以看到大面积的堆积层，中南部低洼地通过钻探也可以确定地层的存

图5-2 下菰城

图5-3 下菰城内城东墙及南部护城河

图5-4 下菰城内城西墙中部城墙

在，中北部采集到同一时期的标本，东南部近城墙断面处小试掘沟内地层不厚，约30厘米左右，但遗迹相当丰富，密布大小不一的灰坑。城内无论是采集还是试掘出土的标本与城墙内出土标本一致，为同一时期的遗物。

无论是内城城墙还是城内地层中出土的陶片，其时代没有晚于商代的标本，因此可以初步判定下菰城开始使用的年代不会晚于商代。

在城外高地上分布着几个包含有先秦时期遗存的遗址：高岭、戈山、东头山、吴十坟墩等，可能与城址有较紧密的联系。从整个区域来看，紧邻下菰城东北面是钱山漾、基山、毘山等大型遗址，东边开阔的河网区是大量的中小型遗址，西南边不远处是青山原始瓷窑址群，而苕溪西岸的低山上分布着大量的土墩墓。下菰城

图5-5　下菰城城墙剖面

图5-6　下菰城内城南段顶部板筑痕迹

几乎处于区域内各种类型遗址的中心位置，不同区域按其地理环境而有不同的功能分区，这种功能分区显然是经过精心规划并严格布局的。

下菰城在许多方面与处于东苕溪中上游的良渚古城具有许多相似性：两城均处于东苕溪畔，紧邻苕溪布局；两城规模均处于同一地区遗址群的顶端，并处于同一地区遗址群的中心位置；周边分布着密集的遗址、墓葬等遗迹，其密度与等级均超过周边地区。良渚古城是公认的整个良渚文明的政治中心，是良渚文明发展的最高成就，而下菰城可能具有相似的政治地位。

3. 土墩墓的出现和墓葬群的形成

"70年代末，在江山峡口肩头弄和王村地山岗等地的清理，拉开了土墩墓探索的序幕。本所（浙江省文物考古研究所）建立后，将土墩墓作为探索浙江商周时期文化面貌的主要突破口，相继开展了较大规模的调查与发掘。"[1] 因此土墩墓考

---

[1] 陈元甫：《二十年来浙江商周时期考古工作的主要收获》，见浙江省文物考古研究所编：《纪念浙江省文物考古研究所建所二十周年论文集》，西泠印社，1999年。

古一直是浙江先秦时期考古的重点课题，也是目前材料最丰富、最新、最卓有成效的考古工作。从历年的发掘情况来看，浙江先秦时期土墩墓基本遍及全省各地，通过长兴便山、石狮[1]、德清独仓山[2]等墓地的发掘，基本建立了从西周期到战国早期的较完整编年序列。

2000 年以来的土墩墓发掘工作仍主要集中在浙江北部的长兴、德清与安吉一带，长兴在配合合溪水库的建设中清理了一批土墩墓[3]，包括抛渎岗、窑岗岭、西山头等地点，时代从西周早期开始，一直延续到春秋战国时期，墓葬类型多样，其时代、类型、出土器物与1982年发掘的长兴便山土墩墓群近似[4]。这一时期较重要的收获为德清小紫山土墩墓群的清理发掘。

德清小紫山土墩墓群位于武康镇三桥村光华小区的北边东西向小紫山上，山势不高，西边 1 号墩所在位置最高，海拔 44.4 米，依次由西向东缓慢下降。

此次发掘共清理先秦时期土墩 14 座共计 50 多座墓葬，除第 13 号墩外，其余土墩均位于小紫山的东西向山脊线上，排列相当密集。出土大量各种类型的原始瓷与印纹硬陶等文物。

马桥时期土墩墓及商代中晚期墓葬的发现，是此次考古发掘的最重大收获。以往的考古发掘资料表明，富有南方特色的土墩墓出现在西周早期，清理过零星的商代末期墓葬，一般仅随葬少量的泥质或夹砂陶，独立的商代土墩则未发现过。此次考古发掘集中清理了一批商代墓葬，其中夏商时期马桥文化墓葬 2 座（图 5-7），商代中晚期墓葬 9 座，并明确商代土墩的存在（图 5-8）。马桥文化时期两座墓葬均在基岩上开凿而成，长方形竖穴岩坑，规模较小，型制规整，随葬少量陶器，胎质较硬，介于

图 5-7　德清小紫山马桥文化时期墓葬

图 5-8　德清小紫山商代晚期土墩

1　浙江省文物考古研究所：《浙江长兴县便山土墩墓发掘报告》，见浙江省文物考古研究所编：《浙江省文物考古研究所学刊（1980—1990）》，科学出版社，1993 年。
2　浙江省文物考古研究所等：《独仓山与南王山》，科学出版社，2007 年。
3　孟国平：《长兴县西山头商周汉六朝时期土墩遗址》，《中国考古学年鉴 2008 年》，文物出版社，2009 年。
4　浙江省文物考古研究所：《浙江长兴县便山土墩墓发掘报告》，见浙江省文物考古研究所编：《浙江省文物考古研究所学刊（1993 年）》，科学出版社，1993 年。

硬陶与软陶之间，处于硬陶的起源阶段，具有相当的原始性（图5-9）。9座商代中晚期墓葬有两种型制，一种是传统的土墩墓，不挖坑，平地掩埋；另外一种沿袭商代早期的型制，在基岩上开凿长方形竖穴墓坑。随葬品也有两种类型：一种仅随葬原始瓷（图5-10），一种仅随葬印纹硬陶（图5-11）。分别与湖州青山商代窑址群与德清龙山商代窑址群的产品相当。这是首次在商代土墩墓中正式发掘出土原始瓷器。小紫山商代土墩墓为目前南方正式发掘的最早土墩墓，处于土墩墓的早期阶段，为探索土墩墓的起源提供了重要资料。德清与湖州所在的东苕溪流域，是中国原始瓷窑址的唯一分布区，其产品可分成德清龙山类型与湖州青山类型两种，而此次发掘不仅两种类型产品均有出土，且与窑址相应独立存在，这对于探索商代原始瓷窑址产品流向、原始瓷的使用均具有十分重要的价值。

小紫山土墩墓群墓葬结构相当丰富，有土墩墓、石室土墩墓、石床型土墩墓、土坑墓、岩坑墓等。墓葬型制可分成两种：平地掩埋型与土坑型。不挖坑而平地掩埋的墓葬形式被认为是江南先秦时期土墩墓的最主要特征之一，此次发掘不仅发现了商代土墩墓中挖坑埋葬的岩（土）坑墓形式，而且此种葬式完全与土墩墓相始终：西周、春秋、战国各个时期的土墩墓除在土墩外围有器物平地掩埋外，还在土墩的中部普遍发现有长方形的基岩坑（图5-12），如此普遍地挖坑埋葬的情况，在两周时期的江南土墩墓考古发掘中尚属首次。部分西周土坑墓发现于堆筑的商代熟土墩上，亦为其他地区所少见（图5-13）。这对于更全面的认识土墩墓的墓葬型制，具有重要价值。因此商周时期土坑型土墩

图5-9　德清小紫山马桥文化时期墓葬出土器物

图5-10　德清小紫山商代中晚期墓葬出土原始瓷

图5-11　德清小紫山商代中期墓葬出土印纹硬陶

墓的普遍发现是此次考古发掘的第二大收获。

小紫山土墩墓群不仅出现时期早，而且延续时间相当长。从夏商时期开始、历商代中晚期、西周早期、西周中期、西周晚期、春秋早期、春秋中期、春秋晚期、战国时期的各个时期，序列相当完整，部分土墩规模庞大，埋葬有各个时期的墓葬，延续时间相当长。如D4共埋葬12座墓，其中商代墓葬5座，3座为平地掩埋，2座为岩坑墓，西周墓葬4座、春秋墓葬2座、战国墓葬1座，基本上纵跨整个商周时期，为探索土墩墓演变提供了宝贵材料。

图5-12　德清小紫山春秋时期岩坑墓

小紫山土墩墓群规模大小不一，少量墓葬规模庞大，构筑考究，建筑费时费工，多数墓葬规模小，结构简单，显示社会分化到了较高的程度。大型土墩如D1为石室土墩，长

图5-13　德清小紫山西周时期大型土坑墓

近16米，高2米多，均用大块石块砌筑而成，部分条石重量超过1吨，高耸于小紫山之巅，颇为壮观。D13M1为长方形岩坑墓，墓室长5米，墓道长6米，在深近2米的基岩坑内再用石块构筑石室，巨石盖顶与封门，墓道填白膏泥结构。

随葬器物以富有江南商周特色的原始瓷与印纹硬陶占绝大多数，每个土墩均有原始瓷器出土。原始瓷主要以豆为主，包括罐、樽、盂、碟、碗等，许多器物器型大、质量高，胎质细腻坚致，青釉极佳，施釉均匀，胎釉结合好，玻璃质感强。印纹硬陶以罐、坛类大型器物为主，纹饰繁缛，装饰复杂，通体拍印云雷纹、回字纹、曲折纹、方格纹等。

小紫山土墩墓群出现时期早、年代跨度大、墓葬结构复杂、随葬文物丰富多样，特别是商代墓葬、商代原始瓷随葬品、商周诸时期土坑（岩坑）墓葬的发现，对于探索商周时期江南土墩的起源、墓葬制度的发展、原始瓷与印纹硬陶的制作工艺等方面，具有重要意义。

苕溪中下游地区处于东部一马平川的环太湖河网平原与西部高峻的莫干山脉的过渡地带，其流经的区域既有连绵起伏的低缓山丘，也有较开阔的水田与纵横的河流，是古代人类理想的栖息之地。从历年调查材料来看，这一带是先秦时期土墩墓的最重要分布区：其数量庞大、分布密集，其中仅在长兴县一地目前即已发现329个地点共计2840多座土墩[1]，在苕溪两岸的许多低缓山头上，均可见隆起的土墩墓封土；出现时代早、序列完整、种类齐全，最早从夏商之际的马桥文化时期，历商代晚期、西周、春秋、战国各个时期，包括平地掩埋型、土坑型、石床型、石圹型、石室型等所有类型的土墩墓。从目前的材料来看，这一带应该是江南土墩墓的起源地，也是中心分布区。

4. 原始瓷窑址群的形成

浙江是先秦时期原始瓷的使用中心，同时也是烧造中心，在以德清为中心的东苕溪流域和以萧小为中心的浦阳江流域形成庞大的窑址群。

除原始瓷以外，印纹硬陶的生产与使用也是本地区最具特色的文化因素。其出现的时间可能较原始瓷还要早，在毘山遗址第三阶段（夏末—商中期）大量的窑址废弃物堆积，主要是大量的窑渣块，少量的硬陶片，器型基本为高领罐与鸭形壶两大类，但未见窑炉等遗迹现象。从窑址位于遗址区的情况来看，这一时期印纹硬陶的生产尚处于较低的发展层次。

纵观印纹硬陶的整个使用过程，西周早中期是其发展的最高峰：产品种类最丰富、大量礼器的使用，器型巨大、制作规整，纹饰复杂多样、包括各种精美的云雷纹等。通过多年的野外努力，在长兴牌坊沟发现了这一时期的窑址，这也是浙江先秦时期考古的另外一大突破[2]。牌坊沟窑址位于林城镇石英村牌坊沟自然村，龙山东北坡，地面有明显的隆起，从雨水冲刷出的水沟剖面来看，隆起部分为大量的陶片与红烧土块等窑址废品堆积，在堆积的上方，陶片明显较少但红烧土块更加密集，推测为窑炉所在。从陶片的散落及隆起的分布来看，窑址面积当在2500平方米以上。从试掘情况来看，本窑址文化层丰厚，最厚处超过1米，地层叠压清晰，至少可分成四个大的文化层。各个文化层印纹陶胎基本一致，紫红色与深灰色为主，部分胎心呈紫红色，内外表呈青灰色，偶见少量生烧呈土黄色的陶片。器型、纹饰三层差别较大，第四文化层也即最底下一层器型主要是坛与罐两类器物。坛多为直口或侈口高领，平底但底腹间转角呈圆角状，罐器型较小，大平底外凸，部分呈极矮的圈足状，印纹单一，以回字纹占绝大多数，少量曲折纹，回字纹细密、浅平，回字的内外框基本平齐，部分呈菱形状，拍印较杂乱，曲折纹亦细、浅，排列杂乱。第三文化层器多呈红褐色，陶片不多，说明这一时期产量仍旧不高，产品单一，仍旧以坛与罐两类器物为主。口沿外侈，底与第一期相似，包括平底圆角与大平底外凸两种，已不见浅圈足器物，纹饰仍旧以回字纹为主，少量曲折纹，但发生明显变化：回字纹不见棱形状，均为方正的回字形，内框外凸，外框弱化而明显低于内框，纹饰较粗大，排列整齐；曲折纹亦变得粗大整齐。第二文化层为红褐色土，夹杂有大量的陶片与红烧土块，几乎接近于纯陶片堆积，说明产量在这一时期有巨大的提高；器型纹饰丰富多样，达到了印纹硬陶的鼎盛时期。器型以坛、罐、瓿类器物为主，包括少量的樽、瓮、罍等，纹饰粗大清晰，排列整齐，主要有回字纹、云雷纹、叶脉纹、重菱形纹、曲折纹，

---

[1] 李刚：《长兴县土墩墓调查报告》，见林华东、季承人主编：《中国柯桥越国文化高峰论坛文集》，浙江人民出版社，2011年。

[2] 郑建明等：《浙江长兴发现龙山西周早期印纹陶礼器窑址》，《中国文物报》，2010年12月17日第4版。

流行回字纹上间以一道或几道粗大的云雷纹或重菱形纹等纹饰。多数器物体形巨大、造型矩整、纹饰繁缛，代表了印纹硬陶制作的最高水平。在这一文化层中还发现了少量的原始瓷残片，器型主要为豆，灰白色胎质细腻坚致，通体施釉，青釉施釉均匀，胎釉结合好，玻璃质感强，是西周早期为数不多的几处烧造原始瓷的窑址之一。第一文化层器类又回归单一，以小型罐为主，纹饰基本为回字纹，回字内外框平齐，线条较细而浅，但单个纹饰较第四文化层为粗大，排列更加整齐规则，常见在肩饰一条菱形纹带。

结合江南地区土墩墓的分期及本窑址的地层叠压关系，牌坊沟窑址的时代为商代晚期至西周中晚期，其中西周早中期为鼎盛时期。它代表了印纹陶制作的最高水平，也是越地印纹硬陶文化的集中代表。江南地区包括浙江、江苏、安徽等地土墩墓出土的器物，无论是器型还是纹饰均与本窑址产品十分接近或完全一致，许多器物可以确定是本窑址的产品；西周印纹陶的编年，更多是依据土墩墓中出土器物的类型学排比，而缺少地层学上的依据，本窑址的地层堆积一方面验证了原先的分期，另一方面做了进一步细化，在商周之际建立了过渡期别，使其文化序列更加完善。

综合近几年来遗址、城址、土墩墓、窑址等的考古新进展，这一地区的考古面貌已较为清晰，结合环太湖地区的考古基本情况，可以初步确定这一带是良渚文化之后，越国形成之前，包括钱山漾文化时期、马桥文化（或高祭台文化）时期、西周时期诸文化的中心分布区。其政治中心很可能在下菰城一带，其邻近及东部的河网平原是生活与生产区域，西南青山一带的低山缓坡上是最具本地特色、具有显赫物品特征的原始瓷生产区，而苕溪两岸的低缓山坡是其墓葬区。苕溪作为沟通南北的大动脉，孕育了从史前到这一时期的灿烂文明。这一阶段文化地位的确立，对于探索本区域内良渚文化的去向、越国的形成具有重要的学术价值，是构建浙江先秦时期历史的重要一环，具有承上启下的重大意义。

夏商时期的原始瓷生产是社会再复杂化产物。

东苕流域商代窑址群主要分成两种类型，即以南山窑址为代表，以生产原始瓷为主的青山窑址群和以水洞坞为代表，以生产印纹硬陶为主的龙山窑址群。其中青山窑址群离下菰城仅数公里，周边有下沈等一批重大遗址分布，其产品普遍见于下菰城址及周边的遗址中，但数量均不多。青山窑址群应该是围绕着以下菰城为政治中心而布局的一个重要手工业区。

青山窑址群的时代从商代早期开始，延续至商代晚期，而以水洞坞为代表的龙山商代窑址其时代可能为商代中晚期，晚于青山窑址群。在昆山遗址中发现有较多的窑业废品堆积，包括窑渣及黏结有烧结块的产品废片，基本为印纹硬陶而不见原始瓷[1]，也就是说在商代以前的印纹硬陶的生产，仍限于居住区内，而独立生产区域的形成，则要晚至商代中晚期。德清尼姑山类型商代窑址的情况亦大致如此。

本地区的文化经历了良渚文化的高度发达及钱山漾文化的低谷，原始瓷烧造成了商代中期以前独立于居址之外的唯一一种手工业门类，其重要意义可见一斑。

因此，夏商时期原始瓷烧造，是伴随着环太湖地区社会再次复杂化的进程开始作为显赫物品而出现。

---

[1] 浙江省文物考古研究所等：《昆山》，文物出版社，2006年。

第六章
两周原始瓷发展的政治文化背景

两周原始瓷的发展轨迹，与当时整个社会政治文化的发展息息相关，更与以越文化为中心的东南地区逐步融合到中原文化紧密相关。

追溯到新石器时代，中原仰韶文化的信仰就出现了关于死者灵魂的观念，如随葬魂瓶有一小孔为灵魂出入之用，这种视死如生的观念，使仰韶文化墓葬中以日常生活用品殉葬为多。中国文化的祖先崇拜出现以中原文化因素为早，"相对于红山与良渚两个玉文化礼仪中心显示的神祇信仰，则祖先崇拜的特色毋宁是人鬼信仰。"[1]

商代国家是由众多自治族群组成的集合体，除军事实力外再没有其他资源可用来支持商王的权威，商王以军事的强力沿着宗教方向构建起国家。将各自治族群统一在共同的祖先之下，从血统、信仰上找到大一统民族的归属感，是解决政权权威性的重要方式。全国原本独立的地方群体将商的祖先统治者虚拟地接受为祖先，于是各地方族群皆是商王的儿子，被称为"子"[2]。

通过夏商时代中原对祖先队伍的长期整合，华夏民族已经有了共通的祖先群体，随着文化影响地域的进展，这个群体到周代有了更大的扩充，以认可共同祖先为民族定位的政治扩张方式一直延续，到秦汉时期才基本定型。

殷商的知识分子有博闻广见的知识，在周初创之时多担任礼仪工作，"殷士肤敏，祼将于京"，他们可能也负责书写及保管档案、作册、史官等。对知识的话语权使这个集团，从政治权力中切割出一个知识与意识形态的领域，存在于政治权力与民间力量之间，这就是"儒"的祖先。殷的信仰习俗就是由他们传承至周王朝，周初重申祭祀权的统一时，不仅使用商的文字记载占卜，甚至还奉祀商人的祖神，这些行为使政权得到了殷商遗民的合作。

第一节 西周的政治架构

虽然周初多承殷制，但两支文化在发展过程中，还是有着相当大的政治、习俗的变更，如在洛阳地区，西周早期陶器墓不见陶觚、爵；而殷墟文化第四期的陶器墓中，陶觚、爵极为常

---

[1] 许倬云：《献曝集——许倬云自选集》，上海人民出版社，2013年。
[2] 胡厚宣：《殷代封建制度考》，《甲骨学商史论丛：初集》，成都齐鲁大学国学研究所，1944年。

见。就是两者共有的陶器，如鬲、大口簋（盂）、罍、瓿、罐、壶等，在形制上也有些不同[1]。

礼器承载着时代政治、文化背景，礼器的组合方式与使用规范，更清晰记录出社会管理架构分层。

周代开始青铜酒器明显失去了礼器的主流地位，替代它们的是成套的乐器组合和食器组合。西周早期仍沿用商代礼乐器编铙，但数量锐减，"穆王末叶，周人以四件编列代替周初的三件编列，成为西周前期晚段的编列常制"[2]，同样也是在穆王时代，食器组合的数量、规格进一步规范，这与周初建立的"德礼"政治体系有相当的关系。

一、西周德礼秩序的迁贸

1."德礼"制度是中原青铜文化的精髓

商代"神授王权"[3]的天命观使西周政权的合法性受到挑战，因此如何在伦理上解决"小邦周"取代"大邦殷"成了西周初期的重要命题。"商人心目中的上帝有着广泛的自然权能，更有着其他诸类自然神与祖先神灵所没有的对人间强大的破坏力。""上帝对于商人来说，既非严格意义上的至上神，亦非保护神。"[4]

武王时期郊祭的对象"上帝"的内涵发生演变，周人的上帝是至上神，有明辨是非、惩恶扬善的特性。周的先王不是神或上帝，"文王陟降，在帝左右"[5]，"文王监在上"只是在天庭"帝"之左右，是以"灵魂"上下以通两界。周王是膺受天命但不具神性。[6]

周公在重新诠释了商代对"天"的信仰中，用"皇天无亲，惟德是辅"[7]的论点，对三代以来的"天命靡常"[8]重新梳理，创造性地提出"迪畏天显小民，经德秉哲"[9]的天命理论，将失国归咎于德行败坏，于完成了商周政治正当性的演进。政权承受天命即须负起道德责任，而上天以道德的要求裁决统治权，这就摆脱了宗神与族神的局限性，确定了向理性的政体发展的道路。以"德"为新秩序的起点，周人在制度、文化上开始了全面的变革，依据不同的政治需求重新诠释中原早期王朝的历史遗产，这种灵活性使周人能在三代历史的框架之下，建立一个相对持久的政治秩序与文明观[10]。整合后的历史因素，构建成一个相对完善的德礼传承体系，以政治权力抟铸成为一个多民族的文化共同体，成为"华夏"世界的本质。

---

1 邹衡：《夏商周考古学论文集》，科学出版社，2001年。
2 王友华：《先秦编钟研究》，广西师范大学出版社，2013年。
3 陈来：《古代宗教与伦理》，生活·读书·新知三联书店，2009年。
4 朱凤瀚：《商周时期的天神崇拜》，《中国社会科学》，1993年第4期。
5 周振甫译注：《大雅·文王》，《诗经译注》，中华书局，2016年。
6 许倬云：《献曝集——许倬云自选集》，上海人民出版社，2013年。
7 杨伯峻：《春秋左传注》僖公五年宫之奇引《周书》，中华书局，1981年。
8 周振甫译注：《诗经译注》，《大雅·文王》，中华书局，2016年。
9 [清]孙星衍：《酒诰》，《尚书今古文注疏》，中华书局，2016年。
10 李旻：《重返夏墟：社会记忆与经典的发生》，《考古学报》，2017年第3期。

"礼有五经，莫重于祭"[1]，祭祀的重要性在于这维持和展示祭祀者在宗族群体中的地位，这些是各级封君、贵族等统治合法性的最重要来源。统治层拥有祭祀权并掌控青铜礼器，象征着与神灵沟通执行权的专属。

商代铜器铭文仅仅简单地表明对祖先亡灵的供奉，到了西周，铭文的宗教意义减弱，转而成为与家族祖先沟通和记录活着的成员所取得的荣耀和成就的方式，用来彰显权力和地位。[2] 将礼寓于祭祀之中，"等差""次序"以至制度的含义也开始显露[3]。祭礼是在宗教活动中对宗教成员的束缚，掌握祭祀权也同时掌握了国家的政治权力，宗教成员也就是社会管理中必不可少的官员，按照在祭礼中的秩序实行对政治的统治管理，礼制实际上就成为社会等级秩序的规范。

周以"黍稷非馨，明德惟馨"[4]的主旨思想推行"馨香"祀，神在此时已完全人格化，对神亦用人间喜好品供奉。以礼仪象征等级秩序，雅乐象征民声之"和"[5]，馨香象征天命之"德"，祭祀活动造就一个天神歆其祀、喜其乐，偃蹇在上，等级分明的图画，简约地定格了西周政体的秩序。古人相信象征的符号与被象征的事实间存在着感应，这种符号能起到调整秩序的作用[6]。于是仪式的过程、摆放的青铜礼器、乐器、贡品等都成为符号，以礼器的象征性规范出周代的政治秩序。青铜礼器被赋予了华夏文明的内涵，用张扬的霸气扩展着德礼文化的背景，在军事强力的支撑下迅速完成对周边文化的扩张，同时也以理性化的平和、自信扬弃各先进文化因素。

周昭王"南征不复"近半的国家军队毙于汉水，国力大损，西方外族也开始伺机动作。穆王时期遭到了克商一百年来第一次外族入侵，从淮河地区一直深入西周腹地，自此西周从进攻变成防御，同时国内混乱和冲突开始频现[7]。穆王面临着国家主要财政收入来源的转变，早期从战争中获得主要资源，要逐渐转向从社会内部管理中建立政权的经济基础。对本国土地建立相对完善的管理规范，对内的政治整饬超过军事扩张成为政权头等事项。

西周中期的体制改期涉面很广，从现在资料来看文献的编撰、服色度数的统一都在其中，如"合群国，比校民之有道者，设象以为民纪，式美以相应，比缀以书，原本穷末"[8]，穆王时期是诗乐创制的高峰，《周颂》《大雅》中不少诗篇都产生于这一时期，这为辟雍的"学乐诵《诗》"提供了基本的条件。《雅》诗在其第一次集结时尚不分大小，它们以"文王之德"为核心，重构了周族的历史和谱系，完善了祭祀礼制和诗乐的教化功能。另外"从钟鼎铭文中追溯职官和服饰的关系，穆王以后才渐渐发展。臧哀伯所说的服色度数，可能反映了西周晚期和春秋时期的状况"[9]。这些方面都是政治思想、民俗文化统一中必不可少的部分，

---

1 [清]朱彬：《祭统》，《礼记训纂》，中华书局，2017年。
2 [英]迈克尔·苏立文著，徐坚译：《中国艺术史》，上海人民出版社，2014年。
3 张焕君：《制礼作乐》，中国社会科学出版社，2010年。
4 [清]孙星衍：《君陈》，《尚书今古文注疏》，中华书局，2016年。
5 《礼记·乐记》云："礼以道其志，乐以和其声。""礼节民心，乐和民声。"[清]朱彬：《乐记》，《礼记训纂》，中华书局，2017年。
6 葛兆光：《中国思想史》，复旦大学出版社，2001年。
7 李峰著，徐峰译，汤惠生校：《西周的灭亡》，上海古籍出版社，2011年。
8 [战国]管作著，[唐]房玄龄注：《小匡》，《管子》，上海古籍出版社，1989年。
9 过常宝：《制礼作乐与西周文献的生成》，中国社会科学出版社，2015年。

可见当时改革的力度之大。

2. 贵族地位的动摇引起礼制

可以说到了西周中期，"德礼"秩序的社会规范性才达到完善。青铜礼器严格的等级规范性，在穆王后期可以看出明显的秩序性，从此这种相对严格的等级秩序保持了百余年的规整。

西周官员没有固定俸禄，依靠从周王处领受到的地产来维持生计。周王不断用"恩惠换忠诚"，以赏赐这种"自杀式"管理办法，逐渐削弱国家的经济基础，分封殆尽后，王室持续贫困化[1]。在周穆王（前956—前918）之后百年间，中央对东部地区的控制日益减弱。地方封国高度的自治权开始导致它们走向独立，前842年的反叛是贵族力量战胜王权的表现。[2]

地方诸侯也面临同样困境，族群日渐疏远，封地不敷分配，贵族遂走向贫穷，有些几乎不能维持礼制必要的服饰车马。"终窭且贫，莫知我艰"[3]的经济窘迫在贵族阶层普遍存在。以至出让土地、礼乐器物，以换取生存质量的提升，从此西周的等级秩序开始动摇。如岐山出土西周裘卫诸器有铭文，提到从事皮革业的小户，多次借贷给地位甚高的大贵族矩伯，换来山林薮泽的权利，也换来裘卫家族社会地位的提升。[4]

礼乐器使用群体也逐渐扩大，需求促进了高等级等手工产品的商品化，交换使早期商业财富出现，最后富有者可以与高级贵族通婚，贵族的特权地位无法稳固。礼乐规范开始与家族身份、社会资源脱钩，这就必然导致西周"德礼"制度的崩坏。

"德礼"规范中的高层群体，享有相应的社会资源，特权阶层不再具有对政治的控制力，只能兴叹人心不古，"式微何由往"。在中原青铜礼器地位开始衰落时，南方部分族群开始逐渐接触到德礼规范的文化习俗。

二、中原文化对南方族群的陶染

1. 信仰整合使华夏民族不断扩大

西周通过祭祀对象的改革，将家、国观念进一步分离，同时也吸收进南方的神祇信仰并加以强化，使新加入华夏的南方地方小族群，在新进入的华夏民族中更容易找到认同感。神祇队伍随着军事扩张的途径渐次充实，信仰和思想的统一，一直是两周抟铸华夏民族的重要手段。

统治层走向理性化，一改商代以对祖先为绝对主流祭祀对象的传统，周代将早期中原地区的祖先崇拜与南方地区的神祇信仰相结合，开创了庙祭与社祭相结合的信仰模式。如"天降丧乱，饥馑荐臻，靡神不举，靡爱斯牲，圭璧既卒，宁

---

[1] 李峰著，徐峰译，汤惠生校：《西周的灭亡》，上海古籍出版社，2011年。

[2] 李峰著，徐峰译，汤惠生校：《西周的灭亡》，上海古籍出版社，2011年。

[3] 周振甫注：《诗经译注》，《邶风·北门》，中华书局，2016年。

[4] 岐山县文化馆：《陕西省岐山县董家村西周铜器窖穴发掘简报》，《文物》，1976年第5期；唐兰：《陕西省岐山县董家村新出西周重要铜器铭辞的释文和注释》，《文物》，1976年第5期。

莫我听"[1]，这是天灾时以玉祭神；"自郊徂宫，上下奠瘗，祭神在郊，祭祖在宫中"[2]。周代为社神附加了许多在商代都是归属于祖先神的社会属性，建立了"左祖右社"的祭祀格局，社神变成了具有多种功能的国家或地区的保护神，"社稷"一词从此成为国家政权的代名词[3]。

社神地位的提升，标志着王朝的政权与神权的进一步分离，现世王以政权管理为主，而神权的祭祀等职能开始由专职人员完成，从此两类信仰观念虽并行不悖，未尝间断。儒家又以人事的功劳，解释神祇的地位，则是将传说与信仰转化为理性的人文精神。

经过祭祀内容的整合，国家的整体意识上升到了前所未有的高度，这就是周代结合了早期中原政治智慧，结晶而出的"德礼"政治体系，这种思维模式是之后华夏政治趋向理性、包容的前提因素。南方各族群就是在这种政治思维下，被认可逐渐走入华夏民族之中。

从武王到昭王的近百年中一直在向周边军事扩张，南方地区已控制淮河区域，虽与吴、越等民族的交流并不频繁，但通过"文化走廊"内各族群的互迪，礼乐文化影响力已向长江三角洲地区辐射。

西周早期中原广泛存在着南方原始瓷器，不论数量、质量都较早期有大幅度提高，基本出现在中原高等级随葬品中，说明主要是以礼制性政治交往中输入到中原。这些原始瓷的产地集中在越地的德清窑址群中，说明这一时期越地与中原的交流已相当频繁。

西周早期南方尚未进入军事扩张视线，越民族的自我发展阻力较小，德清窑址群产品中，礼器类占相当比例，豆的品种数量仍占绝对多数。同时与中原器型相类的酒器"尊"产量明显增加，这应该与北方文化对越地的影响力增加有关。这类尊适合于少量液体的盛放，是越民族主要的酒器，和商代除豆外极少有别的原始瓷礼器出现的情况变化较大。西周日常用原始瓷器也开始生产，酒器罐、尊的产量仅次于豆，酒器的需求大增说明经济发展较早期明显进步，礼仪性活动大增。

2. 南方各政治体的壮大

周穆王以后中原忙于自身秩序的规范，没有再向南扩张，同时中原视汉水为畏途。在自汉水至长江中游一线，西周文化深入两湖甚至远达两广，终于与当地土著文化合流，滥觞为春秋时代独具一格的楚文化。但长江下游的土著文化，有熟湖文化与马桥文化两系，始终不失为当地的优势力量，西周文化只是点状的文化孤岛。[4]

从西周晚期至春秋时代，长江下游青铜器呈现的地方色彩，反映了中原文化的地方化，也是江南地区土著文化自身成长壮大的表现。楚、吴、越成为春秋时代南方强势的政治势力，吴、越的青铜制作已相当成熟，越剑更是当时之巅。

说明政权已放弃对南方的控制，西周中后期的原始瓷产品基本不再出现于中

---

[1] 周振甫译注：《大雅·云汉》，《诗经译注》，中华书局，2016年。
[2] ［唐］孔颖达撰：《毛诗正义》，人民文学出版社，2012年。
[3] 宋镇豪主编，王震中著：《商代都邑》，中国社会科学出版社，2010年。
[4] 许倬云：《西周史》，生活·读书·新知三联书店，1994年。

原,而越地也正是这一时期原始瓷产量明显萎缩,南北方的交流不再畅通,缺少了北方的需求应该是瓷器产量减少的重要原因。

陶瓷产业的大发展,早先可以说明越民族这一时期开始壮大,政治经济能力有了明显的提升,南北方之间的"文化走廊"这一时期的青铜文化因素也减弱,以越文化与当地文化相结合的器类为主。在西周"德礼"文化中,青铜礼器一直为政权所掌握,"颛顼受之,及命南正重司天以属神,命火正黎司地以属民,使复旧常,无相浸渎,是谓重、黎绝地天通"[1],陶瓷器才是绝大部分人日常使用的盛贮器。南方地区以原始瓷为高等级礼器,硬陶多是民间大量使用的贮存器,南方各族群自身文化特色不再受到中原打扰,恢复到以受越文化影响为主的状态。

西周晚期到春秋早期是原始瓷窑址群再次快速发展的阶段,产品由高端礼器类开始向贵族礼器与日常用品并重过渡。创烧原始瓷鼎、簋、卣、盉等大型礼器,器物类型与中原地区及早期越地传统皆有明显不同,应该是吸收了大量周边南方文化因素,融合、改进成为越族自身礼制。并且随着时间推移,原始瓷的产量增多,印纹硬陶缩减,这与春秋时代中原政治格局的变化也有一定关系。

第二节 东周的政权下移

周室自平王之末(前770—前720在位)已趋微弱,"秦、晋、齐、楚代兴"[2],遂酿成春秋之局势。封建制度既就崩溃,贵族之社会组织与生活亦同时发生变化。士族与庶人间之界限逐渐消失,如晋国"栾、郤、胥、原、狐、续、庆、伯,降在皂隶"[3]。

"礼乐"使用权限伴随着国家政治权力同时下移,此时皇权已无力支撑,皇族公子集团的人数由约前692年的53%骤跌至约前512年的10%以下,同时卿大夫集团百分比上升到70%或更高,政治活动的重心由公室转入大夫集团。公子集团由枢纽位置衰落,让位给势力逐渐膨胀的大夫集团,更集中于少数大家族手中,到春秋末世公子集团逐渐由政治舞台上消失[4]。贵族原有从政、掌学之类的特权亦普及于平民。

孔子正是在这种政治背景下,以诗书六艺授人,首开学术普及之风。

一、儒学兴起

政治舞台上此起彼落的掌权者,击碎西周等级秩序的边界,但尚没有力量建立新的政治权威。这时的孔子以政治、伦理、宗教三合一为其学说的内在核心,将"天命""天道"设定为群体生存延续的方式,强调以"得民心"的政治目的来培养历史责任的承担者。孔子"仁学"将"参天地,赞化育"融合"道在伦常日

---

1 徐元浩:《楚语下》,《国语集解》,中华书局,2002年。
2 [汉]司马迁:《周本纪》,《史记》,中华书局,1959年。
3 杨伯峻:《春秋左传注》,昭公三年,中华书局,1981年。
4 许倬云:《献曝集——许倬云自选集》,上海人民出版社,2013年。

用之中",包容、吸收、同化了其他的意识形态和思想学说。由神的准绳命令变而为人的内在欲求和自觉意识,由服从于神变而为服从于人[1]。早期孔子的学生称为"儒",不久这个名称扩散为一种学说思想体系。

春秋之后,"德""礼"的定义,逐渐转向等级制度下的不同群体,包括了一切关于政治、法律、社会、经济等成文或不成文的典章制度,从内在德行到外在规范,从天命到人事,从人生礼仪到国家典制,德、乐、刑、政、法、情等概念都囊括其中[2]。然后逐渐强调其内在的精神指向,渗透在孝、柔、亲、敬等品行之中,最后从精神层面被具体化,能直观的到达人心指定处,成为对内心和行为的要求。

孔子欲以其所学来复兴旧秩序,然公族世卿不用其言,遂传术于平民,使学成者出仕公卿。故其学术主要内容为政理与治术[3]。"士"在政治舞台上越来越引人注目,其结果便是加速提升平民上跻于贵族,孔子的本意是维持等级制度,但他的教育行为却在实践中加速了礼乐秩序的崩坏。春秋之末卿大夫集团进入低潮,人才更多的"士"集团崛起。

春秋时"士"为家臣为武士,战国时多有国君图强,每重才士,"士"的阶层中产生了不少大臣、将领,整个战国时代几乎未见有春秋时代的那种巨室。

学术思想为周人所创,"至战国而著述之事专"[4],个人著述、教学成为"士"集团思想表达、传播的主要方式,随着受众的增加,各家思想在后世学生的组织下自成体系,"百家争鸣"便不可避免地成为地方诸侯尝试发展、壮大的理论指导。其中儒家适应之力最强,"持险应变曲当,与时迁徙,与世偃仰,千举万变,其道一也",故其实力雄厚,成为华夏文明中流转千年,至今不衰的政治理论体系。

二、礼器泛滥与商业发展

1. 礼器使用人群下移

以德传承的道统,强调的是天命和道德的双重合法性,德性为最重要的依据,个体对德性的欲求使德礼的象征物逐渐脱离了礼器范畴,渐次扩展出新的领域。

"儒"自孔子始大,春秋时代的儒学已成为独立于统治层与民间层之间的一个存在,占有相当的话语权。自孔子以"君子比德于玉"[5]始,以美玉成为温润泽仁的道德风范,一改早期祭祀时以玉传达敬神之意,将玉直接抽象为个人品德的象征物。从此更多美好的事物相继成为德性的体现,到《楚辞》时代,饮坠露、餐落英、佩秋兰、着华服、居荷屋、乘桂舟等,都成为德在君身的体现。

《老子》:"天地不仁,以万物为刍狗;圣人不仁,以百姓为刍狗。"魏源本义:"结刍为狗,用之祭祀,既毕事则弃而践之。"《庄子·天运》:"夫刍狗之未陈也,

---

1 李泽厚:《由巫到礼 释礼归仁》,生活.读书.新知三联书店,2015年。
2 刘家和:《先秦儒家仁礼学说新探》,《古代中国与世界——一个古史研究者的思考》,武汉出版社,1995年。
3 萧公权:《中国政治思想史》上册,商务印书馆,2013年。
4 [清]章学诚:《文史通义·诗教上》
5 [宋]卫湜:《礼记集说》,国家图书馆出版社,2003年。

盛以箧衍，巾以文绣，尸祝斋戒以将之。及其已陈也，行者践其首脊，苏者取而爨之而已。"这说明战国时期祭祀已用草扎动物不再真实宰杀。礼制在祭祀中完全形式化，香草、美玉等使用的群体逐渐扩大，除香草时刻不离君身，连玻璃替代美玉制成的装饰物也成为品德的象征符号。这些象征符号开始取代德本身。

西周由礼乐秩序维系、支撑着社会秩序和知识体系，此时也随着象征符号的泛滥陷入混乱。孔子将古代有德者的一切正当行为汇集成为"礼"，想通过每个个体内心克己复礼的要求，使社会回归到有序的政治统治之中。之后"礼"又进一步分化出乐、诚、信、忠、义、敬等诸多概念，构筑成了传统中国特有的伦理体系，至今的华夏文化中还能看到，铺设在礼仪之下西周耀眼的道德底色。

思想文化观念的下移使礼器的使用随之变迁，青铜礼器器形纹饰趋向多装饰性与趣味性，由神圣走向通俗。春秋到战国是一个礼制与各种文化思潮并存的时代，早期礼器仍起着一定的规范作用，如鼎、豆等礼器组合与日用器地随葬品中同时出现。

2. 商业全面发展

都市化与商业化孕育了前所未见的新兴富人群体，他们以财富取得了社会地位，在旧有的礼乐文化基础上发展出更亲民的百家学术思想。东周是政治制度与社会结构都大为变动的时期，列国有相当发达的经济网加强共存关系。

春秋之世经过长期列国征战、盟会，交通道路繁忙，区间贸易日增，"今夫商，群萃而州处，察其四时而监其乡之资，以知其市之贾，负任担荷，服牛辂马，以周四出，以其所有，易其所无，市贱鬻贵。"[1]。《论语·先进》："回也其庶乎，屡空。赐不受命，而货殖焉。"《货殖列传》："（子贡）结驷连骑，束帛之币，以聘享诸侯。所至，国君无不分庭与之抗礼。夫使孔子名布扬于天下者，子贡先后之也。"可以看出春秋末期时，商人的地位并不低，这股经济抛力彻底打破了德礼制度中的身份地位标准。

战国之世工商成为自负盈亏的事业。如孟子须"纷纷然与百工交易"[2]。国家"岁有凶穰，故谷有贵贱，令有缓急，故物有轻重，然而人君不能治，故使蓄贾游市，乘民之不给，百倍其本"[3]。战国阶级间自由的流动性，旧有社会分化层的消失和新分化层的形成。社会对商业的倚重促进了商人地位的提升，最终导致如吕不韦之类的富商大贾用经济手段直接介入政治管理。

从西周到战国，"德礼"的内化后，社会分层被重新定位，中原青铜礼乐器也逐渐失去了存在的舞台。商业加速了交通网络的发展，南方地区也一起进入商品交换之中，春秋战国时代的南方也开始逐渐接受中原思想、文化。

---

[1] 徐元浩著：《齐语》，《国语集解》，中华书局，2002年。
[2] 《孟子·滕文公》（十三经注疏本），卷五下；《公孙丑》卷四下。
[3] 《管子·国蓄篇》，四部备要本，卷二二，中华书局，2009。

第三节　南方对礼乐制度的接受

到战国时的华夏诸国虽然战争频仍，但各国皆以华夏正统定位，说明对中原的政治文化观念、信仰已先趋于统一，其后才是政治体系的合并。

随着南北文化的进一步渗透，上层文化已呈现相当的同构型，南方民间仍有多元地方色彩，礼乐观念下移的过程也影响到南方文化区，越地原始瓷器型在两周变化显著。到战国时越地已开始全面学习、接受中原青铜文化的礼制。

东周时期华夏文化的政治观念由北向南一路扩散，楚文化在其中起着重要的桥梁作用。

一、楚对中原礼制的接受

西周在对内实行严格的等级规范，也在着力防范南方民族的侵扰。楚民族在西周早期就与中原有交流，部落首领鬻熊"子事文王"[1]，周初分物时有"齐，王舅也；晋及鲁卫，王母弟也。楚是以无分，而彼皆有。"[2]，说明楚在西周早期尚不受中原重视。昭王之后周人畏惧汉水，向东转攻淮夷，结果楚国在汉江治乱地区日益坐大，在西周晚期时已颇具实力。西周后期的"熊渠甚得江汉间民和，乃兴兵伐庸、扬越，至于鄂"，曰："我蛮夷也，不与中国之号谥。"[3]这时楚并不认为自己与华夏民族同宗，在春秋时楚仍被诸夏民族视为"非我族类"。

楚长期贯彻"抚有蛮夷，以属诸夏"，是先秦时期最进步、最开明的民族政策[4]，楚文化东进带动了南方地区整体对中原礼制内容的吸收融合。到春秋中期时，周王命楚"镇尔南方夷越之乱，无侵中国"，"于是楚地千里"[5]，到春秋末楚庄王陈兵周郊问九鼎之轻重，楚灵王又欲向周"求鼎以为分"，至楚襄王时又欲图周之宝器[6]，这时无霸主之名而有其实，楚在疆域、人口、财富、甲兵等方面已成为并世诸国之冠。春秋中期楚强盛的同时"南方夷越之乱"已经引起中原政权的重视，说明这时越民族规模较楚虽小，但也有相当的实力，并且向北扩张的趋势已很明显。

在约前513年时，文献记载中出现了楚为华夏后裔的传说，"颛顼氏有子曰犁，为祝融"[7]"楚之先祖出自帝颛顼高阳。高阳者，黄帝之孙，昌意之子也"[8]。这应该是楚与中原共同构建出的同宗传说，说明楚已经愿意接受中原的政治文化体系。中原礼器组合中的甬钟编列，是西周礼制规范中数量、音阶最为严格标准器。甬

---

1 ［汉］司马迁：《楚世家》，《史记》，中华书局，1959年。
2 杨伯峻：《春秋左传注》，昭公十二年，中华书局，1981年。
3 ［汉］司马迁：《楚世家》，《史记》，中华书局，1959年。
4 张正明：《先秦的民族结构、民族关系和民族》，《民族研究》，1983年第5期。
5 ［汉］司马迁：《楚世家》，《史记》，中华书局，1959年。
6 ［汉］司马迁：《楚世家》，《史记》，中华书局，1959年。
7 杨伯峻：《春秋左传注》，昭公二十九年，中华书局，1981年。
8 ［汉］司马迁：《楚世家》，《史记》，中华书局，1959年。

钟在南方地区的编列不如中原规整,也正是自春秋中期开始,南方地区分布范围明显增大,也多有出土,甬钟在秦、郑、巴、楚、吴等百越之地皆自行铸造并流行,并且长江中下游地区铸造最为精细[1]。楚国编钟制度为中心的乐制,先于以鼎簋制度为中心的礼制形成并成熟[2],说明楚文化对中原德礼制度有相当多内容的吸收。

西周中后期以后,中原地区不再出现原始瓷产品,而南方对中原的青铜礼乐器却多有模仿、自制,可以看出中原基本是文化输出方。春秋以后楚的强势扩张,使南方对中原文化的吸收中,含有大量楚文化因素。

二、南方接受的礼乐制度

1. 楚对南方文化的统一

春秋战国时期,长江流域出现楚、吴、越等抗衡中原的大国。这三国交流频繁,持续了三百余年此起彼伏的争战,到战国中期楚国统一了南方。

《左传》宣公八年(前601年)"楚为众舒叛,故伐舒蓼,灭之。楚子疆之。及滑汭,盟吴、越而还。"《春秋》昭公五年(前537年)"冬,楚子、蔡侯、陈侯、许男、顿子、沈子、徐人、越人伐吴"。"冬十月,楚子以诸侯及东夷伐吴,以报棘、栎、麻之役。……越大夫常寿过帅师会楚子于琐。"《春秋》昭公八年(前534年)"楚师灭陈,执陈公子招,放之于越"。《史记·楚世家》楚灵王十二年(前529年)"灵王会兵于申,僇(同辱,侮辱)越大夫常寿过,杀蔡大夫观起"。《左传》昭公二十四年(前518年)"楚子为舟师以略吴疆。……越大夫胥犴劳王于豫章之汭,越公子仓归王乘舟。仓及寿梦帅师从王,王及圉阳而还。吴人踵楚,而边人不备,遂灭巢及钟离而还"。

早期三国中楚的军事实力相对更强,吴、越一度曾沦为楚的附庸,之后吴占领楚都成为霸主,春秋末越灭吴,楚越并称南方大国,长期战争使南方地区进入拉锯式的文化融合。楚国的存在使吴越之地隔离于中原诸国,吴、越首先受到的德礼政治辐射来源于是楚。在这长期附庸下,越首先认同的是楚国,"勾践,祝融之后、允常之子,芈姓也"。[3]《郑语》曰"芈姓夔越",《世本》"越,芈姓也","楚越同源"[4]。

随着楚文化的影响力的东进,吴国在对抗中发展壮大,"泰伯奔吴"的故事将商末一支周人的南迁,设定为江苏南部某土著上层家族的来源,这是一个吴与中原的共同创造,"吴"成为华夏之裔。到战国初期越随着灭吴后的强盛,"越为禹后"的传说也开始出现。南方三大强势的统治层先以血统的"同源",逐渐进入中原主流文化之中。

越国的原始瓷产业的发展状况,在这一文化南进过程中,体现出不同的时代

---

1 李纯一:《中国上古出土乐器综论》,文物出版社,1996年。
2 季羡林总主编,俞伟超主编:《长江中游先秦考古学文化》,湖北教育出版社,2006年。
3 徐元诰:《国语集解》,中华书局,2002年。
4 徐元诰:《国语集解》,中华书局,2002年。

特色。

2. 越民族特色的变化

春秋后期开始，楚、吴的东进南下，让越民族的瓷器产业受到打击，向深山和更南方向撤退，同时产品中礼器绝对性的减少。到前473年越灭吴后不久勾践北上争霸时，"越为禹后"的传说与原始瓷全面模仿青铜礼器都出现，这是越民族接受中原礼制思想的重要标志。到战国后期"越为禹后"已经由传说成为共识，华夏文明正是通过强调于更边缘的异族在文化与族群上的异质性，来实现族群的凝聚，[1]越民族便在这种相激相荡的文化认同中，逐渐消散融合为华夏的组成部分。

从战国越民族青铜原始瓷器的外形，特别是礼乐器的组合方式来看，楚文化因素占有相当大的比例，原始瓷礼乐器不具有演奏功能，其外形、数量、编排方式就成为表达的重点。在战国中的无锡鸿山越墓出土的礼乐器组合，与同期中原的编甬钟组合，有着较大的差异，但与以楚文化为代表的南方乐器，在编钟、甬钟组合方式上颇为相近。

楚的强势向东南推进，基本占领了早期南北之间的"文化走廊"，南方与中原的交流通道除东面近海之地，多为楚所限制。在周边多为楚文化影响区域的包围下，越地接受的直接是经过楚吸收后的礼制习俗。

楚亡越后"横则秦帝，纵则楚王"[2]，楚在政治、文化上皆统一了南方，综合南方文化因素建立了颇具道家特色的信仰系统，《楚辞》中神祇的名字与职守，与北方传统颇有不同。南方系统的文化特色与中原儒学的政治统治，经由秦汉四百年的再度整合，共同支撑起汉民族的脊梁。

东周时"黄帝"在各民族的先世谱系中脱颖而出，成为五帝三代以及诸夏各姓族共同的祖先，这标志着凝聚诸夏成为华夏的进程最终完成。[3]周礼的细部发展必然是经史官及师儒在西周二三百年内逐渐积累而成，又经春秋二百多年始能以体系完备的著作形式出现。[4]

"黄帝"能从众多"根基历史"方案中脱颖而出，是因为他足够久远，有无数世代可以插入新的分支，所以这一凝聚华夏的政治方案是非常开放的，不仅楚、吴、越可以攀附进来，就连匈奴、犬戎也可以被纳入其中。这种极度的开放性赋予华夏扩大的可能，也削弱了在血缘上的区分度[5]，唯有文化习俗的认同才是华夏"正统"的标准。

春秋时代的楚国逐渐开始统一南北之间的"文化走廊"，楚文化带有明显中原礼制的文化内容，影响面推广至南北"文化走廊"各小族群，最后又完成了南方对德礼规范的初步整合，在战国末期共同进入华夏民族之中。

中原"儒"学中以理性主宰生命的亲和力也随着南北交流，影响到越民族的习俗观念。"仁"是在本无所谓情感、意义的世界中，积极地、坚韧地培育、塑

---

1 王明珂：《华夏边缘：历史记忆与族群认同》，社会科学文献出版社，2006年。
2 刘向：《战国策·叙》，上海古籍出版社，1985年。
3 胡鸿：《能夏则大与渐慕华风——政治体视角下的华夏与华夏化》，北京师范大学出版社，2017年。
4 葛兆光：《中国思想史》，复旦大学出版社，2001年。
5 王明珂：《英雄祖先与弟兄民族：根基历史的文本与情境》，中华书局，2009年。

建富有情感与意义的人生。[1] 这种善、仁的平和温良，成为与越文化的安适善良相共振的因素，很快与青瓷文明习俗中的清和、坚韧的内涵相叠合，在原始瓷产业中得到发扬，定格出瓷器"比德于玉，温润而泽"的君子风骨。

纵观整个先秦时期，越族最有特色的手工业原始瓷，由夏代的滥觞、商代的成熟、西周的扩张、春秋的收缩到战国的辉煌，直至最后干涸，一个完整的轮回刚好与越民族的兴衰发展轨迹近乎叠合。原始瓷在时代中转变着风格特质，越民族信仰风俗攀缘其上，在遥远的历史中时不时显现出青绿的背影。至秦汉的政权统一，越的民族特色渐渐汇入中原文化的大河，不再是耀眸独立。

越民族不同的文化特质姿彩丰富，原始青瓷礼器是最具特征的文化因素，同时与中原完全不同的土墩墓葬俗，亦是一种独特的文化符号。

在南北交汇中，中原逐渐接受越民族土墩墓葬俗，对越民族习俗的认可与中原在思想轴心时代信仰的变革有相当大的关系。

---

[1] 李泽厚：《由巫到礼释礼归仁》，生活·读书·新知三联书店，2015年。

第七章
秦汉原始瓷

一、关于瓷器概念的讨论

瓷器的发展，并不是直线形上升的，战国早中期的原始瓷，迎来了中国制瓷史上的第一个高峰，以亭子桥窑址的产品为代表，这些原始青瓷器，许多产品烧成温度很高，胎质细腻坚致，釉面匀净明亮，釉色泛青、泛绿，胎釉结合良好，施釉线清晰，完全是人工施釉。特别是窑址产品中，有一大批烧成很好、体形硕大厚重的大型器物，如高近50厘米、底座直径达60厘米、胎体厚达2厘米的悬鼓座，高48厘米、腹径35厘米、胎厚2厘米的镂孔瓶，高17厘米、口径达35厘米的三足盆，高25厘米、口径32厘米、胎厚1.5厘米的直腹筒形钵，还有众多高30至40厘米、腹径40至45厘米左右的罍与罐等。烧造这类胎体特厚的大型器物，从成型到装烧，再到烧成温度的控制，都具有很高的要求和难度。这些大型器物的烧制成功，代表了战国时期原始青瓷生产的最高水平，更体现出战国时期已具有非常成熟的制瓷技术，这些高质量产品已非常接近甚至达到了成熟青瓷的水平。

然而，战国这批高质量的原始瓷并没有直接发展为成熟青瓷，相反，在战国中期以后，无论是胎釉质量还是艺术成就，均持续下降，直至东汉中期之前的秦汉时期，为一批面貌独特的器物所取代，这批器物习惯上称为南方地区的高温釉陶。但无论是从胎釉特征还是烧成温度上看，称为原始瓷更为合理。

所谓的瓷器，必须符合三个要素：瓷土作胎、表面施釉与高温烧成。瓷土作胎和表面施釉是内因，只有用瓷土作胎，才能经受住高温的煅烧，这实际上是决定陶与瓷不同的最主要因素。瓷器烧造的温度普遍在1100℃以上，而普通的青陶器则无法经受1000℃以上的高温。施釉则是区别于印纹硬陶、硬白陶类陶器与原始瓷器的重要指标之一。江南地区商周时期的印纹硬陶、硬陶以及以殷墟出土白陶为代表的一类高温陶器，胎的各项指标已非常接近于同一时期的原始瓷器了，仅部分器物因含铁量比较高而胎色较深，呈紫红色、深青灰色等，其差别主要在于施釉与非施釉而已。至于原来衡量瓷器的另外一些标准，如吸水率、硬度、抗弯强度、敲击的金属声等，均是由此三个内因条件下派生出来的，并且随三个内因的变化而发生变化。

从瓷器的这三个内因来看，秦汉时期江南这批所谓的高温釉陶，完全符合瓷器的基本要素。与战国的原始瓷相比较，无论是胎质还是胎色都更加不稳定，胎色从近灰黑色到灰白色均有，施釉的方式也发生巨大的变化，而烧制温度仍旧属于高温范畴。这些变化都是在瓷器范畴内的量变，而不是质变，因此将其称为高温釉陶是不妥当的，称为原始瓷更符合它本来的面貌。自 20 世纪 70 年代以来,原始瓷已基本成为一个约定俗成的概念:原始瓷是处于瓷器发展早级阶段的一种瓷器,瓷土作胎、表面施釉、高温烧成;时代上,出现于夏代晚期,成熟于商代早期,初步发展于西周早期,兴盛于战国早期,战国晚期衰落。也就是说原始瓷不仅具有产品发展阶段的意义,同时也具有时代意义。因此为了区别于原始瓷这个几乎与先秦时期画上等号的概念,我们可以称其为秦汉原始瓷。

二、秦汉原始瓷的分期与特征

秦汉时期的原始瓷,始于秦汉之初,止于东汉中期前后,东汉晚期完全被成熟青瓷所取代。秦汉原始瓷的分期大致可以划分成秦—西汉早中期、西汉晚期—东汉初、东汉早中期三个大的阶段。

1. 秦—西汉早中期

当然,由于秦持续的时间过短,在江南地区没有纪年墓葬的支撑,因此,这一时期主要是讨论西汉早中期的原始瓷面貌。

器型以鼎(图 7-1.1)、盒(图 7-1.2)、瓿(图 7-1.3)、壶(图 7-1.4)基本组合为主,其次是罐、罍、钫(图 7-1.5)、熏,以及少量的虎子、蒜头瓶、带把杯、盆、耳杯等。胎质粗细不一:精者细腻坚硬、气孔小而少,吸水率较低、胎色灰白;粗者胎中夹有较多的细砂与含铁量极高的黑色斑点,气孔多而大,吸水率较高。釉仅在器物朝上的部位有釉:如器物的口沿、肩部与最大径以上的上腹部、带盖类器物的盖面、不带盖器物的内底,以及部分器物的自下而上一侧的狭长条带状部位。器物朝下有遮挡的部分如大盘口或喇叭口的下方、最大腹径以下的腹部、外底部以及带盖类器物的内底部均无釉。釉层不均匀,通常呈点状的

1. 鼎

2. 盒

3. 瓿

4. 壶

5. 钫

图 7-1 西汉早中期原始瓷

凝釉，其明显程度甚至超过战国时期；施釉线不清晰，朝上一侧如肩与上腹部的中心最上部分釉层最厚，玻璃质感最强，由此向上、下方无釉处逐渐变薄，再变成灰白色星点状的极薄釉层，几乎不见玻璃质感，最后过渡到无釉处。装饰比较少见，多数器物为素面，鼎、盒、壶、钫、罐、瓶类器物上见有一定数量的弦纹或弦纹加水波纹，多为刻划的细阴线，耳面、系面、足面上流行模印的各种变形兽面纹、云气纹等；罍类大型的器物常见通体拍印纹饰，主要是席纹，排列规则整齐，纹饰清晰。流行带盖做法，如鼎、盒、瓿、壶、钫、罐、杯、熏等均普遍带盖，盖多作子口状，盖面浅弧，小蘑菇形捉手。制作基本为拉坯成型，器身为一次性拉坯而成，耳、足则为模制后拼接而成；多数器物内壁可见到整齐细密的拉坯痕迹，而外腹则整洁光滑，应该是经过细致的修坯工序，从细密的拉坯痕迹可以判定是快轮拉坯成型；一些异形器物则使用手制或拼接而成，如呈椭圆形的耳杯为手制修坯；钫类器物则为多块拼接而成。多数器物外底整洁干净，通体烧成温度均匀，不见战国之前原始瓷底部常见的黏结粗砂粒与一侧或整个底部生烧的情况，由此判定多数器物尤其是大型的礼器类器物主要是放置于大型的支烧具上烧造而成。

鼎作子母口带盖状。鼎身子口微内敛、直腹微外鼓，平底，外底外缘附三马蹄形足，长方形宽附耳外弧；盖作母口状圆隆，盖顶面较平，平顶面外侧通常有三个细高尖纽。基本为素面，盖面部分器物有细凹弦纹，附耳中心一般有长方形镂孔，四周饰以云气纹，蹄足上有变体或简化的兽面。由于一般器盖与器身结合处为器物的最大径处，因此其釉多位于盖面上，以盖顶面为最厚，向下逐渐变薄，鼎身则一般无釉或仅在上腹部有星星点点状的极薄釉。

盒作子母口带盖状。盒身子口微内敛、直腹浅弧收，微外鼓，平底，矮圈足；盖作母口状圆隆，盖顶面为大浅环形捉手，捉手面较平。基本为素面，盖面及盒身部分器物有细凹弦纹。与鼎类似，一般器盖与器身结合处为器物的最大径处，因此其釉多位于盖面上，以盖顶面为最厚，向下逐渐变薄，鼎身则一般无釉或仅在上腹部有星星点点状的极薄釉。

瓿亦多作子母口状带盖。瓿身作母口状，小口，厚方唇微凸起，圆隆肩，深弧腹斜收，平底，或平底带三小舌形足。盖作子口状，浅弧形盖面，中心为小的蘑菇形捉手。肩部通常有高耸的双耳，耳面呈大的Y字形，上模印各种变形的兽面纹，部分器物中心有人面纹，近S形外张，上部以小圆形泥条与器物的肩部相连，耳高超过口沿的高底。整体造型较为扁鼓。釉见于最大腹径之上的肩部及盖面。

壶多作子母口带盖状。壶身作母口状，大喇叭形敞口，厚方唇，长颈，肩部圆隆，深弧腹斜收，平底或近卧足状。器物的最大腹径位于肩部或上腹部。通部通常有纵向桥形系一对，系面多模印各种叶脉纹为主题的纹饰，肩部及颈部见有细凹弦纹或弦纹加水波纹的组合纹饰。盖作子口状，浅弧形盖面，中心为小的蘑菇形捉手。釉见于最大腹径之上的肩部、上腹部及盖面。

罐有带盖或不带盖。方唇，大直口，短直颈，圆隆肩，深弧腹斜收，平底。盖作子口状，浅弧形盖面，中心有小的蘑菇形捉手或小的桥形泥条纽。一般多作素面，器型较小。

罍作厚方唇，直口或直口微敞，短颈，圆隆肩，深弧腹斜收，平底。一般器型较大。通体拍印纹饰，多为席纹，纹饰细密、整齐、规则而清晰。

钫子母口带盖，造型与壶相似，但器身作四方形。母口，厚方唇，喇叭形直口或微敞，长颈，溜肩，鼓腹，深弧腹斜收，平底，矮厚圈足。腹近中部一般有一对模印的铺首堆贴。盖作子口，盝顶形，盖面通常装饰有纹饰。

熏由器身与盖两部分组成。器身多作豆形，子口，浅直腹，近平底，喇叭形圈足，高矮不一。盖作子口，盖壁较直，盖面浅弧并有三角形等形状的镂孔，中心纽作多级上收的台形，顶部塑一立鸟。

2. 西汉中晚期—东汉初期

鼎（图7-2.1）、盒、瓿（图7-2.2）、壶（图7-2.3）基本组合中的鼎与盒逐渐退休消失，瓿、壶、罐、罍（图7-2.4）成为主要组合；钫、蒜头瓶等逐渐减少并不见，熏、耳杯继续延续，新出现灶、仓、房子（图7-2.5）、狗、鸡、鸭、羊（图7-2.6）等明器。胎质似乎分化更加严重，粗细不一：精者延续早期细腻坚硬胎质，气孔小而少，吸水率较低、胎色灰白；粗者更加粗疏，许多器物胎中夹乱的细砂与含铁量极高的黑色斑点更多，气孔更大，吸水率更高。施釉方式与早期相似，仅在器物朝上的部位有釉，与胎相似，釉的精粗亦分化更加严重，釉较好的器物与早期相似，虽然施釉不均匀，但釉厚处玻璃质感强。釉薄而更加不均匀的器物比例增多，许多器物表面仅存星星点点状的灰白色薄釉，几乎没有玻璃质感。开始流行装饰纹样，瓿类器物仍旧通体拍印席纹类纹饰，纹饰整齐细密；瓿、壶、罐类器物的肩与上腹部流行细弦纹、水波纹以及各种云气、变体鸟纹、变体神兽纹等的复合纹饰，变体鸟纹多作几个勾连的抽象几何形状，通常只能清晰地辨认出眼睛等部位；瓿类器物的耳（图7-2.7）、壶类器物的系上方（图7-2.8），经常再堆贴以小的铺首；细弦纹多从早期的阴刻细凹弦纹逐渐被凸起的阳线弦纹所取代，由此形成一种新的装饰效果——因釉的高度流动性而在凸弦纹的上方形成积釉，釉层厚处呈深褐色，有如条带状的褐彩装饰（图7-2.9）。早期流行的带盖做法到这一时期盖逐渐不再使用，鼎、盒、熏仍旧多带盖，但此类器物所占比重已不大，这一时期主要的器物瓿、壶、罐、罍、杯等已基本不再带盖。器身为一次性快轮拉坯成形，耳、足则为模制后拼接而成，器物内壁可见到整齐细密的拉坯痕迹，而外腹则整洁光滑。多数器物外底整洁干净，通体烧成温度均匀，主要是放置于大型的支烧具上烧造而成。

鼎作子母口带盖状，但造型变化极大，整个器身逐渐变矮，盖面的三个尖锥形凸起逐渐弱化直至消失，双外张的耳亦逐渐变小而内收，三外撇的蹄足逐渐变矮、变直、变小最后消失，整个器型作带双耳或不带耳的盒状。西汉晚期前后鼎完全消失。

盒作子母口带盖状，造型变化极大。整个器身逐渐变矮，盖面的大圆形捉手逐渐弱化直至消失，底部的圈足消失，器型变小，西汉晚期前后盒完全消失。

瓿多不带盖，虽然仍旧是这一时期的主流器物之一，但造型变化极大：从早期的近似于扁圆形腹、最大径在近肩部向隆起近似于纵向椭圆形、最大径在器物中部演变，高过口沿、近似于夸张外撇的双耳逐渐内收、紧贴肩部、高度降低并低于口沿的高度，底部的三小舌形小足完全不见，底变小，从大平底演变成较小的平底。肩与上腹部常有各种纹饰。

1. 鼎　　2. 瓿　　3. 壶

4. 罍　　5. 房子　　6. 羊　　7. 瓿耳

8. 壶系　　9. 凸弦纹上的黑褐色积釉　　10. 盘口壶

图 7-2　西汉中晚期—东汉初期原始瓷

　　壶多作不带盖状，上升为这一时期的最主要器物，造型较为丰富多样。壶身作母口状，大喇叭形敞口，圆唇，长颈，近溜肩，深弧腹斜收，平底、卧足、矮圈足均有。器物的最大腹径从主要位于肩部或上腹部下降到位于中腹部。肩部仍旧是对称的双系，系面除早期的叶脉纹做法外，新出现多种近几何纹的装饰，并常在上方堆贴有各种变形与不变形的铺首。新出现盘口壶（图 7-2.10），盘口较深而浅。胎釉的质感差别极大，好的器物胎釉质量均比较高，胎色更浅、胎色更细而紧密，釉层厚，玻璃质感强，而质量差的器物胎色深而粗疏，釉基本剥落或呈星点状。

　　罐的造型更加丰富多样。除早期方唇、近直口、直颈罐外，新出现了弦纹罐，外腹通体饰以凹凸相间的弦纹。均深弧腹斜收，平底。肩部有对称的纵向桥形系一对。

　　罍除厚方唇、直口或直口微敞、短颈类器物外，新出现厚方唇外凸并紧贴罍身、无颈的器型。多通体拍细密、整齐、规则席纹。

　　熏变化比较大，从带立鸟状盖的豆形演变成博山炉的形状：器身作子口浅小盘形，细长柄下为圆盘状的底座；盖作高隆的馒头形，上密布细小的圆形镂孔，排列规则整齐，中心有小乳凸状纽。

3. 东汉早中期

　　鼎、盒完全消失，瓿基本不见，壶、罐、罍为主要组合；新出现钟并成为最主要的器型之一，灶、仓、房子、狗、鸡、鸭等明器继续沿用，双唇罐这一时期亦比较常见。

胎质分化严重，粗细不一：多数器物更加粗疏，夹杂细砂与含铁量极高的黑色斑点更多，气孔更大，吸水率更高；尤其是到了东汉中期前后，少量的器物如钟类器物胎明显变细、胎色呈浅的灰白色，胎质更加致密。除高温的瓷胎质器物外，还出现一批低温的器物：胎呈紫红、土黄、砖红、黑褐、深黑等多样颜色，胎一般夹杂有较多的细砂粒，胎质较软。

施釉方式发生巨大的变化，这一时期可以分成高温的原始瓷与低温的釉陶两种。高温原始瓷在施釉方式上又可分成两种：一种沿袭早期的落灰釉风格，仅在器物朝上没有遮挡的部分有釉，施釉不均匀，没有清晰的施釉线，这类器物与西汉以来的原始瓷在施釉方式上几乎没有差别；另外一类为刷釉器物，不仅器物朝上没有遮挡的一侧有釉，朝下的部位亦有釉。虽然釉仍旧有凝釉现象，但具有明显的刷釉痕迹，釉层薄而较均匀，施釉线清晰。许多大盘口的钟与盘口壶下盘口下有多道涂刷的痕迹，外腹部一般刷釉不及底，但已远超过最大腹径以下，无釉与有釉处界限清晰，釉线不整齐，应该是涂刷所形成。此类刷釉器物亦有精粗之分，精者釉层较厚，釉面均匀，釉色青绿，玻璃质感强，刷釉线较为整齐；粗者釉层薄而不均匀，刷釉较为随意，部分器物纵横随意涂刷，局部甚至没有刷满，面釉干枯，玻璃质感不强。部分高质量的刷釉器物已经演变为成熟青瓷。低温器物是这时期的最大特色，纵观整个江南制瓷史，在之前与之后的其他时期均不见低温釉陶类器物，而仅见于这一时期，是江南地区面貌非常独特的一批器物。其器型与同时期高温类器物相似，有各种类型的罐、壶、五管瓶、簋、盘、耳杯、碗、盂、虎子、熏、鐎斗、鼎、洗、钵等。一般通体施釉，外腹施釉不及底，但施釉线整齐；釉色多呈紫褐色、青褐色、黑褐色、土黄色，施釉均匀，基本不见凝釉与流釉现象，表面有一种金属质的浮光，容易剥落。

无论是高温还是低温类器物，装饰纹样较为流行，瓿类器物除通体拍印席纹类纹饰，此一时期大量使用的是各种长方形块状的梳状纹、网格纹、重菱形纹等，纹饰排列较为整齐规则；壶、罐类器物的肩与上腹部流行细弦纹、水波纹等，上一时期流行的各种云气、变体鸟纹、变体神兽纹等复合纹饰这一时期基本不见；通体装饰各种粗细不等的凹凸弦纹的罐成为主流；罐、壶仍旧流行对称的双系堆贴，系面常见叶脉纹。仍旧为快轮拉坯成型，器身为一次性拉坯而成，主要放置于大型的支烧具上烧造而成。

壶多作不带盖状。喇叭形敞口与盘口（图7-3.1）两种类型仍旧均存在，盘口壶的数量较前期有所增加。新出现钟类器物（图7-3.2），这种器物最早可能可以上溯至西汉晚期，但大量的流行则在东汉早中期前后，东汉晚期数量有所减少，汉以后则几乎不见。一般作大盘口、厚方唇、盘壁较直、盘较浅，粗大长颈，溜肩，腹较圆鼓，圈足外撇，足端方平。圈足虽高矮不一，但普遍较高，且一般呈多个台阶形外扩。肩部多为细凹弦纹或凹弦纹与水波纹的复合纹，上设对称的桥形系，系面多为模印叶脉纹。此类器物落灰的原始瓷、通体刷釉的原始瓷、成熟青瓷、低温的釉陶等类别均有，是最丰富与常见的器物。

罐的造型丰富多样，以各种通体施凹凸弦纹的弦纹罐占主体，肩部有对称的纵向桥形系一对（图7-3.3、图7-3.4）。

1. 盘口壶 2. 钟 3. 罐

4. 罐 5. 罍 6. 罍

图 7-3　东汉早中期原始瓷

　　罍的最大变化一个是器物的最大腹径从近肩部下移到中腹部上下，底更加小，有头重脚轻感觉；另一个是纹饰更加丰富，由原来主要拍印席纹到通体拍梳状纹、网格纹等，从早期的排列细密、整齐、规则演变了较为粗疏豪放（图 7-3.5、图 7-3.6）。

　　以上只是秦汉时期原始瓷一个非常粗疏的分期，根据许多器物如鼎、盒、瓿的演变，每期还可以细分为多个小段。

三、秦汉原始瓷的技术来源

　　秦汉原始瓷的这种仅在朝上无遮挡一侧有釉、釉层不均匀、施釉线不清晰、由釉层最厚处逐渐变薄，再变成灰白色星点状的极薄釉层的特征与技术，在江南战国中晚期的原始瓷上即已出现，是对本地技术传统的延续。

　　战国原始瓷如果分成四期，则在从早到晚可以清晰地看到这类落灰釉原始瓷的出现过程。

　　第一期相当于战国早期，窑址以亭子桥为代表，数量最多，是原始瓷发展的鼎盛时期[1]。这一时期器物种类最丰富，包括大量的日用器、礼器、乐器、兵器、工具等，主要器物有作为礼器的鼎、豆、罐、壶、钫、鉴、盆、盘、钵、匜、镇、烤炉等；乐器有甬钟、句鑃、錞于、缶、鼓座等；日用器有碗、盅、杯、碟、盒等。许多器物造型巨大，制作规整，成型工艺成熟，胎土经过精细的淘洗，胎质细腻坚致，胎色多呈浅灰或灰白色。青釉极佳，施釉技术相当高超，施釉均匀，胎釉结合好，玻化程度高，玻璃质感强，釉色青翠，基本不见生烧与剥釉现象。

---

[1] 浙江省文物考古研究所、德清县博物馆：《德清亭子桥》，文物出版社，2010 年。

满釉,大口类器物内外满釉,小口类器物外腹满釉,内腹不施釉,仅在口沿下一圈有釉。各种类型的支烧具大量出现,装饰工艺有质的提高(图7-4.1)。

第二期器物种类最丰富,包括大量的日用器、礼器、乐器、兵器、工具等,与前一时期基本一致,但许多器物在造型、制作、成型、胎土、淘洗、施釉等技术明显不如前一时期:器型较前一时期变小,造型趋向疲软而不具有早期的棱角分明的线条;胎质较细腻但趋向松软,黄胎增加;青黄釉仍较佳,但釉层更薄而不均匀,釉色更黄,剥釉与生烧现象增加,以满釉为主,出现施半釉现象。仍使用大量的支烧具装烧,但种类不如前一时期丰富(图7-4.2)。

第三期器物种类较前两个时期变化不是很大,仍较为多样,包括大量的日用器、礼器、乐器等,但在各种技术表现上更加不如前两时期:器型小,制作粗疏草率,装饰简化;器型疲软萎缩而更加猥琐的状态,前期昂扬、饱满的精气神完全不见,绝大多数器物仅具形而不太具有神韵;胎质普遍松软,黄胎为主,生烧严重;较佳青黄釉不多见,釉色多呈土黄色,剥釉严重,多施半釉,施半釉的器物除外腹外,如盆类大口器物,内腹亦开始施半釉。大量器物出现釉极差,仅在朝上且无遮挡的部位有星点状薄釉,中心较厚,向边缘逐渐过渡而变薄,无清晰施釉线的特征,器物朝下部位或上部有遮挡的部位不见釉(图7-4.3)。仍使用支烧具装烧,支烧具的制作亦不如前期,胎质粗。

第四期器物极度萎缩,大部分器物种类虽然仍在,许多器物几乎沦落为明器,器型极小,甚至一掌即可抓下,制作更加粗率,外形猥琐,完全是仅略具早期的形而不具有礼制上的神韵;黄色松质胎占绝大多数,生烧普遍,施釉器物较少,大多数器物仅在朝上且无遮挡的部位有星点状薄釉(图7-4.4)。

到了战国末期—西汉初期,器物无论是器类还是器型、质地、施釉方式均发生质的变化,是整个战国时期风格变化最大的一期,早期的大量原始瓷礼乐器此一时期基本不见,代之以较多的泥质灰陶器物或彩绘泥质灰陶,主要器型有鼎、

1. 罐

2. 兽面鼎

3. 壶

4. 盒

5. 鼎

图7-4 战国原始瓷

豆、盒、钫等。器型较大。战国时期传统意义上的原始瓷完全不见，出现西汉及东汉早中期常见的、俗称的秦汉原始瓷类器物，器型主要有鼎（图7-4.5）、瓿、壶等。器型较大，装饰主要是水波纹，与前一时期变化比较大；胎质较白，质地坚硬，火候高；釉色主要集中在器物的肩、颈等朝上且没有遮挡的部位，向上下两侧逐渐过渡，中部釉层厚，玻璃质感强，但凝釉明显。而此种胎釉特征，是秦汉原始瓷的最基本特征。

从上面的发展脉络来看，纯从技术层面上，秦汉原始瓷的落灰釉特征，在战国中期前后，伴随着原始瓷器的衰落而出现的，在战国晚期成为主流的施釉技术，到了战国末期至西汉初期，伴随着一批新器型的出现，这一技术得到了迅速发展和扩张，成为东汉中期成熟青瓷出现之前的主要而独特的施釉技术。

四、秦汉原始瓷与成熟青瓷的起源

秦汉原始瓷在中国瓷器的起源史上，具有承前启后的重要意义。一方面上承战国时期的原始瓷，另一方面下启东汉成熟青瓷的烧造。战国原始瓷与秦汉原始瓷的技术延续性上文已作了讨论，下面讨论它与成熟青瓷的技术关系。

1. 刷釉技术的重新出现

从上文的秦汉原始瓷分期中，在第三期的东汉早中期，青釉器物的胎、釉开始发生明显变化。早期的秦汉原始瓷这一时期仍大量存在，但出现了一类刷釉的器物，可见明显的人工施釉痕迹，施釉线清晰，釉虽多不及底，但不限于器物朝上部位，在鼓腹器物的下腹部亦多施釉，釉色青黄或青绿（图7-5.1）。灰白色胎质器物比例增加，此类器物一般火候较高，胎质细腻致密，硬度高；釉层厚，施釉均匀，青釉玻璃质感强。少量高质量的器物接近或演变为成熟青瓷（图7-5.2）。

这种刷釉技术的重新出现，为成熟青瓷的出现奠定技术上的基础。同时它介于早期秦汉原始瓷与晚期成熟青瓷之间，具有承上启下的重要意义。

2. 成熟青瓷的出现

到了东汉中期前后，此类刷釉技术的青瓷器进一步发展，数量上完全取代落灰釉器物成为主流；在质量上进一步发展提高，接近或达到成熟青瓷的器物这一时期开始大量出现，胎、釉均较为稳定，胎多呈青灰色，胎质细腻，釉极佳，施釉均匀，胎釉结合好，玻璃质感极强。主要器型有罐、罍、碗、镳、熏炉、釜、

1. 刷釉的原始瓷盘口壶

2. 近成熟青瓷类标本

3. 东汉成熟青瓷器

图7-5 秦汉原始瓷与瓷器

甑、井（图7-5.3）等。除青釉器物外，这一时期还有一定数量的黑釉瓷器。黑釉瓷器胎质一般较黑，胎色深，火候较青瓷为低。黑釉一般呈酱色，釉层越厚，釉色越深，釉多不均匀。器型有五联罐、钵、虎子、罐、盘口壶、耳杯等[1]。由此完成了成熟青瓷的起源过程。

五、秦汉原始瓷的烧造

从目前已知的考古材料来看，烧造此类器物的窑址基本集中在曹娥江畔与东苕溪畔两个区域。这是目前已知最大的秦汉时期原始瓷窑址群，也是秦汉时期瓷器的烧造中心。

东苕溪包括余杭良渚地区与德清的下渚湖沿岸，良渚地区包括坑门水库、茶山湾、东馒头山等诸多窑址，而德清包括上渚山、荷花塘等近20处窑址。

同属东苕溪流域、紧邻良渚地区的德清东苕溪两岸，是先秦时期原始瓷的分布中心，也是中国瓷器起源的最重要地区。这一窑址群在战国中晚期以后逐渐衰落，进入秦汉时期，原始瓷的生产中心转移到上游余杭与德清的交界处，并形成相当规模，是瓷器起源转折时期的一个生产中心，延续了德清地区原始瓷的烧造技艺，但烧造成熟青瓷的窑址不仅数量少，且与原始瓷合烧，多数产品是质量比较差的原始瓷类器物，少量为高质量的成熟青瓷器，处于成熟青瓷发展较早的阶段。成熟青瓷的起源与发展的中心产地当在上虞地区。

曹娥江流域均位于上虞境内，目前已发现几十处这一时期的窑址，从目前的调查材料来看，以馒头山窑址具有一定的典型性。其产品包括印纹硬陶、硬陶、原始瓷等，胎质较粗而松，胎色较深。原始瓷器物主要有各种罐、瓿、罍、壶、钟等。其施釉方式是仅在器物朝上且没有遮挡的一面有釉，即器物的口沿、颈的下腹、肩、上腹等乃至于内底中部，在器物朝下或受遮挡的一面则无釉，如器物的下腹部、盘口壶的盘口之下及颈的上部等，施釉不均匀，凝釉明显，施釉处的中心釉层最厚，向无釉处逐渐变薄乃至逐渐消失，不见明显的施釉线，釉色较深。窑具主要是各种大型的支烧具。这一区域还有大量的东汉中晚期的窑址，包括作为成熟青瓷起源标志的小仙坛窑址，是成熟青瓷起源的中心区域。

仅德清的上渚山窑址经过正式发掘[2]，基本代表这一时期的装烧工艺。

清理了两处窑炉遗迹，均为龙窑，其中一条保存比较好，由火膛、窑床与窑尾排烟室组成，是典型的三段式龙窑，通斜长近18米，是目前已发现的汉六朝时期窑炉中最长的一条。火膛较大，呈前窄后宽的近似于梯形，进深约为2米左右，前端为火门，宽约0.5米，后端宽近2米，两侧向下斜收底部成长方形。火膛底部至后部窑床间有近0.9米的落差。窑床中段略有破坏，但整个结构尚存，约宽2.2米左右，窑尾略宽，达2.65米，坡度约为14°，接近于窑尾处逐渐平缓，仅存4°左右。底部铺砂，有多次修铺的现象。窑尾是横长方形的贮烟室，后壁底部有三个排烟孔，通往窑壁外的三个圆形排烟坑中。两侧没有发现窑门，窑床中间亦没有发现火烧的痕迹，火膛承担了烧火的功能（图7-6）。

---

[1] 王惠娟：《浙江上虞出土的黑釉瓷器》，《南方文物》，1994年第4期。
[2] 周建忠：《德清县抢救性考古清理东汉上渚山窑址》，浙江省文物局网站，2018年7月23日。

图 7-6　德清上渚山窑址　　图 7-7　支烧具

废品堆积主要位于窑炉的前端较洼处，包括大量的烧结块、青瓷产品与烧具。青瓷产品种类丰富、质量较高，主要器型有罍、罐、盘口壶、钟、双唇罐为主。部分器物产品质量较高，胎质细腻坚致，胎色灰白；主要采用刷釉技术，一般通体有釉，釉色青绿，胎釉结合较好，玻璃质感强，但施釉仍旧不太均匀。流行使用水波纹、弦纹、方格纹、梳状纹、网格纹等的装饰。

窑具主要有两种，一种是支烧具，一般器型较大，呈粗大的筒形（图7-7），足端略外撇；另外一种是承托具，呈圆饼形。两者一般组合使用，后者置于前者之上。从现场出土器物来看，除使用支烧具外，也有直接着地烧造的现象。

基本没有发现高质量的成熟青瓷，时代当在东汉早期偏晚或中期偏早左右。

第八章
汉六朝时期的早期越窑[1]

浙江上虞曹娥江中游地区，是汉六朝时期早期越窑青瓷生产中心。曹娥江是浙江省第三大河流，自南而北纵贯上虞全境，西过曹娥堰与萧曹运河相连，可通绍兴、杭州等地，向东过梁湖堰与四十里河相通，从姚江可达宁波并出海远运，向北直接出杭州湾入海。上虞汉六朝越窑窑址就分布在曹娥江中游两岸的低山缓坡上。以上浦、梁湖两镇为分布最密集的乡镇，骚亭镇、百官街道也有少量分布。窑址总体数量将近120处[1]。这一地区的窑址产品质量高、种类丰富、造型复杂、釉色莹润，代表这一时期制瓷最高水平。

一、成熟瓷器的出现及汉代青瓷

成熟青瓷的起源，是陶瓷发展史上一个里程碑式事件，关于其出现时间，学术界曾有过许多讨论[2]，后来形成较为集中的意见：多数学者认为出现于东汉中晚期；部分学者认为出现于魏晋时期。但也有少数学者认为由于陶器、铜器、玉器的起源上不存在原始陶、原始铜、原始玉一说，因此瓷器起源也一样不应该有原始瓷器与成熟青瓷之分，中国瓷器出现于夏商时期，可以分成商周青瓷、秦汉青瓷、魏晋以来等各个时期的青瓷[3]。

20世纪70年代，李家治先生分别对浙江上虞小仙坛东汉窑址和西晋元康七年（公元297年）墓葬中出土的两件青瓷标本进行了测试，测试结果显示西晋标本的组成除Fe_2O_3和TiO_2的含量较高，使瓷胎呈较深的灰白色外，已接近宋、元、明时期瓷器的组成，它的烧成温1300℃左右，吸水率为0.42%，显气孔率为0.92%，釉呈青灰色，厚薄均匀，胎釉结合好，无剥落现象。胎有较多的玻璃态，烧结程度较好，薄片（0.5毫米）微透光。根据这些结果应该说它已初步达到近代瓷器标准，因而我国出现瓷器的确切年代应该早于西晋元康七年。

东汉小仙坛窑址标本较西晋墓葬标本在各个方面均有提高，Fe_2O_3和TiO_2更低，烧成温度为1310℃左右，显气孔率和吸水率分别为0.62%和0.68%，釉呈青色，透明光亮，厚薄均匀，为石灰釉。胎釉结合好，无剥落现象，无纹片。所有理化指标基本符合近代瓷的标准。因而又

---

1 杜伟：《上虞越窑窑址调查》，《东方博物》第24辑，2007年。
2 相关讨论主要见于中国硅酸盐学会编：《中国古陶瓷论文集》，文物出版社，1982年。
3 宋伯胤先生力主此观点，随着21世纪初无锡鸿山越国贵族墓葬中一大批精美原始瓷的出土，这种观点重新得到了部分学者的认同。

把我国出现瓷器的年代提前若干年。更重要的是从东汉到西晋这一二百年间已出现两个不同地点出土的烧制水平很高的瓷器，说明已不是孤例，而是这一时期陶瓷工艺水平确已提高到相应的高度。由此他认为商、周原始瓷器，经过一千多年的发展，到了公元一到二世纪的东汉完成了向瓷器的过渡。此一测试结果被写入文物出版社1982年出版的《中国陶瓷史》[1]而被广泛采纳，中国成熟青瓷出现于东汉中晚期几乎成了定论。

21世纪初，徐霁明等人对与小仙坛窑址同一类型的上虞大园坪东汉窑址出土的标本重新进行了测试，再次以理化测试数据证明东汉出现成熟青瓷的可靠性。其物理性状如下[2]：

表8-1　东汉窑址部分标本理化测试数据

样品编号	密度（g/cm²）	气孔率（%）	吸水率（%）	抗折强度（MPa）	烧成温度（℃）
DYP5	2.10	1.2	0.57	70.8	1270±20
DYP5	2.11	2	0.75	60.3	1200±20

纪年墓的存在，为确定汉代成熟青瓷出现的确切时间提供了重要线索。目前有明确纪年的汉代青瓷最早出现于永平十年（公元67年）江苏邗江甘泉二号汉墓中，1924年在信阳擂鼓台永元十三年（公元101年）汉墓中出土了的一件青瓷碗和一件青瓷盏，早于公元150年的材料从目前的考古材料来看仅限于此两例。汉代瓷器大部分出现于公元150—200年间，因此从纪年墓的材料可以确定汉代青瓷在公元100年前后开始出现，在公元150年以后的东汉中晚期获得了较大的发展。

这一时间点的出现与始宁县的设置相吻合。宋人施宿《会稽志》载："顺帝永建四年（公元129年）……分上虞南乡为始宁县。""汉顺帝时分上虞南乡为始宁县，隋平陈废。"汉代在浙江设县的过程，也是对浙江一个逐步开发的过程，公元129年吴郡与会稽郡分治后，会稽郡所领的14个县，均位于平原或山会平原区，生存条件极为有利。同年从上虞县南乡分出的始宁县，情况与以上诸县有显著区别：它位于曹娥江中上游地区，这里是山区或半山区，山多平原少，在传统农业经济条件下达不到立县的条件。始宁县的设置当跟某种特殊的经济门类有关，这就是青瓷的生产。以始宁为中心的曹娥江中游地区越窑烧造在东汉六朝时期的迎来了第一个高峰，从东汉中晚期开始，历三国，至西晋时期，无论是从产品的质量还是生产规模均在全国遥遥领先，是当时全国的瓷都所在。东晋南朝，越窑生产停滞并逐渐衰落，到南朝末至隋几乎停烧。始宁县从公元129年设县，到公元589年隋灭陈而废，历时460年，在时间上完全与曹娥江流域越窑生产相始终，县因瓷而兴，也因瓷而废。因此公元129年可作为东汉越窑生产的关键节点，说明越窑青瓷的生产在此一时期有相当的规模，需要有专门的行政机构加以专门管理。而成熟青瓷的出现，当略早于此一时期。

因此结合文献与纪年墓的材料，将成熟青瓷成规模的出现确定在公元100年左右的汉代中期是可靠的，至于他的萌芽，时代可能更早。

---

[1] 中国硅酸盐学会编：《中国陶瓷史》，文物出版社，1982年。
[2] 徐霁明等：《大园坪东汉青瓷胎、釉及其工艺的研究》，见罗宏杰主编：《2009年古陶瓷科学技术国际学术讨论会论文集》，上海科学技术文献出版社，2009年。

表 8-2 汉代纪年墓葬的出土青瓷器

编号	器物	出土地点	年代	资料出处
1	青瓷罐	江苏邗江甘泉二号墓	永平十年（67年）	《文物》，1981年第11期
2	青瓷碗、罍各1件	河南信阳擂鼓台	永元十三年（101年）	《中国伟大的发明——瓷器》，轻工业出版社，1988年
3	青瓷罐1件	安徽董园村1号墓	延熹七年（164年）	《文物》，1978第8期
4	青瓷罐1件	河南洛阳唐寺门	永康元年（167年）	《中原文物》，1984年第3期
5	青瓷罐、灶、杯、井、熏等	浙江奉化白杜	熹平四年（175年）	《浙江省文物考古研究所学刊》，文物出版社，1981年
6	青瓷双耳瓶1件	河北安平逯家庄	熹平五年（176年）	《文物春秋》，1989第7期
7	青瓷碎片和黑瓷碎片	安徽元宝坑1号墓	熹平七年（178年）	《文物》，1978年第8期
8	青瓷盘口壶1件	浙江上虞	熹平年间（172—178年）	《浙江省文物考古研究所学刊》，长征出版社，1997年
9	青瓷罐	浙江	初平元年（190年）	《中国伟大的发明——瓷器》，轻工业出版社，1988年。
10	青瓷罐	河南洛阳烧沟M147	初平元年（190年）	《洛阳烧沟汉墓》，科学出版社，1959年
11	复原2件青瓷罐，出土瓷片多片	四川马王坟	建安元年（196年）	《考古》，1980年第3期

汉代成熟青瓷的出现，是在两汉时期本地区高温釉陶（或原始瓷）发展的基础上一个逐渐形成的过程。

先秦时期原始瓷出现于夏商时期，成熟于西周，发展于春秋，而在战国早中期达到了顶峰，此后逐渐衰落，到战国晚期开始被传统上认为是高温釉陶（也称原始瓷）的器物所取代。此种类型的器物从战国晚期开始出现[1]，盛行于西汉至东汉早中期[2]，无论是施釉方法，还是胎质胎色，均与早期原始瓷存在着巨大的差别：胎色多变，呈紫红、深灰、深黑、青灰、灰白等，胎质普遍较粗而疏松；一般仅在器物朝上、没有遮挡的部位如口沿、肩、内底部等有釉，釉层薄，点状凝釉明显，釉色多青黄色，施釉线不明显，釉层向未施釉部位逐渐变薄、变淡过渡。其胎、釉的质量普遍不及战国早中期的原始瓷。

东汉早中期，胎、釉开始发生明显变化[3]。早期的高温釉陶（或原始瓷）这一时期仍大量存在，胎质胎色变化不大，但釉色和施釉方式显著不同，可见明显的人工施釉痕迹，施釉线清晰，釉虽多不及底，但不限于器物朝上部位，在鼓腹器物的下腹部亦多施釉，除青黄色釉外，出现较多深色的酱色釉或酱褐色釉。灰白

---

1 浙江省文物考古研究所等：《余姚老虎墩发掘报告》，见浙江省文物考古研究所编：《沪杭甬高速公路考古报告集》，文物出版社，2002年。
2 高温釉陶（或原始瓷）的中心分布区在浙江和苏南地区，特别是浙江地区，不仅地域覆盖广，几乎遍及全省各地，而且出土数量庞大，是此一时期墓葬中最常见的随葬品。
3 长兴县博物馆：《长兴七女墩墓葬群清理简报》，《东方博物》第43辑，2012年；吴玉贤：《浙江上虞蒿坝东汉永初三年墓》，《文物》，1983年第6期。

色胎质器物比例增加，此类器物一般火候较高，胎质细腻致密，硬度高；釉层厚，施釉均匀，青釉玻璃质感强，已接近成熟青瓷。上虞蒿坝永初三年（公元109年）墓中出土一批此类器物，这一变化当在公元100年左右或更早，处于向瓷器突变的前夕。

到了东汉中晚期，成熟青瓷开始大量出现，胎、釉均较为稳定，胎多呈青灰色，胎质细腻，釉极佳，施釉均匀，胎釉结合好，玻璃质感极强。主要器型有罐、罍、碗、镬、熏炉、釜、甑、井等。除青釉器物外，这一时期还有一定数量的黑釉瓷器。黑釉瓷器胎质一般较黑，胎色深，火候较青瓷低。黑釉一般呈酱色，釉层越厚，釉色越深，釉多不均匀。器型有五联罐、钵、虎子、罐、盘口壶、耳杯等[1]。

东汉典型瓷器有以下几种。

青瓷罐：直口、短颈、圆肩，鼓腹，平底，肩部通常有双系并饰细凹弦纹，腹部拍印斜方格纹。施釉多不及底。

青瓷钟：盘口，长颈，溜肩，鼓腹，高畔足。肩部刻划水波纹并有双系。

青瓷罍：直口或侈口，方唇极厚，圆肩，深鼓腹，大平底。腹通常拍印有斜方格纹、菱形填线纹、梳状纹、垂鳞纹等。

青瓷熏炉：敛口，圆唇，鼓腹，平底微凹，肩部有弦纹夹水波纹，腹部有圆形大孔多排。

青瓷井：宽沿，直口，斜肩，鼓腹，下腹内收，平底。肩到上腹部堆积巾绳索纹。每条绳索的交叉点均作结头状。胎质致密，胎色灰白，青绿色釉施釉不及底。

青瓷碗：直口微敞，浅弧腹，平底。

青瓷五联罐：器的上半部置五小罐，当中一罐较大，器身作深腹罐形，大平底（图8-1）。

青瓷罐

青瓷钟

青瓷井

青瓷熏炉

青瓷五联罐

图8-1　东汉越窑成熟瓷器

1　王惠娟：《浙江上虞出土的黑釉瓷器》，《南方文物》，1994年第4期。

东汉青瓷出土地点的分布比较广,包括浙江、江西[1]、安徽[2]、江苏[3]、湖南[4]、湖北[5]、四川[6]、重庆[7]、广西[8]、河南[9]、河北[10]等省,数量并不是很多,主要集中在浙江,特别是浙江的上虞地区。

浙江是汉代青瓷的中心分布区,分布范围广、数量多、质量高、器型丰富。

---

1 江西省文物管理委员会:《江西南昌青云谱汉墓》,《考古》,1960年第10期;江西省文物管理委员会:《江西南昌徐家坊六朝墓清理简报》,《考古》,1965年第9期;陈文华等:《南昌市郊东汉墓清理》,《考古》,1965年第11期;余家栋:《江西陶瓷考古综述》,《景德镇陶瓷》,1989年第1期;江西省文物考古研究所等:《江西修水山背汉晋墓葬发掘》,《南方文物》,2009年第4期;刘礼纯:《江西瑞昌发现两座东汉墓》,《考古》,1986年第8期。

2 安徽省博物馆:《合肥西郊乌龟墩古墓清理简报》,《文物参考资料》,1956年第2期;安徽省博物馆:《安徽合肥东郊古砖墓清理简报》,《考古通讯》,1957年第1期;亳县博物馆:《亳县凤凰台一号汉墓清理简报》,《考古》,1974年第3期;安徽省亳县博物馆:《亳县曹操宗族墓葬》,《文物》,1978第8期;周群:《固镇渡口村十二座砖室墓清理简报》,《文物研究》,黄山书社,1998年;李湘:《安徽地区汉代墓葬研究》,安徽大学2010年硕士论文;安徽省文物考古研究所等:《安徽宣城电厂墓地发掘简报》,《文物研究》,黄山书社,2005年。

3 江苏省文物管理委员会:《江苏高邮邵家沟汉代遗址的清理》,《考古》,1960年第10期;南京博物院:《江苏邗江甘泉二号汉墓》,《文物》,1981年第11期;徐州市博物馆:《江苏铜山县班井村东汉墓》,《考古》,1997年第5期。

4 湖南省文物管理委员会:《湖南耒阳东汉墓清理简报》,《考古通讯》,1956年第4期;周世荣:《湖南益阳市郊发现汉墓》,《考古》,1959年第2期;湖南省博物馆:《湖南郴州市郊东汉墓发掘简报》,《考古》,1982年第3期;湖南省博物馆:《湖南资兴东汉墓》,《考古学报》,1984年第1期;高至喜:《略论湖南出土的青瓷》,《中国考古学会第三次年会论文集》,文物出版社,1984年。

5 湖北省文物管理委员会:《湖北均县"双塚"清理简报》,《考古》,1965年第12期;沈宜扬:《湖北当阳刘家冢子东汉画像石墓发掘简报》,《文物资料丛刊》第1辑,1977年;云梦县博物馆:《湖北云梦癞痢墩一号墓清理简报》,《考古》,1984年第7期;湖北省文物考古研究所:《襄阳王坡东周秦汉墓》,科学出版社,2005年;武汉市文物考古研究所、江夏区文物管理所:《武汉江夏区庙山东汉墓的清理》,《考古》,2006年第5期。

6 丁春祖:《四川大邑县马王坟汉墓》,《考古》,1980年第3期;成都市文物管理处:《四川成都曾家包东汉画像砖石墓》,《文物》,1981年第10期;四川省文物管理委员会:《四川涪陵东汉崖墓清理简报》,《考古》,1984年第12期。

7 张一品:《长江三峡出土文物精粹》,中国三峡出版社,1998年;俞伟超主编:《长江三峡文物存真》,重庆出版社,2000年。

8 俸艳:《广西恭城县牛路头发现一座东汉石室墓》,《考古》,1998年第1期;广西壮族自治区文物工作队:《广西北海市盘子岭东汉墓》,《考古》,1998年第11期;韦仁义:《广西古代陶瓷综述》,《民族艺术》,1990年第7期。

9 傅振伦:《中国最古的瓷器》,《历史教学》,1951年第6期;黄展岳:《1955年春洛阳汉河南县城东区发掘报告》,《考古学报》,1956年第4期;洛阳区考古发掘队:《洛阳烧沟汉墓》,科学出版社,1959年;南阳市文物考古研究所:《南阳市防爆厂住宅小区汉墓M62,M84发掘简报》,《中原文物》,2008年第4期;中国科学院考古研究所:《洛阳中州路》,科学出版社,1959年;洛阳市文物工作队:《洛阳唐寺门两座汉墓发掘简报》,《中原文物》,1984年第3期。

10 河北省文物研究所:《安平东汉壁画墓发掘简报》,《文物春秋》,1989第7期。

在上虞[1]、杭州[2]、奉化[3]、象山[4]、海宁[5]、武义[6]等地均有发现，器型包括了汉代青瓷的所有门类。青灰色胎，青釉施釉均匀，釉层厚、玻璃质感强，火候高，胎釉结合好，少见剥釉现象。上虞凤凰山墓地除出土6件青瓷器外，还出土大量的酱釉器，此类器物烧成温度略低于青瓷，但釉层厚，施釉均匀，玻璃质感强，与青釉器相近。

浙江以外诸省发现的汉代青瓷数量相对较少，器类较为单一，主要以碗与罐为主，且质量高低不一，部分青釉器物质量较高，胎质细腻、施釉均匀，玻璃质感强，与浙江所出青瓷较为接近。多数器物釉色青黄，胎釉结合差、剥落严重。部分胎釉较佳的器物，特别是浙江周边的安徽、江苏等省及北方出土的青瓷，浙江烧造的可能性比较大，其余地区部分青瓷、特别是胎质较松、釉色青黄、胎釉结合不太好的器物可能为浙江以外的地区所烧造。

汉代出土青瓷的墓葬一般为规模较大的多室砖室墓，许多为画像石、画像砖或壁画墓，通常随葬包括青铜器、陶器、漆器、玉器等在内的大量器物。如安徽董园村一号墓为砖室结构[7]，由前、中、后室及左右偏室构成，墓室长13米，该墓早年被盗，但仍保存有金缕玉衣、银缕玉衣各一件，以及牙雕器、玉器、青铜器、金器、银器、陶器等，显然非一般平民墓葬。因此青瓷作为东汉中晚期新出现的器类，属于珍稀器物，为当时的上层贵族所占有，是使用者地位与身份的象征。

越窑生产可以分成前后两个大的时期：汉六朝与唐宋时期。其中汉六朝时期的越窑在整个宁绍平原均有分布，包括：上虞[8]、绍兴[9]、萧山、宁波、慈溪、奉化等地，上虞曹娥江中游地区是其中心产地。

东汉时期龙窑技术已相当成熟，大园坪窑址发掘揭露了2条龙窑窑炉，其中Y1残长6.36米，宽约2米，由火膛、窑床等组成，窑尾被破坏。近长方形火膛低于窑床，黑灰色烧结层较厚；窑床底部铺砂，坡度为13度，出土大型支烧具和废品；窑壁以黏土抹成，具有良好的烧结面，残高约20厘米。从火膛、窑床等部分考察，此时龙窑较为成熟，有利于窑温的提高和分布均匀，这是高质量瓷器烧成的先决条件。除龙窑技术的进步外，大量窑具的使用，也是高质量瓷器烧成的重要保证。东汉时期的窑具均为支垫具，包括高大的筒型和较低矮的两足型。不见间隔具，多为单件装烧。在保证了产品质量的同时，却使窑址产量大大下降，这一

---

1 浙江省文物考古研究所等：《上虞凤凰山古墓葬发掘报告》，见浙江省文物考古研究所编：《浙江省文物考古研究所学刊（建所十周年纪念）》，科学出版社，1993年。

2 浙江省文物考古研究所：《杭州地区汉、六朝墓发掘简报》，《东南文化》，1989年第5期。

3 黄利华、林士民：《奉化白杜汉熹平四年墓清理简报》，见浙江省文物考古研究所编：《浙江省文物考古所学刊》，文物出版社，1981年；吴战垒：《东汉熹平款青瓷盘口壶》，见浙江省文物考古研究所编：《浙江省文物考古研究所学刊》，长征出版社，1997年。

4 夏乃平：《浙江象山县清理一座东汉墓》，《考古》，1997年第7期。

5 嘉兴地区文管会等：《浙江海宁东汉画像石墓发掘简报》，《文物》，1983年第5期。

6 金华地区文管会：《浙江武义东汉墓》，《考古》，1981年第2期。

7 安徽省亳县博物馆：《亳县曹操宗族墓葬》，《文物》，1978第8期。

8 杜伟：《上虞越窑窑址调查》，《东方博物》第24辑，2007年。

9 绍兴县文物保护管理所：《浙江绍兴外潮山、馒头山古窑址》，《江汉考古》，1994年第4期。

时期的生烧比例仍旧较高[1]。

除上虞以外，绍兴[2]、宁波[3]一带也有少量的东汉窑址分布，一般青瓷器与深色的原始瓷器物合烧，器型主要有瓿、罍、罐、壶、洗、碗等，装饰有弦纹、水波纹、网格纹、梳状纹、叶脉纹、菱形短直线纹等，无论是青瓷还是原始瓷，胎质较粗，釉色较深，火候较低，胎釉结合不好。窑具有大型的筒状与二足低矮支垫具两种。

二、成熟青瓷的第一个高峰——三国西晋青瓷

成熟青瓷从东汉中期开始出现，经过东汉晚期的初步发展，到了三国西晋时期，迎来了其发展史上的第一个高峰。产量迅猛提高，全国各地墓葬中普遍出土大量的这一时期青瓷器。南京作为三国时期吴国的都城，聚集了一大批豪门世族，而上虞是青瓷的生产中心，属近水楼台，因此这一时期高档瓷的青瓷主要出土于南京附近[4]和上虞[5]地区，以越窑产品占绝大多数。

无论是产品种类、造型、装饰、胎釉质量，均达到了一个全新的发展高度。产品种类纷繁复杂，汉代钟、瓿、罍、五管瓶等已基本不见，新器型大量涌现，有作为日用器的各种碗、罐、盘、碟、洗、虎子、盘口壶、鸡首壶、簋、耳杯、托盘、勺、水盂、槅、灯盏、烛台、熏炉、砚台等，涉及生产、生活的方方面面。成组成套明器成为墓葬中最常见的随葬品，有鸡笼、猪圈、狗圈、羊圈、房舍、水井、筛子、畚箕、磨盘、堆塑罐、俑等，在视死如视生的俯仰下，将生前的整套生活用品完整地搬到了地下（图8-2）。

汉代瓷器上的装饰多为弦纹、水波纹、方格纹等，简洁明朗，三国西晋青瓷一改此硬朗作风，代之以繁缛华丽的风格，造型和装饰极尽复杂多变之能事。造型的最大特点是将自然界的飞禽走兽和人世间的世态百相惟妙惟肖地引入各种器型中，有：狮形与羊形烛台、蛙兔鸟和熊等各种动物形水盂、鸽形魁、熊形灯盏、虎形溺器（虎子）、神兽尊、熊尊、鹰形盘口壶、犀牛、各种男女俑及亭台楼阁，无所不包。器物的装饰上，器物肩腹部流行压印网格纹与连珠纹，再堆贴各种铺首及鸡头、虎头、牛头、佛像、仙人等，器盖钮、器足、把手等亦做成各种飞禽走兽造型，形态逼真。

胎釉质量上看，胎色灰白细腻，釉色青翠稳定，青中泛绿，釉面均匀饱满，施釉均匀而极少有流釉现象。

这一时期造型的总体风格为浑圆饱满，主要器型的变化如下。

罐：直口罐在三国初期继续沿用，变化不大。后最大腹径上移，被直口隆肩

---

[1] 沈岳明：《上虞大园坪东汉窑址》，见浙江省文物考古研究所编：《浙江考古新纪元》，文物出版社，2009年。
[2] 绍兴县文物保护管理所：《浙江绍兴外潮山、馒头山古窑址》，《江汉考古》，1994年第4期；沈作霖：《绍兴越窑概述》，《南方文物》，1993年第4期；周燕儿：《绍兴越窑初探》，《南方文物》，2004年第1期。
[3] 林士民：《浙江宁波汉代窑址的勘察》，《考古》，1986年第9期。
[4] 徐湖平主编：《六朝青瓷》，上海古籍出版社，1999年。
[5] 上虞博物馆编：《瓷国之光》，浙江人民美术出版社，2007年。

图 8-2　三国—西晋时期越窑青瓷

罐所取代，下腹弧收，平底较小。

堆塑罐：从汉代五管瓶和五联罐发展而来，三国堆塑罐保留五管做法，周边四管更形缩小，上层堆贴簇拥大量的飞鸟，下层塑鸭、蛇、龟、狗、熊及胡人等。罐体肩部堆塑泥鳅等。西晋时期堆塑罐造型极其复杂，五联罐弱化成象征性的小罐，中心作多层亭、台、楼、阁建筑，四周堆贴大量的飞禽走兽及胡俑、佛像等，罐体亦有各种动物及佛像堆贴。西晋末期逐渐消失。

虎子：三国略呈蚕茧形，圆筒口斜上翘。西晋时期口部呈怒张的虎头，塑造细致，从早到晚逐渐上缩，茧形身体两侧刻划飞翼，四肢曲折蹲伏，背有弧形提梁，提梁后附贴虎尾。西晋亦有圆形虎子，口作虎头形，扁圆腹刻划飞翼。

鸡（羊、虎）首壶：盘口，颈较短，腹较鼓，器型浑圆。鸡首矮小，无流，与鸡首相对的一侧堆贴小鸡尾。

砚台：一般三足，足多作兽形或力士形，较低矮。

除浙江与江苏地区外，南方地区的江西、安徽、福建、两广、长江中上游等地区这一时期的青瓷出土亦较汉代更为普遍。江西地区出土的瓷器墓葬分布范围仍不是太大，主要分布在赣江下游一带，最南端大致到江西樟树市一带，但瓷器开始逐渐成为日用器主流[1]。福建地区这一时期出土瓷器数量也不多，主要为各种日用器，明器少见，胎骨呈灰白或浅灰色，胎质致密，胎釉结合紧密。釉较薄，颇莹润，有黄绿、青绿、灰绿等色，主要产品面貌与浙江、江西一带窑址产品较为接近[2]。两广一带出现比较晚，主要发现于西晋以后[3]。长江中上游的两湖、四川一带，部分产品与湘阴、丰城窑较接近，部分可能是从长江下游地区输入[4]。

三国西晋是上虞窑址的大发展时期，20世纪80年代的调查资料显示这一时期的窑址已超过100处，是上虞整个制瓷史上窑址最多最密集的时期。分布范围仍以上浦、梁湖两镇最为密集，但驿亭镇、百官街道、曹娥街道也有相当的数量。不仅窑址数量迅猛增加，单个窑址的规模较东汉时期明显扩大，分布范围更大、地层堆积更厚，地层中窑址的废品更纯净，几乎为纯瓷片与窑具的堆积层。

代表性窑址有1977年发掘的鞍山三国时期窑址与2007年发掘的尼姑婆山三国西晋时期窑址。尼姑婆山窑址纯烧青瓷，产品十分丰富，有碗、钵、罐、双唇罐、盘口壶、罂、水盂、三足圆砚、扁壶、虎子、器盖、三足尊、平底尊、洗等，均为实用器，不见堆塑魂瓶、猪圈、狗圈等明器。许多器物器型硕大，造型端庄，胎质细腻，釉色多为青绿、青黄，烧结程度良好。装饰题材丰富，压印、戳印、刻划的纹样主要有斜方格纹、连珠圆圈纹、连珠花蕊纹、龙纹、栉齿纹、水波纹等，粘贴装饰的主要有兽面铺首、佛像、麒麟、凤凰、虎头、鸡首、牛头、马头、鹿头等，纹饰清晰，造型生动。

揭露的龙窑窑炉由火膛、窑室和排烟坑组成，全长约13米，窑宽2.2米，以土坯砖（生坯）堆砌窑壁及窑顶。火膛平面呈长方形，低于窑室，紧贴火膛后壁设有一级踏步台阶，此处可能亦为装出窑的通道。窑底残留垫具、间隔具及最后一窑的废品，窑室后壁由土坯砖砌成；紧邻窑腔后壁的尾部排烟坑为一长方形浅坑。窑具数量众多，主要有间隔具和垫具。间隔具有三钉饼形间隔具和锯齿口盂形间隔具，大小不一。垫具形式较多，有束腰形、钵形、筒形、盂形、浅盘形等，除大小高矮各异。[5]

无论从产品质量还是制作、烧造工艺上看，该窑址均代表这一时期青瓷制作的最高水平。

上虞以外的越窑生产不仅没有发展，在生产规模上甚至有所萎缩，虽然地域上往西在萧山地区亦有生产[6]，但作为唐宋时期越窑中心的宁波地区，在汉代已发现多处窑址，这一时期并没有多少发展，余姚等地有少量的发现，此外在绍兴县发现四五处窑址，产品的器型、装饰与上虞地区相近。

---

1 李荣华：《江西地区的六朝瓷器》，《南方文物》，2008年第1期。
2 刘逸欣：《福建六朝墓葬出土青瓷研究》，《东南文化》，2008年第3期。
3 邓宏文：《广东六朝墓葬出土瓷器研究》，《华夏考古》，2000年第3期；李鸿庆：《广西出土的陶瓷器》，《中国历史博物馆馆刊》，1981年第6期。
4 黄义军：《略论湖北地区六朝青瓷的造型和装饰》，《江汉考古》，1994年第12期。
5 郑嘉励：《浙江发掘上虞尼姑婆山三国西晋窑址》，《中国文物报》，2007年6月20日第2版。
6 王屹峰等：《浙江萧山永兴河流域六朝青瓷窑址》，《东方博物》第13辑，2004年。

三、生产的停滞与越窑的第一次衰落——东晋南朝时期

东晋南朝时期是越窑的第一个相对衰落时期,产品种类更加单一,三国西晋时期大量的明器、各种飞禽走兽此时基本停烧,器型主要有碗、罐、盘口壶、鸡首壶、虎子、洗、钵、唾壶、灯盏、砚台、熏炉、榼等。其中以碗、罐为大宗,盘口壶、鸡首壶亦有一定的数量。造型简朴,不再使用各种动物造型与堆饰。三国西晋时期繁缛华丽的纹饰几乎不见,代之以素面或简洁流畅的细弦纹,南朝时期较多地使用简单的莲瓣装饰,壶、罐类小口器物一般见于上腹部,碗、盘类大口器物则见于内腹部或内外腹均有。褐彩装饰成了这一时期最具特征的技法,多见于器物的口沿,如碗、盘、罐类器物的口沿,点状等距对称分布,也有见于器物的肩、系面、盖面者,其中以使用于羊形器的双眼上的点彩最具创意,使之气韵生动。这一时期的器物造型总体上由三国西晋时期的浑圆饱满向瘦高方向发展,颇具秀骨清像的风骨(图8-3)。典型器型有以下几种。

盘口壶:东晋时期为大盘口,瘦长颈,瘦长腹,肩部饰细弦纹,并堆贴有桥形系。南朝时期出现小盘口壶,细长颈,肩部饰细弦纹与方桥形系,上腹部刻划莲瓣纹。

鸡首壶:东晋时期盘口壶,盘口变小,颈部变高,但仍较粗短,圆肩,深弧腹,平底。肩部堆饰高耸鸡首:鸡冠高隆,圆眼外凸,圆形嘴中空高昂,与鸡首相对的部位置有一柄,上细下粗。鸡首与柄之间有对称横向桥形系一对。东晋晚期到南朝初期柄有作龙形,并出现双鸡首。南朝晚期伴随着整个器型有萎缩,鸡首不仅萎缩且十分草率,柄部不再作龙形,已临近于消失。此类器物即使在东晋时期,部分鸡首虽也圆形嘴中空,但并不与腹部相通而仅具装饰功能,因此其是否为实用器很难确定。

罐:直口罐的直口更短,腹更瘦长,肩部多饰方桥形耳。

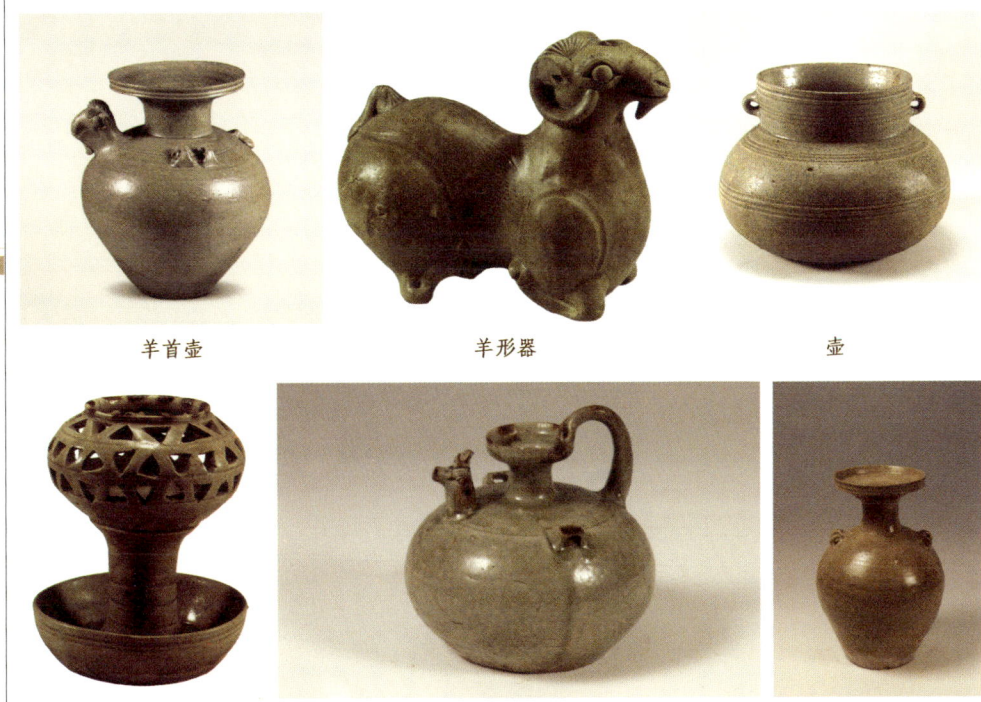

| 羊首壶 | 羊形器 | 壶 |
| 熏炉 | 鸡首壶 | 盘口壶 |

图8-3 东晋—南朝越窑青瓷

虎子：东晋早期尚有作虎头形的虎子，但数量极少，多为扁圆腹，腹部由早到晚逐渐变高。

砚台：从三足砚演变成四足、六足形，扁足较高而外撇。

碗：腹变深，由平底演变成假圈足。

越窑的衰落，却是包括浙江其他窑口与省外窑口的一个发展机遇。德清窑、丰城窑等均达到了其发展的顶峰，瓯窑、婺州窑、湘阴窑等获得了极大的发展，邛窑、淮南窑及福建、广东的窑场在这一时期开始创烧。江西等地随着丰城窑的发展，瓷器几乎全面代替了陶器而被普遍使用。福建东晋青瓷仍以日用器居多，素面无纹或饰简单弦纹，部分器物在口沿、腹部施褐色点彩。南朝时期数量、种类激增，除日用器外，新出现灶类明器，莲瓣纹大量流行。胎色灰白、质地坚硬，釉色有淡绿、深绿、灰绿、黄绿、酱褐等，除部分与浙江、江西窑址产品近似产品外，许多产品具有地方特色，当为本地窑场烧造。

东晋南朝越窑生产规模迅速萎缩，上虞地区的窑址数量锐减至20处左右，但是这一时期越窑的生产中心仍旧在上虞的上浦与梁湖两镇。产品种类较为单一，主要是各种日用器：碗、罐、盘口壶、鸡首壶、砚、灯、虎子、洗等。产品质量仍旧较高，胎质细腻坚致，釉层厚，施釉均匀，玻璃质感强，釉面匀润，胎釉结合好。以青釉产品为主，在少量窑址还生产黑釉产品。窑具有两种，一种是垫具，多为喇叭形或直筒形，另一种是间隔具，主要是锯齿口的盂形间隔具。这一时期普遍使用多件器物叠烧，除使用间隔具外，也开始使用泥点间隔。因此单个窑址的产量仍旧较高。

除上虞地区以外，在绍兴、萧山、慈溪[1]、宁波等地亦有一定的生产规模。

四、上虞曹娥江流域的古代窑业

汉六朝时期的窑业生产，无论是从窑业的规模还是从产品的质量和档次上来看，其中心产地都应该是在浙江地区，尤其是以上虞为中心的曹娥江流域（图8-4）。不仅这一时期的越窑为全国翘楚，而且婺州窑、德清窑、瓯窑亦迎来了第一个发展期。受浙江窑业的影响，周边省份如江西、四川、湖南、湖北等地亦出现窑业生产。

曹娥江流域的古代窑业基本集中在中下游地区的上虞区范围内，上游地区的嵊州与新昌两县则窑址数量极少、时代亦较晚，出土器物质量一般，本节重点介绍上虞地区的古代窑业。

上虞县始设于秦王政

图8-4 曹娥江

---

[1] 慈溪市文物管理委员会办公室：《慈溪东晋窑址的调查》，《东南文化》，1993年第3期。

图 8-5　上虞窑址分布图

二十五年（公元前 222 年），是浙江最早的秦县之一。

上虞的地形南高北低，南部山区与北部水网平原面积参半，俗称"五山一水四分田"。南部低山丘陵分属两支，东南系四明山余脉，较为高峻，最高海拔为 861.3 米，是全县最高。西南属会稽山余脉，略为平缓，最高海拔 390.7 米。北部平原水网属宁绍平原，地势低平，平均海拔 5 米左右。最北端是滨海高亢平原，平均海拔在 10 米左右。四明山脉与会稽山脉由南而北逐步降低，中间夹一条大河——曹娥江，曹娥江是浙江第四大河流，也是绍兴地区最大的河流。

曹娥江流域的东、南、西三面分别是四明山与会稽山脉，地势由南而北逐渐降低，流经的上浦镇一带，是南部山区与北部平原的过渡地带。曹娥江最大的支流小舜江，发源于绍兴市区，由西南向东北在上浦镇注入曹娥江。由此在上浦镇周边形成一个较大的山间盆地。这一带的曹娥江两岸以及包括皂李湖、白马湖等周边的临河与湖的低山缓坡地带，处于南部高大山脉与北部河网平原的过渡地带，低山起伏、植被茂密、河网密布，不仅有丰富的瓷土和燃料资源，且水运四通八达，是烧窑的理想场所，是汉六朝时期窑址的中心分布区，是中国成熟青瓷的起源地与发展的第一个高峰。

上虞曹娥江汉六朝窑址群以上虞南部上浦盆地周边为核心，同时包括东部地区的皂李湖与白马湖周边地区，大致可以分成六大片区：上浦西北的四峰山片区、上浦西南的大湖岙片区、上浦东北的窑寺前片区、上浦东南的凌湖片区以及皂李湖片区、白马湖片区（图8-5）[1]。

1. 四峰山片区

四峰山窑址群位于曹娥江的西岸、小舜江的北岸，以四峰山的东、南麓为分布核心，向北延伸至梅坞的猫头山、沿油螺山等地，这里已经是上浦盆地的北部边缘，再往北几乎不见有窑址。四峰山窑址群又可细分成两个小的窑址群：小仙坛窑址群与凤凰山窑址群，目前均为全国重点文物保护单位。

小仙坛窑址群位于上虞市上浦镇石浦村，四峰山南麓（图8-6），这里是上虞东汉瓷窑址密集分布地，在直线距离1500米的范围内，至少分布着近10处窑址。小仙坛窑址即由其中的小仙坛、大园坪、小陆岙诸窑址组成。小仙坛窑址可分成早晚两个时期。

图8-6 四峰山与小仙坛窑址

早期以小陆岙窑址为代表，时代大约在东汉中晚期，以烧造印纹硬陶、高温釉陶为主，青瓷产品不仅数量少，而且面貌变化比较大，包括浆黄色釉、青灰色釉、青釉等，多数产品胎釉不稳定，胎质疏松、釉色深、

图8-7 小陆岙窑址采集青瓷标本

胎釉结合差、火候低，生烧比例极高，仅少数产品釉色青翠，釉质玻璃质感强，胎烧结度高，胎釉结合好而接近成熟青瓷品质（图8-7）。

东汉晚期以小仙坛、大园坪等窑址为代表，青瓷产品有了质的飞跃，质量稳定，胎色灰白，质地细腻坚致，釉色青翠，施釉均匀，釉层透明，玻璃质感强，吸水率低，完全跨入了成熟青瓷的行列。经过上海硅酸盐研究所等单位的测试，其包

---

[1] 本图由杜伟先生提供。

括烧成温度、吸水率、抗弯强度等在内的数据成为成熟瓷器的标准,并广为学术界所公认。因此小仙坛窑址为成熟青瓷起源的分水岭,并为六朝时期的大发展奠定了技术上的基础。小陆岙、小仙坛、大园坪窑址时间上的早晚及发展顺序上的连续性,为我们研究东汉时期成熟青瓷的起源和发展过程,提供了丰富的实物资料(图8-8)。小仙坛窑址亦被学术界认为是中国成熟瓷器的主要发源地,在中国陶瓷史上具有重要意义。

图8-8 小仙坛窑址出土青瓷标本

西边的馒头山窑址也可以划归到这一窑址群中,成为一个新的类型——馒头山类型。该类型以生产印纹硬陶、硬陶、原始瓷等为主,胎质较粗而松,胎色较深。原始瓷在技术上沿袭本地的传统,器型主要是各种罐、瓿、罍、壶、钟等,其施釉方式是仅在器物朝上且没有遮挡的一面有釉,即器物的口沿、颈的下腹、肩、上腹等乃至于内底

图8-9 馒头山窑址采集标本

中部,在器物朝下或受遮挡的一面则无釉,如器物的下腹部、盘口壶的盘口之下及颈的上部等,施釉不均匀,凝釉明显,施釉处的中心釉层最厚,向无釉处逐渐变薄乃至逐渐消失,不见明显的施釉线,釉色较深(图8-9)。

在小陆岙的附近也发现了一处西晋时期的窑址,采集到的产品主要是碗、盘口壶、罐、洗等,流行网格纹与连珠纹装饰,在窑具上包括支烧具与间隔具两种,支烧具主要呈大型的筒形,间隔具均为锯齿状,没有发现三足钉形,由此判定时代略晚于凤凰山窑址群的主体窑址,约在西晋时期。

凤凰山窑址群位于上虞市上浦镇大善小坞村,四峰山的东麓,南边与小仙坛汉代窑址群相邻。这里是三国西晋时期窑址的集中分布区,目前至少发现了十多处窑址,凤凰山窑址位于这一窑址群的核心地带,包括凤凰山、前山与尼姑婆山等窑址。凤凰山窑址群分布地域集中,窑址密集,规模庞大,堆积丰厚,年代一致,烧造技术领先,制作手法新颖,生产规模大,是早期越窑鼎盛期的典型窑场,不仅代表了三国西晋时期越窑烧瓷技术最高水平,同时也代表了中国成熟瓷器发展的第一个高峰。凤凰山窑址产品种类丰富,制作规整,釉色匀润,装饰技艺多样。器型有樽、罐、钵、盘、簋、泡菜坛、罂、狮形烛台、蛙形水盂、砚、扁壶、虎子、洗等,包括了日用瓷、陈设瓷、礼仪用瓷、丧葬用瓷等门类。装饰题材多样,有刻划的弦纹、水波纹、拍印的斜方格纹、栉齿纹、水波纹、龙凤纹等,压印的网格纹,戳印的有联珠纹、联珠花蕊纹,范印的有铺首、佛像、兽面足和作为罐流的虎头、鸡头、牛头、马头、鹿头等,堆塑的有人物、走兽、飞禽等。烧

图 8-10　禁山窑址

图 8-11　禁山窑址出土标本

造工艺高超，龙窑进一步加长、完善；窑具更加复杂，除东汉时期开始大量使用的大型支烧具外，还新出现包括三足支钉形、锯齿形等各种形态的间隔具。这些工艺的改进，不仅使产品质量有质的变化，同时产量亦极大地提高，使瓷器的大规模产业化并走进千家万户成为可能。许多器物如三足洗、罐、盘口壶、双唇罐等体量巨大、胎釉质量高、装饰复杂、纹饰清晰，从出土地域上看，此类器物基本上集中在以南京为中心的周边大型高等级墓葬中，可能是专供宫廷与高等级贵族使用的珍稀物品。凤凰山窑址是早期生产宫廷用瓷的重要场所。

凤凰山窑址群的禁山窑址，早期地层中发现了汉代的产品，成为一个新类型——禁山类型。器类上除早期的罐、洗、盘口壶外，新出现大量的碗，钟少见。装饰以素面为主，偶见有少量的细弦纹、水波纹以及铺首、系等。这一时期在装烧上的一大变化是大量三足支钉形间隔具的使用，不仅大大提高了产量，同时使碗类日常用器成为瓷器烧造的主要门类，应该是瓷器成为日常用品的重要标志与转折（图 8-10、图 8-11）。

2. 大湖岙片区

曹娥江的西岸、小舜江的南岸，以大湖岙地区窑址规模最大、数量最多、最密集。大湖岙往北，沿着曹娥江西岸，在里基庵窑址折向西边，沿着小舜江的南岸低山丘陵，最西到达大乌贼山窑址，大湖岙往南，沿着曹娥江西岸，可到上浦盆地的南部边缘的两美山窑址一带，这里是汉代窑址的最集中分布区，目前已发现窑址五十多处，且时代均为汉代，未见更晚期的窑址。大湖岙片区窑址大致可以划分成珠湖、马面山、里基庵三个类型。

（1）珠湖类型

珠湖类型的产品应该包括三种，第一种即馒头山类型中的原始瓷，仅在朝上没有遮挡的部分有釉，凝釉明显，施釉线不清晰；第二种器物的器型、装饰、成型、胎质与胎色等均与第一类近似，但施釉技术发生了根本的改变，使用了刷釉技术，不仅是器物朝上的部位，朝下的部位亦有施釉，釉层薄，釉色较青翠，但较均匀，施釉不及底，施釉线清晰，部分器物或局部施釉较为草率，仅涂刷数笔。此外，可能少量质量好的青瓷已进入成熟青瓷的门槛。主要器型有罐、瓿、壶等。流行拍印纹饰，主要方格纹等。多数器物无釉且呈生烧的土黄色，仅少量器物有釉，釉色一般较深，呈酱黑色或酱黄色，胎釉结合不甚佳，剥釉现象严重，釉层不均匀（图8-12）。

（2）马面山类型

产品主要器型有罐、瓿、罍、壶。多数器物器型巨大，流行拍印纹饰，主要方格纹、菱形方格纹、梳状纹、垂鳞纹等，多数器物无釉且呈生烧的土黄色，仅少量器物有釉，釉色一般较深，呈酱黑色或酱黄色，胎釉结合不甚佳，剥釉现象严重，釉层不均匀。

产品特征与小陆岙类型一致。

（3）里庵基类型

采集到的标本主要包括青瓷碗、罐、钵、洗等器物。素面为主，少量的弦纹与水波纹等装饰。胎釉质量极高，胎质细腻，釉色青翠，胎釉结合好，施釉不及底。窑具有大量的三足钉形间隔具与筒形支烧具。

里庵基窑址类型可划归禁山类型。

图8-12 珠湖类型采集标本

3. 窑寺前片区

窑寺前窑址群，位于上虞南边约10公里处的上浦镇东山村甲仗与窑寺前两自然村中，西边距曹娥江约为1.5公里左右，20世纪60年代调查发现[1]，其中的窑寺前窑址公布为省级文物保护单位（图8-13）。

上虞五代北宋时期的窑址分布范围和窑址数量远不及汉六朝时期，主要以

图8-13 窑寺前

窑寺前为中心，山南的帐子山一带亦有一定数量分布。

窑寺前窑址群分布于一处朝西凹字形山岙的环山山麓，东、南、北三面均有，西北自马岙、马窑头窑址起，顺时针方向依次为窑湖、窑寺前、挂壁灯山、后宋家山、宋家山、立柱山、道士山、前岙、蒋家山、合助山、罗夹岙、吸壁蝴蝶山、驱猪岭、盘口湾及傅家岭等近30处窑址，许多窑址群分布范围广，堆积丰厚，时代以北宋中晚期为上，部分窑址可以到晚唐北宋时期。

少量的汉六朝时期窑址，包括罗夹岙、蒋家山I、窑寺前II、马窑头II等，起自东汉，止于南朝，产品质量普遍较高。

东汉时期的窑址包括蒋家山、马岙、马窑头、长大山等窑址。

其中长大山II号窑址年代较早，与馒头山类型接近，采集到的标本普遍质量比较差，类似于硬陶类器物比较多，带釉器物少见，流行拍印纹饰，有网格纹、

---

[1] 汪济英：《记五代吴越国的另一官窑——浙江上虞县窑寺前窑址》，《文物》，1963年第1期。

直条梳状纹等，火候高，胎质较粗。器型主要是大型的罐罍类器物。窑具主要是粗大的支烧具。

其余窑址面貌基本一致，与禁山汉代类型相似。产品主要以碗、罐、宽沿洗、方唇洗、盘口壶等为主，基本为青釉。胎釉质量高，胎质细白，施釉均匀，玻璃质感强，外底施釉不及底。有少量的水波纹、弦纹、铺首装饰。窑具主要是筒形支烧具与三足钉形间隔具。筒形支烧具普遍较细，胎质较细而呈瓷胎状，部分外表施有釉层。三足支烧具钉多较长，钉间距较小。

三国西晋时期的罗夹岙、窑寺前II等窑址的器型、装饰、胎釉质量均得到了进一步的发展。流行纹饰装饰，主要为条带状的网格纹等，铺首大量出现。装烧方式上最大的变化是间隔具，由纯的三足钉形转变为三足钉形与锯齿状间隔具共用。

东晋南朝时期窑址仅在窑寺前发现两处，整体质量下降。产品种类减少，胎釉质量明显下降，胎质更粗而松，釉色更薄而质感下降，装饰更为简单，网格与连珠纹不再使用，代之以刻划的莲瓣纹，点彩大量出现，一般多点装饰于器物的口沿上。东晋时期在装烧上不再使用三足钉形间隔具，而代之以纯锯齿状间隔具，东晋晚期或南朝时期则出现不使用窑具而仅以泥点间隔的装烧方式，泥点多呈圆形较大，数量不多。由于是调查采集，不能确定南朝时期仅用泥点间隔还是泥点与锯齿状间隔具共用，从隋到初唐仅有泥点间隔的情况来看，锯齿状间隔具的消失可能在南朝时期应该完成了。

目前在该地区没有发现隋至初唐时期的窑址。

晚唐至五代时期的窑址极少，仅在傅家岭、窑寺前等少量地点的早期地层中有少量的发展，没有单纯为这一时期的窑址。晚唐时期产品质量普遍较低，器类单一，以碗占绝大多数，少量的壶、罐类器物。基本为素面，釉色青黄、釉面干枯，质感不强。以泥点间隔叠烧，泥点多呈长椭圆形，数量多而排列紧密。支烧具呈矮喇叭形，粗陶质。

北宋时期产品质量普遍较高，尤其是北宋早中期，其中以傅家岭等窑址最为上乘。产品种类极其丰富多样，并流行细划花装饰，题材主要是各种花卉与禽鸟，也有龙凤纹等。胎质细腻而浅灰，釉色中天青色釉比例较高，釉面匀润而饱满。窑具主要是匣钵与垫圈，一般单件匣钵装烧。满釉，外底与垫圈之间用泥点间隔。匣钵除陶质外，还有部分细白的瓷质匣钵。北宋中晚期产品质量逐渐下降，胎质变粗、釉色逐渐泛黄而质感下降，装饰主要是粗刻划花，从严谨而逐渐粗率。到北宋末期，产品质感已极差，器类基本剩碗一种，外底不施釉而以泥点间隔直接叠置，明火烧造。同时，在傅家岭与盘口湾还采集到瓦类建筑材料，有筒瓦与板瓦两种，瓷质，部分施有釉。

4. 凌湖片区

上浦镇凌湖村原先属于联江公社凌湖大队，后改为上浦镇凌湖村，2006年并入夏家埠村，与甲仗村一样成为一个自然村。夏家埠村紧邻曹娥江边，"文革"时称为红光村，现在辖有夏家埠、凌湖、新窑三个自然村。夏家埠南边同样在曹娥江边的冯浦村，是原先联江公社所在地，现辖有石井等村。

凌湖片窑址群位于上浦镇的东南边，窑寺前片的南边，中间与之仅隔东山景区，西边紧邻曹娥江，南边到石井水库，再往南为章镇地区，已经到窑址群的边缘，除少量几个质量较差的唐代窑址外，不再有窑址发现，东边为较高的山脉。凌湖窑址群所在的地貌为一个近似于朝西南方向的"山"字形山峦，由三道西南—东北向的狭长山脉组成。中间是凌湖村所在地，北边为帐子山，南边是石井村所在地。窑址即分布于南北两个山峦的四周山上，分属于夏家埠、凌湖、新窑、石井四个自然村，夏家埠与冯浦两个行政村。

图 8-14　凌湖

凌湖村位于中间一道山梁的南边，也即南边山峦的北边，因在村南原先有一个湖呈菱角状，因此得名，该湖面积极大，并且两头分别与曹娥江相连，后在农业学大寨时湖面大部分填平成田，现在仅在村东南留有小面积的水面，但其菱角的形状仍依稀可见（图 8-14）。有说法认为凌湖原先可能是取瓷土而成，而现在烧仿古瓷的窑厂仍在这一带水田里有取土。

图 8-15　虎皮岗窑址出土标本

凌湖窑址群的时代，上自东汉，历三国西晋直至唐宋时期，其中东晋南朝目前空缺。

东汉时期的窑址在两个山峦中均有分布，包括三个类型：虎皮岗、刀砖岗和帐子山类型。

（1）虎皮岗类型

产品包括瓷器与印纹硬陶两类，器型有大型的罍、罐、钟等。质量较差，胎质较粗而松，许多器物有较大的气孔，釉色变化比较大，有青釉、酱黄釉、褐釉等，火候较低，剥釉严重，产品质量一般。印纹硬陶多为大型的罍、罐类器物，有下凹的网格纹、梳形纹等。窑具基本为支烧具，有高大的筒形支烧具，也有三足形与饼形支烧具。大型器物当为单件装烧。该窑址产品质量一般，与小陆峦等窑址可能同属于一个类型，本地区包括虎皮岗两个窑址，大平地窑址可能也可以归入该窑址类型中（图 8-15）。

虎皮岗窑址类型可划归小陆峦类型。

（2）刀砖岗类型

采集到的产品均为青瓷，器型有大型的洗、碗、直口短颈罐等。胎质细腻、胎色灰白、火候较高，叩之清脆有声，釉色青翠，施釉均匀，玻璃质感强，胎釉结合好。在洗上发现有水波纹装饰。窑具主要是高大的支烧具与三足支钉形间隔具两种。大型器物当为单件装烧，碗类器物可能多件叠烧。该窑址产品质量极佳，应当与本区域内的畚箕窝窑址以及四峰山地区的小仙坛、大园坪属于同一类型，代表了东汉时期瓷器的最高制作与烧造水平。

刀砖岗窑址类型可划归小仙坛类型。

（3）帐子山类型

产品包括青釉与黑釉两种。器型主要有碗、罐、宽沿洗、方唇洗、双唇罐、盘口壶、罍等。因碗类器物占多数，因此器物总体上以素面为主，但罐、洗、罍、盘口壶等器物常见有纹饰装饰，包括弦纹、水波纹、梳状纹、网格纹、叶脉纹以及铺首、陶俑等。青釉类器物胎质较细而坚致，胎色较浅而呈灰白色，黑釉类器物则胎色较深，呈灰、深灰或灰黑色，胎质普遍较粗，有较多的细小砂粒。火候均较高。无论是青釉还是黑釉类器物，均施釉均匀，胎釉结合好，玻璃质感强，烧结度高。尤其是黑釉类产品，是目前已知东汉时期质量最高的产品。窑具主要有筒形支烧具、两足支烧具以及三足钉形间隔具等（图8-16）。

图8-16　帐子山窑址出土标本

目前仅在帐子山发现一处窑址，是一个单独的类型。

三国西晋时期的窑址包括鞍山、帐子山等窑址，质量极高。胎、釉、器型、装饰、装烧与四峰山一带凤凰山窑址群基本接近，但后者可能属于宫廷用瓷的大型器物不见。鞍山在20世纪80年代曾揭露完整窑炉一座[1]，为龙窑，全长13.32米，长方形火膛，低于窑床42厘米，窑前有长方形操作面。窑室作甬道形，长10.29米、宽2.1米—2.4米，前段较宽而平，坡度13°，后段较窄而陡，坡度23°。窑尾高于窑床，呈一平台形，尾部有出烟孔五个。窑墙用砖坯起拱。窑内有大型的喇叭形支烧具，一般分成上下两部分，在普通的喇叭形支烧具上叠置矮圆柱状支烧具。

隋唐时期的窑址这一地区有一定的数量，规模亦比较庞大，其中以唐代中晚期为主，隋至初唐时期的窑址目前仅在窑台山发现一处。隋至初唐时期的产品质量上承南朝的衰落之势并进一步下降，器类单一而无纹，胎色较深，多数器物内外仅施半釉，釉质感较差。直接明火叠烧，支烧具较矮。中晚唐时期的规模扩大，包括甑底山、象鼻岗、帐子山、窑山、黄蛇山、石井水库等窑址。产品种类亦有所增加，包括玉璧底碗、宽圈足大碗、罐、各种垫壶、灯、壶、钵、碾轮与碾等。素面无纹。但胎釉质量仍旧较差，釉色青黄、釉面干枯，质感不强。以泥点间隔叠烧，泥点多呈长椭圆形，数量多而排列紧密。支烧具呈矮喇叭形，粗陶质，在部分窑址可能又开始出现少量的匣钵。

北宋时期产品质量迅速提高，其发展轨迹遵循北宋越窑的演变轨迹，亦即从兴盛到逐渐衰落。窑址主要包括帐子山、西汪塘、黄蛇山、石井水库等。北宋早期的产品种类较为丰富多样，并流行细划花装饰，题材也是各种花卉与禽鸟。胎质细腻而浅灰釉面匀润而饱满。窑具主要是匣钵与垫圈，一般单件匣钵装烧。满釉，外底与垫圈之间用泥点间隔。北宋中晚期产品质量逐渐下降，胎质变粗、釉

---

[1] 朱伯谦：《试论我国古代的龙窑》，《文物》，1984年第3期。

色逐渐泛黄而质感下降，装饰主要是粗刻划花，从严谨而逐渐粗率。凌湖地区北宋时期窑址的质量没有窑寺前傅家岭类的高质量产品，天青釉几乎不见，装饰以素面为主，刻划较为草率。

此外，该窑址群南边章镇的前进村一带有少量的窑址，时代与面貌与凌湖南边的唐代窑址群接近，时代均为唐代中晚期左右，产品面貌较为单一，质量一般。器型除碗外，在窑山等窑址还有较多数量的盘龙罂类大型器物。

五、大尖顶山片区

位于窑寺前片的北边，大尖顶山的西麓、曹娥江东岸。目前已发现窑址20多处，在东汉时期的窑址为主，少量为三国—西晋时期的窑址。东汉时期的窑址面貌较为一致，均可划归珠湖类型。产品以印纹硬陶与原始瓷为主，瓷器产品比较少。器型主要以大型的罐、罍、坛类器物为主，无论是瓷器还是陶器基本通体拍印纹饰。印纹硬陶纹饰主要有细方格纹、梳状纹、菱形填直线纹、长方形填斜网格纹等。采集到的瓷器标本釉色普遍较深，呈酱褐色，釉不甚均匀，凝釉较为严重，且器物外腹基本施釉不及底。

三国—西晋时期的窑址仅三处，青瓷产品以碗为大宗，包括罐、盘口壶、宽沿洗、井等。青灰色胎，青绿色釉较佳，小口类器物内腹不施釉，外腹施釉不及底，大口类器物外腹施釉不及底。流行纹饰装饰，主要是碗、洗等的腹部、罐与盘口壶类器物肩部使用条带状的网格纹，网格纹上下亦见有细弦纹与连珠纹等。窑具主要是大量的锯齿状间隔具，以及少量的三足钉形间隔具与高大的筒形支烧具，支烧具上置一个扁体盂形的矮垫托具。碗类大口器物普遍使用叠烧。

1. 皂李湖片区

皂李湖流域是一个东西向狭长、坐东朝西的山岙，皂李湖位于山岙的东端尽头处，西边有河网通往曹娥江，大部分河道与湖网均已淤积。窑址群主要围绕着皂李湖北边与西北边的两个南北向山岙分布，西边的晒网山与西瓷山略远离这两个山岙。窑址群从皂李湖东边的东大岙岭窑址开始，向北过老鼠山、罗岭等窑址，在山岙的近尽头处折向西，为庙山岙、庵山、平地山等窑址，止于皂李湖西北岸的龟山窑址，由此构成东边山岙的第一个窑址群；西边山岙略偏北，从东南角的长宇湾等窑址开始，向北过冲担山，在山岙的尽头龙松岭折向西，过白龙山塘、顶头山，止于后山头窑址。两个山岙共有窑址四十多处。时代从东汉延及东晋南朝。

东汉的窑址包括岙门口、龙松岭与保架山等三个类型。

（1）岙门口类型

窑址数量比较多，采集到标本普遍质量比较差，类似于硬陶类器物比较多，带釉器物少见，主要是大型的厚唇罍类器物，流行拍印梳状纹、网格纹，一定数量的少量的弦纹罐。火候高，胎质较粗。窑具主要是粗大的支烧具与两足圆饼形垫具，前者为瓷质、后者为陶质。

相当于馒头山类型。

（2）龙松岭类型

采集到的标本主要是印纹硬陶与原始瓷器，大型主要是厚唇罍、钟、罐类器物，其中高圈足的钟比较多。部分钟类器物胎质较细腻，胎色比较白，火候高，一般仅在肩等朝上的部位有釉，没有清晰的施釉线。发现一片近酱黑色的低温器物，有刷釉痕迹。窑具主要是粗大的瓷质支烧具。

相当于珠湖类型。

（3）保架山类型

标本普遍质量比较好，均为青瓷器，胎釉质量较高，器型主要有碗、罐、盘口壶、洗、盆等，素面为主，基本不见纹饰。窑具主要是粗大的支烧具与三足钉形间隔具，均为瓷质。

相当于禁山类型。

六朝时期的窑址数量与东汉时期基本相当，重要的是这里集中了一批东晋南朝时期的窑址，是这一时期窑址群最为集中、质量最好的地区。

相当于三国西晋的东吴时期窑址数量并不多，主要是保架山等少量的窑址，产品种类丰富，制作规整，装饰技艺多样。器型有樽、罐、钵、碗、盘等，装饰题材多样，主要是压印的网格纹，戳印的有联珠纹等。窑具更加复杂，除东汉时期开始大量使用的大型支烧具外，还新出现包括三足支钉形、锯齿形等各种形态的间隔具。

西晋时期的窑址数量比较多，包括老鼠山等一系列窑址，器型、装饰等面貌与东吴时期比较，总体上质量略有所下降，最大的变化在于窑具，这一时期三足钉形间隔具不见，仅有筒型支烧具与锯齿状的间隔具。

东晋南朝时期的窑址以长宇湾等窑址为代表，主要器型有碗、盘口壶、罐、盆等，胎釉质量较西晋时期进一步下降，胎质较粗，夹杂的砂粒更多。釉面的质量下降，更加干枯。装饰比较少，主要是少量的弦纹，以及一定数量的点彩。窑具主要是少量的支烧具与锯齿状的间隔具，大量器物使用直接叠烧。

2. 白马湖片区

白马湖流域位于皂李湖流域的山北，同样是基本坐东朝西的狭长形山岙，西边已进入了宁绍平原区，因此更加开阔。窑址主要位于山岙东端南北两侧的山坡上，其中山侧山坡分布更加分散、范围更广，西端已进入了县城百官镇。共有窑址30多处。我们首次在这一地区从地层堆积、产品面貌上确定了上虞地区先秦时期窑址的存在，这是一处以烧造印纹硬陶为主，兼烧少量原始瓷的春秋战国时期窑址。

少量东汉时期窑址，均属于禁山类型，产品主要以碗、罐、宽沿洗、方唇洗、盘口壶等为主，基本为青釉。胎釉质量高，胎质细白，施釉均匀，玻璃质感强，外底施釉不及底。素面为主，有少量的水波纹、弦纹、铺首乖装饰。窑具主要是筒形支烧具与三足钉形间隔具。

窑址群的主体是东吴时期，产品种类丰富，制作规整，装饰技艺多样。器型有樽、罐、钵、碗、盘等，装饰题材多样，主要是压印的网格纹，戳印的有联珠纹等。窑具更加复杂，除东汉时期开始大量使用的大型支烧具外，还新出现包括三足支钉形、锯齿形等各种形态的间隔具。

最晚发现了北宋时期的窑址，这是上虞地区唐宋窑址分布的最北界。采集到的标本主要是碗、执壶等，产品质量较佳，胎质较细，釉色多呈青黄色。使用M型的陶质匣钵单件装烧，器物与匣钵间使用垫圈间隔。

从中国陶瓷发展史上来看，成熟的窑系划分主要出现于唐代，传统的越窑主要是指上林湖地区唐—北宋时期的窑业，上虞地区包括小仙坛等窑址群的发现及其基本特征的确立，是对越窑在时空上的极大拓展，以此为基础，越窑时代上溯至两晋以及东汉时期，成为中国成熟青瓷的发源地；空间上先从上林湖地区拓展至曹娥江中游，进而进一步扩大到整个宁绍平原以及其周边地区，并形成了越窑、越窑系等基本概念。

上虞地区的窑址群，目前共发现近300处，其中东汉时期窑址近150处、三国西晋时期窑址近70处、东晋南朝时期窑址9处、隋唐时期窑址近20处、五代北宋时期窑址30多处。以东汉至三国西晋时期的窑址最多，占绝大多数，东晋南朝至初唐是发展的低谷，中唐以后逐渐恢复，但总体上质量较低，北宋早中期迎来了发展的又一个高峰，质量高、规模大，尤其窑寺前窑址群中部分窑场的产品与高质量的秘色瓷接近，成为晚期越窑继上林湖之后的最重要窑场。北宋中晚期逐渐衰落并至停烧。因此东汉至西晋时期是上虞地区古代窑业发展的第一个高峰，是全国瓷器生产的一个中心。

越窑各个时期的生产情况已如上述，总体上曹娥江流域汉六朝时期成熟青瓷窑址具有以下几个方面的特征。

首先是出现时期早，持续时间长，序列完整。从东汉中、晚开始出现窑址，历经三国吴、西晋，至东晋南朝，连绵不绝，基本不曾间断，是目前国内已知成熟青瓷出现时间最早地区。其次是窑址密集、生产规模庞大。从目前已掌握的材料来看，这一时期的窑址已发现100处，许多窑址，分布面积大、堆积层厚，产品产量已达到了相当的规模。第三是产品种类丰富。除生产日用瓷，还有陈设用瓷和丧葬用瓷，包括碗、盘、碟、罐、熏、簋、壶、罍、瓿、盆、瓶、盉、钵、鸡笼、狗圈、井舍、厕所、楼房、魂瓶、鸡首壶、洗等，造型复杂，纹饰繁缛，许多大型器物的生产，目前仅见于这一窑区。第四是产品质量高。本窑区的许多产品体形硕大、制作规整、胎质坚致细腻、釉色青翠匀润、施釉均匀、玻璃质感强。第五是窑具形态各异，龙窑稳定，装烧工艺成熟。第六是独立庞大窑区的出现。

因此该流域不仅是中国成熟青瓷的起源地，也是当时瓷器烧造中心，引领瓷器制造的时代潮流，在中国陶瓷史上具有独一无二的地位。

第九章
成熟青瓷的起源

第一节　上虞地区东汉窑址类型划分与瓷器起源过程

一、上虞地区东汉窑址类型

从总体上看，上虞地区东汉时期的窑址至少可以划分成以下几个类型。

1. 馒头山类型

这一时期的窑址数量比较多。以生产印纹硬陶、硬陶、原始瓷等为主，胎质较粗而松，胎色较深。原始瓷在技术上沿袭本地的传统，器型主要是各种罐、瓿、罍、壶、钟等，其施釉方式是仅在器物朝上且没有遮挡的一面有釉，即器物的口沿、颈的下腹、肩、上腹等乃至于内底中部，在器物朝下或受遮挡的一面则无釉，如器物的下腹部、盘口壶的盘口之下及颈的上部等，施釉不均匀，凝釉明显，施釉处的中心釉层最厚，向无釉处逐渐变薄乃至逐渐消失，不见明显的施釉线，釉色较深。

2. 珠湖类型

以生产硬陶、印纹硬陶、原始瓷与釉陶为主。

产品分成三种：第一种即馒头山类型中的原始瓷，仅在朝上没有遮挡的部分有釉，凝釉明显，施釉线不清晰；第二种器物的器型、装饰、成型、胎质与胎色等均与第一类近似，但施釉技术发生了根本的改变，刷釉技术已应用，不仅是器物朝上的部位，朝下的部位亦有施釉，釉层薄，釉色较青翠，但较均匀，施釉不及底，施釉线清晰，部分器物或局部施釉较为草率，仅瘘廖涂刷数笔。第三种则与前两类差别较大，胎多呈橘黄色或土黄色，胎质较松软，火候较低。但施釉技术较佳，釉层较厚，施釉均匀，仅外底施釉不及底，釉色普遍较深，呈酱黑色、酱褐色、土黄色等色，因器物火候较低而剥釉明显。此类器物与北方代温釉陶在技术面貌上较为接近。

3. 小陆岙类型

珠湖类型的第二类产品则得到了完善，演变成酱褐色釉瓷器及少量的青瓷器。酱褐色釉青瓷器型主要有罐、罍、钟等，器型普遍较大。普遍通行各种装饰，有网格纹、梳状纹、弦纹、水波纹、叶脉纹等。胎色普遍较深，胎质较粗而略松，通体施釉，外腹施釉不及底，施釉技术成熟，釉层薄而均匀，施釉线清晰，烧造火候较高，胎釉烧结度好，结合佳，釉玻璃质感较强。青釉器物则胎较细而色较浅，釉色泛青或泛黄，火候高，胎釉质量较佳。

到了晚期阶段以生产酱色釉瓷器为主，仍有较多的硬陶，但印纹明显减少，青釉器物的比例明显增加。酱色釉瓷器的器类与器型与两美山类型基本接近，以罐、罍、瓿等巨大器型的器物为主。胎釉质量似乎有所提高，这可能与火候的提高密切相关，胎质更加致密，釉玻璃化程度提高，胎釉结合更好。青釉器物的比例不仅明显增加，且质量进一步提高，除泛灰或泛黄色青釉外，青绿色釉比重明显增加。

4. 小仙坛类型

基本为青瓷产品，酱褐色釉仅在少量的窑址中有保存，多数窑址纯烧青瓷产品。无论是青瓷还是酱色釉瓷器的质量均有了质的飞跃，质量稳定。其中青瓷产品胎色灰白，质地细腻坚致，釉色青翠，施釉均匀，釉层透明，玻璃质感强，吸水率低，完全跨入了成熟青瓷的行列，成为成熟青瓷的标志。而酱色釉瓷器几乎演变成早期的黑釉瓷器，虽然胎色较深，但与青瓷一样，施釉均匀，玻璃质感强，胎釉结合好。装饰上以素面为主，流行较为简洁的弦纹、水波纹等，铺首出现，并有一定数量的俑类圆雕器物。主要器型有罐、钟、洗、盘口壶等。

5. 禁山类型

以青瓷产品占绝大多数，少量的黑褐色釉产品，绝大多数窑址纯烧青瓷产品，仅帐子山等少量的窑址青瓷与黑釉瓷兼烧。早期的酱褐色釉基本不见。无论是青瓷还是黑釉瓷器，胎釉质量高，完全属于成熟青瓷或黑釉瓷器的范畴。器类上除早期的罐、洗、盘口壶外，新出现大量的碗，钟较为少见。装饰以素面为主，偶见有少量的细弦纹、水波纹以及铺首、系等。这一时期在装烧上的一大变化是大量三足支钉形间隔具的使用，不仅大量地提高了产量，同时使碗类日常用器成为瓷器烧造的主要门类，应该是瓷器成为日常用品的重要标志与转折。

6. 帐子山类型

产品包括青釉与黑釉两种。器型主要有碗、罐、宽沿洗、方唇洗、双唇罐、盘口壶、罍等。因碗类器物占多数，因此器物总体上以素面为主，但罐、洗、罍、盘口壶等器物常见有纹饰装饰，包括弦纹、水波纹、梳状纹、网格纹、叶脉纹以及铺首、陶俑等。青釉类器物胎质较细而坚致，胎色较浅而呈灰白色，黑釉类器物则胎色较深，呈灰、深灰或灰黑色，胎质普遍较粗，有较多的细小砂粒。火候均较高。无论是青釉还是黑釉类器物，均施釉均匀，胎釉结合好，玻璃质感强，烧结度高。尤其是黑釉类产品，是目前已知东汉时期质量最高的产品。窑具主要有筒形支烧具、两足支烧具以及三足钉形间隔具等。

该类型的窑址目前在上虞地区仅发现一处，从装烧、器物的胎釉质量等方面来看，时代上可能与禁山类型差不多，属于东汉末期。

二、上虞地区东汉瓷器起源过程

以上六个类型的窑址，禁山类型与帐子山类型时代相差不大，可能属于同一时期，别的类型从装烧、产品的质量、产品器型等方面存在着明显的区别，应该代表了不同的时期。因此六个类型应该代表了瓷器起源与逐渐成熟的发展过程五个阶段，到小仙坛类型时期，标志着中国成熟青瓷的完全成熟。

东汉晚期，中原地区几经战乱，社会生产力受到了严重的破坏，大量的人口南下，不仅充实了江南地区的人口数量，并且带来了先进的社会生产力，极大地促进了江南地区社会、经济与文化发展，造成江南地区受北方文化影响的第一次大开发。以小仙坛为代表的江南地区东汉时期成熟青瓷的出现，正是在此种南北文化激荡而使江南地区社会经济文化蓬勃发展的条件下，结合越地悠久的制瓷历史而形成的一种伟大发明创造，是中国制瓷史上的质变，不仅标志着中国成熟瓷器的起源，同时也标志江南地区文化的蓬勃兴起。

江南地区东汉晚期因大量北人的南来而得到了第一次较大规模开发的经济文化，因东吴时期相对稳定的政治环境而得到了进一步的发展，社会相对安定，人民富足，社会文化蓬勃发展，成熟瓷器制造业也迎来了第一个发展的高峰。凤凰山窑址高质量青瓷的烧造，正是这一地区社会安定富足直接体现。

第二节　瓷器起源过程中的外来文化因素

在上虞地区，有一批东汉时期的器物，与传统的秦汉原始瓷和成熟青瓷存在着巨大的区别，也即珠湖类型的第三类产品，其基本特征为：一、胎多呈橘黄色或橘红色，胎质较松，部分器物的陶质较为细腻，淘洗工艺较为先进，但仍有部分器物胎质中夹杂有较多的细砂粒；二、多数器物的胎质较软，与软陶近似，但亦有部分器物胎质较硬，接近于硬陶；三、釉色多较深，呈酱褐色、黑褐色或青褐色，釉层均匀，凝釉不明显，有清晰的人工施釉痕迹，施釉线整齐，不仅器物朝上部位有釉，器物的下腹部等部位亦见有釉，小口类器物如罐等内底多不见有釉，内腹仅在口沿下有较窄的一圈釉；四、通过测试，此类器物釉中的含铅量极高，但低于北方的低温铅釉陶[1]；五、器型主要有碗、盘、耳杯、虎子、五管瓶、簋、罐、盆、壶、钟等，多数器物在秦汉原始瓷与成熟青瓷中可以找到相似的器型（图9-1）。

从此类器物的胎釉特征与火候来看，可以称为低温釉陶。纵观整个浙江青瓷发展的主脉络，从夏代开始，即烧造高温瓷器，并基本一以贯之，高温瓷器是浙江制瓷业的一个基本传统。这种低温釉陶在浙江本土找不到发展的源头，往后亦

---

[1] 此由北京大学杨哲峰先生提供，在此谨表志谢。

鼎	盘口罐	簋
钟	五管瓶	堆塑

图 9-1　浙江地区的低温釉陶器

不见来者，是某段特定时期内的特定器物。此类器物很可能是受北方低温铅釉影响而出现的。

北方的低温铅釉陶在陕西关中地区首先出现，但在汉武帝时期仍不多见，大约自汉宣帝以后，铅釉技术开始获得比较快的发展，关东的河南等地也有较多的发现。到了东汉时期，铅釉陶流行地域十分广阔，西至甘肃，北达长城地带，东到山东地面，南抵湖南、江西等地，均有出土。它是以铅的化合物作为基本助熔剂，烧成温度约为 700℃ 左右，多呈翠绿色或黄褐与棕红色，物型主要有鼎、盒、壶、仓、灶、井、家畜圈舍、水碓、陶磨、作坊以及楼阁、池塘、明楼等各种模型明器[1]。

从浙江的低温釉陶与北方的低温釉陶基本特征来看，两者存在着许多的相似性：首先两者均温度较低，胎多为软陶状；其次是施釉均匀，有清晰的施釉线，明确为人工施釉，胎釉结合普遍不太好；第三，两者在釉的成分上较为接近，有较高的铅含量。当然两者的区别也是较明显的：首先，浙江釉陶除低温的器物外，部分器物温度较高，接近于硬陶的火候；其次是釉色差别较大，浙江釉陶多呈较深的褐色，成分上铅的含量亦低于北方釉陶；第三，两者在器型上存在着较大的区别。

从浙江低温釉陶的种种特征及其与北方低温铅釉陶的比较来看，浙江低温釉陶虽然具备北方的许多特征，但亦保留了南方本地的不少传统，应该是在本地制瓷技术的基础上，吸收北方低温铅釉陶的技术而出现的，这包括其施釉技术的吸收。这种技术的引入，带来了浙江秦汉时期原始瓷制作技术的巨大变化：从早期的仅在器物朝上一侧有釉、凝釉明显、釉层逐渐过渡而不见施釉线的状态过渡为施釉均匀，施釉线整齐清晰，其中整件器物均施釉的状态。而这种施釉技术，正与成熟青瓷相同。

---

[1] 中国硅酸盐学会编：《中国陶瓷史》，文物出版社，1982 年。

在这一过程中，亦出现了一些复合的器物，如长兴七女墩出土的一组器物，器型、胎、釉色均与传统秦汉原始瓷基本一致，器型为壶与罐类器物，胎色灰白，胎质细腻坚致，火候高，吸水率低，施釉明显，颈上部及腹下部均有釉，釉色青绿，施釉较均匀，施釉线清晰，有明显的涂刷痕迹，玻璃质感强。但这种釉施得较为随意，特别是壶盘口下的部分，寥寥涂刷数笔，而没有形成完全覆盖的均匀釉层。这显然是秦汉原始瓷吸收了涂釉技术后向成熟青瓷过渡的一种形态。

在此类过渡器型的基础上，施釉技术得到进一步改进后，即出现了成熟青瓷。成熟青瓷在胎色、胎质、釉色、温度、器型等方面与秦汉原始瓷具有明显的传承性，但又表现出相当程度的改进：胎质更加细腻纯净而稳定，釉层更厚、施釉更均匀、釉色更稳定。

第三节 从绍兴地区纪年墓材料看窑业的发展过程

一、纪年墓材料所反映的曹娥江流域在汉六朝时期的突出地位

绍兴地区的汉六朝时期的纪年墓，在各个博物馆中能确定器物并收录进本书的，共计51座墓葬，其中曹娥江流域46座，其他地区5座，从区域分布上看，曹娥江流域占了绝大多数。考古当然带有一定的偶然性，但是如此悬殊的差距，至少说明曹娥江流域在汉六朝时期文化上的突出地位。

二、纪年墓材料所反映的成熟青瓷起源过程

从时代上看，东汉时期近乎浙江最早的一批纪年墓主要集中于曹娥江流域。这批墓葬的时代主要集中在公元100年前后，随葬的器物包括两种类型：秦汉原始瓷与釉陶。秦汉原始瓷主要有罐、壶、钟等，胎有灰白较细腻与青灰胎夹有较多的黑色斑点两大类，釉仍旧为仅在朝上的一侧有，施釉不均匀，凝釉明显，釉层逐渐过渡而没有施釉线。但火候普遍较高。釉陶有簋，各种形态的罐、盆、耳杯、五管瓶等。橘黄色胎、胎质较软为主，亦见有青灰色较硬的胎质器物。釉有酱褐色、酱黄色、黑褐色等多种颜色。基本为素面，偶见有少量的弦纹等简单装饰。

从以上纪年墓的材料来看，至少在公元80年左右低温釉陶的烧造技术已开始在曹娥江地区出现，墓葬中与原始瓷共生，而我们在调查中亦发现了此类型的窑址，原始瓷与釉陶同窑烧造，两者是同时共存的。这几座墓葬中没有发现成熟青瓷，但从全国范围的纪年墓材料来看，公元67年江苏甘泉二号汉墓中发现了四件成熟青瓷器，均为罐，短直径，肩部均有四系，颈下有细网格纹，胎均为灰白色，施青绿色或黄褐色釉，腹下部及底部无釉[1]。同时这一墓葬原始瓷壶13件。分为

---

[1] 南京博物院：《江苏邗江甘泉二号汉墓》，《文物》，1981年第11期。

盘口与大喇叭口两种类型，紫红色胎，质地坚硬，火候较高。从口部到腹上部朝上的部分有一层黄绿色或黄褐色釉，不见施釉线。其中的盘口壶与东汉永元十二年上（公元 100 元）虞驮山 M31 中出土的盘口壶十分接近。

从这些材料来看，大约在公元 100 年前后，浙江地区在烧造原始瓷的基础上，吸收北方低温铅釉陶的施釉技术，从而开始烧造成熟青瓷，当然这一时期的成熟青瓷的比例极低，质量亦相当不稳定，胎以灰白色的细腻胎质为主，但釉色相对不稳定，除青绿色釉外，亦有颜色较深的酱色釉。

到公元 150 年至公元 200 年的二世纪下半叶，成熟青瓷的比例、数量明显增加，奉化熹平四年（公元 175 年）出土一组 5 件青瓷器，胎釉质量已完全不逊于晚期的成熟青瓷了。

因此我们认为公元 100 年前后是成熟青瓷的起源与初步发展时期，而进入公元 150 年以后则作为一个新品种完全成为主流。

三、纪年墓材料所反映的中国成熟瓷器发展第一个高峰

从绍兴地区的纪年墓材料来看，公元 250—300 年前后是中国成熟青瓷发展史上的第一个高峰。

这一时期墓葬中的青瓷数量多，种类丰富，无论是产品种类、造型、装饰、胎釉质量，均达到了一个全新的发展高度。产品种类纷繁复杂，汉代钟、瓿、罍、五管瓶等已基本不见，新器型大量涌现，有作为日用器的各种碗、罐、盘、碟、洗、虎子、盘口壶、鸡首壶、簋、耳杯、托盘、勺、水盂、槅、灯盏、烛台、熏炉、砚台等，涉及生产、生活的方方面面。成组成套明器成为墓葬中最常见的随葬品，有鸡笼、猪圈、狗圈、羊圈、房舍、水井、筛子、畚箕、磨盘、堆塑罐、俑等，在视死如生的俯仰下，将生前的整套生活用品完整地搬到了地下。

汉代瓷器上的装饰多为弦纹、水波纹、方格纹等，简洁明朗，三国西晋青瓷一改此硬朗作风，代之以繁缛华丽的风格，造型和装饰极尽复杂多变之能事。造型最大特点，是将自然界的飞禽走兽和人世间的世像百态惟妙惟肖地引入各种器型中，有：狮形与羊形烛台、蛙兔鸟和熊等各种动物形水盂、鸽形魁、熊形灯盏、虎形溺器（虎子）、兽形尊、熊尊、鹰形盘口壶、犀牛、各种男女俑及亭台楼阁，无所不包。器物的装饰上，器物肩腹部流行压印网格纹与连珠纹，再堆贴各种铺首及鸡头、虎头、牛头、佛像、仙人等，器盖纽、器足、把手等亦做成各种飞禽走兽造型，形态逼真。

胎釉质量上看，胎色灰白细腻，釉色青翠稳定，青中泛绿，釉面均润饱满，施釉均匀而极少有流釉现象。多数器物施釉不及底或外底不施釉，及少量器物内外满釉，此类器物通常制作特别精细，装饰亦更加华丽，釉更加饱满润泽。

成型上以轮制为主，器型圆润饱满，端庄厚重，胎壁厚薄均匀，许多大型器物的内壁轮旋痕整齐均匀。部分装饰性的附件如做成动物型的三足、提梁、耳、纽、流以及各种各样的铺首、堆贴等以模印为主，捏堆塑亦有相当的数量，如堆塑罐上的各种动物与人的造型等。

四、墓葬材料所反映的早期成熟青瓷产品的等级与流向

在我们整理绍兴地区汉六朝墓葬纪年墓葬中，其主要随葬品均为瓷器，数量多，种类丰富，几乎每墓必有。再放大至区域外，情况亦大至如此，宁绍与太湖平原所在的浙北与苏南地区是上虞所产早期越窑的中心分布区，也是这一时期墓葬中最常见的随葬品。这两个中心区大致以曹娥江所在的绍兴与南京为核心向外展开，但两地在产品上存在着较明显的区别。

绍兴地区出土的早期越窑青瓷数量多，种类丰富，质量亦较高，但总体上看，窑址中所见的顶级产品几乎不见于这一地区，尤其是一些大型的器物如大型的罐、洗、樽、羊形器等，而这些器物通常仅见于南京周边的高等级墓葬中。如马鞍山的朱然墓，该墓葬为前后室结构的大型砖室墓，随葬包括漆器、青铜器、陶瓷器等在内的140多件器物，瓷器达30多件，其中的越窑罐除装饰有连珠纹与网格纹外，贴塑四个铺首，制作十分精良，胎质极细腻坚致，釉色青绿，莹润饱满，为一般的早期越窑青瓷所无法企及；同墓葬中出土的大型钱纹罐，亦属较少见器型[1]。同是该家族墓地中出土的一件羊形器，其体量与质量亦不见于其他地区。朱然出身世家，先后官拜车骑将军、右护军、左大司马右护军，在抗魏战争中功勋卓越，死于公元249年，孙权为之素服举哀，是东吴的最高统治集团成员之一。

此外南京清凉山甘露元年墓葬出土的熊形灯、大型羊形尊，1975年征集的伏熊水注、吴县狮子山西晋元康五年墓出土的伏兔水注、宜兴周墓墩西晋永宁二年墓葬出土的猛兽尊、江宁桥南出土的熊尊、南京西岗果木场出土的羊尊、南京龙蟠里出土的三狮形器、南京中华门外西晋墓出土的鹰形双耳盘口壶、南京府登山西晋墓出土的虎头虎子、南京宝贵山墓葬出土的西晋鸟形器等器物[2]，无论是从其造型之特殊、装饰之华丽，还是胎釉质量之佳诸方面来说，基本上仅见于南京及其周边地区，其他地区则几乎不见，无不显示这一地区显赫而特殊的政治地位。（图9-2）

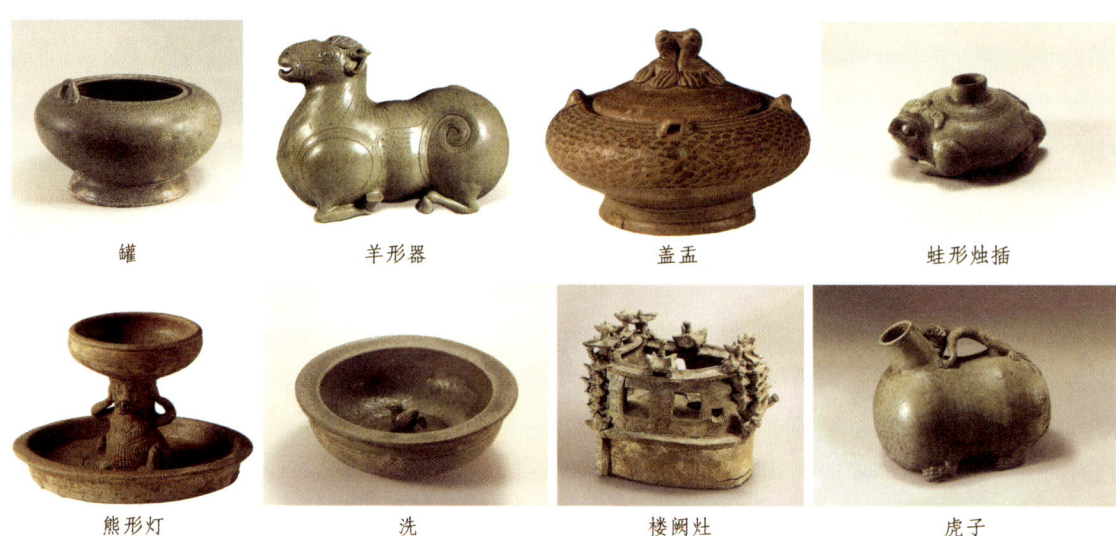

图9-2　东吴时期南京及周边出土越窑青瓷

1　安徽省文物考古研究所等：《安徽马鞍山东吴朱然墓发掘简报》，《东南文化》，1986年第3期。
2　南京博物院：《江苏六朝青瓷》，文物出版社，1980年。

因此从以上的墓葬材料，我们可以清楚地将汉六朝主要是三国西晋时期上虞地区的青瓷产品流向划分成高低两个区域：最高质量的青瓷主要集中在南京及其周边的高等级墓葬中，而大量质量较为普通的青瓷则主要集中在作为产地的绍兴周边的宁绍平原区域。

第四节　成熟青瓷起源的文化背景

秦汉时期，中央政权的统治区域中，还有许多政治"隙地"为当地小政权所占有，这些隙地可能距城市的直线距离不远，却下令不及，教化之不达。相对于中央，虽在内地，也是边陲，南方的越文化区便处于这一隙地之中。

西汉中期开始，政权以经济网络沟通"隙地"间的交流，当地方经济发展有能力上缴税收时，再设立郡县，由此可以说是以经济发展带动了政治、文化的扩张。扩散的过程是以物资先输送取得当地"土著"首领的认可，并支持当地经济开发，然后组织军事政治力量进入，最后才是精神文明的文化同化[1]。这种文化的南移与江南地区的开发是成熟青瓷得以在江南地区起源的最主要原因，并最终反过来使青瓷成为华夏的重要文化符号。

一、南方的全面开发

1. 经济网络南进

汉武帝以后全国范围内逐渐形成以小农经济为本，手工业和市场组合而成的经济群体，借由全国性的道路系统整合为一个整体网络，各地的经济互依性甚高，经济体系的整合加强了文化秩序的内向聚合。

政权为培植当地首领的威望，先以经济投入增强本地首领威望，当本地产生对中央经济依赖时，便会进一步开放融入全国性的经济网络之中。随后汉人的逐渐移居，打破了早期封闭的政治、经济环境，中原文化开始与当地进一步整合。本地经由土著"汉化"或汉人的移入，文化与政治权力同步填实了土著的思想空隙，各地方小政权逐渐自认为华夏正统，继续着对政权隙地的汉化推进。

东南地区最早进入山地的汉人，通过贸易与南方人士交流，紧随贸易活动跟进山区的是汉移民，大量的土地开垦耕植后，才是军事和政治力量的进入。随着边陲隙地交通线路的铺开，商品的集散与流通构成的市场网开始依附其上，经济交换网络将中国凝聚为一个共同体，其整合的坚实度，可以超越政治权力的统合。帝国向边陲隙地顺着线状扩充四散开来，当能够掌握一定的面时，开始设立郡县，隙地逐渐分割并纳入帝国的行政网络。[2]

在中原早期的观念中"江南卑湿，丈夫早夭"，因此官员不愿南下，秦代只有一位叫萧闱的县长到上虞就任，西汉200多年上虞的县长始终没有到任，到东

---

[1] 参考许倬云《观世变》，广西师范大学出版社，2008年。
[2] 参考许倬云《万古江河——中国历史文化的转折与开展》，上海文艺出版社，2006年。

汉时才有度尚、辛敦两位县长真正到任。据记载度尚（116—166）大有作为，他于151年到上虞，在任期间以忠孝等儒学观念教化当地民众，树立为寻父而投江的曹娥为孝贤榜样，在元嘉元年（151年）"度尚设祭诔之"[1]，并立曹娥碑以示褒扬。他在任期间还发现并任用了魏朗、朱儁等一批能人，使上虞成长为长江下游最受瞩目的县。经济高度发展，名人相继纷起，人口、经济、文化，在青瓷的背影里获得前所未有的腾飞，自此江南的大发展拉开了帷幕。

汉代完成了隙地的政治文化同化，也将南方经济纳入了全国经济网络。由于南方区域手工业、商业自古的发达，汉末时江南在经济上成长为政权收入的主要来源地。六朝时多有政权在长江中下游建都，并以长江为军事重镇，与两汉时期相比，南方不管在军事防御、经济交通还是文化意义上都占有极其重要的地位。

整个南方行政区分置的趋势到六朝仍在继续，刘宋大明年间已增至49郡，229县，约为汉代的两倍，齐梁的郡县增置和滥置又远过晋宋。[2] 说明商业与交通带来的经济效益，使南方稀疏的华夏网络逐渐变得稠密，南方的整体经济地位大为提升，同时大量的南迁人口也是推动南方全方位高速发展的动力。

2. 人口南迁

秦汉以秦岭—淮河一线划分南北，秦代北方郡的分布密度是南方的2.2倍，两汉南北郡国数之比为3∶7。南方的著籍人口十分有限，比如按照西汉元始二年（2年）的记录，北方人口较多的颍川郡有户43万余，而当时长江中游的重镇南郡，其辖区幅员数倍于颍川才有12.5万户。[3]

秦朝在洞庭湖以南的地区设郡县，最远到岭南，可行政治所只是交通线上的一个个据点。干道两边还在少数民族掌握中，最大的少数民族群体是在东南沿海和南方的百越。武帝向南开发，让大批原越地人口迁移到淮水和长江之间，他们居住的故地还有百越旧族继续生活，这些政权鞭长莫及地区的游民随着南方人口的增加进一步向深山迁移，被称作"山越"。

西汉早期农业发展缓慢，国家为节约财政支出，解决无劳动能力人员的生存问题，以家庭财力来完成对老年人的赡养，首次将"孝"提高到"仁"之上，儒家"孝"的价值跃升为伦理观念之首。以"孝"的理念增强了宗族的内聚力，再经由联姻与友谊结合为联盟，宗族与邻里乡党的地缘单位开始彼此叠合，形成不可小觑的地方政治力量。西汉末年的移民集中在会稽郡北部和江淮之间，西晋末年的移民主要分布在长江下游，其中又以今江苏南部和浙江绍兴一带最为集中。移民依附进一步强化了大族的势力。

自西汉中叶以降，中央政权的基础已在世姓豪族。王莽以儒学的理想化托古"改制"，终于公元9年时代汉建新，施政方略不但没能从豪族中收回皇权，还在统治上层进一步造成了政治、经济的全方位混乱。王莽政权覆灭让黄河流域陷于战乱，包括官僚地主在内的大批人口纷纷南迁，长三角一时号称人才济济，但东汉建立后移民纷纷北归。

1　[清]严可均辑：《全三国文》，商务印书馆，1999年。
2　胡阿祥：《六朝疆域与政区研究》，学苑出版社，2005年。
3　周振鹤：《中国地方行政制度史》，上海人民出版社，2005年。

东汉光武起家依赖的就是关东豪族大姓的支持，政权自始即与世族大姓代表的势力相结合，北方豪族势力较西汉更为猖獗，土地兼并逐渐加剧，自耕农的个体经济日益萎缩，破产农民增多，下层人口开始向南方流动。

汉代的开放政策带来了新世界的知识，同时也引入了外族的疾病，东汉北方瘟疫流行，同时群雄割据，互相攻伐，两汉所建立的华夏网处处崩坏。北方居民因为人多地少、备感艰难，到汉灵帝时"长吏乡亭，更赋至重，仆役箠楚，过于奴虏"并"含怨呼天，无所叩诉"[1]，赋税、瘟疫、战乱、饥荒使流民以大姓为核心，挟带依附人口，成群移居地广人稀的南方鱼米之乡。

东汉的浙江是豪门世族庄园经济大发展的时期，最发达的是会稽郡，其次是吴兴郡与吴郡钱唐县，吴会区域出现不少大族"八族未足侈，四姓实名家"[2]。世族庄园占地大的达数百顷，手工业也是世族庄园的产业之一，谢灵运《山居赋》中"既坯既埏，品收不一，其灰其炭，咸各有律"很可能是对大庄园中青瓷制作的描绘。

南方的少数民族家族在取得了一定的经济、政治地位以后，无不为自己的祖先编造出一段出身汉族的历史，用以证明自己的汉族身份，以便取得与汉人家庭平起平坐的地位。编造的方法一般是请文人，甚至是一流的名人修族谱或家传，将第一代祖先附会为谪居的官员、流寓的文人或征蛮的将士，经此为媒介进一步与中原望族挂起钩来。[3] 南方政权隙地的赋税尚不健全，部分流民为避赋役遁入山林成为"山越"的组成部分，这应该是"山越"人数不减"编户齐民"，力量足以"残破州郡"的重要原因。

北人南适亦多有投靠当地大族者，大族为反抗政府征发，据守险阻，需要大量人力组织武装、开发农业，于是大族与流亡人口及当地"山越"结成一体。这股势力与政权相抗衡，对劳动力的抢夺成为政权得以生存的重要问题。

3. 六朝控制编户的过程

汉末的孙吴是中国南方建立的第一个地方政权，自吴至陈近400年，南方地区得到充分的开发。东吴逐渐构筑起以建业为中心的交通网络，西晋至东晋早期福建沿海的东北部属长江下游地区。在各个区域的交流之中，长江下游居于明显的优势地位，赣中南地区在区域交流中的地位仅次于长江下游。[4]

吴政权在江东立国时北方战乱愈烈，孙吴已与曹魏公开抗衡，只能依靠本地经济来维持财政。以大规模的开垦荒地安置和吸引流民，增加粮食生产，分裂持续七十余年，移民的观念逐步趋向定居，当时"山民去恶从化，皆当抚慰，徙出外县，不得嫌疑，有所执拘"[5]。孙吴在江南设立了不少新的郡县，还专门设置了农官来督察军民合一的农垦地区，兴修一些较大的水利工程。为了弥补人力不足，大规模进攻山区的越人，掳掠山越人口，对台湾岛的军事冒险也是为此目的。[6]

---

1 ［宋］司马光：《资治通鉴》，中华书局，2009年。
2 ［晋］陆机著，杨明校：《关趋行》，《陆机集校笺》，上海古籍出版社，2016年。
3 任继愈主编：《中国佛教史（第一卷）》，中国社会科学出版社，2014年。
4 韦正：《六朝墓葬的考古学研究》，北京大学出版社，2011年。
5 ［晋］陈寿：《吴志·诸葛恪传》，《三国志》，中华书局，1982年。
6 葛剑雄：《统一与分裂：中国历史的启示》商务印书馆，2015年。

交租服役的农民数量是政权经济实力的决定性因素，因此豪门庄园主严重影响政权的发展。与豪门争夺人口成为东汉晚期孙吴政权发展的当务之急，"从征刘勋，破黄祖，还讨鄱阳，领东安长，山越畏服"[1]，是孙吴政府对南方大族武装势力的镇压，也是收服山越，控制编户人口的过程。山越居幽邃之地"未尝入城邑，对长吏"，不需服役纳租。孙吴与山越的战争贯穿政权之始终，规模大的征讨多在孙权时期（222—252年在位），将降服的山越强壮者收编为兵，羸弱者划归郡县作编户，设置郡县的区域逐渐扩大。

刘备死后（223年）三峡内外暂时解除了剑拔弩张，吴国得以专力消化境内的异己势力，于是对内大力整治"昔潘太常督兵五万，然后以讨五溪夷耳，是时刘氏连和，诸夷率化"[2]。官府致力于将统治深入到山中的河谷，也试图将山上的人引出河谷和平原成为赋役的承担者。

对山越的征剿到南朝以后仍多有记载。《陈书·世帝纪》："以功授……会稽太守，山越深险，皆不宾附，世祖分命讨击，悉平之。"此系梁末事。《梁书·武帝纪》："中大通二年山贼聚结，寇会稽郡所部县，九月壬午，假超武将军湛海珍节以讨之。"《南史·王猛传》："仍讨平山越，驰驿奏闻。"此事已发生在隋初，山越犹未尽与汉人融合。[3]

浙江的政治、经济、文化进入了快速通道，很长一段时期内成为北人向往的福地。"永嘉南渡"、石赵灭亡以及淝水之战造成北人大规模迁移，大抵表现为东北、西北、东南呈辐射状的流向，但以由中原向江南的流徙规模最大。但史籍记载东晋乃至整个南朝户口增长甚少。因"山湖遁逸"，"往来都邑者"众多，著籍户口远低于实际户口。[4] 南方政权与豪门争夺人口的战争一直持续，两晋间有至少90万北人南迁，南方的经济在不断发展，还有不少蛮族融入了汉族，可自吴至陈的三百年中，江南户口几乎没有增长，原因就在于大量人口流入私门。[5]

政权对南方地区的政治演进，都是朝着华夏政治体的方向进行，直至中小规模的政治体一步步地成长为华夏式的郡、县，山越大量归入编户。"所谓编户者，言列次名籍者也"[6]，战争将大量的人口、财富变成政权可以调动的资源，以郡县制的方式将游民改造成纳税人口，极大地促进了南方经济发展。

东晋时浙江的经济、政治地位进入了新阶段。元帝（317—323年在位）语恢（诸葛恢，284—345年，会稽太守）曰："今之会稽，昔之关中，足食足兵，在于良守。"[7] 会稽有此经济基础，所以苏峻（？—328年）在东晋叛乱时，有挟持成帝东奔会稽的图谋。平乱后建康残破，三吴之豪也请适都会稽。东晋成、康以后，王、谢、郗、蔡等侨姓士族争相到会稽抢置田业，经营山居，卸官后亦遁迹于此。《宋书·隐逸·王弘之传》载谢灵运与庐陵王义真笺曰："会境既丰山水，是以江

1　[晋]陈寿：《吴书十》，《三国志》，中华书局，1982年。
2　[晋]陈寿：《吴书·钟离牧传》，《三国志》，中华书局，1982年。
3　周一良：《魏晋南北朝史论集》，北京大学出版社，2010年。
4　唐长孺：《唐长孺文集四·魏晋南北朝隋唐史三论》，中华书局，2011年。
5　阎步克：《波峰与波谷——秦汉魏晋南北朝的政治文明》，北京大学出版社，2009年。
6　[汉]班固，颜师古注：《汉书·高帝纪下》，中华书局，1962年。
7　[唐]房玄龄：《诸葛恢传》，《晋书》，中华书局，2015年。

左嘉遁并多居之。"这样会稽又具有特殊的政治地位，栖迟会稽的门阀士族人物在政治上极具影响力。[1]

二、经济发展促进文化进步

从秦汉到六朝，南方随着经济发展，北人南迁，在文化习俗中有一个先向中原学习，再逐渐形成自身风格，最后全方位超越中原的过程。

1. 汉代的南方教育

秦汉时大量北方大族填充至越地，首开南方尚文风气。大户举族而迁，带去了汉文化传统与学术，如会稽郑弘（？—86年）在东汉时官至太尉，他是西域都护郑吉从孙。郑吉"本齐国临淄人，官至蜀郡属国都尉。武帝时选强宗大姓不得族居。将三子移居山阴"[2]。王充（27—约97年）系元城王氏之后，祖上也曾居于魏郡元城（今河北大名），"几世尝从军有功"，约两汉之交迁居会稽，后家道衰落。到东汉，王充在乡下读书时，其所上学馆已有学生百余人，可见南方教育已相当普遍。浙江地区教育的发展，还体现在东汉孝廉人数的显著增加。

汉武帝时就创立了孝廉察举制度，以任用官员。因东汉光武帝（25—57年在位）"专用南阳人"[3]，导致东汉初期仕宦之途泰半为关东世族垄断。和帝（89—105年在位）时举孝廉改以人口为准，而巴蜀和江南正在渐次开发，都无力向关东独尊的政治势力挑战。江南和巴蜀可考的孝廉待顺帝（126—144年在位）以后才渐增多，尤其到献帝（189—220年在位）时孙权（182—252年）已据江东，江南孝廉在乱世中建立事功，能够留名后世的机会就突然增加。

位于长江上游及西南的益州五郡占全国人口的7.3%，可考的孝廉占11.2%；会稽和吴郡人口占全国的2.4%，孝廉却占9.7%。将益州五郡和会稽、吴郡合计和人口稠密的关东相比，前者人口只占全国的9.7%，后者占56.2%，但是前者孝廉所占达21%，而后者则占61%。[4]

东汉规定依人口比率察举孝廉，但孝廉产生的条件很显然并不单纯只是人口，其他经济、文化、教育水准以及地域传统和政治关系都十分重要。吴郡和会稽两地人口之稀少、孝廉人数之众多，这个比例仅次于浙江的就是益州，从两者相差的距离看来，浙江孝廉占人口比例数相当大，在全国具有唯一性，这种比例关系和当时豪族私门藏匿人口有一定关系。但浙江两郡孝廉的绝对数上升，孝廉与人口的比例差在全国最高，起码能说明南方的经济及教育体系到东汉晚期已相对完善。

孝廉数据的增长刚好与浙江经济的飞速发展时间相和，可见南方经济对学术的支撑作用。早期南北学术就存在着不同的着眼点，随着各地方政权的分立，学术分歧日渐明显。

---

1 田余庆：《东晋门阀政治》，北京大学出版社，2012年。
2 ［南朝宋］范晔：《郑弘传》注引《谢承书》，《后汉书》，中华书局，1973年。
3 ［南朝宋］范晔：《郭伋传》，《后汉书》，中华书局，1973年。
4 邢义田：《天下一家：皇帝、官僚与社会》，中华书局，2012年。

2. 东汉开始了南北学术的分途

东汉时王充著《论衡》八十篇，用求真务实的理论，注重实用性研究，与北方道法自然之说完全相悖，王充"旱不为汤至，雨不应自责。然而前旱后雨者，自然之气也""非古之天厚而今之天薄也。谴告之言生于今者，人以心准况之也。"[1]他对天人之论既的打破，使五行、符瑞问题迎刃可解。但这种唯物观点很快被北学"天人感应"弥漫开的浓雾所掩盖。由王充的学术观点在当时的地位可知南北方的学术侧重已见分途。

汉帝国崩溃以后华夏的秩序符号表现在礼乐制度、天文地理想象、史学书写等文化方面，随着南北分裂和政权结构的变化，这些文化在南方地区得到相对清晰的延续。汉末的南方文化中荆州学派有相当重要的地位，它是两汉经学向魏晋玄学过渡的重要环节，学术思想多方位延伸，除官方推重的古文经学外，法家、黄老思想也得到拓展。江南自荆州学派星散后，南方还是继承了汉儒传统，学风较保守。

永嘉后政治上南北对峙，交流不畅使学术亦差异日渐显著。北方经学遵循汉代以来章句义疏，同时杂以谶纬占候；南朝经学受到魏晋新学风影响，注重义理。同样南北朝佛教的差异也突出，南朝注重学理上的探讨，北朝注重宗教行为，有佛道遗风。魏晋时期经学全面渗入史学，江左学术开始以玄学、佛学为尚，经学退居次位，在史学编撰中经学的影响也随之变小。晋室的东迁使江南名士开始重视三玄，在书法、语言等方面多有仿效北人的作品。但江南经学直两汉渊源，长期保存在士族名门家学之中，到南朝时玄礼双修已成南学风气。[2]

与南朝不同，北方由非华夏族群建立的诸政权，无一例外地开始采用华夏帝国的政治制度和文化体系，急于建立自身华夏身份、争夺华夏秩序的正统地位。北朝主动运用旧有的华夏政治文化符号重新定位族群，期望实现了自我汉化，本着论证自身合法性的需要，在历史撰述及学术著作中，显示出僭伪附庸传的发达，以及四夷传结构的空前完整，[3]通过不断对四夷定位的远扩来确认本朝的正统地位。

南朝时编的《世说新语·文学篇》对南北学风有着明确定位："褚季野语孙安国云：'北人学问渊综广博。'孙答曰：'南人学问清通简要。'支道林闻之曰：'圣贤固所忘言，自中人以还，北人看书如显处视月，南人学问如牖中窥日。'"不久之后的《隋书儒林传序》也说："南人约简，得其精华；北学深芜，穷其枝叶。"南北学术差异所反映的是两地文化观念的重大区别，这个区别于两地不同的经济、地理、政治环境所造成的心理需求有相当的关系。

北方黄土地要耕耘为熟地才能有稳定的收成，因此北人吃苦耐劳、安土重迁，心态比较保守。南方丘陵山林里有足够的食物，湖泊和河流旁有许多肥沃的土地，所以居民心态活泼愿意接受变动，同时好钻研，以灵动的积极主动改变生存条件。因此"黄河文化孕育了循规蹈矩、守分安命的儒家；而南方出现的却是多思辨，

---

[1] 黄晖：《论衡校释》，中华书局，2017年。
[2] 唐长孺：《唐长孺文集一·魏晋南北朝史论丛》，中华书局，2011年。
[3] 胡鸿：《能夏则大与渐慕华风——政治体视角下的华夏与华夏化》，北京师范大学出版社，2017年。

甚至是辩证式的老子和庄子"[1]。南方相对物质丰富，对所希冀的生活更相信通过自身的努力来实现，因此学术上多追求和探索学理上的实用性，对形式的关注相对较少。而北方一直处于资源匮乏状态，长期的战乱又让内心失去了安全感，加上习俗文化中厚重的心理压力。对改变现实的无力感，让北人更希求得到虚幻的外力辅助，宗教及学术中寻求"远"的意境来逃避现实需求，早期儒学对礼仪行为的重视，也是北方更注重行为仪式相和的重基因素。

3. 北朝对"南学为主"的认可

相对宽松的政治经济环境促进了南学的蓬勃，六朝时学术人才开始全面赶超北方，史料记载的有：《三国志·吴书》称绩"作《浑天图》，注《易》释《玄》，皆传于世"；《晋》《宋》二书的《天文志》所载各家，自陆绩起都是江南人；《南史·儒林传》连附传在内共二十九人，其中南人占十九人。[2]

南北学风的互相影响、渗透与日俱增，《世说新语·言语》记载"过江诸人，每至美日，辄相邀新亭，藉卉饮宴。周侯中坐而叹曰：'风景不殊，举目有江河之异！'皆相视流泪。"对故土的怀念使他们将北方文化传统带入南方，两地文化融汇在六朝达到极盛，这对南方文化的发展起到了不可忽视的影响。

南朝逐渐建立起来的自信，与北朝政权的文化失落形成鲜明对比。南方政治、经济长时期处于相对稳定状态，并保持着汉帝国的文化正统，北方各政权在"渐慕华风"[3]的思潮下努力吸收南方的政治、文化特色。北归无望，南渡士族开始流连于江东山水，在远树近山，江渚沙洲中与江海相拒还迎，甚至北方人也相信南方是正朔所在，到隋灭陈完成统一大业时，炀帝仍"好为吴语"，并对南方精致的贵族文化向往不已[4]。

六朝时期南方不仅学术走在前沿，政治管理制度也趋向南方模式。自孙吴以来频繁征发民户为兵，到东晋南朝时形成"三五取丁"之制。如刘宋元嘉廿七年（450年），"发南兖州三五民丁"；"大明五年（461年），发三五丁"。所谓三五丁制，就是五丁取三。编户齐民兵役之重远过北朝，且役期甚长。这些制度的南方类型反过来影响制度设计，使古代制度体系逐步走向"南方化"。[5]

4. 南方士族地位的提升

江南的财富曾支持孙吴建国数十年之久，吴政权对散布在江东的大族豪强武装尽力拉拢，南方大族逐渐重要的社会支柱。私门的壮大产生了地方富商与豪右，本地非豪门出身的豪右与北来的世族豪门相对，被称为"寒门"。南渡之北人十有八九系出高门，江南土著虽有朱、张、顾、陆等，迥不逮侨姓甲族之多。[6]

西晋时期北方士族的政治地位比过去显著，但还不足以超越皇权和司马宗室之权。司马氏过江后财政困难，服章多缺"凡此前众职，江左多不备，又多阙朝

---

1 许倬云：《万古江河——中国历史文化的转折与开展》，上海文艺出版社，2006年。
2 唐长孺：《唐长孺文集四·魏晋南北朝隋唐史三论》，中华书局，2011年。
3 《旧唐书·吐蕃传上》《旧唐书》，中华书局，1975年。
4 《资治通鉴》卷185"隋炀帝至江都"条，中华书局，2009年。
5 葛剑雄：《统一与分裂：中国历史的启示》，商务印书馆，2015年。
6 周一良：《魏晋南北朝史论集》，北京大学出版社，2010年。

服。……凡应朝服者，而官不给，听自具之。"[1] 为解决经济匮乏，政权不得不向地方势力及财力雄厚的世族妥协，于是门阀士族势力得以平等或超越于皇权，兵权政治从此演变为门阀政治。门阀南来后汲汲于求田问舍，山泽并兼，多种经营，东晋政权以禁止封锢山泽的法令限制其经济发展。

孙吴以后南方寒门地主、富商快速成众，但地方政权对财富的稳固和徭役的威胁，都需要他们开辟和扩大政治道路，上升通道被北方豪族大户所阻。随着南方富户的文化愈高，财富愈盛，则亦愈怠于武事，寒门开始采用与政权联手的方式解决这一问题。东晋政权正需要从南来的门阀收夺政权，共同的对手使寒门和皇权开始结合。

东晋统一局面的维持和南朝皇权有限度地恢复，提供了南北各地经济联系的有利条件，在皇权有意无意地纾缓控制下，本土豪右、新兴地主、富商等开始假冒世族，大量寒人取得了法律上的世族地位。如东晋初年，温峤与王导、庾亮、阮放、桓彝并称为"中兴名士"[2]，何氏是庐江郡灊县（今属安徽霍山）新起名门，族中有"万夫之望"[3]的何充（292—346年）继王导、庾亮之后专辅幼主，把持朝政。

江南本地大族的经济地位提升，在孙吴末期以后，南方政治上占有特殊地位的只有南方大族，北方侨寓既是开国元勋又是汉代高门，其后人无著称人物，三公之位几乎全是南人。地方政治斗争相当激烈，晋代以后江南大族中已没有孙吴时南来的北人[4]。

南朝的宋齐梁三朝皇室俱侨人，南朝早期一贯政策是以侨人握政权，摒南人于政治势力以外，对侨人所求者宽，于南士则责望甚严。寒人的最高愿望不是打破这种士庶等级区别，而是想挤入士族行列，乞求承认，并转而以之自傲，甚至同样坚持士庶区别观点。[5] 梁武帝注重吏治，在争取门阀士族的拥护下把他们当作摆饰，同时任用"簿领文案"的寒人学士来处理政事，"梁用人殊重，简以才能，不限资地。"[6] 不委政于王谢，而征用何敬容、朱异等人。梁武帝时南北区别渐泯[7]。

南方文人学者也开始大量出现，这些人被称为"寒士"，比较著名的有：沈约（441—513年），吴兴武康人，祖先沈林子在刘宋时以军功起家，既是南人，又非高门，是南朝文学家、史学家，致力于立符瑞志"欲使逐鹿弭谋，窥觎不作"，试图从理论基础上改变乱世。同样还有范云（451—503年），是东晋范汪的六世孙，但亦非士族中的高门。

在政权的助力下南朝商品经济异常发达，《宋书·吴喜传》载："（喜）又遣部下将吏，兼因土地富人，往襄阳或蜀、汉，属托郡县，侵官害民，兴生求利，千端万绪。从西还，大腕小船，爱及草舫，钱米布绢，无船不满。自喜以下，迨

---

[1] ［梁］沈约：《宋书·礼志五》，中华书局，2017年。
[2] ［唐］房玄龄：《晋书·羊曼传》，中华书局，2015年。
[3] ［唐］房玄龄：《晋书·羊曼传》，中华书局，2015年。
[4] 唐长孺：《唐长孺文集一·魏晋南北朝史论丛》，中华书局，2011年。
[5] 唐长孺：《南朝寒人的兴起·魏晋南北朝史论丛》，河北教育出版社，2000年。
[6] ［唐］魏徵等：《隋书·百官志》，中华书局，2015年。
[7] 周一良：《魏晋南北朝史论集》，北京大学出版社，2010年。

至小将，人人重载，莫不兼资。"

南方地区的富裕逐渐提升了南人的自信心，如沈瑀为吴兴武康（今浙江德清）人，南朝时任余姚令，"瑀初至，富吏皆鲜衣美服以自彰别，瑀……悉使著芒屩粗布，侍立终日，足有蹉跌，辄加榜捶"[1]。之所以如此，本传解释为"瑀微时尝至此鬻瓦器，为富人所辱，故因以报焉"，官员前后经济地位的翻转，足见南方经济大发展。

随着经济、文化地位的上升，南方"寒门""寒士"日渐增多，新兴的世族集团获得了政权许可后，在中央集权不够强大时开始动摇"官场"的话语权。不久南方世族就开始建立自己的政权，逐渐分割了政府的统治权力，社会力量压过了国家力量，形成南朝政府须仰大族及地方势力鼻息的局面。南朝结束时，吴姓士族仍然有所凭借继续雄踞乡里，而侨姓士族则多寂尔无闻了。[2]

5. 经济、文化重心南移

西汉中后期开始，地方士族发展壮大，汉代知识分子将国家与社会联结为有机体，以知识力量发挥了社会对国家的制衡作用。文官逐渐借家庭传承以独占知识资源及参政机会，士大夫家族成为地方势力的核心，家族的强大及持久导致大族长期垄断地方资源，遂削弱了国家中央的权力。东汉党锢之祸，即是国家权力与知识分子对抗的史迹。[3]

北方长期的政治动荡使大族逐渐向南发展，世族的强大不仅干涉政治权力，也掌握着文化学术的话语权。在东汉时江东已产生新学，以王充为著。随着经济发展世族地位的提升，豪门家学在南方一直兴盛，文士集团的成长促使南学的地位日渐重要。东汉末年名教之学合于老庄的自然，再与佛教的济俗之务相结合，不但没有破坏，其理论基础更扩大了，汉代天体论流行，到三国却只流行于江南，中原几等于绝响。[4]

在魏晋时北方门阀特权的确立应该，九品中正制、占田制和荫族制保证了政治上、经济上的世袭权利，也在这时出现了确立"士名"的士籍，门阀大族自此而起。魏晋时期的江南学风比较保守，晋室东迁后京洛风气移到了江南地区，江南名士接受了新学风，开始重视三玄。南朝地区的玄礼双修已成风气，江南以神仙谶纬、礼制曲章学、阴阳律历三类学术相结合，保持了董仲舒以降汉儒治学的特征。战乱使大族多有迁居江南，仍居北方的门阀也以南朝学风传家，一时间"北方实力军威虽胜过南朝，却一直认南朝文化为正统"[5]。以南学为主的学术思想很快风靡全国，成为思想文化之主流。

当隋代政权再次统一时，学术状态正如清代皮锡瑞在《经学历史》中认为的，"隋代是经学统一的时代，并且是以南学为主体的统一"。[6]

江南由经济发展推动了文化进步，同时政治、文化的南移也加速了南方经

---

1 ［唐］李延寿：《循吏传·沈瑀传》，《南史》，中华书局，2016年。
2 田余庆：《东晋门阀政治》，北京大学出版社，2012年。
3 许倬云：《献曝集——许倬云自选集》，上海人民出版社，2013年。
4 唐长孺：《唐长孺文集一·魏晋南北朝史论丛》，中华书局，2001年。
5 李泽厚：《美有历程》，天津社会科学院出版社，2009年。
6 唐长孺：《唐长孺文集四·魏晋南北朝隋唐史三论》，中华书局，2001年。

济大开发，经过孙吴、东晋和南朝数百年的经营，江南农业已经相当发达。南方政治统治一直相对稳定，绫罗绢布等丝麻织品在唐朝初年已经成为朝廷的赋税来源，安史之乱后三吴赋税额竟占国用的一半[1]，重心南移的过程从汉代发展到宋终于完成。

三、南方器物引领文化风尚

南北学术的差异也影响到了器物审美，南方偏向清雅端丽的实用性，北方更注重甚嚣尘上的华美外表，这种差异至今仍在日常用品中有所体现。

1. 南方民俗影响全国

南方东汉时流行随葬买地券，如浙江奉化东汉墓出土熹平四年（175年）买地券[2]、扬州甘泉山刘元台墓出土熹平五年买地券[3]。六朝随葬买地券作为明器主要流行于中下阶层。吴至东晋19方买地券中，以南京为中心的苏、浙、皖三省即占17方，可见东南地区随葬买地券习俗之盛。[4]而东晋南朝世家大族墓葬中，兴起的是标榜门第的砖石墓志，说明时人观念中血统门第是地位的绝对标志，之后便是对地产财富的拥有。南朝时出现的墙砖壁画也是当时潮流思想的体现。竹林七贤等墓室壁画的出现就可能与刘宋朝的出身有关，刘宋并非世族，起家于京口，在门第决定官品、地位的时代，与时尚相和值得炫耀的只有闻人的气韵与财富。对古代名士风流的追慕，既能展现名流的风雅情操，又弥补了出身的遗憾，南方的地域特色与时代气息的聚合，促成竹林七贤为主的壁画在随葬中的流行。

买地券的源头是战国晚期、西汉时代楚地所出的告地策，从楚至汉代告地策，到衣物疏、买地券，这很可能是源自南方特别是楚地的一种死亡处理系统。从汉魏六朝的材料看，武夷君、安都王可能是南方地区较早的冥君，与北方地区的泰山神君不同，可能是另一个源流。在佛教传入并成为大众信仰之前，南方民众关于阴间的构想，与北方地区是有很大不同的另一个系统，这一传统到唐宋时代影响到全国，是北方信仰受南方信仰影响的过程。[5]

2. 六朝越窑青瓷大发展

孙吴政权除了用战争土地，还用各种官爵及经济手段同化"诸夷"，这时就需要建立相对规范的华夏正统礼仪体系。仪式性器物中青瓷占有很大比例，这时吴国的政治、经济需求在青瓷产业中的确现出端倪。这时的高端青瓷集中出产于上虞市上浦镇的凤凰山窑址群，出现大量含有青铜器纹饰风格产品，大气规整、华丽厚重的礼器类青瓷正是这一时代政治风格的再现。礼器精美规整，可以看出当时南方政权稳定、财政富足。青瓷是吴国最主要的手工产业，不仅解决了民众的生存，更为政权提供了经济基础。

---

[1] 葛剑雄：《统一与分裂：中国历史的启示》，商务印书馆，2015年。
[2] 王利华等：《奉化白杜汉熹平四年墓清朝简报》，《浙江文物考古所学刊》，文物出版社，1981年。
[3] 蒋华：《扬州甘泉山出土东汉刘元台地券》，《文物》1980年第6期。
[4] 王志高：《六朝买地券综述》，《东南文化》，1996年第2期。
[5] 葛剑雄：《统一与分裂：中国历史的启示》，商务印书馆，2015年。

孙权时"笃尚朴素，服不纯丽，宫无高台，物不雕饰，故国富民充"[1]。但末帝孙皓则"穷极伎巧，功费万倍"，宫内楼观更是"加饰珠玉，制以奇石"[2]。这股奢靡之风进而影响到民间，载当时"民贫而俗奢，百工作无用之器，妇人为绮靡之饰，不勤麻枲，并绣文黼黻，转相仿效，耻独无有"[3]。孙吴政权后期的越窑青瓷产品不仅礼器丰富，日常器物也富丽繁缛，这种风格持续到西晋。史料记载"郊丘之祀……器用陶匏……明堂之祭，备物以荐，玉牲并陈，笾豆成列"，"江左以后，未遑修建"。[4]三国西晋时礼制完备，郊祀明确用瓷器，这时的青瓷器中有簋、樽、鉴等，应该都是当时之礼器。

六朝时期工匠的人身束缚特别严重，孙策战袁术"得术百工及鼓吹部曲三万余人"[5]，同时应该也加强了对浙江陶瓷工匠的培养。东吴政权强化了长江下游和中游地区的联系，大量官员、军队、人口往返于两地，这时长江中游的瓷器面貌与浙江基本一致。东吴中期至东晋，越窑带给周边文化以强烈的冲击和影响，以长江中游、赣中南为甚。

东晋南朝政权多为北方侨人，这一时期体现在浙江地区青瓷产品上，可以中原文化因素开始增加，延海路而来的因素减弱。到南朝时，早期越窑出现衰落，南方周边地区各窑址大量出现仿越窑产品，以德清窑品质为优。瓷产业的下滑说明，两晋以后政权对浙江经济的依赖，没有孙吴政权时高，对浙江的开发速度也有所下降。

3. 青瓷成为华夏的文化符号

南方经济腾飞，学术氛围的浓厚，门人学士高谈老庄，既纵情享乐又满怀哲意，潇洒不群、超然自得的魏晋风度，使南方山水景色、青瓷皆成为衬托风度的衣袖和光环。心思兴趣由环境渐入内心，由社会转向自然，由经学走向艺术，魏晋时代需要以强烈对比的矛盾来显示内心的崇高。极其讲究文辞华美，"日月叠璧，以垂丽天之象；山川焕绮，以辅地之形"，对日常器物要求精雕细刻，高端完美又浅淡清雅的青瓷正是内心高贵洁净的体现。

北人视南学为正宗，对南人的模仿自然会涉及雅物的追求，南方青瓷正是物与文化结合的典范。同时青瓷也在迎合贵族、文士的喜好，孙吴时期产品中多有大型礼器类、佛教特色类器物。东晋时随着佛经的翻译、传播，青瓷随葬物品中的佛教因素逐渐退出，到南朝时以生产日用器为主流。

汉至南朝是早期越窑昌隆之时，青瓷产业在上虞地区持续兴盛七百余年，与当地始终契合着政治、文化的时尚追求有很大关系。

以上虞为中心的地区经济迅速发展，促进贵族势力的增长，当地方割据政权控制力不足时，豪族势力集中抢占人力、土地、税收等资源，多种因素的叠加，最终导致了早期越窑的衰落。

1　[晋]陈寿：《吴书十六·陆凯传》，《三国志》卷六十一，中华书局，1959年。
2　[唐]许嵩：《建康实录》卷四，上海古籍出版社，1987年。
3　[晋]陈寿：《三国志·吴书》，中华书局，1959年。
4　[唐]房玄龄：《晋书》卷一十九，中华书局，2015年。
5　[晋]陈寿：《三国志·孙策传》引《江表传》，中华书局，1959年。

四、早期越窑的衰落

东汉以后南方地区在青瓷的背影里日渐兴盛，经济、文化的繁荣吸引着名门望族的乔迁。人口的压力能促进精耕细作的家业和手工业发展，同时也是对土地承载力的严峻考验。

永嘉之乱（311年）后，北方世族凭借政治优势和带来的大量佃客、部曲、奴僮等，在浙江到处求田问舍，大规模占山固泽，谋取土地，建立庄园，其中三吴是他们猎取土地的目标。太湖流域东部和镜湖的肥沃之区大多已分别为土著世族所占有，他们逐渐将主要目标选在会稽郡的曹娥江流域和太湖流域西部的吴兴郡，并向山林湖泽地区拓展。

司马睿于317年"弛山泽之禁"，这一举措是在北方人口大南迁的压力下，从江南多山泽的自然环境出发，默许各阶层长期以来对国家所有的山泽进行开发。一旦政府弛山泽之禁，豪门世族就凭借经济实力和所拥有的劳动力，到处求田问舍，圈占山泽，经营庄园。317年是一个标志，从此开始进一步刺激了山泽的圈占。"晋自中兴以来，治纲大弛，权门并兼，强弱相凌，百姓流离，不得保其产业。山湖川泽，皆为豪强所专，不民薪采渔钓，皆责税直"[1]。

东晋时曾想收回山泽限制大族经济扩张，成帝咸康二年（336年）令："占山护泽，强盗律论。"但是"民俗相因，替而不奉，燎山封水，保家为利"[2]，于是世族竞夺之风，不可辄止。

豪门大族占地之广、生活之侈史书多有记载，如谢玄的始宁墅"右滨长江，左傍连山，平陵修通，澄湖远镜。于江曲起楼，楼侧悉是桐梓，森耸可爱，居民号为桐亭楼，楼两面临江，尽升眺之趣。芦人渔子，泛滥满焉。湖中筑路，东出趣山，路甚平直，山中有三精舍，高薨凌虚，垂檐带空，俯眺平林，烟杳在下，水陆宁晏，足为避地之乡矣"。在谢灵运为其始宁墅留下的《山居赋》中，可见豪门生活之一斑。世族大肆封略山湖，据为己有，一般百姓薪采渔钓全面压缩，生活受到影响。

南朝宋大明（457—464年）初年，由于世族大肆占山固泽，造成富强者兼岭而占，贫弱者薪苏无托的局面，政府不得不改变政策，颁布占山法，从法律上规定世族占山护泽的合法性，本意要对豪门世族无限制地侵占山泽进行遏制，但实际上刺激了人们对山泽的占有欲。豪门世族占山固泽的活动由此达到高峰。

自晋室南渡后，北方人口陆续迁入会稽，不少人进入会稽山麓毁林开垦，同时人口也造成作为燃料的柴薪需求增加，于是稽北丘陵的原始森林受到破坏，水土流失严重。史书对这一时期的水灾多有记录，如齐高帝"建元四年（482年），奉朝请孔觊上《铸钱均货议》，辞证甚博。其略以为'……三吴国之关阃，比岁被水潦而米不贵……'"。南朝梁大通二年（530年）时"吴兴郡屡以水灾失收，有上言当漕大渎以泄浙江"[3]。豪族的强占加上连年的水灾，这一区域民生所急所困愈演愈烈。

---

[1] ［梁］沈约：《宋书》卷二，中华书局，2017年。
[2] ［梁］沈约：《宋书·羊玄保传》，中华书局，2017年。
[3] ［唐］姚思廉：《梁书》卷八，中华书局，1973年。

曹娥江边的始宁县有庄园的权贵很多，规模极大，被占区域相当可观，这极大地影响了制瓷业的发展。人口的增加使森林减少并至燃料短缺，地价上涨，这些都是致使越窑停烧的重要原因之一。

同时早期越窑经过几百年的繁荣后，在工艺、造型等方面均没有重大突破，与周边窑址产品的差距缩小，新兴窑址群中，仿越窑产品大量出现，质量上虽有所欠缺但成本相对低廉，种种因素的合力都成为早期越窑走向没落的推手。

上虞地区的繁荣使人口增长，地价上升，本地早期越窑产品从南朝开始衰落。但青瓷产业在浙江仍是主要的手工业，战国以后政治文化中心的南移，使位于北方的早期高端原始瓷的核心产区——德清窑址群得以休养生息，六朝时期德清窑大量仿制越窑产品，逐渐替代越窑进入主流。

从东汉中晚期始，德清窑不仅烧造成熟青瓷，还创烧了黑釉及酱釉瓷器，东晋至南朝越窑的衰落使德清窑迎来了巅峰期，其中仿越窑产品从质量到产量都大幅度提升，制瓷技术执一时之牛耳。直到隋至早唐德清窑明显下坡，当中唐后上林湖越窑再次兴起，承平日久的德清窑才进入停烧行列。

南方经济地位提升与相对平稳的政治环境使南学逐渐超过中原学术成为北人心目中的文化"正统"，前秦苻融说："江东虽微弱仅存，然中华正统，天意必不绝之。"[1] 高欢也有"江东复有一吴儿老翁萧衍者，专事衣冠礼乐，中原士大夫望之以为正朔所在"[2]之说。随着六朝各地方政权对自身"华夏""正统"符号的强调，南方文化成为时代潮流，文人雅士对特色青瓷的偏好，也进一步推动了江南经济地位的稳固。

两汉人的观念完全屈从于神学目的论和谶纬宿命论支配，魏晋时期人开始觉醒，通过空前的思辨哲学的尝试，重新寻找和建立理论思维。在审美领域，对这种觉醒的反映更为敏感、清晰，从三国到西晋一直以门阀大族为社会基础，贵族手执拂尘，口吐玄言，扪虱而谈，辩才无碍，重点展示内在的智慧，高超的精神，脱俗的言行，漂亮的风貌，以美如自然的外观，体现出人的内在智慧和品格，"飘如游云，矫若惊龙"为外在的最高境界。

表现在六朝青瓷器上，形成制作规整，釉色匀润，装饰技艺多样的风格，用网格纹、联珠花蕊纹等简化了的佛教文化因素，融合进朴素自然，浑然天成的艺术风格，试图展现追求的幻灭与沉沦，心灵的觉醒与痛苦；以幽境清淡，游止贵旷的神韵，表达出了温丽悲远，沉郁苍凉的时代内在品性。这种对人生、生死的悲伤并不使人心衰气丧，恰好获得具有一定深度的积极感情，人的觉醒没有流于颓废浮沉，反而使内容具备美学深度，留给后世的是"情弛神纵，超逸优游，韵高千古，淋漓挥洒"的魏晋精神。

青瓷器以高超的人工打造出自然之韵，圆融无间地涵化了不同时代的主流气息，南北方共通的审美取向，造就越窑千年的繁盛。瓷器的外形随着时代主流思想的变化有一个相对滞后的演化进程，秦汉是重要的转折期。

思想层面的转变引发了社会文化、意识形态的整体流进，民间流俗也随之转

---

[1] ［宋］司马光：《资治通鉴》卷一〇四，中华书局，2009 年。
[2] ［唐］李百药：《杜弼传》，《北齐书》，中华书局，2016 年。

辙，华夏文明在经历了思想意识大爆炸后，到东汉晚期已变迁为不同于以往的信仰模式。青瓷风格的每次外形转变，正好铭刻出同信仰民俗的枝枝节节。

经过秦汉数百年文化与政体的熔接，帝国与华夏文化已变得牢不可破，在对内的政治推进中，"隙地"小政权逐渐以儒学为思想基础，到东汉末年华夏文化共同体基本成型，"汉民族"成为华夏文明的主体。秦汉建立的中国文化秩序，并未随东汉覆亡而消失，六朝的三百余年正是重整这一普世秩序的过程，"汉文化"始终持续着对政权隙地的全面渗透。之后再次大一统时的隋唐政权，是秦汉秩序的延续，也是这一秩序的发展壮大。

第十章
隋唐五代时期的越窑

第一节 隋唐五代时期越窑的基本特征

越窑从东汉时期创烧，三国西晋时期迎来了发展的第一个高峰，东晋南朝时期开始相对沉寂，这一过程一直延续到隋至唐代早期，产品种类大大减少，器型较为单一，装饰简单。唐代中期以后越窑迎来了第二个大发展时期，不仅大量新器型出现，造型丰富多样，而且在胎釉质量上有质的飞跃，出现了称为秘色瓷的越窑顶级产品，这一过程持续到北宋早期。北宋中期以后，器物种类变化并不是很大，但器型相对简单，胎釉质量明显降低，釉色青釉，质量不强，开始走向衰落，北宋晚期不仅质量差，器类单一，而且生产规模也很小，进入了生产的尾声。然而，宋室的南渡及以上林湖地区"制样须索"生产宫廷用瓷，为越窑迎来了最后的回光返照。产品面貌与之前迥异，质量上，除了粗瓷外，亦生产相当比例的精细瓷，此类精细瓷一般施乳浊釉，器型除一般的日用器外，还包括钟、觚、尊、鼎等陈设瓷器，当与南宋宫廷密切相关。

一、隋—唐代早中期的越窑[1]

隋至唐代早期的越窑是前后两大发展高峰之间的低谷期，从生产的规模上看，窑址数量远较前后两个时期为少，以唐宋时期越窑的生产中心上林湖为例，在120多处窑址中，这一时期的窑址仅发现数处；而上虞地区唐宋时期的窑址共发现30多处，其中这一时期的窑址仅发现2处。

窑址产品种类相当单一，以碗占绝大多数，其次是钵、盘口壶、鸡首壶、罐等（图10-1）。

碗主要包括直口与敞口两种，也有侈口碗、浅弧腹碗、折腹碗等。直口碗上腹较直，下腹弧收成小平底；敞口碗敞口，斜直腹略弧，平底或假圈足；侈口碗侈口，深弧腹较高，小平底，假圈足；折腹碗为侈口，上腹部外折，下腹部急收成小平底，腹极浅；浅弧腹碗腹极浅，上腹较直，下腹急收成小平底。钵器型较大，直品微敛，深弧腹，小平底。

盘口壶早期盘口较浅，长颈，溜肩，深弧腹瘦长，平底，肩部多带双系；晚期盘口略深而

---

[1] 谢纯龙：《隋唐早期上林湖越窑》，《东南文化》，1999年第4期；慈溪市博物馆：《上林湖越窑》，科学出版社，2002年。

鸡首壶　　　　盘口壶　　　　　盘口壶　　　　　盘口小壶

四系瓶　　　　　　　　　　碗

图 10-1　隋—唐代早期越窑

较小，口沿较直，腹略矮胖。

鸡首壶作盘口状，长颈，隆肩，深弧斜收，平底外凸，肩部用泥捏的简单尖嘴状小鸡首，与之相对一侧有细圆的柄，自肩部上弧至口沿，两侧带系。

瓶则双系或四系，侈口厚唇外凸，长颈，隆肩，深弧腹斜收，平底。

执壶大喇叭形敞口，长颈，隆肩，腹较鼓，近假圈足内凹，造型较胖，肩部有斜上短流，与之相对一侧有宽扁的把，两侧有圆泥条的系。

罐则多短颈直口或略外敞，溜肩，深弧腹斜收，平底，肩部多带系，器型较胖。

多足砚直口，平底，外圈密布外撇的蹄足。

这一时期器型总体来看较为瘦高而劲颈有力，器物的折角棱角分明，后段可能出现部分略显矮胖的器型，但与唐代中晚期的同类器物相比，仍是瘦高有余而肥胖不足。一般多作平底略内凹或假圈足略内凹状，底多较小。少量的器物作圈足状，圈足粗壮厚重，足端方平。部分假圈足器中心刻划一个小圆形，近似于玉璧底，应该是玉璧底的前身。

装饰极为简单，基本为素面，少量器物见有褐彩装饰，一般呈直条纹状，多条装饰于器物的外腹部，简洁明了。此外还有鸡首壶上有鸡首、简化的龙柄及罐、瓶类器物上的系等装饰。鸡首极小，呈小嘴状缩于器物的肩部，完全不具有实用功能而纯装饰性。

胎多为深灰、土黄色等，胎质较细，但夹杂有较多斑点，胎质淘洗不够纯净。

釉作青黄、青灰色，施釉不甚均匀，流釉现象较为常见，且多施半釉，不仅外腹施半釉，且多数大口类的碗、钵等器物内腹亦施半釉，釉层极薄。少量的钵类器物外腹施半釉，内腹则为满釉。以青釉占绝大多数，也有少量的酱色釉或酱黑色釉，轮制拉坯制作成型，内外腹、底均较为光洁，鸡首、系、柄等附件则多为拼接而成。

窑具较为简单，仅有少量的支烧具与间隔具。支烧具多作直筒形，托面作平顶状，腹壁较直，胎壁极厚，胎质粗，内腹多有轮旋痕，近上部有圆形小镂孔。部分器物器型较高大，也有部分器物器型较矮。有一种圆盘形窑具，扁平，中心略下弧，外侧略上翘，平底，上侧有泥点痕，当为支烧具。少量间隔具作内束矮圈足形，平顶，粗陶质，托面外侧、圈足端均有泥点痕。除少量器物使用间隔具外，一般直接明火叠烧，底用支烧具支撑，不使用匣钵。叠烧器物之间用泥点间隔，泥点一般集中在内外底的外圈，个体较大，形状多作长椭圆形，排列较为疏朗。

二、唐代中晚期的越窑[1]

唐代中晚期越窑开始走向第二个繁荣时期，产品种类丰富、质量较高，主要器型有碗、盘、碟、盏、杯、壶、罐、盆、钵、盒、水盂、灯盏、碾轮、唾盂、海棠杯、熏、茶匙、枕、穿带扁壶、净瓶、灯、盘口壶（罂）等（图10-2）。

壶的形态丰富多样，有瓜棱壶、橄榄形壶、侧把壶、小壶、蒜头壶、动物首壶等，以瓜棱壶为主。瓜棱壶，喇叭口、长颈、圆肩，深弧腹，平底，宽矮圈足或假圈足，肩部短流略弧而上竖，部分器物设有双系，肩与上腹部有四道压印凹痕，除喇叭口外，也有盘口瓜棱壶。橄榄形壶，喇叭口，宽扁把手，溜肩，橄榄形腹，宽矮圈足，底略内凹，肩部有短直流斜向上，部分器物也制作成瓜棱形。侧把壶，直口、盘口或喇叭口，长径，隆肩，下腹弧收，圈足，与流近90°位置横向装一把手。小壶，近球腹，肩有两竖泥条耳，假圈足，底近平。蒜头壶，头呈扁珠形，细颈，扁腹，下腹斜收，平底。扁腹壶，近三角唇外凸，扁鼓腹，下腹斜收，假圈足，平底略内凹，上腹短直流，腹呈瓜棱形。壶类器物还有仿动物形象的，如作凤首或兔首形的瓜棱状执壶。总体来看，这一时期的流较短直而略上翘，腹较矮胖，底的圈足较厚。

碗按底分主要有宽矮圈足碗与玉璧底足碗两种，少量的其他类型碗如折腹碗等。宽矮圈足碗侈口外撇，或敞口，浅弧腹斜收，内底较大，宽矮圈足。玉璧底碗分成两种，一种是敞口，一种是弧敛口。敞口玉璧底碗为敞口斜直腹；弧敛口玉璧底碗则为弧敛口深弧腹。部分近似于敞口玉璧底碗形器物作假圈足的饼形底。

盏的圈足高矮不一，高圈足作侈口或敞口，浅弧较弧，圈足较细高而外撇；矮圈足多作侈口弧腹，细矮圈足外撇；还有一种极矮圈足盏，一般弧深腹弧敛

---

[1] 浙江省文物考古研究所等：《慈溪上林湖荷花芯窑址发掘简报》，《文物》，2003年第11期；浙江省文物考古研究所等：《寺龙口越窑址》，文物出版社，2003年；慈溪市博物馆：《上林湖越窑》，科学出版社，2002年。

褐彩熏炉　　　褐彩罂　　　　　褐彩油灯　　　　秘色瓷净瓶

秘色瓷盘　　　　　　　　　秘色瓷碗

青黄釉碟及内部的划花荷叶纹　　　青黄釉玉璧底碗

图10-2　唐代中晚期越窑

口形。

　　盘多作侈口，也有宽沿近盘口形，浅坦腹，矮圈足窄矮。除圆形外，还有倭角近方形有盘。

　　水盂近直口，短颈，溜肩，垂腹瓜棱形，假圈足平底。

　　罐多作侈口，短颈，溜肩，深弧腹，平底或圈足，肩部或带一对柿蒂形竖耳。部分扁腹肩部带有斜向翘的流。

　　钵多为折敛口，宽沿，下沿外凸，弧腹弧收，宽矮圈足。

　　盆侈口，弧腹较深，高圈足外撇，器型较大。

　　灯盏尖唇外凸，窄沿，浅坦腹，小平底或假圈足，灯环位于底近腹处，环较小，低于沿面。

　　粉盒子母口，直腹，下腹急收，假圈足略内凹，或平底，均带盖，盖多作平顶无纽、弧顶无纽、平顶宝珠形纽等。

　　海棠杯作长椭圆形，部分器物两端略上翘，深弧腹、矮圈足。

　　盏托则翻沿，斜腹略弧，托圈较矮，圈足外撇。

　　杯作花口形，直口，腹较深，细高圈足外撇。

　　熏盖作拱形带镂孔，器身作子母口，深腹，细高圈足外撇。

唾壶为大喇叭形口，细短颈，扁腹，矮圈足。口径比腹径要大许多。

盘口壶口较大，比例夸张，近乎头重脚轻。

枕则多较小。

总体上看，这一时期器物无论是胎还是釉，均较前一时期有质的飞跃。胎质细腻坚致，胎色青灰。器物满釉为主，部分施釉不及底，施釉均匀，胎釉结合好，极少见剥釉或脱釉现象，釉质感极强，釉色青中泛黄。

拉坯成型，许多器物的内壁可清晰地看到旋痕。大型器物多分段制作，如垂腹圈足罐的圈足与器腹之间可看到明显的黏结痕。耳、流、把手也是器物制作好以后再按接而成。器物制作技术成熟，器型规整。

装饰以素面为主，这一时期较为流行的是碗、盏等大口类器物，器物的口做成花口形，壶等小口深腹类器物的腹部做成瓜棱形。

少量划花纹饰，题材基本为荷叶，主要见于宽圈足碗、盏、大型盆、海棠杯、盏托、盒盖等器物上，一般是器物底部刻划四瓣荷叶组成一个圆形，内腹部相对的位置有一张侧视的荷叶。荷叶的表现方法有两种，一种刻划清晰、线条流畅、造型工整，用粗线条勾出轮廓，用细线表现茎络。另一种则刻划较草，线条均较细而浅，图案不是很清晰。在大型盆的腹部与底部之间间隔以较小的荷叶纹。极少量执壶的腹部细划有荷叶与荷花纹饰。

除细划纹饰外，偶见印花与像生类装饰。印花的题材多为花卉，也有龙纹、鸟纹等。像生类装饰是将壶的盖做成凤首、兽首等，或将壶身做成鱼形。在盘口壶类器物上见有堆塑的立体龙纹。

少量器物上有褐斑装饰，主要见于碗、罐类器物的口沿上，在大型高档器物上见于褐色彩绘。

唐代晚期的高质量青瓷上还见有金银扣及螺钿工艺。

文字装饰主要见于窑具与碾轮上，匣钵与间隔具上均有，匣钵上均刻于器物的外腹部。

窑具除支烧具与间隔具外，这一时期最大的变化是匣钵的出现。

装烧方法有两种，一种是明火叠烧、一种是匣钵装烧。明火叠烧一般将器物直接置于喇叭形垫具上，器物之间用泥点间隔，一般是同类器物叠烧，如各种碗，也有不同器物叠烧的，大件套小件，如罐、盆、钵等多种器物的叠烧。泥点个体较长，近似于松子形，排列密集，一般位于器物底部的外圈，部分大型的器物有两圈泥点。

有少量的间隔具，使用并不普遍，不是所有器物之间均使用间隔具，从目前的资料来看，在叠烧器物的不同器型之间使用，如叠烧的碗类器物的最上面一件上置间隔具，再在上面放置罐类器物，起到转接的作用。

另外一种方法是使用匣钵装烧。匣钵在本期的前段开始出现，数量不多，基本为粗陶质，多呈筒形腹或钵形，晚段出现 M 形匣钵和瓷质匣钵。早段碗类器物多件器物叠放后再置于匣钵内，仍为多件叠烧，执壶类高大器物则单件装烧。晚期出现 M 形匣钵后，碗类器物改为单件装烧。匣钵与器物之间使用垫具，垫具与器物之间仍有泥点。垫具多作带圈足的饼形，不见宋代流行的垫圈。晚段出现的细砂质或瓷质匣钵见有内腹施釉，对接的匣钵之间有用釉封口的现象。

这一时期的龙窑长度一般在 40 多米，窑床坡度 10° 多，尾部坡度略小。火膛一般作半圆形，略低于窑床。窑床开有多个窑门，窑门呈八字形，门外有护坡。

本期越窑的产品无论是胎、釉均有质的飞跃，这一转变应该与匣钵的使用密切相关，匣钵装烧技术的出现，不仅大大提高装烧量，同时使器物不再受明火烧烤，受温更加均匀，免受落砂之伤，釉面更加均润。由于此一时期的匣钵多在底部有孔，因此与窑室外气氛较为接近，在密封不甚严的情况下，还原不充分，因此多数器物这一时期釉色泛黄，呈青黄色。在晚段由于瓷质匣钵及用釉封口技术的出现，釉的呈色为之一变，出现后世所谓秘色瓷的天青或翠青色釉。此类瓷质匣钵的使用，是越窑顶级产品秘色瓷出现的重要技术保障，瓷质的材料使器物的胎体更加致密，同时用釉封口使匣钵内的氧气含量降到了最低而具备极佳的还原气氛，使秘色瓷的出现成为可能。使用瓷质匣钵的器物，从胎质上看更细致密，胎色较浅；施釉更加均匀。

同时，唐代晚期还烧制成功一批大型及大型多件组合的器物，如水丘氏墓中三件组合的大型熏炉、大型的盘口罂、大型的长明灯等，这些器物不仅器型巨大，而且制作规整，胎釉质量高，而且还装饰有褐色卷云纹的彩绘，迥异于一般器物，当于吴越国宫廷用瓷密切相关。

三、五代时期的越窑[1]

五代时期是越窑发展高峰时期，这一时期的产品以釉取胜而少见纹饰装饰。主要器型有碗、盘、盒、壶、盂、执壶、罐、盏、盏托、套盒等。器物种类上与唐代中晚期变化不大，但器型变化明显（图10-3）。

唐代晚期以来的玉璧底碗消失，五代早期演变成玉环底碗，到晚期完全为圈足碗所取代。宽矮圈足碗亦完全不见，代之以细高圈足，足壁均较直。口沿仍分成敞口与侈口两种，但花口流行。

瓜棱盖罐

盒

花口碗

套盒

盘

执壶

图10-3　五代时期越窑

---

1 浙江省文物考古研究所等：《寺龙口越窑址》，文物出版社，2003年。

盘类器物的圈足由唐代的矮直变成略高而外撇。

执壶出现直口扁腹带盖型,流明显加长而略弧曲,宽柄拱曲,而早期的瓜棱壶基本不见。

盏托内托环增高,近喇叭口形外撇,几乎与圈足呈对称状。

总体上看,这一时期器物胎体更薄而器型更加轻盈,圈足类器物圈足普遍加高,外撇趋势明显。

胎质细腻,火候高。青釉质量极佳,施釉极均匀,釉面均润,釉色天青或略泛黄。

装饰上以素面为主,从纪年材料来看,除在钱元瓘墓中出土有少量的细划花、浅浮雕及凤首状装饰外,基本不见装饰。这种不饰纹样的做法可能与秘色瓷以釉取胜的价值取向密切相关。

唐代晚期以来,部分器物在器型上开始模仿金银器,这种技法在五代时期获得进一步发展,但仍局限于器型,而在纹饰方面则较少模仿,如花口、瓜棱腹、高外撇圈足。

装烧上,这一时期大量使用匣钵装烧,匣钵形制多样,有筒形,也有 M 形,其中 M 形的比例大大提高,M 形匣钵内有少量的单件装烧,但多数器物仍为多件叠烧。胎质多较粗,少量质地极细的瓷质。垫具开始较多地出现,形式多样,有宋代流行的垫圈,也有 T 字形,胎质细腻,多为瓷质。支烧具多为较高大的粗陶质。

生产顶级产品或者说是秘色瓷的窑址数量并不多,且此类产品一般出土于钱氏家族墓中。

唐宋时期是越窑发展的鼎盛时期,尤其是从晚唐开始、历五代至北宋早期的越窑,是中国瓷器发展史上的又一高峰。这一时期的越窑,与吴越国势力的兴起有密切的关系。作为珍稀的物品,一方面吴越国上层自身大量地使用这些器物,目前发现的最高质量的青瓷或者说是秘色瓷,均发现于吴越国钱氏家族墓中,包括水丘氏墓、钱元瓘墓、康陵、钱元玩墓、苏州七子山墓等。另一方面,钱氏家族为了维持其小政权,极力讨好中原王朝,不仅在政治上五代时期的任何一个改朝换代,都马上得到钱氏的承认,同时还进贡大量的本土特产,包括丝绸、茶叶、金银细软,作为江南地区具有悠久烧造历史的青瓷,更是进贡的主要物品,尤其到了五代后期与北宋早期,进贡的数量庞大到惊人的地步,以致在传统的核心地区上林湖一带无法完全承担这一任务而扩展到了上虞窑寺前、凌湖一带。

因此钱氏政权的兴起与需求是推动越窑青瓷走向发展的顶峰的重要政治因素。

从器物的造型上看,金银器在青瓷的制作上打下了极深的烙印。这一过程始于唐代,发展于五代,兴盛于北宋早期。晚唐五代时期的越窑,装饰极其简单,以釉与型为胜场,在型的制作上,开始出现金银器中常见的瓜棱腹、花口、高圈足等造型,而纹饰则极少模仿。到了北宋时期,不仅在型上模仿,而且还大量装饰金银器上的细划花纹饰,包括龙纹、凤纹、对蝶纹、鸿雁纹、缠枝花卉等,无不是金银器上常见的主题纹饰。

因此从瓷器的制作工艺上看,唐代以来金银器工艺的繁荣是推动越窑青瓷发展的重要文化因素。

第二节　上林湖主要考古历程

唐宋时期的越窑主要分布于宁绍平原地区，它以上林湖为中心，以宁波东钱湖与上虞窑寺前为两翼，构成了唐宋越窑的主体。但隋唐五代的窑址，基本集中在上林湖地区，窑寺前与东钱湖两个次级中心的窑业是北宋中晚期的窑址，唐代窑址仅有零星分布，其中上虞地区窑址数量略多，但产品各类较为单一，质量较差，因此上林湖是隋唐五代时期越窑的绝对中心。

一、陈万里先生的努力

上林湖的陶瓷野外工作，最早可以追溯到陈万里先生。陈万里（1892—1969）江苏苏州人，中国近代享誉世界的陶瓷专家，是故宫博物院古陶瓷研究部首任主任，当时的故宫正是中国古陶瓷研究的大本营。在20世纪20年代，王国维先生提倡以地下之新材料"得据以补正纸上之材料"的二重证据法，成为时代公认的学术正流。陈先生便是此思想的实践者，他是第一位走出书斋对古代瓷窑址实地考察的学者，至此陶瓷研究从宋以来的"金石学"，逐渐走向以田野调查和实物相印证的"考古学"。

自1928年起，他"八去龙泉，七访绍兴"对浙江地区的窑业做了大范围的基础调查，先后发现龙泉窑区的大窑遗址、上林湖越窑遗址，搜集了瓷片标本进行排比研究，开辟了一条瓷器考古的新途径，从而使我国陶瓷学进入了一个崭新的阶段，为现代陶瓷学研究奠定了科学考古的基础。

陈先生认为浙江宁绍平原为越窑产地，越窑普通瓷器是民间用品、秘色瓷是进御用品，两者同为越窑产品。

二、浙江瓷窑址考古拉开帷幕

新中国成立以后，省、市、县各级专业考古人员陆续在宁绍地区展开考古调查，一个重要目的就是找寻烧造秘色瓷的工艺和窑场，由此展开了在浙江范围内对瓷窑址时空布局的全面探寻工作。

20世纪50年代考古人员开始对唐宋越窑分布区域开展全面的调查，基本可以确定越窑的分布区主要在今天的宁绍平原，有一个中心和两个次一级的中心。中心就是唐宋时代的上林湖地区，两个次级中心为汉六朝时期最繁盛的上虞窑寺前窑址群和宁波的东钱湖窑址群。

此外在萧山、绍兴、余姚、象山等地亦有零星的窑址发现，主要为北宋中晚期的窑址，与上林湖窑址群同样盛行刻划花工艺。现在我们沿着考古学者探寻的步伐，从两个次级中心出发，一步步找寻越瓷留存在时光记忆中的倒影。

三、上林湖地区主要考古工作

直至 90 年代之前，这一地区的绝大多数工作均限于地面的调查，正式的发掘工作则要迟至 90 年代，这十年期间掀起了越窑考古的第一次高潮。重要工作有如下几次：1990 年低岭头窑址的试掘；1993—1995 年上林湖荷花芯窑址发掘；1998—1999 年古银淀湖寺龙口窑址的发掘；1999 年白洋湖石马弄窑址的发掘。前两次发掘均为有计划、学术目明确的主动性考古发掘，石马弄窑址则是配合基建的抢救性考古发掘。其中荷花芯窑址于 2014—2017 年又进行了第二次大规模发掘。

1. 古银淀湖低岭头窑址 [1]

1990 年浙江省文物考古研究所对上林湖库区窑址进行详细的调查与测绘，同时对部分窑址进行了重点勘查，在古银淀湖低岭头、开刀山、张家地、寺龙口诸窑址发现一批类"官窑"产品，与传统越窑风格差别较大。其中在低岭头试掘后基本理清了演变脉络：窑址分成上下两层，下层基本面貌与北宋末期传统越窑接近，出现少量北方因素。产品较为单一，分成精粗两类，粗的碗类器物均明火叠烧，釉色青黄，刻花粗放，有耀州窑风格。精者则用匣钵装烧，釉色较青绿，釉面较莹润，产品种类亦较多。在上层堆积中，出土了一批与越窑透明玻璃釉完全不同，而与汝窑接近的乳浊釉类产品。这类产品的胎近香灰色，胎质较细；釉色天青或粉青为主，有很多的气泡，釉层较厚；器型除盘、碗类实用器物外，亦有瓶、炉、觚等陈设或礼仪用器；装烧上使用匣钵装烧，垫烧方式上出现使用支钉垫烧（图 10-4）。时代为南宋时期。

粗刻花盘

钟

炉

乳浊釉鬲式炉

乳浊釉碗

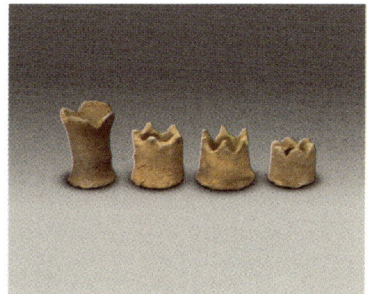
锯齿状支烧

图 10-4　低岭头类型南宋越窑

---

[1] 沈岳明：《修内司窑的考古学观察——从低岭头窑址谈起》，见中国古陶瓷研究会编：《中国古陶瓷研究》第四辑，紫禁城出版社，1997 年，第 84—92 页。

这批产品被称为低岭头类型，不仅第一次将越窑的下限推进到了南宋，而且将汝窑、南宋官窑等紧密地联系在了一起，对于探索汝窑技术的南下、南宋官窑、龙泉窑等的兴起具有重要的意义。

2. 上林湖荷花芯窑址[1]

荷花芯窑址位于浙江省慈溪市桥头镇上林湖的西南岸边，是上林湖地区较具有代表性的唐宋时期的越窑窑址，且其处地势较高，未被水库淹没，具备理想的发掘条件（图10-5）。荷花芯窑址坐西朝东，整体上呈向东的凹字形，北、西、南三面隆起部分应该为窑炉与废品堆积所在，1994—1995年的发掘揭露的两条龙窑分别位于北面与西面的山坡上。中间及朝东区域是下凹的平坦区域，从地形、地势及整个窑场的分布来看，应该属于作坊区域，因此2014—2015年的发掘主要围绕着中间平坦区域展开。

1993年下半年至1995年上半年考古发掘揭露出龙窑两条，在窑炉两侧的废品堆积区出土大量精美标本。2014—2015年发掘面积近1200平方米，清理了唐、五代、北宋诸时期丰富的地层堆积，揭露了包括房址、贮泥池、辘轳坑、釉料缸、道路和匣钵挡墙等在内的丰富遗迹现象。

两条窑炉均为长40多米的斜坡状龙窑，结构基本一致：半圆形土坑状火膛，有火门、火道等构成；砖砌窑壁，最宽处达2.7米，有多个窑门；窑床为10°多的斜坡状，底铺厚砂，砂上放置束腰形支烧具；窑尾坡度变缓，是排烟室（图10-6）。

图10-5　荷花芯窑址远景

唐代地层堆积丰厚，出土产品十分丰富，产品质量较高，胎质细腻，釉色青翠，釉面匀润。器物装饰以素面为主，仅少数盏、盘类器物内腹刻划四叶对称的荷叶纹。施满釉、匣钵装烧为主，常见有多件叠烧现象，叠烧的器物之间使用泥点间隔，泥点密集，形状一般呈松子形。匣钵粗陶质。

五代地层包含大量瓷质匣钵及瓷器残片。匣钵胎质细腻，胎色灰白，与瓷器的胎十分接

图10-6　荷花芯窑址的龙窑炉

---

[1] 浙江省文物考古研究所等：《慈溪上林湖荷花芯窑址发掘简报》，《文物》，2003年第11期，第3—25页；郑建明等：《浙江上林湖荷花芯窑址发掘作坊区》，《中国文物报》，2015年12月4日第8版。

近。瓷器产品主要有玉环底碗、盘、执壶等，器物装饰基本为素面，少量器物胎釉质量极佳，胎质极细腻，釉色天青，釉面莹润，属于秘色瓷类型。

北宋时期器物组合较为简单，质量普遍较差，胎质较粗，胎色较深，釉面干枯，釉层薄而不甚均匀，凝釉明显。从地层清理来看，匣钵数量很少，故推测绝大多数产品应为明火裸烧。

丰富的遗迹现象主要集中在两条窑炉之间的平坦开阔地带，包括房址6处、匣钵挡墙多道、台阶路1条、辘轳坑1处、储泥池1处、釉料缸2个，为复原唐宋时期的越窑窑场布局提供了可靠的一手材料。房址基本上呈长方形，大小不一，个别不规则，基本为单间，匣钵砌墙，室内地面保存较差，较不平整。从房址内揭露出来的辘轳坑和釉料缸等遗迹来看，应该属于成型、配釉等制瓷作坊（图10-7）。

挡墙以匣钵为材料砌成，一般高约50厘米，长短不一。挡墙内外的瓷片、窑具标本等明显存在差别，由此可以推断，挡墙的主要作用是防止早期废品坍塌而进入后期作坊等遗迹中去。

台阶路，宽度约为1米，路面踩踏硬实，局部坡度较大的区段以匣钵砌成台阶状，是沟通各类遗迹之间的重要纽带。

贮泥池位于Y1的西南角，在生土上下挖而成，四周用石块砌筑，内填以纯净的灰白色淤积性土，经鉴定为瓷土。

荷花芯窑址是首次对唐宋时期越窑遗址进行的大规模考古发掘，揭露了丰富的作坊遗迹现象，揭示了唐宋时期越窑的窑场布局、制作工艺流程以及窑业生产与管理等重要信息，为恢复唐宋时期越窑的制瓷工艺、窑场格局，推动考古遗址公园建设的浙江青瓷申遗工作提供了大量翔实的野外材料。

通过揭露的晚唐、五代、北宋时期丰富的地层堆积，可以建立唐宋时期越窑发展较为完整的年代序列，为越窑瓷器的更详细分期提供了地层学证据。同时也从地层上建立起唐宋时期越窑的主要发展过程，揭示了唐宋时期越窑从兴起到繁荣再到逐步衰落的完整过程（图10-8）。

大量唐宋诸时期精美越窑标本的出土，大大拓宽了我们在造型、装饰、成型、

图10-7　荷花芯窑址丰富的作坊遗迹

唐代器物群

唐代扁壶

天青釉执壶

唐代执壶

唐代海棠杯与莲荷装饰

瓷质匣钵与天青釉青瓷

图 10-8　荷花芯窑址出土器物

烧造等方面对于越窑的认识，使越窑的内涵更加丰富多彩。

3. 古银淀湖寺龙口窑址[1]

发掘面积 1044 平方米，清理龙窑遗迹 1 座、作坊遗迹 2 处，出土瓷器 5 万余件，并获得大量窑具标本。寺龙口窑址文化堆积达 10 米以上，始于唐末，经五代、北宋延续至南宋（图 10-9）。

寺龙口窑址的价值主要体现在以下几个方面：一是北宋早期地层中出土包括龙纹、凤纹等在内的大量细线划花标本（图 10-10），揭示了一个与唐五代以素面为特征的完全不同的越窑，这批标本与刻"太平戊寅"的瓷片共生，为判断这类瓷器年代提供了可靠依据，对鉴别、研究越窑北宋早期烧造的宫廷用瓷或贡瓷有重大意义。

二是由南宋龙窑遗迹和相应堆积层位的确立，不但进一步验证了 1990 年调

---

[1] 浙江省文物考古研究所等：《浙江越窑寺龙口窑址发掘简报》，《文物》，2001 年第 11 期，第 23—42 页；沈岳明：《寺龙口越窑址的发掘和认识》，《中国文物报》，2002 年 05 月 31 日第 7 版；浙江省文物考古研究所等：《寺龙口越窑址》，文物出版社，2002 年。

查、试中发现的"低岭头类型"的内涵，有力地纠正了越窑衰落和停烧于北宋中晚期的传统观点，第一次系统地展示了越窑南宋初期的生产面貌。其产品不仅有精粗之分，亦有文野之别。与低岭头窑址的乳浊釉类产品有厚薄釉之分不同，寺龙口的乳浊釉类产品均为薄釉，这意味着南宋早期的乳浊釉类产品亦有早晚之分。

三是众多的堆积层位关系及其异常丰富的堆积包含物的考古发现，为开展越窑考古的地层编年和考古分期研究，奠定了坚实的科学基础。出土的大量瓷器，以明确的考古学层位，向我们展现了唐末到南宋不同阶段越瓷的特征风貌、工艺技术的历史演进和特征变异。

四是首次揭露了完整的南宋时期越窑窑炉。仍旧为南方常见的龙窑，长近50米，坡度在10°上下，与荷花芯唐代窑炉一样，亦火膛、窑室、窑门、排烟室等部分。

4. 白洋湖石马弄窑址[1]

石马弄窑址位于浙江省慈溪市鸣鹤镇白洋村，地处白洋湖畔，西距越窑的中心产地上林湖约 2.5 公里，南与杜湖相邻。这里水道畅通，出古窑浦可直达宁波港。清理龙窑 1 座及匣钵墙遗迹 1 处，获得大量瓷器、窑具等标本。

龙窑炉斜长约 49.5 米，由窑头、窑室、窑尾、窑门等部分组成，结构与荷花芯唐代窑炉基本一致。产品釉色以青黄、青绿、青灰为主，灰胎，胎质粗细不一。主要器形包括碗、盘、盆、罐、执壶，另外还有盒、灯盏、水盂、烛台、器盖、枕、盏、盏托等。窑具包括匣钵、匣钵盖、垫具、支烧具等。除少量匣钵用瓷土制成，胎质细腻，其余皆为夹砂粗胎。

图 10-9　寺龙口窑址

图 10-10　寺龙口窑址出土瓷器上的龙纹

---

[1] 浙江省文物考古研究所等：《浙江慈溪市越窑石马弄窑址的发掘》，《考古》，2001 年第 10 期，第 59—72 页。

窑址的时代为唐代中晚期至北宋早期。这是首次在白洋湖地区展开的正式考古发掘工作。

这一时期的考古工作，除里杜湖外，涉及上林湖在内的四大窑址群中的三个，并且均具有相当的代表性。荷花芯窑址基本弄清楚了越窑在唐代中晚期兴起之时的基本面貌，寺龙口窑址则主要揭示了北宋早期与南宋早期越窑的窑业面貌。而石马弄则是作为上林湖地区重要分窑场的白洋湖地区窑址的代表。由此，第一次通过考古地层学建立起了唐代中晚期至南宋越窑发展的完整脉络。

荷花芯、寺龙口、石马弄均揭露了较为完整的龙窑炉与出土了各个时期大量的窑具，这为探索越窑的装烧工艺积累了大量的一手材料。

第三节　后司岙与秘色瓷

一、后司岙窑址

后司岙窑址位于浙江省慈溪市桥头镇上林湖中部的西岸边，编号为Y66，这里是上林湖越窑遗址的最核心位置（图10-11）。从历年来调查的情况来看，产品中秘色瓷比例高、质量精、种类丰富，是晚唐五代时期秘色瓷的最主要烧造地。

2015—2017年发掘面积近2000平方米。揭露包括龙窑炉、房址、贮泥池、釉料缸等在内的丰富作坊遗迹，清理了厚达5米多的废品堆积，出土包括秘色瓷在内的大量晚唐五代时期越窑青瓷精品。

此次发掘基本理清了以后司岙窑址为代表的上林湖晚唐—北宋越窑最鼎时期包括秘色瓷在内的产品基本面貌与生产工艺、秘色瓷窑场基本格局、唐代法门寺地宫与五代吴越国钱氏家族墓出土秘色瓷的产地等问题。由此，晚唐五代秘色瓷的生产问题，历经近一个世纪的探索，基本得以解决。

图10-11　上林湖后司岙窑址远景

1. 窑场格局

在窑场格局上，以窑炉为中心进行布局。窑炉为依山而建的南方传统龙窑，基本为正南北向，除窑头部分淹没入上林湖水库中外，其余部分保存较好，保留了包括窑尾排烟室、多个窑门、窑炉两侧的多道挡墙等在内的较完整结构。窑炉西边是丰厚的废品堆积，是主要倾倒窑业垃圾处，废品与窑炉之间使用多道匣钵挡墙隔开。东边主要是作坊遗址，包括两座房址、多个釉料缸、贮泥池等。它与普通窑场以窑炉为中心、两侧均堆积废品的布局有明显区别。

2. 后司岙窑址出土晚五代青瓷器

后司岙窑址是唐五代制瓷业的引领者，不但是秘色瓷的主要产地，其生产的普通青釉瓷器，其质量亦处于时代的前列（图10-12）。

普通青釉瓷器的产品种类十分丰富，有碗、盘、碟、灯盏、水盂、侧把壶、执壶、盏、盏托、海棠杯、盒、茶碾、碟轮、罐、瓶、杯、砚滴、鸟形埙、砚、炉、枕等。每种器物均有相当丰富的造型。

碗在唐代以玉璧底碗占绝大多数，五代时期则演变成玉环底碗，五代末则为进一步发展成窄圈足的斗笠碗。此外还有圈足高矮不一、口侈敛不同的窄圈足系列碗，宽圈足碗等。

盘有花口平底、花口圈足、圆口平底、圆口圈足等，花口可分成葵花口、菱花口等，腹有深弧腹、浅弧腹、浅坦腹、浅折腹等。

碟有圆口碟、花口碟、倭角方形碟等，足分别分成圈足与平底两种。

垫壶的形态极其丰富，有短直流橄榄形腹壶、短直流垂腹壶、长弧流深弧腹瓜棱壶、葫芦形壶、长弧流垂腹瓜棱壶、长弧流直口鼓腹壶等。流长短不一、曲直不一，柄弧曲不一，底或平或带圈足。

玉璧底碗

长流瓜棱执壶

海棠杯

油盒

图 10-12 　上林湖后司岙窑址出土的青瓷器

盒按盖面分高隆弧形、浅弧形、平顶形，按纽分为无纽、环形纽、宝珠纽，按口分有直口、折敛口，按腹分有浅直腹、浅弧腹、深弧腹，按底分有平底、高矮不一的圈足等。盒是最丰富的器型之一。

海棠杯有两头较尖的宝船形、有四曲花口形，有矮直矮、有高外撇圈足等。

以上所有的器物器型又大小不一。

产品质量普遍较高，胎色泛灰，胎质细腻坚致，极少气孔与杂质；釉色青翠，釉面均匀，一般通体施釉，部分器物足端刮釉以方便用泥点垫烧。器物装饰以素面为主，仅少量碗盘类器物内腹刻划四叶对称的荷叶纹，少量器物如侧把壶、水盂腹部作瓜棱状。

装烧方法上，均用粗陶质匣钵装烧，以单件装为主，亦有多件叠烧，主要是玉璧底碗、玉环底等碗类器物，一般三至五件叠放在匣钵中装烧。此种叠烧装烧器物或都施满釉，或仅最上一件施满釉，而下面几件外底与外腹近底处不施釉，以最上一件质量最佳。灯盏则是对口扣烧。匣钵与器物之间垫、叠烧的器物与器物之间使用泥点间隔，泥点小而密集，形状一般呈松子形。匣钵以 M 型为主，少量筒形，部分 M 型匣钵下凹较浅。

我们在一件粗陶质匣钵上发现了"官"字款，说明该窑址不仅是秘色瓷，普遍的青瓷用于进贡，是宫廷用瓷的重要生产地。

后司岙窑址丰厚的地层堆积及出土的多个纪年款，可以建立晚唐五代时期越窑发展更完整的年代序列，为越瓷器的更详细分期提供了地层学证据。大量唐五代诸时期精美越窑标本的出土，大大拓宽了我们在造型、装饰、成型、烧造等方面对于越窑的认识，使越窑的内涵更加丰富多彩。

3. 后司岙窑址出土的文玩用品

文人的介入，应该是推动唐代越窑青瓷发展的重要因素之一，在后司岙窑址出土了一批精致的文玩用品，这是在已发掘的唐宋越窑遗址中比较少见的。这批器物造型均小而复杂，有执壶、凤首壶、盒、盂、葫芦瓶、鸟形器等（图10-13）。

砚滴包括执壶、凤首壶、提梁壶型。

执壶，呈大喇叭形敞口、长颈、圆肩、短流、深弧腹，矮圈足。流作多棱形，腹作瓜棱腹。这种器物造型与大型的执壶基本接近。功能应该是砚滴。

凤首壶，壶顶作简单的凤首形，长颈略垂腹较鼓，较高圈足外撇，多棱形短直流，曲柄。仅有流进出水。

一窝鸟

一窝小盒

图10-13　上林湖后司岙窑址出土唐代文玩

还有一种砚滴作小的馒首形高隆,顶与一侧腹之间记有曲提梁,另外一有短直流,器型极小。

盒在后司岙窑址数量极多,器形亦比较丰富,除正常体量的器物外,还有一批直径仅三四厘米的小盒子,制作上亦十分精致,且有的盖面装饰有莲瓣纹。

盂与盒一样,数量多、器形丰富,小盂的数量不少。

葫芦瓶,数量较盒与盂为少,制作极精致,较大葫芦瓶在造型上更加接近于葫芦,腹作瓜棱形。

鸟形器造型基本相同,仅在细部有所区别:昂首、小喙、小圆眼、胖圆鼓腹,头腹几乎边成一体,小尾上翘,在前胸、腹中部两侧各有一个小孔。应该是玩具类器物。

此外还有一批小型器物确定不了器名与用途,如带提梁作花篮形的小器物、作垂腹长宝珠形的器物。

总体上看,这批器物制作非常精致,胎质细腻,釉色青中略泛黄,但釉面莹润,器型虽小而制作一丝不苟,极具唐代气度。

4. 后司岙窑址出土晚五代青瓷器装饰

后司岙窑址出土的瓷器中无论是秘色瓷器还是普通青釉器物,均以造型与釉色取胜而绝少装饰,绝大多数器物均以素面示人。少量的纹样装饰主要集中在唐代晚期的器物上,五代装饰上基本不见纹饰装饰。且多见于普通的青釉器物之上,秘色瓷上装饰更为少见(图10-14)。

装饰手法可以分成如下几种。

第一种是比较常见的手法,把器物做成花口及腹部做成瓜棱腹。此类技法较广泛地应用于碗、盘、碟、执壶、侧把壶、罐、盂、海棠杯、盏、盏托等器

瓜棱腹执壶

花口盘

划花荷叶纹盒盖

印花花口盏

图10-14 上林湖后司岙窑址唐五代青瓷装饰

物上，碗、盘、碟、海棠杯、盏、盏托等大口的器物一般口沿做成简单的花口形，碗、盘类大型的圆口器物也有做成菱花口或葵花口形的，与花口相对应的腹部一般有一道凹弧。而执壶、罐等深腹的器物则一般仅在腹部做等距多道凹弧，呈瓜棱状。这种装饰手法唐五代均较为流行，无论是秘色瓷还是普通青瓷均使用。

第二种是将器物做成仿生形状，包括动物与植物的形状。如鸟形的埙形器、葫芦形的瓶、葫芦形的执壶等。此种技法比较少见，且多见于唐代，主要是普通青瓷上，秘色瓷发现有葫芦形执壶的造型。

第三种是将器物做成多棱形，包括净瓶、盒子等。时代上主要集中在唐代，净瓶均为秘色瓷，盒子见于普通青瓷。数量极少。

第四种是划花装饰。一般线条较粗，但属于划花而非粗刻花。题材以荷叶最为常见，构图上一般以四叶对称为主，亦见有多叶的情况。多位于盏、盏托、盘、碟、海棠杯、碗的内腹部，唐代晚期前段的刻划较为精细，晚期后段则较为粗率，五代则几乎不见。基本见于普通的青瓷上。其他题材有凤凰或鸟、鱼等。除普通青瓷外，在秘色瓷上亦有发现，非常罕见。这种划花装饰总体上数量仍旧不多。

第五种是印花装饰。一般见于盏类器物的内腹部，题材有花卉、人物故事、禽鸟等，一般是阳线凸起，构成较为简单而古拙。数量极少。

5. 后司岙窑址出土晚唐五代秘色瓷器

后司岙窑址出土的秘色瓷器，产品种类相当丰富。以碗、盘、钵、盏、盏托、盒等为主，亦有执壶、瓶、罐、碟、炉、盂、枕、扁壶、八棱净瓶、圆腹净瓶等，每一种器物又有多种不同的造型。许多器物为首次出土，不见于公私博物馆馆藏与历年来的考古出土品中（图10-15）。

小钵

花口盏

盒

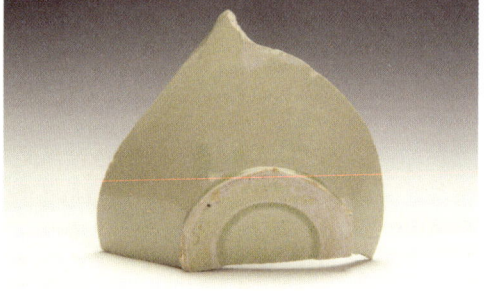
玉环底碗及足端刮釉

图10-15 上林湖后司岙窑址出土的唐五代秘色瓷器

碗有侈口深弧腹高圈足碗、敞口斜直腹矮圈足碗、敞口斜直腹玉璧底碗、敞口斜直腹玉环底碗等，按口沿又有普通圆口与花口不同造型。

盘有多数作花口形，有葵花口与菱花口之别，一般以葵花口为主，浅弧腹或浅坦腹；底或平底，或作矮圈足形等。

钵弧敛口或折敛口，深弧腹，平底大小不一。

盏作圆口或花口，浅弧腹、高圈足，以花口形更常见。

盏托以宽沿、中部下凹成浅平底、外带圈足的器型为主，亦有中心带有托柱的造型，宽沿以圆形为主，少量作菱花口状。

盒子的造型非常丰富，按盖的隆起程度分成近平、浅弧隆起、高弧隆起等形态，按盒身的深浅而有浅腹盒、深腹盒等，按底则有小平底、平底近圜、圈足等形态。

净瓶作为细长管、鼓腹、矮圈足，腹以八棱形为主，少量为肩圆鼓腹。八棱腹净瓶的细长管或作圆形，或作上圆下与腹对应的八棱形，或整个长管除口沿外均作八棱形。

枕作规则的长方体，一般近枕面的一侧有一小圆孔。

素面占绝大多数，以优美的造型与莹润的釉色取胜。少量器物偶见有纹饰，且多位于小盏、小盒子等较小型的非主要器型上，八棱净瓶、钵、碗等器物则基本为素面。部分器物发现有单字款，一般位于器物外底的一侧，均刻划相当规整，有"二""大""六""公"等，其含义不清。

所有器物胎质细腻纯净，完全不见普遍青瓷上的铁锈点等杂质，气孔亦似乎不见；釉色呈天青色，施釉均匀，釉面莹润肥厚，部分器物略呈乳浊化，达到了如冰似玉的效果。均施满釉，部分器物底部垫烧部位在施釉后再行刮去，以方便垫烧，此类器物的外底一般较大，如玉璧底碗、枕等。

6. 后司岙窑址晚五代秘色瓷器装烧工艺及兴盛时间

秘色瓷的出现与瓷质匣钵的使用密切相关。瓷质匣钵的胎与瓷器基本一致，极细腻坚致，匣钵之间使用釉封口，以在烧成冷却过程中形成强还原气氛而使瓷器呈现出天青色（图10-16）。

在整个地层堆积中发现多个带有年号的窑具。

在带有"大中"年号窑具的地层中，瓷质匣钵已经有一定的数量，但粗陶质的匣钵数量远较瓷质匣钵为多。瓷质匣钵主要是较大型的钵型匣钵，胎质极细腻坚致，与瓷器的胎一致。多数器物用釉封口。亦有少量的喇叭形匣钵与匣钵盖。

钵型匣钵与匣钵盖

直筒型匣钵与匣钵盖

图10-16　上林湖后司岙窑址唐五代秘色瓷装烧工艺

喇叭形匣钵是装烧净瓶的专用窑具。匣钵盖极浅，近 M 型，匣钵盖中心均圆形浅下凹以放置器物，并有多个泥点。在叠烧方式上，以钵型匣钵对扣后多组叠烧为主，亦有钵型匣钵与匣钵盖叠烧的组合。喇叭形匣钵扣于钵型匣钵之上。器物一般直接放置于匣钵内，两者之间使用泥点间隔，少量器物使用垫具垫烧，以较宽的圆环状带圈足的垫饼为主，亦有少量的垫圈。器物与垫具之间及垫具与匣钵之间均使用松子状的泥点间隔。支烧具均为粗陶质，束腰形，数量不多。

早于该地层的堆积大致可分成两个小阶段，在第二小段出现极少量的匣钵。

在带有"咸通"年号匣钵的地层中，瓷质匣钵的数量明显增多，两者比例基本相当。器型仍主要是钵型。

在带有"中和"年款窑具的地层中，瓷质匣钵成了绝对的主流。器型上直筒型匣钵数量迅速增加，与钵型匣钵一道成为最主要的器型，此外亦有相当数量的匣钵盖，少量筒型、喇叭形、M 型匣钵，覆烧用匣钵圈偶见。垫具仍旧不多，以环形带圈足的垫饼为主，极少量的垫圈。瓷质匣钵的质量仍旧极高，均用釉封口。以直筒型直接叠烧和钵型与钵型对扣后再多组叠烧为主，亦有钵型与直筒型叠烧、钵型与匣钵盖叠烧、钵型与喇叭形叠烧、M 型匣钵与直筒型叠烧、M 型与钵型叠烧、M 型与 M 型直接叠烧等方式。一般为单件装烧，器物与匣钵之间使用泥点间隔。

在"中和"年间以后，根据地层叠压关系与出土器物类型学的对比，我们大致划分成两个大的阶段。

第一阶段秘色瓷的生产延续中和年间以来的兴盛：瓷质匣钵是绝对主流，细瓷质，均用釉封口。在器型上，M 型匣钵的数量迅速增加，直筒型、钵型匣钵构成主体。

第二阶段匣钵发生重大变化：以一种夹杂有较多细砂粒的粗瓷质匣钵取代细瓷质匣钵成为主流，胎体上趋向更加轻薄。粗陶质匣钵的数量更少、比例更低。粗瓷质匣钵以 M 型占绝大多数，其次是钵型，少量的匣钵盖，偶见覆烧用的匣钵圈。垫具仍旧不多，但是垫圈的数量与比例上升。以 M 型匣钵直接叠烧及钵型与钵型对扣后再多组叠烧为主。器物与匣钵之间使用泥点间隔，泥点有加长而数量减少的趋势。之前带圈足的器物主要是垫烧于足端，这一时期开始出现使用垫圈垫烧于圈足内的新垫烧方式，垫圈与器物之间及垫圈与匣钵之间均用泥点间隔，泥点少而较长。这一层位的年代大约在五代晚期。

7. 后司岙窑址晚五代的文字

后司岙窑址除出土大量的高质量青瓷产品外，还有一个重要的收获是发现了比较多的文字，这是目前越窑文字出土个体数量最多、最集中的一次。

这些文字在窑具与青瓷产品上均有，以窑具上为主，青瓷上的文字比较少。

窑具上的文字主要位于匣钵上，尤其是质量较精美、质地细腻的瓷质匣钵上，尤其多见，此外在支烧具、垫具上亦有，数量均不多。陶质匣钵上一般以单个文字为主，三个以上则较为少见，以位于外腹部为主，亦有位于内腹部的。"本"字的数量比较多，刻划粗放，其次是一些姓氏，如"马""王"等。除文字外，还常见有圆圈或重圆圈的戳印符号。一些简单的刻划无法释读。

瓷质匣钵上的文字比较多，除单字外，常见有多字的情况，这些多字有的是一句话，也有的是某个字或两个字重复出现，甚至同一个字简繁体的不同写法。以匣钵外腹或底为主，亦有在内腹与内底的。内容以姓氏为主，有王、郑、马、罗、孙、潘、张、沈等，在装烧净瓶专用的喇叭形匣钵上郑字出现的频率比较高；有指明窑业性质的，这个主要是官字款，瓷质匣钵与陶质匣钵上均有，在晚唐的地位中即发现有陶质带官字的匣钵，说明除秘色瓷处，普遍青釉瓷器亦是属于进贡或为官窑烧造的范畴。有吉祥语的，包括大吉、吉等。有纪年的，包括大中、咸通、中和等年款。有简单纪事的。有器物的自命名，如盘、碟子、瓶等。当然还有许多其他内容，这需要在整理过程中进一步统计分类。

这其中还有许多文字无法释读，当然一方面由于发掘团队在知识上的局限，另一方面可能有一些字当时在使用，现在已不用了。

青瓷器上的文字比窑具上的文字要少许多，其中普通青瓷与秘色瓷上的文字又存在着明显的差别，秘色瓷上的文字一般位于器物外底的一侧，均刻划相当规整，有"元""二""大""六""公"等，目前未发现有姓氏类的文字。而普通青瓷上的文字则要复杂与随意得多，有在器物外底的、有在器物外腹部的，还有在口沿附近的，内容有姓氏、数字、地名、吉祥语及其他等，当然有一些是目前释读不出来的。

这批文字的发现，对于确定窑址的年代、性质，推断窑业的管理制度、社会习俗，研究唐代的俗文字等具有重要的意义。

二、秘色瓷

晚唐诗人陆龟蒙（？—881年）的《秘色越器》中有"九秋风露越窑开，夺得千峰翠色来"，约略晚的徐夤《贡余秘色茶盏》中有"捩翠融青瑞色新，陶成先得贡吾君"，到了有宋一代，几乎众口一词地认为秘色瓷是钱氏立国以后在越州烧造、用以进献给宫廷使用的瓷器。赵令畤（1051—1134年）《侯鲭录》"今之秘色瓷器，世言钱氏有国，越州烧进，为供奉之物，臣庶不得用之，故云秘色"，钱氏即指五代时期在东南地区建立吴越国的钱镠家族。宋人认为他进贡给唐王朝宫廷使用的瓷器，就是秘色瓷。

之后各时代关于秘色瓷的种种猜想，一直成为争论不休的悬案，撩拨着迁客骚人难安的心绪，但基本没有超出宋人的认识范畴：秘色瓷就是入贡的越窑青瓷，既然是入贡的，就是最高等级的青瓷。

通过后司岙窑址的发掘，基本解决了秘色瓷的基本问题。

1. 秘色瓷的确认与主要使用对象

1987年发掘的唐代法门寺地宫中出土了14件越窑青瓷器，其中13件在其衣物账上明确记载为秘色瓷，由此首次确认了秘色瓷实物：天青色的越窑青瓷。

而这些天青色釉瓷器，主要出土于唐宋时期最高等级的墓葬与遗址中。以晚唐五代时期吴越国钱氏家族墓葬为主，此外宋代的元德李后陵、辽代的祖陵、辽陈国公主墓等高等级的墓葬、唐五代的杭州城遗址、洛阳城遗址、唐代的西安大明宫遗址、广州五代南汉王宫遗址中均有出土。

2. 秘色瓷的主要器类

根据墓葬、遗址再结合窑址的出土情况，可以确定秘色瓷的产品种类相当丰富。以碗、盘、钵、盏、盏托、盒等为主，亦有执壶、瓶、罐、碟、炉、盂、枕、扁壶、八棱净瓶、圆腹净瓶等，每一种器物又有多种不同的造型。

碗有侈口深弧腹高圈足碗、敞口斜直腹矮圈足碗、敞口斜直腹玉璧底碗、敞口斜直腹玉环底碗等，按口沿又有普通圆口与花口不同造型。

盘多数作花口形，有葵花口与菱花口之别，一般以葵花口为主，浅弧腹或浅坦腹；底或平底，或作矮圈足形等。

盒子的造型非常丰富，按盖的隆起程度分成近平、浅弧隆起、高弧隆起等形态，按盒身的深浅而有浅腹盒、深腹盒等，按底则有小平底、平底近圜、圈足等形态。

净瓶作为细长管、鼓腹、矮圈足，腹以八棱形为主，少量为肩圆鼓腹。八棱腹净瓶的细长管或作圆形，或作上圆下与腹对应的八棱形，或整个长管除口沿外均作八棱形。

3. 秘色瓷的基本特征

秘色瓷器胎质细腻纯净，完全不见普遍青瓷上的铁锈点等杂质，气孔亦似乎不见；釉色呈天青色，施釉均匀，釉面莹润肥厚，部分器物略呈乳浊化，达到了如冰似玉的效果。均施满釉，部分器物底部垫烧部位在施釉后再行刮去，以方便垫烧，此类器物的外底一般较大，如玉璧底碗、枕等。

唐五代时期以素面占绝大多数，以优美的造型与莹润的釉色取胜。少量器物偶见有纹饰，且多位于小盏、小盒子等较小型的非主要器型上，八棱净瓶、钵、碗等器物则基本为素面。部分器物发现有单字款，一般位于器物外底的一侧，均刻划相当地规整，有"二""大""六""公"等。

4. 秘色瓷的烧造地点与主要烧造工艺

秘色瓷主要的烧造地点是唐宋时期越窑的核心区域上林湖，尤其以后司岙一带的窑场最为重要。

秘色瓷的出现与瓷质匣钵的使用密切相关。瓷质匣钵的胎与瓷器基本一致，极细腻坚致，匣钵之间使用釉封口，以在烧成冷却过程中形成强还原气氛而使瓷器呈现出天青色。因此瓷质匣钵及由此带来的秘色瓷生产，当是以后司岙为代表的上林湖地区窑场的重大发明。

器物一般主要直接放置于匣钵内，少部分在器物与匣钵之间使用垫饼垫烧，垫饼亦为瓷质，垫饼与器物之间以及垫饼与匣钵之间使用泥点间隔，泥点小而密集。瓷质匣钵主要有直筒型、钵型匣钵、筒型、喇叭形、M型等，亦有匣钵盖覆烧用匣钵圈等。

5. 越窑秘色瓷的兴盛时期

从上林湖后司岙窑址的发掘情况来看，至少在唐代的"大中"年间前后开始生产秘色瓷，在"咸通"年间前后秘色瓷占相当比例，在"中和"年间前后则达到了兴盛，这一过程一直持续到北宋早期左右，在北宋中晚期质量下降。因此秘色瓷的兴盛时期应该在晚唐—五代—北宋早期。

第四节　唐代越窑兴起的原因

越窑唐代中晚期的兴盛与唐代政局变化休憩相关。唐代经济发达、人口增加，至天宝年间（742—756年）仅江南道的户数就接近隋代整个南方户数，说明江南地区的开发在唐前期有了相当进步。安史之乱（755—763年）后，中原地区的长期战乱打断了北方经济的强势发展，此时江南地区经济发展已初现规模，南方相对稳定的政治环境，北方人口因是多有南迁，"自京口南被于淛河，望县数十，而吴为大。国家当上元之际（760-762年），中夏多难，衣冠南渡，寓于兹土，参编户之"[1]。说明吴地三分之一为北方南迁人口，南迁的衣冠之士带动了南方整体文化水平的增长，使南方地区经济得以开发。唐政权也开始加大经济投入，对南方经济的依赖也日渐加强，至文宗大和三年（829年）十月收到御史台奏"浣西、湖南，地称沃壤，所出常倍他州"[2]。中晚唐以后南方的空荒之地开始形成新的人口聚落，政府随之设县治理、征税。唐玄宗至北宋太祖时，全国新置一百一十县，有九十五县分布在秦岭—淮河以南。[3]

中唐后南方人口的大增，加大了南方土地开发中对丘陵山区的开垦。浙江慈溪一带正是以缓坡山地为主，此区域一直以制瓷业著称，政府对当地经济产业的大力扶持既能改善日用之需，更能解决人口压力。越窑于8世纪下半叶的中晚唐时期开始兴起，并迅速成为全国窑业中心，此时南方人口增加获得的劳动力资源，以及产品使用人群体的需求提高，是越窑质量迅速提升，整体规模急速扩大的一个重要原因。北方战乱影响了北方窑址群的生产能力，此期越窑青瓷的迅猛发展，很快让它成为全国制瓷业之冠，可以说上林湖越窑的腾飞与政权对南方加大经营力度有着无法回避的关系。

中原地区"天宝以来，大盗屡起，方镇数叛"以至顺宗（805年）曾叹"两河、中夏贡赋之地，朝觐久废"，在"经常之法，荡然尽矣"的无奈下，只好开始增加可控州府之赋。越窑便在此期才开始入贡[4]。《新唐书·地理志五》载："越州会稽郡，中都督府。土贡……吴绢、丹砂、石蜜、橘、葛粉、瓷器、纸、笔。"说明唐中期开始越窑为上贡物品中的重要门类。唐诗中出现有关越窑青瓷描述最早也在这个时期，如宰相、诗人元稹于元和五年至九年（810—814年）期间的诗作有"纸乱红蓝压，瓯凝碧玉泥"之句，同时代的顾况在《茶赋》中记"越泥似玉之瓯"。侧面说明了越窑产品在唐代早期尚不为贵族所重，在其成为贡瓷后影响面才开始扩大，施肩吾（约780—861年）的"越瓯初盛蜀茗新"，越窑已开始盛行。在引起中原士大夫群体的关注后，有唐一代越瓷一直颇受皇家及贵族群体的

---

1 梁肃：《吴县令厅壁记》，见［宋］李昉《文苑英华》卷八〇四，中华书局，1982年。
2 ［宋］王钦若：《册府元龟》卷四百七十四，凤凰出版社，2006年。
3 唐长孺：《唐长孺文集四·魏晋南北朝隋唐史三论》，中华书局，2011年。
4 郑建华：《越窑贡瓷与相关问题》，《纪念浙江省文物考古研究所建所二十周年论文集》，西泠印社，1999年。

喜爱。

政权对越瓷的喜好促进了朝廷加速浙江的整体开发，不同阶层人口的南迁必然带着当地观念习俗同时进入，特别是贵族文化群体入住江南，更带动了此地区政治、经济的全面发展。各种文化的长期融汇，引发了主流观念习俗潜移默化的转变。贵族群体的消费能力和审美取向自然影响到越瓷的生产，越瓷的整体风格在如此时风中隐约透出中唐的风清露白，显现与前代完全不同的特质。

中华文化在经历了秦、汉、六朝神仙思潮的洗礼后，到唐代已被大气磅礴的包容气势所改造，在盛唐繁翰的时代，诗歌成了殚精竭虑的主题，文学上的争奇斗艳，使得整个社会充满装饰的意味。庄子的飘逸和屈原的瑰丽从盛唐的艺术取向中通融并溢出，这种波澜壮阔的大唐文化气势，经越窑青瓷的诠释定型在厚重规整的深色胎釉之间，使端庄、郑重的大气质感与南方的清丽秀色同纳于一体。上林湖越瓷便以这种与时代文化的相契合的质感，担负起生产宫廷用瓷窑场的重任，代表了同时期中国制瓷业发展的最高水平。

江南的地质丰衍润泽，青天碧落之下饱含着大地的生机，在翠蔓的蒙络摇缀中浸润着民众相对富足平和的风度，这种宽容温婉与北方的大气磅礴经年交融，终于浓缩形成越瓷独特的唐代之风。越窑青瓷的苍翠欲滴，如江南悱恻缠绵的雨季，不经意回眸而邂逅的一池清荷，在大唐经历了浓艳繁华的春夏后，青瓷此时以清浅淡雅的安宁和淡，迎合了世人欲远离沉酣迷乱，向往平静祥泰的心理需求。唐代越瓷产品中仍蕴涵着部分时代的豪放，像石涛的画，用笔纵肆、充满野气，却又温润如玉。越瓷将凉露浸衣之青定格为中晚唐文化品位，成为后世南北方多个窑区学习仿效的格式范本。

以世味煮茶的陆羽（733—804 年）中唐以后正隐居江南各地，他撰《茶经》三卷，向世人介绍施薄釉的越窑青瓷茶器："瓯，越州上"因其"类玉……类冰""越瓷青而茶色绿"，将其列为天下瓷器第一等。越瓷于是站在时尚之巅，成为世人慕求之物，它的使用范围较早期有了相当的扩展。祭祀场合"夫子廊庙器，迥然青冥姿"用它陈设，大型礼仪活动更是"列筵飞翠斝"；成为文人玉壶菊酒，一顾淹留的点缀；田园"留欢尽绿樽""归隐谢浮名"的道具；修道者"清同野客敲越瓯，丁当急响涵清秋"的陪伴；雅士"未盥邵陵王，瓶中弄长翠"的品鉴器；她在梅花纸帐中"薪篝曙香冷，越瓶秋水澄"，成为安放心境的见证，更是世人绿樽红烛下，追求瓶中花、壁上画的相知。有时还能把玩尝试乐律的起伏，《乐府杂录·击瓯》载"充太常寺调音律官，善击瓯，率以邢瓯、越瓯共十二只，旋加减水于其中，以箸击之，其音妙于方响也"[1]。

此期的越窑青瓷多与时代文房的奇珍异宝并称："箧重藏吴画，茶新换越瓯""遗我绿玉杯，兼之紫琼琴""蜀纸麝煤沾笔兴，越瓯犀液发茶香""蛮香熬古篆，山茶分越瓯"。越瓷唱和着中晚唐文人趋向内敛的心理追求，以温润深沉的青绿釉色将纹样饰线包孕其下，整体呈现出柔和清淡的光晕。在时尚中堪称翘楚，彰显着文人的地位与品味，迅速融入中晚唐社会的多个层面。

后世儒者以诗文为载道之具，其实器物亦为道之所居，唐代青瓷的风格前后有了极大的变化。盛唐文化表达的重点在于个人的意气和功业，隋、唐王朝是以

---

[1] ［唐］段安节：《乐府杂录》，《守山阁丛书》本。

北方的军事力量发展壮大而建立，文人多出入边塞，习武知兵，初、盛唐的著名诗人很少没有亲历过大漠苦寒、兵刀弓马的生涯。到中晚唐开始名将重臣的豪迈之气渐失，文化向人的心境与意绪转向，酒具、茶具、把玩件逐渐成为潮流时尚品，文化面貌由繁丽大气向富丽温和过渡。

主流文化取向的转变引起民俗观念随之转向，社会整体的审美取向自然将时代精神刻印于流行器物之中，越瓷也定格在这个文化转变之中，民俗缓慢演化的整体序列造就了青瓷之"道"，它们与唐代金银器一起诠释着时代精神。

第十一章
汉唐时期的其他窑场

第一节　德清窑

一、德清窑发现历程

德清古窑址史书无载，20世纪30年代日本人小山富士夫首次对位于德清老县城城关镇（现改为乾元镇）的几处窑址进行了实地调查并采集了部分标本。他在《支那青瓷史稿》"越州古窑址"下有"德清古窑"条，但并没有提出德清窑的概念，也没有认识到德清古窑址与宁绍一带越窑的区别。

20世纪50年代，因工程建设等原因，汪扬、王士伦等考古界前辈先后对德清老县城几处窑址重新进行了调查、资料初步整理，总结了德清古窑址产品的基本特征："瓷器的胎骨颜色不一，大都是黑褐色的，也有灰色与灰白色的。釉有黑釉和青釉两种，但都不是纯粹的：青釉有青绿色、青黄色、青灰色；黑釉多为黑褐色和黄褐色两种。此外还有点彩的，大多饰在器盖上。施釉技术没有越瓷那样高明，缺乏控制力，具体表现在施釉不匀，厚薄悬殊，釉泪流挂，釉斑密布上。德清窑瓷器没有花饰。越瓷中常见的装饰花纹兽首（或铺首）和器缘的各种图案，在德清窑瓷器中很难找到。这是六朝晚期青瓷发展的一种趋向。德清窑瓷器都使用圆底多足形的窑具，窑具大小高低是根据瓷器器形需要而定的，最小的底径5厘米，最高的高27厘米，这种形式的窑具在越瓷窑址中很常见。德清窑瓷器的器形有如下几种：盘口壶、鸡首壶、虎子、罐、灯盏、三足砚、碗、陶研槌、陶鸡等。"[1]

这一时期的调查者已认识到了德清古窑址与越窑的区别，并首次提出了"德清窑"概念，应该说他们对德清老县城几处窑址的观察还是比较仔细的，对瓷胎、釉色的观察也基本准确的。但囿于材料的限制，其关于点彩、施釉技术、窑具等的总结不是十分准确。通过对小马山窑址的整理，可对以上几点做如下修正。

首先关于点彩，小马山窑址比较普遍，在从器类上看，青釉的碗、罐、盘口壶、洗及器盖

---

[1] 汪扬：《德清窑调查散记》，《文物参考资料》，1957年第10期。浙江省文物管理委员会：《德清窑瓷器》，《文物》，1959年第12期。

等器物均可分为施点彩与素面两种，其中点彩较为普遍，碗主要施于口沿上，一般是四点等距分布，彩点较小、淡而不明显；罐施于口沿、肩、系等位置，一般数点等距分布，偶见密布于器体者；盘口壶施于口沿或口沿及肩、系部；盖发现较少，一般作内外两圈各四点等距分布；洗因器型较大，点彩亦较大，并发现每组两点的组合。

其次是施釉技术，小马山窑址标本中，青釉产品均施化妆土，因此釉层均匀，釉面光洁，釉色厚重，基本不见浮光，少见流釉与剥釉现象；黑釉施釉差别较大，鸡首壶、盘口壶等大型器物施釉较佳，釉层厚、施釉均匀，釉色纯净，真正达到色黑如墨的程度，但碗类器物施釉较差，釉层厚薄不均，釉厚处呈黑色，薄处则泛酱黄色，器面斑驳。

第三是关于窑具，小马山有两种，一种是粗大直筒形垫具，一种是锯齿形间隔具。两者均大小不一，适合烧造大小不同的器物。但并非所有的器物均使用间隔具，小马山相互粘连的器物有两种情况，一种是上下两器物之间使用锯齿状间隔具，另外一种就是仅泥点间隔。

此外，与越窑的比较也不是十分贴切。以小马山为代表的德清老县城几处窑址的年代基本相同，大致从东晋中晚期开始，持续到南朝早期，跨度不大，与越窑的比较，必须也限于此一时期，这样才有意义，而不是与整个越窑时期的产品相比较。

1974年，又在余杭原大陆一带发现了类似的窑址[1]，德清窑的分布范围从德清老县城地区扩大到了东苕溪上游地区。这是德清窑在地域上的扩大。

由于德清老县城发现的窑址年代跨度不大，当时的调查者提出德清窑的概念时，主要是指以这几处窑址（焦山、小马山、城山、丁山）为代表的时期。20世纪80年代以来，经过当地文物工作者，主要是德清博物馆朱建明等人多年的艰苦野外调查，发现了二都青山坞、黄角山、洛舍墅元头等地东汉至初唐时期瓷窑址[2]，"说明德清窑自东汉创建以来直到唐代，瓷业生产延续不断，是我国又一个自成体系的历史悠久的瓷窑"[3]。这样，德清窑的年代上推至东汉、下延到初唐。这是德清窑在年代上的扩大。

至此，德清窑的概念基本确定，也即德清窑是一处创烧于东汉晚期，持续到隋唐时期，主要分布于东苕溪中下游地区的德清、余杭、湖州南部地区等地，青瓷与黑瓷同窑合烧的一个窑场。

德清窑的考古发掘工作已较为丰富。1995年，德清县博物馆对小马山东晋南朝时期窑址进行了清理，此次清理没有发现窑炉等遗迹，但第一次出土了大量德清窑标本[4]；1999年与2009年，对德清乾山隋唐时期窑址进行了两次发掘，除出土大量的标本以外，还清理了完整的窑炉遗迹，两次清理的窑炉宽均在4米以上，

---

1 朱伯谦：《浙江瓷业的新发现与探索》，见《河南钧瓷汝瓷与三彩》，紫禁城出版社，1987年。姚桂芳：《杭州地区古窑址调查概况与认识》，《东方博物》第4辑，1999年。

2 朱建明：《隋唐德清瓷窑址初步探》，见中国古陶瓷研究会等：《中国古陶瓷研究》第3辑，1983年；朱建明：《浙江德清汉代窑址调查》，《福建文博》，1996年第2期；任大根等：《浙江湖州古窑址调查》，见中国古陶瓷研究会等：《中国古陶瓷研究》第3辑，1983年。

3 朱伯谦：《浙江瓷业的新发现与探索》，见《河南钧瓷汝瓷与三彩》，紫禁城出版社，1987年。

4 周建忠：《德清小马山窑址清理简报》，《东方博物》第26辑，2008年。

宽短的窑炉是这一时期德清窑的很大特征；2004年和2007年，余杭石马斗东晋南朝窑址进行了两次较大规模的发掘，揭露了可能是练洗泥的遗迹，这是德清窑首次揭露与制作作坊相关的遗迹[1]；2007年，对余杭东馒头山窑址进行了发掘，揭露了完整的窑炉一条，这是德清窑东晋南朝时期首次揭露出完整的窑炉，与隋唐时期的宽短窑炉相比，这一时期的窑炉比较窄，与越窑六朝时期窑炉结构近似；2008年，余杭窑顶上窑址发掘，没有发现任何遗迹，仅清理了部分标本。

二、德清窑历代产品基本特征

1. 东汉时期

窑址数量不多，主要集中在德清的二都青山坞一带。产品以烧造陶器或釉陶器为主，生烧、剥釉产品比例极高，大部分产品质量不高；产品质量较佳的瓷器所占比例极低。瓷器产品包括两种：一种是青釉，釉色青翠；另外一种酱黄色或酱黑色釉。器型包括罐、罍、洗、壶、钟、虎子、五管瓶、碗。不同窑场之间可能存在着产品的分工，在青山坞二号地点的产品中以青瓷钟和壶占绝大多数，可能是专门生产此类产品的窑场。

青釉产品胎色较浅，普遍呈灰白色，胎质细腻、少量呈青灰色。多数器物胎釉结合好，施釉均匀，玻璃质感强，部分器物剥釉仍较为严重。酱黄釉或酱黑釉产品胎色比较深，胎质较粗，胎釉结合较佳。在釉色较深的酱黄釉产品上，开始使用化妆土。

多数产品见有装饰，纹饰有：水波纹、细弦纹、席纹、重菱形纹、铺首、人形塑等，装饰技法有刻划、拍印、堆塑等。

装烧上使用大量的支烧具，主要是粗陶质的直筒形窑具，器型极大，也有饼形与二足支垫具。大型直筒形支烧具外壁常见刻划"朱""傅氏"等文字。此时窑炉火候可能仍掌握不佳，生烧、剥釉现象严重，瓷器产品在某些窑址中过烧极为普遍。

2. 三国时期

在德清黄角山、长山西坡均有发现。其中黄角山窑址均为黑釉产品，胎质极粗，接近于陶质。黑釉以厚取胜，釉层越厚，釉色越深，玻璃质感越强。部分器物色黑如漆，表面有明显的光泽。器型主要有直口短径罐、双唇罐、罍、碗等。罐、罍类器物通体拍印有纹饰，有重圈太阳纹、铜钱纹等。使用支烧具支烧，窑具形制与汉代相似，均为粗陶质直筒型，外腹常见有刻划。

3. 西晋时期

这一时期的窑址数量仍然不多，在余杭发现一处、湖州南郊发现两处。这一时期产品质量明显提高，基本不见生烧与严重剥釉现象。胎呈灰白色，胎质较细，略疏松，有少量的细小气孔，均为青釉，施釉均匀，釉色青中泛黄，胎釉结合佳、

---

[1] 浙江省文物考古研究所：《余杭石马斗东晋窑址发掘简报》，《东方博物》第26辑，2008年。

玻璃质感强。器型主要有盘口壶、碗、洗、罐等。装饰复杂，纹饰主要为连珠纹、弦纹、水波纹、铺首等。其中余杭与湖州南郊两处窑址在产品上略有区别，前者产品种类更加丰富，装饰更复杂，釉色更青翠。而湖州窑址产品单一，碗占绝大多数，少量的盘口壶类产品，基本不见纹饰。

4. 东晋南朝时期

东晋时期是德清窑的鼎盛时期，窑址数量明显增加，单个窑址规模较大。目前已知的窑址有十几处，主要分布于德清的城关与余杭的良渚一带。

产品包括青釉与黑釉两种，以烧造青釉为主，少量的黑釉产品，但所有窑址均两种产品合烧。这一时期无论是青釉产品还是黑釉产品，胎质普遍较粗，吸水率较高，气孔较大。胎色较深，其中青釉产品胎质变化较大，以紫红色、灰黑色、青灰色为主，极少量灰白色；黑釉产品则均为灰黑色。由于器物胎质含有较多的粗砂粒，表面不光洁，因此青釉产品上这一时期全部使用一种近乳白色的化妆土，使釉层均匀，釉面光洁，釉色厚重，基本不见浮光。化妆土一方面使器表光洁，另一方面掩盖了胎原本的颜色，使深色胎不致影响釉的呈色。但青釉呈色仍不稳定，呈青绿色、青黄色、青灰色，许多器物一侧呈青绿色、另外一侧呈青黄色，并且青绿与青黄之间界限分明。黑釉产品则不使用化妆土，它通过积厚釉一方面使釉色达到黑如墨、亮如漆，同时亦能掩盖器胎质粗糙所造成的表面凹凸不平，使器表光洁，釉层越厚、釉色越深，釉层薄处则呈酱黄色。这一时期的器型有碗、盘口壶、鸡首壶、罐、灯、熏、砚、虎子、洗、盆等。以黑釉鸡首壶最为突出，这一时期的鸡首种类繁多，一般作圆嘴上昂、鸡冠高耸、圆眼怒张，气势高昂。圆嘴既有中空真流形、实心无流形，也有中空作真流形但器腹部并无孔与之相通，推测此类器物当为明器而非实用。装饰较为简单，青釉器物流行点彩装饰，点彩多位于器物有口沿、系面等部位，作数点等距分布，也有通体满饰点彩的情况。

窑具除支烧具外，还普遍使用间隔具。支烧具是粗陶质直筒型窑具，间隔具则呈锯齿状。也有两个间隔具相叠作为支烧具使用的。器物叠烧有两种方式，一种是使用锯齿状间隔具叠烧，另外一种是使用数个泥点间隔。

5. 隋至中唐时期

这一时期窑址数量更多，窑场规模更大，是德清窑产品规模最大的一个时期。中心窑区在德清的洛舍镇一带，但已遍及整个东苕溪流域。产品质量较前一时期明显下降，产品种类更加单一，造型日趋猥琐，制作相当粗糙。

产品仍包括青釉与黑釉两种，以烧造青釉为主，黑釉为辅。胎质粗疏，胎色包括土黄色、紫红色、青灰色等，釉仅施半釉，下腹及底不施釉。青釉器物不再施化妆土，釉层薄而有一种明亮的浮光，釉色以豆青为主，少量青黄、青灰色。黑釉器物釉层亦较薄，多呈酱黄色，基本不见东晋时期色黑如墨、亮如漆的厚实釉。器型较为单一，以碗占了绝大多数，其次是少量的碟、盆、盘、盘口壶、多足砚、高柄豆、鸡首壶等。鸡首壶器型较小，鸡首萎缩成一小泥点，完全不见东晋时期昂扬的精神，代表德清窑经历几百年的发展颓势尽显，并最终走向消亡。（图11-1）

东汉青瓷罍　　三国西晋黑釉大罍　　东晋黑釉鸡首壶　　东晋黑釉盘口壶

东晋青釉点彩罐残片　　唐代酱釉罐　　唐代黑釉小壶　　唐代青釉褐斑罐

图 11-1　德清窑历代主要产品

装饰基本为素面，仅少量青釉器物见有褐彩装饰，分成几种做法：一种是碗的外腹部饰坚短直条纹，一种是罐类器物口沿及腹部作斑块状，一种是壶和罐类器物通体饰褐斑。

窑具仍包括支烧具与间隔具两种，支烧具多较低矮，呈饼形或矮柱形，间隔具则为一种粗陶质的小泥饼，制作粗糙，多见有开裂现象。

三、德清与余杭两地区东晋南朝时期窑址产品的比较

在东晋南朝德清窑的鼎盛时期，其产区主要有两个：一个是以小马山窑址为代表的德清老县城地区；另一个是以大陆果园窑址为代表的余杭良渚地区。通过对德清小马山和余杭石马抖、东馒头山等窑址材料的整理及本区域内其他窑址的调查，发现两地的产品仍存在着一定的差别，具有以下特点。

1. 两窑区均生产青釉与黑釉产品，并且两种产品同窑烧造，其中青釉产品远远超过黑釉产品，黑釉产品在数量上约占总量的20%左右。

2. 两窑区无论是黑釉产品还是青釉产品，胎釉基本一致。胎质较粗松，多夹杂有较多的细砂粒，气孔较多，胎色较深，呈灰黑色、紫红色、红褐色或灰色。青釉产品均施化妆土，釉面厚重光洁，黑釉产品则以厚釉达到色黑的效果，釉层越厚，釉色越黑。

3. 两窑区在器物种类上基本一致，无论是青釉还是黑釉产品，均以碗为主，其次是盘口壶与鸡首壶，少量的灯、熏、砚、罐、虎子等器物。青釉与黑釉产品种类基本一致，但在数量与比例上略有差异，青釉产品除碗外，瘦高盘口壶的数量较多，其次是罐类产品，青釉盘口壶的数量远较黑釉产品为多；黑釉产品也以碗为主，其次是鸡首壶与盘口壶类产品，黑釉鸡首壶的数量较青釉产品为多，盘口壶器型较小，盘口低矮，器腹较扁。

4. 德清地区的同类器物较余杭地区更丰富，特别是鸡首壶，余杭石马抖窑址基本仅发现黑釉较矮小的一种，而德清的小马山窑址鸡首壶除黑釉产品外，亦有

青釉产品，并且形态各异，多姿多彩，有粗胖型、瘦高型、低矮型、双首型、圆嘴真流型、圆嘴假流形、尖嘴无流形等。

5. 两窑区的黑釉产品中，鸡首壶、小盘口壶、罐等类较大型的器物其施釉明显较碗类器物为佳。而德清地区的黑釉产品质量明显高于余杭地区的同类产品。小马山窑址黑釉鸡首壶等器物釉面光洁、釉层厚而均匀、釉色黑如墨，石马抖则基本不见此类产品，黑釉多釉层较薄，施釉不均匀，釉层厚处色黑如漆，薄处则泛酱黄色。

6. 时代上，德清地区窑址生产时间自东晋持续到南朝早期，而余杭地区窑址不见南朝时期的产品，时代跨度较德清地区为短。

因此余杭地区东晋时期的窑址，是德清中心窑场向外转移的一个分窑场。这一时期德清窑制瓷业的中心在德清的老县城现在的乾元镇一带。

四、德清窑的主要特点

1. 黑釉的生产

德清窑在发现之初即以黑釉备受世人的瞩目，从历年来的调查、发掘材料来看，黑釉确实是德清窑的最主要特征之一。

虽然即使在德清窑鼎盛的东晋南朝时期，各窑址的大宗产品仍为青釉器物，但除西晋时期已发现的两个窑址外，从汉至隋唐时期，所有的窑址均烧造黑釉器物，这是任何一个其他窑口所无法比拟的（不包括宋以后的建窑等窑口）。在大多数窑址中，黑釉的比例一般占 20% 左右，也有纯烧黑釉的窑址，如三国时期的黄角山窑址。这种情况，在宋以前全国并不多见。

德清窑的黑釉，伴随着青瓷的成熟而出现，是最早出现黑釉瓷器的窑口之一。从青山坞东汉窑址调查情况来看，此时的黑釉尚不稳定，釉层较薄，釉色不均，且多呈酱黑色，不见色黑如墨者。除酱黑釉与青釉外，介于两者之间，还有一种酱黄色釉，釉色较深，但施釉较酱黑釉为均匀，与青釉近似，玻璃质感强。这是这一时期釉色不稳定的另外一种体现。

到三国时期，出现纯烧黑釉的窑址，此一时期的黑釉，较东汉时期有较大的进步，釉色黑而匀润，施釉亦较均匀，玻璃质感强，表面有一层光亮的浮光，黑釉技术至此已完全成熟。

进入东晋南朝时期，是德清窑发展的鼎盛时期，同时也是黑釉发展的鼎盛时期。此一时期的黑釉，完全可以用色黑如墨、光亮如漆来形容。釉层厚，釉色均匀，不见早期的玻璃态的浮光，釉色给人以相当厚重的感觉。

通过对小马山窑址出土标本的整理统计，确定其黑釉瓷器标本所占比重约为 20%。德清除小马山窑址外，丁山、焦山、城山三处窑址均叠压于现代建筑之下，大部分已被破坏，可能残存少量的堆积，从地面散落的少量标本来看，也是青瓷与黑瓷同窑合烧，青瓷多于黑瓷器。余杭东晋南朝时期的窑址，均青瓷与黑瓷同窑合烧，其中石马抖窑址两期发掘的标本数量上黑瓷约占 20%，已发掘或清理的东馒头山、西馒头山等窑址，黑釉产品所占比例亦与此相当。

隋唐时期的德清窑，黑釉产品虽然仍在生产，但其质量已大不如前，釉层薄，施釉不均匀，釉色斑驳，多呈酱黄色，完全不见东晋南朝时期色黑如墨的产品，已处于停烧的前夕。

据此，可以确定，除西晋时期以外，德清窑自东汉至隋唐，几乎所有窑址产品均包括青瓷与黑瓷两种，并且从出土的青瓷与黑瓷相互粘连的情况来看，为同窑烧造，在多数窑址中青瓷产品的数量超过黑瓷，黑釉产品约占全部产品数量的20%左右，但亦有少量纯烧黑釉产品的窑址存在。

2. 化妆土的创造与使用

化妆土是以上好的瓷土加工和成泥浆，施于质地较粗糙或颜色较深的瓷器坯体表面，使粗糙的坯体表面变得光滑、整洁，坯体较深的颜色得以覆盖，釉层外观显得美观、光亮。它的出现对于提高瓷器质量，起到了积极作用。传统上认为此种工艺出现于西晋时期的婺州窑，东晋时期浙江德清窑等处也开始采用，南北朝起，湖南、江西、四川、河北等地窑口相继使用。[1]

但是，从目前调查的材料来看，化妆土可能出现于东汉时期，是德清窑的重要发明。在青山坞窑址部分产品上，主要是酱黄釉产品，通常施有一层红褐色的涂层，除外腹下腹部无釉露胎处保留这种涂层外，在内腹的中下腹及底亦有。涂层较薄，一般横向涂刷，许多器物可见清晰的横向涂刷痕迹，并不是十分均匀。该涂层不见于浅色的青绿色釉器物上，而见于釉色较深的酱黑色釉与酱黄色釉器物上，并且几乎所有的该类器物上均有涂刷。这些深釉的器物，一般胎质较粗，夹杂有较多的粗砂粒，胎色较深，使用该涂层后，可使釉层表面光洁，釉色加深而均匀，完全具有了化妆土的功能。但这一时期的化妆土，可能仍处于早期阶段，还有较多的原始性，如土质虽然比较细，但并非晚期的较浅的乳白色，而是呈红褐色；除了在施釉部位涂刷以外，还在内下腹部也使用，可能同时使其具有釉的某些功能；不是施在浅色的青绿色釉下，使釉面更加明亮，而是施在深色的釉层下。

东晋南朝是德清窑化妆土技术的完全成熟时期，土色由深褐色变成了乳白色，使用的种类也从酱黑与酱黄色瓷转变成了青瓷，真正具有了衬托釉色的功能，这一时期所有的青釉产品，均使用化妆土，而黑釉产品则不再使用。化妆土的使用技术也相当成熟，仅见于釉下，或釉与化妆土上下略微相错开，东汉时期大面积化妆土出露的情况完全不见。

隋唐以后这一技术不再使用。

五、德清窑的兴衰及其特征形成的原因

德清地区，特别是以德清为中心的东苕溪中下游地区，制瓷历史相当悠久，是商周时期全国最重要的窑区。商周时期这一地区的窑业生产始于商代早期，历西周，发展于春秋，兴盛于战国时期，目前仅德清地区即已发现60多处，具有持续时间长、序列完整、规模庞大、产品质量高、装烧工艺成熟等特点，是中国制瓷史上的第一座高峰，也是瓷器的最重要起源地。

---

1 《中国古陶瓷图典》编辑委员会：《中国古陶瓷图典》，文物出版社，1998年。

到东汉中晚期成熟青瓷出现以后，制瓷中心无疑已转移到了以上虞为中心的曹娥江流域，无论是产品的质量，还是窑业的规模，德清窑已远无法望其项背[1]。在以青为美的早期瓷业发展时期，越窑占据了资源、地利、技术等各方面的优势[2]，在东汉至西晋时期，完全处于全国窑业发展顶峰。在东汉越窑初步发现时期，德清窑亦处于其初创期，由于德清地区瓷土质量较差，瓷器胎质普遍较粗，胎色不稳，既有浅灰色，也有深色的青灰、灰黑甚至紫红、黑色等，无法稳定地烧造高质量的青瓷，因此完全无法与越窑青瓷竞争。为避越窑青瓷之锋芒，德清窑另辟蹊径，开始创造性地烧造酱黑釉及酱黄釉瓷器。东汉时期越窑也烧造黑釉产品，但与青瓷相比较，其黑釉产品比例极其小，处于相当次要的地位，在2007年公布的调查资料中，东汉时期窑址共54处，其中仅5处窑址兼烧黑釉产品[3]，黑釉在越窑产品中所占比例微乎其微，与德清窑占据相对主流的情况完全不同，因此黑釉是德清窑创烧的新产品[4]。

三国西晋时期，是越窑发展的第一个高峰，其产品遍及国内许多省份，德清窑一方面在黄角山等窑址将其固有的黑釉技术进一步光大，另一方面，受强势越窑的影响，开始在茶山湾等窑址生产纯青釉产品。在整个德清窑的发展历程中，这一时期是与越窑发展最悬殊的时期，也是唯一出现纯烧青釉产品的时期，这无疑是受强势越窑影响的产物。

东晋至早唐时期，越窑产品质量下滑，窑场规模迅速萎缩，进入第一个衰落时期。越窑的沉寂时期却是德清窑发展的黄金时期，德清窑在东晋南朝时期迎来了其发展的鼎盛。这一时期的德清窑，器物种类丰富，形式各异，器型规整，造型端庄大气。由于化妆土技术的成熟运用，青釉釉面光洁匀润，釉色厚重，基本为满釉。黑釉亦以厚釉达到黑如墨、亮如漆的效果，与青釉一样，釉色厚重。其产品除广泛出现于皖南、苏南、浙北一带的大小墓葬中外，还远销朝鲜半岛[5]。说明这一时期的德清窑不仅规模较大，而且产品深受欢迎，大有取越窑而代之之势。

德清窑在东晋南朝时期的兴盛，还与这一时期德清文化上的兴盛有关。东晋南朝时期，是德清地区一个相当重要的发展时期。《道光武康县志》："县于六朝时人文之盛，甲于江表。"以沈约等沈氏家族为代表的东晋南朝时期德清文人是整个德清历史上最庞大的一个文人群体，其著述之丰，几乎达到了其余各朝代的总和，这是以后任何一个朝代所无法比拟的。

---

1 杜伟：《上虞越窑窑址调查》，《东方博物》第24辑，2008年。
2 越窑独特的青瓷之美，除了需要高超的制作与装烧工艺以外，其特有的瓷土，也是必不可少的条件。根据现代陶瓷厂的复розpoznania烧实验，只有使用窑址遗址附近的瓷土，才能烧造出与越窑产品相似的效果，其他地区的瓷土完全无法达到相同的效果。越窑的技术可以学习、复制，而越窑的青釉效果，只有越窑地区才能烧造。
3 杜伟：《上虞越窑窑址调查》，《东方博物》第24辑，2008年。
4 黑釉的出现极早，在商周原始瓷阶段，即已出现黑釉产品。在浙江西部的金华、衢州一带的土墩墓中，西周晚期至春秋早期经常出土一种黑釉器物，通体施黑色釉，与青釉原始瓷相比，其釉层薄，玻璃质感不强，但无疑是有意烧造的一种产品。与原始青瓷是青瓷的前身一样，这种原始黑釉产品是黑釉瓷器的早期形态。囿于目前发现的材料等原因，这一原始黑釉技术并没有在战国原始瓷中沿袭下来，因此黑釉瓷器与原始黑釉瓷的传承关系，尚需要更多的资料进一步研究。而成熟黑釉瓷器的起源，从目前的窑址调查材料来看，应是创烧于德清窑。
5 ［韩］赵胤宰：《略论韩国百济故地出土的中国陶瓷》，《故宫博物院院刊》，2006年第2期。

隋至早唐时期，德清窑产品质量明显下降，产品种类减少，但是这一时期的窑场规模却进一步扩大[1]，这也是德清窑规模最大的时期，但已处于停烧的前夜。中唐以后，越窑迅速进入了发展的第二座高峰，无论是规模还是产品质量，均超过了第一个高峰，由此将许多窑场，包括德清窑，送入了停烧的行列。

德清窑分布于浙江北部，以德清为中心，包括德清、余杭、湖州南部地区在内的东苕溪中下游地区，东汉时期创烧，发展于三国、西晋，鼎盛于东晋、南朝，停烧于中唐，青瓷与黑瓷合烧。

德清窑有两项突出的成就：黑釉的创烧与化妆土的发明，这两项成就均在东汉时期完成，也是德清窑对中国制瓷史的最伟大贡献。这两项发明与德清地区瓷土质量不高及越窑的强势发展有关，一来可以掩盖其胎质较粗、胎色较深的瓷土缺陷，另外也是另辟蹊径，避开越窑青瓷的锋芒而另谋发展。

德清窑发展的高峰在东晋南朝时期。这有两方面的原因：一方面越窑在经历了东汉至西晋的第一波发展高峰后陷入低谷，窑址数量大量减少，产量大幅度收缩，产品质量亦有所下降，德清窑正是在越窑发展的间隙迅速壮大自己。另一方面，东晋南朝时期在德清历史上具有特殊重要的意义。

进入中唐时期，由于越窑第二波更强势的发展，导致了德清窑最终停止烧造。

德清窑的生命如洪涛化解成涓涓细流，最终在静谧中归于虚无。经历了璀璨凄美的繁盛逐渐走向灭亡，成就了它在瓷器烧造历史上无法回避的辉煌。如今它又在历史的长河中溅出几朵浪花，让我们这些喜欢在河边看风景的人，重新积聚起再度直面它的热情，将它本来的面目还原，以期寻找、展现那个时代的生活场景。

第二节　瓯窑

瓯窑指以温州为中心的、具有本地传统的古代制瓷业：始于东汉，历六朝而盛于唐、宋初，止于北宋晚期；分布于温州地区的瓯江下游、楠溪江下游、飞云江下游以及台州地区的椒江流域；产品胎色灰白、釉色淡青，器物种类丰富，制作精良，装饰上六朝以后以褐彩最具特征的独具特色窑系。早期的窑址主要集中在永嘉的楠溪江下游两岸，目前发现的最早窑址为东汉中晚期，六朝时期得到了初步的发展，唐末达到了第一个顶峰，到了宋代，中心窑场转移到了温州的西山一带，制瓷技术进一步发展，到了元代，由于龙泉窑达到了鼎盛时期，受其影响，温州本地区的传统青瓷迅速衰落，开始大量生产龙泉窑系产品。

东汉时期的窑址目前在楠溪江下游的永嘉发现三处。产品以烧造陶器和原始瓷器为主，生烧、剥釉产品比例极高，瓷器比例较低。瓷器产品有青釉与酱釉两种。青釉产品质量较高，胎呈浅灰色，胎质较为致密，釉色淡青偏灰，釉色略深，

---

[1] 隋至初唐时期，瓷器产品质量的下降是一个全国性的现象，此时越窑尚处于复苏的前夜，其产品质量与德清窑在伯仲之间，德清窑的产品质量虽然迅速下降，但窑场规模仍进一步扩大，以满足社会的需求。

施釉较均匀；酱色釉产品胎质较深，釉层厚，施釉不均匀，胎釉结合差。器型有罍、罐、碗、壶、瓿、盆、洗等。普遍见有纹饰装饰，主要有方格纹、弦纹、水波纹、垂鳞纹等。[1]装烧上使用大量的支烧具，主要是粗陶质的直筒形窑具，和二足支垫具。

三国西晋时期瓯窑产品无论是质量还是器物种类、造型均有质的飞跃。器型丰富多彩，主要有罐、笔筒、鸡头壶、盘口壶、烛台、砚台、虎子、洗等日用器及灶、燋斗、猪圈、鸡笼、房舍、水井等明器。造型复杂，纹饰较多，流行拍印网格纹、刻划弦纹与水波纹、堆贴鸡头等。胎色呈极浅的灰白色，胎质细腻坚致，釉以呈极浅的淡青色为主，少量釉色较深，施釉均匀，胎釉结合好。多有开片，开片程度与釉的呈色密切相关，不开片或少开片者釉色淡青翠，开片越多，釉色越黄，且越容易剥落。此种特征一直延续至唐宋时期。因此瓯窑中一种米黄色釉器物当并非其固有釉色，而为后来形成。

永嘉三处汉代窑址，其中有两处延烧至三国西晋时期，其产品主要是青瓷器。器型主要为碗、钵、罐等器物。窑具有大型筒状支垫具与锯齿口的盂形间隔具两种。在椒江流域的临海、路桥区一带也有少量窑址分布，产品面貌与装烧工艺基本一致[2]。

东汉至西晋时期的瓯窑器物，除因胎色较浅而使釉呈极浅的淡青色外，其器物种类、器型、纹饰、装饰技法与越窑均十分接近，到东晋南朝时期，以多姿多彩的褐彩装饰为特征，瓯窑逐渐自成体系。此一时期的瓯窑产品主要有鸡首壶、盘口壶、罐、盘、碟、碗、盂、砚、洗、唾壶等。褐彩装饰在这一时期最具特色和最光彩夺目。几乎所有的器物均在醒目位置使用点彩装饰，并且常通体甚至是大口器的内腹亦饰有点彩的做法，这一别的窑口中几乎不见。碗、罐、盘口壶类器物的口沿、系面、盖面、肩部、腹部，或作对称等距数点分布，或排列成菱形、环形、梅花形、十字形等图案；部分壶类器物的周身错落有致地满饰点彩；动物造型的眼、嘴、足等部位施点彩起画龙点睛之妙，如鸡首壶的眼、冠等部位。除密集的点彩外，还出现长条状的粗斑块，开唐宋时期大量褐斑、褐条状装饰的先河。

窑址以永嘉夏甓山窑址为代表，器类较为丰富，有鸡首壶、盘口壶、四系罐、双领罐、盘口罐、直口罐、盖罐、钵、洗、碗、盘、三足砚等。造型简洁流畅，胎质细腻、坚厚，胎色白中带灰，仅少数器物白中泛黄，略显疏松。釉色以淡青为标准，少量青中泛黄。釉层莹润，匀净透明。纹饰较简单，多为弦纹，褐彩使用普遍，并见有墨书文字。

唐五代特别是晚唐五代时期，是瓯窑发展的一大高峰，以永嘉永下窑址为例[3]，其产品胎质细腻坚致，胎色较淡，呈灰白色。从釉色上看，均为青釉，又可细可分成四种。第一种偏淡，呈淡青釉，开片现象较常见，冰裂纹呈黄色，因此开片密集处釉色泛黄，并易剥落。多数釉色较佳，玻璃质感较强。这种釉色器物

---

[1] 金柏东：《温州东汉窑址调查》，见温州市文物处编：《温州古代陶瓷研究》，西泠印社，1999年。
[2] 王同军：《东瓯窑三题》，见温州市文物处编：《温州古代陶瓷研究》，西泠印社，1999年；陈友池：《路桥文物》，人民日报出版社，2004年。
[3] 浙江省文物考古研究所等：《温州永嘉龙下窑址发掘简报》，《文物》，2012年第11期。

大多数的外底不施釉,并有流釉现象,部分器物缩釉,形成较多泛白的针孔痕。第二种是青釉泛灰白色,主要见于A型壶上,釉色极佳,玻璃质感极强,很少流釉,器物通体施釉,少部分器物有较多的缩釉形成的针孔痕。第三种是一种翠青釉,主要见于一种敞口斜直腹的碗与荷叶纹的小盏上,通体施釉,釉色青翠,玻璃质感极强,基本不流釉。第四种是豆青釉,颜色较深,玻璃质感不强,釉色较差。以上四种釉色中以第一种釉最为常见。

装饰以素面为主,少量刻划纹,主要是荷叶,见于碗、小盏、大型盆上,一般是器物底部刻划四瓣荷叶组成一个圆形,内腹部相对的位置有一张侧视的荷叶。荷叶的表现方法有两种,一种刻划清晰、线条流畅、造型工整,用粗线条勾出轮廓,用细线表现茎络。另一种则刻划较草,线条均较细而浅,图案不是很清晰。在大型盆的腹部与底部之间间隔以较小的荷叶纹。另外一件盏的底部刻划一朵侧视的花朵,刻划清晰、线条流畅。一件盆的底部刻划一朵侧视的花朵,腹部有荷叶纹。

少量器物上有褐斑装饰,主要是壶与罐类器物及壶类器物的盖。壶装饰于腹部,纵向等距三道,多不规则,有的呈近似于山字形、钩形、直条形等,一般从颈部开始,一直到下腹部近底处。罐类器物多位于腹部近口沿处,多呈圆形大块斑状。壶类器物盖上的褐彩一般位于盖面上,点彩状,多为五点,其中面上四上等分布、纽上一点。多数彩斑颜色较深,呈深褐色,偶见呈红褐色。

五代北宋时期,胎釉特征一如以往的浅色,造型以瓜形、荷花形的各式壶、罐、碗、盘最多,常见刻划荷花、蕉叶、垂云、草花、牡丹等。至于最著名的云草纹褐彩执壶,其朝代一般认为是北宋时期,但综合各方面的因素来看,很可能是晚唐的器物。首先,从褐彩的时代分布上看,此类青瓷褐彩,源于东晋时期的

西晋青瓷明器

东晋青瓷点彩鸡首壶

唐代带褐彩执壶

唐代带莲花纹大盆

北宋青瓷瓜棱盖瓶

图11-2 瓯窑历代主要产品

点彩装饰，到唐代演变成圆斑状或条带状，唐代后无论是窑址还是传世品均不见，此件可谓是孤例；其二，执壶的瓜棱腹，是晚唐时期比较常见的一种造型，之后少见，类似的器型，龙下窑址有一定量的出土，该窑址虽然没有可修复的同类型执壶出土，但除大喇叭瓜棱腹执壶外，亦有与此类盖壶相似之盖出土，并带褐彩；其三，唐代的银器中有与之接近的造型，以工艺美术品中贱材料仿贵材料的法则，此件执壶当为仿唐代银器造型。综合以上几方面考虑，此件执壶以晚期至五代初期可能性最大，宋代瓯窑可能不存在此种传统的褐彩装饰（图11-2）。

第三节　婺州窑[1]

婺州窑分布于浙江西部的金华、衢州一带，创烧于东汉时期，发展于六朝，兴盛于唐宋，终于元，其中以唐宋时期的乳浊釉产品最具特色，为浙江乃至南方地区所少见。两晋时期开始使用化妆土，这是其汉六朝时期制瓷业的最大特征。

东汉晚期瓷器主要有壶、罐、钟、簋、钵、碗、耳杯、五联罐等。一般胎色灰白，釉色以青色或青黄色为主，也有较浅的淡青色，并出现黑褐釉，釉色较厚。纹饰以弦纹、波浪纹为主，部分器物有几何形纹饰。三国时期婺州窑产品仍保留有早期的许多特点，常见的器物有盘口壶、罐、洗、唾壶、碗、耳杯、熏炉、虎子、笔筒、水注等。日用品有谷仓、灶、水井、鸡笼、狗圈、镦斗、火盘等。胎质坚硬细腻、胎色较深，釉色较越窑为深，呈深青或青黄，多数有冰裂纹，部分产品裂纹处有奶白色结晶。装饰手法有捏塑、镂空、模印、刻划等。东晋南朝时期明器基本不见，基本为壶、罐、碗、虎子、唾壶、灯等日用器，素面，少量的刻划，南朝时期较多地使用莲瓣装饰。这一时期的部分胎色变深，小型器物多灰白色，大型器物则呈深灰色或猪肝色，由此化妆土使用较为普遍，釉色匀润与玻璃质感不如三国西晋时期，呈亚光状，但表面更加光洁，更具有厚重感。釉色不均，多呈青黄色。除青釉产品外，东晋南朝埋藏还有一定数量的黑釉产品，器型主要有碗、盘口壶、唾壶与鸡首壶等，胎色较深，呈灰黑或紫红色，胎质较粗，釉层厚，釉色越深釉层越厚，釉薄处呈酱褐色。

汉六朝时期婺州窑窑址数量发现较少，在武义和金华地区有少量发现。武义管湖三国西晋时期窑址以烧造青釉瓷器为主，兼烧褐釉瓷，也部较多的硬陶器。器型主要有碗、盏、罐、盘口壶、罍等。胎呈青灰或灰白色，胎质较粗。金华五铢塘村发现有东晋时期窑址。

隋唐时期，基本为青瓷器，胎除灰白色外，也有东晋南朝以来的灰黑或紫红色，釉色一般为青灰色、青黄色等较深颜色，从初唐开始，婺州窑开始形成两大特征：一是褐斑装饰，另一是乳浊釉的创烧。在江山鹿来等隋至唐代早期的窑址中，褐斑装饰相当普遍，位于壶、罐、碗等器物的口、径、肩等部位均有，斑块大小不一，多不甚规则，甚至呈短条带状。进入中晚期，则多呈规则的大块圆形斑状。初唐乳浊釉的创烧成功，是婺州窑的一大创举：有乳白色、天青色、紫红

---

[1] 贡昌：《婺州古瓷》，紫禁城出版社，1988年。

东晋盘口壶及化妆土　　唐代褐斑壶　　唐代青黄釉盘口壶　　北宋青釉盂

图 11-3　婺州窑历代主要产品

色等，釉层略厚而乳浊，但整个器物釉色不均匀，很少能达到宋元时期通体乳浊化的效果。

五代北宋时期，这一时期婺州窑产品大至以北宋中期为界可分成两个时期，前一时期胎釉质量较高：胎色灰白，釉层均匀，釉色较浅，呈浅青或浅豆青色，薄而透明，但不如越窑青釉之翠。流行细划花装饰，许多器物的造型成纹饰与越窑极其相似，如执壶、盘、碗、碟等，主要划细缠枝花卉等纹饰。后期质量明显下降，胎釉色均转深，釉多呈深豆青色，质感不强，纹饰转向篦划纹为主，草率而粗放。

南宋元两朝是婺州窑面貌最复杂的时期，除延续早期的青釉产品外，亦大量出现乳浊釉、酱釉、黑釉等产品，乳浊乳多呈紫红色，少量为乳白色。胎质普遍较粗，釉色欠佳。主要器型有碗、碟、壶、罐、灯、高柄杯、炉等（图 11-3）。

第四节　南方地区其他窑址

一、丰城窑[1]

丰城窑唐代属洪州所辖，因此有学者认为丰城窑即为唐代陆羽《茶经》记载的洪州窑。丰城窑是汉六朝时期除浙江诸窑之外最著名的一个窑场。窑址分布在江西省丰城市境内的赣江流域和与之毗邻的药湖岸畔的山坡、丘陵冈阜以及清丰山溪河底、东岸的缓坡地带，目前共发现窑址 30 多处，最早可到东汉晚期，下限到中唐时期。考古资料表明丰城窑最迟在东汉晚期就能烧制成熟的青瓷，历经三国吴、西晋的发展，东晋、南朝进入兴盛期，盛烧时间一直延续到盛唐，晚唐、五代时期逐渐衰落，前后延续 800 年之久。

东汉时期丰城窑的初创时期，窑址数量极少，主要烧造陶器，少量瓷器，瓷器以罐、碗、壶为主，包括盆钵、盘、盏等。胎质粗疏，胎色变化较大，有灰、黑灰、灰白等，青釉色普遍较深，青黑色、青褐色、青黄色等，施釉不均匀，胎

---

[1] 张文江：《洪州窑》，文汇出版社，2002 年。

釉结合差，剥落严重，外腹多施釉不及底。装饰简洁，主要以肩部刻划细弦纹、水波纹，部分器物堆贴铺首，腹部拍印细麻布纹。使用龙窑烧造。

三国西晋时期，丰城窑获得了初步发展，器类有所增加，主要有碗、罐、壶、钵、盆、洗、碟、熏、耳杯、灯、砚台等，基本为日用器，明器较少见，1996年南昌县元康七年墓中出土有仓、灶、家禽、禽舍、犬、马、井、厕所等器物[1]。青瓷器胎质明显进步，胎色青灰或灰白色，少量黑灰色。釉色青黄，酱褐釉占相当比例，普遍开片，剥落严重。装饰较为简朴，纹饰常见联珠纹、方格纹、叶脉纹、铺首等。西晋晚期出现褐彩装饰。

窑场规模有所扩大，从赣江东岸扩展到了赣江西岸，并逐渐摆脱原始瓷的影子。陈家山发掘的龙窑窑炉残长 23.8 米、宽 2.4 米、残高 0.2 米—0.4 米，由窑前工作室、工作台、火膛、挡土墙、窑床、窑尾、窑门等几部分组成。产品以酱褐釉瓷器为主，印纹硬陶器次之，适量烧造一些精致的高档青釉瓷器。窑具有支烧具和间隔具两种。支烧具有沿面与无沿面之分，体呈圆柱状、喇叭状、束腰喇叭状、覆钵状等，外腹壁常刻有字；间隔具有锯齿状间隔具、环形三足间隔具等。胎质较粗，呈深紫色[2]。

东晋南朝时期丰城窑产品类型最为丰富多样，器型端庄规整，釉色稳定厚重，是丰城窑发展的顶峰时期。器物种类主要有鸡首壶、盘口壶、唾壶、罐、双唇罐、碗、钵、盏、盘、盆、碟、槅、釜、杯、灯、砚台、熏炉、烛台、盏托、豆等。日用器占绝大多数，一度中断的明器又开始生产，但种类不多，主要有灶、六联罐、带座三足炉等。灰白色胎质细腻坚致。釉以青黄色为主，施釉均匀，釉层厚，釉面匀润洁净，玻璃质感强。但开片普遍，极易剥落。南朝时期在碗、盘豆等器物的内底和外腹部普遍戳印有花瓣或莲瓣纹。罐、壶等器物肩部方桥形系制作规整，棱角分明，极具特色[3]。

窑场规模迅速扩大，形成了罗湖和同龙雾洲两个窑址群。南朝时期晚期—隋唐时期，装烧工艺取得重要进展，开始使用匣钵，匣钵多呈桶形，有一匣一器和一匣多器，器物之间以窑具间隔。这是目前已知最早使用匣钵工艺的窑口。

隋唐时期在曲江镇罗湖村一带形成大窑场。总体上这一时期的洪州窑已处于下行通道中：产品以日用器皿为主，主要有豆形的在碗、钵、杯、高足盘、三足炉、罐、盘口壶等，在隋代流行在内底模印各色花纹，唐代无论是器型还是装饰均更加简洁。胎釉质量总体上比东晋南朝时期进一步下降：胎质更粗疏，胎色普遍较深，呈灰、灰泛紫红、砖红、深灰，含铁量普遍较高。胎釉结合更差而容易剥落，釉面更加干枯，釉色青黄或黄褐色，开片非常普遍。[4]

---

1 南昌县博物馆藏资料。
2 张文江等：《江西洪州窑遗址发现汉晋时期龙窑遗迹》，《中国文物报》，2005年2月16日第1版。
3 江西省博物馆等：《江西丰城罗湖窑发掘简报》，《南方文物》，1981年第1期。
4 张文江等：《汉唐青瓷名窑——江西丰城洪州窑》，《南方文物》，2008年第1期。

二、湘阴窑[1]

湘阴县在南朝宋时划罗县一部分而设，隋开皇初并入岳阳县，后又改岳阳为湘阴，唐武德年间湘阴隶属岳州，有人依此认为湘阴窑即陆羽茶经所载岳州窑。湘阴窑创烧于东汉晚期，发展于南朝，盛于隋及初唐，中唐以后衰落，前后历时约800多年。汉末至两晋时期，湘阴窑产品较为单一，主要为碗、罐、壶、钵、盆、鸡首壶、盘口壶等，胎色灰白，胎质疏松，酱釉或青黄釉两种，满釉，开片严重，较易剥落。装饰简单，以几何印纹（菱形方格纹）为主，东晋出现了连珠形点彩和刻划莲瓣纹等装饰手法。南朝—初唐时期器类较为丰富，矮圈足印花大盘、假圈足盃、碗大量流行，其次为碗杯、罐、双唇罐、盘口罐、钵、洗、豆（高足盘）、盘口壶、盘口瓶、砚、唾壶、短嘴壶、平底盘、假圈足盘、圜底盘等。灰白色胎为主，胎质较前期细腻，多施半釉，青黄色釉开片而易剥落，部分粗陶坛、罐中仅施块状酱釉。装饰以多变的印花纹饰为特征。这一时期出现一批高质量的青瓷器，胎色灰白，胎质细腻，釉色青绿，胎釉结合好，釉面莹润而玻璃质感强，部分器物造型复杂，装饰华丽，如高大的莲花尊等。同时在一些器物上发现了"官""太官"等字款，可能与宫廷用瓷有密切关系。

窑址主要分布在以湘阴县城关镇为中心湘江岸边。时期从汉末到隋唐，连续发展。汉末两晋时期使用间隔具叠烧，间隔具作垫圈状，支足刻削成齿轮状，十齿或十六齿不等，器底往往留有明显的支钉痕。南朝—初唐时期陶瓷合烧，以瓷器为主，同时烧造粗胎质的缸类器物。瓷器釉色有青（包括淡青、虾青、豆青、青绿、青中泛黄），黄（淡黄、鹅黄、草黄），酱（酱黄、酱黑、酱褐、酱绿、灰褐等）诸色，部分釉色因窑变而呈蓝色、紫色。青釉玻璃质感较强，多开片，施半釉，流釉严重。褐黄釉数量不多，釉水较薄，小开片。酱釉以酱绿为主，不太透明，略开片或不开片。酱黑釉开片，且易剥落。装饰技法有印纹、刻划纹、点彩和雕塑等，印纹最为丰富，有各种类型的团花、卷草、人物、几何印纹等。团花以莲花或变形莲花为主。点彩的数量不多，仅见于青瓷钵，作连珠状，色呈铁棕、酱绿。此外还有作团扇状块状涂釉。雕塑有浮雕和圆雕两种，浮雕有莲纹堆花、龙头、象首。窑具基本用夹砂粗陶制成，数量极多，以匣钵为主。匣钵作圆筒形，侧有圆形小气孔，高矮不等。器托不多，有高矮两种。支垫具不多，有环形和齿轮状圈足式两种。墩子筒形口，底有一小孔，用于承放大件器物用[2]。

三、邛窑[3]

邛窑是四川最著名的窑口，烧造时间长，分布地域广，从东晋南朝时期创烧，

---

[1] 周世荣：《岳州窑源流初探》，《江汉考古》，1986年第4期；周世荣、周晓赤：《岳州窑》，湖南美术出版社，2011年。
[2] 周世荣：《从湘阴古窑址的发掘看岳州窑的发展变化》，《文物》，1978年第1期。
[3] 陈丽琼：《邛窑古陶瓷发展概述》，见耿宝昌主编：《邛窑古陶瓷研究》，中国科学技术大学出版社，2002年；陈显双等：《邛窑古陶瓷简论——考古发掘简报》，见耿宝昌主编：《邛窑古陶瓷研究》，中国科学技术大学出版社，2002年；四川省文物管委会等：《成都青羊宫窑址发掘简报》，见《四川古陶瓷研究》编辑组：《四川古陶瓷研究二》，四川省社会科学院出版社，1984年。

延续至唐宋时期，其中唐、五代是其鼎盛时期。窑址主要分布于以成都平原为中心的四川西、南部地区。东晋南朝时期是邛窑的创烧时期，产品单一，质量较低。主要窑址有成都青羊宫、邛崃十方堂、灌县金马窑等窑址。产品以青瓷为主，釉色呈青褐色或青黄色，少数青绿、青褐色及黑色。胎质粗细不一，粗者胎色灰黑且有较多气孔，细者胎色灰白，胎质较为细腻，以粗胎的灰黑色为主，此外还有较多的灰红色胎。主要器型有罐、壶、鸡首壶、碗、盘、杯等。南朝时期开始使用化妆土。素面或饰细弦纹为主，南朝时期出现莲瓣纹装饰，偶见黑彩铭文。

进入隋唐，是邛窑的大发展时期，规模进一步扩大，这一时期虽然仍以烧青瓷为主，但主要成就是先后创烧了黑、褐、绿三色高温彩绘瓷，与传统意义上的青瓷已有所区别。此不再述。

四、宜兴与宣城窑址

这里位于太湖的西北岸，紧邻德清窑所在的太湖西南岸的东苕溪流域，在地理位置上属于同一区域，窑业的文化面貌亦比较接近，可以划入大的德清窑范畴内。

江苏瓷窑址发现不多，主要集中在宜兴，而宜兴又主要集中在丁蜀镇。丁蜀镇的烧窑历史比较悠久，汉代开始烧原始瓷，六朝烧造瓷器，至唐五代停烧瓷器而转向主要烧造陶器，明清以后以紫砂生产的陶都闻名于世。

宜兴的窑址总体上生产规模小，产品质量低。汉六朝窑址主要分布于丁蜀镇汤渡方向的南山北麓大公堂山谷，与南山西侧的均山相距一公里左右，因此又有人称之为均山窑或汤渡窑。东汉时期的龙头岕窑址产品主要是硬陶器，带釉类原始瓷器不多，器型是东汉时期流行的弦纹罐、盘口壶等，胎质较粗疏，多数器物烧制温度较低，呈土黄色。三国西晋时期，产品以青瓷器为主，器型包括钵、洗、盂、双唇罐、罐、盘口壶、碗等，胎色呈青灰、黄白、灰白、黄灰诸色，胎质较粗，有较多的大气孔及分层现象，生烧比例较高。一般内外施釉，外腹施釉多不及底。青釉色较深，呈青黄色或青灰色，胎釉结合较差，常见剥落现象。纹饰较为普遍，流行网格纹、弦纹、水波纹、花蕊纹与铺首堆贴等。时代约在西晋时期。

隋唐时期窑址数量略多，产品主要以碗类器物为主，包括瓶、壶、盆、钵等，胎多呈较深的青灰色，胎质较细，火候较高；釉多呈青绿、青灰或青黄色，多数器物仅施半釉，碗类大口器物不仅外腹，内腹亦施半釉。部分器物使用褐彩装饰，碗、钵类大口器物在外腹呈条带状装饰，而罐类小口器物则多在肩、上腹部饰以块斑状褐彩，多不规则。[1]

在小窑墩窑址一件间隔具的内底发现了"闻人"两字，德清小马山东晋南朝

---

[1] 宜兴陶瓷公司《陶瓷史》编写组：《江苏宜兴丁蜀镇附近汉代窑址调查》，《中国古代窑址调查发掘报告集》，文物出版社，1984年；宜兴陶瓷公司《陶瓷史》编写组：《江苏宜兴六朝青瓷窑址的调查》，《中国古代窑址调查发掘报告集》，文物出版社，1984年；南京博物院：《江苏宜兴涧㴲窑》，《中国古代窑址调查发掘报告集》，文物出版社，1984年；宜兴陶瓷公司《陶瓷史》编写组：《宜兴羊角山古窑址调查简报》，《中国古代窑址调查发掘报告集》，文物出版社，1984年；贺云翱：《"宜兴窑"初论》，《东南文化》，2015年第4期。

时期的窑址中亦发现了同样的文字，这应该是复姓。早期青瓷的窑具上常见刻划有姓氏，多为窑工的姓而少见名。这一非常少见姓氏在德清与宜兴的同时出现，从另外一个方面说明了两地窑场的紧密联系。

宣城窑址主要包括芜湖县的东门渡诸窑址群，产品包括青瓷与酱褐釉瓷两种类型，胎普遍粗而色较深，呈灰黑色、黑褐色、青灰色等较深的颜色，青瓷褐色亦较深，多呈青褐色。质量一般。器型主要以碗为主，包括瓶、执壶、罐、盏等。明火裸烧为主，少量的匣钵。时代上限可以到唐代，下限已进入五代北宋时期。其中在多个标本上发现了"宣州官窑"的字样，这在探索唐代窑业的管理制度方面是一个重要的线索[1]。

除以上窑场外，安徽、福建、广东等地在南朝时期或南朝晚期至隋代之际也开始烧造瓷器，一般胎质较粗，胎釉结合差。

安徽皖北淮南一带的淮南窑可能在南朝晚期开始烧造青瓷，唐代著名的寿州窑即在此基础上发展而成[2]。该窑址因处于南北交界处，因此具有较多北方窑场的粗犷特征，造型厚重。以盘口壶、深腹碗、杯、钵、砚为主，产品的胎质较细，呈灰白色，青釉多施半釉，釉色较纯正，但流釉、积釉明显。

寿州窑以烧制黄釉器为特色，主要器型是各种类型的碗、罐、垫壶、瓶等器物。胎质普遍较粗，因此普遍使用化妆土以优化釉面；釉色呈青黄、黄绿、土黄等，开片严重。明火裸烧，碗类大口器物直接叠烧，器物之间使用三足钉形间隔具，小口类的器物使用支烧具单件烧。与寿州窑面貌接近的是唐代皖北地区窑址是萧县的白土窑址，产品包括青瓷与白瓷两种，其中的青瓷面貌与寿州窑接近，以黄色釉为特征。

皖南除宣州窑外，在歙县等地亦有少量生产唐代青瓷的窑址，产品以碗为主，亦有盘、执壶、灯、碾轮等，总体上质量一般，胎质较粗而色深，釉面干枯，但釉多施及器物底部，釉色青绿或青褐。窑具包括支烧具与匣钵，匣钵呈漏斗状，与浙江地区的M型匣钵有所区别[3]。时代上限可以已接近于唐末五代时期了。

福建南朝窑址有福州怀安窑、连江县已古窑和晋江磁灶窑三处，其中怀安窑、磁灶窑延续到唐代。主要器型有盘口壶、碗、盅、高足杯、盏托、罐、碟、带流罐、多足砚、镰斗、熏炉、灯盏、烛台等。胎色灰白，胎质较细，釉色呈青绿、青黄或酱褐色，均使用支烧具与间隔具[4]。

广东在宝安等地有少量窑址发现，产品主要是罐、碗、钵等青瓷器。使用窑具支烧，青绿釉[5]。

---

1 谢小成：《芜湖县东门渡唐宋陶瓷窑址的调查——兼议"宣州官窑"》，《东南文化》，1991年第2期；刘毅：《"宣州官窑"及相关问题研究》，《考古》，1999年第11期。

2 李辉柄：《安徽省窑址调查纪略》，《故宫博物院院刊》，1988年第3期；胡悦谦：《寿州瓷窑址调查记略》，《文物》，1961年第12期。

3 安徽省文物考古研究所：《安徽歙县竦口窑调查》，《考古》，1988年第12期。

4 刘逸歆：《福建六朝墓葬出土青瓷研究》，《东南文化》，2008年第3期。

5 曾广亿：《广东瓷窑遗址考古概要》，《江西文物》，1991年第4期。

第五节 北方地区其他窑址

北方地区早期青瓷窑址主要有河南安阳的相州窑、巩县白河窑、河北临城陈刘庄窑、临漳曹村窑、磁县贾壁窑、峰峰临水窑、内丘早期邢窑、山东淄博寨里窑等。

一、相州窑[1]

位于安阳市，北方地区早期青瓷的代表性窑场。时代主要是隋代，可能可以早到北齐时期。瓷器主要器形有碗、罐、瓶、钵、盂、高足盘、高足杯、器盖及瓷塑等，瓷塑包括人物俑与动物塑像。釉色以青釉为主，可能兼烧白瓷、褐釉瓷。总

图11-4　安阳隋窑窑址主要产品

体上器物的胎壁较厚，胎色灰白；青釉呈青灰、青褐等色，一般器物外腹施釉不及底，釉层薄而均匀，底部流釉与积釉明显。素面为主，有简单的花卉类纹饰，技法包括刻花、划花与印花三种，题材主要是莲瓣纹，有仰莲、覆莲，有的装饰在瓶的颈部，有的刻在盘子的内底。此外还有卷草纹、花叶纹、宝相花纹、几何纹、乳钉纹等。明火裸烧，碗类大口器物叠烧，器物之间使用三叉钉形间隔具（图11-4）。

二、曹村窑址[2]

河北临漳县习文乡曹村附近的漳河河床上，邺北城东城墙外约500米的，出土标本主要是釉陶，少量瓷器。而瓷器极可能并非本窑场产品。釉陶产品器型以碗为主，另外亦有豆形的高足盘以及钵类器物。碗作深腹饼形底。胎质明显可分成精粗两类，精细者胎色浅白而质地坚致，粗者胎质粗疏，胎色较深。但不论精粗产品，胎质明显都较疏松。釉色泛黄，釉层薄，釉面光亮，剥釉现象严重。窑具主要是筒形的支烧具与三叉钉形间隔具。明火裸烧。时代在北朝晚期左右。

---

[1] 河南省博物馆等：《河南安阳隋代瓷窑址的试掘》，《文物》，1977年第2期；孔德铭：《安阳相州窑及相关问题研究》，《殷都学刊》，2014年第1期。

[2] 王建保等：《河北临漳县曹村窑址考察报告》，《华夏考古》，2014年第1期；沈丽华等：《河北临漳邺城遗址曹村青釉器窑址》，见国家文物局编：《2016中国重要考古新发现》，文物出版社，2017年。

三、贾壁窑址[1]

位于磁县贾壁村，主要器型有碗、高足盘、钵等，特征与曹村窑基本相近，碗均为深腹饼形底。胎质普遍较粗，色较深，黑色斑点明显。外腹施釉不及底，流釉明显，釉色青黄，玻璃质感强。部分器物胎釉略细，质量较好。贾壁窑址在胎料的处理上已区分出了精粗，并进行比较严格的控制。多为素面。窑具是筒形的支烧具与三叉钉形间隔具，明火裸烧。时代在北朝晚期。

此外，这一地区北朝时期的窑址还有峰峰的临水窑址、邢台的西坚固窑址，在邢窑内丘西关窑区与临城陈刘庄窑区也发现了具有北朝风格的青瓷残片[2]。基本器型以深腹的饼形底碗为主，外腹施釉不及底，内底因流釉而积釉严重。临水窑址不同于贾壁窑址产品有精粗之分，主要以粗胎为主，最突出的特点是在部分产品的口部施用化妆土，这类碗可能占到了产品的一半左右。西坚固窑址位于邢台县龙华乡西坚固村，产品也以碗为主，胎、釉、造型与贾壁、临水同类器物相似。内丘西关和临城东刘庄调查了少量具有北朝风格的青釉器标本，厚胎、流釉、开片以及基本胎质、胎色等与临水窑址、西坚固窑址产品相似，但胎质相对比较精细。这可能与本地区是邢窑的中心产区有关[3]。

在邢台及内丘与临城邢窑的核心分布区内，还发现了多个隋至初唐时期的青瓷窑址。邢台的隋代邢窑经过大规模的发掘，产品以白釉瓷器为主，其次是黑釉瓷器与所谓的黄釉瓷器，报告中所称的黄釉瓷器可以归入青瓷瓷器中。以深腹饼足碗为主，少量的钵与高足盘。胎体较为规整，胎质较细，胎色较白，里外均施釉，内底积釉明显，外腹施釉不及底，流釉与积釉明显。胎釉之间普遍施以一层白色的化妆土，衬托出釉面莹润的厚重感[4]。

在邢窑的核心分布区的内丘与临城地区，隋、唐时期的窑址至少有白家庄、冯唐、内丘城关、西丘、中丰洞、北大丰、代家庄、陈刘庄等近10处窑址。从邢窑的初步分期来看，在北朝末到隋初，以烧造青瓷为主，白瓷较少，主要器型以深腹饼形底的碗为主，包括钵、盘、罐、瓶等，青瓷器物的胎体粗糙厚重，黑点和气孔多；到了隋代晚期白瓷超过青瓷成为主流，青瓷尚占有相当的比例。器型总体上变化不大，以深腹的饼形底碗为主，包括盆、盘、钵、罐、瓶等，以深腹饼形的碗占主体，胎质有所进步，总体上仍旧较粗，胎体较厚，外腹施釉不及底，质量一般。从质量上说，这个时期是河北一带邢窑地区青瓷发展的高峰。初唐以后，青瓷的比例与质量不断下降，白瓷取代青瓷成为主流[5]。

从安阳到临城一带的豫北冀南地区，地理位置非常接近，同属于一个窑业中心区，除安阳的相州窑外，河北贾壁、临水、曹村诸窑址均位于漳河南北两岸，到了隋至初唐时期又逐渐成了邢窑的中心，可以说这里是北方地区早期青瓷最为集中的区域。这一地区自东魏天平元年（534年），元善迁都邺城以后，政治中心

---

[1] 冯先铭：《河北磁县贾壁村隋青瓷窑址初探》，《考古》，1959年第10期。
[2] 河北临城邢瓷研制小组：《唐代邢窑遗址调查报告》，《文物》，1981年第9期；内丘县文物保管所：《河北省内丘县邢窑调查简报》，《文物》，1987年第9期。
[3] 河北省邢台市文物管理处：《邢台隋代邢窑》，科学出版社，2006年。
[4] 河北省邢台市文物管理处：《邢台隋代邢窑》，科学出版社，2006年。
[5] 内丘县文物保管所：《河北省内丘县邢窑调查简报》，《文物》，1987年第9期。

转移，豫北冀南的漳河沿岸一带，成为政治、经济、文化中心。到北齐时，这一带出现短暂的社会安定和经济繁荣的局面，使得陶瓷手工业得以较快的发展。隋王朝统一中国，封建经济和文化发展，邢窑等窑口迅速兴起，开创了制瓷手工业的新纪元。因此这一带窑业的发展与繁荣应与这一时期以邺城为代表的北方政治中心的形成与发展有着密切的关系[1]。

除了这一早期青瓷的中心区外，在西边的河南以及东边的山东地区，亦有少量的早期青瓷窑址。

四、白河窑址[2]

白河窑遗址位于河南巩义市北山口镇白河村。窑址时代始于北朝晚期，盛于隋，延及唐代。

隋代产品以青釉瓷器为主，白釉瓷器次之，黑釉瓷器少见。青釉瓷器以碗为主，另有盘、豆、钵、盆等器物。胎体一般都较厚重，其中的碗作深腹饼状实足，口沿外饰弦纹一道。大口类器物如碗等一般器内腹均施釉，外腹施釉不及底，器内积釉现象较为严重，外腹则流釉明显。基本为素面，少见装饰纹样。明火裸烧，窑具有大型支烧具与三足钉间隔具。

唐代瓷器以白釉瓷器为大宗，黑釉和酱釉瓷器次之，不见青釉器物。

荥阳翟沟可以到早隋至初唐，生产一批以碗为主的粗青瓷[3]。

五、寨里窑址[4]

位于山东淄博市淄川区寨里，共有四个地点，时代从北朝晚期一直延续到唐代中晚期。其中北朝晚期器物主要是碗，少量的盆类器物。碗浅弧腹略浅，饼形底。胎厚重而疏松，胎色较深，有大量的气孔和黑色斑点。釉多呈青褐色、黄褐色和深褐色，后者釉层厚处接近于黑釉，外腹施釉不及底。流釉严重，内底一般积厚釉。北朝末至隋代器物各类明显增加，除碗以外，还有盆、罐、高足盘、盒、瓶、贴花罐等。碗腹明显加深，仍旧为饼形底。胎釉质量有所上升。胎体变薄、胎质变细、胎色变白，黑色斑点明显减少。釉色变淡，多呈浅的青褐色、浅青色，玻璃质感强，施釉更加均匀，釉面明显干净而更莹润，外腹仍旧施釉不及底。有一定数量的装饰，尤其是贴花罐制作工艺复杂，题材丰富，有莲花、宝相花、宝塔、连珠纹及人面等，代表这一时期较高的制作水平。到了唐代中晚期，器类又非常单一，主要是碗，基本为黑釉，釉色不够纯正，产品质量一般。窑具主要是两种，一种是筒形的高大支烧具，是一种是三叉钉形间隔具。明火裸烧。

---

[1] 孔德铭：《安阳相州窑及相关问题研究》，《殷都学刊》，2014 年第 1 期。
[2] 河南省文物考古研究所、中国文化遗产研究院：《河南巩义市白河窑遗址发掘简报》，《华夏考古》，2011 年第 1 期。
[3] 张松林：《荥阳翟沟瓷窑遗址调查简报》，《中原文物》，1984 年第 4 期。
[4] 山东淄博陶瓷史编写组、山东省博物馆：《山东淄博寨里北朝青瓷窑址调查纪要》，《中国古代窑址调查发掘报告集》，文物出版社，1984 年。

此外，在山东地区还发现一批隋代前后的青瓷窑址包括曲阜的宋家村、徐家村、息陬、泗水大泉、尹家城[1]、泰安中淳于[2]、枣庄中东郝[3]、临沂朱陈[4]以及邻近的徐州户部山窑址[5]。这批早期青瓷窑址最早可到北朝晚期，最晚可到初唐，以隋代为主，产品面貌比较接近。以宋家村窑址为例，它位于曲阜原防山公社的宋家村，瓷器以碗为主，占半数以上，另外还有罐、盘口壶、盘、高足盘、盆、瓶、砚、枕等。碗均为深腹饼形底。胎质较细，呈青灰胎、灰白胎和近白胎；均为青釉，外施半釉，呈青绿色、淡青色和青黄色等，玻璃质感强。素面为主，装饰有刻划、贴花等，题材主要是花卉。使用支烧具与三叉钉形间隔具[6]。

北方地区的青瓷，始于北魏，兴成隋，延及初唐，中唐以后被白瓷所取代，胎釉质量进一步下降，由此形成北方白瓷与南方青瓷的大格局。但在北方唐代白瓷的大格局中，有一个窑址反其道而行之，晚唐以后青瓷逐渐成为主流，五代、北宋时期以青瓷名满天下，这个窑场就是耀州窑。

耀州窑唐代创烧于黄堡镇，五代成熟创新，宋代鼎盛繁荣，金代延续发展，金末蒙元日渐衰落，明中期停烧。唐代耀州窑先烧黑、白、茶叶末釉和唐三彩、低温单彩等，后又烧黄褐釉瓷和青瓷，水平逐步提高。五代则以青瓷为主，水平迅速提高。宋金耀州窑繁盛时期的青瓷以装饰工艺中的刻花和印花工艺大量使用而独具特色，装饰纹样达上百种，其中植物纹样以牡丹、菊莲为主，动物纹样以鱼、鸭、鹅等为主；人物纹样则以体胖态憨的婴戏为最多[7]。

---

1 宋百川等：《山东曲阜、泗水隋唐瓷窑址调查》，《考古》，1985年第1期。
2 山东大学历史系考古专业：《山东泰安县中淳于古代瓷窑址调查》，《考古》，1986年第1期。
3 山东大学历史系考古专业等：《山东枣庄中陈郝瓷窑址》，《考古学报》，1989年第3期。
4 冯沂：《山东临沂朱陈古瓷窑址调查》，《考古》，1995年第8期。
5 徐州博物馆：《江苏徐州市户部山青瓷窑址调查简报》，《华夏考古》，2003年第3期。
6 宋百川等：《曲阜宋家村古代瓷器窑址的初步调查》，《景德镇陶瓷》总26期（《中国古陶瓷研究》专辑第2辑，1984年）。
7 禚振西：《中国耀州窑·前言》，见北京艺术博物馆编：《中国耀州窑》，中国华侨出版社，2014年。

第十二章
汉唐时期窑业的时空特征

汉唐时期是成熟瓷器起源并发展的重要阶段，整个唐代之前的制瓷史，几乎等同于青瓷史。中唐以后，南方地区以越窑为代表的窑场逐步恢复了昔日的荣光，形成了以上林湖为中心的庞大窑业生产；北方地区则从初唐开始，除个别如耀州窑外，产品中白瓷产量几乎是迅速超越青瓷成为主流，青瓷不仅比例下降，且质量亦更加粗疏。由此形成南青北白的格局。

越窑作为这一时期最重要的窑场，无论是早期的汉六朝时期还是晚期的唐宋时期，在全面的窑业发展与窑业格局的形成过程中，均扮演了重要角色。

早期越窑的核心分布区在上虞的上浦地区，这里不仅是成熟青瓷的起源地，同时也是窑业技术的输出地区，对于国内其他窑场的形成具有重大的影响，这些窑场包括浙江省内的德清窑、瓯窑、婺州窑，省外的湘阴窑、洪州窑以及北方的早期青瓷和其他零星的窑址。

这些外围窑场的出现有几个基本的特征：

第一，出现时间比较晚，类型单一。虽然浙江省内外的这些窑场大都在东汉即开始出现，但时间都集中在东汉晚期，这完全无法与上虞地区自西汉以来多个类型前后完整发展的序列相比拟。

第二，东汉时期的产品质量比较差。这些东汉的窑址产品虽然都生产成熟青瓷器，但产品质量普遍比较差。东汉晚期，以小仙坛、禁山为代表的窑址类型，纯烧高质量的青瓷器，产品质量稳定，胎釉完全成熟。而其他窑场虽然产品主要是成熟青瓷器，与小仙坛等窑址产品相比，质量明显要低许多，同时产品相当不稳定，部分产品质量比较高，多数器物胎质较粗疏，釉色较深而胎釉结合不好。

第三，这些窑场均在东晋—初唐时期迎来了发展的高峰。这一时期无论是器物各类的丰富程度、还是胎釉质量的成熟程度，均是这些窑场发展的顶峰。越窑有两个发展的高峰，一个是以三国为中心，始于东汉晚期，衰落于东晋，另外一个以五代前后为中心，始于中唐，衰落于北宋。在这两个高峰之间，是越窑发展的低谷，尤其是东晋晚期到南朝时期，不仅窑址数量迅速减少，器物种类少，造型简单，而且胎质更粗疏，釉面干涩。越窑的这种发展低谷，自然有其资源与文化等方面的原因，但这一低谷期恰恰给了其他窑场发展的机会。

越窑青瓷，从东汉晚期开始，其胎色即呈现出一种青灰色，并且延续始终，青灰色胎是将釉色衬托出翠青色的最重要条件之一，而此种青灰色胎，又是由本地的瓷土特殊成分所决定的。据现代做仿古瓷的艺人们介绍，越窑仿古瓷，必须用窑区附近的瓷土才能达到理想的效果，此种效果，任何外地的单一瓷土均无法企及。因此，本地的资源条件，特殊的是瓷土条件，是形成越窑之青的重要保证。

技术可以流动、可以模仿，但限于运输能力所限，古代的烧瓷原料，一般均采用本地原料，在以越窑之青为美的情况下，浙江乃至全国其他同一时期的窑场，很难与越窑争一时之长。而正是在此种资源、技术的制约下，包括德清窑、婺州窑、瓯窑在内的其他省内窑场，只能另辟蹊径，以图生存，甚至较大的发展而与越窑抗衡。这虽然一方面造就了这些窑场在青色之外独具特色的面貌特征，但同时在越窑发展的鼎盛时期，则明显可以感受到越窑的压制而很难有所发展。

而正是越窑这一发展的低谷时期，给国内早期青瓷的其他窑场以巨大的发展机遇。

进入到唐代，以浙江为中心的青瓷生产又重新得以恢复并进一步加强，并形成了新地青瓷窑业生产格局。

这一时期浙江的越窑、婺州窑、德清窑、瓯窑持续生产，通过对这四个窑场所生产产品特征的描述，我们可以看出它们大致划分为两种类型，而这两种类型又恰好与它们所处的地理位置相合，即沿海型与内陆型。沿海型主要包括慈溪、宁波、台州以及温州等地区，内陆型则包括沿海以西的整个浙江地区，有浙江中西部的金华与衢州地区、浙江北部的德清地区。

沿海型窑址以慈溪上林湖为代表，上林湖及其周围白洋湖、里杜湖、古银锭湖等地的瓷窑遗址是唐宋越窑的典型遗存和中心产区，发现有古窑址近 200 处。唐代随着社会经济的繁荣，受到饮茶习俗的推动以及海外贸易的刺激，越窑生产迅速发展，除大量生产普通日用瓷器外，还设有烧造贡瓷的贡窑。上林湖出土的光启三年（887 年）越窑青瓷墓志罐（图 12-1）上就有"贡窑"二字，是唐代上林湖"置官监窑"烧造宫廷用瓷的最可靠依据。唐代，越窑青瓷的釉有"类玉类

图 12-1　浙江隋唐主要窑址分布图

冰""千峰翠色"之谓，它们指的是越窑上品的釉色，这类制作精美、釉色纯正的器物就是文献中所说的"秘色瓷"，产品质量冠绝当世。

唐代安史之乱以后，中国经济文化中心南移，东南沿海地区自中唐以来已有发达的商品经济，商品经济自身巨大的市场开拓力使其将市场扩展至海外区域。唐代中晚期，商贸航运已十分发达，贾耽所记的"广州通海夷道"详细记载了中国与南海各国以及西亚、中东乃至非洲交往的主要路线，此时的越窑声名远播，作为中国对外贸易的重要商品随着贸易商船乘风破浪，远销海外。根据目前的考古资料，在日本、朝鲜、东南亚、西亚、中东和非洲的许多国家和地区都发现了为数甚多的越窑青瓷。如印尼勿里洞海域发现的年代为826年前后的黑石号沉船，出水有约250件越窑青瓷，有海棠杯、细线划花方盘、执壶、渣斗、穿带瓶、熏炉等精美产品[1]；在东北亚的朝鲜半岛，新罗地区的庆州拜里、锦江南岸扶余、古百济地区的益山弥勒寺、雁鸭池等都出土有很多唐代越窑青瓷器[2]；日本出土唐五代陶瓷的遗址有188处，出土各类陶瓷片2159片，分布在南至冲绳县，北达秋田县的广大地区，以福冈市鸿胪馆遗址和京都地区的考古发掘为例，在发掘出土的早期中国陶瓷中以9世纪后期的越窑青瓷最多[3]；泰国、马来西亚、印度尼西亚以及菲律宾等东南亚地区均发现有许多唐代的越窑制品[4]；另外，斯里兰卡、伊拉克的萨玛拉遗址、肯尼亚、埃及福斯塔特古都城遗址都有大量的唐代越瓷出土[5]。宁波地处东南沿海，位于中国大陆海岸线中段，古称明州，在唐宋时期是朝廷对外开放的通商大埠，作为海上丝绸之路的主要始发港，留下了很多文化遗存，宁波东门口码头遗址、和义路码头遗址、市舶司遗址等都出土有大量的越窑青瓷，唐子城遗址出土有波斯陶器，这些都印证了宁波在海上丝绸之路中曾经的辉煌。慈溪上林湖区域邻近于宁波地区，凭借其得天独厚的地理优势和便捷的水运交通，成为这一时期越窑制瓷业的中心产地。

除慈溪上林湖外，宁波、台州、温州一带的产品无论在产品器类、工艺技法、成型技术、装烧方法等方面几乎与中心产区上林湖窑址群的基本一致，除温州等地区因胎土的原因在呈色上有所不同外，大部分地区的产品几乎类同。因此，沿海类型可以看成是越窑密集区域的一个扩大。在时间上，作为核心产地的上林湖出现相对较早，在盛唐时期开始上升，中晚唐进入鼎盛时期，也正是在中晚唐最兴盛时期，扩展到整个沿海地区。沿海型包括传统上所称的越窑核心区域与瓯窑区域，有学者在研究越窑对浙江其他窑口的影响时，即提出瓯窑是与越窑联系最密切的一个窑口，发展上几乎亦步亦趋。沿海类型窑业的繁荣发展与运输便利自然相关，但也与传统文化（即传统窑业）密切相关，内陆窑场不发达，与运输成

---

[1] 陈克伦：《黑石号出土的越窑瓷器与唐代越窑的外销》，沈琼华主编：《2007 中国·越窑高峰论坛论文集》，文物出版社，2008 年，第 169 页。

[2] 林士民：《试论越窑青瓷的外输》，林士民著：《再现昔日的文明——东方大港宁波考古研究》，上海三联书店，2005 年，第 338 页。

[3] 秦大树、谷艳雪：《越窑的外销及相关问题》，沈琼华主编：《2007 中国·越窑高峰论坛论文集》，文物出版社，2008 年，第 183 页。

[4] 林士民：《试论越窑青瓷的外输》，林士民著《再现昔日的东方——东方大港宁波考古研究》，上海三联书店，2005 年，第 350 页。

[5] 秦大树、谷艳雪：《越窑的外销及相关问题》，沈琼华主编：《2007 中国·越窑高峰论坛论文集》，文物出版社，2008 年，第 184—188 页。

本高也有直接关系，价廉质劣的窑业产品在普通民众中有着很大的市场，因此其销售地主要是当地。

内陆型指的是传统上的婺州窑与德清窑，在地理区域上包括钱塘江以北的德清窑和钱塘江以南的婺州窑，它们兴盛的时间比较早，在隋至中唐时期即形成大规模的生产，窑址数量多，产量大，但产品质量一般，胎质较粗，极少施满釉的器物，器类相对简单。产品除传统的青瓷外，尚有酱色釉、黑色釉等产品，其中最具特色的是月白、玫瑰紫等乳浊釉的创烧，是以青瓷为特色的浙江地区极具特征的产品。到了中唐或中晚唐时期迅速衰落，婺州窑地区窑址数量减少，风格似乎亦发生变化，这一地区独具的特色似乎有所弱化，许多特征明显有沿海型影响痕迹，而德清窑在公元800年前后进入停烧的行列。

金衢盆地位于浙江中西部，属半山区，这一带的地理环境、山脉、水系、植被、土矿资源、降水、气候等条件与面向海洋的浙东地区差别较大。婺州窑和德清窑地区由于当地瓷土原料成分的不同，胎质普遍较粗，为了掩盖自身的缺陷，都成熟运用了化妆土技术，化妆土可使比较粗糙的坯体表面光洁，并使胎质较暗的灰色或深紫色得到覆盖，这样烧成后的釉面清亮、滋润，增加产品的美感。婺州窑的主流产品是青瓷，德清窑虽以黑釉瓷而出名，但各窑址的大宗产品仍为青釉。中唐以后，越窑迅速进入了发展的第二个高峰，越窑的规模和产品质量均超过了第一个高峰，迫使许多窑场包括德清窑停烧。婺州窑正是由于原料的原因，无法生产纯粹的"尚青"单色釉，为了求得发展，只能想尽办法生产其他品种的产品，在对窑业文化和制瓷技术的吸纳上兼容并蓄，乳浊釉瓷的创烧极具地方特色。

跨出浙江，这种内陆型的窑业可以往西扩展到江西、往南到了福建、往北进入了安徽等地区，由此形成了国家层面上的内陆型与沿海型青瓷窑业格局。

对于受地理条件、自然资源强烈制约的制瓷业来说，窑业生产的兴衰成败都与周边环境有着极其密切的联系，这一点不言而喻。但除此之外，瓷器生产之后的下一个环节——贸易，其实也在承受着来自自然环境的影响。隋唐时期的窑业，正是在地理环境的这种强烈作用下，或划分成沿海型与内陆型两大类型。

内陆型相对远离海岸线，不易于航海运输，在地理环境封闭、无法与外界进行有效沟通的地区，产品多售卖到当地，质量无法与要贩卖到境外的产品相提并论，目前国内外考古材料也基本证明了这一点，内陆型窑业的产品，较少在海外发现，而主要见于本地的墓葬与遗址中。由于内陆型的窑业主要供应本地低端市场，产品质量相对比较低，对胎土等原料的要求并不是很高，使更多的地区具备生产的条件。该类型产品在向附近输出时由于较高昂的陆路运输成本，因此与周边地区的交流可能更多的是窑业上的向外辐射，而不仅是产品的输出。因此内陆型窑业的分布区域相对比较广，除浙江中西部的婺州窑地区、北部的德清窑地区外，还远及浙江南部的松阳、庆元，福建北部的建阳，江西东部的景德镇、余干、玉山等地区，基本包括了浙闽赣三省相邻区域，其分布范围远较沿海型为大。

沿海型的窑业产品，广泛见于国内外的遗址、墓葬与沉船中，并且远及东非，如西安的大明宫遗址、埃及的福斯塔特遗址、黑石号沉船等。这些窑场的布局首先需要便利的水运条件，其分布所在地从上林湖经台州至温州的沿海航线，至少是汉代以来浙北通往温州的重要通道，即方便于往文化发达的浙东北及中原地区运输，同时这里亦是向海外输出的重要港口。因此这种优越的地理位置，是促进其发展的重要因素之一。同时，产品远销海外，这种贸易反过来也会促进当地制瓷业努力发展新技术、新工艺，使产品质量更进一步的提高，从而迎来越窑发展的最高峰。但由于此类产品的质量较高，且其呈色与本地的资源密切相关，远非仅靠制作技术即可，因此其分布区域相对集中于具有类似资源且交通便利的浙东、浙南的沿海地区。

因此，不同的资源与运输条件，由此形成不同生产对象，并造就了浙江隋唐时期窑业的内外两个根本性格局。

图书在版编目（CIP）数据

中国古代物质文化史. 瓷器. 上 / 郑建明编著. --北京：开明出版社，2020.8
ISBN 978-7-5131-6202-9

Ⅰ.①中… Ⅱ.①郑… Ⅲ.①物质文化—文化史—中国—古代②瓷器（考古）—中国—古代 Ⅳ.① K220.3 ② K876.3

中国版本图书馆 CIP 数据核字（2020）第 135644 号

出 版 人：陈滨滨

责任编辑：柴小星　卓　玥
美术编辑：郑雯月
装帧设计：羽人·高伟

出　版：开明出版社（北京市海淀区西三环北路 25 号青政大厦 6 层）
印　制：保定市中画美凯印刷有限公司
开　本：889×1194　1/16
印　张：18
字　数：250 千
版　次：2020 年 8 月　北京第 1 版
印　次：2021 年 7 月　北京第 2 次印刷
定　价：300.00 元

印刷、装订质量问题，出版社负责调换货。联系电话：（010）88817647

ISBN 978-7-5131-6202-9

中国古代物质文化史

瓷器（下）

彭晓云 张 米 编著

开明出版社

编委会

主　　编：张文彬

执行主编：孙　华

副 主 编：罗世平　蒋迎春

编　　委：（按姓氏笔画排序）

    王仁湘　王贵祥　白云翔　冯　时　朱凤瀚　刘守安
    孙　华　李裕群　杨　泓　张文彬　陈振裕　陈滨滨
    罗世平　赵　超　赵　辉　顾　森　蒋迎春　焦向英
    谭徐明　霍　巍

项目编辑组

组　　长：柴小星

副 组 长：魏红岩　程　锦

目 录

第十三章　宋金时期的窑系与名窑 / 二六四

第一节　定窑与定窑系 / 二六四

第二节　磁州窑与磁州窑系 / 二六七

第三节　耀州窑与耀州窑系 / 二六九

第四节　钧窑系与"官钧" / 二七一

　　　　一、"民钧"与钧窑系 / 二七二

　　　　二、"官钧" / 二七四

第五节　越窑与越窑系 / 二七五

第六节　龙泉窑与龙泉窑系 / 二七八

第七节　景德镇窑与青白瓷窑系 / 二八〇

第八节　建窑与建窑系 / 二八三

　　　　小结 / 二八五

第十四章　宋金时期宫廷介入瓷器生产与官窑的出现 / 二八七

第一节　从瓷器铭记看皇帝集权的加强和礼制的建设 / 二八八

　　　　一、镌刻铭文的宫廷用瓷 / 二八八

　　　　二、礼制建设与官窑的出现 / 二九四

第二节　大汝窑时代 / 二九八

　　　　一、汝窑的概念 / 二九八

　　　　二、汝窑的考古发掘及产品类别 / 二九九

　　　　三、汝窑的发展成熟与中央官窑的形成 / 三〇一

　　　　四、汝窑的历史意义及对后世的影响 / 三〇四

第十五章　宋金时期瓷器监管与国家税收 /三〇九

- 第一节　北宋早期的"贡瓷"制度 /三一〇
- 第二节　北宋中晚期瓷税的"科率制""抽税法"及"市易法" /三一三
- 第三节　南宋的瓷税概况 /三一五
- 第四节　宋代的瓷器生产税和商税 /三一八
- 第五节　瓷税官的设置 /三一九

第十六章　宋金时期瓷业技术交流与瓷器新品种的出现 /三二二

- 第一节　青白瓷的出现 /三二三
  - 一、白瓷在南方的流行 /三二三
  - 二、南北瓷业技术的整合 /三二四
  - 三、两宋青白瓷的发展 /三二六
- 第二节　越窑、龙泉窑与北方窑场的交流互动 /三二八
  - 一、越窑的转型 /三二八
  - 二、龙泉窑风格的形成 /三三二

第十七章　宋金时期茶、香文化的普及与对瓷器生产的影响 /三三五

- 第一节　"点茶法"的兴起及瓷质茶具的演变 /三三五
  - 一、贮存器 /三三七
  - 二、研磨器 /三三九
  - 三、烹茶器 /三四一
  - 四、饮具 /三四三
  - 五、洁具 /三四七
- 第二节　宋金香事及瓷质香具 /三四八
  - 一、储香器 /三四九
  - 二、焚香具 /三五一

第十八章　宋金时期陶瓷造像艺术的发展 / 三六〇

第一节　宗教造像与社会信仰 / 三六〇
　　一、佛教陶瓷塑像 / 三六〇
　　二、道教与其他民间宗教陶瓷塑像 / 三六六
第二节　从墓葬出土陶瓷造像看宋金墓仪制度 / 三六八
　　一、镇墓神煞俑 / 三六九
　　二、生活场景类陶瓷模型 / 三七一
　　三、谷仓瓶的寓意 / 三七二
第三节　玩具、文房类瓷塑与民间生活习俗 / 三七四
第四节　瓷枕上的雕塑、绘画艺术 / 三七六
　　一、几何形瓷枕 / 三七七
　　二、诗画瓷枕 / 三七九
　　三、仿生形瓷枕 / 三七九

第十九章　宋金时期对外贸易输出对瓷器生产格局的影响 / 三八二

第一节　北宋时期瓷器产品外销的主要窑场 / 三八二
　　一、越窑与景德镇湖田窑 / 三八三
　　二、广东地区的瓷窑场 / 三八四
第二节　北宋中晚期至南宋瓷器产品外销的主要窑场 / 三八八
　　一、龙泉窑与景德镇窑 / 三八九
　　二、福建地区的瓷窑场 / 三九〇

第二十章　宋金时期瓷器中外交流概况 / 三九八

第一节　宋金时期瓷器输出概况 / 三九八
　　一、日本 / 三九九
　　二、朝鲜半岛 / 四〇一
　　三、东南亚诸国 / 四〇一
　　四、南亚、西亚及北非 / 四〇三

第二节　外来产品对宋金陶瓷的影响 / 四〇五
第三节　陶瓷生产技术的进一步外传 / 四〇八
第四节　陶瓷之路初步形成 / 四一〇

第二十一章　蒙古统一与对瓷器生产的影响 / 四一三

第一节　不断发展的元代制瓷技术 / 四一三
　　一、釉胎技术的进步 / 四一四
　　二、装饰和成型工艺的创新 / 四一六
　　三、窑炉形态和装烧方式的发展 / 四一九
第二节　元代瓷器的器类和造型 / 四二〇
　　一、元代瓷器造型的突出特征 / 四二一
　　二、器类和造型的变化 / 四二三
第三节　呈现多元文化特征的元代瓷器纹样 / 四二七
第四节　元代瓷器市场的世界性 / 四二九

第二十二章　中国各地窑场概貌 / 四三二

第一节　南北窑场的差异 / 四三三
　　一、北方窑场 / 四三三
　　二、南方窑场 / 四三七
第二节　传统透明青瓷的衰落 / 四四二

第二十三章　元青花和釉里红 / 四四五

第一节　元青花 / 四四五
第二节　釉里红 / 四四九

第二十四章　元代宫廷与汗国用瓷 / 四五二

第一节　专供、垄断的窑业管理制度 / 四五三
第二节　皇室御用的装饰、铭文规制 / 四五五
第三节　宫廷祭祀文化 / 四六〇
第四节　宫廷和民间的关系 / 四六三

第二十五章　浮梁磁局、官府窑场与官匠 / 四六七

第一节　浮梁磁局 / 四六七
第二节　官府窑场 / 四六九
第三节　官匠 / 四七一
第四节　官府用瓷 / 四七四

第二十六章　元代的酒茶文化和祭供雅玩之风 / 四七七

第一节　元代酒茶文化 / 四七七
第二节　祭供与雅玩——元代香花器具的两种样态和陈设组合 / 四八四

第二十七章　元代瓷器输出和中外双向文化互动 / 四八八

第一节　元代瓷器输出路线 / 四八八
　　　　一、国内主要的瓷器运输路线 / 四八八
　　　　二、瓷器输出路线 / 四九〇
第二节　以输出为主导的文化交流 / 四九三
第三节　琉璃、翠蓝釉和珐华瓷器 / 四九八
　　　　一、琉璃 / 四九八
　　　　二、翠蓝釉和珐华瓷器 / 五〇〇

参考书目 / 五〇三

第十三章
宋金时期的窑系与名窑

与唐代相较，宋金时期的制瓷资源得到了进一步的开发与利用，突破了唐代以来"南青北白"——以越、邢二窑为主导的瓷窑格局，而呈现出"百花齐放"的局面。该阶段南北方大小窑场林立，产量巨大，规模空前，产品不仅满足了国内社会各阶层对陶瓷的多元化需求，并且在唐代陶瓷外销的基础上，更大规模地输出异国，反过来促进了宋金陶瓷窑业的全面发展。

由于产区间自然资源、交通、市场、技术等的不平衡，因此窑场间具有一定的差异性。一些具有优质资源及先进技术的窑场，创造了各具特色的优质陶瓷品类，保持了强有力的市场竞争力，成为当时颇具影响力的中心窑场，或称之为"名窑"，而市场对名窑瓷品的青睐使得其他窑场在固有资源的基础上，对中心窑场不断进行仿烧、学习，主要从产品的釉色、装饰纹样、工艺技术等方面进行仿造。这种以某个名窑窑场为中心，主要生产同类风格陶瓷产品的窑业产区被称为"窑系"。组成要素多为距中心窑场不远的诸瓷窑，也有一些地理位置相隔较远但生产相似风格产品的窑场，也可算作同一窑系。基于类型学角度的划分，宋金时期的瓷窑业可大致分为以下几个窑系：定窑系、磁州窑系、耀州窑系、钧窑系、越窑系、龙泉窑系、景德镇青白瓷窑系、建窑系。

由于宋金大部分窑场所烧产品类型较为多元，除了生产本窑场特色的产品类型外，还同时生产其他风格的产品。因此，窑系之间的地理范围并非是界限分明的，而是彼此间共存交集，既相互独立又相互重叠的。这种窑业间所出现的既相互学习，又相互竞争的局面，不仅保持了区域间陶瓷产品风格的统一性，同时也促进了宋金窑场的多元化和多样性。

第一节　定窑与定窑系

唐代瓷器发展繁盛，出现"南青北白"的局面。其中北方白瓷生产中心邢窑于唐末渐衰，被地理位置较接近的河北曲阳县所产定窑白瓷取而代之，定窑逐渐成为唐末至元代北方白瓷的生产中心，于宋金时期达到鼎盛。关于定窑的具体位置，古代文献记载较为概括，只知在"定州"所辖范围内，如"古定器俱出北直隶定州"[1]"古定器宋时所烧，出定州，今直隶真定府也"[2]等，经过现代的考古发掘及研究，今可知定窑的中心窑场位于河北省保定市曲阳县涧磁村，创烧时间不早于唐代中期，兴于宋金，至元代终烧。

定窑主要产白釉瓷器，胎质细腻洁白，胎体轻薄；釉色白中略泛黄，釉质均匀莹润，胎釉结合度较好。唐末至北宋中期，产品以刻划花为主，多为仰烧，北宋中后期至金代，以模具生产印花白瓷为主，装饰繁满规整，并大规模采用覆烧工艺致使口部无釉，即"芒口"。

清光绪《重修曲阳县志》"王子山院和尚舍利塔记碑"中记载"押衙银青光禄大夫检校太子宾客兼殿中侍御使充龙泉镇使钤辖瓷窑商税务使冯翱"[3]，碑立于大周显德四年（957年）二月，同文献中另有《重修马夔碑记》，有关于贩瓷器客商赵仙的记载："时宋宣和二年（1120年）庚子八月十五日中山府贩瓷器客赵仙重修记。"[4]从文献中看，至少从大周显德四年（957年）开始，政府就选派中央官员至此任"瓷窑商税务使"，主征瓷税，并且来往贩瓷商人众多，可见市场需求量较大。结合现阶段国内墓葬、窖藏等出土的定窑瓷器看，宋金时期定窑流通北到辽国今辽宁地区境内，南至川蜀地区，自唐末五代始，普及范围十分广泛。

北宋初期中央设"瓷器库在建隆坊，掌受明、越、饶州、定州、青州白瓷及漆器以给用，以京朝官三班内侍二人监库……"[5]，此时定瓷作为地方土贡特产已进入中央瓷器库，待拣选进御。此外，河南巩义宋太宗元德李皇后陵出土有37件定窑白瓷[6]，南宋临安城御街[7]、恭圣仁烈皇后宅[8]等皇家遗址中均出土有定瓷残片，为两宋宫廷使用定窑瓷器提供了更加丰富确凿的证据。北宋初，定瓷多发现于北方贵族墓葬或等级较高的寺院塔基中，如距定窑较近的河北定县静志寺、净众院

---

1 ［明］王佐：《新增格古要论》，卷七"古窑器论·古定窑"，浙江人民美术出版社，2011年，第251页。
2 ［清］唐秉钧：《文房肆考图说》，卷三"古窑器考·古今诸窑"，广文书局，1981年。
3 ［清］周斯亿等：《重修曲阳县志》，卷十一，《典阳金石录》，清光绪三十年刻本。
4 ［清］周斯亿等：《重修曲阳县志》，卷十二，《曲阳金石录》，清光绪三十年刻本。
5 ［清］徐松：《宋会要辑稿》，卷一万四千七百九十"食货五二"，中华书局，1957年，第5717页。
6 河南省文物考古所、巩县文物保管所：《宋太宗元德李皇后陵发掘报告》，《华夏考古》，1988年第3期，第39—40页。
7 杭州市文物考古所：《临安城遗址考古发掘报告——南宋御街遗址（上）》，文物出版社，2013年，第123页。
8 杭州市文物考古所：《临安城遗址考古发掘报告——南宋恭圣仁烈皇后宅遗址》，文物出版社，2008年，第36—45页。

塔基地宫集中出土了约170件定窑白瓷，有盘、碗、盏、盏托、净瓶（图13-1）罐、盖盒、炉、渣斗、法螺、龟等，出土的银器或瓷器上写有"太平兴国二年（977年）"题记[1]，应是为"供养舍利"在定窑专门订烧的产品。北宋辽墓中随葬有大量定窑白瓷，如辽宁法库叶茂台墓[2]、北票水泉一号墓[3]、建平朱碌科村和张家子营辽墓[4]、奈曼旗陈国公主与驸马合葬墓[5]、北京赵德钧夫妇合葬墓[6]等，多为契丹贵族墓。

南宋时期，河北地区处于金人重点经营范围，定窑瓷器生产有更加优越的社会条件，自海陵王完颜亮迁都燕京后，国家财富的消费和生产地都集中在河北，定窑白瓷的生产资金和销售市场亦十分广阔。金末至元初刘祁撰《归潜志》曰："余先子亦留意，主长葛簿时，与屏山张仲杰会饮，坐中有定瓷酒瓯。因为联句，先子首唱曰：定州花瓷瓯，颜色天下白，诸公称之。"[7]反映出直到金末，定窑白瓷一直在北方少数民族地区的上层阶级十分流行。宋金时期契丹和女真民族对定窑白瓷这种素雅莹洁的艺术风格十分推崇，与其本民族的审美传统有一定差异，北方游牧民族多崇尚颜色鲜艳、装饰繁复之物，尤其崇尚"金银"制器，而在女真、契丹贵族墓中随葬的大量茶具、香具、文房用具等，明显是受到汉族士人文化的影响和渗透。南宋汉族士大夫阶层同样对定窑白瓷赞誉有加，南宋太平老人于《袖中锦》开篇

图13-1　宋白釉刻花莲纹龙首流净瓶
（北京艺术博物馆编：《中国定窑》，中国华侨出版社，2012年9月，第129页）

图13-2　宋定窑白釉印花产值海石榴纹笠式碗
（故宫博物院编：《定窑瓷器》，故宫出版社，2016年7月，第163页）

1　定县博物馆：《河北定县发现两座宋代塔基》，《文物》，1972年第8期，第40—48页。
2　冯永谦：《叶茂台辽墓出土的陶瓷器》，《文物》，1975年第12期，第40—41页。
3　辽宁省博物馆文物队：《辽宁北票水泉一号辽墓发掘简报》，《文物》，1977年第12期，第46页。
4　冯永谦：《辽宁省建平、新民的三座辽墓》，《考古》，1960年第2期，第17页。
5　内蒙古文物考古研究所：《辽陈国公主驸马合葬墓发掘简报》，《文物》，1987年第11期，第17页。
6　北京市文物工作队：《北京南郊辽赵德钧墓》，《考古》，1962年第5期，第249页。
7　[金]刘祁：《归潜志》，卷八，中华书局，1997年，第91页。

"天下第一"条中曰："监书、内酒、端砚、洛阳花、建州茶、蜀锦、定瓷、浙漆、吴纸、晋铜、西马、东绢、契丹鞍、夏国剑、高丽秘色……京师妇人，皆为天下第一，他处虽效之，终不及。"[1] 将定瓷列为天下第一等珍品（图13-2、图13-3）。

定窑除了生产白釉瓷器外，亦兼烧黑釉、酱釉、绿釉瓷等，在生产过程中形成了较为成熟的工艺流程和艺术风格，对周边其他诸窑口，尤其是山西地区的瓷窑场产生了较大影响。具体如山西平定窑、介休窑、霍县窑、盂县窑，另有四川彭县窑也生产类似的白釉瓷器。

图13-3 宋定窑白釉刻花瓶
（李辉炳主编：《中国陶瓷全集·宋代（上）》，上海人民美术出版社，1999年11月，第63页）

第二节 磁州窑与磁州窑系

磁州窑是宋金以来北方最大的民用窑场之一，产品类型十分丰富，部分产品仿当时其他著名窑场，如仿定窑白瓷、建窑黑瓷、耀州窑青瓷等。装饰以划花、刻花、剔花居多，常使用白色化妆土掩盖自身胎质粗灰的缺陷，并在此基础上发展出了自己独特的陶瓷艺术风格，以白地绘黑花装饰为代表（图13-4），包括珍珠地划花、白地剔刻花、印花、红绿彩等。

磁州窑的中心产区共有两个，一处为以河北彭城镇为中心的滏阳河流域，另一处是以观台窑址为中心的漳河流域，即以今河北磁县观台镇为中心。其中观台地区是生产典型磁州窑风格产品的中心窑场所

图13-4 宋磁州窑白地黑花梅瓶
（李辉炳主编：《中国陶瓷全集·宋代（上）》，上海人民美术出版社，1999年11月，第180页）

---

[1] ［宋］太平老人：《袖中锦》，卷一，中华书局，1985年，第1页。

在，宋金时期发展尤为繁盛，其中以白地绘黑花、黑地剔花、白地剔黑花、绿釉绘黑花、绿釉剔花、红绿彩瓷等最具特色，产品多为碗、盘、瓶、罐、香炉、枕、雕塑俑、建筑部件等日用生活器具。除了窑址出土外，磁州窑产品多见于平民墓葬或一般的村落遗址和地方城市，如太原小井峪发现的一批宋代土洞墓[1]，磁县北宋末期的漏泽园墓[2]，山西故漳金墓[3]等，也有一些金代贵族墓葬中出土有磁州窑产品，如金陵陪葬墓 M5 的腰坑中曾出土了磁州窑龙凤纹罐和盖碗各一件[4]。但纵观宋金时期的文献记载，对磁州窑产品的介绍凤毛麟角，文人笔记或官方修撰的文献中鲜有记录，直至明初以后方见于史志，推测磁州窑的产品在宋金时期并不是文人雅士的主要理想用物，也未参与到为当时皇家制瓷的行列中去，是较为纯粹的民间窑场。而正是这种主要受市场主导，在自由宽松的环境下成长发展起来的民用窑场，具有更强的创造力，生产出了大量生动活泼的陶瓷艺术作品，为我们还原宋金市民的生活面貌，探寻当时人民的精神世界提供了宝贵的资料。

磁州窑在北宋时期地处辽宋交接处，南宋时地处金地，此地区长期以来人口成分复杂，契丹、女真、汉人等多民族杂居，不同的民族群体也带来多元化的生活习惯和审美标准。在这种背景下，以观台窑场为代表的磁州窑生产出了十分丰富多样的艺术风格和产品种类，满足了消费者多元化的市场需求。由于生产规模可观、市场需求量大、原料充足，并坐拥滏阳河和漳河所形成的便利水运条件，磁州窑产品得以广销国内外，拥有广阔的市场空间，形成了当时北方颇具影响力的民窑窑场。其中一些具有代表性风格的瓷器品类，如白地绘黑花、珍珠地划花、红绿彩绘瓷等，被河

图 13-5 宋当阳峪窑白釉剔花牡丹纹瓶
（李辉炳主编：《中国陶瓷全集·宋代（上）》，上海人民美术出版社，1999 年 11 月，第 197 页）

---

1 解希恭：《太原小井峪宋、明墓第一次发掘记》，《考古》，1963 年第 5 期，第 254 页。
2 磁县文物保管所：《磁县发现北宋漏泽园丛葬地》，《文物春秋》，1992 年第 2 期，第 92 页。
3 长治市博物馆：《山西长治市故漳金代纪年墓》，《考古》，1984 年第 8 期，第 742 页。
4 吴敬：《从金陵考古发现看金代女真人的汉化问题》，《边疆考古研究》，2010 年，第 225 页。

北、河南、山西、山东、江西等多地窑场竞相仿制，具体包括山西介休窑，河南当阳峪窑（图13-5）、鹤壁集窑、禹县扒村窑（图13-6）、登封曲河窑、新密西关窑、窑沟窑，山东淄博窑等，这些地区的瓷土资源、地理位置和市场需求等与河北磁州窑较为接近，因此产品具有一定的相似性。还有一些南方地区窑场如江西吉安永和窑、广东西村窑、安徽萧县窑、山东枣庄窑、福建磁灶窑等，亦生产少量磁州窑类型的产品。

图13-6 宋扒村窑白地黑花折沿盆
（李辉炳主编：《中国陶瓷全集·宋代（上）》，上海人民美术出版社，1999年11月，第202页）

第三节 耀州窑与耀州窑系

通过1984年至1997年陕西省考古所对陕西铜川黄堡——耀州窑的考古发掘看，该窑场在唐代已初具规模，宋金处于盛烧期，终烧于明代。宋代以后，因该地区属耀州管辖，故名为"耀州窑"，以陕西铜川黄堡镇为中心窑场，沿漆河两岸窑址密布，周边的立地坡、上店村、陈炉镇、雨花村等窑址都有烧造，绵延百里，是宋金时期北方青瓷的重要产地。

唐代该窑场主要生产白瓷和青瓷，五代宋初以烧青瓷为主，釉色、器型等皆有越窑风格，有些器物采用满釉裹足支钉支烧工艺，但支钉较同期越窑稍小，圈足接痕更加自然，且支烧具形制与越窑颇不相同，是北方地区较早采用裹足支烧工艺并进行生产的窑址，但因其技术尚未成熟和规范，所以支钉痕迹不甚统一。[1]

北宋早期的耀州窑以生产青瓷为主，胎色有黑、白两种，黑胎器表有施化妆土的现象。器物釉色主要呈灰青或青黄色调，器型多为日常用具，器物造型和五代时期比较接近，器表光素者居多，少量有纹样者采用划花和剔花手法，纹样有流云纹、缠枝花卉纹和多层仰莲纹（图13-7）

图13-7 耀州窑青釉提梁倒灌壶
（李辉炳主编：《中国陶瓷全集·宋（上）》，上海人民美术出版社，1999年11月，第109页）

---

[1] 丁雨：《宋元时期瓷器裹足支烧工艺浅析》，《文物》，2016年第10期，第57页。

等。

北宋中期，耀州窑瓷胎已不再有五代和宋初的深、浅两种胎的现象，胎色逐渐统一，呈灰白色，胎土细腻均匀，质地坚硬致密，器物表面无施化妆土者。釉色几乎都呈青翠的橄榄绿色，釉面温润而有玻璃质感。如耀州窑青釉刻花莱菔瓷尊（图13-8）。元丰七年（1084年）耀州窑场立《德应侯碑》，形容此时的耀州窑瓷"巧如范金，精比琢玉。始合土为坯，转轮就制，方圆大小，皆中规矩。然后纳诸窑，灼以火，烈焰中发，青烟外飞，煅炼累日，赫然乃成。击其声，铿铿如也，视其色，温温如也"[1]。此期耀州窑器物的种类和早期大体类似，但各大器类中出现了不少小类，样式愈加丰富，器物数量陡增。器表装饰以浅浮雕特征的刻花为主（图13-9），同时开始出现与刻花风格相似的印花工艺。纹样多为牡丹、菊、莲花等花卉纹，也有龙、凤、狮、鸭、鱼等各种珍禽瑞兽图案。除了生产青釉瓷以外，此时该窑场兼烧少量黑釉、酱釉瓷等。

图13-8 耀州窑青釉刻花莱菔瓷尊，中国国家博物馆藏

图13-9 宋耀州窑青釉刻花荷叶口尊
（李辉炳主编：《中国陶瓷全集·宋代（上）》，上海人民美术出版社，1999年11月，第117页）

北宋晚期耀州窑胎呈灰白或浅灰色，亦有少量土灰色器，胎质仍较细密，但似因粉碎加工不甚精细，胎土的颗粒较大。釉色仍以橄榄绿为主，有些釉色偏月白色、翠青色，一些黑釉、酱釉、黑釉酱斑、结晶釉瓷等也持续生产。该阶段耀州窑器物造型较北宋中期更加丰富多样，大量采用印花装饰，纹样增加了梅、松、竹、蕉叶、鹤、雁、鸳鸯、鹿纹，以及钱纹、云雷纹等。[2]

---

1 傅振伦：《跋宋德应侯庙碑记两通》，《文献》，1983年第1期，第234页。
2 陕西省考古研究所、耀州窑博物馆：《宋代耀州窑址》，文物出版社，1998年，第543—547页。

北宋灭亡后，地处宋金交界处的耀州窑，生产受到一定的影响。金代耀州窑胎色浅灰，胎土颗粒粗大，但较致密，北宋常见的橄榄绿色釉此时变得更加深沉青翠，窑场同时也生产出一种釉层肥厚莹润的月白色釉，器型有罐、炉、执壶、瓶、荷叶形盖罐、单把杯等，器物多素面。产品风格由北宋时期的清秀典雅向粗朴稚拙转变。

北宋时期，耀州窑应进入了贡瓷体系，《元丰九域志》记："耀州华原郡……土贡瓷器五十事。"[1]《宋史》记："耀州……华原郡……贡瓷器。"[2] 两书记载的时间大致为宋神宗元丰到宋徽宗崇宁之间约三十年的时间内，至少在此期间耀州窑曾被选作贡瓷，作为地方土贡实物税上缴中央官府。[3] 1953年北京广安门外出土了一些耀州窑龙凤纹刻花青瓷，有学者认为这批瓷器原是北宋耀州窑向赵宋政权进贡的器皿，后被金人作为战利品掠夺至北京的，[4] 但也有人对此提出质疑，认为这批瓷器是金代耀州窑所生产[5]。

宋金时期以耀州窑为中心，仿烧此类青瓷的窑场较多，北方地区有河南宜阳窑、内乡大窑店窑、新安城关窑、临汝窑，南方有广东西村窑、广西永福窑、容县窑、兴安窑等，金代山西介休窑，陕西榆次窑也有此类刻、印花青瓷。此外，江西吉州窑，广西藤县窑、桂林窑等不同程度地受到耀州窑的影响，形成了庞大的耀州窑系，[6] 主要特征为采用印花、刻划花装饰工艺和施橄榄绿色釉，产品以日用器为主。

第四节　钧窑系与"官钧"

最早记载"钧窑"的可靠文献源于明万历年间张应文所撰《清秘藏》卷上"论窑器"条，曰："论窑器必曰柴汝官哥定……均州窑红若胭脂者为最，青若葱翠色、紫若墨色者次之，色纯而底有一、二数目字号者佳，其杂色者无足取。"[7] 文中"均州窑"即"钧窑"，产于钧州地区，金代获其名，明万历年间

1　[宋]王存：《元丰九域志》，卷三。
2　[元]脱脱：《宋史》，卷八七，中华书局，1984年，111页。"地理三·陕西"，中华书局，1977年，第2146页。
3　王光尧：《唐宋时期的贡瓷和瓷业税》，《中国古代官窑制度》，紫禁城出版社，2004年，第39页。
4　中国硅酸盐学会编：《中国陶瓷史》，文物出版社，1982年，第254、255页。
5　杜文：《金代耀州窑陶瓷文献新读》，《收藏界》，2006年第9期，第70页。
6　中国硅酸盐学会编：《中国陶瓷史》，文物出版社，1982年。
7　[明]张应文：《清秘藏》，卷上"论窑器"，清光绪翠琅轩馆丛书本。

更名为禹州¹，即今河南省禹州市境内。关于钧窑的始烧年代，有学者根据对禹州刘家门窑的考古材料研究，推断钧窑可早至北宋末年烧造，届时以生产不带装饰的素面瓷器为主，釉色有类似汝窑的天青色乳浊釉，以及少量大面积施红釉彩者。²

广义上的"钧窑"可分为"民钧"和"官钧"两类。所谓"民钧"，是指古钧州地区所产民窑瓷器，产品以青瓷、青地红（紫）斑瓷等为主，兼烧黑釉瓷、白地黑花瓷等，主要特色是创烧了乳浊天青色釉及铜红釉瓷器。产品面向社会广大消费者，主要由禹州市神垕镇刘家门窑、禹州市鸠山镇闵庄窑等生产，属于地方民窑性质。而"官钧"一般特指以传世钧窑为标准的玫瑰紫、葡萄紫、海棠红、鸡血红、月白、天青釉等的陈设类钧瓷，花盆类器物外底常刻有数字，主要烧造区为禹州市神垕镇钧台窑场。所见"官钧"传世器物大部分为明清内廷收藏流传，属皇家用瓷，具有官窑性质。

一、"民钧"与钧窑系

钧窑位于河南省禹县，集中分布在县西、西南、西北、北部的山区，窑场达百余处，产品有青釉瓷、黑釉瓷、白釉瓷、天青釉瓷等，北宋末年创烧天青色乳浊钧釉及铜红釉，元代以后渐衰。

以禹州市神垕县刘家门钧窑遗址为例，其西南部的窑场是钧窑早期的中心窑场，2001年河南省文物考古研究所与北京大学考古文博学院对该地窑址进行了联合发掘。发掘者认为在窑址中发现的最早遗存大体为北宋末期（第一期前段），也是该窑址产品最为精美的时期，产品以青瓷为主，其次是素胎器，典型的钧瓷比例较少，器型有碗、盘、洗、盒、盆、注壶、罐、瓶、香炉、器盖、枕等，胎色较浅淡，呈白褐色、灰白色或灰褐色，质地细腻坚致，釉层较薄，釉色淡雅匀净，青釉色彩呈青绿色，颜色较深，少数器物上有大片红彩，红色几乎遍布器表，也有内施天青釉外施红釉的器物。一些菱口折沿盘、板沿洗等仿金银器造型，部分器物采用裹足支烧法，可能借鉴了汝窑的裹足支钉支烧工艺。根据出土的"元丰通宝""宣和通宝"多枚铜钱看，这一阶段应在徽宗、钦宗时期（1101-1127年）³。金代前期（第一期后段），该窑址呈现出某种程度的衰落现象，出土器物的品种渐少，青釉、钧釉的比重降低，素烧器物增多，胎质略粗，青釉从前期的"青葱

---

1 [清]吴伟业：《吴诗集览》，卷四："金大定二十四年更名钧州，属南京路。元属汴梁路。明万历三年改名禹州，属开封府。又徽王府在禹州，城内据此。则成化时之钧州即崇祯时之禹州也。"清乾隆四十年凌云亭刻本。
2 秦大树：《钧窑始烧年代考》，《华夏考古》，2004年第2期，第91页。
3 秦大树：《钧窑始烧年代考》，《华夏考古》，2004年第2期，第91页。

色"变为更加偏黄的釉色,钧釉的色彩较前期更加艳丽,还有很少的红釉器,施于碗、盘内底,聚成规整的紫红斑,这种衰落应一定程度上受到靖康之变的影响,金军曾多次在该地劫掠、迁民。[1]
金代后期(第二期)窑址的产品数量较多,青釉、钧釉较少,黑釉和白釉器物有所增加,还有少量三彩器,器类有碗、盘、水盂、香炉、瓶、罐、盏托、高足杯等,胎体较粗厚杂质较多,不如以前精致,青釉多为深绿色或黄绿色,质地较润泽,钧釉产品数量增多,有天青、灰青、天蓝、月白等,釉面较光洁,紫红斑较多,在器物口沿、器壁上,呈块状或条状。(图13-10、图13-11、图13-12)
蒙元地层所处的钧窑是该次发掘中数量、种类最丰富的阶段,以素烧器较多,其次为青釉瓷、钧釉瓷及白釉、黑釉瓷等,器物胎质厚重粗糙,钧釉有月白、灰蓝、灰绿等颜色,还有蓝紫、褐绿色等,釉层流动性大,乳浊感较强,釉面光亮,多密布细小棕眼,大件器物的颈、腹部有堆塑装饰,元代晚期禹州大部分瓷业面临衰落,釉色组合变化不大,器物不

图13-10 金钧釉红斑印花菱口盘

图13-11 金钧釉莲花瓣洗

图13-12 金钧釉荷叶形盖罐
(张柏主编:《中国出土文物全集·河南》,科学出版社,2008年3月,第165页,第169页,第174页)

---

[1] [宋]李心传:《建炎以来系年要录》,卷四。"(建炎元年夏四月初)敌纵兵四掠,东及沂密,西至曹、濮、兖、郓,南至陈、蔡、汝、颍,北至河朔,皆被其害。杀人如刈麻,臭闻数百里,淮泗之间亦荡然矣。"文海出版社,1980年,第206页。[元]脱脱:《金史》卷七十四"宗翰传":"宋董植以兵至郑州,郑州人复叛。宗翰使诸将击董植军,复取郑州。遂迁洛阳、襄阳、颍昌、汝、郑、均、房、唐、邓、陈、蔡之民于河北,而遣娄室平陕西州郡。"中华书局,1975年,第1697页。

再施满釉，器类变得单调。[1]

以禹县为中心，河南陕县窑、鲁山窑、汝窑（宝丰清凉寺汝窑、汝州严和店窑）、新安窑、焦作窑、辉县窑、鹤壁集窑、淇县窑、林县窑、安阳窑，河北磁州窑、曲阳定窑，山西浑源窑等，形成了具有一定规模的钧窑系，[2] 以生产钧釉瓷为特征。

二、"官钧"

"官钧"一般是指以宫廷藏传世钧窑为代表的陈设类钧瓷，以花器为主，兼有出戟尊、敞口尊、鼓钉洗之类，其中花器分花盆和盆托，具体器型有葵花式、海棠式、方形、六角式、渣斗式等。官钧胎体较厚，釉色绚丽多彩，有天青、天蓝、玫瑰紫、丁香紫、葡萄紫、海棠红、胭脂红、鸡血红等窑变釉色，釉层丰厚滋润，呈乳浊状，有流动性，部分器物胎釉间有"蚯蚓走泥纹"，纹理依稀可见，器物边沿及结构转折处釉薄，呈酱黄色，器物外底刷芝麻酱色釉，裹足支烧，支钉大小不一，瓶、尊类大件器物多采用垫烧。花器外底多刻有"一"到"十"的数字，数字越大器型尺寸越小。也有一些外底有清代后刻"重华宫，金昭玉翠用"（图13-13）"养心殿，长春书屋用""瀛台，涵元殿用""瀛台，静息轩用""建福宫，竹石假山用"等铭记[3]。

官钧瓷在古代文献中多被描述，较早的如明人高濂所著《遵生八笺》中《燕

图 13-13 钧窑玫瑰紫釉海棠式瓷花盆（侧视图、底部图），中国国家博物馆藏

---

1 本段关于刘家门钧窑的分期及演变，参考北京大学中国考古学研究中心、河南省文物考古研究所：《河南省禹州市神垕镇刘家门钧窑遗址发掘简报》，《文物》，2003年第11期，第42—50页。

2 权奎山：《简论钧窑系形成的过程》，《中原文物》，1999年第3期，第60页。

3 冯小琦：《略谈官钧器物与历代仿钧器物的釉色特点》，《收藏》，2013年15期，第172页。

闲清赏笺》"论诸品窑器"记钧窑曰："若均州窑有硃砂红、葱翠青，俗谓'鹦哥绿'。茄皮紫红若胭脂，青若葱翠，紫若墨黑，三者色纯无少变露者为上品。底有一二数目字号为记猪肝色，火里红、青绿错集若垂涎色皆上。三色之烧不足者，非别有此色样，俗即取作'鼻涕涎''猪肝'等，名是可笑耳。此窑惟种蒲盆底佳甚，其他如坐墩、炉、盒、方瓶、罐子俱以黄沙泥为坯，故器质粗厚不佳。"[1] 清代另有陈浏《陶雅》、张九钺《南窑笔记》、阮葵生《茶余客话》、蓝浦《景德镇陶录》等都对这类钧窑瓷器进行了细致的描述。

20世纪70年代河南省文物考古研究所在禹州钧台地区进行了考古发掘，在梨园地附近发现了钧瓷窑址的分布，并在发掘中发现了大量与传世官钧瓷完全一样的器物残件，能辨出器型者有花盆、盆托、出戟尊等，不见生活器具。传世钧瓷花器所有的样式几乎在此应有尽有，并且在花器的底部残片上也有"一"至"十"的数字，此处应是传世官钧的生产地。发掘者根据窑址内发现的"宣和元宝"钱模，认为："宣和"是宋徽宗的年号，此钱模应是当时的产物。钱模的烧制应是在官家窑场经职官监制，可作为该窑场产品御用性质的有力佐证，而官钧的出现时间应为北宋中晚期，徽宗时尤盛。[2]

关于官钧的始烧年代，学界至今未达成统一意见。有人如钧台窑发掘者认为钧台窑所产官钧始于宋代，也有学者认为钧台窑所出的"宣和元宝"钱范不能作为宋代始烧的依据，并对"宣和元宝"钱范的真实性提出质疑，认为钧台窑遗物具有元及明初的风格，时代应是在此[3]；另有观点倾向于官钧明代早期说，如陈克伦根据钧窑陈设用花盆残片及钧台窑遗址标本的热释光年代测定结果，认为两者可能皆为明代早期产品[4]；王光尧通过对明代钧州窑场的生产制度等相关问题的分析，旁证了官钧明初始烧的观点[5]等。因此关于官钧的确切始烧时间，还需要更多的证据来给出定论。

第五节　越窑与越窑系

越窑作为我国南方地区最早生产青瓷的产区，一直保持着较高的生产水平和良好的市场规模，五代时期其创造的珍贵"秘色瓷"，将越窑的制瓷水平推向巅峰，成为陶瓷史上的"千古绝唱"。

---

[1] ［明］高濂：《遵生八笺》，卷十四"燕闲清赏笺上卷"，明万历刻本。
[2] 河南省文物考古研究所：《禹州钧台窑》，大象出版社，2008年，第154—155页。
[3] 李民举：《陈设类钧窑瓷器年代考辨——兼论钧台窑的年代问题》，《考古学研究》，1997年6月，第142页。
[4] 陈克伦：《钧台窑"北宋钧窑"产品时代的再探讨》，《上海博物馆集刊》，2005年，第175页。
[5] 王光尧：《明代官廷陶瓷史》，紫禁城出版社，2010年，第162—182页。

图13-14 宋越窑青瓷刻花莲瓣纹带托茶盏
（李军编著：《千峰翠色——中国越窑青瓷》，宁波出版社，2011年12月，第143页）

图13-15 宋越窑青瓷划花双蝶纹花口盘
（李军编著：《千峰翠色——中国越窑青瓷》，宁波出版社2011年12月，第155页）

北宋早期的越窑青瓷基本持续了唐五代的水平，但随着宋代以后南北方众多优秀青瓷窑场的崛起，越窑青瓷的地位在激烈的竞争中不断受到冲击，在北宋末年趋于衰落。南宋以后，越窑因宋室的南迁得到了短暂的繁荣，政府为准备郊祀大典，曾下命在"越州""绍兴府余姚县"烧制祭器，产品有受北方窑场影响的迹象，造型方面增加了一些"类官"式祭器，越窑青瓷的风格产生了较大的变化。

1998至1999年，浙江省文物考古研究所、北京大学考古文博学院对慈溪市寺龙口越窑晚唐到南宋窑址进行了考古发掘，这次发掘呈现了越窑青瓷较为完整的历史发展脉络，可清晰地看到以其为代表的两宋时期越窑风格的具体转变。以寺龙口越窑为例，北宋早期该窑场所产越窑青瓷胎体较五代更加轻薄，釉层薄而透明，釉色呈灰青、青黄或青绿色，碗、盘类器物的圈足更加高且直，足墙较窄，器物多为盘、碗、盏、盏托（图13-14）、盒、洗、灯、罐等，器表以纤细的划花纹绘双凤、双蝶（图13-15）、缠枝花卉、鹦鹉、人物等纹饰，与唐代金银器上的錾刻花纹类似。盘碗类圆器主要装饰于内底，圈足与器身分开制作后进行粘接（这种工艺技术亦源自于金银器制作）。匣钵以M形为主，粗瓷一般为一匣多件装烧，细瓷为一匣一件装烧，匣钵相接处无釉密封。

北宋中期的越窑以刻划花为装饰，器型、纹样等延续北宋早期的状况，变化较少。装饰方面，花纹有菊花纹、团花纹、摩羯纹、水波纹、多重莲瓣纹等，线条清晰，构图简洁。匣钵以筒形和钵形为主，以匣钵单件装烧为主。

北宋晚期越窑开始衰落，中心产区窑址零星可见，器物胎质较之前愈加疏松粗糙，原料加工不够精细。釉色呈青灰、青黄色，刻划花趋于草率，制作粗糙。碗盘等器物圈足较高，装饰纹样和技法基本与北宋中期一致。器物烧成采用匣钵和明火叠烧两种，质量愈发粗劣。

南宋时期彭东乡邵岙村的寺龙口、低岭头、开刀山、张家地四处窑口生产瓷器，生产规模骤减，主要产品可分为传统越窑、北方青瓷风格及类官风格三种不同类型的制品。传统类型的越窑青瓷形制较北宋更轻巧，较薄，匣钵为钵形或筒形；北方风格的青瓷以刻划花、篦划花为主，具有与汝窑、定窑等相似的风格特征或烧制工艺；类

图13-16　寺龙口越窑青釉划花瓷盘
（浙江省文物考古研究所、北京大学考古文博学院、慈溪市文物管理委员会，《寺龙口越窑址》，文物出版社，2002年，第115页）

官风格的产品以灰白胎居多，也有少量灰色或灰黑胎。器类除了碗、盘、灯、盏、杯、梅瓶等日用品外，还生产部分钟、香炉、器座等器物。南宋寺龙口越窑还生产少量天青釉瓷器（图13-16），器类有碗、盘、洗、花盆、鸟食罐、瓶、觚等，胎色和胎质和本时期青釉瓷器中的细瓷相同。[1]

《志雅堂杂钞》卷上"诸玩"记载："大宋兴国七年岁次壬午六月望日，殿前承旨监越州瓷窑务赵仁济"[2]，殿前承旨在宋初为三班祗应使臣，多以贵族、豪门子弟任职，宋初以供奉官、左、右班殿直为三班，主要掌低品武臣（自供奉官至三班奉职、三班借职）的铨选、差遣，即差充内外任使，如监当、兵马监押、巡检、知县、寨主、走马承受公事等差遣，[3] 赵仁济应是宋初自三班院差充地方的小使臣，派遣至越州地区监管该地税务。据文献通考卷十四"征榷一·熙宁十年以前天下诸州商税税额"条载越州共有九务，商税额在三万贯以下[4]，瓷器作为越州大规模生产的主要商品之一，获利很大，瓷窑务应作为九务之一，中央特置官在此监管[5]。

在北宋初年越窑瓷器的繁盛期时，吴越国曾数次将越窑瓷器作为藩国珍品献

---

[1] 参考浙江省文物考古研究所、北京大学考古文博学院、慈溪市文物管理委员会：《寺龙口越窑遗址》，文物出版社，2002年，第347—359页。

[2] ［宋］周密：《志雅堂杂钞》，卷上"诸玩"，《全宋笔记》第八编·一，大象出版社，2017年，第212页。

[3] 龚延明：《宋代官制辞典》，中华书局，1997年，第95页"三班院"条，第591页"殿前承旨""三班奉职"条。

[4] ［元］马端临：《文献通考》，卷十四"征榷一"，中华书局，1986年，第146页。

[5] 郑嘉励：《越窑"置官监窑"史事辨析》，《东方博物》，2003年第4期。

给宋帝，如《宋史》记载太平兴国三年（978年）钱俶一次就向北宋王朝贡"越器五万事"，另贡"金扣越器百五十事"[1]，类似进奉瓷器的记载还有多条。足见吴越国为了维护与宋朝的关系，一方面大量地精选珍奇纳贡，如金银器、丝绸以及舶来品香料、犀角等，包括越窑青瓷在内，都是等级较高的珍贵物品；另一方面，挑选了一部分越窑瓷器加饰金扣，更凸显了北宋初年越窑瓷器的至高价值。北宋初年，这类金银加饰的越窑瓷器进贡数量十分可观，仅太祖、太宗两朝，就进奉约十四万件[2]。

南宋，皇室迁都临安后急需恢复礼制，在建立南宋修内司和郊坛下官窑之前，曾一度命绍兴余姚地区为宫廷烧祭祀用瓷，如《中兴礼书》记载南宋绍兴元年（1131年）、绍兴四年（1134年），朝廷曾先后命越州和绍兴府余姚县"依见今竹木祭器样制烧造"祭器[3]，而低岭头地区出土的许多类越窑青瓷器物与汝官窑及南宋郊坛下官窑产品类似，这类产品的器物形态、釉色、胎质、功能、窑具、装烧方式等都与传统越窑有诸多不同，而与北宋汝官窑器物比较接近，因此考古工作者将此类低岭头类官越窑青瓷称为"低岭头官窑型产品"[4]。而根据文献记载，南宋官窑又是继汝窑、北宋官窑之后建立起的官府窑场，产品样式、窑场管理制度等应受到了北宋中央官窑的较大影响，因此，在南宋初年承命烧制中央政府用瓷的越窑也应间接地受到了汝窑等的影响。

宋代越窑的生产主要集中在北宋时期，中心窑场有慈溪市上林湖、古银锭湖地区，这一时期浙西南的龙泉大窑、金村瓷窑群迅速发展，产品器型、釉色和装饰纹样等皆模仿越窑，形成了分布在浙东北和浙西南区域的广阔越窑系陶瓷产区。这种局面至南宋以后消失，龙泉窑形成了自己特有的艺术风格，并成为南方青瓷的中心产区。

第六节 龙泉窑与龙泉窑系

文献中关于龙泉窑地理位置的记载较多，主要记有"处州""刘（硫）田""金

---

1 ［元］脱脱：《宋史》，卷四百八十"世家四·吴越钱氏世"，中华书局，1977年，第13902页。
2 ［宋］欧阳修：《五代史记注》，卷六十七："王自国初供奉之数无复文案，今不得而书。唯太祖太宗两朝入贡记之颇备，谓之贡供奉录，今取其大者……金银饰陶器一十四万事。"清道光八年刻本。
3 ［宋］礼部太常寺：《中兴礼书》，卷五十九吉礼五十九"明堂祭器"，清蒋氏宝彝堂钞本。
4 沈岳明：《修内司窑的考古学观察——从低岭头谈起》，《中国古陶瓷研究·第四辑》，紫禁城出版社，1997年9月，第84—85页。

村窑""浙江省处州丽水""庆元"等地[1]。龙泉窑实际位于今浙江省西南部丽水市龙泉地区，窑址群主要分为东区和南区。其中东区主要烧造民用器物，品质较粗，南区以琉田（即今大窑）和金村两地最为集中，产品质量更优，品类更加丰富，自宋代到明清持续生产，并一度为宫廷烧造御用瓷器，是龙泉窑的中心产区。

通过对龙泉地区大窑、金村的考古发掘可知龙泉窑应创烧于北宋初年，本阶段的龙泉青瓷造型规整，底部修足光滑，胎骨坚薄，呈浅白或灰白色，釉层薄且透明度较高，釉色青中泛黄，以纤细的刻划、篦划花装饰为主，纹样有卷草、云纹、鹦鹉、莲瓣、蕉叶纹等，多有瓶、罐，与瓯窑青瓷风格类似。北宋中期龙泉窑产品胎体渐灰，质地坚致，釉色加深，由淡青色薄釉变成釉层匀薄、玻璃质感很强的青绿色或青黄色釉，纹饰更加繁复细密，多在器物内外壁双面饰篦划、刻划花装饰，花纹呈浮雕或凸印花效果，主体纹饰与"之"字形曲折篦纹相映成趣，代表性器型有五管瓶和扁平盖罐。南宋早期的龙泉窑青瓷胎质较粗厚，釉层亦增厚，釉色青绿泛灰，底部挖足较浅，仍以刻划花为主，装饰构图洗练。南宋中期以后，龙泉窑青瓷以单面刻划花为主，薄胎厚釉与厚胎薄釉并存，釉色呈粉青色（图13-17），半浮雕式的莲瓣碗数量可观。[2]

值得关注的是：南宋时期，龙泉大窑等部分窑场应是受到南宋官窑的影响，开始烧制仿官样式的厚釉瓷器，根据胎色不同可分为白胎青瓷和黑胎青瓷两种，产品样式有鬲式炉、琮式瓶、贯耳瓶（图13-18）等。白胎厚釉瓷的釉色为粉青或梅子青，露胎部分因铁的二次氧化作用而呈朱砂色（图13-19）。

图13-17 宋龙泉窑青釉双鱼洗，中国国家博物馆藏

---

1 [明]曹昭：《格古要论》，卷七"古窑器论·古龙泉窑"："古龙泉窑在今浙江处州府龙泉县，今日处器、青器、古青器。"浙江人民美术出版社，2011年，253页；[明]陆容：《菽园杂记》，卷十四："青瓷初出于刘田，去县六十里，次则有金村窑，与刘田相去五里余，外则白雁、梧桐、安仁、安福、绿绕等处皆有之。"中华书局，1985年，第162页；[明]胡宗宪：《浙江通志》，卷八："处州……系南七十里曰琉华山……山下即琉田，居民多以陶为业。"明嘉靖四十年刊本；[明]宋应星：《天工开物》，"浙省处州丽水、龙泉两邑烧造过釉杯碗，青墨如漆，名曰处窑"，中华书局，1978年，第195—196页；[清]张其文：《龙泉县志》，卷三："瓷窑昔属剑川，自析乡立庆元县，窑地遂属庆元，去龙邑几二百里。"清光绪三年刊本。
2 任世龙：《龙泉青瓷的类型与分期试论》，《中国考古学会第三次年会论文集》，文物出版社，1981年，第121—127页。

黑胎龙泉一般胎体较薄，质坚，釉面呈墨绿色微泛黄，器表遍布细密裂纹，有"紫口铁足"的特征。

目前所见最早对龙泉窑的记载为成书于南宋绍兴三年（1133年）的《鸡肋编》："处州龙泉县多佳树，地名豫章，以木而著也……又出青瓷器，谓之'秘色'。钱氏所贡，盖取于此。宣和中，禁庭制样需索，益加工巧。"[1] 可见在北宋末年处州所产龙泉窑青瓷已盛行多年，另根据"禁庭制样需索"的记录，说明此时龙泉窑获取了生产瓷器的官颁标准样式，一方面可能是官府收税的实物标本，也可能是根据政府礼制规范，生产的祭礼器用瓷[2]，但至少与中央政府有一定的关联。南宋时期的龙泉青瓷已介入宫廷生活，如南宋六陵遗址出土了一些碗底模印有"河滨遗范""金玉满堂""福"等字样的青瓷，应是龙泉窑所烧。[3]

图13-18　宋龙泉窑青釉贯耳瓶

图13-19　宋龙泉窑粉青釉凸花瓷葫芦瓶

从发掘标本看，龙泉窑类型的青瓷除了龙泉县生产外，浙江遂昌、云和县窑址也有生产，此外江西吉安永和窑，福建松溪窑、碗窑乡窑、建阳窑、浦城窑、同安窑等都有生产近似南宋龙泉粉青釉产品，可统称为"龙泉窑系"，其中东南沿海这些窑口所产的瓷器主要是供于外销。国外也有很多地区仿烧龙泉窑青瓷，如埃及曾经的政治经济中心福斯塔特，曾仿烧北宋龙泉窑的划花篦点纹碗和元代龙泉窑的双鱼小盘、菊纹贴花碗；高丽青瓷曾仿烧南宋龙泉窑所产的平口长颈瓶、莲瓣碗等，元明时期的龙泉窑在越南、泰国、伊朗等地都有仿制。

第七节　景德镇窑与青白瓷窑系

景德镇位于江西省北部，唐代曾名为"新平务""昌南镇"，在五代时期已

1　［宋］庄绰：《鸡肋编》，卷上，中华书局，1997年，第5页。
2　王光尧：《从大窑到故宫——元、明皇官用龙泉青瓷产地的确定》，《紫禁城》，2007年第5期，第155页。
3　葛国庆：《南宋六陵遗物综述》，《考古与文物》，2008年第4期，第73页。

初具瓷器生产规模，入宋后以生产青白瓷为主，主要产区在位于景德镇市东南约四公里的湖田村。两宋景德镇窑以湖田为中心窑场，始烧于五代时期，此阶段的产品主要为青瓷器[1]，但早年的调查试掘中发现也有白瓷[2]。自北宋早期，景德镇湖田窑开始生产青白瓷，并很快成为中国青白瓷的中心烧造区，宋真宗景德年间（1004—1007年）因制瓷盛名而得赐年号，名曰"景德镇"[3]，是两宋较有影响力的重要窑场。

根据考古发掘，可大致将宋代景德镇湖田窑根据产品类型分为以下几个阶段。

北宋早期产品以青白瓷为主，胎质较粗，修坯不够光滑，釉面较薄，釉质有乳浊感，色彩青白中泛黄、泛灰。器类多继承晚唐、五代风格，器足浅矮宽大，多仿金银器，作瓜棱、葵口形。器型有盘、碗、碟、盏托、注子、温碗、炉、盘口瓶、盒、枕、多管器等，带装饰者以刻划花饰折枝牡丹、菊花纹等。装烧工艺上，除了部分器物沿用五代的支钉叠烧法外，多采用漏斗状或筒状匣钵与垫饼垫圈组合装烧法。

北宋中晚期是青白瓷发展的鼎盛期，产量较大，技艺成熟，确立了景德镇在中国青白瓷窑业的中心地位。这一时期的青白瓷胎质洁白精细，较坚致，釉中含钙量较高，流动性大，釉色呈纯净的青白色，晶莹透亮，温润如玉，胎釉结合度较高。器物造型丰富，有盘、碗、盏、盏托、碟、注子、温碗、炉、盘口瓶、盒、枕、多管器、折肩钵、四系罐、熏炉、俑等。装饰手法有划花、刻花、篦划花、印花、镂空、雕塑等。装饰纹样有云气、花卉、鸾凤、游鱼、婴戏纹等，有些器物在局部施绘褐彩，十分生动。此时芒口器物占有一定比重，应是覆烧

图13-20　宋青白釉花瓣形盘
（何俊主编：《湖田古窑》，科学出版社，2015年，第138页）

1　江西省文物考古研究所、景德镇民窑博物馆：《景德镇湖田窑址——1988至1999年考古发掘报告（上）》，文物出版社，2007年，第448页。
2　刘新园、白焜：《景德镇湖田窑考察纪要》，《文物》，1980年第11期，第42页。
3　[清]江西通志局：《江西通志》，卷九十三："宋景德中，置镇。始遣官制瓷贡京师，应官府之需，命陶工书建年'景德'于器"，清光绪七年刻本。

图 13-21　宋青白釉带温碗瓷酒注，中国国家博物馆藏

图 13-22　宋青白釉刻花云纹梅瓶
（李辉炳主编：《中国陶瓷全集·宋（下）》，上海人民美术出版社，1999年，第203页）

图 13-23　宋德化窑青白釉印花纹大盒
（国家文物局水下文化遗产保护中心等：《南海一号沉船考古发掘报告之一——1989—2004年调查（下）》，文物出版社，2017年，第388页）

工艺普及的结果。

南宋时期景德镇的产品胎质总体较洁白细腻，釉质呈淡青或月白色，玻璃质感较强，质地滋润。器型在北宋的基础上更加丰富，仰烧类器物新增有渣斗、围棋罐、鸟食罐、砚滴等，覆烧芒口器物可见碗、盘、碟等。（图13-20）如此时青白釉器物盛行装饰，常在器物内外壁模印或戳印各种纹饰，如芦雁、鸾凤、螭龙、双鱼、花卉纹等。除了生产青白瓷外，南宋湖田窑还生产少量仿建窑黑釉盏，有兔毫、玳瑁、鹧鸪斑等，造型规整，旋坯精细，外底心光滑。[1]

关于青白瓷的创烧，目前主流观点认为：在北宋中期以前，青白瓷的生产中心当在以安徽繁昌窑为代表的皖南窑场，该窑从五代时期就开始生产青白瓷，并较早采用加入高岭土混合制胎的"二元配方"制瓷技术[2]，应是青白瓷器的发源地。但至少在入宋不久后，景德镇湖田窑很快成为青白瓷的中心窑场这一点是无疑的。（图13-21、图13-22）

宋代青白瓷在国内外行销广泛，安徽繁昌窑，湖北青山窑，江西吉州窑、南丰窑，福建泉州窑、德化窑（图13-23）、安溪窑、同安窑，广东潮州窑等都有生产该种釉色的瓷器，形成了以南方地区为主的青白瓷窑系。

---

[1] 江西省文物考古研究所、景德镇民窑博物馆：《景德镇湖田窑址——1988年至1999年考古发掘报告（上）》，文物出版社，2007年，第447—457页。

[2] 黄义军：《宋代青白瓷的历史地理研究》，文物出版社，2010年；杨玉璋、张居中：《从繁昌窑青白瓷制作看"二元配方"工艺的产生》，《考古与文物》，2006年第2期，第89—92页。

第八节　建窑与建窑系

建窑遗址位于今福建省建阳市水吉镇池中村、后井村一带，宋代以前，水吉镇属建瓯，又称"建安郡""建州"，宋代该地归建宁府瓯宁县管辖。建窑的主要产品为各式黑釉茶盏，并因此闻名，根据瓷盏釉面斑纹的不同又可分为兔毫盏、油滴盏、鹧鸪斑盏等，在宋代斗茶盛行的风气下，成为当时著名的斗茶器具并受到推崇。

建窑中心产区西南距建阳城关22.5公里，南距建瓯城关35公里，北距水吉镇4.5公里。自1960年以来，厦门大学、福建省博物馆、中国社会科学院考古研究所等单位相继对其进行了数次考古发掘，对该地遗存及不同阶段的生产情况有了更加清晰的了解。根据发掘可知，建窑最早于晚唐五代时期烧造瓷器，集中在芦花坪遗址和庵尾山遗址区，产品有黄釉、青釉、酱釉碗、盘、盏、罐、执壶等，胎呈灰色或灰白色等，较为粗糙，釉色有青绿、青黄、青灰、黄褐色、酱褐色等，并未大量生产黑釉瓷。两宋时期是建窑的繁荣阶段，在芦花坪窑址、源头坑窑址、大路后门窑址、营长墘窑址处集中烧造，窑场规模较大，主要产品为黑釉茶盏（碗）[1]，根据器型可大致分为束口、敞口、敛口、撇口几类，也有极少数量的灯、罐、钵、瓶、碟等。宋代建盏胎质较粗厚，一般底部胎体较口沿处更厚，釉色有绀黑、蓝黑、深绿、酱褐色等，大多数黑釉盏表面有析出的氧化铁结晶（图13-24），古人根据不同的斑纹纹理分出"兔毫"（图13-25）、"鹧鸪斑"等样式。窑址出土的一些匣钵、垫饼上或黑釉盏外底刻有"供御""进盏"铭文。南宋晚期至元代早期，建窑出现了青白瓷产品，胎质较轻薄洁白，釉水清雅，器型有盘、洗、炉、罐、壶等日用圆器，皆具芒口，器表以模印或刻花饰莲花、飞凤、芦雁、

图13-24　宋建窑油滴天目茶碗，日本静嘉堂文库藏

图13-25　宋建窑黑釉兔毫纹盏，中国国家博物馆藏

---

[1] 发掘报告中多称之为"碗"，即尺寸较大的茶盏，两者都是指饮茶器具。

双鱼、菊瓣纹等，仿效景德镇青白瓷。[1]

建盏的流行与宋代斗茶文化有着密不可分的关系，而在宋代瓷窑遍及南北、茶盏样式、款式层出不穷的背景下，建盏却能独领风骚，获得斗试家的独宠也因其有着不可替代的一些特征。《大观茶论》论茶盏时强调："底必差深而微宽。底深则茶宜立，而易于取乳；宽则运筅旋彻，不碍击拂。然须度茶之多少，用盏之大小。盏高茶少则掩蔽茶色，茶多盏小则受汤不尽。盏惟热则茶发立耐久。"[2]《茶录》下篇曰："茶色白，宜黑盏。建安所造者，绀黑，纹如兔毫。其坯微厚，燲之久热难冷，最为要用。出他处者，或薄或色紫，皆不及也。其青白盏，斗试家自不用。"[3] 建盏宽口小底，并具有一定高度，在冲汤时既"易于取乳"又"不碍击拂"，由于胎骨厚重，在击拂时稳定性较好，不易翻洒。而斗茶的关键之处是"视其面色鲜白、著盏无水痕为绝佳"[4]，需根据茶汤与茶盏间水痕退去的快慢来评论输赢，古人认为"建安斗试以水痕先者为负，耐久者为胜"[5]，黑色茶盏对于观察白色茶沫最为适用，并且坯体微厚"久热难冷"，有较好的保温效果，对茶沫的持久性影响较大。其次，宋人泡茶时对于茶、汤比例的搭配也有严格的控制和规范，如《茶录》记："茶少汤多则云脚散，汤少茶多则粥面聚。"[6] 为了解决"茶多盏小则受汤不尽"的问题，建窑生产出一种造型特别的黑釉束口盏，口沿下方有曲折，形成一圈浅显的槽线，称之为"观汤线"，作为固定的注汤标尺，约束注汤的多寡，也是点茶、斗茶时的参考水位。

作为建窑特色产品的黑釉茶盏，由于迎合了当时的斗茶之风，很是要用，因此南北方诸多窑址都有仿烧，形成了庞大的建窑系，以闽北、闽东为主，涉及江西、浙江、安徽、河南等地。如福建建阳白马前、武夷山遇林亭、光泽茅店、福清东张、闽侯南屿窑，江西景德镇湖田窑、吉安吉州窑（图13-26），陕西耀州窑（图13-27）等地窑址。很多地区结合本地的生产特点创烧了一些很有地方特色的黑釉瓷产品，如江西吉州窑在南宋以后形成自己的风格，创烧了贴树叶纹、剪纸贴花黑釉瓷等新品种，不仅有茶盏，还有罐、盘、炉、瓶等器型，样式十分丰富。

---

1 参考厦门大学人类学博物馆：《福建建阳水吉宋建窑遗址发掘简报》，《考古》，1964年第4期；福建省博物馆、厦门大学、建阳县文化馆，《福建建阳芦花坪窑址发掘简报》，《中国古代窑址发掘报告集》，文物出版社，1984年；中国社科院考古研究所、福建省博物馆，《福建建阳县水吉北宋建窑遗址发掘简报》，《考古》，1990年第12期；中国社会科学院考古研究所、福建省博物馆，《福建建阳县水吉建窑遗址1991—1992年度发掘简报》，《考古》，1995年第2期。
2 ［宋］赵佶：《大观茶论》，"盏"，中华书局，2013年，33页。
3 ［宋］蔡襄：《茶录》，"上篇论茶·茶盏"，《茶录：外十种》，上海书店出版社，2015年，第14页。
4 ［宋］蔡襄：《茶录》，"上篇论茶·点茶"，《茶录：外十种》，上海书店出版社，2015年，第13页。
5 ［宋］蔡襄：《茶录》，"上篇论茶·点茶"，《茶录：外十种》，上海书店出版社，2015年，第13页。
6 ［宋］蔡襄：《茶录》，"上篇论茶·点茶"，《茶录：外十种》，上海书店出版社，2015年，第13页。

图 13-26 宋吉州窑玳瑁釉瓷碗，中国国家博物馆藏

图 13-27 宋耀州窑黑釉盏

（陕西省考古研究院等编著：《异世同调——陕西省蓝田吕氏家族墓地出土文物》，中华书局，2014年，第170页）

小结

与唐代相较，宋金时期的陶瓷窑场总体形成了多元繁荣发展的局面。

首先，窑场数量增多，分布范围进一步扩大。从唐五代以河北邢窑、浙江越窑、湖南长沙窑、河南巩县窑、陕西黄堡窑等为中心局部性发展，到宋金时期形成了北到河北、南至福广，瓷窑业全面蓬勃发展的局面，窑场分布更加密集，资源得到深层次的开发。

其次，这一时期陶瓷风格复杂多元，突破了唐代以"南青北白"为主导的二元局面，而形成陶瓷品种多元繁荣的面貌。仅从釉色上看，主流产品就有青釉、白釉、青白釉、黑釉、颜色釉、窑变釉、低温三彩、釉上彩绘瓷等，其中仅生产青瓷的窑场就有耀州窑、越窑、汝窑、官窑、龙泉窑等，釉色种类更加丰富。产品器类包括日用、陈设、礼器、明器等，深入到生活的各个方面，样式多变。生产技术较唐代更加成熟、先进，许多窑场在充分利用窑炉空间、提高窑温、改善胎釉质量、优化产品精致程度等方面做出了突出的贡献。在市场的多元化需求下，各主流窑场或窑系形成了各具特色的产品风格，并获得了充分的发展。

同时，很多新兴窑场在学习和模仿名窑的基础上逐步发展扩大，彼此之间交流愈发频繁，具体包括艺术风格上的模仿，以及成型、胎釉配方、装烧、窑炉技术等方面的相互学习和借鉴。器物形制、胎釉特征、装饰技法和纹样等的互相模仿，使得区域间的陶瓷产品有着相似的风格特征，从类型学的角度考虑，考古学家将其归纳为"窑系"。同一个窑系内的主流陶瓷产品有着艺术和技术上密切的关系，以至于一些产品从外观上看十分相像，而难以辨别窑口。而不同的窑系间虽然从主流产品的样式风格上看差异较明显，但窑系间的产品类型和工艺技术等方面也存在复杂的重叠和关联性。值得注意的是：这一时期全国瓷窑业重心发生南移，尤其是南宋以后，淮河以南及东南沿海地区的瓷窑业大规模发展，北方的名窑产品在南方地区进一步普及，北方先进的制瓷技术在南方窑场得到延续和发展，如以繁昌窑、景德镇窑为生产中心发展创新的青白釉瓷器，在模仿和借鉴定窑样式和装烧技术的基础上，结合南方特有的生产工艺，形成了成熟、独立的艺术风格，并受到市场的追崇；又如北方的汝窑在耀州窑、越窑的影响下创造了北宋瓷器生产的又一个巅峰，且对南宋时期浙江二官窑和龙泉窑影响深远。

唐五代时期，并未出现由皇家出资且专烧御用瓷的窑场。而宋金时期，皇家和官府开始介入瓷器生产，瓷器由通过贡瓷、抽税和率买制等方式进入皇家用瓷体系，到北宋末年由中央政府出资在河南宝丰清凉寺地区建场专烧御用瓷器，成为历史上第一座真正意义上的"中央官窑"。宋室南迁后，中央又在杭州老虎洞和郊坛下两处分设官窑，承袭北宋官窑制度旧法，形成了较完善的官窑体系和制度，为明清御窑厂的设立提供了参考范式。

造成宋金瓷窑业这种局面的原因，从政府层面上看，一方面由于这个时期瓷器进入中央的渠道更加直接和专门化，政府选择更加规范和直接的方式控制瓷窑业的发展及御用瓷的生产和进御渠道，这是皇帝集权加强的间接表现；另一方面，两宋财政支出可观，政府大力支持手工业发展及对外贸易以获取税收，刺激了商品经济的空前发达。瓷器作为当时最重要的手工业门类之一，为国家提供了可观的生产税和商税，受到了政府的积极保护和支持，从而获得了良好的发展空间。从社会大众的角度看，宋金时期商品经济发达，物质繁荣，人民对瓷器的需求量增加且需求更加多元，巨大的市场需求也是这一时期瓷器发展的重要原因之一。此外，北方人口的大规模南迁，也一定程度上促进了南北方窑业技术的进一步交流和发展。

第十四章
宋金时期宫廷介入瓷器生产与官窑的出现

自五代时期屡次发生将篡皇权和频繁易主的先例后，同样通过兵变获得皇权的宋太祖在即位之初，采取了一系列措施来巩固自己的统治地位，通过对政治、经济、军事、司法、吏制等方面一系列的改革，来达到加强皇帝集权的目的。如将禁军兵权收归皇帝；实行兵将分离，将不专兵，两者互相牵制；设置转运使负责各地税收直接上交中央，地方节度使和州县官员不得干涉财政等一系列措施，大大削弱了地方藩镇割据势力和文武重臣权利，皇帝的职权范围空前扩大。金朝在政治制度、司法、税务等方面主要承袭宋制，皇帝同样重视中央集权的加强。如金熙宗逐渐疏离郎君（金代政府官员），弱化他们的权利，而任用身边"近侍"参政[1]；加强中央对猛安谋克的直接控制，排除中部贵族势力[2]；海陵王完颜亮激进的中央集权制改革[3]等。

宋金时期，皇帝集权的加强同时表现在对手工业产品的进一步控制上。在皇帝的主旨下部分皇家用瓷被要求铭刻款识，进一步强调其身份的特殊性，如表明皇家官署机构的"尚食局""尚药局"款定瓷，表示不同皇宫殿名的"奉华""慈福""聚秀"等款定瓷或官窑瓷器，以及代表皇帝专用的"供御""进盏"款黑釉建盏等。

北宋中后期至南宋初年，随着对礼制的强调和重建，政府下令增造大量陶瓷质礼器及祭祀用器，促使了中国历史上第一座具有御窑性质的中央官窑——汝窑的诞生。随后设立了北宋官窑，南宋修内司官窑、郊坛下官窑等，专为皇帝和中央政府生产陶瓷礼器、日用器和陈设器等，并严格督办生产，对产品样式有着细致的要求，一般采取颁样制作的方式，对瓷器生产的干涉和控制达到空前严苛的状态。

---

1 李锡厚：《金朝的"郎君"与"近侍"》，《社会科学辑刊》，1995年第5期，第107页。
2 [日]三上次男著，金启孮译：《金代女真研究》，黑龙江人民出版社，1984年，第253—256页。
3 陶晋生：《女真史论》，台北食货出版社，1981年，第44—47页。

第一节　从瓷器铭记看皇帝集权的加强和礼制的建设

宋金时期诸多被选入宫廷供皇帝或皇室家眷使用的瓷器，在烧制前后皆留下了象征御用属性的铭款烙印。有一些在烧制前镌刻铭文者多为提前下诏订制，还有一些在烧成后由玉工后刻的铭款，则表明该瓷器在入选进宫以后，为与其他瓷器加以区别而特地镌刻标记。所有这些镌刻有明确皇家符号的瓷器，都体现出其特殊的御用性质。

一、镌刻铭文的宫廷用瓷

1. "尚食局" "尚药局"

宋金时期的定窑白瓷中有不少印刻铭记的产品，其中有些铭记为皇室内廷机构名称，如"尚食局""尚药局"款等，均为烧制前镌刻在瓷器上，应是生产前向窑场订货。

其中"尚食局"款定瓷主要采用模制印花工艺，多以支圈组合法覆烧，有芒口，装饰繁密，铭文较为随意潦草。根据对"尚食局"款瓷器主要采用印花工艺成型，支圈组合覆烧，装饰摩羯纹等器物特征，以及通过与其他纪年墓葬和窑址中出土的相似器型进行对比，有学者初步认为"尚食局"款定窑瓷器属金代产品[1]，具体时间不早于金世宗大定之年（1161—1189年）[2]，但也有学者持不同观点，结合文献记载，认为定窑遗址出土的"尚食局"铭印花摩羯纹盘是宋徽宗时期产品[3]。具体带"尚食局"铭文的定瓷实物有法兴寺遗址发现的印花龙纹盘[4]；日本学者小山富士夫于燕川村定窑遗址采集的印

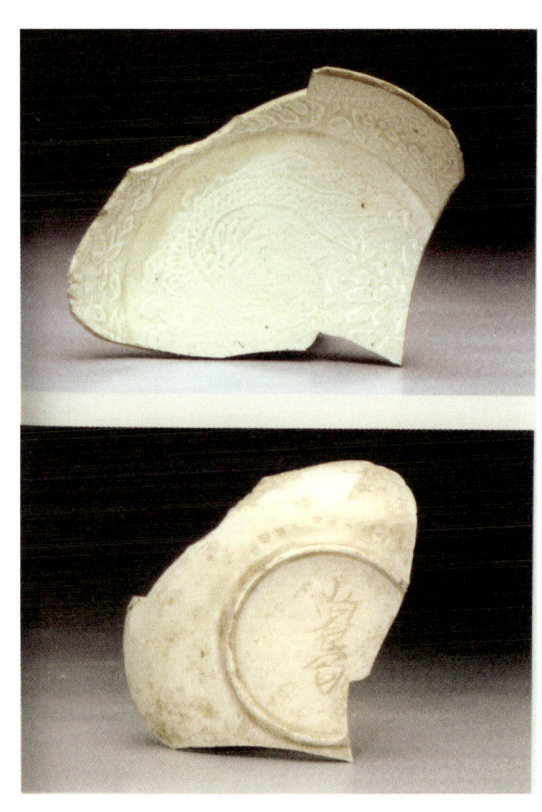

图 14-1　宋定窑"尚食局"款印花摩羯纹盘

1　刘涛：《"尚食局"、"尚药局"铭定瓷年代再认识》，《宋辽金纪年瓷器》，文物出版社，2004年，第163页。
2　刘涛：《"尚食局"铭定瓷再议》，《收藏》，2017年第1期，第87页。
3　刘淼：《对"尚食局"铭定瓷的一点思索》，《文物天地》，2006年第1期。
4　陈万里：《调查平原、河北二省古代窑址报告》，《文物参考资料》，1952年第1期，第59页。

图 14-2　宋定窑"尚食局"款刻花龙纹碗
（北京艺术博物馆编：《中国定窑》，中国华侨出版社，2012年，第171页，第86页）

图 14-3　宋定窑"尚药局"款盒
（北京艺术博物馆编：《中国定窑》，中国华侨出版社，2012年，第107页）

花花草纹残片（现藏于日本根津美术馆）[1]；涧磁村定窑遗址出土的若干片印花盘残件[2]（图14-1、图14-2）、俄罗斯滨海地区发现的印花碗[3]等。

"尚药局"铭定瓷均为盒子，应作为药盒使用，盒身一般为深筒式直壁型、配平顶盖，胎体细白，釉质莹润，器表以浅淡划花装饰或以素面为主，造型简单规整。"尚药局"三字以楷书书写，字体较工整（图14-3）。将现有的"尚药局"定瓷材料和其他相关材料进行对比分析，初步可推测"尚药局"款定窑瓷盒应为北宋晚期产品[4]。

唐五代时期常设六尚局，入宋后殿中省六尚局仅存虚名，与唐五代之前所设职能大不相同，"宋制，殿中省判省事一人，以无职事朝官充。旧有六尚之局名，别而事存。今尚食归御厨，尚药归医官院，尚衣归尚衣库，尚舍归仪鸾司，尚乘归骐骥院，内鞍辔库、尚辇归辇院，皆不领于本省"[5]。宋徽宗崇宁二年（1103年）太府卿林颜因见内藏库中有乘舆服御亲行百物，随后向皇帝启奏希望恢复殿中省六尚局，"崇宁三年（1104年），蔡京上修成殿中省六尚局供奉库务敕令格式，并看详，凡六十卷"[6]。此时，费尽心力迎合圣意，助力徽宗享乐的蔡京，应参与、推进了六尚局的恢复事宜。另有《宋会要辑稿》曾记宋徽宗大观三年（1109年）十月二十二日诏"诸路州军见贡六尚局供奉物多不急之用，兼闻拣造科配劳民费财，可令殿中省并提举六尚局同共相度。具的确合用名色外余停贡……熙宁诏书首罢四方岁贡，明训具在，抵若先猷蔽自朕躬，理宜损益，应殿中省六尚局诸

1　根津美术馆：《定窑白瓷》，日本根津美术馆，1983年。
2　河北省文化局文物工作队：《河北曲阳县涧磁村定窑遗址调查与试掘》，《考古》，1965年第8期，第409页。
3　彭善国：《俄罗斯滨海地区出土定窑瓷器的探讨》，《考古》，2007年第1期，第83页。
4　刘涛：《"尚食局"、"尚药局"铭定瓷年代再认识》，《宋辽金纪年瓷器》，文物出版社，2004年，第165页。
5　[元]马端临：《文献通考》，卷五十七"职官考十一"，中华书局，1986年，第513页。
6　[元]脱脱：《宋史》，卷一百六十四，"职官·殿中省"，中华书局，1977年，第3881页。

路贡物可止，依今来裁定施行……尚食局……中山府瓷中样矮足裹拨盘、龙汤盏一十双"[1]。可见尚食局确实在宋末六尚局复设期间通过"中山府"（即古"定州"）为宋徽宗选进过瓷器，但徽宗中后期由于财政亏空愈加严重，因此六尚局在成立不久，就以"劳民费财"的理由罢除了大部分贡物[2]。靖康元年（1126年）宋钦宗诏："六尚局既罢，格内岁贡品物万数，尚为民害，非祖宗旧制，其并除之。"[3]遂彻底罢除六尚局。因此可见北宋六尚局恢复启用的时间主要存在于宋徽宗时期，定窑"尚食局""尚药局"款的瓷器至少有一部分是这个时期专为皇家生产的。

金人占领北方地区后，综合了辽制和宋制，许多行政机构的设置及职官的设置都借鉴北宋，其中妇官六尚全依唐旧制，其中"尚食局……掌总知御膳、进食先尝，兼管从官食……尚药局……掌进汤药茶果"[4]，并改隶宣徽院，因此金代继续烧制"尚食局"款铭定瓷的可能性很大，从职官制度的背景看较为合理。据《梦粱录》卷九"内诸司"记载："殿中省：后苑、御膳所、御厨、六尚局、翰林司、仪鸾司、八作司、修内司"[5]，《东京梦华录》记"内诸司皆在禁中，如学士院、皇城司……殿中省六尚局（尚药、尚食、尚辇、尚醖、尚舍、尚衣）……"[6]南宋时中央机构中似仍留存有"六尚局"，属殿中省管辖。

六尚局的主要职能为"监掌供奉天子玉食、医药、服御、幄帟、舆辇、舍次之政令"。其中，"尚食，掌膳羞之事；尚药，掌和剂诊候之事……又尚食有膳工，尚药有医师"[7]，是专门管理皇帝及皇族生活日用的服务机构，而刻有"尚食局""尚药局"款的定瓷是专为盛放宫廷御膳和御药而订制，在宋金两朝职能并无差别，都是皇家官署的专用产品，通过镌刻机构名称来与其他普通贡瓷加以区分。宋代的瓷器制度应对当时高丽王朝的制瓷业产生了一定影响，北宋徐兢于《宣和奉使高丽图经》中记载高丽："陶器色之青者，丽人谓之翡色……碗、碟、缶、瓯、花瓶、汤盏，皆窃仿定器制度。"[8]韩国国立博物馆藏高丽本地产"尚药局"款青瓷盒[9]，与定窑"尚药局"铭白瓷盒造型、铭文十分相似，是瓷器镌刻官署铭文制度向其他国家传播的实物例证。

---

1 [清]徐松：《宋会要辑稿》，"崇儒七"，中华书局，1957年，第2317—2318页。。
2 [元]脱脱：《宋史》，卷一百七十九"食货志·会计"："大观三年，罢诸州军见贡六尚局供奉物名件四百四十余，存者才十一二，减数十二，停贡六"，中华书局，1977年，第4359页。
3 [元]脱脱：《宋史》，卷一百六十四"职官·殿中省"，中华书局，1977年，第3881页。
4 [元]脱脱：《金史》，卷五十六"百官·宣徽院"，中华书局，1975年，第1260页。
5 [宋]吴自牧：《梦粱录》，卷九"内储司"，《东京梦华录（外四种）》，上海古典文学出版社，1956年，第209页。
6 [宋]孟元老：《东京梦华录》，卷一"内储司"，上海古典文学出版社，1956年，第10页。
7 [元]脱脱：《宋史》，卷一百六十四"职官·殿中省"，中华书局，1977年，第3880页。
8 [宋]徐兢：《宣和奉使高丽图经》，卷三十二"器皿三·陶尊"，中华书局，1985年，第109页。
9 [韩]郑良谟：《高丽陶瓷铭文的特征》，《东方收藏》，2011年6月，第36页。

2. 内廷宫室铭

除了内廷官署有专用的铭文瓷器外，还有大量瓷器所镌铭文与南宋宫廷建筑有关，如定窑瓷器有刻"殿""奉华""皇太后殿""寿成殿""坤""寿慈殿""东宫""德寿""慈福""秀""承光""锺秀""禁苑"等[1]，南宋官窑器外底有刻"内苑""德寿甲后苑""苑德寿""王""寿成"款等[2]，南宋越窑底刻"殿""苑""后苑""慈宁殿"等，多为宋金宫殿名称。

如南宋余姚越窑出土青瓷残件刻"慈宁殿"款者（图14-4），应是指高宗母亲"显仁韦皇后"之居所。根据《建炎以来朝野杂记》"显仁韦皇后"载："显仁韦皇后开封人，高宗母也。初入宫为御侍，崇宁末封平昌郡君。大观初，进婕妤。宣和末，累迁婉容。上出使，进封宠德宫贤妃。建炎元年，遥尊为宣和皇后。显肃崩，问至上尊，号曰皇太后。绍兴九年，后有归耗，上命有司豫作慈宁殿于禁中。"[3] 因此该瓷碗很可能是命余姚窑场专为韦太后宫殿所烧器物。

另有刻"德寿"铭定窑白瓷印花盘底残片，"德寿"即指德寿宫，据《桯史》载"桧薨于位"以后，"高宗将倦勤，诏即其所筑新宫，赐名德寿居之，以膺天下之养者。二十有七年，清跸躬朝，岁时烨奕，重华继御，更慈福，寿慈，凡四修鸿名，宫室实皆无所更"[4]，结合《梦粱录》卷八载："德寿宫在望仙桥东，元系秦太师赐第，于绍兴三十二年六月戊辰，高庙倦勤，不治国事，别创宫廷御之，逐命工建宫，殿匾德寿为名。后生金芝于左栋，改殿匾曰康寿……后孝庙受禅，议德寿宫改匾曰重华御之，次宪明太皇后欲御，又改为慈福宫。寿成皇太后亦改宫匾曰寿慈御之。继后宫室空闲，因此而遂废。"[5] 可见德寿宫最初于南宋绍兴三十二年（1162年）六月由高宗下令在秦桧死后留下的府邸基础上改扩建而成，并赐名"德寿"匾额居住于此颐养天年。淳熙十六年（1189年）孝宗禅位三子赵敦，议改德寿为重华宫。此后宪明太后住在这

图14-4 宋余姚青瓷铭"慈宁殿"款碗残件
（牟宝蕾：《南宋官窑通鉴》，浙江人民美术出版社，2017年，第71页）

---

1 胡法云：《定窑白瓷铭文与南宋官廷用瓷关系之我见》，《中国古代白瓷国际学术研究会论文集》，上海博物馆出版社，2005年。
2 唐俊杰：《关于修内司窑的几个问题》，《文物》，2008年第12期，第65页。
3 ［宋］李心传：《建炎以来朝野杂记》，甲集卷一，"显仁韦皇后"，文海出版社，1967年，第72页。
4 ［宋］岳珂：《桯史》，卷二"行都南北内"，中华书局，1981年，第13页。
5 ［宋］吴自牧：《梦粱录》，卷八"德寿宫"，《东京梦华录（外四种）》，上海古典文学出版社，1956年，第193—194页。

里，又把重华宫改为慈福宫。待寿成太后住居这里时，又将慈福宫改为寿慈宫。因此"德寿"与"慈福""寿慈"铭文的瓷片所指宫殿应是一处，是屡次更名的结果。"皇太后殿"顾名思义是指皇太后居住的宫殿，《梦粱录》卷八"大内"载："皇太后殿名曰坤宁，皇后殿名曰和宁，两殿各有大官及殿长、内侍，及黄院子、幕士、殿属、亲从、辇官等人祗候。"[1]而"坤"字款亦疑为坤宁宫的简称，"寿成殿"位置应在德寿宫内，为孝宗皇后谢氏居所，"东宫"（图14-5）指皇太子居住的宫殿等[2]。此外，"奉华"铭在定窑（图14-6）、汝窑（图14-7）瓷器中均有出现[3]，一说是"北宋宫殿名称"[4]，一说是南宋高宗时期刘贵妃所居"奉华堂"内府宫殿名[5]，但其代表宋代皇室宫殿名称无疑。其他"苑"（图14-8）、"殿"（图14-9）、"内苑"、"承光"、"锺秀"等也应是与皇宫殿名相关的建筑名称，代表皇帝和太后、皇后、皇妃、

图14-5　宋定窑白釉刻划花龙纹"东宫"款花口盘外底
（故宫博物院编：《定窑瓷器》，故宫出版社，2016年，第250页）

图14-6　宋定窑白瓷"奉华"款
（林柏亭主编：《大观—北宋汝窑特展》，台北故宫博物院，2006年，第153页）

太子等皇族家眷分别享有的瓷器，归属于宋室宫殿的不同区域。

不少南宋疆域出土的金代瓷器带宫殿铭款瓷器，应是主要通过榷场购买或礼品互赠而得来。由于南宋所辖区域主要产青瓷、青白瓷、黑釉瓷等品种，并未大量仿制品质优异的白瓷器，而定瓷在宋金时期仍是流行于广大上层阶级的珍贵用

---

[1]［宋］吴自牧：《梦粱录》，卷八"大内"，《东京梦华录（外四种）》，上海古典文学出版社，1956年，第193页。
[2] 胡法云：《定窑白瓷铭文与南宋官廷用瓷关系之我见》，《中国古代白瓷国际学术研究会论文集》，上海博物馆出版社，2005年。
[3] 中国硅酸盐学会：《中国陶瓷史》，文物出版社，1982年，第235页；中国陶瓷编辑委员会编：《中国陶瓷·定窑》，上海人民美术出版社，1983年。
[4] 李辉炳：《两宋瓷器》，商务印书馆，1996年，第23页。
[5] 中国硅酸盐学会：《中国陶瓷史》，文物出版社，1982年，第285页；王莉英、冯小琦，《汝窑传世器物研究》，《中国古陶瓷研究》（第七辑），紫禁城出版社，2001年，第96页。

图 14-7 宋汝窑青瓷奉华款碟
（林柏亭主编：《大观—北宋汝窑特展》，台北故宫博物院，2006年，第154页）

图 14-8 宋越窑"苑"字款残件
（牟宝蕾著：《南宋官窑通鉴》，浙江人民美术出版社，2017年。）

图 14-9 宋定窑"殿"字款残件
（牟宝蕾著：《南宋官窑通鉴》，浙江人民美术出版社，2017年。）

物，被时人誉为"天下第一"[1]。靖康之难时"宰执等哀聚金银，自乘舆服御、宗庙供具、六宫官府器皿皆竭取之"[2]。被劫掠一空的宋室在定都临安后，宫内日用瓷数量完全不能满足庞大的皇室成员及内廷官署的用度，也许正因如此，才需要在有限的瓷器上加刻铭文，明确各部门和个人的使用权限，同时也通过这种方式建立起皇族内部的等级秩序。

3."供御""进盏"铭

改革开放以来，考古工作者先后分别在建窑遗址临近的水尾岚[3]和建窑芦花坪遗址[4]发现一些刻有"供御"（图14-10）和"进盏"（图14-11）款建窑盏实物残件，多为黑釉兔毫建盏，胎釉、造型十分精致，碗外底处刻铭款，字体刻写得十分规整有力，应是专门进贡皇帝的特殊瓷器。北宋末年流行"斗茶"，以建盏斗茶为最佳，北宋末年著名书法家、茶学家蔡襄曾于《茶录》中载："茶色白，宜黑盏，建安所造者绀黑，纹如兔毫，其坯微厚，熁之久热难冷，最为要用。"[5]指明建盏胎厚釉黑，能够有效保温又便于观色。宋徽宗酷爱饮茶，并喜斗茶之法，他认为斗茶所用"盏色贵青黑，玉毫条达者为上，取其燠发茶采色也"[6]，对建盏偏爱有加。此类铭刻"供御""进盏"的建窑瓷盏应是当时皇帝下诏，命窑场专为自

---

1 [宋]太平老人：《袖中锦》，"监书、内酒……定磁……皆为天下第一，他处虽效之，终不及"，中华书局，1985年，第1页。
2 [宋]李纲：《靖康传信录》，卷一，《全宋笔记》第三编·五，大象出版社，2008年，第18页。
3 宋伯胤："'建窑'调查记"，《文物参考资料》，1955第3期，第56页。
4 厦门大学人类学博物馆：《福建建阳水吉宋建窑发掘简报》，《考古》，1964年第4期，第192页。
5 [宋]蔡襄：《茶录》，"下篇论茶器·茶盏"，《茶录：外十种》，上海书店出版社，2015年，第14页。
6 [宋]赵佶：《大观茶论》，"中华书局，2013年，第33页。

图 14-10 宋建窑黑釉盏外底"供御"款　　图 14-11 宋建窑黑釉盏外底刻"进盏"款
（马聘：《建窑》，上海大学出版社，2011年，第 97，101 页）

已烧造的御用茶具，其专有性质更加突出。

二、礼制建设与官窑的出现

宋代的陶瓷质礼器约出现于北宋中后期，仁宗"庆历七年八月二十五日，敕礼院奏准修制郊庙祭器所状……臣等参详古者祭天，器皆尚质，盖以极天下之物，无以称其德者……今伏见新修祭器改用匏爵、瓦登、瓦甒之类，盖亦追用古制，取其质也"。[1] 当时礼院所新修祭器中至少有一部分是匏爵、瓦登、瓦甒之类的陶瓷质器物，并认为陶瓷因其取材于地中泥土，具有"天地自然之性"，很适用于祭祀天地神位。宋神宗时期，朝中讨论礼器制度时，臣僚也建议将部分礼器改为陶器，元丰六年（1083年）"郊之祭也，器用陶匏，以象天地之性，樽用白木，以素为质，今郊祀簠簋尊豆皆非陶，又用龙杓，未合于礼意。请圜丘方泽正配位所设簠簋尊豆改用陶器，仍以梓为杓"[2]。徽宗大观初年设议礼局[3]，在议礼局看来，届时祭祀天地与祖先等礼仪活动中所用"牲以茧栗，席以藁秸"是比较符合古代礼制要求的，但所用器皿类祭祀用具却与古礼不相称，应该使用陶器器具，[4] 确立了陶瓷礼器在祭天地和配享祖先等重要礼仪活动中的重要地位[5]。宣和元年（1119年）"有司彩画式样降付逐路制造"[6]，是北宋末年中央颁发祭礼器样制的开始，影响到瓷器烧造，以汝窑和龙泉窑为最早，但烧造同类祭器的窑场不限于此二窑，

---

1 ［宋］欧阳修：《太常因革礼》，卷十一"席褥"，商务印书馆，1936 年，第 60—61 页。
2 ［清］蒋廷锡编：《古今图书集成·经济汇编礼仪典》，卷一五五"天地祀典部"，清雍正铜活字本。
3 ［元］脱脱：《宋史》，卷九八"礼·吉礼"，中华书局，1977 年，第 2423 页。
4 ［清］徐松：《宋会要辑稿》，礼一四"大观四年四月二十八日，议礼局言……今太常祠感生帝神州地祇仪注，牲用茧栗，席用藁秸，已合古礼，而所用之器与宗庙同，则为非称。伏请自今祠感生帝神州地祇并用陶匏"，中华书局，1957 年，第 619 页。
5 秦大树：《宋代陶瓷礼器的生产和生产机构》，《文物》，2005 年第 5 期，第 66 页。
6 ［清］徐松：《宋会要辑稿》，礼一四，中华书局，1975 年，第 622 页。

体现在南宋诸多窑场中都有类似的瓷质礼祭器物样式[1]。

南宋初年百废待兴，徽宗新制的一批礼器被劫掠殆尽，尽毁于金兵之手[2]，即便遭金人劫掠后的南宋内廷连必需的日常用器都很紧缺，但高宗的首要任务仍是尽快恢复和完善各项礼制，以巩固和加强自身的统治地位。高宗尝与辅臣言曰："晋武平吴之后，上下不知有礼，旋致祸乱。周礼不秉，其何能国？"[3] 礼制重建遂提上了重要日程。而由于财力薄弱、铜料稀缺，无法大量重铸铜质或玉制礼器，因此绍兴年间的祭典活动，多改用陶瓷器及木器。[4]

具体的礼器生产任务在南宋初期交由地方政府分别制造，绍兴元年（1131年）"二月五日……所有祠祭礼料等物令所至州军制办"[5]，其后于绍兴四年（1135年）由政府下诏命绍兴余姚县烧造陶瓷类祭器，具体形制由太常寺颁"图画样制，下两浙转运司"[6]，开始了由中央官府机构绘瓷样的制度。南宋政府将重要的陶瓷祭器烧造任务交付余姚县承办，应考虑到一方面该地距离临时都城绍兴较近，更重要的是它正是具有悠久制瓷历史的越窑所在地，生产经验较为丰富。从考古资料看，南宋初年低岭头、上林湖越窑场生产的宫廷用瓷，在器类、足底形制、釉色等方面都和汝窑相类，说明这两处窑场的生产技术很大程度上学习借鉴了汝窑，并以汝窑产品为样本进行生产的[7]（图14-12、图14-13），具有一定的官府窑场特征。

绍兴八年（1138年），南宋与金的战争对峙暂告一段落并达成了"绍兴和议"，南宋正式定都于今杭州。绍兴十三年（1143年），政府曾令平江府烧造礼器[8]，但高宗对此处所烧礼器不甚满意。绍兴十四年（1144年）成立礼器局[9]，次年，高宗

---

1 王光尧：《宋代官窑制度初探》，《文物》，2005年第5期，第77页。
2 ［宋］礼部太常寺编：《中兴礼书》，卷五九"明堂祭器"："（绍兴）四年四月二十七日，礼部侍郎陈与义等言：太常寺申，勘会昨建炎二年郊祀大典，其所用祭器，并系于东京搬到新成礼器……渡江，尽皆散失。"清蒋氏宝彝堂钞本。
3 ［元］脱脱：《宋史》，卷九八"礼·吉礼"，中华书局，1977年，第2424页。
4 邓禾颖：《南宋官窑探微——对南宋官窑若干问题的回顾与思考》，《东南文化》，2003年第5期总第169期，第69页；［宋］潜说友：《咸淳临安志》，卷三"郊庙"："祭器应用铜玉者，权以陶木，卤薄应用文绣者，皆以缋代之。"成文出版社，1970年，第42页。
5 ［宋］礼部太常寺：《中兴礼书》，卷九十"昊天上帝一"，清蒋氏宝彝堂钞本。
6 ［清］徐松：《宋会要辑稿》，"礼二四"载："绍兴四年四月六日礼部太常寺言……议奏窃惟明堂之礼……合用陶器：豆六十只并盖内十二只准备、簋十二只并盖内四只准备、簠十二只并盖内四只准备、尊五十只内十只准备、罍五十只内十只准备、樽杓一百只、灯四百三十二只并盖内二十只准备。=……昨绍兴元年明堂大礼，绍兴府烧变制造到殿上正配四位祭器，并文思院铸造到牛羊豕鼎等，昨绍兴府沿火烧毁不存。今来开坐到祭器名件，并合创造，乞令太常寺图画样制，下两浙转运司，令所属州军均摊制造。所有陶器乞下绍兴府余姚县烧变，并乞于大礼前十六日起发赴太常寺送纳……诏，陶器令绍兴府余姚县烧变，余令文思院制造，余从之。"中华书局，1957年，第942—943页。
7 王光尧：《宋代官窑制度初探》，《文物》，2005年第5期，第77页。
8 ［宋］礼部太常寺编：《中兴礼书》，卷九"嘉礼九·郊祀祭器一"："绍兴十三年十一月四日礼部言……今依新成礼器仿《博古图》，内陶器下平江府烧变……诏依。"清蒋氏宝彝堂钞本。
9 秦大树：《宋代陶瓷礼器的生产和生产机构》，《文物》，2005年第5期，第70页。

图 14-12 宋越窑青瓷划花三足炉

图 14-13 宋越窑青瓷刻花钟

图 14-14 宋"修内司窑置"铭荡箍

（李军编著：《千峰翠色——中国越窑青瓷》，宁波出版社，2011年，第176页，第177页）

（故宫博物院编：《官窑瓷器》，故宫出版社，2016年，第140页）

谕宰执"访求通晓礼器之人，令董其事"，由工部给事中段拂、户部侍郎王铢二人讨论器样后，交由内侍王晋锡所领修内司烧造[1]。绍兴十六年（1146年）进行了规模宏大的郊祀大典，并对各类祭器做了详细的讨论，规范并较大规模地进行了调整增造[2]，此时礼器不再由地方政府分别承办，而是统一由中央督办。

南宋初年，政府先后在今杭州市凤凰山麓万松岭老虎洞地区和杭州市乌龟山地区分别设立了"修内司官窑"和"郊坛下官窑"，其中老虎洞窑遗址中出土了一件"修内司窑置"铭荡箍[3]（图14-14），证实了这个存在。南宋官窑由官府出资置窑并派内官监造，产品包括不少精美的仿青铜器样式的瓷器，应有部分作为礼器使用，如瓷质鼎式炉（图14-15）、出戟花觚、樽式炉、鬲式炉、簋式炉等，瓷器造型和遗址出土窑具与宝丰清凉寺窑址出土器物有很多相似之处，在制作工艺和造型上有明显的承继关系[4]。但也有学者认为：南宋初期所置礼器为"陶器"，烧造规模可能不大，南宋二官窑所生产的仿青铜器样式的瓷器可能是为了满足宫廷需求而生产的日用瓷、陈设瓷。而如杭州严官巷南宋地层中发现的满印饕餮纹、雷纹的陶器圈足，以及在凤凰山东麓老虎洞窑址东侧的一处南宋小型窑业遗存中出土的一些器表模印饕餮纹、龙纹、雷纹等纹样的陶器残片，也许正是文献中所

---

1 [宋]礼部太常寺：《中兴礼书》，卷九"嘉礼九·郊庙祭器一"："绍兴十四年，高宗谕宰执国有大礼，器用宜称，如郊坛须用陶器，庙堂之器，亦当用古制度等。卿可访求通晓礼器之人，令董其事。寻以命给事中段拂、侍郎王铢，内侍王晋锡。"清蒋氏宝彝堂钞本；杜正贤：《杭州老虎洞南宋官窑窑址的考古学研究》，《故宫博物院院刊》，2002年第5期，第5页。

2 [宋]礼部太常寺：《中兴礼书》，卷九"嘉礼九·郊祀祭器一"："绍兴十六年二月二十八日礼部言，准都省批送下制造礼器局申……已降指挥讨制造将来南郊大礼并前一日朝享太庙礼器，其圆坛正配位尊罍与豆并系陶器，内除太尊、太罍、牺罍、象罍、罍篚、尊依已降指择各有该载数目，合行改造。所有其余合造陶器尊罍，窃虑将来大礼铺设与今来建造礼器不一，著尊、牺罍、象罍、壶罍、山尊、山罍各二十四，伏望朝廷指挥一样改造行施，后批送礼部看详，申尚书省，行下太常寺看详，欲依制造礼器局所申事理施行。诏依。"清蒋氏宝彝堂钞本。

3 唐俊杰：《关于修内司窑的几个问题》，《文物》，2008年第12期，第61页。

4 杜正贤：《杭州老虎洞南宋官窑窑址的考古学研究》，《故宫博物院院刊》，2002年第5期，第6页。

提到的仿三代青铜礼器的陶质祭器。[1]

礼器局生产陶瓷祭器的具体的样制应主要参考以下几种，以绍兴十五年（1145年）记载为例：一为北宋政和年间臣僚遗老们家庙所用祭器，此乃徽宗下赐由北宋礼制局督造，所谓"政和六年（1116年）臣僚家庙所用祭器，系礼制局制造，取旨以次给赐臣僚之家，令将逐色祭器内各取一件缴赴所在州军，限目下差人管押赴寺，以凭照应讨论施行，用毕给还"[2]；二为《宣和博古图》

图14-15　南宋官窑瓷质鼎式炉
（故宫博物院编：《官窑瓷器》，故宫出版社，2016年，第124页）

上的礼器样式，即"南郊应合用祭器并合仿博古图等样制，专委官改造，伏乞朝廷详酌指挥施行"[3]；三为各地方官府库内所藏古代青铜器，如"今来秘书省见管古器内有尊彝等，可以照应讨论……"[4]可见南宋陶瓷礼器生产有着严格的官颁式样规定，主要以青铜礼器或博古图样式为范本，与普通民间手工业制造以市场为主导大不相同。

总体而言，与前朝相较，宋金时期陶瓷器物上刻写铭文者数量倍增，出现了一批带有明显御用性质或皇家属性的瓷器，产量和品类甚为丰富多元。届时，中央集权在法律、监察、经济及军事制度等方面都有充分的体现。通过瓷器上与皇室有关的铭文，可以看出当时皇帝对专属用物的进一步规范和强调，也是皇权意识在宫廷生活中的具体表现。

此外，两宋也是我国陶瓷发展史上首次大规模由皇家严格规范样式，并由政府督办监造中央政府用瓷的时期，为了配合完善礼制，生产了大量的陶瓷礼器。形成了由内府颁发样制、窑场照样烧造的中央官府和宫廷用瓷的生产制度，此时官样制度发展完备，为明代御器厂和清代御窑厂的发展奠定了基础。[5]

1　唐俊杰：《祭器、礼器、"邵局"——关于南宋官窑的几个问题》，《故宫博物院院刊》，2006年第6期，第49、52、60页。
2　[宋]礼部太常寺：《中兴礼书》，卷九"嘉礼九""郊祀祭器"，清蒋氏宝彝堂钞本。
3　[宋]礼部太常寺：《中兴礼书》，卷九"嘉礼九""郊祀祭器"，清蒋氏宝彝堂钞本。
4　[宋]礼部太常寺：《中兴礼书》，卷九"嘉礼九""郊祀祭器"，清蒋氏宝彝堂钞本。
5　王光尧：《宋代官窑制度初探》，《文物》，2005年第5期，第77页。

第二节 大汝窑时代

北宋初期，中央宫廷用瓷仍以地方土贡瓷器为主要输入来源，但随着贡奉制度及中央采买制度的变化，北宋中期以来宫廷用瓷逐渐通过"率买"及"抽税"制度获得。至北宋末年，官府置办了历史上首个具有御用性质的中央官府窑场——汝窑，通过中央政府投资置场、控制产品对外流通、专供皇家使用等一系列政策，形成了中国御窑制度的雏形，并对张公巷窑、南宋越窑、南宋龙泉窑、老虎洞修内司官窑、乌龟山郊坛下官窑及朝鲜高丽青瓷等产生了较大影响，是中国官府窑业制度发生重要变化的转折点。

一、汝窑的概念

汝窑自北宋末年始创之后便很快声名鹊起，南宋文人笔下颇多赞誉，如《坦斋笔衡》曰："本朝以定州白瓷器有芒不堪用，遂命汝州造青窑器，故河北、唐、邓、耀州悉有之，汝窑为魁。"[1] 明清两代的相关文献中也常将汝窑列为五大名窑之首。随着近半个世纪以来对汝窑遗址的进一步勘测及考古发掘，使得我们对汝窑的烧造年代、窑址的具体位置，汝窑的概念及性质等有了进一步地判断和定义。

1964年，冯先铭先生在对河南省临汝县宋代瓷窑遗址进行调查时，认为广义的"汝窑"应是由两部分构成的："一部分是专为宫廷烧制的贡瓷，烧制时间短，生产数量少，质量很精；一部分为汝州地区民间烧造的瓷器，可称为'临汝窑'，这是汝窑的主要部分，生产时间长，数量较多，质量也比较好。"[2] 所谓"临汝窑"，主要是指以今河南省中西部临汝县境内的严和店窑、轧花沟窑、下任村窑等地区组成的民窑窑场。而狭义的"汝窑"即古代文献中的"汝窑"，特指河南省宝丰县大营镇清凉寺村在北宋末年所生产的天青乳浊釉类青瓷，带有"官窑"或"御窑"性质，现通常以传世汝窑为标准，将这部分瓷器称为"汝窑"或"官汝窑"瓷器。而古代汝州地区、宝丰清凉寺村出土的其他种类的瓷器，只能称为临汝瓷、民汝瓷，并不是五大名窑中所述"汝瓷"，也不属于本节的重点讨论范围。

关于天青釉汝窑的胎釉特征，明代曹昭于《格古要论》中曰："汝窑器，出汝州。宋时烧者，淡青色，有蟹爪纹者真，无纹者尤好，土脉滋润，薄亦甚难得。"[3]

---

[1] ［元］陶宗仪：《南村辍耕录》，卷二十九，中华书局，1997年，第363页。
[2] 冯先铭：《河南省临汝县宋代汝窑遗址调查》，《文物》，1964年第8期，第23页。
[3] ［明］王佐：《新增格古要论》，卷七"古窑器论·汝窑"，浙江人民美术出版社，2011年，第248页。

亦有明人高濂撰《遵生八笺》曰："汝窑余尝见之，其色卵白，汁水莹厚如堆脂，然汁中棕眼隐若蟹爪，底有芝麻花细小挣钉。……以官窑较之，质制滋润。"[1] 结合窑址出土瓷器及传世器物可知，成熟期汝瓷胎色如香灰，胎土淘洗精细，质地细腻洁净，瓷化程度不高，厚胎薄釉，釉为天青色，质地温润失透，釉层均匀，有开片和不开片两种。器型有盘（图 14-16）、碗（图 14-17）、盏、盏托、水仙盆（图 14-18）、套盒、炉等。器表大都光素无纹，也有少量饰龙纹、莲瓣纹、云纹、弦纹、双鱼纹等，部分传世器物外底有后刻"甲""乙""丙""奉华"、乾隆御题诗文等铭款。小件器物满釉裹足支烧，外底支钉细小如芝麻，大件器物采用垫饼垫圈支烧。汝窑成熟期较晚时段的地层中有大量素烧窑、素烧炉，说明汝窑采用了二次烧成工艺，同时出土了一些模范，包括内范和外范，可见大部分器物采用模制成型工艺。

由于汝窑的生产时间很短，北宋末年金军南侵中原时宫中器物多遭劫掠，宋室匆忙南渡导致大部分汝窑珍品掠入金朝或遗散，因此在当朝就很珍贵，很多皇族、权臣对汝窑只曾听闻未曾目睹。目前传世完整器物最新统计仅 90 余件[2]。

图 14-16　宋汝窑青瓷奉华款碟
（林柏亭主编：《大观—北宋汝窑特展》，台北故宫博物院，2006 年，第 150 页）

图 14-17　宋汝窑青瓷碗

图 14-18　宋汝窑青瓷水仙盆

（林柏亭主编：《大观：北宋汝窑特展》，台北故宫博物院，2006 年，第 56，62 页）

二、汝窑的考古发掘及产品类别

清凉寺汝窑遗址位于河南省宝丰县清凉寺村南，东距宝丰县 25 公里，自 20 世纪 30 年代，日本人大谷光瑞开始到河南调查，并带回日本一些汝窑瓷片，1950 年故宫陈万里先生首次考察宝丰清凉寺窑址[3]，1964 年，冯先铭与叶喆民先生等

1　[明]高濂：《遵生八笺》，卷十四"燕闲清赏笺上卷"，明万历刻本。
2　故宫博物院古陶瓷研究所：《"故宫博物院汝窑学术研讨会"会议综述》，《故宫博物院院刊》，2016 年第 3 期，第 152 页。
3　陈万里：《汝窑的我见》，《文物参考资料》，1951 年第 2 期。

再次赴汝窑调查窑址,在临汝地区严和店、轧花沟地区采集了近三百件瓷片标本,并对临汝窑、耀州窑和钧窑的区别和联系作了深入分析[1]。1987年10月至12月,河南省文物考古研究所首次对宝丰清凉寺窑址进行了小规模试掘,开探方两个,发现典型御用汝瓷20余件,从而证实了该地为汝窑遗址[2]。1988年至1989年,在该区域进行了第二、三次考古发掘,发掘面积达1150平方米,出土各类瓷器和窑具2100余件,但未发现天青釉汝瓷遗迹,[3]1998年至1999年对窑址进行的第四、五次考古发掘仍未发现天青釉汝瓷的中心产区,直到1999年在第Ⅳ区发现了大量天青釉遗迹,确定此处为汝窑的中心产区。2000年,在第六次发掘中出土了大量天青釉瓷器残片、生产作坊、窑炉、窑具等。2001年、2002年,在烧造区又进行两次发掘,发掘面积约800多平方米,清理窑炉20余座,作坊3座,储料陶瓮17个,过滤池、澄泥池、烧灰池各1个,水井3眼,灰坑44个,出土大量遗物,天青色汝瓷片达50多万片。[4]

根据对宝丰寺清凉寺窑场不同发掘区域所产瓷器进行研究和归类,可将其大致分为民用汝窑区和天青釉汝窑区两部分,其中天青釉汝窑根据地层及出土产品类型,又可分为初创期和成熟期两个阶段。民用汝窑区可称作民汝窑、临汝窑,主要由1988年、1989年、1998年和1999年河南省文物考古研究所对宝丰清凉寺分别进行的第二至五次发掘所获,集中在清凉寺窑址区的Ⅰ、Ⅱ、Ⅲ区域,生产时间跨宋、金、元三代,烧造历史延续数百年之久,产品有白釉瓷、白地黑花瓷、印花或刻花豆青瓷、白釉绿彩瓷、黑釉瓷、三彩陶器等,并未有典型的天青釉汝瓷出土,烧造时间最早可至北宋初年。[5]这些区域属于普通的地方民窑,产品为了满足不同消费群体的需求,种类十分丰富,并未形成统一的风格,所产瓷器可以随意在市场流通,靖康之变后,天青釉汝瓷窑场虽已停烧,但这些地区仍然继续生产瓷器。

天青釉汝窑区,即通常所指的汝窑、官汝窑,核心烧造区即2000年至2002年发掘的800平方米,地处Ⅳ发掘区,具体位于清凉寺整个窑址群的西北边缘地带,地势较高,远离水运交通和其他窑址,在清凉寺窑址的早期生产阶段,这里尚未发展窑业生产。天青釉汝窑核心烧造区面积不大,但却集中了澄泥池、灰坑、作坊、窑炉和集中埋放瓷片的堆积坑,作为一个窑场所应具有的备料、成型、烧成三大功能的遗迹全部具备,可能还包括了成品的储存和废品的统一堆放等功能,

---

1 冯先铭:《河南省临汝县宋代汝窑遗址调查》,《文物》,1964年第8期。
2 河南省文物研究所:《宝丰清凉寺汝窑址的调查与试掘》,《文物》,1989年第11期。
3 河南省文物研究所:《宝丰清凉寺汝窑址第二、三次发掘简报》,《华夏考古》,1992年第3期,第141—153页。
4 河南省文物研究所:《宝丰清凉寺汝窑》,大象出版社,2008年。
5 河南省文物研究所:《宝丰清凉寺汝窑址第二、三次发掘简报》,《华夏考古》,1992年第3期,第141—153页。

与其他以商品生产为主要目的的窑场和窑区情况不同。天青釉汝窑场是北宋后期才开始出现，作为整个窑区最高水平的生产区域，有脱离大规模生产区域独立生产的意向，且具有人为挑选场址的痕迹[1]。通过对该区域地层分期及出土遗物判断，天青釉汝窑应经历了初创期和成熟期两个阶段。

"第一阶段的汝窑既烧制裹足支烧的天青釉瓷，又烧制豆青和豆绿釉刻、印花瓷器，有少量豆青、豆绿釉瓷器也为满釉支烧，但支痕较大。出土匣钵多呈红褐色，外壁不涂耐火泥，皆用垫饼，支钉粗大，支钉与垫饼黏结不牢。在该阶段的地层（T36④）和遗迹（Y3）内各出土'元丰通宝'铜钱一枚。"[2] 无论是工艺技术还是产品质量方面，该阶段汝窑核心烧造区的产品都较临汝窑有了很大提高，如采用了满釉支钉支烧技术、已能生产出少量天青釉汝瓷等。但与成熟期的汝窑相比仍有一定差距，如窑场兼烧豆青、豆绿釉瓷器，器物底部支痕较大，且匣钵外壁不涂耐火泥等。因此该阶段应处于汝窑形成的摸索和发展期。

"第二阶段以天青釉瓷器为主，传世汝窑瓷器形制在这一阶段应有尽有，并出现一些新器类。烧造工艺趋于成熟，绝大多数匣钵外壁涂一层耐火泥，支烧垫饼的支钉小而尖，新出现了支烧垫圈。从出土的一些模具标本看，该阶段的不少器物采用模制……在属于该阶段的遗址F2内曾清理出'元祐通宝'铜钱，并在同期的地层内伴出有宋哲宗时期的'元符通宝'和宋徽宗时期的'政和通宝'等铜钱。"[3] 出土器物如这一阶段出土的天青釉瓷片占所有瓷片的99%，器型、釉色和生产工艺等与传世汝窑瓷器完全吻合，器物普遍采用模具成型，以裹足支烧为最大特点，并有集中打碎掩埋处理的迹象，体现了汝窑成熟阶段的整体面貌。关于这两个阶段的始烧和终烧期，经王光尧先生考证，认为第一阶段的生产时间可能始于元祐时期，晚于元丰时期；而第二阶段，即汝窑成熟期的生产时间约始于政和时期，下限约为宣和六年（1124年）以后[4]，其烧造宫廷用瓷的下限，理论上应下推到北宋政权倾亡之日[5]。

三、汝窑的发展成熟与中央官窑的形成

根据对宝丰清凉寺不同区域窑址遗迹及遗物进行对比研究，有学者推断汝窑

---

1 秦大树：《汝窑的考古学观察与探讨》，《紫禁城》，2015年第11期，第88—89页。
2 河南省考古文物研究所：《宝丰清凉寺汝窑址》，大象出版社，2008年。
3 河南省考古文物研究所：《宝丰清凉寺汝窑址》，大象出版社，2008年。
4 王光尧：《汝窑与北宋汴京官窑——从汝窑址考古资料看宋代官窑的出现及官窑制度的形成》，《故宫博物院院刊》，2010年第5期，第98—99页。
5 王光尧：《从官手工业制度看汝窑——兼论宋代的官府窑业制度》，《故宫博物院院刊》，2002年第1期，第55页。

在发展成熟之前应大致经历了以下三个时期[1]。

首先，在北宋初至元祐元年（1086年）之前，宝丰清凉寺村曾大规模生产民窑瓷器，产品有类似于磁州窑风格的胎外施化妆土的白地黑花瓷器，或类似于耀州窑和越窑的印、刻花青瓷，以及类于巩义黄冶窑唐三彩风格的三彩瓷器等，尚未生产天青釉汝瓷。这个时期窑场生产水平不高，产品不甚精致，主要面向平民大众。为了满足消费者多样化的要求，产品类型多元，考虑到一般民众的消费能力较低，为了降低成本，胎釉质量普遍较差，成色粗朴。政府对窑场生产管理并不加以干涉，以自我生产和管理为导向，产品任何人都可持有，性质为普通民窑，并无特殊。

其次，元祐元年（1086年）至政和元年（1111年）是天青釉汝窑的创立和发展时期，这一时期汝窑产量较小，并未形成规模，并和临汝窑风格的豆青釉瓷器一起烧造，也没有集中打碎处理的现象，成型工艺上主要沿袭临汝窑的手工成型方式，不像成熟期瓷器普遍采用模具成型，匣钵上也未涂耐火泥，但窑场却通过改变釉料配方等实现了从临汝窑到汝窑的蜕变，根据文献所述"汝窑，宫中禁烧，内有玛瑙末为油（釉）"[2]，可能是通过加入玛瑙末等方式实现了改进。此阶段汝窑虽处于探索阶段，但已奉命开始为皇家专门烧造贡瓷，即叶寘《坦斋笔衡》中记述"本朝以定州白瓷器有芒不堪用，遂命汝州造青窑器"[3]的始置阶段，官府介入了该地区的瓷业生产，具备贡窑性质。但这个时期汝瓷并非皇帝专用，落选品也没有采用集中打碎掩埋处理的方式，其他人可通过购买等途径合法获得汝窑瓷器，所谓"供御拣退方许出卖"[4]。如洛阳市安乐乡宋代窖藏中出土有一件天青釉瓷碗[5]，裹足支钉支烧，但采用手工轮制成型工艺，与成熟期的汝瓷有明显区别，结合同时出土的其他类型瓷器具有典型民窑特征，可推断该天青釉瓷碗应为汝窑初创期产物，是其作为地方贡窑经皇室拣选后流出的大宗货品。又如文献记载宋室南迁后朝臣张俊还拥有并向皇帝进献汝窑瓷器的记载[6]，说明这一阶段汝窑生产尚未形成垄断，属于地方官窑性质。

也有一些地方官窑如宣州官窑，所产瓷器上虽铭写"宣州官窑"四字，但质地十分粗陋，并非贡物，或许是当地政府订烧，或出资办场，以盈利为主要目的

---

[1] 本节关于汝窑三个发展阶段的论述，主要参阅王光尧：《从官手工业制度看汝窑——兼论宋代的官府窑业制度》，《故宫博物院院刊》，2002年第1期，第52—56页、第94—97页。

[2] ［宋］周辉：《清波杂志》，卷五，《清波杂志校注》，中华书局，1997年，第213页。

[3] ［元］陶宗仪：《南村辍耕录》，卷二十九，中华书局，1997年，第63页。

[4] ［宋］周辉：《清波杂志》，卷五，《清波杂志校注》，中华书局，1997年，第213页。

[5] 张剑：《洛阳安乐宋代窖藏瓷器》，《文物》，1986年第12期，第71页。

[6] ［宋］周密：《武林旧事》，卷九"高宗幸张府节次略"："绍兴二十一年十月，高宗幸清河郡王第，供进御筵节次如后。安民靖难功臣、太傅、静江宁武靖海军节度使、醴泉观使、清河郡王臣张俊进奉……盘合宝器……汝窑：酒瓶一对、洗一、香炉一、香合一、香球一、盏四只、盂子二、出香一对、大奁一、小奁一。"中华书局，1991年，第203—204页。

的官营窑场[1]，类似于现代国有企业，有的与酒肆榷场配合，生产榷场酒瓶等。另有中央或地方派官员至窑场担任"兼税官"或"瓷窑务官"，或命地方州、县长官等对该地瓷窑业生产、税收等进行监管，如"大宋太平兴国七年（982年）……殿前承旨、监杭州瓷窑务赵仁济"[2]，景德镇宋代湖田窑址出土"迪功郎浮梁县丞臣张昂措置监造"文碗底所记"浮梁县丞"[3]等，在一定程度上反映了政府派官加强对地方窑场监控的情况。这类地方官窑不仅官府介入生产，并且有时还对所产贡瓷的样式严格规范，有颁样制造的记录，如文献载南宋"绍兴四年……明堂之祭合用陶器……今来开坐到祭器名件并合创造，乞令太常寺画图样制下两浙转运司……所有陶器乞下绍兴府余姚县烧变"[4]中所提及请太常寺画图样下绍兴府余姚县烧造便是采用这种方式。两宋之际地方官府受命管理烧造瓷器的地方有如邓州、耀州、汝州、处州、余姚县、临安府等。

第三阶段为政和元年（1111年）至宣和六年（1124年）之后，是汝窑的成熟期，传世天青釉色汝窑青瓷应主要是这个时期的产物。这个时期的产品胎质陶冶细腻，釉色稳定，普遍采用裹足支钉支烧、模制成型，支钉细小如芝麻、形制规整精致（图14-19），匣钵外多涂封耐火泥，产品经过素烧后二次烧成。这个时期的汝窑不仅所有权归中央所有，政府还不惜投入更大的代价来提高和完善产品质量，为了制作出最为精美的瓷器不惜工本，甚至以玛瑙末入釉，成功研制出风格成熟稳定、样式规范新颖、制作精良考究的天青釉汝瓷。传世汝窑的器型样式在此一应俱全，窑址中还有大量传世品中未见的器型，落选品有集中故意打碎的迹象。这时期的汝

图14-19 宋汝窑青瓷莲花式温碗
（林柏亭主编：《大观—北宋汝窑特展》，台北故宫博物院，2006年，第129页）

---

1 刘毅：《宣州官窑及相关问题研究》，《考古》，1999年第11期，第78—82页。
2 ［宋］周密：《云烟过眼录》，卷下，《全宋笔记》第八编一，大象出版社，2017年，第73页。
3 江西省文物考古研究所、景德镇民窑博物馆：《景德镇湖田窑址——1988—1999年考古发掘报告》，文物出版社，2007年。
4 ［清］徐松：《宋会要辑稿》，"礼二四"，中华书局，1957年，第942—943页。

窑已不再延续经皇帝拣选后可对外流通出售的一贯政策，而是由皇家垄断式拥有窑场的所有产品，严格控制产品流向，落选者集中打碎掩埋，他人严禁拥有。汝窑发展到这一阶段，性质发生了根本的转变，由从民窑基础上发展起来向中央进贡瓷器的地方官窑，转变为由中央官府出资置场并派人监管，产品流向统一归中央所有的中央官府窑场，已经具备了"御窑"的雏形。

从宝丰清凉寺临汝民窑到天青釉汝官窑的发展演变，可以清晰地看到北宋时期我国陶瓷业从民窑到地方官窑，再到中央官窑的形成过程，从生产管理到窑场性质上都发生了根本的转变，开启了我国瓷窑业的中央官窑制度时代。

四、汝窑的历史意义及对后世的影响

汝窑经过不同阶段的发展，最终创造出了宋代第一批专烧专供的御用瓷器，并将陶瓷烧造技术及陶瓷美学上升到空前的高度。从艺术风格上，汝窑为典雅端庄、俊秀朴素的宋瓷提供了最优的样式范本；在生产工艺、窑业制度等方面，对宋金时期的北宋官窑、南宋官窑、张公巷窑、钧窑、南宋越窑、龙泉窑，甚至海外瓷窑业的发展都产生了深远的影响，是宋金时期陶瓷艺术鼎盛阶段的代表。汝窑的出现，标志着中国瓷窑业进入到了中央官窑制阶段，是中国陶瓷史上十分重要的转折点，起到承上启下的过渡作用。

根据文献记载："本朝以定州白瓷有芒不堪用，遂命汝州造青窑器……政和间，京师自置窑烧造，名曰官窑。中兴渡江，有邵成章提举后院号邵局，袭故京遗制，置窑于修内司造青器，名内窑。澄泥为范，极其精致，油色莹彻，为世所珍，后郊坛下别立新窑，比旧窑大不侔也。"[1] 据此可推测在汝窑设立后不久的宣政年间，中央便在"京师"，即北宋都城汴京地区成立了"官窑"，即所谓"汴京官窑"，但因至今未发现确切的传世品及窑址，所以其真实面貌未可得见。北宋倾亡后，以高宗赵构为中心的南宋宫廷中仍使用少量汝窑瓷器，如《武林旧事》记载："淳熙六年三月十五日，车驾过宫，恭请太上太后幸聚景园……并是水晶玻璃、天青汝窑……"[2] 杭州临安城遗址南宋恭圣仁烈皇后宅遗址中的方形水池中发现有少量汝窑梅瓶残件[3]。中央官府在今杭州凤凰山老虎洞地区重新设置了官窑，史称"内窑""修内司官窑"或"老虎洞官窑"，与稍后于今杭州乌龟山地区设置的"郊坛下官窑"同称作"南宋官窑"。根据1985年至1986年对乌龟山郊坛下窑址的发掘，以及1998年至1999年对修内司官窑的发掘及后续研究可知，汝窑出土的大部分器型如敞口浅腹碗、直口碗、撇口碗、深腹圈足

---

[1] ［元］陶宗仪：《南村辍耕录》，卷二十九，中华书局，1997年，第363页。
[2] ［宋］周密：《武林旧事》，卷七"四水潜夫辑"，中华书局，1991年，第163—164页。
[3] 杭州市文物考古所：《南宋恭圣仁烈皇后宅遗址》，文物出版社，2008年。

盘、六方倭角套盒、龙纹盒、圈足洗、三足洗、盘口折肩瓶等[1]，均能在老虎洞或乌龟山窑址找到造型相同或相似的器物[2]，如在老虎洞窑址时代最早的瓷片积坑 H3 中曾发现 4 件白胎青瓷器，其中盘的圈足向外翻卷，满釉裹足支钉烧，梅瓶为小盘口、器身矮胖，与汝窑产品造型极似[3]，且产品多采用模制成型、裹足支钉支烧，釉色接近天青色，釉质呈乳浊状但较汝瓷玻璃质感稍强。此外，老虎洞南宋官窑的素烧窑炉应脱胎于天青釉汝窑场的馒头窑，其外形、内部结构十分相似；从烧造工艺上看，两者所用匣钵和支烧、垫烧工具亦基本相同[4]。而南宋乌龟山郊坛下官窑在生产技术上又有模仿老虎洞官窑的迹象，两者虽然由于制瓷原料和具体工艺有所不同，在外观和胎釉成分上有一定差异[5]，但不难看出南宋官窑创立之初在生产技术上对汝窑竭力模仿的痕迹。此外，汝窑成熟期集中打碎落选品、产品禁止外流的做法在南宋官窑制度上亦得到延续和发展[6]，是中央官窑制度继续沿革的具体表现。

汝窑的厚釉工艺及二次烧成技术在浙江地区的南宋龙泉窑中发展出自身独特风格，创造出粉青色乳浊厚釉的艺术风格。龙泉窑粉青釉采用了石灰碱釉二元配方工艺，另有薄胎厚釉的黑胎类产品采用了素烧后二次烧成技术，这些工艺都应源于北宋汝窑。

宋金时期同样隶属于汝州地区的张公巷窑场也明显受到汝窑生产技术的影响。张公巷窑与宝丰清凉寺汝窑地域相近，南北相距约 30 公里，自 2000 年在河南汝州张公巷西南角民房改建时发现该窑址后，河南省文物考古队随后多次对其进行了全面的考古发掘，出土了一批作坊、窑炉、窑具和大量青釉瓷器等[7]，其烧造时间最早不超过北宋末期，最晚可能至元代，盛于金代。张公巷窑所产的青釉瓷器釉色可分为卵青、淡青、灰青和青绿等，常见的以薄胎薄釉为主，釉面玻璃质感较强，器物以圈足立烧为主，少量采用裹足支烧，器底支钉呈非常规整的小米粒状，采用素烧后二次烧成的方式[8]，与汝窑瓷器的胎釉造型、工艺特征有着较强的一致性。专家通过对天青釉汝瓷及张公巷窑青釉瓷进行釉样品的采集和分析，发

---

1 河南省文物考古研究所：《汝窑与张公巷窑出土瓷器》，科学出版社，2009 年。
2 杭州市文物考古所：《杭州老虎洞窑址瓷器精选》，文物出版社，2002 年；中国社会科学院考古研究所等：《南宋官窑》，中国大百科全书出版社，1996 年。
3 唐俊杰：《汝窑、张公巷窑与南宋官窑的比较研究——兼论张公巷窑的时代及性质》，《故宫博物院院刊》，2010 年第 5 期，第 105 页。
4 杜正贤：《杭州老虎洞官窑窑址的考古学研究》，《故宫博物院院刊》，2002 年第 5 期，第 6 页。
5 李家治、杜正贤、孙新民等：《老虎洞窑和汝官窑瓷微量元素的研究》，《建筑材料学报》，2003 年第 2 期，第 32 页。
6 秦大树：《宋代官窑的主要特点——兼谈元汝州青瓷器》，《文物》，2009 年第 12 期，第 66 页。
7 郭木森：《河南汝州张公巷窑考古获重大成果》，《中国文物报》，2004 年 5 月第 21 版；郭木森，《河南汝州张公巷窑址》，《2004 年中国重要考古发现》，文物出版社，2005 年。
8 孙新民：《汝州张公巷窑的发现与认识》，《文物》，2006 年第 7 期，第 84 页。

现张公巷窑大部分青瓷产品（约84.4%）的釉料组成与汝官瓷釉相近，关系不远，而汝官瓷釉料配方较为稳定，处于发展成熟阶段，张公巷窑青瓷釉料配方相对比较分散，配方很不稳定，应处在探索期。[1] 根据考古研究，张公巷窑的烧造时间明显晚于汝窑，在地理位置上与其十分接近，应是在生产技术方面受到汝窑的影响。至于张公巷窑遗址的性质，学界一直以来有多种推测，如有一些学者认为张公巷窑很可能就是文献中记载但不见经传的北宋官窑[2]，有学者认为该窑址是金朝海陵王迁都开封前后，由汝州设立的窑场[3]，或有可能是为了学习南宋窑场管理方式所建立的一座官府窑场[4]，还有学者认为张公巷窑在金代后期成为一座生产礼制性器物的官窑[5]。关于对张公巷窑官窑性质的推论，主要由于该窑场所产瓷器品质较高，且对残次品采用了打碎后集中挖坑掩埋的特殊处理方式，这种方式在比它更早的汝官窑核心烧造区亦有发现，因此有观点认为：张公巷窑与官窑、清凉寺汝窑一样，官员参与了生产瓷器、产品选择等窑场运营工作，其所生产的瓷器应部分或全部进贡到了宫廷[6]。若有更加确凿的证据可证明张公巷窑的中央官窑性质，其生产管理制度也应是借鉴了汝窑。

自1973年起至2011年，考古学家先后对禹州市钧窑遗址群进行了多次发掘，包括神垕镇钧台、八卦洞窑址[7]，刘家门东区、刘家门西区窑址[8]，鸠山镇闵庄钧窑遗址[9]等，烧制时间最早约至北宋晚期，金元是其主要发展阶段，明代初期仍有烧造。所烧瓷器除了具有代表性的窑变乳浊釉器物外，早期出土器物中有一些从外观和工艺特征方面，都表现出与汝窑有明显的相似性。首先是钧窑乳浊厚釉的釉料配方，应是汝窑首创的工艺：在2002年对清凉寺窑址考古发掘时在第三阶段发现了大量素烧残件[10]，而刘家门钧窑在创烧的第一阶段便采用了素烧后施厚釉的

---

1 赵维娟等：《清凉寺窑汝瓷和张公巷窑青瓷釉的起源关系》，《硅酸盐学报》，2007年第11期，第1560页。
2 郭木森，《浅谈汝窑、官窑与汝州张公巷窑》，中国古陶瓷学会编：《中国古陶瓷研究（第7辑）》，北京紫禁城出版社，2001年，第11—12页。
3 唐俊杰：《汝窑、张公巷窑与南宋官窑的比较研究——兼论张公巷窑的时代及性质》，《故宫博物院院刊》，2010年第5期，第108—110页。
4 王光尧：《关于汝窑的几点思考》，河南省文物考古研究所编：《河南新出宋金名窑瓷器特展》，深圳雅昌印刷有限公司，2009年，第18—20页。
5 秦大树：《宋代官窑的主要特点——兼谈元汝州青瓷器》，《文物》，2009年第12期，第68页。
6 [韩]李喜宽：《汝州张公巷窑的年代与性质问题探析》，《故宫博物院院刊》，2013年第3期，第36页。
7 河南省文物考古研究所：《禹州钧台窑》，大象出版社，2008年；郭培育：《禹州钧台窑考古新发现与初步研究》，《2005年中国禹州钧窑学术研讨会论文集》，大象出版社，2007年。
8 北京大学中国考古学研究中心、河南省文物考古研究所：《河南省禹州市神垕镇刘家门钧窑遗址发掘简报》，《文物》，2003年第11期。
9 秦大树、赵文军、徐华烽：《河南禹州闵庄钧窑遗址发掘取得重要成果》，《中国文物报》，2012年3月2日第8版。
10 河南省文物考古研究所：《宝丰清凉寺汝窑址2000年发掘简报》，《文物》，2001年第11期。

技术[1]，并一直保留至金元钧窑产品上，可以看到这种技术的传承。其次，刘家门钧窑址自北宋末期创始，便具备较高的烧造水平，其采用满釉裹足支钉支烧工艺应同样源于汝窑[2]。在钧窑长期的仿汝过程中，经历了"亦汝亦钧"的演变过程，并最终形成了一个独立的品种[3]（图14-20、图14-21）。

两宋时期，韩国高丽王朝生产青瓷器最为著名，南宋赴朝鲜使臣徐兢在《宣和奉使高丽图经》中对其做了较为翔实的描述："陶器色之青者，丽人谓之翡色。近年以来，制作工巧，色泽尤佳。酒尊之状如瓜，上有小盖而为荷花伏鸭之形。复能作碗、碟、杯、瓯、花瓶、汤盏，皆窃仿定器制度，故略而不图。以酒尊异于他器，特著之。"[4] 南宋恭圣仁烈皇后宅遗址和南宋皇城地区出土有汝窑、定窑、耀州窑等，同时还出土了一部分高丽青瓷[5]，可见高丽青瓷在南宋时已进入皇家用瓷系统，等级之高可见一斑。在生产技术上，高丽青瓷深受越窑青瓷工艺的影响，但也吸收了当时中国南北诸窑场的优势，如定窑、耀州窑、汝窑。在支烧技术方面，一部分高丽青瓷借鉴了汝窑的满釉裹足支钉支烧方法，如60年代在浙江杭州南宋墓中出土两件高丽青瓷青釉葵口大碗，器物通体施釉，底部裹足支烧，有3

图14-20 宋汝窑青瓷胆式瓶　　　　图14-21 金钧窑天青釉胆瓶
（林柏亭主编：《大观：北宋汝窑特展》，台北故宫博物院，2006年，第68页，第71页）

---

1 秦大树、赵文军：《钧窑研究、发掘与分期新论》，《2005年中国禹州钧窑学术研讨会论文集》，大象出版社，2007年，第17页。
2 秦大树、赵文军：《钧窑研究、发掘与分期新论》，《2005年中国禹州钧窑学术研讨会论文集》，大象出版社，2007年，第16—17页。
3 刘涛：《钧窑瓷器源流及其年代》，《文物》，2002年第2期，第79—80页；王睿，《略说汝窑与钧窑》，《考古》，2015年第10期，第117页。
4 [宋] 徐兢：《宣和奉使高丽图经》，卷三二"陶尊"，中华书局，1985年，第109页。
5 杭州市文物考古研究所：《临安城考古发掘报告——南宋恭圣仁烈皇后宅遗址》，文物出版社，2008年，第90页。

图 14-22　高丽青瓷花口碗　　　　　图 14-23　宋汝窑青瓷莲花式温碗

（林柏亭主编：《大观—北宋汝窑特展》，台北故宫博物院，2006 年，第 133 页，第 126 页）

个支烧痕，痕迹十分细小、规整，与汝窑极似[1]。但两者不同的是汝窑的支具材料是高铝低铁的白色黏土，而 11 世纪之后的高丽青瓷裹足支烧者支具材料为二氧化硅含量很高的硅砂，且汝窑支钉位置普遍靠器物外底圈足附近，而高丽青瓷支钉位置多接近外底中央[2]。12 世纪初，韩国出现的新品种——"象嵌青瓷"也采用了此种支烧工艺，可以说是汝窑满釉裹足支烧工艺在韩国瓷窑业进一步传播影响的结果（图 14-22、图 14-23）。

综上之言，天青釉汝窑是一座成立于北宋晚期，在宝丰清凉寺民窑基础上发展兴盛，由中央官府选择并出资建置的官府窑场，用于为皇家烧造天青釉色汝窑瓷器。在运营初期，该窑场曾经被允许部分产品供御拣选后向外出售，但到政和六年（1116 年）以后，政府严格控制产品流向，落选品采用集中打碎掩埋处理的方式进行管理，汝窑成为中国第一个具有御窑性质的中央官府窑场。在产品风格和烧造技术方面，汝窑影响了北宋末年至南宋、金元时期的诸多重要窑场，如北宋官窑、南宋官窑、龙泉窑、张公巷窑、钧窑及韩国高丽青瓷等。这些窑场的产品在很大程度上从产品造型、釉料配比、成型手法、支烧方式、素烧工艺、窑炉建造、官窑制度等各方面，对汝窑进行了学习和仿制。汝窑的出现，可谓塑造了宋瓷最高标准的艺术范式，掀起当时了南北各窑场模仿天青釉瓷器的新风尚；更重要的是，汝窑所践行的中央官府窑场制度，为南宋、金及元明清的官府窑场制度提供了基础的范式雏形，真正意义上开启了一个中央官窑体系下的"大汝窑时代"。

1　马争鸣：《杭州出土的高丽青瓷》，《东方博物》，2008 年第 4 期，第 109 页。
2　闻彩珍：《从满釉裹足支烧看高丽青瓷与汝窑的关系》，《东方收藏》，2015 年第 1 期，第 76—77 页。

第十五章
宋金时期瓷器监管与国家税收

自唐代中叶设置节度使后，节度使不仅掌握了主要兵权、行政权，而且控制了各地方的赋税收入，拥有强大的财政实力，至唐宪宗即位（805年）时，"分天下之赋以为三：一曰上供，二曰送使，三曰留州"[1]，而中央的财政收入却因此受到一定的限制和冲击。唐五代税收流入地方财政的做法一定程度上加速了唐末五代藩镇割据局面的形成，日益强大的地方势力对皇帝的中央政权造成了不可忽视的威胁，直到宋太祖即位前，"送使"和"留州"仍是赋税收入的主要流向。太祖赵匡胤立宋后，决意改革前朝弊政，对政治制度进行了一系列大幅度的调整，其中对税制和经济方面的调整是重点的改革目标。建隆二年（961年），赵普向宋太祖提出"三策：稍夺其权，制其钱谷，收其精兵"，以控制节度使地方势力，其中"制其钱谷"[2]即建议太祖整顿税制，将地方税收权全部收回中央。乾德二年（964年），"始令诸州自今每岁受民租及筦榷之课，除支度给用外，凡缗、帛之类，悉辇送京师"[3]，规定各州钱粮税收除留取一部分给地方政府"支度给用"外，其余一律送交首都京师，并设置转运使主其事。通过这种方式，皇帝有效地削弱了地方的经济势力，将税收权收归中央，形成了以中央政府为核心的庞大的经济集团，对国家整体财政收入得以有效地控制和支配，加强了中央政府的统治权利。同时，这种方式进一步解决了唐五代时期由于地方财政实力过强，对中央造成的政治威胁，是当时统治阶级加强中央集权，"削枝强干"的重要举措之一。

基于宋金社会发达的商品经济和手工业生产，国家的赋税改革必然在手工业的生产、销售等方面深入渗透。表现在瓷业税收方面，北宋初期的瓷业实物税一段时间内基本延续了唐代的"土贡"制度，北宋中期逐渐转变为"科率制""抽税制"，政府之后还采用了"市易务法"并运用到了瓷业税收方面。此外，中央还在诸多窑场设置有"瓷窑税务官""兼税官"等官职直接负责瓷窑业税务事宜，窑业产区的地方政府官员可能也有一部分参与到瓷业税收工作中去。宋室南迁后，统治集团大力发展海外贸易，瓷器作为中国对外输出的重要商品，也是政府税收

---

1 ［宋］欧阳修：《新唐书》，卷五二"食货志第四十二"，中华书局，1975年，第1359页。
2 ［宋］李焘：《续资治通鉴长编》，卷二，中华书局，1979年，第49页。
3 ［宋］李焘：《续资治通鉴长编》，卷五，中华书局，1979年，第139页。

的主要来源之一，因此中央颁布了一系列促进瓷器生产的政策和制度，获得了很大的经济效益，同时也促使了南宋瓷窑业的空前繁盛。国家通过对瓷窑业税收方式、税收官职等相关体制的不断深化和整改，完成了对当时全国陶瓷产业的进一步的干涉和监控。

第一节　北宋早期的"贡瓷"制度

自三代至唐，文献所说的"贡"，均为对税收方式的一种诠释，在本质上和赋税相同，至少从法制规定上，所有贡物都是由各地官府出资购买。而北宋早期包括贡瓷在内的贡制也应是因袭唐代旧制，主要依照"市取"和"地方所产"两个原则继续向官府进贡土产[1]，如大中祥符元年（1008 年）七月秋，诏"诸州市上供物，非土地所宜者罢之"[2]。规定若非本地特产就不必上贡。关于各地所贡物资的总额，制度中也有明确的规定，以唐代为例，"州府岁市土所出以为贡，其价视绢之上下，无过五十匹。异物滋味，名马鹰犬，非有诏不献。有加配则以代租赋[3]。"将各州府所出贡物的商品总价值限定在五十匹绢价之内，如果贡物价值超过了规定数额，超额部分则可冲抵需上交中央的租赋。而瓷器进贡中央的数量应该也不会超过五十匹绢的价值，进贡方式应主要由地方政府购买后输入中央。这与明清时期通过御器厂或御窑厂专门为皇帝生产的贡瓷有着本质的区别，这些瓷器仅仅是作为地方土特产的民窑产品，尽管有些瓷器上铭刻"贡瓷"款（图15-1）[4]，但有可能只是乡人的俗称，或是地方产品被政府选中作为贡瓷，窑户为了借此宣传以期抬高

图 15-1　越窑青瓷"贡瓷"铭罐形墓志
（李军编著：《千峰翠色——中国越窑青瓷》，宁波出版社，2011 年，第 120 页）

1　王光尧：《唐宋时期的贡瓷与瓷业税》，《中国官窑制度》，紫禁城出版社，2004 年，第 32 页。
2　[元]脱脱：《宋史》，卷七"真宗纪二"，中华书局，1977 年，第 137 页。
3　[元]马端临：《文献通考》卷二十二"土贡考一"，中华书局，1986 年，第 215 页。
4　浙江慈溪上林湖出土有越窑青瓷杯型墓志铭文中有"贡窑"一词，该青瓷杯现藏于浙江省博物馆。

自己的商业价值而已，和国家的官府瓷业制度并不等同。[1]

关于宋初的贡瓷情况，在文献中有许多明确的记载，在官修史书《宋史》《宋会要辑稿》，及官修地理志书《元丰九域志》等文献中，详细地记录了一些曾经生产过贡瓷的省份或地区，其中包括河南府[2]、邢州[3]、巨鹿郡[4]、耀州[5]、越州[6]、明州、饶州、定州、青州[7]等处。

中央政府对贡瓷的态度和处理方式，在《宋会要辑稿》中有相关记载："瓷器库在建隆坊，掌受明、越、饶州、定州、青州白瓷器及漆器以给用，以京朝官三班内侍二人监库。宋太宗淳化元年七月诏，瓷器库纳诸州瓷器，拣出缺璺数目等第科罪：不及一厘，特与除；破二厘，免决勒赔，却给破者；三厘，笞四十；四厘，笞五十；五厘，杖六十；六厘，杖七十；七厘以上不计多少，杖八十。真宗景德四年（1007年）九月诏，瓷器库除拣封桩供进外，余者令本库将样赴三司行人估价出卖。"[8] 据文献可知：宋代中央曾在汴京建隆坊设立有专门的瓷器库储存各地瓷器及漆器，并选派京朝官三班内侍进行监管，而内侍的主要职责是负责打理皇室内部事务，由内侍监瓷器库则意味着库中所藏瓷器应主要供当朝皇室支用，若有损坏残破，还要依瓷器残破程度进行责罚，少则勒赔，多则杖笞，其中破"二厘"者经当事人赔偿后瓷器可退还本人。另文献所载真宗时瓷器库的存货除拣选供御外，其余产品交给"三司行人估价出卖"，说明中央瓷器库所藏包括贡瓷在内的器物是允许其他人占有并使用的，所谓贡瓷在宋代只不过是国家财政收入的一种方式[9]。

宋初通过上缴实物税实行贡奉制的税务阶段，中央政府不仅对各地方上缴的贡物总数提出了量化了的标准，并且对这些贡物的品质也有一定的要求，以杜绝地方政府以次充好，弄虚作假，因此设置了官方征收税物的标准。由于宋初贡奉制与唐代基本相同，可从《新唐书》的记载中找到佐证："凡庸、调、租、资课，皆任土所宜，州县长官莅定粗良，具上中下三物之样输京都。有滥恶，督中物之

---

[1] 王光尧：《唐宋时期的贡瓷与瓷业税》，《中国官窑制度》，紫禁城出版社，2004年12月，第32页。
[2] ［元］脱脱：《宋史》，卷八五"地理志一"，中华书局，1977年，第2115页；［宋］王存：《元丰九域志》，卷一："河南府：河南府洛阳郡……贡蜜、蜡、瓷器"，中华书局，1984年，第4页。
[3] ［宋］王存：《元丰九域志》，卷二："邢州：邢州钜鹿郡……土贡：绢一十匹、瓷器一十事、解玉沙一百斤"，中华书局，1984年，第80页。
[4] ［元］脱脱：《宋史》，卷八十六"地理志第三十九·地理二"："钜鹿郡：信德府次府钜鹿郡本邢州。宣和元年升为府……贡绢、白瓷盏、解玉砂"，中华书局，1977年，第2127页。
[5] ［宋］王存：《元丰九域志》，卷三："耀州：耀州，华原郡……贡：瓷器五十事"，中华书局，1984年，第111页。
[6] ［宋］王存：《元丰九域志》，卷五："越州：越州，会稽郡……土贡：……瓷器五十事"，中华书局，1984年，第208-209页。
[7] ［清］徐松：《宋会要辑稿》，卷一万四千七百九十"食货五二"："瓷器库在建隆坊，掌受明、越、饶州、定州、青州白瓷器及漆器以给用"，中华书局，1957年，第5717页。
[8] ［清］徐松：《宋会要辑稿》，卷一万四千七百九十"食货五二"，中华书局，1957年，第5717页。
[9] 王光尧：《唐宋时期的贡瓷与瓷业税》，《中国古代官窑制度》，紫禁城出版社，2004年，第33页。

值。"[1] 可见中央政府为了考核地方贡物的粗良情况，曾责令地方将各类贡物分上、中、下三等，各选一样输入至京城，并以此为参照标准考评贡物质量，这一点在唐代关于绢帛类丝织品的文献记载中有具体描述，《旧唐书》中载开元八年（720年）正月政府下敕"顷者以庸调无凭，好恶须准，故遣作样，以颁诸州"，目的是"令其好不得过精，恶不得至滥。任土作贡，防源斯在。而诸州送物，作巧生端。苟欲副于斤两，遂则加其丈尺，至有五丈为匹者，理甚不然。阔一尺八寸，长四丈，同文共轨，其事久行，立样之时，亦载此数。若求两而加尺，甚暮四而朝三。宜令所司简阅，有逾于比年常例，尺丈过多，奏闻。"[2] 说明至少在唐开元八年时，官府就规定布帛等庸调税物要"作样"并且"颁发诸州"，使得地方挑选贡物时有章可循，粗精有度。

据王光尧先生考证，瓷器在宋代的实物税阶段，作为重要的征税对象之一，也应存在这种官颁样式，由官府制定出一些标准，烧制出"上、中、下"样之类的瓷器样本，作为征收实物税的参考和准绳。具体在考古发掘资料中可以佐证这一推断的有：考古出土的唐末宋初越窑"官样"铭青瓷[3]（图15-2）、邛窑遗址出土有前蜀"乾德六年（924年）二月上旬造官样，杨全记用"铭印模[4]，这种明确刻有"官样"的器物或可认为是官颁税收标准瓷样。再如北宋寺龙口越窑遗址出土"上"字铭青瓷残片，应为"州县长官苴定粗良，具上中下三物之样输京都"中的"上"样在瓷器中的表现。此外，关于北宋时期"官"和"新官"款瓷器[5]（图15-3、图15-4）内涵的追溯，学界一直存在诸多看法，有观

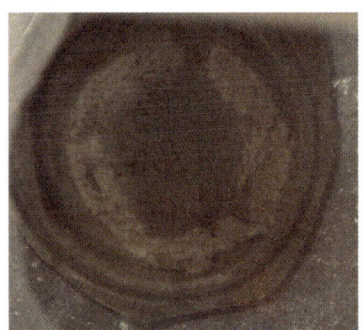

图15-2　上林湖博物馆藏宋"官样"铭青瓷碗（图片为作者拍摄）

图15-3　宋寺龙口越窑青瓷刻"官"字款匣钵

（牟宝蕾著：《南宋官窑通鉴》，浙江人民美术出版社，2017年。）

图15-4　宋定窑白釉"官"字款碗底

（北京艺术博物馆编：《中国定窑》，中国华侨出版社，2012年，第83页）

1　[宋]欧阳修：《新唐书》，卷五一"食货志第四十一"，中华书局，1975年，第1346页。
2　[宋]王溥：《唐会要》，卷八十三，中华书局，1955年，第1532—1533页。
3　主要出土于1990年和1994年浙江省慈溪市上林湖荪白湾和马溪滩越窑遗址。
4　陈显双、尚崇伟：《邛窑古陶瓷简论——考古发掘简报》，载于耿宝昌主编：《邛窑古陶瓷研究》，中国科学技术大学出版社，2002年，第198—199页。
5　权奎山：《关于唐宋瓷器上的"官"和"新官"字款问题》，《中国古陶瓷研究（第五辑）》，紫禁城出版社，1999年。该文对"官""新官"款瓷器做了详细的统计，截至1999年至少共169件，自发表至今，随着新的考古发现，数量有所增加。

点认为：所谓"官"和"新官"铭即为官样和新官样，而北宋早期，"官样"铭出现在越窑瓷器上，说明宋初地方上交瓷器类实物赋税时仍延续着唐代官府制定标准的旧法[1]。

第二节　北宋中晚期瓷税的"科率制""抽税法"及"市易法"

北宋中期以后，政治制度积弊暗涌，冗官冗费所带来的中央财政负担进一步增大，国家内部矛盾渐显，统治阶级采用主张变革的臣僚之建议，进行了两次重要的制度革新——"庆历新政"和"熙宁变法"，其中包含了对税制方面的大幅度调整和改革。

北宋早期中央政府及内廷的收入主要为地方进贡的实物税所得，财政支出以实物调拨为主，即中央将所收的各种物资分配给内廷及各部门。北宋中期以后，中央货币收入逐渐大于实物收入，于是政府采用了新的税收方式——"科率法"，又称"率买""和买""科买"，有目的地通过市场购买的方式直接获取官用所需物资。宋仁宗天圣六年（1028年）时，"凡中都岁用百货，三司视库务所积丰约下其数诸路，诸路度风土所宜及民产厚薄而率买，谓之科率"[2]。而非像以前一样由地方按时按量进贡物品。由于官府选择时是有目的、有条件地主动购买产品，因此这种方式具有市场贸易性质。瓷器作为日用常备物资，在北宋中期以后应有很大一部分是通过"科率"这种政府购买途径进入宫廷、中央官署的。

宋代的"科率法"从制度上看，虽为政府出资购买所得，貌似公平，但实际操作中常给人民带来很大的压力。如庆历（1041—1048年）时，由于对西夏战争的军需，"兵兴以来，天下科率，如牛皮、筋角、弓弩材料、箭干、枪干、胶鳔、翎毛、漆、蜡，一切之物，皆出于民，谓之和买。多非土产之处，素已难得，既称军须，动加刑宪，物价十倍。吏辱百端，输纳未前，如负重罪。"[3] 皇祐（1049—1054年）中，诏曰："科买多出仓猝，故物价翔踊伤民。"[4] 由于率买制在购买数量、交货期限上有硬性规定，因此带有浓厚的强制色彩，价格上也取决于政府意志，为贪官污吏敲诈勒索提供了方便；另外，由于各级官府安排科买时，常不根据实际物产情况和供求关系等购买，为富商大贾哄抬物价牟取暴利提供了机会，同时

---

[1] 关于官颁瓷样的具体论述及观点主要参照王光尧：《关于越窑瓷器所见"官样"铭的思考》，《中国古代官窑制度》，紫禁城出版社，2004年，第40—49页。

[2] [宋]李焘：《续资治通鉴长编》，卷一百〇六"仁宗"，中华书局，1985年，第2471页。

[3] [宋]范仲淹：《范文正公别集》，"范文正公政府奏议上"，民国八年商务印书馆四部最刊景明翻元天历本。

[4] [宋]马端临：《文献通考》，卷二十"市籴一"，中华书局，1986年，第195页。

也增加了政府的开支[1]，经济矛盾日益凸显。

除了"科率"法，北宋官需物资还采用"抽税"的方式直接从商户手中索取，所谓"官须者十取其一，谓之抽税"[2]，如果官府对瓷器有所需求，也应按照总数"十取其一"的原则抽取。而抽税的比率在不同时期是有所不同的，如北宋初期，太祖开宝六年（973年），以十分之一的比例抽取；北宋中期对此有所减免，神宗熙宁初年"抽解旧法十五取一"[3]，至于南宋初期，由于各方面所需甚多，所以又实行了"择其良者如犀角象齿，十分抽二，又博买四分；珠十分抽一，又博买六分。"[4]税率可高达20%，但细货和粗货分开，"将细色值钱之物依法十分抽解一分，其余粗色，并以十五分抽解一分"[5]，正由于此，因而有"舶户惧抽买数多，所贩止是粗色杂货"[6]。

《萍州可谈》记："凡舶至，帅漕与市舶监官莅阅其货而征之，谓之抽解。"[7] 政府通过市舶司对远洋货物抽解实物税成为惯例，是宋朝对外国商货征收进口税的一种方式[8]，这些待远洋的货物只有经过市舶司官员抽税以后，才可得到公凭出国买卖。总体来看，抽税比率一般维持在10%—20%之间[9]，是筹集官需物资和外贸产品征税的主要途径。

科率制度到北宋中晚期积弊已久，官私皆烦劳，熙宁五年（1072年）十二月一日，"诏罢诸路上供科买，以提举在京市易务言：上供荐席、黄芦之类六十色，凡系百余州供送，不胜科扰。乞计钱数，从本务招人承揽，以便民也。"[10] 神宗时王安石认识到了科率制弊病成患，在变法中通过采用"市易法"来缓解科率制度所带来的不便，通过"市易司每年结揽三司住抛买"[11]，类似于现在招标的形式从本地区选取合适的固定商家定向供货，商家按照规定提供相应的物品，此时官府和宫廷物资的采购由之前命三司从各地分别购买改为由市易务找相应的固定商家承包购买，中央与产区之间通过市易务建立了直接供应的渠道，标志着政府官需物资承包购买制度的形成。随着市易务法在全国的推行，神宗元丰五年（1082年）时在瓷窑业已十分发达的景德镇设置了"瓷窑博易务"，

---

1 李晓：《王安石市易法与政府购买制度》，《历史研究》，2004年第6期，第55—56页。
2 [元]脱脱：《宋史》，卷一百八十六"食货下八·商税"，中华书局，1977年，第4541—4522页。
3 [元]马端临：《文献通考》，卷二十"市籴一·市舶互市"，中华书局，1986年，第201页。
4 [元]脱脱：《宋史》，卷一百八十六"食货下八·互市舶法"，中华书局，1977年，第4566页。
5 [清]徐松：《宋会要辑稿》，职官四四，中华书局，1957年，第3373页。
6 [元]脱脱：《宋史》，卷一百八十六"食货下八·互市舶法"，中华书局，1977年，第4566页。
7 [宋]朱彧：《萍州可谈》，卷二，中华书局，2007年，第132页。
8 王杰：《中国古代对外贸易管理史》，大连海事大学出版社，1994年。
9 张尚毅：《宋代对外航海贸易额估算及对经济的影响》，《重庆师范大学学报》，2015年第5期，第39页。
10 [清]徐松：《宋会要辑稿》，卷一万三千四百七十八"食货三八"，中华书局，1957年，第3467页。
11 [清]徐松：《宋会要辑稿》，卷一万一千七百三十二"食货三五"，中华书局，1957年，第5408页。

并任命"宣议郎都提举市易司勾当公事余尧臣"[1]，掌管市易务的相关工作，具体工作内容除了负责中央官需用瓷的选购外，可能还包括部分瓷窑业税收、官营陶瓷贸易等事宜。

针对部分特殊的官需物资，在政府承包购买制的基础上中央还下诏命由政府出资在产地选址置场。元符二年（1099年）闰九月辛巳"诏诸供官之物，转运司预先相度计置钱，令本州选官于出产要便处置场作料，次请比市价量添钱和买。并许先一年召保请钱，认数中卖。"[2]提出供官物品可使转运司提前预算置钱，命选官在相关产地选取合适的地方"置场"，可在市场价的基础上酌情"添钱和买"，允许提前一年招保请钱。这表明由政府出钱向某一类生产技艺高超的地区或作坊定制产品，或者由官方投资在原产地置场生产的方式兴起。而北宋末年临近汴京都城的宝丰清凉寺村，应正是在这种官用物资供给体系发生变化的背景下，以承包置场的方式建立起的一处专烧宫廷和官府用瓷的窑场[3]。

第三节　南宋的瓷税概况

两宋海外贸易空前发达。自北宋起，政府即延续采用了唐代市舶司制度，在沿海港口广设市舶司，来管理日益繁荣的海洋贸易。政府一方面通过市舶司加强对海内外商船的监管和控制；另一方面，也通过这种管理机制收取一定比率的税费。通过市舶司获取丰厚的海外贸易税收成为当时政府重要的财政来源之一，总体看来，两宋政府一直对海外贸易持有积极开放的态度。

北宋神宗曾清楚地认识到：海商获利丰厚，利国深远，他认为："东南利国之大，舶商亦居其一焉。昔钱、刘窃据浙广，内足自富，外足抗中国者，亦由笼海商得术也。若创法讲求，不惟岁获厚利，兼使外藩辐辏中国，亦壮观一事也。"[4]在事关国家经济利益的驱动下，宋政府曾于广州、泉州、明州、温州、杭州、秀州、江阴、密州等多处设立了市舶司或市舶务来加强对海洋贸易的管理，制订了一整套管理海外贸易的条例，政府并亲自参与到对外贸易中，派遣使者到海外从事贸易活动。同时，国家制定了一系列积极的优惠政策，以招揽外藩商人来华贸易，据《宋史·食货志》记载，宋太宗于雍熙年间（984-987年）曾"遣内侍八

1　[宋]李焘：《续资治通鉴长编》，卷三百二十九"神宗"："元丰五年八月甲寅，饶州景德镇置瓷窑博易务，从宣义郎、都提举市易司勾当公事余尧臣请也。"中华书局，1990年，第7916页。
2　[宋]李焘：《续资治通鉴长编》，卷五百一十六"哲宗"，中华书局，1993年，第12277页。
3　秦大树：《汝窑的考古学观察与探讨》，《紫禁城》，2015年第11期，第101页。
4　[宋]李焘著，[清]秦湘业辑：《续资治通鉴长编拾补》，卷五"本末卷六十六"，清光绪浙江书局刻本。

人赍敕书金帛，分四路招致海南诸蕃。商人出海外蕃国贩易者，令并诣两浙市舶司请给官券，违者没入其宝货。"[1] 巨大的海外市场和优越宽松的国家政策使得中国物产大量输出海外，在诸多的文献记载和近年来海内外的考古发现中都可以看到：瓷器是当时对外输出中最主要的产品之一，具体表现在输出数量庞大、输出范围广泛，是当时流行于国际市场的大宗货物。《宋史·食货志》记载：开宝四年（917年），"置市舶司于广州，后又于杭、明州置司，凡大食、古逻、阇婆、占城、勃泥、麻逸、三佛齐诸番，并通货易，以金银、缗钱、铅锡、杂色帛、瓷器，市香、药、犀、象、珊瑚……等物"[2]。又据日本学者三善维康《朝野群载》卷二十"大宰府附异国大宋商客事"中记载泉州客人李充于崇宁四年（1105年）六月所呈"公凭"："今自己船一只。请集水手，欲往日本国，转买回货，经赴明州抽解，乞出给公验前去者。"其中装载物品中有"象眼四十匹，生绢十匹，白绫二十匹，瓷碗二百床、瓷碟一百床"[3]，据相关学者考证，"按当时一床200个单位计算，那么就有瓷碗40000个和瓷盘20000"[4]，另考古发掘中东亚、东南亚、西亚、北非及周围海域都出土（水）了数量可观的两宋瓷器，足可见当时瓷器贸易的繁荣盛状。

"宋自南渡后，经费困乏，一切倚办海舶，岁入固不少。"[5] 首先，南宋与金、元亦战亦和的边疆关系日趋紧张，军事战争耗费了国家政府的大部分收入[6]，"冗官"所带来庞大的行政人员的俸禄开支也进一步加速了国家财政赤字的发生；其次，宋室失去了长江以北的大部分地区，意味着财政总收入的大幅度减少，原有的财政源流骤然短缺；另外，屡禁不止的金属货币大量外流的现象给政府既有的货币系统造成了沉重的打击，政府不得不想尽办法以作补救。在这种背景下，通过鼓励海外贸易并从中获利成为南宋政府极为重要的财政收入之一，统治阶级深刻认识到海洋贸易的重要性。绍兴七年（1137年）高宗赵构说："市舶之利最厚，若措置合宜，所得动以百万计。"[7] 绍兴十六年（1146年）他又声明："市舶之利颇助国用，宜循旧法，以招徕远人。"[8] 到了绍兴末年，仅广州和泉州市舶司的

---

1 [元]脱脱：《宋史》，卷一百八十六"食货志·互市舶法"，中华书局，1977年，第4559页。
2 [元]脱脱：《宋史》，卷一百八十六"食货志·互市舶法"，中华书局，1977年，第4558页。
3 [日]三善维康：《朝野群载》，卷二十。
4 刘兰华：《宋代陶瓷与对日贸易》，《中国古陶瓷研究（第五辑）》，紫禁城出版社，1999年；曾凡，《再谈有关德化窑的问题》，《德化窑》，文物出版社，1990年，第136—152页中，作者认为：一床可装20件碗，或50件小碟，瓷碟100床即5000件瓷器，瓷碗200床即4000件瓷器，共9000件瓷器。
5 [清]徐继畬：《瀛寰志略》，卷二，上海书店出版社，2001年，第54页。
6 郑壹教：《南宋货币与战争》，河北大学2012年历史博士论文，第84页。
7 [宋]李心传：《建炎以来系年要录》，卷一百一十六，文海出版社，1980年，第3662页。
8 [清]徐松：《宋会要辑稿》，"职官四四"，中华书局，1957年，第3375—3376页。

抽分及和买就"岁得息钱二百万缗"[1]，据漆侠先生论断："市舶收入约占百分之四五，到南宋中叶6000多万缗总收入中，约占3%左右"[2]。

大抵由于贩卖瓷器薄本厚利，利润空间较为可观，瓷器在南宋对外贸易产品中一直占有较大比重。商人甚至大量囤积居奇，以高利售贷瓷器，据南宋人朱彧《萍州可谈》记："富者乘时畜缯帛陶货，加其值与求债者计息，何啻倍蓰"[3]，所谓"倍蓰"，是指利润至少在五倍以上，足以窥见"陶货"之厚利。

图 15-5 "华光礁一号"沉船水下瓷器码放原状

该书在描述中国商船装码瓷器的情况时介绍得非常详细："舶船深阔各数十丈，商人分占贮货，人得数尺许，下以贮物，夜卧其上。货多陶器，大小相套，无少隙地。"[4] 商船中陶瓷货品"大小相套，无少隙地"的特点，在南宋南海一号沉船和华光礁一号沉船中都可以看到（图15-5）。

从国家经济层面考虑，瓷器在南宋大规模输出，一方面使得中央政府有机会从中获利，增加了国家财政收入；另一方面，瓷器也曾充当等价货币，在解决南宋国内金属货币短缺的危机中发挥了一定的作用。

以铜钱为主的金属货币外流问题在北宋初年即引起了统治阶级的重视，宋太祖曾下令曰："铜钱阑出江南、塞外及南蕃诸国，差定其法，至二贯者徒一年，三贯以上弃市，募告者赏之。"[5] 庆历元年（1041年）规定："以铜钱出外界，一贯以上，为首者处死。"[6] 南宋时因铜钱外流造成的"钱荒"屡次发生。在打击铜钱

---

1 ［宋］李心传：《建炎以来朝野杂记》，甲集卷十五"市博司本息"："至诏兴末，两舶司抽分及和买，岁得息钱二百万缗。"文海出版社，1967年，第473页。
2 漆侠：《宋代经济史》，中华书局，2009年。
3 ［宋］朱彧：《萍州可谈》，卷二，中华书局，2007年，第134页。
4 ［宋］朱彧：《萍州可谈》，卷二，中华书局，2007年，第133页。
5 ［元］脱脱：《宋史》，卷一百八十"食货下二·钱币"，中华书局，1977年，第4375页。
6 ［宋］李焘：《续资治通鉴长编》，卷一百三十二"仁宗"，中华书局，1985年，第3122页。

输出的同时，政府为了保证对外贸易的顺利进行，决定以陶瓷、丝织品、漆器等作为等价货币代替铜钱在博买活动中进行物物交换，南宋嘉定十二年（1219年）"臣僚言，以金银博买，泄之远夷为可惜。乃命有司止以绢帛、锦绮、瓷漆之属博易。"[1] 此时，瓷器在国家的经济活动中不仅作为一般商品出现在买卖市场上，更是与"绢帛""锦绮""漆器"等中国特产名品一并，作为交易媒介充当等价金属货币，代其在国际市场上进行贸易交换，一定程度上缓解了国家政府因金属货币短缺而造成的财政压力，为维持南宋对外贸易的正常运行发挥了积极的作用。

第四节　宋代的瓷器生产税和商税

北宋中期，有些规模较大的陶瓷产区每年税收已十分可观。以景德镇为例，因"宋朝之制……民聚不成县而有课税者，则为镇，或以官监之。"[2] 某地区须达到一定数额的税收和居住人口的标准方可置镇，那么景德镇于景德元年（1004年）置镇[3]之初其年纳税额应已相当可观并达到了"置镇"的标准。神宗熙宁十年（1077年）"饶州……岁二万五千四百七十贯……德兴县：三千七百九十七贯六百七十八文。景德镇：三千三百三十七贯九百五十七文。"[4] 北宋晚期景德镇作为"镇"，其行政级别虽低于"县"，但其年税收额却和临近的德兴县几乎持平，在饶州府地区的税收中占有相当的比重，并作为重要的税收区域被专门记录下来。作为景德镇支柱产业的瓷窑业自然是当地征收税课的主要对象，因此熙宁十年记录的这项景德镇税收额也反映了当时景德镇瓷窑业税收的基本概况，可推测当时景德镇已是一个瓷窑业发达、商业繁盛、拥有较多人口及较高课税额的地区，亦为我们了解同时期其他陶瓷产区的年税收额提供了参考。

据学者考证，宋代的瓷税可大致分为生产税和商业销售税两个税种。其中瓷器作为生产税是赋的内容之一，在《宋史》中被列入"赋税杂录"项目中，如"赋税杂录：凡租税有谷、有帛、有金铁、有物产为四类。……杂物之品十：曰白椽、香桐子、麻鞋、版瓦、堵笪、瓷器、笛帚、麻剪、蓝淀、草荐。太祖建隆四年诏，每遇起纳税赋，告谕人户赴指定仓库送纳"[5]，这部分赋税内容应由窑户支出。此外，宋代发达的瓷器贸易也必然需要交纳商税，如《宋史》"商税"条载：元丰二年（1079年）"琼管奏：海南收税，较船之丈尺谓之格纳。其法分

1　[元] 脱脱：《宋史》，卷一百八十五"食货下七·香"，中华书局，1977年，第4538页。
2　[宋] 高承：《事物纪原》，卷七，上海古籍出版社，1991年，第184页。
3　[清] 徐松：《宋会要辑稿》，"方域一二"，中华书局，1957年，第7528页。
4　[清] 徐松：《宋会要辑稿》，"食货一六"，中华书局，1957年，第5077页。
5　[清] 徐松：《宋会要辑稿》，"食货七十"，中华书局，1957年，第6371页。

三等，有所较无几，而输钱多寡十倍。……自高、化至者，唯米包、瓦器、牛畜之类，直才百一，而概收以丈尺。……大观二年，诏在京诸门，凡民衣履、谷菽、鸡鱼、蔬果、柴炭、瓷瓦器之类，并蠲其税。"[1]可见至北宋末年，陶瓷器缴纳商业税仍是常例。其中商税又可分为过税和住税两类，所谓"行者赍货谓之'过税'，每千钱算二十；居者市鬻，谓之'住税'，每千钱算三十，大约如此"[2]。又据《宋史》所载，北宋天圣二年（1024年）国家规定"若出于本界县、镇货卖，并令本县收纳过税，给付公引，至所到县、镇住卖，别收住税"[3]，可见在商品运往目的地的途中经过各地税场、税务时需交纳"过税"，税率为"每千钱算二十"，即百分之二，若在市面上的固定商铺或摊位上销售货物需收"住税"，税率为"每千钱算三十"，即百分之三，而在在整个贩卖过程中，商人若需去别处进货回本县、镇"住卖"，则既要在途中于本县交纳过税，又要在目的地交纳住税。瓷器在当时或亦参照这种标准，在不同的情形下按要求向官府缴纳相应的赋税[4]。

第五节　瓷税官的设置[5]

目前发现最早明确记载与瓷税相关的监官官名为"瓷窑税务官"，出现在五代后周时期，光绪《曲阳县志》录有立于后周显德四年（958年）三月的"五子山院和尚舍利塔记碑"碑文，其中碑阴题记有"使押衙银青光禄大夫、检校太子宾客，兼殿中侍御使充龙泉镇使钤辖瓷窑商税务使冯翱"[6]。北宋时，仍有瓷窑税务官监管瓷业税收，山西介休洪山镇源神庙中立于大中祥符元年（1008年）源神庙碑碑阴题名有："瓷窑税务任韬""前瓷窑税务武忠"[7]。有观点认为：根据"五子山院和尚舍利塔记碑"所记冯翱此人的身份及官职描述推断，他所担任的"瓷窑税务官"在宋代应为"监当官"，"掌茶、盐、酒税场务征输及冶铸之事。诸州军随事置官，其征榷场务岁有定额，岁终课其额之登耗以为举刺"[8]。该官职任用较为灵活，在具体任职中，除了负责掌管茶、盐、酒税场务的征输及冶铸等事宜，还负责征榷区域每年的定额税收及支出状况的管理考评，可见征税、监税是"监

1　[元]脱脱：《宋史》，卷一百八十六"食货下八·商税"，中华书局，1977年，第4543—4545页。
2　[元]脱脱：《宋史》，卷一百八十六"食货下八·商税"，中华书局，1977年，第4541页。
3　[清]徐松：《宋会要辑稿》，"食货一七"，中华书局，1957年，第5094页。
4　王光尧：《唐宋时期的贡瓷和瓷业税》，《中国古代官窑制度》，紫禁城出版社，2004年，第35页。
5　本部分内容主要参考王光尧：《"监瓷窑务"官考辨》，《中国古代官窑制度》，紫禁城出版社，2004年，第50-55页。
6　[清]周斯亿：《重修曲阳县志》，卷十一，《曲阳金石录》，清光绪三十年刻本。
7　[清]胡聘之：《山右石刻丛编》，卷二十，清光绪二十七年刻本。
8　[元]脱脱：《宋史》，卷一百六十七"职官七·监当官"，中华书局，1977年，第3983页。

当官"的重要职责内容之一。"监当官"由"京朝官廷臣"担任，在宋代应是常例，如《宋史》载：乾德三年（965年），"始诏诸州支度经费外，凡金帛悉送阙下，毋或占留。时藩郡有阙，稍命文臣权知所在场务，或遣京朝官廷臣监临。于是外权始削，而利归公上，条禁文簿渐为精密"[1]。而冯翱身为"使押衙银青光禄大夫、检校太子宾客，兼殿中侍御使充龙泉镇使钤辖瓷窑商税务使"，其"京官"身份对应了这个记载，他应是五代时期由中央派出的一位"京朝官廷臣"，赴河北曲阳龙泉镇地区充当"监当官"，主要负责当时的瓷业税收。北宋"源神庙碑"所铭"瓷窑税务任韬""前瓷窑税务武忠"的官职性质应与冯翱一样，也是负责监管该地瓷窑业及税收的监当官。

在宋代，同样主要负责瓷业税收的职官还有文献所记"瓷窑官""瓷窑务"，见于《宋会要辑稿》所记太平兴国四年（979年）："六月王师亲平河东，七月下诏北征……二十六日……山后八军、伪瓷窑官三人以所授处牌印来献"[2]。周密《云烟过眼录》"卷下"载："李公略收藏雷威百衲琴，云和样，内外皆细纹，腹内容三指，内题：'大宋太平兴国七年岁次壬午六月望日，殿前承旨、监杭州瓷窑务赵仁济再补修进入吴越国王宫。''百衲'雷威琴，极薄而轻，异物也。"[3] 其中，身为"殿前承旨"的监杭州瓷窑务赵仁济，应就是宋朝中央政府为了加强对地方税收的控制，选派到杭州监管所在瓷窑场场务及赋税的中央官员。[4]

"民聚不成县而有税课者，则为镇"[5]，税收成为两宋衡量某地区是否有资格升级成为"镇"的重要参考标准。以景德镇为例，"宋景德中始置镇，因名。置监镇一员。元更景德镇税课局监镇为提领"[6]。景德镇在北宋置镇之初，除了该地的瓷窑业名声初显以外，更重要的是税收额应一直保持着较高的水平，才有资格升级为镇，置镇的同时设"监镇"一员，其官职的全称应是"景德镇税课局监镇"，并在元代更名为"提领"，具体职能延续至明初都没有本质的变化：即为负责所辖行政区域的税收任务，并不是所谓的督陶官，"奉御董造"只是其附加职能而已[7]。

而真正在当时授命完成烧制宫廷和中央祭祀用瓷任务的仍是各瓷窑所在地的地方官府，具体承办者也是该处的地方官员，具体实例如江西景德镇湖田窑遗址中曾出土有底部铭"迪功郎浮梁县丞臣张昂措置监造"款宋代青白釉碗底（图15-6），铭文所指"浮梁县丞臣"就应是督造官府烧造任务的地方

---

1 ［元］脱脱：《宋史》，卷一百七十九，"食货下一·会计"，中华书局，1977年，第4347—4348页。
2 ［清］徐松：《宋会要辑稿》，"蕃夷一"，中华书局，1957年，第7675页。
3 ［宋］周密：《云烟过眼录》，卷下，《全宋笔记》第八编·一，大象出版社，2017年，第73页。
4 郑嘉励：《越窑"置官监窑"史事辨析》，《东方博物》，2003年。
5 ［宋］高承：《事物纪原》，卷七，上海古籍出版社，1991年，第184页。
6 ［清］王宗沐：《江西省大志》，卷七，明万历二十五年刻本。
7 王光尧：《"监瓷窑务"官考辨》，《中国古代官窑制度》，紫禁城出版社，2004年，第52页。

行政官员。

总体来说，在宋代无论是"瓷窑商税务使""瓷窑税务使""瓷窑务""瓷窑官"，还是地方"监镇"，都是主要负责税收工作的，并且其中有一部分官员是中央下派至地方专收瓷税者，至于窑场的具体生产管理事务，他们一般并不过分涉足。而主要负责具体窑场生产管理工作，尤其在收到上级烧造命令的情况下，多半由地方政府官员承办兼理。

图15-6　宋景德镇窑青白釉"迪功郎"款碗底
（江西省文物考古研究所、景德镇民谣博物馆编著：《景德镇湖田窑址1988—1999年考古发掘报告（下）》，文物出版社，2007年，彩版第100页）

第十六章
宋金时期瓷业技术交流与瓷器新品种的出现

与唐代相比，宋金时期瓷窑场的数量、密度陡增，加之如南北方人口和经济的转移等因素作用，各地不同的制瓷技术不再局限于原有窑场，而向其他区域不断传播扩散，导致各窑业间的技术交流变得更加频繁和密切。在这样一个多元化背景下，每个瓷窑都不再作为单一的个体孤立存在，而是随着产品的传播，在空间和时间维度上彼此产生了深刻和复杂的联系，本质上体现于技术层面的交流。

限于各地生产条件、文化、经济因素等的不同，如自然资源储备、窑业技术水平、区域间文化的多样性、市场需求等因素，导致在技术传播的过程中，一些窑场兼收并序，开发出了更加迎合市场的新型品种。例如，定窑主要在借鉴邢窑技术的基础上成为宋金北方白瓷的生产中心；陕西黄堡——耀州成功烧制出了釉色、瓷质堪与越窑媲美的青釉瓷器；临汝窑在初创期应借鉴了越窑和耀州窑的生产工艺，并在此基础上发展出了天青釉官汝窑品种等。同时，南方地区也积极仿烧白瓷，创烧出了胎釉十分接近白瓷但釉色略泛青的新品种——青白瓷；浙江龙泉窑在北宋开始仿烧越窑，直至南宋时期取代越窑成为南方最具影响力的青瓷窑场等。

在这一阶段的瓷窑技术交流中，出现一些较为显著的特点：如北方瓷窑技术有明显的南移趋势，传统名窑产区内部发生了品种的自我更新迭代现象，小窑场对规模较大的名窑进行的大批量仿制等，很大程度上丰富了产品的多元性和窑业间的密切关系。其中，以青白釉瓷、龙泉窑乳浊质青釉瓷为代表性，这两类产品都是在宋代瓷窑业技术交流的背景下发展出的新品种。在宋代之前，这两处窑场本身并没有完备成熟的制瓷基础，入宋后，逐渐受外部窑业技术的冲击和影响，衍生出独具特色的产品并发展壮大，不仅满足了国内大部分地区的市场需求且广销海外，还极大地影响了东南沿海地区瓷窑业的发展。而以越窑为代表的南方传统名窑在宋代经历了转型和衰落，由唐代至宋初引领并影响了一批南北方重要窑场，到南宋以后不得不接受北方窑场生产技术的输入并最终走向衰落，导致了浙江地区的青瓷生产中心最终由越窑转移至龙泉窑。

通过对青白瓷、越窑、龙泉窑青瓷发展脉络的梳理，可以看到宋金瓷窑业技术交流中南北技术合流、区域内部自我更新等现象的具体演化过程,从艺术风格、工艺技术等层面,看到宋金时期瓷窑业之间密不可分的联系和各具特色的发展特点。

第一节　青白瓷的出现

一、白瓷在南方的流行

9—10世纪,白瓷成为北方中上阶层普遍使用的瓷器品种。通过将偃师杏园唐墓中出土的69座唐墓中的随葬瓷器进行统计比较发现,从初唐到晚唐,瓷器在各类随葬品中的比例逐渐增大,而白瓷在各种釉色的瓷器中所占比重越来越大[1]。晚唐时出现新的白瓷器类组合,以河南、河北、陕西为中心[2]。根据对该时期出土的白瓷墓葬等级进行分析,推测唐代白瓷主要流行于交通发达的大城市中的官员、贵族阶级[3]。尽管如此,多数生产白瓷的窑场仍以生产青瓷、黑瓷、黄釉瓷等为主,唐墓中出土的瓷器中,绝大多数都是青瓷、黑瓷和酱釉瓷,唐代前期和中期尤其如此[4]。

五代时,这种情况发生了很大改变,南方十国墓中出土的白瓷数量激增,从墓葬等级看,使用者既包括了上层阶级,也包括不少平民阶层。贵族墓葬如南唐二陵[5]、邗江蔡庄五代墓[6]、闽国王室墓[7]、常州半月岛五代墓[8]等出土了数量可观的白瓷,平民墓如江西会昌西江五代墓[9]、九江周一娘墓[10]、福州林十七娘墓[11]等中也出土有白瓷。同时,越窑瓷器在唐五代的北方广大地区普及,如陕西法门寺地宫出土的14件秘色瓷就是很好的例证。

总体而言,唐末五代时期,青、白瓷的流行范围,突破了原有生产区域的限制,南方各地区、各阶层的人士开始大量使用北方产白瓷,北方地区也普遍使用南方产青瓷。潜在的市场需求使得南方许多地区开始在当地的窑业基础上生产白

1　黄义军:《宋代青白瓷起源的背景初探》,《考古与文物》,2006年第2期,第82页;于文荣:《浅析唐代北方陶瓷工艺成就》,《中国历史博物馆馆刊》,2002年第2期,第91—106页。
2　于文荣:《浅析唐代北方陶瓷工艺成就》,《中国历史博物馆馆刊》,2002年第2期,第91—106页。
3　黄义军:《宋代青白瓷起源的背景初探》,《考古与文物》,2006年第2期,第83页。
4　李知宴:《唐代瓷窑概况与唐瓷的分期》,《文物》,1972年第3期,第38页。
5　南京博物院编著:《南唐二陵发掘报告》,北京文物出版社,1957年,第56页。
6　扬州市博物馆:《江苏邗江蔡庄五代墓清理简报》,《文物》,1980年第8期,第41—47页。
7　福建省博物馆:《五代闽国刘华墓发掘简报》,《文物》,1975年第1期。
8　常州市博物馆:《江苏常州半月岛五代墓》,《考古》,1993年第9期。
9　会昌县博物馆:《会昌县西江发现一座五代墓》,《江西历史文物》,1987年第2期。
10　刘晓祥:《九江县五代南唐周一娘墓》,《江西文物》,1991年第3期。
11　福建省博物馆:《福州马坑山五代吴越国墓葬清理简报》,《福建文博》,1999年第2期。

瓷，根据考古发现，五代至北宋初年，南方地区最早生产白瓷的窑场主要有江西景德镇窑、赣州窑、吉州窑，安徽繁昌窑、径县晏公窑、武汉青山窑。这六处窑场，大多存在一个从单一烧制青瓷，向增烧白瓷的转变过程。通过考古发掘所显示的窑业地层堆积发现：白瓷和青白瓷在一些窑场中存在早晚相序的关系；比较二者的化学组成，黄义军认为最早的青白瓷很可能是在生产白瓷的基础上偶然烧出来的[1]。

从社会背景看，五代至北宋初，白瓷在南方地区的出现还与北人南迁的社会时局有着密切关系。唐末五代频繁的藩镇割据、农民战争和军阀混战，使得北方"编户转徙，庐井半空"[2]，其中江苏、安徽等长江以南地区为主要徙居区，包括许多原北方贵族阶层也迁居江南，"于时宦游之士，率以东南为善地，每刺一郡，殿一邦，必留其宗属子孙，占籍于治所"[3]。北方移民的南迁对当时江南的政治、经济和文化发展都产生了深远影响，其中一部分贵族、士人很快在南方获得一定的社会地位，他们大都拥有相同的政治观、文化价值观，以及审美趣味，而这群人对北方的文化习俗有着特殊的偏好，并随着自身的迁徙将这种文化带到南方地区，而对白瓷的偏爱正是这种固有文化习俗、审美习惯的具体表现[4]。

二、南北瓷业技术的整合

关于青白瓷的出现原因，学界有两种主流观点，一种是以冯先铭为代表的"仿玉说"[5]，另一种是以黄义军为代表的仿北方白瓷说[6]。根据对生产青白瓷较早的两个窑场——五代安徽繁昌窑和景德镇湖田窑遗址的考古发掘资料分析，早期青白瓷的出现应与北方白瓷制瓷技术的南迁有着密不可分的关系，但并未完全承袭北方白瓷生产技术，而是同时吸收借鉴了以越窑为代表的南方青瓷系统部分传统的工艺内容。

以安徽繁昌窑为例，它是目前发现生产规模最大的早期青白瓷窑场，或被认为是青白瓷的起源[7]，在五代时期始烧青白瓷（图16-1）。在装烧技术方面，它是迄今所知受北方定窑影响最早的南方窑场之一，普遍采用了漏斗形匣钵和垫

---

[1] 黄义军：《宋代青白瓷起源的背景初探》，《考古与文物》，2006年第2期，第84—85页。
[2] [宋]王钦若：《册府元龟》，卷六百七十八"牧守部"，中华书局影印本，1960年，第8102页。
[3] [宋]王禹偁：《小畜集》，卷三十"建溪处士赠大理评事柳府君墓碣铭并序"，四部丛刊景宋本配吕无党钞本。
[4] 崔名芳、朱建华等：《从繁昌窑青白瓷的创烧探究青白瓷起源》，《华夏考古》，2016年第1期，第109页。
[5] 冯先铭：《我国宋元时期的青白瓷》，《故宫博物院院刊》，1979年第3期，第31—32页。
[6] 黄义军：《宋代青白瓷的历史地理研究》，文物出版社，2010年，第55页。
[7] 黄义军：《宋代青白瓷的历史地理研究》，文物出版社，2010年，第66页。

饼、垫圈支烧技术，以及一钵一器的仰烧法，这个时期的景德镇窑还并未采用这种工艺。漏斗形匣钵直径上大下小，呈碗或钵型，每件匣内装一器仰置，可以层层叠放，碗底需配垫饼或垫圈支烧，这种形式的匣钵与垫饼垫圈固定搭配使用的技术最早在唐代时期的定窑出现[1]。从造型上看，繁昌窑有一些

图 16-1　繁昌窑青白釉荷花托盏

（繁昌县博物馆编著：《繁昌窑青白瓷集萃》，文物出版社，2013年，第69页）

卷圆唇和厚唇浅腹碗、碟等器物，具有明显的北方定窑风格[2]，此外，装饰技法、纹饰、器型等方面定窑和繁昌窑也有诸多相似[3]。由此可见，繁昌窑作为南方新型瓷窑业——青白瓷的发端之一，曾受北方定窑技术的直接影响，体现了北方瓷业技术对南方行业内部所产生的影响和改变（图16-2、图16-3）。

在学习北方白瓷制瓷技术的同时，青白瓷窑场也保留了南方传统制瓷技术的许多工艺。首先，从窑炉形制上看，繁昌窑沿用了南方传统的龙窑而未采用北方地区的馒头窑，保留了南方窑炉特色。其次，在瓷器的原材料配比方面，可能采用了二元配方，有人为添加高岭土改善瓷质的现象，极大限度地增加了胎中铝的含量，大大提高了瓷器的白度[4]。釉料配方中，青白瓷在创烧之初沿用了以越窑为代表的钙釉技术传统，釉层含钙量较高，看上去清澈透明，不同于北方白瓷的半透明乳浊色调[5]，这种高钙釉的配方主要源于草木灰、石灰石和白云石的加入，从对两者釉面所进行的测试中，都检测到五氧化二磷，且比例趋同，可以进一步推论两者应都采用加入草木灰配比入釉，再次证明，繁昌窑的青白瓷配方技术来自于越窑。此外，根据对五代繁昌窑6个青白瓷标本进行检测，瓷胎的三氧化二铁含量多在1%以上[6]，而铁是青色釉的主要呈色剂，说明青白瓷创烧时并没有把铁元素含量降到和北方白瓷一样低。基于上述部分研究成果，有学者得出以下观点：

1　河北省文化局文物工作队：《河北曲阳县涧磁村定窑遗址调查与试掘》，《考古》，1965年第8期，第394—412页。

2　陈衍麟：《安徽繁昌柯家村窑址调查报告》，《东南文化》，1991年第2期，第233、235页。

3　崔名芳、朱建华、张居中、杨玉璋：《从繁昌窑青白瓷的创烧探究青白瓷起源》，《华夏考古》，2016年第1期，第110—111页。

4　杨玉璋、张居中：《从繁昌窑青白瓷制作看"二元配方"工艺的产生》，《文物与考古》，2006年第2期，第89页。

5　黄义军：《宋代青白瓷的历史地理研究》，文物出版社，2010年，第63页。

6　邓泽群、吴隽、李家治、吴瑞：《繁昌窑青白瓷的研究》，郭景坤主编：《古陶瓷科学技术国际讨论会论文集》，上海科学技术出版社，2002年，第173—178页。

图 16-2　繁昌窑青白釉瓶口圈足碟

图 16-3　繁昌窑青白釉注壶

（繁昌县博物馆编著：《繁昌窑青白瓷集萃》，文物出版社，2013 年，第 89 页，第 123 页）

青白瓷在诞生之初，是以迎合南方广大地区对白瓷需求量陡增的市场而烧制，以仿北方白瓷为主要目的。但受当地瓷矿资源含铁量稍高的局限，仿烧白瓷的过程中偶发生产出一种胎色较为洁白，釉色白中略泛青，釉层透明度较高的新型陶瓷品种。[1]

关于繁昌窑的性质和地位，有学者认为该窑即为黄矞《瓷史》中所记载的"宣州窑"[2]："宣州瓷窑，为南唐所烧造，以为供奉之物，南唐后主尤好珍玩。"[3] 2012 年在繁昌窑发掘十周年之际召开的首届遗址保护与研究会议上，与会专家认为：在当时没有规范官窑的五代时期，繁昌窑充当了南唐国"官窑"的地位[4]，但这种说法在学界并未形成统一意见。

三、两宋青白瓷的发展

北宋初期，安徽繁昌窑仍是南方地区青白瓷中心窑场[5]，同时安徽泾县窑，湖北青山窑，江西景德镇窑、赣州窑、吉州窑，广西桂平窑也有烧造，这些窑场多

---

[1] 黄义军：《宋代青白瓷的历史地理研究》，文物出版社，2010 年 9 月，第 68—69 页。
[2] 杨玉璋：《宣州窑及相关问题研究》，《广西民族大学学报（自然科学版）》，2007 年第 1 期，第 21 页。
[3] 黄矞：《瓷史》，香港重印，1970 年。
[4] 崔名芳、朱建华、张居中、杨玉璋：《从繁昌窑青白瓷的创烧探究青白瓷起源》，《华夏考古》，2016 年第 1 期，第 110 页。
[5] 黄义军：《宋代青白瓷的历史地理研究》，文物出版社，2010 年，第 108 页。

处于南唐五代移民分布较为密集的地区。

北宋中晚期是青白瓷器的发展高峰期，繁昌窑逐渐衰落，景德镇取而代之，并成为两宋青白瓷的中心窑场，赣江流域、岭南地区、江浙及闽江、晋江流域也陆续出现了青白瓷窑场。景德镇自北宋中期始，生产规模不断扩大，窑业遗存多达130余处，产区绵延近百里，瓷器广销海内外，北宋晚期达到顶峰。产品除了生活类器皿如碗、盘、碟、盏、盅、杯、盒、炉、盆、瓶（图16-4）、罐、注子（图16-5）、温碗、执壶、灯、枕外，还有一些文房类物品如砚滴、水注，以及动物塑像、人俑、佛像等，样式丰富。装饰上采用刻划花、蓖划花、镂空、捏塑、点褐彩等手法，普遍采用漏斗形匣钵和垫饼垫圈组合支烧的工艺。胎体细白致密，瓷化程度较高，釉色青透，发色较稳定，工艺精良，可谓"浮梁巧烧瓷，颜色比琼玖"[1]。南宋以后，北方大部分地区成为金朝的领土，宋政府一度控制和金朝的贸易。北方市场的暂时萎缩对青白瓷的发展虽造成了一定程度的影响，但在南方地区及海外市场供不应求的刺激下，青白瓷仍保持了较为稳定的持续发展。南宋时期青白瓷的国内市场主要集中在江西、两浙、四川及福建地区。

从装烧工艺上看，北宋早中期景德镇湖田窑主要采用"仰烧法"，北宋中晚期开始使用"垫钵覆烧法"。该覆烧工艺主要采用两种窑具，一种是内壁分作数级的上大下小的瓷质的盘或钵状物，另一种是筒式的平底匣钵。这种技法由于需

图16-4 宋青白釉刻划缠枝卷叶纹梅瓶

图16-5 宋青白釉剔刻莲瓣纹狮纽注碗
（江西省博物馆编：《江西宋代纪年墓与纪年青白瓷》，文物出版社，2016年，第69页）

---

1 ［宋］洪迈：《容斋随笔》，卷四"浮梁陶器"："彭器资尚书文集有送许屯田诗，曰'浮梁巧烧瓷，颜色比琼玖'"，中华书局，2005年，第58页。

使瓷器倒扣在匣钵中，口部与窑具接触，因此必须将瓷器口沿一圈刮釉露胎，形成"涩圈"（即"芒口"）（图16-6）。南宋以后，景德镇的覆烧窑具进一步升级，窑场大规模采用"支圈组合式覆烧窑具"，这种窑具呈筒形，兼具垫饼和匣钵的双重作用，能装烧同一规格的圆器[1]。与匣钵仰烧法相比，覆烧法能增加竖向装烧密度的四倍以上，大大节省了空间，并能有效减少变形，节约燃料[2]。从覆烧工艺的源头看，这种技术应为定窑首创，河北涧磁村五代堆积层中出现有类似芒口碗，北宋堆积层中出现有类似覆烧具[3]，两者的覆烧方式、匣钵形状，以及生产出的芒口瓷器样式多有相似[4]。除了釉色仿定瓷以外，景德镇湖田窑产品的工艺、造型和纹饰在一定程度上均与定窑产品相似，故有"南定"之称。

图16-6　宋青白釉印花碟
（李辉炳主编：《中国陶瓷全集·宋（下）》，上海人民美术出版社，1999年11月，第192页）

第二节　越窑、龙泉窑与北方窑场的交流互动

一、越窑的转型

越窑在晚唐、五代时对许多南方窑场产生了深远影响。经研究测试表明，皖南地区歙县的谏口窑、休宁县岩前窑、绩溪泾县诸窑，以及江西景德镇的黄泥头窑等，无论是产品胎釉色调、釉层厚度、釉面光泽、化学组成、烧成温度、显微结构，还是造型和装饰外观等方面，都与越窑有很大程度的相似性，可见越窑一

---

[1] 刘新园、白焜：《景德镇湖田窑各期碗类装烧工艺考》，《文物》，1982年第5期，第87页。
[2] 刘新园：《景德镇宋、元芒口瓷器与覆烧工艺初步研究》，《考古》，1974年第6期，第390页。
[3] 河北省文化局文物工作队：《河北曲阳县涧磁村定窑遗址调查与试掘》，《考古》，1965年第8期，第408、410页。
[4] 宋东林：《宋元时期景德镇窑装烧工艺的研究——景德镇装烧工艺研究之一》，《南方文物》，2013年第2期，第91页。

直在当时南方地区的瓷窑业中占据主导地位[1]。

北宋初期，受越窑影响的南北方窑口愈多，包括龙泉窑、景德镇窑、福建窑、广东窑、耀州窑与定窑等，从装饰纹样和造型上可见一斑[2]。以越窑为代表的南方青瓷产品对北方窑场的影响值得关注，具体体现在与定窑和耀州窑的交流与融合方面。

陈万里先生谈到定窑与越窑的关系时指出："就定瓷而言，它的划花、刻花是模仿着越器的，因为唐至五代的越器，在国内有着极大的声誉，定瓷之受到它的影响，可以想象而知。但是印花工艺，却是定窑的独创，在越器中未大量出现。"[3]北宋初期，两窑产品多有相似，表现在纹样方面，有蝴蝶纹、莲瓣纹、花鸟纹（图16-7），器型上有熏炉、渣斗、执壶、葵口碗、盘，装饰技法上有卷边装饰、细线刻划花。此外，定窑为了掩饰其因覆烧法而产生的"芒口"缺陷，普遍在口沿装饰金、银、铜等，成为文献中著名的"金装定器"[4]，有人认为该工艺为北方产品到南方加工，借鉴了越窑金银扣的技法，两者都是仿造金银器的结果[5]。南宋越窑渐衰，金朝定窑繁荣发展，此时越窑开始吸收学习定窑的一些装饰风格，如作为定窑鼎盛期典型纹样的萱草纹在北宋初年浙江上林湖越窑寺龙口古银锭湖窑址开始出现[6]。

南宋陆游曰："耀州出青瓷器，谓之越器，似以其类余姚县秘色也。"[7]越窑和耀州窑作为北宋早期南北方两大青瓷窑场，在技术和艺术风格上有一定的关联，一般认为黄堡——耀州窑在釉色、工艺等方面受到越窑的强烈影响，其中M形

图16-7　宋越窑青瓷刻划花花鸟纹盒
（李军编著：《千峰翠色——中国越窑青瓷》，宁波出版社，2011年，第165页）

1　张福康、张浦生：《五代越窑的烧制工艺及其对南方地区某些青瓷窑场的影响》，《文博》，1995年第6期，第102页。
2　庄良有：《越窑对其他瓷窑在造型与装饰上的影响》，《文博》，1995年第6期，第105页。
3　陈万里：《邢越二窑及定窑》，《文物》，1953年第9期，第105页。
4　[宋]钱俨：《吴越备史》，卷四："太平兴国五年（980年）九月十一日，王进朝，谢于崇德殿，复上金装定器二千事，水晶玛瑙宝装器皿二千事，珊瑚树一株。"中华书局，1991年，第315页。
5　江松：《再论越窑对定窑的影响》，《上海博物馆集刊》，2000年12月，第303、314—315、317页。
6　隋璐：《定窑瓷器萱草纹刍议》，《文物春秋》，2015年第5期，第23—25页。
7　[宋]陆游：《老学庵笔记》，卷二，中华书局，1979年，第23页。

匣钵的使用可能就来自越窑，但形制稍有变化，是北方化了的M型匣钵[1]，这种装烧技术的改进，对耀州窑生产出胎体轻薄、釉面玻璃质感强的精致产品起到重要的作用。

五代到宋初，黄堡——耀州窑的盘、碗、碟等中小型器物部分采用满釉裹足支钉支烧的方法[2]，熊海堂认为这种裹足支烧技术最早可能见于西晋越窑[3]。黄堡——耀州窑采用直接在圈足上粘三堆硅砂支烧，这种仅见"钉"（硅砂）而无托的垫具，并非耀州窑传统，而是受到了越窑泥丸垫烧法的影响[4]。丁雨认为：黄堡——耀州窑裹足支烧法并非直接借用越窑工艺，更像是对匣钵、'间隔具'支具的使用和重新组合而形成的新方法，这种变革似可视为外来技术与本地传统的结合[5]。另有学者认为：宋元时期河南中西部到关中地区的瓷器生产存在一定共性[6]，其中河南宝丰清凉寺汝窑的裹足支烧工艺，应是通过耀州窑，间接地向越窑技术承袭接受的结果之一。此外，临汝窑所产豆绿釉瓷的刻花、印花装饰，无论题材、装饰纹样及装饰技法等方面，都有模仿耀州窑的痕迹[7]；耀州窑用于大型器物的素烧后二次烧成的工艺，在河南清凉寺汝窑也有应用，并随后传到了江南的南宋官窑和龙泉窑[8]。这是南北方制瓷技术互相传播、交融的结果。

北宋中期以后，越窑的产量、品质和市场等方面有所下滑。南宋初期，越窑产品开始转型，吸收借鉴了北方汝窑的许多生产技术。1998年和1999年，浙江省文物考古研究所同北京大学考古文博学院、慈溪市文物管理委员会先后两次对位于古银锭湖南侧寺龙口村北的寺龙口窑址进行了发掘，发现了大量南宋时期的越窑瓷器遗存[9]，其中有些产品与传统越窑风格迥异，釉多呈乳浊状，发天青或月白色，它们和南宋官窑、汝窑应有着密切关系[10]（图16-8）。

以低岭头类型越窑为例，从其采用的支钉支烧方式看，应与汝窑技术的传入

---

1 王小蒙、[日]加藤瑛二：《黄堡窑装烧工艺的发展演变》，郭景坤主编：《古陶瓷科学技术国际讨论会论文集》，上海科技文献出版社，2005年；王小蒙：《模仿与创新——唐至宋初耀州窑与越窑青瓷的影响与互动》，中国古陶瓷学会编：《越窑青瓷与邢窑白瓷研究》，故宫出版社，2013年，第402页。

2 陕西省考古所：《五代黄堡窑址》，文物出版社，1997年。

3 熊海堂：《东亚窑业技术发展与交流史研究》，南京大学出版社，1995年，第157页。

4 王小蒙：《模仿与创新——唐至宋初耀州窑与越窑青瓷的影响与互动》，中国古陶瓷学会编：《越窑青瓷与邢窑白瓷研究》，故宫出版社，2013年，第402页。

5 丁雨：《宋元时期瓷器裹足支烧工艺浅析》，《文物》，2016年第10期，第57页。

6 秦大树：《宋元时期制瓷业研究的新视角——区域性和阶段性研究》，《全球化背景下考古学新前沿：解读中国古代传统》，赛克勒艺术科学和人文基金会出版，2008年。

7 刘涛：《耀州窑与汝窑》，《文物》，1999年第4期，第27—28页。

8 [日]森达也：《论耀州窑青瓷制瓷技术的传播与影响》，《中国耀州窑学术研讨会文集》，三秦出版社，2005年。

9 浙江省文物考古研究所、北京大学考古文博学院、慈溪市文物管理委员会：《寺龙口越窑址》，北京文物出版社，2002年。

10 李家治、吴瑞：《科技研究为官哥等窑的时空定位提供新思路》，《文物保护与考古科学》，2006年第4期，第43页。

有关。通过对低岭头南宋越窑瓷片和汝窑瓷片的扫描检测后分析，证实了南宋低岭头越窑和汝窑两者不仅外观颇似，胎釉元素含量的变化也很接近，但从线扫描图上看，两者之间还是存在着一些差异，低岭头越窑胎釉的中间层要比汝瓷的稍薄一些，这可能由于两者胎料和烧瓷的窑炉性质不同所导致。实验者认为：南宋低岭头窑处在模仿汝窑技术阶段，还没有达到汝窑成熟工艺阶段。[1] 另外，从低岭头越窑出土的一些瓷片的断面，可以清晰地看到两三层釉，说明多次施釉的厚釉技术，在南宋初就已经在浙江得到使用[2]（图16-9）。这种二次烧成后多次施釉，追求乳浊感厚釉的技术，也应源自于汝窑。而低岭头越窑产品和南宋官窑、龙泉窑的薄胎厚釉产品又有着密切联系，因此有学者提出：低岭头窑可以说是在汝窑与修内司官窑之间起到承上启下作用的窑场[3]。

总之，北宋至南宋早期，中国青瓷发展的基本线索可引用汪庆正先生在杭州老虎洞窑址考古发现专家论证会上的观点："以浙江地区越窑为代表的早期南方青瓷影响了北方的耀州窑；耀州窑影响了汝窑，汝窑和北宋官窑发生了质的变化，即厚釉青瓷产生了；汝窑和北宋官窑的工艺传回南方，也引起了南方青瓷生产发生质变。"[4]

图16-8 宋越窑天青釉鸟食罐
（李军编著：《千峰翠色——中国越窑青瓷》，宁波出版社，2011年，第170页）

图16-9 宋越窑天青釉碗残片
（李军编著：《千峰翠色——中国越窑青瓷》，宁波出版社，2011年，第180页）

---

1 朱守梅、毛振伟、冯敏、朱剑、凌雪、沈岳明、黄宇营、何伟：《南宋低岭头越瓷的同步辐射X荧光线扫描分析》，《核技术》，第27卷第12期，2004年12月，第955—956页。
2 沈岳明：《"制样须索"龙泉窑》，《文物天地》，2016年第7期，第64页。
3 沈岳明：《修内司窑的考古学观察》，《中国古陶瓷研究（第4辑）》，紫禁城出版社，1997年，第84—91页。
4 秦大树：《杭州老虎洞窑址考古发现专家论证会纪要》，《文物》，2001年第8期，第95页。

二、龙泉窑风格的形成

北宋中晚期以后,越窑在南方青瓷窑场的中心地位逐渐被龙泉窑所取代。龙泉窑所产瓷器,按照考古学分型分期,可大致可分为北宋、南宋、元和明四个时期。北宋时期龙泉窑的产品处于初创阶段,瓷器胎质较细白,釉呈淡青色,多装饰刻划花细线,底部用垫环支烧,多碗、盘、执壶等日用器,流行莲纹、云纹、水草纹的风格,主要以仿制越窑、婺州窑和瓯窑为主,从成分检测和分析结果看,也能看到其对越窑和瓯窑的承袭关系[1]。北宋中晚期,龙泉青瓷多灰白、青绿色薄釉,流行内外双面刻划花和蓖点、蓖线衬底的繁密纹饰[2](图16-10)。在此之前,龙泉窑主要到浙江本土的窑青瓷窑业技术的影响较大。

图16-10 宋龙泉窑青瓷瓶
(浙江省博物馆编:《青色流年》,文物出版社,2017年,第252页)

南宋是龙泉青瓷艺术形成自己风格,获得成就的最高峰:南宋早期,流行厚胎薄釉,器物内壁多刻划花草纹,外装饰S形复线与卷云纹相结合的刻花,与"葵口出筋"装饰并存[3];南宋后期,新出黑胎青瓷品种,紫口铁足,釉面遍布细碎开片,与南宋官窑十分接近。两宋不同时期,龙泉窑风格差别迥异,与南北方窑场间的技术流动有着密切关系。

两宋之际,是龙泉窑风格发生转变的重要阶段,由早期向越、瓯窑学习,逐渐向模仿汝窑和南宋官窑的方向发展,并形成了自己的风格。首先,南宋以后,龙泉窑釉质从之前的石灰釉向石灰碱釉过度,石灰釉的特点是高温下黏度较低,釉面玻璃质感较强,而石灰碱釉的钾钠含量较多,特点是高温下黏度较高,釉面光泽柔和,有玉质感[4],是厚釉瓷器形成的前提条件。在新的配釉技术下,产生了最具代表性的粉青、梅子青釉(图16-11、图16-12)。而在宋室定都杭州后,因"袭故京遗制"而建立的第一座南宋官窑——老虎洞修内司窑的窑工们利用杭州本地所产的原料,在不长的时间内就能烧制出与汝窑瓷质相似的玉质感强的析

---

[1] 周仁、张福康、郑永圃:《龙泉历代青瓷烧制工艺的科学总结》,《考古学报》,1973年第1期,第131—157页。

[2] 李知宴:《略论龙泉青瓷的发展》,《中国历史博物馆馆刊》,1983年总第5期,第56—58页。

[3] 任世龙:《龙泉青瓷的类型与分期试论》,《中国考古学会第三次年会论文集》,文物出版社,1981年,第121—127页。

[4] 周仁、张福康、郑永圃:《龙泉历代青瓷烧制工艺的科学总结》,《考古学报》,1973年第1期,第154页。

晶分相的乳浊釉[1]，如果没有北方窑工的参与几乎是不可能的，这是老虎洞窑瓷在釉的配方和显微结构上承袭汝窑瓷釉一个最明显的例证[2]。因此从釉料的技术发展看，老虎洞窑在北宋汝窑和南宋龙泉窑之间，应起到了最为突出的承前启后作用，南宋龙泉窑的乳浊釉技术源头似可追溯到北宋末年的北方瓷窑——汝窑。

图 16-11　宋龙泉窑青瓷象纽盖罐
（浙江省博物馆编：《青色流年》，文物出版社，2017 年 8 月，第 268 页）

从胎质来看，黑胎龙泉青瓷是其发展脉络中又一个技术性的革命，其胎骨中所含 Al_2O_3、TiO_2 和 Fe_2O_3 比一般龙泉窑青瓷要高得多，而接近于北方青瓷胎的组成，显然是在胎泥中加入了大量的紫金土，和南宋官窑和北方汝窑的胎土配方十分接近。高氧化铝和氧化铁的成分，增加了瓷质的硬度和强度，使器物在高温下不易变形，克服了传统龙泉瓷器"笨重粗厚"的特点，使胎体得以变薄，器物造型更加轻巧秀丽[3]，这种二元配方可能就是受到了南宋官窑瓷的影响[4]。（图 16-13）

图 16-12　宋龙泉窑青瓷莲瓣纹碗
（浙江省博物馆编：《青色流年》，文物出版社，2017 年 8 月，第 287 页）

从工艺角度来看宋代龙泉窑的薄胎厚釉产品，或许是采用了素烧技术，虽目前没有发现明确的宋代龙泉窑素烧炉，但是元代龙泉源口山木林窑场发现 4 座素烧炉[5]，可见素烧技术最迟在元代是肯定被使用的。这种经过素烧的二

1　李伟东、李家治、邓泽群、吴隽、郭景坤：《杭州凤凰山麓老虎洞窑出土瓷片的显微结构》，《建筑材料学报》，2004 年 7 月，第 245—251 页。
2　李家治、吴瑞：《科技研究为官哥等窑的时空定位提供新思路》，《文物保护与考古科学》，2006 年第 4 期，第 41 页。
3　周仁、张福康、郑永圃：《龙泉历代青瓷烧制工艺的科学总结》，《考古学报》，1973 年第 1 期，第 153 页。
4　李家治、吴瑞：《科技研究为官哥等窑的时空定位提供新思路》，《文物保护与考古科学》，2006 年第 4 期，第 44 页。
5　浙江省文物考古研究所：《龙泉东区窑址发掘报告》，文物出版社，2005 年，第 246-326 页。

次烧成工艺在我国南宋前的南方地区较少出现，是耀州窑、汝窑特有的工艺，而南宋官窑的考古发掘中，出现了学习北方而建造的馒头窑遗迹，作为素烧窑炉，可见南宋官窑不仅采用了汝窑的素烧工艺，还采用了北方常见的馒头式窑炉，生产出薄胎厚釉的产品[1]。这种素烧技术最后可能再由南宋官窑传播到龙泉窑，生产出了龙泉窑薄胎厚釉的产品。

综合比较，与唐代相比，宋金时期名窑林立，南北方制瓷技术交流频繁。一些传统窑场如越窑，在

图 16-13　宋龙泉窑黑胎青瓷花口盘残件
（牟宝蕾著：《龙泉窑通鉴》，浙江人民美术出版社，2017 年，第 256 页）

早期一定程度上影响了北方的耀州窑、汝窑等，但随后在激烈的竞争中经历了转型和最终的衰落。另有多数新兴窑场在不断学习的基础上发展壮大，其中北方的耀州窑、汝窑、钧窑等窑业技术显现出在向南方技术学习的基础上，结合北方制瓷业的传统优势，在河北、陕西、河南等区域之间互相交流借鉴，最终形成不同的窑系风格，而这种技术又循环影响到了南方窑场，如南宋修内司、郊坛下官窑、龙泉窑等。此阶段，南方的青白瓷和龙泉窑青瓷异军突起，分别直接或间接地吸收了定窑、汝窑等北方名窑的先进制瓷工艺，在胎釉配方、装烧工艺、窑炉形制等方面突破了南方窑业的传统形式，最终生产出广受国内外市场欢迎的新型瓷器品种，为元代瓷窑业的持续高速发展奠定了基础。

---

[1] 李家治、吴瑞，《科技研究为官哥等窑的时空定位提供新思路》，《文物保护与考古科学》，2006 年第 4 期，第 42 页。

第十七章
宋金时期茶、香文化的普及与对瓷器生产的影响

宋代是武将开国、文臣治国的时代，上到以宋徽宗为代表的皇家贵族，下至文人志士，普遍具有较高的文学、艺术修养，生活中也处处透露着对精致高雅品质的追求和向往，所谓"烧香点茶，挂画插花，四般闲事，不宜累家"[1]，便是宋人生活最生动的写照。在这一系列构成宋人物质文化的生活方式中，陶瓷作为最为常见的载体和道具之一，促进了宋人关于"茶汤香"世俗文化的发展和演进。

而金、辽地区因深受宋代汉文化，尤其是士人文化的影响和渗透，在社会各阶层亦流行起品茶、用香等风气。在品茶、用香的炮制工艺、使用习俗等方面与宋朝并无二异，其茶具、香具的造型品类、器物组合搭配方式等方面亦与两宋十分相似。

第一节 "点茶法"的兴起及瓷质茶具的演变

饮茶之风盛于唐代，以煎茶法为主要的烹饮方式，入宋后以点茶法取而代之。

点茶法的雏形在唐代就已形成，陆羽在《茶经》中谓之"痷茶"，认为此种方式并不可取，将其列入"沟渠间弃水"[2]之列，唐末人苏廙在《十六汤品》"第五品·断脉汤"中描述："茶已就膏，宜以造化成其形。"[3]将茶制成膏并以瓶中汤水冲泡"造化其成形"，已初步具备了宋人点茶的基本要素。入宋以后，上至皇帝朝臣，下至市井百姓都普遍采用了点茶法饮茶，以蔡襄著《茶录》所述点茶法为例，前后分别有炙茶、碾茶、罗茶、熁盏、点茶五个步骤，其中点茶的过程中还延伸出"斗茶"的比试游戏。整个制茶过程大致如下：从贮茶器中取出茶饼，若是经年旧茶饼色香俱陈者，需先在器皿中以沸水冲洗并刮去膏油，用金属钤夹住在小火上烘烤干后，再取

---

1 [宋]吴自牧：《梦粱录》，卷十九"四司六局筵会假赁"，《东京梦华录（外四种）》，上海古典文学出版社，1956年，第303页。

2 [唐]陆羽：《茶经》，卷下"六之饮"，中华书局，1991年，第12页。

3 [唐]苏廙：《十六汤品》，"第五品断脉汤"，《中国古代茶书集成》，上海文化出版社，2010年，第66页。

出部分茶叶碾碎，如果当年的新茶便不需要这道工序。碾茶时以干净纸包紧茶叶并捶碎，用碾磨工具反复碾轧，之后把细碎的茶末放入茶罗中筛选过滤，因为颗粒太粗者水不能浸透，茶末和水不能完全溶和。接着要"候汤"，即准备烧煮点茶用水，这个过程需掌握好火候及水烧开的程度，"未熟"或"过熟"的开水都不利于点茶。在点茶前，为了让茶末上浮"发力耐久"，需用开水把即将用到的茶盏冲涤烫热，再将茶末分入各盏内，加入少量汤水调匀呈膏状，最后往盏中边注入沸汤，边用茶筅不停击拂出鲜白茶末即可。若要"斗茶"，一般采用建安黑釉盏，看谁盏中茶沫咬盏的水痕先出现，谁即输。[1]

点茶法除了在蔡襄《茶录》中记载，宋徽宗的《大观茶论》也有描述："点茶不一。而调膏继刻，以汤注之，手重筅轻，无粟文蟹眼者，谓之静面点。盖击拂无力，茶不发立，水乳未浃，又复增汤，色泽不尽，英华沦散，茶无立作矣……"[2] 另有文人苏轼于《试院煎茶》："蒙茸出磨细珠落，眩转绕瓯飞雪轻。"[3] 袁文《瓮牖闲评》："古人客来点茶，茶罢点汤，此常礼也。近世则不然，客至点茶与汤，客主皆虚盏，已极好笑。"[4] 等，绘画作品如北宋徽宗赵佶的《文会图》，南宋刘松年《卢仝烹茶图卷》《碾茶图》《茗园赌市图》等，反映出当时点茶、斗茶活动在民间的流行盛况，上至翁妪，下至幼童都积极参与了斗茶活动，成为宋金市民日常生活中不可或缺的雅玩趣事。茶具及备茶主题的绘画在宋、金、辽代的墓葬中也多有出现，相对于其他装饰题材，宋元时期的备茶题材具有祭祀性质，而以茶为祭在宋元时期具有一定的普遍性[5]。

点茶法的流行也带来了与之相适应的各类茶具的兴盛。从材质上看有金银、铜铁、漆木、瓷器、陶器、石质等，其中瓷器因其材质稳定性强、密封性好、价格低廉、美观且易清洁等多方面的优点，在宋金茶具中数量较多，且适用范围广泛，颇受欢迎。根据其实用功能，瓷质茶具可大致分为贮藏器、研磨器、烹茶器、饮具与清洁用具五大类。

---

1 [宋] 蔡襄：《茶录》，上篇"论茶"："炙茶：茶或经年，则香色味皆陈。于净器中以沸汤渍之，刮去膏油一两重乃止，以钤箝之，微火炙干，然后碎碾。若当年新茶，则不用此说。碾茶：碾茶先以净纸密裹捶碎，然后熟碾。其大要，旋碾则色白，或经宿则色已昏矣。罗茶：罗细则茶浮，粗则水浮。候汤：候汤最难。未熟则沫浮，过熟则茶沉，前世谓之蟹眼者，过熟汤也。沉瓶中煮之不可辨，故曰候汤最难。熁盏：凡欲点茶，先须熁盏令热。冷则茶不浮。点茶：茶少汤多，则云脚散；汤少茶多，则粥面聚。钞茶一钱七，先注汤调令极匀，又添注入环回击拂。汤上盏可四分则止，视其面色鲜白，著盏无水痕为绝佳。建安斗试，以水痕先者为负，耐久者为胜，故较胜负之说，曰相去一水两水。"《中国古代茶书集成》，上海文化出版社，2010年，第10页。
2 [宋] 赵佶：《大观茶论》，"点"，中华书局，2013年，第41页
3 [宋] 苏轼：《苏轼诗集》，卷三"试院煎茶"，中华书局，1982年，第371页。
4 [宋] 袁文：《瓮牖闲评》，卷六，上海古籍出版社，1985年，第57页。
5 丁雨：《俗人雅士——宋代墓葬图像中的"茶事"》，《装饰》，2016年第8期，第32页。

一、贮存器

宋金茶叶可主要分为团饼茶和散茶两种，需要密封的储藏环境以保持其干燥不散味。有些茶在储存前需"以蒻叶封裹入焙中，两三日一次，用火常如人体温，则御湿润"[1]，也有不用烘焙者"宜密封，裹以蒻，笼蒸之，置高处，不近湿气"[2]，梅尧臣在《吕晋叔著作遗新茶》道："其赠几何多，六色十五饼。每饼包青蒻，红鉴缠素苘。"[3]可见蒻叶包裹与用火烘焙是宋代藏茶的常用方法。除此之外，宋人还盛行以陶瓷器皿藏茶，散茶尤甚，有瓷瓶、瓷缶、瓷罂、瓷盒等，杨万里《谢岳大用提举郎中寄茶果药物三首》写："瓷瓶蜡纸印丹砂，日铸春风出使家……松梢鼓吹汤翻鼎，瓯面云烟乳作花。"[4]张镃《许深父送日铸茶》记："瓷缶秘香蒙翠箬，蜡封承印湿丹砂。"[5]吴自牧在《梦梁录》记："径山采谷雨前茗，以小缶贮馈之。"[6]等。罂和缶都是一种小口大腹的罐子，早在东汉便有使用此类瓷器储茶的先例，如浙江省湖州弁南乡东汉晚期砖室墓出土一件青瓷罐，肩部刻有"茶"字[7]，可见以瓷罐贮茶早已被人们认可采用。宋金壁画中也能找到以罐贮茶的证据，如河南登封黑山沟李氏宋墓出土的壁画中绘有备茶场景：其中一位备茶女子右手托有一罐，左手以凤尾茶匙从罐中取茶，此罐小口、丰肩、敛腹，器身装饰有刻花纹（图17-1），宋代定窑有类似器形的瓷器，比该壁画中的茶叶罐多一器盖（图17-2）。另在河南偃师出土国家博物馆收藏的北宋仕女涤器图雕砖拓片中（图17-3），桌上放有托盏四件、茶匙与荷叶形盖罐各一件，其中壁画中的荷叶形盖罐样式在南宋龙泉窑中有所生产（图17-4），但这类荷叶边盖罐除了藏茶外也可能盛放其他物品，如北宋王诜《绣栊晓镜图》描绘女子对镜梳妆的场景，桌上即摆放有一件荷叶边浅色盖罐，像是白釉或青白釉产品，应用于盛放女士用香粉、头油等梳妆用物。

以瓷盒盛茶流行于唐代中期，具体例证如华凌石渚博物馆藏上写有铭文"大

---

1 [宋]蔡襄：《茶录》，上篇"论茶·藏茶"，《中国古代茶书集成》，上海文化出版社，2010年，第101页。
2 [宋]蔡襄：《茶录》，下篇"论茶器·茶笼"，《中国古代茶书集成》，上海文化出版社，2010年，第102页。
3 [宋]吴之振：《宋诗钞》，卷九"吕晋叔著作遗新茶"，中华书局，1986年，第287页。
4 [宋]杨万里：《诚斋集》，卷二十"谢岳大用提举郎中寄茶果药物三首"，上海商务印书馆四部丛刊景宋钞本，1919年。
5 [宋]张镃：《南湖集》，卷六"许深父送日铸茶"，清文渊阁四库全书本。
6 [宋]吴自牧：《梦粱录》，卷十八"货之品"，《东京梦华录（外四种）》，上海古典文学出版社，1956年，第283页。
7 吴铭生：《湖州发现东汉晚期贮茶瓮》，《茶叶通讯》，1990年第3期，第42页。

图 17-1 宋备茶图局部
（徐光冀主编：《中国出土壁画全集·河南》，科学出版社，2012年，第129页）

图 17-2 宋白釉刻花莲纹盖罐
（北京艺术博物馆编：《中国定窑》，中国华侨出版社，2012年，第98页）

图 17-3 宋妇女涤器雕砖，中国国家博物馆藏

图 17-4 宋龙泉窑青瓷荷叶形盖罐
（牟宝蕾，《龙泉窑通鉴》，浙江人民美术出版社，2017年，第195页）

茶合"字的瓷盒盖[1]。宋金虽鲜见明确记载瓷质茶盒的证据，但瓷盒产量巨大是不争的事实，作为各大窑口普遍烧造的大宗产品销量甚好，其造型、装饰各异且功能较为模糊，有作"花盒""果盒""油盒""粉盒""香盒"等用，其中可能有

---

[1] 程义：《从文物看"茶"字的演化》，《文物考古报》，2014年8月15日第5版，第2页。（作者认为该盒"茶"字疑为"茶"字）

一部分用作储藏茶叶。

二、研磨器

宋金人选茶时以茶荀（茶籽下种后萌发的幼芽）、茶芽（茶枝上的芽）为最优，只在春季很短一段时间内长成，需及时采摘。采下的茶叶要经过蒸炙捣揉后加以香料或其他掺和物压制成茶饼，饮用时取出适量研磨成末。

此时的碾茶具一般有茶碾、茶磨、茶臼。就碾而言，其具体材质根据《茶录》记载："茶碾以银或铁为之，黄金性柔，铜及鍮石皆能生鉎，不入用"[1]，推测当时应常以金、银、铁、铜、石等材质制造。宋徽宗对碾的造型作了进一步的描述和要求："凡碾为制，槽欲深而峻，轮欲锐而薄。槽深而峻，则底有准而茶常聚；轮锐而薄，则运边中而槽不戛。……碾必力而速，不欲久，恐铁之害色。"[2] 在《茶具图赞》和河北宣化辽墓壁画的备茶图中（图17-5），皆对当时的茶碾作了具体的样式描绘。

这种船型的茶碾出现在宋代墓葬中也有瓷质者，如1962年河北曲阳县南镇村出土的白釉、黑釉瓷质茶碾（图17-6）；1986年浙江省温州市乐清县水涨乡铁场村、镇安乡萧王庙等发现的五代至北宋墓葬中出土的瓷质碾具[3]；中国茶叶博物馆藏涩胎无釉瓷质碾具；浙江上虞博物馆藏北宋越窑青瓷碾具（图17-7）等。但有人指出，其中有些瓷碾应主要作为明器随葬用品，并非实用器物[4]。

另有碾茶具——茶磨，多

图17-5　宋备茶图

（徐光冀主编：《中国出土壁画全集·河北》，科学出版社，2012年，第143页）

1　［宋］蔡襄：《茶录》，下篇"论茶器·茶碾"，《中国古代茶书集成》，上海文化出版社，2010年，第102页。
2　［宋］赵佶：《大观茶论》，"罗碾"，中华书局，2013年，第30页。
3　金柏东、王同军：《浙江温州五代、北宋瓷制明器》，《考古》，1993年第8月，第716页。
4　康煜：《谈唐宋时期的碾茶具》，《文物春秋》，1994年第3期，第53页。

图 17-6　白釉、黑釉茶碾
（张柏主编：《中国出土瓷器全集·河北》，科学出版社，2008年，第150页）

图 17-7　北宋　越窑青瓷茶碾

图 17-8　瓷磨、瓷碓
（江西省博物馆编：《江西宋代纪年墓与纪年青白瓷》，文物出版社，2016年，第119页）

图 17-9　龙泉窑青瓷擂钵
（浙江省博物馆编：《青色流年》，文物出版社，2017年，第262页）

为石质，审安老人在《茶具图赞》一书中称其为"石转运"。瓷质茶磨十分罕见，在1988年温州苍南县藻溪乡盛陶下山虎土坑墓出土的一批瓷制明器中即有一件砻磨[1]；江西省进贤县北宋政和八年（1118年）墓中也出土有一件瓷磨（图17-8），但应非实用器。

瓷质茶臼作为碾茶具数量稍多，又名"擂钵""研磨钵"。宋人马子严作《朝中措》云："蒲团宴坐，轻敲茶臼，细扑炉熏。"[2] 描绘的是使用茶臼的备茶场景。茶臼应早在唐五代时便投入使用，如中国国家博物馆藏邢窑陆羽瓷像及瓷茶具套件中即有一件邢窑白釉瓷茶臼。宋代窑址中有一些出土青釉（图17-9）、白釉瓷臼等。但对于这些瓷臼的用途，也有人认为是用于窑场生产瓷器时研磨釉料之用，其功能有待进一步探讨。

---

[1] 金柏东、王同军：《浙江温州五代、北宋瓷制明器》，《考古》，1993年第8期，第720页。
[2] ［宋］陈景沂：《全芳备祖集》，后集卷十六"七言八句"，上海古籍出版社，1992年，第423页。

三、烹茶器

宋金人点茶需以瓶煮沸水注入盏中冲点，是点茶过程中十分重要的环节。罗大经于《鹤林玉露》中说"近世瀹茶，鲜以鼎䥶，用瓶煮水"[1]，因古人称沸水为"汤"，所以宋人又称这种煮水器皿为"汤瓶"，或"茶瓶"。宋人点茶时茶汤品质至关重要，不仅水质要好，注汤入盏时水流的大小、汤流的轻重缓急、点茶者的姿势手法等皆影响品茗质量，所谓"汤者，茶之司命，若名茶而滥汤，则与凡末同调矣……沃汤有缓急则茶败，欲汤之中，臂任其责"[2]。而汤力的轻重缓急，水流的大小等与汤瓶的造型设计密切关系，因此宋人对汤瓶式样要求甚苛。宋徽宗论汤瓶"宜金银，大小之制，惟所裁给。注汤利害，独瓶之口嘴而已。嘴之口差大而宛直，则注汤力紧而不散。嘴之末欲圆小而峻削，则用汤有节而不滴沥。盖汤力紧则发速有节，不滴沥则茶面不破"[3]，提倡汤瓶应口大而瓶身直，流嘴应圆小峻削，利于倾倒茶汤时力紧不散，有节而不滴沥。唐代瓷质汤瓶多为喇叭形敞口，短颈短流。入宋，汤瓶造型较唐五代时期更加挺拔修长，流也愈加细长，至南宋，流更加细长夸张，有甚者被称为"冲天流"，在南宋画家刘松年的《茗园赌市图》（图17-10）、河北宣化辽墓壁画"备茶图"等中都有制茶者手持汤瓶点茶或置汤瓶于风炉上烧水的具体形象（图17-11、图17-12）。

宋金汤瓶有金银、铜铁、石、陶、

图 17-10　刘松年　茗园赌市图

图 17-11　备茶图
（徐光冀主编：《中国出土壁画全集·河北》科学出版社，2012年，第175页）

1　[宋]罗大经：《鹤林玉露》，卷三"茶瓶汤候"，中华书局，1997年，第279页。
2　[唐]苏廙：《十六汤品》，"第四中汤"，《中国古代茶书集成》，上海文化出版社，2010年，第66页。
3　[宋]赵佶：《大观茶论》，"瓶"，中华书局，2013年，第36页。

瓷等材质，其中以金银汤瓶最贵，是帝王雅士竞相追捧赞誉的对象，如宋徽宗《大观茶论》曰："瓶宜金银，小大之制，惟所裁给。"苏轼《试院煎茶》曰："银瓶泻汤夸第二，未识古人煎水意。"[1]但由于金银汤瓶造价高昂，除了皇庭贵族或富庶家庭能负担起，较难在中下阶层广泛流传。唐人苏廙于《十六汤品》一书中对汤瓶材质的选择有所建议，他认为茶瓶以金银材质为贵，但由于造价高昂多流行于富庶家庭，普通庶民很难消费起；铜铁铅锡汤瓶虽价廉，汤却易"腥苦味涩"，喝多时还会"恶气缠口而不得去"；无釉的陶汤瓶由于质地疏松很容易渗水，并且烧出的水易有"土气"；石汤瓶有秀雅可用者；唯瓷汤瓶"足可取"，"幽士逸夫"普遍使用，品色适宜[2]。根据苏廙的记载，瓷质汤瓶从对汤质口感的影响、品相外观、实用性等方面俱佳，是较理想的烹茶器具，且因造价较金银瓶低廉，容易被大众所接受，在社会各阶层广泛流行，这种习惯应该在宋代有所沿袭。从现存的实物资料看，宋金的瓷质执壶数量也十分可观，各窑址均有出土（图17-13）。但由于宋金茶具与酒具有部分混用的现象，除去与温碗配套出现的执壶可较确定为酒具外，其余单独使用的执壶单从外观上看，很难确定当时是作为酒具或是茶具使用，若有墓葬中同时出土的其他配套瓷器，可根据

图17-12 备茶图局部
（徐光冀主编：《中国出土壁画全集·河北》科学出版社，2012年，第184页）

图17-13 宋影青釉执壶
（李辉炳主编：《中国陶瓷全集·宋（下）》，上海人民美术出版社，1999年11月，第178页）

---

1 ［宋］苏轼：《东坡诗集》，卷三"试院煎茶"，中华书局，1982年，第371页。
2 ［唐］苏廙：《十六汤品》，"第七富贵汤""第八秀碧汤""第九压一汤""第十缠口汤""第十一减价汤"："以金银为汤器，惟富贵者具焉。所以策功建汤业，贫贱者有不能遂也。汤器之不可舍金银，犹琴之不可舍桐，墨之不可舍胶。""石，凝结天地秀气而赋形者也，琢以为器，秀犹在焉，其汤不良未之有也。""贵欠金银，贱恶铜铁，则瓷瓶有足取焉。幽士逸夫，品色尤宜。""猥人俗辈，炼水之器，岂暇深择铜铁铅锡，取热而已。夫是汤也，腥苦且涩。饮之逾时，恶气缠口而不得去。""无油之瓦，渗水而有土气。虽御胯宸缄，且将败德销声。谚曰：茶瓶用瓦，如乘折脚骏登高。"《中国古代茶书集成》，上海文化出版社，2010，第66页。

其用途推算出执壶的具体功能，若是跟茶盏、茶托一起出现，那么该执壶就可能在当时作为茶汤瓶使用。

随着社会饮茶习俗的变化，散茶冲泡也开始在民间流行，一部分汤瓶的实用功能由注水点茶改为泡茶注水，于是瓶身又由修长逐渐演化成圆鼓形，瓶嘴也由细长变成短曲，"汤瓶"也逐渐改称"茶壶"了[1]。这种变化约在宋辽金时期出现，具体如北宋吕氏家族墓M6中出土的瓷壶（图17-

图17-14　宋景德镇窑青白釉瓜棱腹带盖执壶
（陕西省考古研究院等编著，《异世同调——陕西省蓝田吕氏家族墓地出土文物》，中华书局，2014年6月，第139页）

14）和石质茶壶[2]，器身较宋代典型的"汤瓶"样式口径变短，器身更加丰满矮小，流变短，是目前发现年代较早的茶壶样式，为明代后以茶壶泡茶法的流行奠定了基础。

四、饮具

茶盏可以说是宋金瓷器中产量最大的器类之一，上至两宋官窑、下至民间小窑场都有烧造，白釉、青釉、青白釉、褐釉、黑釉、颜色釉、花釉等各种釉色应有尽有，装饰方面有无纹饰者，也有刻花、划花、剔花、印花、画花等，造型丰富多样。其中最有特色的为斗笠型盏，造型为敞口、斜直壁、小圈足，宛如倒立的斗笠形，是宋金瓷盏特有的流行款式。这些瓷盏中有的仅作为茶具，专为饮茶，如建盏，也有一些既可饮茶，也可饮酒，功能性较模糊，如景德镇湖田窑址出土的北宋前期圈足盏，有的在盏心印"茶"字，有的却印"酒"字[3]。宋代中国的茶道文化和茶盏，传播并影响了周边一些国家，日本是受其影响较深者。根据《参天台五台山记》记载，在宋神宗熙宁五年（1072年），日本僧人成寻来到我国，神宗亲自在延和殿召见，并询问他日本最需要什么，在成寻回答中，"茶碗"是其

1　陈文华：《试论陶瓷茶具的鉴赏》，《农业考古》，2008年第5期，第189页。
2　陕西省考古研究院：《陕西省蓝田县五里头北宋吕氏家族墓地》，《考古》，总第721期，第49—50页。
3　刘新园、白焜：《景德镇湖田窑考察纪要》，《文物》，1980年第11期，第43页。

迫切需要的物品之一[1]。

1. 茶盏

宋金时期，斗茶之风盛行。具体过程及胜负规则为："汤上盏可四分则止，视其面色鲜白，著盏无水痕为绝佳。建安斗试，以水痕先者为负，耐久者为胜"[2]，通过观察乳白色的茶沫附着在盏上的水痕情况来判断输赢，先出现水痕者负，耐久者赢，因此茶盏的选用就显得尤为重要，会直接影响到斗试的结果，而受到茶家极力推崇的最佳斗茶用盏便是建窑黑盏。蔡襄认为："茶色白，宜黑盏。建安所造者绀黑，纹如兔毫，其坯微厚，熁之久热难冷，最为要用。出他处者，或薄，或色紫，皆不及也。其青白盏，斗试家自不用。"[3]尤其指出建安黑釉盏中的兔毫盏，坯体稍厚，在斗茶前的熁盏环节中一经烫热便再难冷却，保温效果良好，很适合斗茶。其他地方所出瓷盏有的壁薄，有的色发紫，都不如建盏，像青白釉瓷盏这类自然不被斗试家采用。宋徽宗在《大观茶论》中进一步说明："点茶之色，以纯白为上……盏色贵青黑，玉毫条达者为上，取其燠发茶采色也。底必差深而微宽，底深则茶宜立而易于取乳，宽则运筅旋彻不碍击拂，然须度茶之多少。用盏之大小，盏高茶少则掩蔽茶色，茶多盏小则受汤不尽。盏惟热则茶发立耐久。"[4]盏的颜色以青黑为贵，这里主要指建窑所产黑釉瓷盏，其中尤以带兔毫斑纹者为上，便于观茶色。盏底应"差深而微宽"，底深方便放置茶膏，注汤后容易出乳沫，底宽便于茶筅击拂茶汤。至于盏的尺寸方面，"盏高茶少则掩蔽茶色"，影响斗茶时观茶汤乳沫色，"茶多盏小则受汤不尽"，影响点茶时注入足量的汤水，对茶盏的形式做出了十分精准详细的要求。

通过1977年和1990年对建窑遗址进行的两次大规模的考古发掘与研究，可知建盏始烧于唐末五代，北宋中晚期达到鼎盛，基本造型为敞口、斜直壁、小圈足，口沿下约一厘米处往往有一圈束口槽，即"注水线"，便于观察水痕，掌握注汤的分量，胎质致密坚硬呈铁黑色，器壁底部较厚，口部微薄，釉色黑亮，多泛金属光泽。

建盏一般以兔毫盏为上品（图17-15），因在黑色的底釉上有丝丝黄褐色垂釉，细密如兔毫而得名。根据垂釉色彩的不同，又可分为"金丝兔毫"和"银丝

---

1 ［日］成寻著，白化文、李鼎霞校点：《参天台五台山记》，"熙宁五年十月十五日条"，石家庄花山文艺出版社，2008年。
2 ［宋］蔡襄：《茶录》，上篇"论茶·点茶"，《中国古代茶书集成》，上海文化出版社，2010年，第102页。
3 ［宋］蔡襄：《茶录》，下篇"论茶器·茶盏"，《中国古代茶书集成》，上海文化出版社，2010年，第102页。
4 ［宋］赵佶：《大观茶论》，"盏"，中华书局，2013年，第33页。

兔毫",也有一些釉中析出的结晶呈斑点状,称为"油滴""鹧鸪斑"等。黄庭坚作《西江月·茶》赞兔毫盏曰"兔褐金丝宝碗,松风蟹眼新汤"[1],又有杨万里《以六一泉煮双井茶》诗云"鹰爪新茶蟹眼汤,松风鸣雪兔毫霜"[2]等,可见兔毫盏在两宋已成为文人雅士争相追捧的饮茶名具,目前发现最早的建窑黑釉盏纪年墓葬,是江西瑞昌北宋宣和六年(1124年)

图 17-15　建窑黑釉茶盏
(陕西省考古研究院等编著:《异世同调——陕西省蓝田吕氏家族墓地出土文物》,中华书局,2014年6月,第174页)

何郓墓[3]。北宋中后期福建建阳窑曾专门为宫廷烧制黑釉盏,底部刻有"供御"二字,如南平市建阳区水吉镇建窑遗址中出土一些"供御"款建盏的碗底及"供御""进盏"铭垫饼,放置在窑室中最好的窑位烧造,数量不多,但并未专门置场烧造,而是采用官搭民烧的方式[4]。

建盏对日本茶道影响较大,日本人称其为"天目盏",其中被视为国宝级的藏品——曜变天目盏在日本极受重视,分别藏于日本东京静嘉堂文库、大阪藤田美术馆、京都大德寺龙光院以及镰仓大佛次郎私人收藏。

2. 盏托

宋代茶盏常与盏托配套使用,盏托俗称"茶托子",是盛放茶盏的托盘,中心有环底,便于搁置盏杯,隔热防烫。有的盏托也圈足高,本身就似一小碗,多为中空无档。定窑、汝窑(图17-16)、越窑、耀州窑、龙泉窑、景德镇窑等皆有烧造,数量甚多。关于盏托的起源,唐代李匡乂在《资暇集》中称:"始建中,蜀相崔宁之女以茶杯无衬,病其熨指,取楪子承之,抚啜而杯倾,乃以蜡环楪子之央,其杯遂定。即命匠以漆环代蜡。进于蜀相,蜀相奇之,为制名而话于宾亲。人人为便,用于代。是后传者更环其底,愈新其制,以至百状焉。"[5] 显然该文献认为盏托是唐代蜀相崔宁之女始创。但实际上早在晋代就有盏托出现,如长沙砂

1　[宋]黄庭坚:《山谷别集》,卷二十"西江月·茶",《历代诗余》,上海书店,1985年,第302页。
2　[清]吴之镇:《宋诗钞》,一〇六卷"以六一泉煮双井茶",中华书局,1986年,第287页。
3　刘礼纯:《江西瑞昌县发现七座宋代纪年墓》,《考古》,1992年第4期,第331—334页。
4　中国社会科学院考古研究所、福建省博物馆:《福建建阳县水吉北宋建窑遗址发掘简报》,《考古》,1990年第12期。
5　[唐]李匡乂:《资暇集》,卷下"茶托子",中华书局,1985年,第25页。

图17-16 汝窑青瓷盏托（侧面、俯视）
（林柏亭主编：《大观：北宋汝窑特展》，台北故宫博物院，2006年，第108、110页）

子塘2号墓出土的一例青釉茶托[1]。

宋金人饮茶多用盏托承托茶盏搭配使用，这在当时包括辽代在内的绘画和墓室壁画中便可窥见一斑。如日本京都大德寺藏南宋《五百罗汉图》中绘有一侍童给两位罗汉点茶的场景，侍童手持汤瓶往茶盏中边注水边以茶筅击拂，而两位罗汉分别手捧盏托，上承有黑釉盏。南宋刘松年在《碾茶图》中所绘制的茶几上，也有一摞盏托累叠放置。南宋审安老人在《茶具图赞》一书中称盏托为"雕漆密阁"，可能由于漆制盏托隔热性较好且较瓷器轻便较为适用的缘故，是更优的选择。如1993年河北省宣化下八里10号张匡正辽墓壁画所绘送茶者，双手端着朱红色茶托，上置白色盏（图17-17）。5号张世古墓壁画中，桌上摆着一摞红色盏托和两摞白色茶盏，这些壁画中的红色盏托有可能即为朱红色漆盏托；张世古墓备茶图中桌后立有一侍女着朱红斜襟衬衣，外披水绿色长衫，双手持一件

图17-17 备茶图局部
（徐光冀主编：《中国出土壁画全集·河北》，科学出版社，2012年1月，第143页）

图17-18 耀州窑托盏
（陕西省考古研究院等编著：《异世同调——陕西省蓝田吕氏家族墓地出土文物》，中华书局，2014年6月，第88页）

黑色盏托，托上置浅色斗笠形茶盏一件。类似的茶盏与盏托异色搭配的瓷质器物组合在吕氏家族墓中出土有一套，该套饮茶器下部的黑釉瓷盏托作弧壁杯形，圆唇，宽沿上翘，浅曲腹，高圈足，上部的茶盏唇口，斜直壁，器壁微曲，内壁分别刻划团菊纹，胎色土黄，足外底处有沾砂，应是耀州窑所产（图17-18）。但

---

[1] 孙机：《唐宋时代的茶具与酒具》，《中国历史博物馆馆刊》，1982年第4期，第116页。

大部分的盏托和茶盏皆为同窑口产品搭配使用。

五、洁具

渣斗俗称"唾壶",一般为喇叭形口、束颈、壶身呈坛、罐状,用于盛放生活用废弃物,如食物残渣、洗漱废水等。瓷质渣斗最早发现于东汉末年至三国吴时期,两晋时期颇为流行,因安徽省阜阳市双古堆西汉汝阴侯墓所出"女阴侯唾器"铭[1]漆唾器而得名。

根据中国国家博物馆藏五代邢窑白釉茶具套件中茶盏、盏托、汤瓶、水罐、渣斗的配套使用,可见至少在唐五代时期渣斗便作为盛放废弃茶渣的洁具出现。宋金饮茶也常用渣斗,在吕氏家族墓中出土的一件铜质渣斗,其口沿与内壁附有部分茶叶残片,亦即渣斗作为当时饮茶洁具的佐证。宋、辽、金的墓室壁画中,描绘渣斗的具体案例有:北宋元符二年(1099年)河南白沙宋代赵大翁墓壁画"夫妇对坐图"中,立于左侧屏旁的一位侍者手持白色渣斗,又有河北宣化下八里辽代5号张世古墓壁画中所绘"备茶图"(图17-19),以及河南省荥阳市槐西村宋墓出土壁画"备茶图"(图17-20)中皆有渣斗图像。从现存实物来看,这个时期的瓷质渣斗数量较多,样式各异,具体如陕西省考古研究院藏耀州窑刻牡丹花纹青釉渣斗,盘口部分内壁满刻缠枝牡丹纹,外壁饰篦

图17-19 备茶图局部
(徐光冀主编:《中国出土壁画全集·河北》,科学出版社,2012年,第184页)

图17-20 奉茶图局部
(徐光冀主编:《中国出土壁画全集·河南》,科学出版社,2012年1月,第185页)

---

[1] 安徽省文物工作队、阜阳地区博物馆、阜阳县文化局:《阜阳双古堆西汉汝阴侯墓发掘简报》,《文物》,1978年第8期,第21页。

图 17-21　耀州窑刻花牡丹纹青釉渣斗

（陕西省考古研究院等编著：《异世同调——陕西省蓝田吕氏家族墓地出土文物》，中华书局，2014 年 6 月，第 123 页）

图 17-22　定窑酱釉渣斗

（杨正宏等编：《镇江出土陶瓷器》，文物出版社，2010 年，第 167 页）

划纹，器身外腹刻尖头仰莲纹，胎色灰白，釉色青绿、质地莹润（图 17-21）；又如 1994 年江苏丹徒左湖北宋墓出土的酱釉渣斗（图 17-22）等。除了作为茶具外，渣斗还出现在宋人宴饮筵席上，如元人笔记载："宋季大族设席，几案间必用箸瓶、渣斗"[1]。

第二节　宋金香事及瓷质香具[2]

除了饮茶，香事在宋金士人生活中同样是不可或缺的，不仅作为点缀和美化人们起居住所的闲情雅事，而且是文人精神诉求及宗教信仰的具体表现。关于宋金文人雅士燕居焚香场景的诗文繁不胜数，譬如"却挂小帘钩，一缕炉烟袅"[3]，"麈尾唾壶俱屏去，尚存余习炷炉香"[4] 等，更有酷爱香事的黄庭坚作《贾天锡惠宝薰乞诗》称自己"天资喜文事，如我有香癖"[5]，可见以黄庭坚为代表的文人阶层对焚香、品香之事痴迷至深。此外，香供养也是佛教供养的重要内容之一，与佛教同时传入中国，具体如大乘佛教经典《楞严经》记："见诸比丘烧沉水香，香气寂然来入鼻中。我观此气，非木非空，非烟非火，去无所着，来无所从，由是意销，发明无漏……尘气倏灭，妙香密圆。"[6]

宋金文人绘画、寺庙壁画及雕刻等资料中常能看到关于焚香的题材，包括款式各异的香具造型。根据现存的实物资料来看：宋金诸多香具类别中，除了前朝最常见的金、银、铜、铁、锡等金属香具以外，还出现了大量的瓷质香具，不仅

---

[1] ［元］孔齐：《至正直记》，卷一"止箸"，中华书局，1991 年，第 16 页。
[2] 本节部分内容参考扬之水：《香识》，人民美术出版社，2014 年；浙江省博物馆、法门寺博物馆：《香远益清——唐宋香具览粹》，中国书店，2015 年。
[3] ［宋］晁补之：《晁无咎词》，卷一"生查子·夏日即事"。
[4] ［宋］陆游：《剑南诗稿》，卷六十二，《剑南诗稿校注》，上海古籍出版社，2005 年，第 3532 页。
[5] ［宋］黄庭坚：《豫章黄先生文集》，第五"贾天锡惠宝薰乞诗予以兵卫森画戟燕寝凝清香"。
[6] ［唐］般剌密帝译：《大佛顶如来密因修证了义诸菩萨万行首楞严经》，卷五。

数量可观、品类丰富，且不乏精美实用者，亦为后世瓷质香具的蓬勃发展奠定了基础。

一、储香器

两晋之前主要以焚茅草或熏草生香，至宋，香史进入焚烧树脂香料阶段，或由众合香研磨调配成香饼或香丸储存于专用容器中，为了保持香味纯正不变，品质经久不腐坏，多以带盖的密闭容器储存，名曰"香盒"（文献多作"香合"），材质有金银、漆器、瓷器等。根据文献记载，贵族阶层多使用金银制地的名贵香盒，但从全国范围的出土情况看，以瓷香盒出土量最多，在当时应最为普及。

宋金流行以多种香料混合制作合香，陆游于《焚香赋》中曾记载自制合香所用的香料有"暴丹荔之衣，庀芳兰之苗。拾秋菊之英，拾古柏之实。纳之玉兔之臼，和以檜华之蜜"[1]，除此之外还有麝香、沉香、檀木、龙涎香等名贵香料掺和，需经过晒、蒸、窨等多道工序将多种香料融合为一体，制成香丸。宋代制香的集大成著作《陈氏香谱》中介绍制作合香的过程中多次提到使用瓷盒，如"沉香不拘多少，剉碎，取有香花蒸，荼蘼、木樨、橘花或橘叶，亦可福建茉莉花之类，带露水摘花一碗，以瓷盒盛之，纸盖入甑蒸食顷，取出，去花留汗汁浸沉香，日中暴干，如是者三，以沉香透润为度"[2]，作者在制香的最后一道工序"窨香"中记载"新和香必须窨，贵其燥湿得宜也。每约香多少，贮以不津瓷器，蜡纸封于静室屋中，掘地窨深三五寸，月余逐旋取出，其尤馣馤也"[3]，目的是让新香在密闭的容器中自然熟化，使各种香料充分融合浸润，气味愈发醇厚耐久。宋人张世南《游宦纪闻》中也有类似的记载："永嘉之柑为天下冠，有一种名'朱栾'，花比柑橘，其香绝胜，以笺香或降真香作片，锡为小甑，实花一重，香骨一重，常使花多于香，窍甑之傍，以泄汗液，以器贮之，毕则撤甑去花，以液渍香，明日再蒸，凡三四易，花暴干，置瓷器中密封，其香最佳。"[4] 与其他材质相比，施以釉层的瓷器滴水不渗，亦不会变质腐坏影响香质，对香氛能够最大限度地保持原状，因此陈敬、张世南等公认：以"不津瓷器"作窨香容器是最佳选择。在宋代诸多陶瓷窑址和墓葬等中也出土有较多瓷盒，以青白瓷和青瓷较多，有圆形、竹节形、瓜棱形、菊瓣形等形状。还有一些瓷盒设计别具匠心，如陕西蓝田北宋吕氏家族墓出土的耀州窑青釉刻花三重盖盒，中间有隔层并配小纽型

---

1 ［宋］陆游：《放翁逸稿》，卷八十五"焚香赋"，明毛晋汲古阁刻陆放翁全集本。
2 ［宋］陈敬：《陈氏香谱》，卷二"李王花浸沉"，清文渊阁四库全书本。
3 ［宋］陈敬：《陈氏香谱》，卷一"窨香"，清文渊阁四库全书本。
4 ［宋］张世南，《游宦纪闻》，卷五"佳物"，中华书局，1997年，第45页。

盖，最上端又有子母口平顶大盒盖，以双层盒盖密封，很可能是专门为窨香设计（图17-23）。[1]

晚唐五代以后，社会流行起以香盒作为礼品的风气，《宋会要辑稿》载太平兴国二年（977年）吴越钱俶进贺"金香狮子一座并红牙床、金香合、金香毯共五百两"[2]，另《续资治通鉴长编》载真宗乾兴元年（1022年）："以皇太后生日为长宁节。中书言：前一月，百官就大相国寺建道场，罢日，赐会于锡庆院，禁刑及屠宰七日。前三日，命妇进香合，至日，诣内庭上寿。"[3] 反映出北宋时期香盒曾作为贡物或礼品大量输入内廷，是统治阶级及仕宦阶层必备的日常用具。

佛事场合也常出现香盒，常与香炉一起摆放使用，置放于香炉一侧，如日本西大寺藏南宋《释迦牟尼说法图》，画作中释迦牟尼莲花座前的台案上摆放有一件瓜棱形盒（图17-24），与景德镇窑所产的六瓣瓜棱形青白釉瓷盒造型酷似，如1956年江西省上饶县南宋建炎四年（1130年）墓出土的青白釉瓜棱盒，现藏于江西省博物馆（图17-25）。此外，河北省定州静志寺塔地宫出土的遗物中有一件定

图17-23 宋耀州窑青釉刻花套盒
（陕西省考古研究院等编著：《异世同调——陕西省蓝田吕氏家族墓地出土文物》，中华书局，2014年6月，第98页）

图17-25 宋青白釉瓜棱盒
（曹国庆主编：《中国出土瓷器全集·江西》，科学出版社，2008年3月，第48页）

图17-24 释迦牟尼说法图
（浙江省博物馆、法门寺博物馆编：《香远益清：唐宋香具览粹》，中国书店，2015年，第169页）

---

[1] 扬之水：《香识》，人民美术出版社，2014年，第29页。
[2] ［清］徐松：《宋会要辑稿》，"蕃夷七"，中华书局，1957年，第7843页。
[3] ［宋］李焘：《续资治通鉴长编》，卷九十九"真宗"，中华书局，1985年，第2302页。

图17-26　定窑白釉弦纹盖盒（外底、侧视）
（浙江省博物馆、法门寺博物馆编：《香远益清：唐宋香具览粹》，中国书店，2015年，第186页）

窑白釉弦纹盖盒，盖沿内壁有墨书一周"万岁□□院主施香半两，定州子南门北自□嗣母任氏施香一两，僧大吉施一两。供养舍利"。中部墨书题首为："太平兴国二年（977年）五月二十二日葬记"，是当时供养人以香盒储香送佛的例证（图17-26）。

二、焚香具

香炉是焚香过程中最重要的器具，诗文中描写、赞誉香炉者不胜枚举。在文人眼中，宋金瓷质香炉除了实用价值以外还兼具品鉴赏玩的意义，正如明代文震亨于《长物志》中所论："三代、秦汉鼎彝及官、哥、定窑、龙泉、宣窑皆以备赏鉴，非日用所宜"[1]。

宋金瓷质香炉造型多样，早期多模仿金属质炉，造型有球形熏炉、博山形炉、兽足形炉等。佛教相关的场合也惯用香炉焚香礼佛，在纸本绘画、雕刻或遗址壁画等中较为常见，大部分装饰有莲瓣或佛教人物造型等带有宗教含义的纹饰。南宋、金代以后出现了更多的敞口无盖炉，流行的有仿古代青铜礼器样式的奁式炉、三足鼎式炉等。

宋金有球形镂雕瓷香炉，高足喇叭形柄，炉身呈球体或椭球体状，分为上下两部分。上部分为盖，可以打开，能与炉身子母口扣合，盖常作镂空装饰，一般镂空网状、点状、树叶形或缠枝花草纹等，以白釉、青釉、青白釉炉居多，北宋刘敞作《戏作青瓷香毬歌》[2]，《武林旧事》载"汝窑香毬一"[3]，所指"香毬"

1　[明]文震亨：《长物志》，卷七"器具·香炉"，金城出版社，2010年，第219页。
2　[宋]刘敞：《公是集》，卷十八"七言古诗·戏作青瓷香毬歌"，清光绪二十五年广雅书局刻武英殿聚珍版丛书本。
3　[宋]周密：《武林旧事》，卷九"高宗幸张府节次略"："汝窑酒瓶一对，洗一，香炉一，香合一，香毬一，盏四双，盂子二，出香一对，大奁一，小奁一。"中华书局，1991年，第204页。

很可能是指这种球状瓷炉。1987年11月浙江黄岩头陀灵石寺塔第四层北天宫铁函内出土一件北宋青釉刻花卷草莲瓣纹熏炉（图17-27），高圈足外卷，盖上镂刻有缠枝卷草纹，子母形口，内外施青釉，釉色莹润，盖内仍存有烟熏痕迹，炉身内壁书"咸平元年（998年）戊戌十一月廿四日，当寺僧绍光捨入塔置舍利，永充供养。童行奉询弟子姜彦从同捨"，应是香供礼佛专用。陕西蓝田吕氏家族墓中出土有景德

图17-27　宋青釉刻花卷草莲瓣纹熏炉
（浙江省博物馆、法门寺博物馆编：《香远益清：唐宋香具览粹》，中国书店，2015年，第147页）

镇窑青白釉熏炉，高足柄，球状炉身，炉盖上部镂刻有网状透雕，通体施青白釉。类似造型的还有金属材质者，如浙江宁波南宋绍兴十四年（1144年）天封塔地宫出土的南宋层台银熏炉，以及陕西扶风法门寺地宫出土鎏金银带盖莲花银香炉。

博山形瓷炉是汉魏晋时期常见的香炉样式，一般为铜质或陶质，高足柄，炉身似豆形，上有盖作层峦叠嶂山形，其间或镂刻飞禽走兽，燃香时香雾从镂空处袅袅升腾，宛若海上仙山——博山，故名"博山炉"。汉代《西京杂记》曰："长安巧工丁缓者……做九层博山香炉，镂为奇禽怪兽，穷诸灵异，皆自然运动。"[1] 宋金时，仍然流行用博山炉焚香，如宋人曾几作诗《东轩小室即事五首》："有客过丈室，呼儿具炉熏。清谈似微醺，妙处渠应闻。沉水已成烬，博山尚停云。斯须客辞去，趺坐对余芬。"[2] 又有吕大临《考古图》："有博山香炉，像海中博山，下有盘贮汤，使润气蒸香以像海之回环。此器世多有之，形制大小不一。"[3] 瓷质博山炉多有出现，青白釉者居多，如安徽全椒北宋张之纥墓出土一件瓷质博山炉，有三层镂孔，盖底圆形，子口，炉体为六出花口，宽平沿，斜直腹，平底，花瓣形圈足，口沿刻两周弦纹，腹外壁贴塑四个浮雕人面，足部施一周莲瓣纹。安徽合肥北宋包绶墓也出土有类似青白釉博山炉，直壁矮筒形炉身，盖顶镂空呈菊瓣形，四周刻有重叠的峰峦叠嶂（图17-28）。出光美术馆、重庆市博物馆等也藏有

---

[1]〔汉〕刘歆：《西京杂记》，卷上，《西京杂记全译》，贵州人民出版社，1993年，第38-39页。
[2]〔宋〕曾几：《茶山集》，卷二"五言古诗·东轩小室即事五首"，清乾隆武英殿木活字印武英殿聚珍版丛书。
[3]〔宋〕吕大临：《考古图》，卷十"博山香炉"，《考古图：外五种》，上海书店，2016年，第153页。

类似的青白瓷博山炉。

瑞兽形的瓷炉新颖奇异，工艺繁复，是宋代瓷炉中别具特色的一类。北宋早期河北定州静志寺塔地宫出土有定窑白釉五足熏炉两件，熏炉盖为盔形，上有宝珠式炉钮，钮四周有镂空圆形出烟孔，盖面双曲拱形，有六个圆形烟孔交错排列，炉身盘口宽沿、斜直壁、腹部有弦纹两周，下有五个兽面衔环足，兽足踏环形底座（图17-29）。宋金最具代表性的兽形瓷炉要数狻猊出香，在故宫博物院藏《维摩演教图》中维摩诘榻前的方几上就绘有一件，炉身莲瓣层叠，盖顶立有一狻猊（图17-30）。与画中狻猊出香极似的实物有安徽省宿松县北宋元祐二年（1087年）墓出土的绿釉莲瓣纹狻猊出香（图17-31），炉柄为莲瓣形高足，炉身塑有三层仰莲瓣，炉盖平顶，其上坐有一头狮子侧脸昂首，前足戏绣球，口大张，牙龇毕露，焚香时烟从口中出。余姚官窑也有此类青釉狻猊出香（图17-32）。此外，辽宁省沈阳市新民辽滨塔塔宫出土了一件狻猊莲花三足铜炉，是同时期金属质地的此类香具。"狻猊"在古代传说为龙生九子之五，形似狮子，常静坐，并喜好烟火，多立于香炉顶吞云吐雾。北宋徐兢《宣和奉使高丽图经》卷三十"兽炉"条记："子母兽炉，以银为之，刻镂制度精巧。大兽蹲踞，小兽作搏攫之形，返视张口，用以出香。"[1]该书卷三十二"陶炉"条在介绍当时高丽所用瓷器时又记："狻猊出香，亦翡色也。上有蹲兽，下有仰莲以承之，诸器惟此物最精绝，其余则越州古秘色，汝州

图 17-28　宋青白釉镂空香薰
（张柏主编：《中国出土文物全集·安徽》，科学出版社，2008年3月，第109页）

图 17-29　宋定窑白釉五足炉
（浙江省博物馆、法门寺博物馆编：《香远益清：唐宋香具览粹》，中国书店，2015年，第68页）

1　[宋]徐兢：《宣和奉使高丽图经》，卷三十"器皿一·兽炉"，中华书局，1985年，第105页。

新窑器大概相类。"[1] 现韩国国立中央博物馆藏有12世纪当地生产的高丽青瓷狻猊形炉，是模仿中国类似瓷器器型的结果，也是两国文化、技术交流的产物。

宋金香炉中的瑞兽形象除了狻猊外，还有"鸳鸯""香鸭"。西汉时流行的雁形炉是鸭形炉的雏形，一般底部有圆形承盘，上立有铜雁，背部盖作透雕花卉纹装饰。南北朝以后至宋金，鸭形炉渐兴，文学作品中多有描写"香鸭"或"金鸭"炉者，南宋名臣范成大在四川做官时曾作《西楼秋晚》："晴日满窗凫鹥散，巴童来按鸭炉灰"[2]，周端臣《青铜香鸭诗》："谁把工夫巧铸成，铜青依约绿毛轻。自归骚客文房后，无复王孙金弹惊。沙嘴莫追芦荻暖，灰心聊吐蕙兰清。回头却笑江湖伴，多少遭烹为不鸣。"[3] 足见鸭形香炉已成为文人雅士文

图 17-30　维摩演教图局部

图 17-31　宋绿釉莲瓣纹狻猊出香

图 17-32　宋余姚官窑青釉狻猊出香

（浙江省博物馆、法门寺博物馆编：《香远益清：唐宋香具览粹》，中国书店，2015年，第84，86页）

房居室中常见陈设。与鸭形炉相似者有鸳鸯形炉，2002年河南宝丰清凉寺汝窑出土有一件莲花鸳鸯盖香炉残件，平顶盖，上塑坐卧鸳鸯一只，嘴部、背部等多处残，炉身为钵形，饰莲瓣纹一周，喇叭形底座外卷，上刻有三重莲瓣纹，通体施天青釉，釉色均匀润泽（图17-33）。另有1985年南宋官窑遗址出土的鸭形香薰残件与汝窑鸳鸯形熏炉类似。这种鸳鸯形或鸭形炉大约同时期传入高丽，对高丽青瓷产生了影响，如重庆三峡博物馆藏高丽青瓷鸳鸯炉，盖微鼓，下部刻有二方连续回纹一圈，上坐卧鸳鸯形雕塑，昂首张口，炉盘口折沿，炉身直壁呈筒形，划刻有浅淡花卉纹，下有三只兽形足，应为模仿汝窑或官窑此类熏炉。香鸭

1　[宋]徐兢：《宣和奉使高丽图经》，卷三十二"器皿三·陶炉"，中华书局，1985年，第110页。
2　[宋]范成大：《石湖诗集》，卷十七"西楼秋晚"。
3　[宋]陈起：《江湖后集》，卷三"周端臣·青铜香鸭诗"，文渊阁四库全书本。

图17-33 宋汝窑天青釉鸳鸯钮与刻划莲瓣纹熏炉（残）

图17-34 大雁塔门楣说法图石刻局部
（浙江省博物馆、法门寺博物馆编：《香远益清·唐宋香具览粹》，中国书店，2016年，第89页）

图17-35 宋汝窑青瓷香炉
（林柏亭主编：《大观：北宋汝窑特展》，台北故宫博物院，2006年，第102页）

图17-36 潮州窑青白釉莲瓣炉
（李炳炎：《宋代笔架山潮州窑》，汕头大学出版社，2004年，第88页）

炉在宋代有时也用来熏衣物，如秦观《木兰花》"红袖时笼金鸭暖"[1]，即以鎏金鸭炉取暖。

佛事场合需要焚香供奉，因此佛教题材的绘画中经常能看到各种香炉，其中莲花造型最为常见。唐代壁画中出现有一种炉身为三重莲瓣形，底座仿荷叶形呈喇叭状外卷的仿生炉，在唐永徽三年（652年）大雁塔门楣《说法图》石刻（图17-34）以及河北定州静志寺塔基地宫出土唐代石棺壁画中出现，两图所示莲花炉造型极似。与壁画中样式最为接近者应是2000年河南省宝丰县清凉寺窑址出土的北宋天青釉莲花炉残件（图17-35），炉座同样仿荷叶样式向外翻卷。此类炉还有陕西省铜川市黄堡镇耀州窑遗址出土的北宋青釉莲瓣炉、广东潮州笔架山窑青白釉莲花炉（图17-36），以及四川邛窑黄绿釉莲瓣炉等。还有一种莲花造型杯式炉，如福建沙县大洛官昌村出土的青白釉莲瓣炉，炉身呈七棱杯式，口部略侈，炉身

---

1 ［宋］秦观：《淮海长短句》，卷中"木兰花"，《历代诗余》，上海书店，1985年，第453页。

下部有双层仰莲凸棱雕刻，底座上端有珠式柄，中部为双层覆莲造型，底呈七棱七边形（图17-37），在潮州笔架山窑遗址发现有类似标本实物，中国国家博物馆藏《耕织图》中有香几上摆放的莲式香炉（图17-38）也与此类似。潮州窑生产的这种莲式杯炉除了供应国内市场外，还可能作为出口货物外销到朝鲜，如韩国国立中央博物馆藏开城出土的北宋青白釉莲瓣香炉，口部釉色泛黄并有细小开片，是宋代潮州窑笔架山窑青白瓷常有的特征。

香供养中也常用柄式炉，如故宫博物院藏《白衣观音像》中跪拜在观音前的供香人一手持柄炉（图17-39），中国国家博物馆藏五代观世音菩萨毗沙门天王像下也有供养人手持柄炉。柄炉一般由长柄和炉身、炉座构成，多为金属质地，瓷质的实物极罕见，浙江上虞联江公社出土有一件五代北宋青釉莲花柄炉残器，柄大部分已残缺，炉身为多重莲瓣式，通体施青釉，釉质莹润青翠（图17-40），是宋代瓷质柄式香炉存在的例证。

宋金，时人焚香求精雅，"焚香惟取香清而烟少者，若浓烟扑鼻，大败佳兴，

图17-37　宋青白釉莲瓣炉，福建沙县大洛官昌村出土

图17-38　《耕织图》局部，中国国家博物馆藏

图17-39　白衣观音像

图17-40　宋青釉莲花柄炉

（浙江省博物馆、法门寺博物馆编：《香远益清：唐宋香具览粹》，中国书店，2015年，第108、122、102页）

当用水沉、蓬莱，忌用龙涎、笃耨，凡儿女态者"[1]，倾向于选用无烟或少烟的香料营造清洁淡雅的室内环境，因此不必像早期使用草木香那样必须使用带盖炉罩住浓烟，因此出现了一些无盖敞口炉。清人李渔在《闲情偶寄》卷Ⅲ"器玩"条中解释道"香炉闭之一室，刻刻炊者，无时可闭，无风则灰不自扬，即使有风，亦有窗帘所隔，未有闭熄，有用之火而防未必果至之风也。是炉盖实为赘瘤，尽可不设"。[2] 宋金敞口瓷炉有钵式炉、杯式炉及仿古造型的奁式炉、鼎式炉等形制。河北定州静志寺塔基地宫出土有北宋定窑白釉

图 17-41　宋定窑白釉双耳贴像炉

图 17-42　宋白釉珍珠地划花炉
（张柏主编：《中国出土瓷器全集·河北》，科学出版社，2008年3月，第135页）

双耳贴像炉（图 17-41），钵式炉身，矮圈足，口沿有两只铺首衔环立耳相对，四周又饰有七个贴塑双手合十坐姿佛像。类似的瓷炉在辽宁朝阳新华路辽统合二年（984年）石宫中也有一件，其中编号 5B：106 底部圈足外有墨书"善心寺尼惠□寺主琼希"，圈足内墨书"□□□施香"。宋金杯式瓷炉除了上文提到的莲瓣作雕饰外，还流行一种宽折沿样式杯炉，定窑、耀州窑、磁州窑（图 17-42）等都有生产，河南巩义县米河半个店出土的北宋石棺线刻孝子图、陕西沁水县宋墓砖雕、河南省荥阳市槐西村宋墓壁画上的夫妇对坐图（图 17-43）等，都描绘有这类香炉。这类炉造型简约，造价也应更低廉一些，多是北方民用。

仿古造型的瓷香炉在北宋中后期到南宋颇为流行，以奁式炉和簋式炉、鼎式炉居多。宋人侯寘《菩萨蛮·湖上即事》"又熏沉"一阕提到"小奁熏水沉"[3]，周密《志雅堂杂钞》卷下曰："汝窑一小炉、二奁、一瓶，绝佳"[4]，还有南宋《武

1　[宋]赵希鹄：《洞天清禄集》，"古琴辩"，清嘉庆四至十六年桐川顾氏刻读画斋丛书本。
2　[清]李渔：《闲情偶寄》，卷十"器玩部·炉瓶"，山西古籍出版社，2007年，第197页。
3　[宋]侯寘：《孏窟词》，"菩萨蛮湖上即事·又熏沉"，明毛氏汲古阁刻宋名家词本。
4　[宋]周密：《志雅堂杂钞》，卷下，《全宋笔记》第八编·一，大象出版社，2017年，第244页。

林旧事》记张俊献皇帝贡物有汝窑"大奁一，小奁一"[1]，汝窑奁式炉实物今在故宫博物院和英国大威德基金会等有收藏，炉身直壁，平底，外壁近口沿及近底足处各有两道凸起弦纹，腹部中央有三道凸线纹，下有三个等距足，器物满釉裹足支烧，外底有五个细小支烧痕，釉色青润，表面有细密开片。此类奁式瓷炉在宋金定窑、南宋官窑和龙泉窑等也有生产，其中南宋晚期的龙泉窑奁式炉有的在炉身表面凸印纹饰，一改弦纹奁式炉简洁之风（图17-44）。

南宋在临安建立政权后，在绍兴年间举行了郊祀大典并建南宋官窑，配合生产了一批仿制古代青铜礼器式样的瓷器，而簋式炉是其中较为典型的仿古炉式，如1952年上海青浦重固镇高家台元代任氏墓出土的南宋官窑双耳簋式炉，扁圆腹，腹部两侧各有兽首形耳一个，器物通体施粉青釉，釉质莹润，上遍布细密开片（图17-45）。此外，鬲式炉、鼎式炉亦为宋代较常见的仿古瓷炉样式，以龙泉窑青瓷炉为主，如浙江省博物馆藏龙泉窑青釉鬲式炉，口部外撇，束颈，腹部

图17-43　夫妇对坐图局部
（徐光冀主编：《中国出土壁画全集·河南》，科学出版社，2012年，第182页）

图17-44　宋龙泉窑青釉三足炉
（浙江省博物馆、法门寺博物馆编：《香远益清：唐宋香具览粹》，中国书店，2015年，第155页）

图17-45　官窑双耳簋式炉
（浙江省博物馆编：《青色流年》，文物出版社，2017年，第328页）

---

[1]［宋］周密：《武林旧事》，卷九"高宗幸张府节次略"："汝窑酒瓶一对……大奁一，小奁一。"中华书局，1991年，第204页。

圆鼓，靠颈部有弦纹一道，炉下有三足，器物通体施青釉，釉色润泽（图17-46）。另外，瓷质鼎式炉在两宋使用范围广泛，诗文、绘画中常涉及，如范成大《古鼎作香炉》诗云："云雷萦带古文章，子子孙孙永奉常。辛苦勒铭成底事，如今流落管烧香。"[1] 杨万里《烧香七言》："琢瓷作鼎碧于水，削银为叶轻如纸。不文不武火力匀，闭阁下帘风不起。"[2] 绘画如日本京都大德寺藏南宋《五百罗汉图》（图17-47），四川泸州博物馆藏宋画像砖等上都绘有鼎式炉造型。

图17-46　宋龙泉窑鬲式炉
（李辉炳主编：《中国陶瓷全集·宋（下）》，上海人民美术出版社，1999年11月，第118页）

图17-47　五百罗汉图局部
（浙江省博物馆、法门寺博物馆编：《香远益清：唐宋香具览粹》，中国书店，2015年，第150页）

1　[宋]范成大：《石湖诗集》，卷二十八"古鼎作香炉"，上海商务印书馆四部丛刊景清爱汝堂本。
2　[宋]杨万里：《荆溪集钞》，卷八"烧香七言"，《宋诗钞》，中华书局，1986年，第2112页。

第十八章
宋金时期陶瓷造像艺术的发展

宋金是陶瓷雕塑蓬勃发展的辉煌时期，根据功能可具体分为宗教造像、随葬仪具、陈设观赏品、玩具、生活用具等多种类别，产品数量可观，深入到了人民的日常生活中。这一时期，陶瓷雕塑采用的装饰技法更加复杂繁多，许多作品结合捏塑、模印、贴塑、镂刻、绘画等为一体，手法丰富、风格多变，其中不少具有较高的艺术价值，反映了当时不同地域间社会风俗等各个方面。

第一节 宗教造像与社会信仰

一、佛教陶瓷塑像

宋金时儒释道互相影响、融合，佛学与道学、儒学并重，一度受到中央政府的推崇和保护，并在促进和限制的双重政策下获得了进一步的发展。

赵匡胤称帝后不久，在扬州"造寺赐额建隆，赐田四顷，命僧道晖主之"[1]，常去大相国寺、紫岩寺等佛教名刹参拜，并派僧侣出国求经学法。太祖乾德四年（966年）三月癸未"僧行勤等一百五十人请游西域，诏许之，仍赐钱三万遣行"[2]。北宋中期，仁宗曾亲测僧侣《法华经》的诵读能力，考试合格者方可接受官方颁布的度牒并进行剃度仪式。英、神、哲宗三帝也是忠实的佛教信徒，神宗熙宁十年（1077年）时逢旱灾，帝"以祈祷未应，圣虑焦劳，一夕，梦异僧吐云雾致雨，翌日，甘澍滂足，遂以其像求之旁阁中，乃第十尊罗汉也"[3]，苏轼

---

1 [元]释念常：《佛祖通载》，卷十八，大正新修大藏经本。
2 [宋]李焘：《续资治通鉴长编》，卷七"太祖"，中华书局，1979年，第168页。
3 [宋]魏泰：《东轩笔录》，卷四，中华书局，1983年，第45页。

在《怀西湖寄晁美叔同年》中称："独专山水乐，付与宁非天。三百六十寺，幽寻遂穷年。"[1]可见杭州当时寺庙密布的面貌。宋徽宗主要迷信道教，一度命佛、道合流，改寺院为道观，对佛教僧侣有所限制。南宋以后佛教愈发盛行，孝宗、光宗、宁宗、理宗、度宗皆信佛，一时僧尼靡多，寺院充溢。

金朝鉴于辽代，受到佛教的消极影响，对佛教基本采取利用与限制并举的策略。金太宗曾于天会八年（1130年）占北宋后，诏禁私度僧尼[2]，由金朝扶持的刘豫齐国对佛教采取压制的态度，时人称"后缘废齐不兴佛道"[3]，佛教陷入低谷。至金熙宗时，佛教稍有振兴，他下诏："以生子肆赦，令燕、云、汴三台普度。"[4]在原辽朝的燕京、西京两路及河南境内普度僧尼。而海陵王即位次年即下令"废度僧道"[5]，对僧侣人口严格控制，佛教受到一定打击。至金世宗时，由于西北战事消耗的军费过大，皇帝又充分利用僧寺，公开标价出售度牒和寺观名号，以获收益[6]，间接地促进了僧尼寺院规模的进一步扩大。

宋金两朝，百姓日常的礼佛形式也发生了一些变化，由之前到寺庙僧院等公共场所礼佛参拜转移到家庭佛龛中进行供奉，出现了礼佛私人化的现象。由于家庭式的供奉场所可能是厅堂卧室、书房之类的私密场所，空间更加局限，因此除了寺庙供奉的巨大尺寸佛像外，出现了更多小型佛像，这些佛像不仅是施主宗教信仰的寄托，从某种程度上也作为室内陈设的一部分被关注和欣赏。陶瓷囿于自身工艺材料的局限，无法生产出用于名寺佛刹内供奉的大型塑像，而小型佛像的兴起无疑凸显出了它独特的优势，其莹润质坚、不易腐化变形、造价较低廉等优点，使得陶瓷质造像在宋金颇为流行。

这一时期的陶瓷质佛造像有白釉、青釉、青白釉、釉上或釉下彩绘等品种，定窑、磁州窑、耀州窑、越窑、景德镇窑、龙泉窑、福广地区窑场等皆有生产，以释迦牟尼佛和观音像居多，保存完好者多出土于窖藏或塔基中，一般是信徒们自己出资订制，供奉在私家庙堂中，借此表达对佛祖的虔诚和信仰，以求得保佑。有的造像上刻有供养者姓名、供奉时间、祈愿内容等文字来记录功德善举，借此为家人祈福。

释迦牟尼本名乔达摩·悉达多，原为古印度迦毗罗卫国的释迦族人，是佛教的创始人，其形象常被供奉者塑造膜拜。1922年广东潮州城西南五里羊皮岗出土有四尊北宋时期青白釉瓷释迦牟尼佛像，造型相仿，顶髻中央饰有一枚白色"明珠"，面部丰满微圆，垂目高鼻，眉际间有凸起的"白毫相"，神态端庄，内穿

---

1 [宋]苏轼：《东坡集》，卷七"诗八十三首·怀西湖寄晁美叔同年"，宋刻本。
2 [元]脱脱：《金史》，卷三"太宗"，中华书局，1975年，第61页。
3 [清]张金吾：《金文最》，卷六十四"大圣院存留公据碑"，中华书局，1990年，第942页。
4 [宋]洪皓：《松漠记闻》，卷上，《全宋笔记：第三编（七）》，大象出版社，2008年，第126页。
5 [元]释念常：《佛祖通载》，卷二十，大正新修大藏经本。
6 刘浦江：《辽金的佛教政策及其社会影响》，《佛学研究》，1996年，第236—237页。

"僧祇支"，外披袈裟，跏趺坐于须弥座上，瓷塑胎体呈灰白色，施青白釉及底，釉色略黄，发髻、眉毛及胡须部分以褐釉彩染绘。四尊佛像基座上分别刻有供养者姓名、制作时间、祈福吉语、匠人姓名等信息，现有两尊藏于广东省博物馆，另两尊藏于中国国家博物馆。广东省博物馆所藏其中有一件右臂抬至胸前，右手残缺，左手平放于左膝上，须弥座上刻"潮州水东中窑甲女弟子陈十五娘同男刘育发心塑造释迦牟尼佛散施永充供养，奉为亡夫刘弟七郎早超生界，延愿合家男女乞保平安。熙宁二年己酉岁正月十八日题，匠人周明"（图18-1）。中国国家博物馆藏有一件双手自然下垂结禅定印，基座刻"潮州水东中窑甲弟子刘扶，同妻陈氏十五娘发心塑释迦牟尼佛永充供养，为父刘用母李十二娘阖家男女乞保平安，治平四年丁未岁九月卅日题，匠人周明"[1]，铭文中所记"水东窑"乃今潮州韩江东峦的笔架山窑，是宋代潮州地区著名的青白瓷窑场，胎釉特征确实与笔架山窑一致，且窑址中发现有类似佛像残件遗址。

又如1972年河北省峰峰矿区窖藏出土的金代临水窑产白釉红绿彩释迦牟尼像，佛头盘螺发，展眉垂目，表情宁静祥和，面施红彩，身披红色袈裟，衣襟绘有绿地缠枝莲纹，手持说法印，跏趺坐于盛开的仰莲台上，下承有六边形须弥座，座上以红、绿、黄三种色彩绘云纹、莲纹、卷草纹等带状纹饰，胎质细密，纹饰繁杂，佛像胎色白中泛黄，质地细密，胎体表面施有化妆土，釉呈乳白色，部分

图 18-1　潮州窑青白釉佛像

（李炳炎：《宋代笔架山潮州窑》，汕头大学出版社，2004年5月，第96页）

图 18-2　红绿彩如来佛像

（叶喆民主编：《中国磁州窑》，河北美术出版社，2009年，第76、78页）

---

[1] 李炳炎：《宋代笔架山潮州窑》，汕头大学出版社，2004年，第59页。

釉上彩剥落（图18-2）。与上述红绿彩释迦牟尼像同窖藏出土的还有文殊、普贤菩萨塑像。普贤菩萨像手持莲花，内着红、黄彩盘领衫，下着彩裙，腰间系黑边白色带，跏趺坐于莲台上，莲台置于六牙白象背上，象头微低，鼻子下卷，身披红色鞍和銮带，象腹部一侧立有控象人，手持缰绳，面露喜色，戴黄色头盔，着绿色披肩、绿色腰带及黄彩抱肚（图18-3）。文殊菩萨像头戴冠饰，面部丰满，着红彩，眉眼以黑彩绘出，双手持如意，身着交领袈裟，下着红彩僧裙，跏趺坐于圆形莲台上，莲台置于坐骑狮子背上，狮主要以绿彩着色，作张口吼叫状，狮眉、眼、鼻、髭须等以黑彩描绘，旁边立有一控狮者，手牵缰绳，面向前张望。[1]

菩萨是留在人间普度众生之佛，有弥勒、文殊、普贤、观世音、大势至、地藏等。因大乘佛教中尤其推崇文殊菩萨的大智慧、普贤菩萨的大德，观世音菩萨的大悲、地藏菩萨的大愿，因此这四大菩萨在中国民间尤其受到信徒们的广泛尊崇。其中观世音菩萨最能适应众生的需求，寓意能帮助他们脱离困难和苦海，远离灾祸，保佑众生平安，并能幻化成不同身像现身施法，因此自古以来最为中国民间熟知和信仰，塑像也较为常见。1978年在江苏常州市区一座宋代水井口曾出土一件观音坐像，菩萨面部丰满圆润，弯眉细目，头戴化佛冠，璎珞耳饰，身披通肩大衣，下穿长衬裙，胸前佩戴璎珞，双手结定印，手腕带宝钏，跣足，坐于须弥座上，座位右侧、前部、左侧分别立有小鸟、莲花和宝瓶，造像面部、手、足、胸前、衬裙等处涩胎无釉，胎色洁白，略泛红，外衫及须弥座施青白釉，整个坐像端庄娴雅，慈穆柔切，应是景德镇所产青白瓷雕像[2]。青白瓷观音像还有首都博物馆藏1964年北京市丰台区瓦窑一号塔基出土的白衣观音坐像，另有上海博物馆藏的南宋加彩观音坐像（图18-4），衣着、开相与常州市水井出土的青白瓷观音坐像形似。

唐五代以后，水月观音造像渐多，典型特征为右足曲于岩座上，右手搭在右膝，左足自然下垂呈坐姿。关于水月观音的文献记载，最早见于中唐张彦远

图18-3　红绿彩普贤菩萨骑象坐像

---

[1] 秦大树、李喜仁、马宗理：《邯郸市峰峰矿区出土的两批红绿彩瓷器》，《文物》，1997年第10期，第32—34页。

[2] 李辉炳主编：《中国陶瓷全集·宋（下）》，上海人民美术出版社，1999年，第218页。

图 18-4　宋青白釉带彩观音像　　　　图 18-5　宋瓯窑青瓷观音菩萨坐像
（李辉炳主编：《中国陶瓷全集·宋　　（浙江省博物馆编：《青色流年》，文物
（下）》，上海人民美术出版社，　　　　出版社，2017 年，第 258 页）
1999 年，第 219 页）

的《历代名画记》卷十："周昉，字景玄，官至宣州长史。初效张萱画，后则小异，颇极风姿。全法衣冠，不近闾里。衣裳劲简，彩色柔丽。菩萨端严，妙创水月之体。"[1] 目前发现最早的水月观音像存于四川绵阳魏城圣水寺石窟第 7 窟中，造于唐中和五年（885 年）[2]。北宋的水月观音像有木质、铜质、瓷质等，其中瓷质的以 1965 年浙江温州市郊梧埏北宋政和五年（1115 年）白象塔出土的青釉水月观音像最为精美（图 18-5），该观音弯眉细眼，目光自然下垂，略带笑意，眉间有白相毫，头顶挽发髻，带花蔓宝冠，束带垂搭至双肩，上身穿璎珞，左右上臂、手腕上带臂钏，下身着裙，跣足，右臂搭于右膝上，右脚前栖息一只鸽子，须弥座雕刻层峦叠嶂，并刻划海水纹，瓷像胎呈灰色，通体施青釉，釉质匀净润泽，光泽透亮，须弥座底部刻："弟子□□□"，是北宋浙江地区窑场所产，专为供奉白象塔所塑。

总体来看，宋金时期观音形象更加世俗化，以女性形象为主，柔美端庄，贴近人们生活中所见女性形象，同时也方便宋代女性信徒在家庭礼佛时，摆放在闺阁中敬奉。女性是此时佛教信徒的重要组成部分，她们不仅在家庭内供佛念经，并且积极参加各种社会上的佛事活动，如宋代农历四月初八"浴佛节"时，"僧尼道流云集相国寺，是会独盛。常年平明，合都士庶妇女骈集，四方挈老扶幼交观

1　[唐]张彦远：《历代名画记》，卷十，人民美术出版社，1983 年，第 201 页。
2　于春：《绵阳龛窟——四川绵阳古代造像调查研究报告集》，北京文物出版社，2010 年。

图 18-6 三彩釉迦陵频伽脊饰
（叶喆民主编：《中国磁州窑》，河北美术出版社，2009 年，第 74 页）

图 18-7 三彩舍利塔
（张柏主编：《中国出土文物全集·河南》，科学出版社，2008 年，第 107 页）

者，莫不蔬素，众僧环列既定"[1]，还有许多女性出家为尼，王室贵族家女眷也不例外。

佛教中诸佛颇多，除了常见的释迦牟尼佛和观音佛以外，宋金瓷像中偶尔还有佛教中其他形象，如 1987 年河北磁县观台窑遗址出土的金代三彩釉迦陵频伽脊饰，人首鸟身，双手合十，背后有一对羽翼，表现的是佛教中的妙音鸟——迦陵频伽形象。《正法念经》记："山谷旷野其中，多有迦陵频伽出妙音，声如是美音，若天若人，紧那罗（歌神）等无能及者，惟除如来音声。"[2] 此件雕塑应是三彩琉璃建筑构件（图 18-6）。迦陵频伽在宋代建筑中出现应是固定搭配，北宋中国第一本官颁建筑工程著作《营造法式》中绘有迦陵频伽持花送宝展翅飞翔的图像，实物还有北宋皇祐元年（1049 年）河南开封佑国寺塔 13 层的塔檐翅角下，共嵌有 104 尊迦陵频伽，观台窑遗址出土的这座脊饰应是为寺庙所烧的建筑构件。

此外，还有一些与佛教相关的三彩雕塑模型出土于寺院塔基遗址，如 1966 年河南新密市法海寺塔基出土的北宋咸平元年（998 年）的三彩舍利函和舍利塔[3]（图 18-7）。

---

[1] ［宋］金盈之：《醉翁谈录》，卷四"京城风俗记·四月"，清嘉庆宛委娄别藏本。
[2] ［唐］王维撰，［清］赵殿成注：《王右丞集笺注》，卷二十"文赞七首·西方变画赞"，清文渊阁四库全书本。
[3] 张柏主编：《中国出土文物全集·河南》，科学出版社，2008 年，第 106、107 页。

二、道教与其他民间宗教陶瓷塑像

道教是中国的本土宗教，宋金时期得到大力发展，其中北宋真宗、徽宗时期是道教发展的两个高峰，与这两位皇帝笃信道教有关。宋真宗痴迷道教，曾奉道教中"赵公元帅"为圣祖，称其为"正一玄坛元帅"，大中祥符元年（1008年）真宗昭告天下说"赵公元帅"托梦于他，于是在众臣竭力反对的压力下坚持"登泰山封禅"，设道场迎接"天书"[1]。此外，他命尚书度支员外郎张君房专修道藏《大宋天宫宝藏》共4565卷，集其精粹撰成《云笈七签》一书。宋徽宁波信道更加极端，据《续资治通鉴》记徽宗宣和元年（1119年）乙卯，曾下令"佛改号大觉金仙，余为仙人、大士之号。僧为德士……寺为宫，院为观。"[2] 道教成为凌驾于佛教等其他所有宗教之上的学派，地位空前提高。

金代道教较辽代有很大程度的发展，道徒人数众多，多个金朝帝王都信奉道教，加之北方政权内部集团勾心倾轧，民族矛盾尖锐，为了稳定社会秩序、愚化民心，金统治集团大力笼络道教人士，诸如太一教、大道教、全真道等新型教派涌现，并逐渐成为金代道教的主流门派。

道教在民间之所以流传广泛，主要由于其宣称能给人们带来福祉安康、祛病消灾、惩恶扬善等特征迎合了广大信徒的实际需求，尤其是炼丹、内修等道术满足了社会各阶层对长生不老的无限向往。1975年江西鄱阳县北关南宋咸淳四年（1268年）墓出土了一件青白釉鹤鹿仙人像（图18-8），头顶束高髻，眉目清异，高鼻小口，身着斜襟道袍，腰间束带，右手持灵芝，左手垂放在左膝，坐在山石基座上，右侧塑有翘首以盼的小鹿，左侧立有仙鹤。[3] 类似造型的瓷塑还有1986年浙江省德清县乾元山东坡北吴奥墓出土的南宋青白釉道教寿星像。早在汉代，人们就相信骑鹤鹿坐骑的仙人手持的灵芝，可

图 18-8　青白釉道教人物像
（李辉炳主编：《中国陶瓷全集·宋（下）》，上海人民美术出版社，1999年，第216页）

1　[宋] 李焘：《续资治通鉴长编》，卷六十七"真宗"，中华书局，1980年，第1518—1519页。
2　[清] 毕沅：《续资治通鉴》，卷九十三"宋纪九十三"，古籍出版社，1956年，第2406页。
3　张柏主编：《中国出土文物全集·江西》，科学出版社，2008年，第70页。

使人身体强健，永生不老，汉乐府诗《长歌行》中描述："仙人骑白鹿，发短耳何长。来到主人门，奉药一玉箱，主人服此药，身体日康强，发白复更黑，延年寿命长。"[1]宋真宗时期，官吏曾奉命逼迫民众搜集灵芝进御，王安石在《芝阁记》中道："大臣穷搜而远采，山农野老攀援狙杙，以上至不测之高，下至溪涧壑谷……人迹之所不通，往往求焉。"[2]此尊瓷像从侧面证明了两宋道教鼓吹服用仙药芝草深入社会各阶层的现象。1973年出土于河北省邯郸市峰峰矿区汽车队工地的"金代红绿彩官人作揖像"，头戴混元巾，身披红袍，经考证为道教中的清虚大帝[3]（图18-9）。该神为道教"三元大帝"之一——"中元二品七气地官"，在道教神灵世界中具有很高的地位。[4]

图18-9 红绿彩官人作揖像
（叶喆民主编：《中国磁州窑》，河北美术出版社，2009年，第85页）

图18-10 龙泉窑瓷塑何仙姑像
（李辉炳主编：《中国陶瓷全集·宋（下）》，上海人民美术出版社，1999年，第118页）

"八仙"是古代道教中最为流行的神仙组合，自汉代兴起，唐宋时期已发展较为成熟。与唐代相较，宋金时期韩湘子、吕洞宾、汉钟离、何仙姑等进入八仙体系，在《南唐书》《蒙斋笔谈》《东轩笔录》等宋代文献中都有所记载[5]。相关主题的瓷塑有1960年龙泉市大窑亭后山窑址出土的南宋龙泉窑青釉瓷塑何仙姑像（图18-10）、韩湘子像、汉钟离像[6]。

除了佛、道两个最主要的教派，民间还有许多俗神信仰，多源自于道教。这些民间俗神带有明显的世俗特征或功利威信，大部分是特定职能的行业神和功能神。这类的陶瓷雕塑如北京故宫博物院藏北宋耀州窑青釉药王庙供像（图

---

1 ［唐］欧阳询：《艺文类聚》，卷八十一"草部上"，上海古籍出版社，1985年，第1381—1382页。
2 ［宋］王安石：《临川先生文集》，卷八十二"芝阁记"，中华书局，1959年，第864页。
3 常樱：《金代磁州窑人物形象及其背景映射》，《东方收藏》，2014年第11期，第42页。
4 赖全：《论道教三官信仰及其宗教象征意义》，《宗教学研究》，2010年第2期，第169—170页。
5 王汉民：《八仙形象的形成与发展》，《民族艺术》，2000年第3期，第129—135页。
6 蔡乃武、江屿主编：《昆山片玉》，浙江摄影出版社，2015年，第138页。

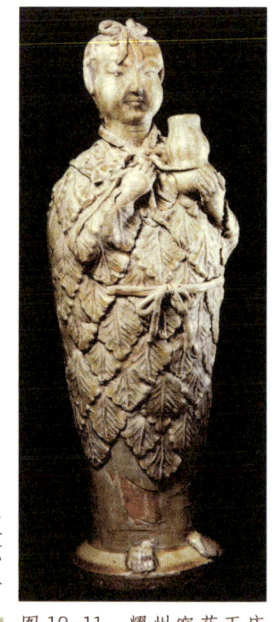

图 18-11 耀州窑药王庙供像

（李辉炳主编：《中国陶瓷全集·宋（上）》，上海人民美术出版社，1999年，第100页）

图 18-12 陶井神

（杨正宏等编：《镇江出土陶瓷器》，文物出版社，2010年，第151页）

18-11）、1994年江苏镇江大市口古井砖龛中出土的南宋陶井神一对（图18-12）等。

第二节　从墓葬出土陶瓷造像看宋金墓仪制度

宋金时代逐渐盛行以木质和纸质明器随葬，如南宋淳熙十年（1183年）德安周氏墓中，曾发现有一些纸质明器[1]，尤其是南宋主张薄葬，墓葬的形式、结构、陪葬品等较唐代大为简化。金地由于汉化程度较高，随葬制度也与南宋并无显著区别。但总体看，宋金随葬风俗依然流行，正如《大汉原陵秘葬经》所说："凡大葬后，墓内不立煞器神盟，亡灵不安。天曹不管，地府不收，恍惚不定，生人不吉，大殃咎也。"[2] 为了生人太平，死者安息，明器在该时期墓葬中仍普遍使用。这些出土的明器中不乏陶瓷俑塑，可根据使用功能大致分为三种：一种是与堪舆术相关的"明器神煞"之物，如"当圹""当野"镇墓俑、四神俑、十二生肖俑、扶听俑、仰观俑等；另一种是构建死者生前生活情况的奴仆俑、生活场景模型等，如男女侍俑、轿子、亭台楼榭模型等；还有一种为谷仓、堆塑瓶等具有道教因素的随葬品。这些墓葬中出土的陶瓷俑塑分布多半集中在南方地区，以江西、四川

---

[1] 江西省考古所、德安县博物馆：《江西德安南宋周氏墓清理简报》，《文物》，1990年第9期，第9页。
[2] ［明］解缙：《永乐大典》，八千一百九十九卷"十九庚·陵·大汉原陵秘葬经"，明写本。

地区最多，浙江、安徽、福建等地亦有发现。

一、镇墓神煞俑

《宋史》记载："入坟有当圹、当野、祖思、祖明、地轴、十二时神、志石、券石、铁券各一只。"[1] 金元地理葬书《大汉原陵秘葬经》记墓仪随葬应有"当圹、当野、祖司、祖明、天官、地轴"[2]，其中"当圹""当野"即墓中"天王俑"或"武士俑"，"祖明""地轴"是镇墓神兽造型[3]，这一点在河南巩义市康店镇砖厂唐墓出土带明确铭款的两件镇墓兽身上可以得到证实[4]。结合现已出土的宋金墓葬资料看，天子至庶人墓中多有当圹、当野二镇墓俑，但所记"祖司、祖明、天官、地轴"等俑并未能明确指认。当圹、当野常立于墓门两侧，如四川成都跳澄河宋墓[5]、四川广汉雒城镇宋墓[6]的墓门两旁，分别放置有两个武士装扮的陶俑。也有墓中出土武士俑与文官俑相对，但并不一定是当圹、当野，摆放位置也并非墓葬门口，如1972年2月江西省南昌市进贤县池溪公社焦家生产队社员在村后取土时发现一座北宋政和八年（1118年）砖石构砌的夫妇合葬墓，其中有文官、武士俑各八件，混合陈列，同墓葬出土的还有"生肖俑"一套十一件，俑为人形塑像，头戴圆头平顶帽，衣着和文吏同，腰束带，各手捧一生肖头像。[7] 十二生肖俑对应子、丑、寅、卯、辰、巳、午、未、申、酉、戌、亥，东汉以后随着阴阳五行的盛行，流行用天干地支来计时，十二生肖所对应一天内的十二时，便作为基本的计时单位，亦称十二时神。以十二生肖作为镇墓神兽，有辟邪压胜的寓意。隋代已普遍以十二生肖俑随葬，唐代十二生肖俑多为兽首着文官服饰、拱手站立的形象，入宋以后，十二生肖俑大多变成人的形象，手捧十二生肖小兽首于胸前，如1983年所发掘湖北罗田县古庙河汪家桥M4南宋墓（图18-13），1966年发掘江西景德镇市郊新平镇毛蓬店宋墓等都有出土此类手捧十二生肖兽首的文吏俑[8]。也有少数墓葬中的十二生肖俑仍为兽面人身像，如江西德兴市香屯镇南宋绍兴三年（1133年）蓝文蔚夫妇合葬墓出土的十二生肖瓷俑[9]。

---

1 [元]脱脱：《宋史》，卷一百二十四"礼二十七·诸臣丧葬等仪"，中华书局，1977年，第2910页。
2 [明]解缙：《永乐大典》，八千一百九十九卷"十九庚·陵·大汉原陵秘葬经"，明写本。
3 王去非：《四神、巾子、高髻》，《考古通讯》，1956年第5期，第52页。
4 郑州市文物考古研究所：《中国古代镇墓神物》，北京文物出版社，2004年，第181页。
5 刘志远、坚石：《川西的小型宋墓》，《文物参考资料》，1955年第9期，第92—98页。
6 四川省文物考古研究所、广汉县文物管理所：《四川广汉县雒城镇宋墓清理报告》，《考古》，1990年第2期，第124页。
7 江西省博物馆编：《江西宋代纪年墓与纪年青白瓷》，文物出版社，2016年，第115页。
8 彭适凡：《景德镇市郊出土宋瓷俑》，《考古》，1977年第2期，第143—144页。
9 江西省博物馆编：《江西宋代纪年墓与纪年青白瓷》，文物出版社，2016年，第237页。

同样以组合形式出现在墓葬中的还有"四神俑",即朱雀、玄武、青龙、白虎。当时买地券的券文常以"东至青龙,西至白虎,北至玄武,南至朱雀"来说明死者在阴间所拥土地的四至,为死者捍卫领地。而陶瓷四神俑在墓葬中的作用和意义应亦与此相关,如1983年湖北罗田县古庙河汪家桥M4南宋墓出土有四神瓷俑一套(图18-14),有青龙两件,白虎一件,朱雀两件,玄武一件,[1] 1972年江西进贤县池溪公社焦家生产队发掘的治平二年(1065年)舒氏墓[2],1978年江苏溧阳竹箦公社中梅大队发现北宋元祐六年(1091年)李彬墓等均有出土。李彬

图18-13　青白釉十二生肖俑
(张柏主编:《中国出土文物全集·湖北》,科学出版社,2008年3月,第85页)

图18-14　青白釉四神俑一组
(张柏主编:《中国出土文物全集·湖北》,科学出版社,2008年3月,第86页)

1　罗田县文管所:《罗田县汪家桥宋墓发掘记》,《江汉考古》,1985年第2期。
2　彭适凡:《景德镇市郊出土宋瓷俑》,《考古》,1977年第2期,第144页。

图 18-15　伏听俑
（江西省博物馆编:《江西宋代纪年墓与纪年青白瓷》，文物出版社，2016年12月，第116页）

图 18-16　人面鱼身俑
（江西省博物馆编:《江西宋代纪年墓与纪年青白瓷》，文物出版社，2016年12月，第54页）

墓中的四神塑像摆放有序，青龙于棺左，白虎于棺右，朱雀于棺前，玄武于棺后，除了玄武俑光素无釉，其余皆施低温釉，朱雀瞠目怒视，振翅欲飞，青龙、白虎表情威严怪异，鳞片、背鳍刻画细致，玄武龟、蛇相缠，二兽怒目互视，刻画生动形象。同墓还出土有五星神像俑：如辰星（水星）、岁星（木星）、荧惑（火星）、镇星（土星），以及二十八宿陶坐像[1]，造型特征鲜明，较为少见。同墓另出土有釉陶楼阁、车舆、真武像等，大都做工精美细致。[2]

此外，根据《大汉原陵秘葬经》记，古时的墓仪制度中规定的随葬俑另有仰观、扶听、墓龙、仪鱼、观凤鸟、凶神王人等，大部分都能在宋金墓葬中找到陶瓷质实物。以1972年2月发掘的江西进贤县治平二年（1065年）舒氏墓为例，除了出土有上文提到的文官、武士、十二生肖俑外，还出土有人形跪伏俑一件，人首龙身俑二件，仪鱼俑一件，男女侍俑各一件，墓志一方。跪伏俑头戴平顶小帽，合掌枕于头下，头侧向一边，作伏身倾听状，即伏听俑（图18-15）。舒氏墓另出土一件人首龙身陶俑，身体也呈弓弯直蜷状，两侧各有一枚人首，另一件人首龙身陶俑身体扭曲呈环状，两侧为人首，这种造型的俑也称"墓龙"，同墓出土的人首鱼身陶俑又名"仪鱼"（图18-16）[3]。还有人首鸟身陶俑在其他宋墓中可见。

二、生活场景类陶瓷模型

宋金随葬品中还有一部分是表现死者生前生活状态及场景的陶瓷俑，如1990年四川广汉雒城镇大观元年（1107年）张承贵墓出土的大量陶俑中，有握物仰视俑、牵物进行俑、华服戴帽女俑、女侍俑、厨炊俑、狗俑、鸡俑、

1　杨正宏等编:《镇江出土陶瓷全集》，文物出版社，2010年，第136—139、142页。
2　镇江市博物馆，溧阳县文化馆:《江苏溧阳竹箦北宋李彬夫妇墓》，《文物》，1980年，第5期。
3　彭适凡:《景德镇市郊出土宋瓷俑》，《考古》，1977年第2期。

陶制楼房、轿、床、踏凳、屏、桌、椅、火盆、盏、鼓等模型，[1]家具及房屋模型塑造得十分逼真细腻，制作精良，应是家人为死者精心订制，寓意死者在冥间也可享受优越的生活，养尊处优。如镇江市溧阳竹箦公社北宋元祐六年（1091年）墓出土的琉璃陶水榭（图18-17）、釉陶抬轿场景雕塑。江西

图18-17　琉璃陶水榭
（杨下宏等编：《镇江出土陶瓷器》，文物出版社，2010年11月，第133页）

地区的宋墓中还出土了一些表演俑，如1975年江西鄱阳县磨刀石公社殷家大队南宋洪子成夫妇合葬墓中，出土戏俑21个，分生、旦、净、末等几种角色。这些具有浓厚生活气息的人俑及场景类雕塑既是两宋生活的浓缩和再现，也体现了当时丧葬文化中对死者祭奠和追悼的一种方式。

三、谷仓瓶的寓意

谷仓瓶又称"魂瓶"，可细分为"多角瓶""五管瓶""堆塑瓶"等，是一种陶或瓷质的瓶、罐类丧葬明器，颈、肩或顶部常堆塑有各种形象，包括堆塑尖角、罐、管状物，或亭台楼阁、仙人、日月、龙虎、鸟、蛇等象生塑像，自汉代即出现在墓葬中。这种风俗一直延续至宋元明时期，以江西、浙江为中心，多成对出土，以青釉、青白釉谷仓瓶居多。

谷仓瓶在墓葬中主要为储存器，因大多数情况是用于储存五谷，因此得名。敦煌发现的晚唐写本《杂抄》记："昔伯夷叔齐兄弟，相让位与周公，见武王伐纣为不义，隐首阳山，耻食周粟，岂不我草乎？夷齐并草不食，遂死于首阳山。载尸还乡时，恐魂灵饥，即设熟食瓶、五谷袋引魂，今葬用之礼。"[2]《大汉原陵秘葬经》中亦曾记公侯卿相和大夫庶人的墓中均有五谷仓和三浆水。许多宋墓中都出土有残留着稻谷之类粮食的堆塑瓶，应即是文献中记载的"熟食瓶""五谷仓"。如浙江丽水市龙泉博物馆藏一件多管瓶，肩部等距离堆塑五管，管呈喇叭状，腹部分为六层装饰，器盖作荷包纽状，盖内墨书"张氏五娘五谷仓柜上应天宫下应

1　陈显双、敖天照：《四川广汉县雒城镇宋墓清理简报》，《考古》，1990年第2期。
2　徐苹芳：《唐宋墓葬中的明器神煞与墓仪制度——读〈大汉原陵秘葬经〉札记》，《考古》，1963年第2期，第105页，注45："《杂抄》原件现存法国巴黎图书馆，编号为伯2721"。

地中荫子益孙长命富贵"二十四字[1]，寓意仓廪丰足、食物充沛，祈愿逝者在天地间可以保佑子孙长命富贵，这类五管瓶多出现在浙江地区（图18-18）。另如福建顺昌北宋墓出土瓷质多角罐[2]，江西南昌元延祐二年（1315年）墓出土影青堆塑瓶[3]，江西丰城南宋咸淳八年（1272年）墓出土影青瓷堆塑瓶等[4]，出土时瓶或罐内皆装有残留谷物。堆塑瓶中也有盛放其他物质者，如钱物、布帛、水等，如湖南祁阳黄泥塘镇南宋墓出土一件陶堆塑瓶，内装铜钱八枚[5]，福建地区北宋中晚期墓出土的堆塑瓶（罐）类明器上有"钱库长满""酒库大吉"铭文[6]等。

两宋，浙江地区仍流行以多角瓶随葬的习俗。有观点认为："角"与"谷"在南方地区发音类近，因此"多角"有"多谷"之寓意。实物如浙江武义县文物管理委员会藏北宋青釉多角瓶，顶部有宝顶式盖纽，盖沿四角向上飞翘，瓶身自上而下依次有五层等距装饰带，每层各对称装饰四个突出尖角，造型浑厚简约[7]。

自东吴中期开始，仙人、瑞兽、日月等便以组合形式出现在堆塑瓶上，一般塑有单个或多个仙人、侍从、武士、鹿、龙、虎、麒麟、马、鹿、犬、龟、蛇、太阳等。有的龙、虎塑像出现在一件瓶上互相纠缠交织，有的龙、虎塑像分别塑在墓葬中成对出现的两瓶颈部，相互对应。江西省出土的堆塑瓶数量较多，颈部较前朝愈加细长，进一步脱离了实用性，更具象征意味。如1977年江西南昌南

图18-18　宋龙泉窑青瓷五管瓶
（浙江省博物馆编：《青色流年》，文物出版社，2017年，第251页）

1　朱伯谦：《龙泉窑青瓷》，艺术家出版社，1998年，第95页，图版。
2　福建省博物馆：《福建顺昌宋墓》，《考古》，1979年第6期，第504页。
3　郭远谓：《江西南昌朱姑桥元墓》，《考古》，1963年第10期，第576页。
4　方良田：《江西丰城县出土宋代稻谷》，《农业考古》，1981年第2期，第112页。
5　杨仕衡：《湖南祁阳县黄泥圹镇发现宋墓》，《考古》，1994年第10期，第958页。
6　林忠干：《福建宋墓分期研究》，《考古》，1992年第5期，第457页。
7　李辉炳主编：《中国陶瓷全集·宋（下）》，上海人民美术出版社，1999年，第13页。

宋嘉定二年（1209年）墓出土的青白釉堆塑长颈瓶一对（图18-19），两瓶分塑龙虎，下饰有龟蛇、朵云、日月，盖顶立有一鸟[1]。1965年江西清江县薛溪公社南宋嘉定四年（1211年）墓出土的青白釉瓷堆塑瓶两对，其中女墓所出一对堆塑俑，肩部饰"S"状纹饰，上有十三个立俑，颈部饰青龙、白虎、蛇、犬、太阳、云朵等，男墓出土的一对瓶肩部堆塑有十二个持剑武士俑和一个戴帽伏地俑，颈部塑青龙、白虎、龟、蛇、凤、鹤、鸡、犬、鹿、马、太阳、祥云以及女立俑、持剑男武士坐俑。

图18-19　宋青白釉堆塑长颈瓶

（张柏主编：《中国出土瓷器全集·江西》，科学出版社，2008年，第58页）

　　总体来说，墓葬中的堆塑瓶盛放钱粮布帛等，一方面寓意逝者在冥界也能丰衣足食，享受富贵，所谓"谓死如生，闵死独葬，魂孤无副，丘墓闭藏，谷物乏匮，故作偶人以侍尸柩，多藏食物，以歆精魂"[2]，企图通过招引亡灵进食谷物琼浆，使其灵魂归天，保佑后人，具有十分现实的功利性质。另一方面，堆塑瓶通过对人、神、动物、日月等的塑造，成为人界、冥界、天界的融合和缩影，伴随着灵魂存在的观点成为宋金丧葬文化中的重要组成部分。

第三节　玩具、文房类瓷塑与民间生活习俗

　　宋金陶瓷塑像不乏一些日常器玩，如摩睺罗、小动物、小人俑等，是可在街边贩卖兜售的玩具。摩睺罗也称"磨乐呵""磨喝乐""魔合罗"等，是指孩童造型的人俑像，最早见于五代时期的文献，如敦煌文献《某寺乙未年后常住什物点检历》："汉摩候罗贰[3]"，又《庚申年七月十五日于阗公主施舍簿》："磨睺罗壹拾"，据学者研究，庚申年（960年）七月十五日为中元节，文献记载这

1　李辉炳主编：《中国陶瓷全集·宋（下）》，上海人民美术出版社，1999年，第131页。
2　［汉］王充：《论衡》，卷二十三"薄葬篇"，上海人民出版社，1974年，第352页。
3　分别见于：《法藏敦煌西域文献》，上海古籍出版社，2002年，第63、329页。

天于阗公主施舍给敦煌某寺物品的清单包括十只摩睺罗，表明摩睺罗原本是中元节的用品。摩睺罗源自于佛教，主要在中元节这天在寺院摆出，供人们请回来祈子，因中元节主要祭奠已故先祖且离乞巧节较近，于是请摩睺罗祈子的活动逐渐转移到了七夕节[1]。如宋人许棐作《泥孩儿》诗云："牧渎一块泥，装塑恣华侈。所恨肌体微，金珠载不起。双罩红纱厨，娇立瓶花底。少妇初尝酸，一坑一心喜。潜乞大士灵，生子愿如尔。"[2]《东京梦华录》载："至初六日七日晚，贵家多结彩楼于庭，谓之乞巧楼，铺陈磨喝乐、花瓜、酒炙、笔砚、针线。"[3] 宋代内廷在七夕节也会按照集市陈设布置游乐，"七夕前，修内司例进摩睺罗十卓（桌），每卓（桌）三十枚，大者至高三尺，或用象牙雕镂，或用龙涎佛手香制造，悉用镂金、珠翠、衣帽、金钱、钗镯、佩环、真珠、头须及手中所执戏具皆七宝为之，各护以五色镂金纱厨，制阃帮臣及京府等处，至有珍金为贡者，宫姬市娃冠花衣领，皆以乞巧时物为饰

图 18-20　金红绿彩夹盒侍立童子造像
（叶喆民主编：《中国磁州窑》，河北美术出版社，2009 年，第 83 页）

焉"[4]。以摩睺罗为代表的"宜男"文化及求子风俗在宋金盛行，南宋著名宫廷画师苏汉臣擅画婴戏并深受皇帝喜爱，足见统治阶级也深受影响。陶瓷摩睺罗俑在宋金多处窑址可见，如 1989 年河北邯郸市峰峰矿区金泰和三年（1203 年）崔仙奴墓出土的金代白釉红绿彩男婴造像，夹盒侍立童子造像（图 18-20）等，为磁州窑所产。

宋金日用陶瓷还有些象生器具，多模仿自然界动物与人物形象。上海博物馆藏有一件越窑青瓷鸳鸯灯（图 18-21），鸳鸯蜷腿坐卧，脑后翎羽飘起，两眼圆睁，张口作鸣啼状，身上羽毛刻划细腻，层层铺排，十分精致。1983 年浙江慈溪市寺

1　杨琳：《化生与摩侯罗的源流》，《中国历史文物》，2009 年第 2 期，第 22、31 页。
2　[宋] 许棐：《梅屋集》，卷四"泥孩儿"，汲古阁景宋钞本。
3　[宋] 孟元老：《东京梦华录》，卷八"七夕"，上海古典文学出版社，1956 年，第 10 页。
4　[宋] 周密：《武林旧事》，卷三"乞巧"，中华书局，1991 年，第 53 页。

图 18-21 越窑青瓷鸳鸯灯
（李军编著：《千峰翠色——中国越窑青瓷》，宁波出版社，2011年12月，第163页）

图 18-22 越窑青瓷三足蟾蜍砚滴
（李军编著：《千峰翠色——中国越窑青瓷》，宁波出版社，2011年12月，第170页）

图 18-23 青白釉仙人吹笙壶
（张柏主编：《中国出土文物全集·安徽》，科学出版社，2008年，第98页）

图 18-24 黑釉鹅形哨
（张柏主编：《中国出土文物全集·安徽》，科学出版社，2008年，第149页）

龙口越窑出土一件青釉三足蟾蜍形砚滴，蟾蜍身为容器，背部有注水口，口部出水（图18-22）。还有一些象生瓷俑，如仙人吹笙形青白釉瓷壶（图18-23）、黑釉鹅形哨（图18-24）等，反映了当时人民自由活泼的生活面貌，以及匠人丰富的想象力的造物能力。

第四节　瓷枕上的雕塑、绘画艺术

根据已有的考古资料显示，瓷枕最早出现在隋代，宋、金、元时期最盛，至明清渐衰，主要作为消夏祛暑的日常用品，宋初李昉著《太平广记》载有时人使用瓷枕，因其中藏匿虱虫导致溃面的事情[1]。北宋被冠以"苏门四学士"的文学家张耒曾作《谢黄师是惠碧瓷枕》云："巩人作枕坚且青，故人赠我消炎蒸。持之入室凉风生，脑寒发冷泥丸惊。"[2] 20世纪初河北发现钜鹿古城，该城于北宋大观二年（1108年）黄河泛滥后淹没于黄土之中，发掘时，有些瓷枕就摆放在房屋内的炕面位置，其中一方瓷枕有"崇宁二年（1103年）新婚"的墨书款，应是专为婚嫁置办的生活

图 18-25　青白釉水波纹枕
（李辉炳主编：《中国陶瓷全集·宋（下）》，上海人民美术出版社，1999年，第215页）

用品[3]，证实了瓷枕在宋金时期的实用卧具功用。墓葬中也多有瓷枕出土，这类瓷枕应是陪葬物，即"尸枕"，如明人高濂《遵生八笺》"怡养动用事具"篇记："枕制不一，即石枕。虽宋瓷白定居多，有尸枕，亦旧窑者，长可一尺，古墓中得之，甚不可用。"[4]

生活中流行使用陶瓷枕头约从唐代开始，一般尺寸较小，河南巩县窑唐三彩枕、绞胎枕、白釉枕，长沙窑的青釉褐彩枕等较为典型。宋金时期瓷枕数量陡增，枕面较宽，尺寸比唐枕更大，以北方定窑系和磁州窑系所产瓷枕最多，白釉或白地黑花瓷枕较有特色，也有黑釉、酱釉、绿釉、黄釉、三彩釉、绞胎等。

就瓷枕造型看，可分为几何形枕，如箱形、六方形、八方形、如意形、腰圆形、银锭形（图18-25）等，人物形枕有娃娃形枕、侍女形枕等，动物形枕常见虎枕、狮枕、龙枕等，多为模具制作，装饰手法有刻花、划花、印花、绘画、颜色釉、绞胎、堆塑等，常采用综合装饰手法，品种丰富多样。

一、几何形瓷枕

几何形枕一般以刻划花、剔花、绘画、浅浮雕装饰，釉色丰富，其中磁州窑

---

1 ［宋］李昉：《太平广记》，卷四百七十九"昆虫·白虫"："有人忽面上生疮，暑月即甚，略无完皮，异常楚痛，涂尝饵药不能致效。忽一日，即卧，余烛未灭，同寝者见有物弦如线，以著其面。因烛视之，白虫如虮，自瓷枕穴中出，以嘬其面。既明，遂道其事，剖枕以视之，白虫无数，因尽杀之，面疮乃愈。"中华书局，2006年，第3944页。
2 ［宋］张耒：《柯山集》，卷十"七言古诗·谢黄师是惠碧瓷枕"，清乾隆武英殿木活字印武英殿聚珍版丛书本。
3 张厚璜、李详者：《钜鹿宋器丛录》，天津博物院编刊，1923年。
4 ［明］高濂：《遵生八笺》，卷十九"尘外遐举笺·怡养动用事具"，明万历刻本。

图18-26 白地黑花喜鹊折枝喜鹊纹如意形枕
（叶喆民主编：《中国磁州窑》，河北美术出版社，2009年12月，第369页）

图18-27 白釉黑彩划花海兽衔鱼豆形枕
（叶喆民主编：《中国磁州窑》，河北美术出版社，2009年12月，第146页）

图18-28 三彩婴戏纹枕
（李辉炳主编：《中国陶瓷全集·宋代（上）》，上海人民美术出版社，1999年11月，第207页）

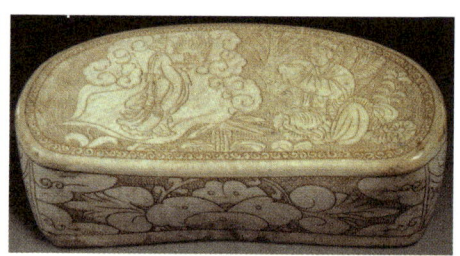

图18-29 白釉珍珠地划花豆形枕
（张柏主编：《中国出土文物全集·河南》，科学出版社，2008年3月，第142页）

金代白地绘黑花瓷枕最为精美，成为中国陶瓷绘画从初级发展至成熟的代表，金代发展尤盛。金代磁州窑瓷枕绘画主题趋于丰富，包括折枝花鸟、游鱼、婴戏、狮虎、黑熊、芦雁图案等，辅以弦纹、波浪纹、卷草纹等边饰，如日本出光美术馆藏磁州窑白地黑花喜鹊折枝喜鹊纹如意形枕（图18-26）、大英博物馆藏白地剔花黑熊纹如意形枕[1]、河北邯郸市文物保护研究所收藏金大定五年（1165年），白釉黑彩划花海兽衔鱼豆形枕（图18-27）等。

宋金几何形瓷枕中也有一些颜色釉彩装饰者，如1976年河南济源县（今济源市）出土的三彩婴戏纹瓷枕（图18-28）等。以济源县出土此件三彩枕为例，该枕面绘有庭院场景，院落中有三位儿童分别坐地敲锣、舞身吹笛、弯腰戏弄傀儡把戏，生动地再现了当时儿童日常生活娱乐常态。此类场景、故事性题材的图案装饰逐渐流行于瓷枕。再如1981年河南洛阳市西工区出土的北宋白釉珍珠地划花豆形枕，侧面刻划珍珠地荷塘场景，枕面以细密刻线绘制仕女梦境图，仕女斜卧于方石芭蕉林之前，闭目入睡，旁绘有云形开光一片，开光内有神仙托婴童于盘内，有明显的"祈子"寓意（图18-29）。

---

[1] 叶喆民主编：《中国瓷磁州窑（下）》，河北美术出版社，2009年12月，第368页。

二、诗画瓷枕

白地黑彩诗文枕也是这个时期的常见品类，主要为磁州窑所产，文字内容多是表达了对美好事物的向往，或为吉祥语。有的枕面书写著名诗词、民间谚语、处世哲学、规劝箴言等，体现了当时广大人民在生活劳作中的见闻，对人情世故的态度。如磁县观台镇出土的白地黑花诗文如意形瓷枕（图 18-30），枕面书："一架青黄瓜，满园黑白豆。"四壁绘卷草纹，具有浓郁的山园山溢气息。还有一些文人所作或具有典型文人风格的诗词、曲赋、文章等，如曲牌《浣溪沙》《如梦令》《西江月》《满庭芳》《醉中天》等，其中书苏轼诗文者尤多。如 1988 年磁县都党乡冶子村出土的金代白地黑花《如梦令》八角形瓷枕（图 18-31），枕面开光内书写苏东坡的《如梦令·有寄》："为向东波（坡）传语，人在玉堂深处。别后（有）

图 18-30　白地黑花书诗文如意头形枕
（叶喆民主编：《中国磁州窑》，河北美术出版社，2009 年 12 月，第 170 页）

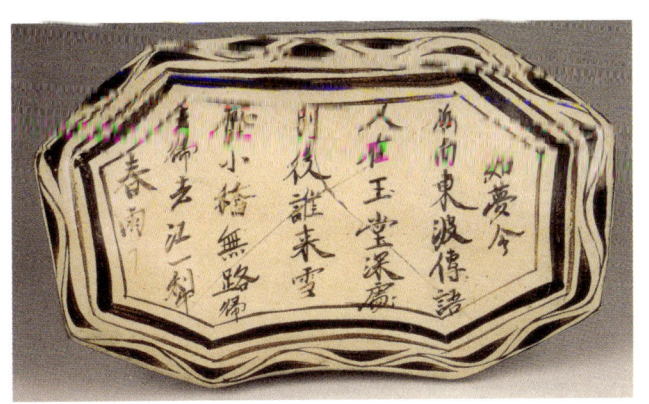

图 18-31　白底黑花书《如梦令》八角形枕
（叶喆民主编：《中国磁州窑》，河北美术出版社，2009 年 12 月，第 171 页）

谁来，雪压小桥无路。归去，归去，江（上）一犁春雨"，底部戳印有"张家造"款。其中数处出现错字和漏字，这是当时磁州窑诗文瓷枕普遍存在的一个现象，此外，书写字体较潦草随意，不像文人所作，应是当时文化程度不太高的制瓷工匠自己书写，或由其他文学爱好者参与写作。

三、仿生形瓷枕

宋金定窑瓷枕中以白釉娃娃形枕最为精美，北京故宫博物院和台北故宫各收藏有一件。以北京故宫博物院藏宋定窑娃娃形瓷枕为例，枕主体为俯卧孩童塑像，双臂相叠枕在胸前，俯身趴在基座上，首脚微微上翘，双脚交叠，上身内穿长衫，外套比甲，下身穿团花裙及长裤，面部饱满，轮廓清晰，以脊背作枕面，瓷胎细白致密，釉质温润如酥（图 18-32）。与该瓷枕造型相似者还有江西丰城市博物馆藏黄釉孩儿式枕[1]。另有一种青白釉娃娃形瓷枕孩童作侧卧状，面部轮廓饱满圆润，身穿斜襟长衫，一腿蜷曲，另一只脚自然搭垂，手持荷叶柄，荷叶两侧翘起作为枕面，覆盖其身，人物开相、衣纹转折及基座上的浮雕刻花精细，釉色莹润如玉，做工甚精，现藏于江苏省镇江市博物馆。美国旧金山亚洲艺术博物馆也藏有一件白釉定窑持荷叶娃娃形瓷枕，娃娃仰卧，交叉双腿，荷叶作枕面，中部下凹。明初，高濂于《燕间清赏笺·论定窑》曰："枕有长三尺者，制甚可头。余得一枕，用娃娃手持荷叶覆身叶形，前偃后仰，枕首适可，巧莫与并。"[2] 乾隆皇帝也对清宫藏的此类娃娃形瓷枕倍加喜爱，曾作《咏定窑娃娃枕》诗云："白定宋犹嫌有芒，于今火气久消亡。故宜入品称珍玩，便以咏吟著句赏。荷叶不离身作被，檀材新与卧为床。曲肱却复待人枕，乐在其中意岂忘。"[3] 景德镇窑在宋代也生产孩儿枕，窑址中有所出土。娃娃形枕的盛行应与当时的"宜男"观念有关，人物形瓷枕还有卧女枕，如1985年河北曲阳县定窑遗址发掘出土的北宋定窑白釉卧女枕，女子侧卧于底座上，头盘高髻，面目端庄清秀，身穿长衫，背作枕面，釉色洁白温润（图18-33）。1978年陕西省黄陵县金墓出土的黄釉卧女枕俯卧于底座，交叉双臂枕于头前，头部微昂，胎体外施有白色化妆土，衣纹部分着黄釉彩，上点缀黑色梅花斑点装饰，面部及头发以黑彩描绘开相，现藏于长治市博物馆[4]。

图18-32 定窑白釉孩儿枕
（李辉炳主编：《中国陶瓷全集·宋（上）》，上海人民美术出版社，1999年，第66页）

动物形瓷枕以狮、虎形较多，北方定窑、磁州窑系及南方以景德镇为中心的青白瓷窑系为主要产区。狮子原产于非洲、西亚地区，东汉时传入中国。《汉书·西域传》云："乌弋地暑热莽平，……而有桃拔、师子、犀牛。"[5] 乌弋乃今阿富汗境内，是狮子的原产地。颜师古注云：

图18-33 白釉卧女枕
（北京艺术博物馆编：《中国定窑》，中国华侨出版社，2012年9月，第160页）

---

1 李辉炳主编：《中国陶瓷全集·宋（上）》，上海人民美术出版社，1999年，第207页。
2 [明] 高濂：《遵生八笺》，卷十四"燕间清赏笺上卷·论定窑"，明万历刻本。
3 [清] 蒋溥等编：《御制诗初集》，卷三十七"古今体五十八首·咏定窑娃娃枕"。
4 杨元生：《黄陵县发现一件金代瓷枕》，《文博》，1988年第1期，第33页。
5 [汉] 班固：《汉书》，卷九十六上"西域传"。

图18-34　白地黑花虎形枕

（张柏主编：《中国出土文物全集·安徽》，科学出版社，2008年3月，第153页）

图18-35　青白釉龙形枕

（李辉炳主编：《中国陶瓷全集·宋（下）》，上海人民美术出版社，1999年11月，第213页）

"师子，即《尔雅》所谓狻猊也。"印度把狮子称作百兽之王，与佛相关的物品也多以狮子命名或作为模仿对象，如称佛的坐骑为"狮子座"，佛说法讲经为"狮子吼"等。宋金佛教进一步渗入中民的日常生活，狮子形象广泛出现，作为日常生活中常见寝具，亦有辟邪驱妖的寓意。实体如河北定州市博物馆藏金代白釉及黑釉卧狮形枕[1]，主要采用模制成型工艺。南方景德镇窑、潮州窑所产青白釉狮形枕结合了模印和雕塑两种工艺，窑址中多有出土，如景德镇宋代湖田窑所出土的青白瓷狮子形枕，狮子怒目圆睁，牙齿毕现，四肢健壮，爪牙锋利，身上以划花手法丝毛，狮立于椭圆形底座上，背驮如意形枕面，胎质坚硬细腻，通体施青白釉[2]。福建漳州窑也生产类似瓷枕，但在部分青白瓷枕上加饰褐彩。

虎是古代"四神"之一，在祭祀、神祇活动中常出现，因其凶猛威严，自古以来也作为镇宅或镇墓瑞兽，亦有辟邪驱魔之意。宋金虎枕主要为黄釉地画黑彩装饰，产于北方磁州窑系，如1963年安徽省太和县出土白地黑花虎形枕，以虎身作枕，背部平缓，枕四周施橘黄色地釉作虎皮，以黑彩于其上绘画虎眼眉、斑纹等，枕面开光内施白色化妆土，表面以黑彩绘猛虎捕猎图案，右上方书写"虎"字（图18-34）。动物型瓷枕还有龙形枕，多为青白釉，较为完整精美者如1986年湖北省汉阳宋墓出土，北京故宫博物院藏龙形枕（图18-35）。

---

[1] 北京艺术博物馆编：《中国定窑》，中国华侨出版社，2012年，第196、215页。
[2] 李辉炳主编：《中国陶瓷全集·宋（下）》，上海人民美术出版社，1999年，第214页。

第十九章
宋金时期对外贸易输出对瓷器生产格局的影响

瓷器作为中国重要的特产名物在宋金时期不断输出国外,主要是通过外销贸易方式输出,也有部分瓷器通过赏赐、以物易物或走私等方式输出。总体而言,瓷器输出数量可观,范围遍及东亚、东南亚、西亚、北非等地区。其中南宋时期,金朝统治区域的北方瓷窑产品除了少量输出高丽外,总体来看瓷器输出甚少,而南宋却迎来了以外销为主导的瓷器输出高峰期。

两宋政府积极的对外贸易政策及巨大的海外市场所带来的丰厚利润进一步刺激了中国瓷窑业的发展。一方面,内陆地区的名窑产品在面向广大国内市场的基础上,通过沿海地区的贸易港口广销海外;另一方面福建、两广地区出现了诸多专门以海外市场为供应对象的窑场,基本不面向国内市场,产品主要模仿当时流行的名窑瓷器风格,如模仿耀州窑青瓷、景德镇窑青白瓷、龙泉窑青瓷等。这些东南沿海的窑场数量众多,产量较大,在海外的许多沉船或遗址中有大量发现,是两宋在名窑体系的基础上,受海外贸易影响而形成的较为成熟的仿名窑外销瓷产区,且随着外销港口的变迁,在两宋不同时期出现了阶段性的变化,是两宋瓷器生产格局中重要组成部分。

第一节 北宋时期瓷器产品外销的主要窑场

北宋初期输出的瓷器品种主要有浙江越窑青瓷及江西景德镇窑白瓷、青白瓷,北方的耀州窑青瓷,定窑白瓷和磁州窑白地黑花瓷等在这一时期也有输出,但相较而言数量不多,不是输出的主流产品[1]。值得注意的是广东地区出现了许多仿耀州窑青瓷、景德镇湖田窑青白瓷等名窑产品风格的瓷窑场,以广东省西村窑、潮州窑为代表,这些瓷窑的产品主要针对海外市场,是海上贸易繁荣发展的背景下,滋生出的新型陶瓷产区。

---

[1] [日]森达也:《宋元外销瓷的窑口与输出港口》,《考古与文物》,2016年第6期,第57页。

一、越窑与景德镇湖田窑

越窑青瓷在唐末五代时期迅速发展，产品的胎釉配方、造型、装烧技术等都有了重大改进和提高，成功生产出了精美的秘色瓷，达到生产高峰。产品除了供给王公贵族上层阶级外，还大量外销。通过对目前发现的几艘9至10世纪的沉船进行对比，可以看到自唐末到宋初越窑瓷器外销的发展和变化。1998年在印尼勿里洞海域发现了一艘9世纪前半叶沉船，因打捞于一块黑色大礁石附近，故得名"黑石号"，该沉船中出水瓷器共约67000余件，越窑瓷器仅200件[1]，所占比例很少；1997年发现位于雅加达以北150公里印坦油田附近的10世纪中叶的"印坦沉船"中，共出水瓷器7309件，其中越窑青瓷所占比例约为20%—30%之间；而在位于印尼爪哇井里汶海域的10世纪后半叶的沉船中，出水49万多件（片）瓷器，其中中国瓷器约占75%，以越窑为主，数量应在30万件（片）以上。通过对比可见，在9世纪前半叶，越窑外销数量还十分有限，最重要的外销瓷器是长沙窑和广东产青瓷，最迟到10世纪中叶五代和宋相交时，外销瓷器以广东所产的青瓷和越窑瓷器为主，而到了10世纪后半叶北宋初年，越窑瓷器成为外销瓷中的主流产品，外销规模空前增大[2]。

从井里汶沉船所载的越窑青瓷来看，北宋初期用于外销的越窑瓷器数量可观。多数器物胎骨较薄，运用划花、镂空和雕刻等工艺装饰器表，碗的腹部下垂，圈足变高，器物圈足普遍外撇，釉色青翠莹润，造型主要有碗、盘、罐、盏托、杯、瓶、罐、盒、炉等，其中不乏十分精美者，如沉船上出水的若干件划花龙纹青瓷大盘及镂空刻花青釉套盒，与北宋咸平三年（1000年）元德李皇后陵中出土的龙纹青釉大盘和镂空青釉套盒[3]十分相似，类似的套盒在临安五代天福四年（939年）马氏王后康陵墓[4]中也有出土，可见这类被选为御用随葬的高档越窑青瓷也可用于外销，政府为了促进海外贸易，对具体的出口产品样式要求并不十分严格。值得注意的是，由于10世纪末是宋朝刚刚取代吴越国政权的时段，与唐代时间亦较为接近，因此在这个时期的对外贸易中，北宋初期的越窑青瓷常和唐末五代越窑青瓷混杂一起输出国外，这种现象在井里汶沉船中就有所体现。

同样发现有龙、凤、鹦鹉等精细划花纹越窑青瓷的遗址还有澎湖岛地区，20世纪80年代末曾在此发现3万余片越窑瓷器残件，胎质细密，釉色莹润，器表除

---

[1] 谢明良：《记黑石号（BatuHitam）沉船中的中国陶瓷器》，《美术史研究集刊》，2002年第13期，第1—60页。

[2] 秦大树：《拾遗南海补阙中土——谈井里汶沉船的出水瓷器》，《故宫博物院院刊》，2007年第6期，第94—96页。

[3] 河南省文物研究所、巩县文物保管所：《元德李后陵发掘报告》，《华夏考古》，1988年第3期，第38页。

[4] 杭州市文物考古所、临安市文物馆：《浙江临安五代吴越国康陵发掘简报》，《文物》，2000年第2期，第14页。

了装饰上述纹样外,还有饰双蝶、龟、团花、缠枝莲、孔雀等者,烧成时间约为太平兴国二年(977年)[1]。此外,通过埃及福斯塔特等地出土的越窑瓷器[2]可见,大批的高档越窑青瓷在北宋早期最远已到达非洲地区。

越窑在北宋初年的大量外销与浙东明州港(今宁波)及航线的发展密不可分。根据文献记载,太宗在端拱二年(989年)前设杭州市舶司,真宗咸平二年(999年)又设明州市舶司,两浙地区市舶司的重启为地处浙江上林湖地区的越窑青瓷出口提供了便利。

除了越窑青瓷之外,青白瓷也是宋初输出瓷器中的重要品种,这一时期输出的青白瓷主要由安徽繁昌窑和景德镇湖田窑生产,在辽地、环印度洋地区的许多古代遗址中也有出现。如北宋时期往返于中国与东南亚的苏门答腊鳄鱼岛沉船中,发现一些似为景德镇湖田窑产的青白釉芒口刻花碗、瓜棱瓶、瓜棱形盒等[3]。

二、广东地区的瓷窑场

入宋后,政府陆续在沿海地区若干重要港口设立了市舶司,加强对来往贸易商船及贸易人群的控制和管理,其中最早设立市舶司的港口即广东广州港,据《宋史》记载,开宝四年(971年)"曾置市舶司于广州"[4]。而后在太宗端拱二年(989年)、真宗咸平二年(999年)和哲宗元祐二年(1087年)又分别在杭州、明州和泉州设立市舶司,但总体看这些港口的地位尚不及广州港[5],其中北宋中期推行的熙宁变法对广州港的外销地位起到确定作用。神宗熙宁九年(1076年),中书门下言:"给事中、集贤殿修撰程师孟乞罢杭、明州市舶司,只就广州市舶司一处抽解。"[6] 为了加强对市舶司的管理,政府特为此修订"广州市舶条法",加强了广州港的重要性,另据《先君行述》记载:"泉人贾海外,春去夏返皆乘风便。熙宁中,始变市舶法,往复必使东诣广,不者没其货。"[7] 通过修改市舶法,规定泉州港驶出的船只在赴海外贸易之前,必须先到广州市舶司呈报,经过检查领取公凭后方可出航,加重了泉州港出船的运行成本,广州港市舶司成为这个时期东南沿海地区最重要的外销港口,直到北宋末年广州港的地位都不容小觑,如《萍

---

1 陈信雄:《越窑在澎湖》,文山书局,1994年。
2 秦大树、谷艳雪:《越窑的外销及相关问题》,引自沈琼华主编:《2007 中国·越窑高峰论坛文集》,文物出版社,2008年,第177—206页。
3 胡舒扬:《宋代中国与东南亚的陶瓷贸易——以鳄鱼岛沉船(Pulau Buaya wreck)资料为中心》,《人海相依——中国人的海洋世界》,上海古籍出版社,2014年,第49—55页。
4 [元]脱脱:《宋史》,卷一百八十六"食货志·互市舶法",中华书局,1977年,第4558页。
5 孙光圻:《中国古代航海史》,海洋出版社,1989年,第472页。
6 [宋]李焘:《续资治通鉴长编》,卷二百七十五"神宗",中华书局,1986年,第6721页。
7 [明]解缙编:《永乐大典》,卷三千一百四十一"陈偁传",明写本。

州可谈》载崇宁（1102—1106年）初，"三路各置提举市舶官，三方为广最盛"[1]。

广州作为北宋初年最大的贸易港口之一，政府的高度重视及巨大的外贸需求刺激了广东本地瓷窑业的迅速发展，窑址分布范围较广，仅根据1991年在广东省四十二个市县所做统计，即发现窑址共六百一十二处，露出的窑址近千座之多[2]。这些窑场多分布于沿江沿海的水运交通干线附近，影响较大的窑场有广东惠州窑、潮州笔架山窑、广州西村窑、雷州半岛雷州窑等，其中以潮州笔架山窑和广州西村窑产品较有特色。这些窑口的产品多仿内陆名窑样式，器型、釉色、纹饰等与耀州窑、定窑、磁州窑、景德镇窑等多有相似，利用其地理位置的优势，极大地节约了运输成本，产品远销海外，在国内较少出土。下文以潮州笔架山窑和西村窑为例，对当时广东地区的外销瓷作一简述。

潮州是古代广东东部地区的政治、经济、文化中心，同时也是重要的陶瓷产区。根据目前考古资料看，潮州地区的窑场应始烧于唐代，主要分布于四郊一带，如竹园墩、凤山、田东园、窑上埠、象鼻山、笔架山等，其中以潮州镇之东的笔架山窑规模最大。笔架山又名韩山或双旌山，南北长约二公里，西面濒临韩江侧的山坡和山脚处瓷窑分布密集。

根据考古发掘可知：北宋时期潮州笔架山窑的产品胎质有白色、灰白、灰色、灰黄几种，釉色有白釉、青白釉、青釉、黄釉、酱褐釉，器型有碗、盏、茶托、盆、钵、盘、碟、杯、灯、炉、瓶、壶、罐、盂、水注、粉盒、器盖、人像、佛像、动物玩具等20余个类别。根据对出土瓷器的统计，产品以青白釉瓷器最多，约占43%，白釉和青釉约各占7%和11%。[3] 笔架山窑青白釉瓷器胎骨呈灰白色，釉色白中泛青，表面多以划花或印花纹装饰，有的瓷俑表面以褐彩点绘斑纹，其中许多器型和釉色外观与景德镇湖田窑青白瓷十分相似，如两者窑址里都有出土的莲瓣高柄杯式炉、喇叭口瓜棱执壶（图19-1）、划花纹碗（图19-2）、仿金银器样式的花瓣形碗（图19-3）、点褐彩狮形枕等，无论是造型还是釉色都较为接近。通过对景德镇湖田窑青白瓷瓷胎和笔架山窑瓷土矿的化学成分进行对比，可见两者的二氧化铝含量都较高，前者约为75%左右，后者约在78%左右，两者的含铁量都较低，前者二氧化铁约在1%—1.5%之间，后者约在0.5%—1%之间，都是高硅低铁的优质瓷泥，而其他化学成分的含量也比较接近。此外，两窑的窑炉、窑具、装烧工艺、装饰手法等多方面都有很强的相似性和一致性[4]。

北宋时期潮州窑生产的瓷器大量输出，以青白瓷为主，主要在东亚、东南亚

1　[宋]朱彧：《萍州可谈》，卷二，中华书局，2007年，第132页。
2　曾广亿：《广东瓷窑遗址考古概要》，《江西文物》，1991年第4期，第106页。
3　广东省博物馆编：《潮州窑笔架山宋代窑址发掘报告》，文物出版社，1981年，第44页。
4　王嫚：《景德镇湖田窑与潮州笔架山窑青白瓷的比较研究》，《中原文物》，2015年第1期，第100—104页。

图 19-1　宋潮州窑青白釉双系瓜棱壶残件　　图 19-2　宋潮州窑青白釉卷草纹盏　　图 19-3　宋潮州窑青白釉莲花碗

（李炳炎：《宋代笔架山潮州窑》，汕头大学出版社，2004 年，第 42、57、50 页）

地区集中发现。北宋时期的中日贸易中，位于九州北部的福冈博多港是当时日本唯一的对外港口，根据近年来对该地的考古发掘，博多出土 11 世纪后半叶至 12 世纪中期的瓷器中以青白瓷为主，绝大多数为福建、广东所产，其中广东所产青白瓷几乎都是潮州笔架山窑的产品，器型多为粗制碗、盘、碟之类的圆器，也有少部分莲瓣纹炉、"麻姑进酒"壶、动物瓷塑等[1]。韩国开城地区（原为高丽都城）出土的一批北宋瓷器中也有一些青白瓷器与潮州笔架山窑遗址出土的器物颇为相仿，如青白瓷刻花水波纹执壶、莲瓣纹高柄杯式炉、喇叭口瓜棱执壶等[2]。关于潮州窑青白瓷进入高丽的路径，《高丽史》有数十条记载提及北宋泉州人曾多次赴高丽进献方物，如高丽显宗八年（北宋真宗天禧元年，1017 年）七月"宋泉州人林仁福等四十人来献方物"[3]，高丽德宗二年（北宋仁宗明道二年，1033 年）八月"宋泉州商都纲林蔼等五十五人来献土物"[4]等，有学者据此认为这些潮州笔架山窑产品，可能与福建商人，特别是泉州商人与高丽的往来有关[5]。东南亚地区是北宋笔架山窑的重要输出地，在菲律宾、马来西亚、文莱、印尼、泰国、柬埔寨等地皆发现潮州笔架山窑瓷器，如位于苏门答腊东南的鳄鱼岛海域沉船上发现有广东潮州窑的四系小罐、盘口瓜棱瓶，通过对沉船遗物对比分析，基本可将沉船定在北宋中晚期到南宋初年[6]，可见潮州窑产品至少在南宋初年仍然在海

---

[1] ［日］田中克子：《日本福冈市博多遗址群出土的潮州窑产品与外销》，《东方收藏》，2016 年第 9 期，第 22—26 页。

[2] 郭学雷：《宋代潮州笔架山窑研究三题——兴衰史、外销开城的产品及"麻姑进酒壶"之正名》，《东方收藏》，2016 年第 9 期，第 31—32 页。

[3] ［朝鲜］郑麟趾：《高丽史》，世家卷第四，"显宗一"，人民出版社，2014 年，第 105 页。

[4] ［朝鲜］郑麟趾：《高丽史》，世家卷第五"德宗"，人民出版社，2014 年，第 145 页。

[5] 郭学雷：《宋代潮州笔架山窑研究三题——兴衰史、外销开城的产品及"麻姑进酒壶"之正名》，《东方收藏》，2006 年第 9 期，第 35—36 页。

[6] 胡舒扬：《宋代中国与东南亚的陶瓷贸易——以鳄鱼岛沉船（Pulau Buaya wreck）资料为中心》，《人海相依：中国人的海洋世界》，上海古籍出版社，2014 年，第 48—67 页。

外贸易中流行。北宋笔架山窑遗址中还出土了一些具有阿拉伯风格的青白釉凤首壶，及专为东南亚市场而生产的青白釉"军持"，应是受外来文化影响而产生的特殊外销瓷品类。

西村窑位于广州市的西北，起源于五代，盛于北宋。根据对该窑址的考古发掘可知，宋代西村窑的产品类型有盘、碗、碟、杯、盏、瓶、樽、罐、壶、炉、盒、枕、玩具等，多为白色瓷胎，早期胎质较为坚致，晚期胎体中气泡较多，稍显粗糙。釉色有青釉、绿釉、黑釉、酱釉、褐釉、黄釉和少数的琉璃釉，以青釉为主，颜色深浅浓淡不一，米黄、浅青色较多，釉层厚薄适中，一般施釉不到底足（图19-4），装饰工艺有划花、印花和彩绘几种，图案有云纹、缠枝或折枝花卉纹等，鲜有人物、鸟兽类的纹饰[1]。宋代西村窑青釉印花产品中有一部分与耀州窑青瓷十分相似，如碗内壁印有团菊纹的青釉碗，釉色青翠莹润，图案边缘积釉较深呈深绿色，纹饰部分颜色较浅，同样釉色及纹饰的青釉碗在耀州窑遗址中普遍存在，但耀州窑碗内壁的团菊纹一般为六朵一组或更多，而西村窑的为三朵一组，且刷划纹边缘线稍显生硬[2]。黑釉瓷也是西村窑的大宗产品，造型有盏、罐、盘口细颈瓶、注壶（图19-5）等，与建窑、吉州窑黑釉产品相仿。西村窑还有一些褐彩绘画产品，如在碗内底或瓶、罐、瓷俑等外壁绘画花纹、书写文字或点彩，有些花纹绘制笔法与磁州窑白地黑花和红绿彩绘画相似，另有少量瓷胎较精细的影青瓷，应是仿景德镇湖田窑产品。但总体看，西村窑瓷器的胎釉质量及工艺水平较粗简，与所仿名窑产品差别显然，产品主

图19-4 宋广州西村窑青釉水盂
（浙江省博物馆编：《海上瓷路——粤港澳文物大展》，文物出版社，2015年，第91页）

图19-5 宋广州西村窑褐釉三耳壶
（浙江省博物馆编：《海上瓷路——粤港澳文物大展》，文物出版社，2015年，第90页）

---

[1] 广州市文物管理委员会：《广州西村古窑遗址》，文物出版社，1958年。
[2] 冯素阁：《论西村窑青瓷与耀州窑青瓷的装饰艺术》，《中国耀州窑国际学术研讨会文集》，西安三秦出版社，2005年版。

要活跃在东亚、东南亚及南亚市场，包括印尼、柬埔寨、菲律宾、印度、斯里兰卡、日本等地[1]。

第二节　北宋中晚期至南宋瓷器产品外销的主要窑场

北宋中期以后，随着杭州港、明州港的复兴，浙江地区的龙泉窑逐渐代替越窑在国内外市场上崭露头角；哲宗元祐二年（1087年）复设泉州港市舶司，福建地区的海外贸易日渐复苏繁盛，随之带来了福建广大地区瓷窑业的兴起。

南宋偏安一隅，版图缩减，为了增加中央财政收入，政府大力发展海外贸易，高宗于绍兴七年（1137年）曰："市舶之利最厚，若措置合宜，所得动以万计。"[2] 绍兴十六（1146年）年下诏曰："市舶之利，颇助国用，宜循旧法，以招徕远人，阜通货贿。"[3] 而大量的海外贸易一定程度上加速了南宋政府金属货币的流失，导致国内钱荒成灾，因此嘉定十二年（1219年），"臣僚言，以金银博买，泄之远夷为可惜。乃命有司止以绢帛、锦绮、瓷漆之属博易，听其来之多寡，若不至则任之，不必以为重也。"[4] 规定以"绢帛、布、锦绮、瓷、漆"之类中国特产代替金属货币与国外远夷进行物物交换，瓷器行使类似于一般货币的作用，从政策层面推动了瓷器的生产和输出。另一方面，瓷器生产取土造物，成本较低而利润极高，在海外各地深受欢迎，是当时重要的输出产品，而此时北方的许多著名窑场如定窑、耀州窑、磁州窑等地已归金人所有，且产品基本面向大陆市场，较少输出海外，为南宋地区的瓷窑业在南方及海外市场中的进一步普及创造了更大的空间。这一时期，浙江龙泉窑青瓷取代了越窑青瓷，连同江西景德镇青白瓷占据了南宋广大地区的国内市场，并与福建陶瓷构成了外销瓷的大宗。如南宋初年沉没于广东阳江的"南海一号"沉船中的瓷器，主要由景德镇窑、龙泉窑和福建诸窑瓷器为主要外销产品的组成，这正是南宋瓷业变化的真实写照。此时的福建窑场与北宋广东诸窑场的性质一样，也以仿名窑瓷器为主，包括仿龙泉窑青瓷，仿景德镇湖田窑白瓷、青白瓷，仿建窑黑釉、酱釉瓷等，但是品质比名窑质量稍逊，是随着泉州港的繁荣而兴起的专门生产外销瓷器的大规模陶瓷产区。

---

1 麦英豪、黄淼章：《西村窑与宋代广州的对外贸易》，《广州研究》，1982年第1期，第34—39页。
2 ［宋］李心传：《建炎以来系年要录》，卷一百十六，文海出版社，1980年，第3662页。
3 ［清］徐松：《宋会要辑稿》，"职官四四"，中华书局，1957年，第3375—3376页。
4 ［元］脱脱：《宋史》，卷一百八十五"食货下七·香"，中华书局，1977年，第4538页。

一、龙泉窑与景德镇窑

北宋中期以后浙江龙泉窑渐兴，至南宋迎来鼎盛时期，元代亦持续繁荣。产品形成了以梅子青、粉青厚釉为代表的独特风格，装饰手法由划刻花向印花发展，提高了生产效率。龙泉窑青瓷大部分面向国内市场，在国内遗址中有较多发现，但也有一部分实用器皿流入海外市场。

根据水下考古发掘，北宋末期至南宋初，通往东亚或东南亚的若干沉船上都发现了龙泉窑青瓷。如12世纪中叶运往东南亚、西亚的南海1号沉船（图19-6）[1]、华光礁1号沉船[2]中也发现有龙泉窑青瓷产品。另有福建平潭大练岛西南域水下文物点，发掘出集中堆积的青瓷碗、盘，釉为青绿色，器表装饰刻划花，器型主要有撇口斜弧腹碗、六花口斜直壁碗和平底折腹盘等，与龙泉东区窑址第一期产品一致，时代应为北宋晚期至南宋早期[3]。

龙泉窑址多分布在瓯江水系沿岸，大量龙泉窑产瓷常经由瓯江到达温州港，并由此输出海外，或从明州港输出，通往日本、韩国，也有一部分沿闽江水系南下，从福州或泉州入海外销。北宋后半期到南宋时期，相当于日本平安后期到镰仓早期，这时候中国陶瓷在日本出土较多，其中镰仓海岸采集到的青瓷碎片，总数达四五十万片，几乎都是浙江龙泉窑生产的"砧青瓷"和同安窑生产的"珠光

图 19-6　龙泉窑青釉刻花碗，南海号沉船出水

---

[1] 国家文物局水下文化遗产保护中心、中国国家博物馆、广东省文物考古研究所、阳江市博物馆：《南海Ⅰ号沉船考古报告之一——1989—2004年调查（上）》，文物出版社，2017年。
[2] 中国国家博物馆水下考古研究中心：《西沙水下考古1998—1999》，科学出版社，2006年。
[3] 栗建安：《闽海钩沉——福建水下考古发现与研究二十年》，中国国家博物馆水下考古研究中心编：《水下考古学研究》，科学出版社，2012年，第62—63页。

图 19-7　宋景德镇湖田窑青白瓷花口碗
（国家文物局水下文化遗产保护中心等：《南海一号沉船考古发掘报告之一——1989—2004 年调查（上）》文物出版社，2017 年，第 91 页）

青瓷"[1]。南宋中期，龙泉窑生产空前鼎盛，是我国最大宗的出口瓷品之一，外销至亚洲、非洲等许多国家。

景德镇湖田窑青白釉瓷在东亚地区多有出土，如韩国开城附近的墓葬遗址出土有景德镇窑青白瓷花形瓷盒、青白瓷葵花形瓷盘、青白瓷瓜形注子等，在中国境内墓葬出土的瓷器中都能找到相仿者[2]。日本镰仓、福冈、佐贺等地出土的瓷器中景德镇产品占有较大比重，其中 12 世纪至 13 世纪输出日本的景德镇瓷器以青白釉芒口碗为代表[3]。销往东南亚的景德镇青白瓷在南宋"南海一号"沉船中可见盛况，其中有包括大量湖田窑的青白瓷花口碗（图 19-7）、菱口碟、执壶、花口瓶等[4]。马来西亚的莫尔包河口南边的布吉巴士林登也出土有一些景德镇青白瓷标本。[5]

二、福建地区的瓷窑场

南宋以后，福建泉州港逐渐代替广州成为全国最重要的外贸港口。而随着广州港地位的下滑，广东潮州窑、西村窑等所产瓷器若要出口则需北上至泉州

---

[1] 陈文平：《宋代对日陶瓷贸易试探》，《上海大学学报》，2000 年第 1 期，第 94 页。
[2] ［韩］金英美：《韩国国立中央博物馆藏高丽遗址出土中国瓷器》，《文物》，2010 年第 4 期，第 79 页。
[3] ［日］佐佐木达夫：《日本海的陶瓷贸易》，《中国古代外销陶瓷研究资料（第三辑）》，1983 年，第 114—136 页。
[4] 国家文物局水下文化遗产保护中心、中国国家博物馆、广东省文物考古研究所、阳江市博物馆：《南海 I 号沉船考古报告之一——1989—2004 年调查（上）》，文物出版社，2017 年。
[5] 黄义军：《宋代青白瓷的历史地理研究》，文物出版社，2010 年，第 146 页。

市舶司领取公凭方能出航，无疑增加了运输成本，加重了出口的负担，于是广东地区的瓷窑业趋于衰落，窑场数量骤减。相反，随着泉州港的兴起，福建地区的瓷窑业在南宋至元代迎来了繁荣盛景，仅泉州七邑就发现宋元瓷场达160多处，瓷窑十分密集，遍及泉州各县。[1] 宋代福建兴起的瓷窑场同样以仿造内陆地区的名窑瓷器为目的，主要仿烧龙泉窑青瓷，景德镇窑白瓷、青白瓷，或以建窑为中心出现一些生产黑釉瓷的窑场，另有酱釉、绿釉或黄色低温铅釉陶及褐彩画花等品种。往往一处窑场兼烧若干品类的瓷器，大部分窑场的产品面向海外市场。

1. 仿龙泉窑青瓷

青瓷是宋代福建瓷窑烧制的大宗产品，北宋中期以前，该地区生产的青瓷主要受越窑影响，窑口较少，产量较小。北宋晚期以后主要模仿龙泉窑产品，南宋到元代达到鼎盛，早期国内学界有人将福建仿龙泉窑青瓷归纳入"同安窑系青瓷"，或称之为"土龙泉"[2]，也有学者认为该类产品可归为龙泉窑系[3]。这类仿龙泉青瓷大量出口海外，18世纪以来日本人将其定名为"珠光青瓷"[4]。

两宋时福建生产青瓷的窑址数量众多，遍布全省多个区域。从时间上看，泉州沿海地区以晋江磁灶窑青瓷为代表自北宋早中期开始生产青瓷，产品形制与越窑青瓷相似，胎呈灰色或灰白色，釉色青中略黄，多为刻划纹[5]，这个时期福建瓷窑业处于初创期，窑场较少，产量有限。南宋以后，福建地区的青瓷产量陡增，尤其是南宋中期至元代发展最为繁盛，产品具有明显的龙泉窑青瓷特征，具代表性的有松溪回场窑、浦城碗窑背窑、武夷山遇林亭窑、南平茶洋窑、建阳碗窑、南安罗东窑、同安汀溪窑、莆田庄边窑、漳浦竹树山窑、厦门东窑、连江浦口窑、福清东张窑等[6]。这些窑场所产的青瓷产品大同小异，总体看胎骨呈灰白、浅灰或灰青色，质地坚硬，釉层较薄，玻璃质感较强，有的产品施釉草率，釉层薄厚不均，近底处有垂釉，釉色一般呈灰青、青黄、粉青、梅子青等。部分器表遍布细碎开片，以刻划花、篦划花、贴塑、印花为主要装饰手法，以刻划花、篦划花最为常见，纹样有卷草、团菊、莲花、牡丹、游鱼、婴戏、"福""禄""寿"等吉祥文字，主纹之间多穿插流畅的篦划花辅纹，碗类的器

---

1 郭学雷：《宋代潮州笔架山窑研究三题——兴衰史、外销开城的产品及"麻姑进酒壶"之正名》，《东方收藏》，2016年第9期，第30页。
2 庄为玑：《浙江龙泉与福建的"土龙泉"》，《中国考古学会第三次年会论文集》，文物出版社，1981年。
3 叶文程：《宋元时期中国东南沿海地区陶瓷的外销》，《海交史研究》，1984年，第33页。
4 [日]稻垣正宏：《两种珠光茶碗》，《海交史研究》，1997年第1期，第110—113页。
5 孟原召：《宋元时期泉州沿海地区瓷器的外销》，《边疆考古研究》，2006年，第139页。
6 刘净贤：《福建仿龙泉青瓷及其外销状况初探》，《故宫博物院刊》，2013年5月，第51页。

物有单面装饰也有内外两侧装饰纹样者[1]，总体风格生动活泼，有自由朴素的民窑特征。

如果从形制外观上进一步区分，闽北以松溪窑为代表的一些窑场由于地理位置接近浙江龙泉窑，与之交流更加密切，产品的胎釉特征、形制外观与龙泉窑产品极似，受其影响较大。而福建其他地区窑场所产的龙泉风格的青瓷大部分只停留在对釉色、装饰、造型上的模仿，并未对龙泉窑核心的装烧技术深入学习采用。如龙泉窑传统的 M 型匣钵，仅局限在闽北与龙泉窑地理位置相近或东部沿海地区的少数窑场使用，如松溪窑、浦城窑、建阳窑等，龙泉窑其他先进窑具，如种类丰富的垫烧、支烧工具等在这一时期的福建窑场并未普及。从胎釉质量和产品种类看，福建仿龙泉青瓷品质不如龙泉青瓷规整精美，以生产日用盘、碗、罐类瓷器为大宗，龙泉窑特有的一些陈设类精瓷如仿古琮式瓶、贯耳瓶、鬲式炉、宗教瓷塑等在福建窑场未见。从窑场所产的瓷器品种看，除了少数几个如建阳碗窑、浦城碗窑背窑以青瓷产品为主外，其余大部分窑场兼烧多种其他釉色的瓷器[2]。

福建仿龙泉青瓷随着宋代发达的海上交通，在许多国家和地区都有发现，这一时期主要集中在东亚和东南亚，西亚和非洲地区较少见，细究其因，可能是由于中国与西亚、北非的长途运输，不仅路途遥远，并且需要几经中转，运输成本很高，只有像精美的龙泉瓷器类高档货品在贸易中方可卖出高价，收回高额运输成本，并获取最大利润，而品质粗劣的仿龙泉青瓷利润空间较低，适合短距离大量出口贸易的形式，更迎合距离中国东南沿海较近的东亚、东南亚地区市场[3]。从出土（水）遗迹看，日本的奄美大岛仓木崎地区出水的中国沉船、福冈博多遗址群祇园出入口 1 号灰坑（水井）、鹿儿岛持体松遗址二期发现的南宋早中期中国瓷器中，除了比例最多的龙泉窑青瓷（约三分之二）外，福建瓷器也占有较大份额（约三分之一）[4]，其中又以青瓷数量较多。此外，印尼爪哇海域发现的北宋末年的惹巴拉沉船，泉州湾南宋末年沉船等，发现有闽北窑场所产青瓷，福建莆田兴化湾北土龟礁 1 号南宋早中期沉船有青瓷似松溪回场窑产品[5]，西沙华光礁 1 号南宋沉船发现青瓷似南安罗东窑（图 19-8）、松溪回场窑产品（图 19-9）[6]等，

---

1 林存琪：《福建宋元青瓷研究》，《南方文物》，2002 年第 3 期，第 65—71 页。
2 刘净贤：《福建仿龙泉青瓷及其外销状况初探》，《故宫博物院院刊》，2013 年 5 月，第 51—52 页。
3 秦大树、刘净贤：《梅清水碧，美艳青瓷——龙泉窑的历史与成就》，首都博物馆编：《温温玉色照瓷瓯：龙泉窑青瓷艺术》，北京燕山出版社，2012 年，第 19 页。
4 ［日］森达也：《宋代外销瓷的窑口与输出港口》，《考古与文物》，2016 年第 6 期，第 59 页。
5 羊泽林：《福建水下考古发现与相关问题初探》，中国国家博物馆水下考古研究中心编：《水下考古学研究·第一卷》，北京科学出版社，2012 年，第 99—100 页；福建沿海水下考古调查队：《2008 年莆田沿海水下考古调查简报》，《福建文博》，2009 年第 2 期，第 5—6 页。
6 中国国家博物馆水下考古研究中心、海南省文物保护管理办公室：《西沙水下考古 1998—1999》，北京科学出版社，2006 年，第 231—233 页。

而这几艘沉船都是欲发至东南亚地区的货船。

2. 仿景德镇窑青白瓷

两宋以来，景德镇湖田窑青白瓷是周边窑场的重要仿烧对象，仅江西省就有吉州窑、南丰白舍窑、赣州七里镇窑、宁都窑、靖安窑、乐平窑、婺源窑等烧造青白瓷[1]。福建也是集中仿烧青白瓷的窑业产区，北宋中晚期福建南安窑、德化碗坪仑窑等逐渐兴起并开始烧造青白瓷，至南宋早期，有福建漳浦罗宛井窑，云霄火田水头窑，德化碗坪仑窑，南安南坑家东井窑、寮仔窑，漳平永福窑等多处生产青白瓷的窑场；南宋中晚期青白瓷窑址遍及全省，典型的有闽城大口窑，闽清义窑，连江浦口窑，邵武四都窑、德化碗窑溪窑等，产品的种类和造型都更加丰富，产量进

图19-8 宋南安罗东窑青釉刻花"吉"字瓷碗

图19-9 宋松溪窑青釉刻划花瓷碗
（南京市博物总馆、宁波博物馆、上海中国航海博物馆编：《海上丝绸之路沉船和贸易瓷器》，文物出版社，2017年，第183页，第181页）

一步提高。总体看，宋代福建地区所产青白瓷胎质较细薄，呈白色或灰白色，釉色主要为青白色，也有的釉色较浅接近白色，釉质莹润匀薄，有的表面有细密开片，辅以刻划花、篦划花装饰，图案有卷草、菊花、荷花、莲花、蝴蝶、婴戏、双鱼、水波、吉祥文字等，盒类产品多采用模印，器型制作规整，以盘、碗、盒、盏、盏托、执壶、罐、军持等日常生活器具为主，尤其是碗、盒产量较多。南宋晚期瓷器外销势头愈盛，为了快速提高产量并节约成本，福建大部分青白瓷窑场采用覆烧技法，有效地节省了窑炉空间，但器物口沿一圈普遍因刮釉造成"芒

---

[1] 叶文程：《宋元时期中国东南沿海地区陶瓷的外销》，《海交史研究》，1984年，第34页。

口"。这种装烧方式与南宋景德镇湖田窑的做法相同，应是受其影响的结果；也有一些器物采用叠烧工艺，内底刮釉一圈，形成无釉涩圈；模印成型也是提高产量的主要方式之一，南宋晚期这类产品数量渐多。由于过分追求产量，"芒口"或器物内底的涩胎圈影响了产品的精细度，此外，器物修坯较为草率，器身旋削纹明显，不可避免地导致了南宋晚期一部分福建青白瓷质量下滑。

宋代福建所产青白瓷在釉色、装饰风格上借鉴了景德镇湖田窑同类产品，在装烧工艺方面也吸收了湖田窑的一些核心工艺。如福建青白瓷窑场普遍采用的筒形、漏斗形匣钵装烧的一匣一器或一匣多器方式，器物与匣钵间以垫饼、垫圈间隔，这种装烧工艺最早在晚唐定窑出现，五代时期被安徽繁昌窑、湖北青山窑所采用，生产白瓷、青白瓷，窑址中出土的碗、盘、盒等器物的造型、胎釉特征等与景德镇湖田窑较为相似。但总体看，福建地区所产青白瓷和景德镇青白瓷仍有显著的区别。以南安窑为例，该窑场所产瓷器较景德镇湖田窑青白瓷更加粗糙，釉色多泛灰，装饰纹样显得更加草率，主要以刻划花为主；在南宋时，湖田窑较多采用了支圈覆烧工艺，而南安窑青白瓷仍停留在一匣一器或一匣多器的传统装烧方式，直至元代才更新了装烧技术[1]。

日本和东南亚市场是福建两宋青白瓷的主要销售对象。日本12世纪至13世纪前半期的经冢里出土的青白瓷小型壶、炉、罐、杯、瓶、炉、水滴等，据日本学者推测，大部分属于浦城大口窑所产[2]。此外，日本今归仁城址发现有莆田庄边窑青白瓷，奄美大岛仓木崎沉船遗址发现有南宋福建疑似闽清义窑的青白瓷等。值得注意的是销往日本的青白瓷多为闽江流域和闽中地区所产，很少看到德化窑青白瓷，由此有学者推测当时运往

图19-10 宋德化窑青白釉菊瓣纹盒
（南京市博物总馆、宁波博物馆、上海中国航海博物馆编：《海上丝绸之路沉船和贸易瓷器》，文物出版社，2017年11月，第184页）

---

1 孟原召：《宋元时期泉州沿海地区制瓷业的兴盛与技术来源试探》，《海交史研究》，2007年第2期，第86页。

2 ［日］史部良明：《日本出土的唐宋时代的陶瓷》，《中国古代外销陶瓷研究资料（第三辑）》，中国古陶瓷学会出版，1983年，第17页。

日本的中国船只，出发地可能不是泉州，而是闽北的福州[1]。

自北宋末年至南宋时期驶往东南亚的沉船中普遍有福建窑场所产的青白瓷器。具体如北宋晚期印度尼西亚邦加勿里洞沉船[2]，印尼苏门答腊地区的鳄鱼岛沉船[3]，驶往东南亚的西沙"华光礁1号"沉船（图19-10）[4]，广东海域"南海1号"沉船等[5]。

3. 以建窑为中心的黑釉、褐釉瓷及其他类型瓷器

宋代在斗茶盛行的社会背景下，黑釉茶盏拥有不可替代的重要地位，而福建建阳窑所产的黑釉茶盏堪称全国之最，并奉御为皇室专烧，等级之高远超普通民窑。黑釉瓷器在国内外的盛行，使得宋代南北许多窑场都开始烧造此类产品，有些窑场逐渐形成了自己独特的风格，创新出一些特有的装饰工艺，如磁州窑、河南当阳峪窑等北方窑场所产黑釉执壶、黑釉罐上装饰凸棱堆线，吉州窑生产出黑釉剔花、黑釉地剪纸贴花和树叶贴花等独特品种。

除了建阳芦花坪窑等出土了"供御""进盏"等款识的黑釉盏，解决了建窑黑釉贡盏的产地问题外，在建阳庵尾山、营长墘等地也发现不少黑釉盏[6]。受建窑影响，宋代福建境内许多窑场开始陆续烧造黑釉瓷，大多数是在生产青釉、青白釉、白釉瓷等主流品种的基础上兼烧这类瓷器，产量较小，具体有晋江磁灶窑（图19-11），德化窑，连江浦口窑，武夷山遇林亭窑，福清东张窑

图19-11 米黄灶窑黑釉扁腹罐
（国家文物局水下文化遗产保护中心等：《南海一号沉船考古发掘报告之一——1989—2004年调查（下）》，文物出版社，2017年，第567页、第559页）

---

1 ［日］森达也：《宋元外销瓷的窑口与输出港口》，《考古与文物》，2016年第6期，第58页。
2 Roberto Gardellin.Shipwrecks around Indonisia.The Oriental Ceramic Society Newsletter.[J].2013（21）：15-19. 转引自刘未：《中国东南沿海及东南亚地区沉船所见宋元贸易陶瓷》，《考古与文物》，2016年第6期，第66页。
3 Abu Ridho & E. Edwards Mckinnon.The Pulau Buaya Wreck：Finds from the Song Period.[M]. Jakarta: The Ceramic Society of Indonisia, 1998，转引自刘未：《中国东南沿海及东南亚地区沉船所见宋元贸易陶瓷》，《考古与文物》，2016年第6期，第66页；胡舒扬：《宋代中国与东南亚的陶瓷贸易——以鳄鱼岛沉船（PulauBuaya wreck）资料为中心》，《人海相依：中国人的海洋世界》，上海古籍出版社，2014年，第48—67页。
4 中国国家博物馆水下考古研究中心、海南省文物保护管理办公室：《西沙水下考古1998—1999》，北京科学出版社，2006年，第231—233页。
5 国家文物局水下文化遗产保护中心、中国国家博物馆、广东省文物考古研究所、阳江市博物馆：《南海Ⅰ号沉船考古报告之一——1989—2004年调查（下）》，文物出版社，2017年。
6 中国考古学会编：《中国考古学年鉴（1993）》，文物出版社，1995年，第160页。

图 19-12　福清东张窑黑釉盏
（南京市博物总馆、宁波博物馆、上海中国航海博物馆编：《海上丝绸之路沉船和贸易瓷器》，文物出版社，2017 年，第 204 页）

图 19-13　宋磁灶窑绿釉菱口印花碟
（南京市博物总馆、宁波博物馆、上海中国航海博物馆编：《海上丝绸之路沉船和贸易瓷器》，文物出版社，2017 年，第 199 页，第 201 页）

（图 19-12）等，这类黑釉瓷胎色一般呈灰色或灰黑色，质地较坚硬，釉色乌黑，以素面为主，有些黑釉表面加饰褐彩，器型多为盏、碗，也有碟、壶、罐、军持等样式。一些窑场兼烧其他各类杂色釉品种，以晋江磁灶窑较为典型，产品类型尤为丰富，如磁灶土尾庵窑在宋代生产青釉、酱釉、黑釉、黄釉、绿釉（图 19-13）等多种釉色的产品，虽然器物胎质较粗，不够致密，但在学习借鉴其他著名窑场的基础上开发了不少新品种，装饰手法有刻花、剔花、贴塑、模印、镂雕、彩绘等[1]。其中绘有龙纹的"龙瓮"富有特色，在东南亚地区广泛流行，是当地用来盛放尸骨遗骸的瓷质葬具[2]，专供外销。磁灶童子山窑是宋元时期以生产釉下彩绘为主的窑场，一般胎质较粗松，呈灰色或灰褐色，釉色偏青黄，一般器内满釉，器外施半釉，釉下绘有褐彩花卉、草叶、鱼藻、诗文或吉祥语等，多盆、盘类大型器物。这种产品在宋元时期，除了童子山窑专门生产外，在南平茶洋窑、浦城大口窑遗址等偶有发现[3]。

建窑以生产黑釉茶盏为主，其他形制的器物较少，而福建许多生产黑釉瓷的窑场虽然也普遍生产茶盏，但产品造型远不止于此，因此并不完全受建窑的约束，应也受其他窑场或其他釉色产品的影响。磁灶土尾庵窑所产青釉刻莲瓣纹碗与龙泉窑同类产品相似，绿釉、黄釉产品属低温铅釉瓷，是磁州窑系的传统工艺，而磁灶童子山窑的釉下彩绘技法应源于唐代湖南长沙铜官窑，画面中有些笔法、装饰布局、装饰主题等又具有明显的磁州窑风格，应是受多个窑口

---

1 陈鹏、黄天柱、黄宝玲：《福建晋江磁灶古窑址》，《考古》，1982 年第 5 期，第 491—496 页。
2 肖月萍：《泉州古陶瓷与东南亚宗教信仰文化》，《东方收藏》，2014 年第 6 期，第 59—60 页。
3 郭育生：《"海上丝绸之路"的外销瓷——磁灶童子山窑的产品及其工艺》，《海交史研究》，2012 年第 1 期，第 46 页。

综合影响的结果[1]。总体来说，福建地区所产的各类杂色釉瓷一般胎质较粗松，做工不甚精细，但是产品类型及装饰风格丰富多样，弥补了先天的胎釉及技术缺陷，为了适应海外多样化的市场需求，无论是釉色、装饰、造型等都打破了所仿窑场的局限，创造了一些新型样式，为元明清福建瓷窑业的繁荣发展奠定了基础。

---

[1] 郭育生:《"海上丝绸之路"的外销瓷——磁灶童子山窑的产品及其工艺》,《海交史研究》, 2012年第1期, 第47页。

第二十章
宋金时期瓷器中外交流概况

唐代自安史之乱后，通过河西走廊与西域建立起的陆上丝绸之路渐衰，入宋以后，国家行政版图进一步缩减，因受辽和西夏的阻隔，通过陆路与西方国家进行交流、贸易的途径已完全中断。随着造船技术及航海技术的进一步发展，两宋政府大力支持并推进海上交通，通过水路与许多国家建立了密切的联系，中国的大量物产也得以通过海上渠道输出国外，以官方控制对外贸易为主要形式，同时也通过官方赏赉、赠礼，以及民间非法走私等途径流出。北方金朝对周围国家也有少量产品输出，但较南宋而言规模有限，且很少直接通过海上贸易输出，部分瓷器通过陆地交通与周边国家进行交流，因此宋金时期陶瓷的对外贸易以两宋疆域为输出主体。

瓷器是海外市场上的热销产品且利润丰厚，在宋金时期主要销往东亚、东南亚、南亚、西亚和北非市场，不仅对输入国家的生活方式和文化习俗产生一定影响，同时对输入国本地瓷窑业的发展也起到推动作用，促其在学习中国窑业技术的同时，创新出一些富有特色的本地陶瓷品种。另一方面，海外的诸多优质舶来品通过贸易、进贡、走私等形式输入中国，乃至流入皇家宫廷，为中国制瓷业的发展提供了新的参考样本，工匠们在思考和借鉴这类海外产品的过程中，不断地改进生产，研发出一些新型陶瓷样式及工艺技术，优化了国内陶瓷产品质量和技术水平。建立在庞大海上交通体系上的两宋，通过和国外许多国家频繁的物质文化交流，初步形成了较为成熟的海上陶瓷贸易之路。

第一节　宋金时期瓷器输出概况

宋金时期，陶瓷出口贸易以海运为主。相较于陆路运输，每只船舶的装载量巨大，各类货物可以根据质地和形状等的不同搭配码放，大大节省了存储空间，这样单位内每件货物的运费成本更低。其次，船舶在行驶中一般较为平缓，不像走陆路时翻山越壑那般颠簸，因此对于易碎的瓷器来说，其破损率也相对更低。此外，陶瓷生产取土为材，国内各地具有丰富的原料和燃料资源，生产资料充沛，且我国自商代以来至宋，已积累了丰富的陶瓷生产经验。而外国普遍缺乏成熟的制瓷技术，有些国家的人民还普遍停留在使用以植物叶片盛放食物的阶段，因此海外市场对瓷器的需求量甚为可观。瓷器贸易可谓一本万利，成为当时商人们争相贩卖的热销产品。时人记载："富者乘时畜缯帛、陶货加其直，与求债者计息，何啻倍蓰。"[1] 商人以囤积高档丝织品、陶瓷来实现高利贷，利润至少五倍以上。运往海外的贸易船舶"深阔各数十丈，商人分占贮货，人得数尺许，下以贮货，夜卧其上，货多陶器，大小相套，无少隙地"[2]，每船装载瓷器数目之多，可见一斑。南宋时期，通过海外贸易输出的金属货币数量巨大，一度造成国内钱币的严重流失，致使"钱荒"频繁，于是宁宗嘉定十二年（1219年）："臣僚言，以金钱博易买，泄之远夷为可惜。乃命有司止以绢帛、锦绮、瓷漆之属博易，听其来之多寡，若不至则任之，不必以为重也。"[3] 即规定以绢帛、瓷器为价代替金银铜币，以遏制金属货币的外流。《诸蕃志》中诸如"番商兴贩用金银、瓷器……之属博易"[4]、"番商兴贩用夹杂金银……青白瓷器交易"[5]、"商人以白瓷器、酒、米、粗盐、白绢货金易之"[6]、"商人用瓷器货金、铁、鼎、乌铅五色琉璃珠、铁针等博易"[7] 的记录屡见不鲜，可见政府以瓷器代替金属货币的做法，加速了中国瓷窑业的发展和对外贸易规模的扩大。

宋金时期瓷器输出以越窑、龙泉窑、景德镇窑和广东、福建地区窑口所产瓷器为主，兼有耀州窑、定窑、磁州窑、吉州窑等其他窑口的产品。南宋赵汝适在《诸蕃志》中记录了58个国家和地区，其中15个与宋朝进行陶瓷贸易[8]。根据目前的研究资料显示，这一阶段的中国瓷器主要销往东亚、东南亚、南亚和西亚、北非，尚未涉及欧洲地区。

一、日本

东亚地区以日本和朝鲜半岛为主要输出地。宋代对日贸易的主要港口为泉州港、明州港[9] 以及福州港[10]，而这一时期日本对华港口主要为福冈市博多

---

1 ［宋］朱彧：《萍州可谈》，卷二，中华书局，2007年，第134页。
2 ［宋］朱彧：《萍州可谈》，卷二，中华书局，2007年，第133页。
3 ［元］脱脱：《宋史》，卷一百八十五"食货下七·香"，中华书局，1977年，第4538页。
4 ［宋］赵汝适：《诸蕃志》，卷上"真腊国"，《诸蕃志校释》，中华书局，1996年，第19页。
5 ［宋］赵汝适：《诸蕃志》，卷上"阇婆国"，《诸蕃志校释》，中华书局，1996年，第55页。
6 ［宋］赵汝适：《诸蕃志》，卷上"渤泥国"，《诸蕃志校释》，中华书局，1996年，第137页。
7 ［宋］赵汝适：《诸蕃志》，卷上"麻逸国"，《诸蕃志校释》，中华书局，1996年，第141页。
8 ［美］朱莉叶·艾莫森等（秦大树译）：《瓷器贸易的曙光——白瓷与青白瓷》，《南方文物》，2000年第4期，第112页。
9 陈丽华：《唐宋时期泉州与东北亚的陶瓷贸易》，《海交史研究》，2006年第1期，第55页。
10 ［日］森达也：《宋元外销瓷的窑口和输出港口》，《考古与文物》，2016年第6期，第58页。

港¹，基本延续了晚唐五代的情况。根据文献记载，崇宁四年（1071年）曾有福建商人李充赴日本大宰府并呈递中国"公凭"，请求赴日本进行贸易，"公凭"中记："今将自己船壹只，请集水手，欲往日本，转卖回货，经赴明州市舶务抽解，乞出给公验前去者。所带货品如上。"具体出口品为："象眼四十四，生绢十匹，白绫二十匹，瓷碗二百床，瓷碟一百床。"²一艘商船便装载有如此多量的瓷器，面向日本的总体瓷器销售规模之大可想而知。

北宋早中期，中国出口日本的瓷器有越窑青瓷，广东潮州窑、西村窑青瓷、青白瓷等，还有少量白瓷，但总体看数量不多。北宋晚期到南宋是中日瓷器贸易的高峰期，从中国输出到日本的器物类型有盘、碗、碟、瓶、罐、执壶、水注、经筒等，多为龙泉窑青瓷和景德镇窑青白瓷，以及福广地区所产瓷器³。日本出土宋代陶瓷的遗址分布广泛，这一时期的港口遗址、豪族城址及住宅遗址、寺院遗址、祭祀遗址等都发现了中国宋代陶瓷，尤其是当时的政治经济中心如京都、镰仓、福山、福冈及冲绳等地发现较集中⁴。这一阶段，由于福建泉州港、福州港的兴起，致使福建瓷器大量进入日本，出口量陡增，甚至与龙泉窑青瓷出口比重相当。例如南宋中叶沉没于日本痷美岛的仓木崎沉船中，龙泉和福建窑产品在瓷器遗物中的比重大约接近，类似情况在福冈博多遗址群祇园站出入口一号灰坑，鹿儿岛的持体松遗址Ⅱ期中也有发现⁵。

南宋早期出口日本的龙泉窑系青瓷多装饰篦划花纹，釉色为黄绿或暗绿色，南宋后期新增刻莲瓣纹碗，釉色也逐渐转变为龙泉窑典型的粉青色⁶。德化窑的白瓷在日本有一定数量的发现，在发掘平安后期到镰仓时代的经冢中，出土德化窑瓷盒数量最多，分布于日本长崎县、佐贺县、爱媛县、德岛市、山口县等地区，可能是当时一种共有用途的器物。除了盖盒之外，日本还出土有德化窑壶、盘、香炉、碗、水注、瓶等，釉色呈白色或青白色⁷。磁灶窑所产褐釉、黄釉施铁绘瓷产品在日本也有不少出土，如日本福冈市西区田岛经冢、福冈市柴筑郡大宰府町五条遗址出土有童子山一号窑生产的黄釉铁绘纹大盘，熊本县也出土过磁灶土尾

---

1 ［日］田中克子：《日本福冈市博多遗址出土的潮州窑产品与外销》，《东方收藏》，2016年第9期，第22页。
2 ［日］三善为康：《朝野群载》，卷二十。
3 冯先铭：《元以前我国瓷器销行亚洲的考察》，《文物》，1981年第6期，第69页。
4 ［日］三上次男：《从陶瓷贸易看中日文化的友好交流》，《社会科学战线》，1980年第1期，第219—222页。
5 ［日］森达也：《宋元外销瓷的窑口和输出港口》，《考古与文物》，2016年第6期，第57—59页。
6 ［日］楢崎彰一：《日本出土的宋元陶瓷和日本陶瓷》，《江西文物》，1990年第3期，第11页。
7 ［日］东京国立博物馆编：《日本出土的中国古陶瓷特别展》，东京国立博物馆出版，1975年；陈丽华，《唐宋时期泉州与东北亚的陶瓷贸易》，《海交史研究》，2006年第1期，第56页。

庵窑绿釉瓶等[1]。

二、朝鲜半岛

北方定窑、磁州窑和南方景德镇窑青白瓷、龙泉窑青瓷共同构成了宋元时期销往朝鲜半岛的外销瓷主体[2]，产品主要从中国的扬州和明州港出口。出土中国宋瓷最多的地方是海州龙媒岛、开城附近及汇原道的春川邑等地区[3]。以开城集中出土的宋代陶瓷为例，包括五代至宋初越窑产青釉缠枝莲划花唾壶、青釉乐舞人物纹划花青釉执壶、青瓷莲瓣碗、耀州窑青瓷刻花碗、盏、罐，定窑白釉折腹盘、白釉菊瓣纹盘、莲瓣纹罐，景德镇窑青白釉"蓝家合子记"款花形瓷盒、葵花形盘、瓜形注子、镂空龙纹注子，磁州窑白瓷香炉、白地剔花瓶、金元时期红绿彩卧童瓷枕，磁州窑、定窑、建窑、吉州窑等所产的黑釉盏，当阳峪窑产酱釉瓷器、绞胎釉瓷器[4]，广东潮州笔架山窑所产青白釉浮雕莲瓣纹炉、瓜棱形水注等[5]，其中有不少是制作极其精良的高档瓷器。如开城出土越窑宴乐人物纹青釉刻划花执壶，壶身划刻有正在表演的五名乐伎或舞伎，人物神态、服饰刻划精细，与北京内郊八宝山辽统和十五年（997年）韩佚墓出土的越窑青瓷划花宴乐人物纹注壶装饰手法和风格类似，胎釉质地相仿。韩佚属于辽朝贵族官僚阶层且官品较高，其墓出土的青瓷壶应是吴越国进贡辽朝的高档瓷品，而开城出土的舞乐纹执壶精致程度不亚于韩佚墓出土的青瓷壶，堪称当时越窑青瓷中的精品。而当地出土的两宋其他窑口产品也多为精品，可能有一部分是通过官方途径输出到韩国，供皇宫贵族阶层使用的高档瓷器。

三、东南亚诸国

东南亚地区是宋代瓷器最重要的输出地区之一，《宋史·食货志》记开宝四年（971年）"置市舶司于广州，后又于杭、明州置司，凡大食、古逻、阇婆、占城、勃泥、麻逸、三佛齐诸蕃，并通贸易。以金银、缗线、铅锡、杂色锦、瓷器，市

---

[1] 陈丽华：《唐宋时期泉州与东北亚的陶瓷贸易》，《海交史研究》，2006年第1期，第57页。
[2] ［韩］崔淳雨：Sung Export Ceramics for Korea（《出口韩国的宋代瓷器》），《世界陶瓷全书》，Vol.12,Sung Dynasty，小学馆,1977年，第292—294页；中国硅酸盐协会：《中国陶瓷史》，文物出版社，1982年，第224、311页。
[3] 詹嘉：《陶瓷之路的形成与发展》，《中国陶瓷》，2002年第2期，第46页。
[4] ［韩］金英美：《韩国国立中央博物馆藏高丽遗址出土中国瓷器》，《文物》，2010年第4期，第78—80页。
[5] 郭学雷：《宋代潮州笔架山窑研究三题——兴衰史、外销开城的产品及"麻姑进酒壶"之正名》，《东方收藏》，2016年第9期，第30—32页。

香药、犀象、珊瑚……等物"[1]。东南亚不仅是当时中国瓷器的重要消费地区，也是向西贸易的物资中转站，结合唐代贾耽的《皇华四达记》、阿拉伯商人苏莱曼等人所著《中国印度见闻录》、伊本·霍达伯的《郡国道里志》和阿拉伯旅行家艾布·哈桑·阿里·马苏第所著的《黄金草原》等阿拉伯文献记载的航路和贸易物品，推测自9世纪至10世纪乃至更晚，印度洋上主要有三个贸易圈，即中国到以苏门答腊和爪哇为中心的东南亚地区贸易圈，东南亚到阿拉伯、波斯地区的贸易圈和阿拉伯地区到东非的贸易圈[2]。东南亚地区以室利佛逝（今马来西亚）和巴士拉为中心，中国的商船很少直接到达波斯湾和东非，主要以室利佛逝为中转点与西亚、北非进行间接贸易。

宋代以后，室利佛逝更名为三佛齐，其势力范围包括今马来半岛和巽他群岛的大部分地区。《宋史》"三佛齐传"中记载北宋自建隆元年（960年）至大中祥符元年（1008年）间，三佛齐使者曾正式来宋朝通使14次[3]，平均每三年多通使一次。福建莆田溪白村藏绍兴八年（1138年）《有宋兴化军祥应庙记》碑记载："泉州纲首朱纺，舟往三佛齐国。亦请神之香火而虔奉之，舟行迅速，无有艰阻，往返曾不期年，获利百倍，前后之贾于外藩者，未偿有是。"[4]反映出当时福建地区有许多商人赴三佛齐贸易，熟悉航线，往来迅速，且得以获利百倍，三佛齐成为当时中国船商最重要的海外贸易市场之一。宋代马来西亚出土青白瓷较多，主要由江西景德镇、广东潮州、福建沿海地区生产。沙捞越博物馆近十几年发掘的瓷片达一百余万片，其中有宋代青白瓷、青瓷、黑瓷和磁州窑标本。青白瓷主要来自福建德化、泉州，福建潮州窑及广州西村窑产品；青瓷来自于浙江、福建沿海地带；黑瓷、磁州窑风格瓷器大部分来自于福建地区[5]。马来西亚莫尔包河口南边的布吉巴士林登出土了许多景德镇及德化窑青白釉印花瓷器，沙捞越河口三角洲的山都旁及尼大窟也发现有宋代中国瓷器[6]。

印尼和泰国出土龙泉窑青瓷较多，南苏拉威西、西加里曼丹、东爪哇和占碑港等地出土量最为丰富，总计数量超过2万件[7]。印度尼西亚南望发掘了超过20

---

1 [元]脱脱：《宋史》，卷一百八十六"食货志·互市舶法"，中华书局，1977年，第4558页。
2 秦大树：《中国古代陶瓷外销的第一个高峰——9—10世纪陶瓷外销的规模和特点》，《故宫博物院院刊》，2013年第5期，第45页。
3 [元]脱脱：《宋史》，卷四百八十九"三佛齐传"，中华书局，1977年，第14088—14089页。
4 [清]陈棨仁：《闽中金石略》，卷八，《石刻史料新编》，新文丰出版公司，1977年，第12989页。
5 冯先铭：《元以前我国瓷器销行亚洲的考察》，《文物》，1981年第6期，第73页，转引"汤姆·哈里森：《在西婆罗洲发现的出口瓷》，《东方美术》，1959年第2期"。
6 叶文程：《宋元时期景德镇青白瓷窑系的外销》，《景德镇陶瓷》，1989年Z1期，第52页。
7 项坤鹏：《浅析东南亚地区出土（水）的龙泉青瓷——遗址概况、分析及相关问题分析》，《东南文化》，2012年第2期，第85页，转引"Abu Ridho, Zhejiang Green Glazed Wares Found in Indonesia, New Light on Chinese Yue and Longquan Wares Archaeological Ceramics Found in Eastern and Southern Asia, A. D. 800-1400, edited by Chuimen Ho, center of Asian Studies, The University of Hong Kong, 1994, p. 272"。

处宋瓷遗址，爪哇岛中北岸港市三宝垄、淡目、古突士等地也发现了上百处遗址。泰国的奥姆科伊遗址、达信玛哈勒国家公园遗址等也都出土了龙泉青瓷[1]。同时，菲律宾、越南、柬埔寨、文莱等地也发现有宋代的陶瓷产品。如菲律宾八打雁的卡拉塔地区、马尼拉的圣安娜地区发现有宋代越窑系刻花青瓷，龙泉窑刻花五管瓶、梅瓶，福建产刻划花青白瓷、青白釉褐斑瓷，文莱柯达巴吉城出土有宋代福建、广东地区

图20-1 宋潮州窑青白釉军持瓶
（李炳炎：《宋代笔架山潮州窑》，汕头大学出版社，2004年，第42页）

产刻划花青白瓷，南方仿龙泉窑青瓷，及仿磁州窑风格的瓷器[2]等。

总体看，输出东南亚地区的瓷器以大宗日用器皿为主，类型丰富，福广地区的产品占有相当的比重，总体看品质较粗糙。一些地区如菲律宾、马来西亚、印度尼西亚等由于信奉佛教，因此教徒使用的军持等造型很受欢迎（图20-1）。

在宋瓷传入东南亚之前，一些地区没有专门的饮食器具，《诸蕃志》记载苏吉丹（加里曼丹岛西海岸苏丹那港）："饮食不用器皿，缄树叶以从事，食已则弃之。"[3] 登流眉国（马来西亚半岛北部）："饮食以葵叶为碗，不施匕箸，掬而食之。"[4] 中国瓷器价廉物美，大量出口，为这些国家和地区的人民提供了卫生耐用的餐饮器具，提高和改善了他们的日常生活水平。

四、南亚、西亚及北非

巴基斯坦位于阿拉伯北部，是中国商船去西亚的必经之地，该地区的巴博发

---

[1] 项坤鹏：《浅析东南亚地区出土（水）的龙泉青瓷——遗址概况、分析及相关问题分析》，《东南文化》，2012年第2期，第85页，转引"Amara Srisuchat, Discovering Chinese Yue and Longquan Green Glazed Wares and Reconsidering Their Socioeconomic Roles in the Development of Ancient Communities in Thailand, New Light on Chinese Yue and Longquan Wares, Archaeological Ceramics Found in Eastern and Southern Asia. A.D.800-1400, edited by Chuimen Ho, center of Asian Studies, The University of Hong Kong. 1994"。

[2] 冯先铭：《元以前我国瓷器销行亚洲的考察》，《文物》，1981年第6期，第71—72页。

[3] [宋]赵汝适：《诸蕃志》，卷上"苏吉丹"，《诸蕃志校释》，中华书局，1996年，第61页。

[4] [宋]赵汝适：《诸蕃志》，卷上"登流眉国"，《诸蕃志校释》，中华书局，1996年，第28页。

掘出宋初越窑划花青瓷、广东窑口所产浮雕莲瓣纹青白瓷残片以及宋末元初的龙泉窑青瓷残片，马库兰地区的一些古遗址中发现有宋青白瓷残片[1]。伊拉克地区的萨马拉遗址位于底格里斯河畔，该地出土有南宋至元代的青瓷和青白瓷产品。伊朗波斯湾北岸几个海港遗址，如斯罗夫遗址、基什岛遗址中发现有北宋前期的越窑青瓷，景德镇产青白瓷，南宋时期的龙泉窑青瓷、景德镇青白瓷和福建窑白瓷[2]。

南亚地区的印度澶德拉维利遗址出土有宋代龙泉窑的青瓷碎片，与北宋元丰年号（1078—1085年）的钱币一起发现，南印度的科罗曼德尔海岸也发现了一些宋代龙泉窑青瓷[3]。斯里兰卡出土的宋朝瓷器主要集中在西北部的波罗那鲁瓦、西格利亚，以及西南部的雅巴忽瓦诸遗址，包括宋代越窑、耀州窑、龙泉窑、景德镇窑、吉州窑、福建与广东瓷器等[4]。

北宋初至南宋前期，非洲埃及地区正值法蒂玛王朝（969—1171年）统治，摆脱了两河流域伊斯兰中心王朝的控制，形成了独立的文化体系，福斯塔特和开罗成为伊斯兰世界的文化、政治、经济中心[5]。这一时期中国陶瓷集中出土于福斯塔特地区，主要有越窑青瓷，景德镇或南方地区产白瓷和青白瓷，还有一些早期龙泉窑青瓷，另出土有一些定窑带"官"字款的产品及一些直壁敞口凸唇碗，应为北宋初期的产品，还有一些观台磁州窑所产的剔花器盖残片，以及划花碗片，应是10世纪后半叶到11世纪前期的产品。埃及阿尤布王朝（1169—1250年）约为中国的金和南宋中后期，本阶段中国输出埃及的产品主要为龙泉青瓷、景德镇及东南沿海窑场生产的白瓷和青白瓷，鲜有越窑青瓷发现[6]。根据近年来对非洲肯尼亚地区的考古发掘，在格迪古城遗址也发现有一些宋代瓷器，如南宋时期的青白瓷器盖、瓜棱壶，南宋至元代广东窑场产酱釉双系长颈瓶等[7]。

---

[1] 威廉·维尔特兹：《卡拉奇附近巴博的出土文物》，《东方美术》，1960年第1期。

[2] ［日］森达也：《伊朗波斯湾北岸几个海港遗址发现的中国瓷器》，中国古陶瓷学会编：《中国古陶瓷研究（第十四辑）》，紫禁城出版社，2008年，第429页。

[3] 叶文程、芮国耀：《宋元时期龙泉青瓷的外销及其有关问题的探讨》，《海交史研究》，1987年第2期，第7页。

[4] ［斯里兰卡］贾兴和：《斯里兰卡与古代中国的文化交流——以出土中国陶瓷器为中心的研究》，中山大学出版社，2016年10月，第11、78页。

[5] 金宜久：《伊斯兰教史》，中国社会科学出版社，1990年。

[6] 秦大树：《1995年埃及福斯塔特遗址中发现的中国陶瓷》，《海交史研究》，1995年第1期，第86页。

[7] 刘岩、秦大树、齐里亚马·赫曼：《肯尼亚滨海省格迪古城遗址出土中国瓷器》，《文物》，2012年第11期，第38—39页。

第二节　外来产品对宋金陶瓷的影响

这一期，外来产品也通过官方形式的进贡、赠礼，或通过民间贸易等途径不断进入我国，乃至传入宫廷。主要包括象牙、犀角、珍珠、玛瑙、琉璃、金银器等珍宝，以及沉香、乳香、肉豆蔻、鹿茸、麝香、茯苓等香药，一些外国产瓷器也进入中国。在南宋恭圣仁烈皇后宅遗址中出土有少量高丽青瓷，可辨器型有盘、炉、瓶、罐，胎呈浅灰色，质地较细密，釉色清澈透明，呈淡青或青绿色，以刻划、釉下镶嵌等方法饰花卉纹样（图20-2），时代应在南宋中晚期，与南宋官窑青瓷、汝窑青瓷及定窑白瓷同时发现，应是只有皇室贵族才能使用的珍贵器物[1]。宋太平老人撰《袖中锦》，把高丽青瓷和定瓷并称"天下第一"，从考古发掘中便可以得到例证。

西方的金银器自传入中国以来便受到了统治阶级的重视，尤其到了唐代，我国不仅模仿西方金银器的造型、工艺来独立生产金银制品，陶瓷器也带有明显的仿金银器特征。金银器由于延展性强，在垂揲过程中器壁变薄，容易受压变形，强度较差，为克服这个问题，多将盘碗类小件器物的器身作瓜棱状，口沿作花形，有效地加强了器物的韧性，唐代金银器多有此特征。但陶瓷材料硬度及抗压性较好，不存在受压变形的情况，宋金时期定窑、越窑、耀州窑、景德镇窑等都

图 20-2　高丽青瓷残片
（杭州市文物考古所：《南宋恭圣仁烈皇后宅遗址》，文物出版社，2008年，第142页）

---

[1] 杭州市文物考古所：《临安城考古发掘报告——南宋恭圣仁烈皇后宅遗址》，文物出版社，2008年，第90页。

曾生产瓜棱形、花口造型（图20-3）器物，应纯粹源于对当时金银器的追捧和仿造，并形成了特有的艺术风格。

玻璃器虽然传入中国较早，也很受上层社会的青睐，但是我国的玻璃制造业却一直较为滞后，宋代虽有生产，但是产量和生产规模都比较有限，玻璃制品仍属于高铅玻璃系统和钾铅玻璃系统。《云林石谱》云："西京洛河，水中出碎石，颇多青白，间有五色斑斓，采其最白者，入铅，和诸药，可烧变假玉，或琉璃用之。"[1] 苏东坡《药玉盏》："镕铅煮白石，作玉真自欺，琢削为酒杯，规模定州瓷。"[2]

图20-3 宋青白釉花口碟
（江西省博物馆编：《江西宋代纪年墓与纪年青白瓷》，文物出版社，2016年，第75页）

而阿拉伯地区所产的玻璃器在宋金时期的中国很受欢迎，并大量进入宫廷，《宋史·大食传》记至道元年（995年）大食国舶主向宋所献贡品中有："眼药二十小琉璃瓶，白砂糖三琉璃瓮，千年枣、舶上五味子各六琉璃瓶，舶上褊桃一琉璃瓶，蔷薇水二十琉璃瓶。"[3] 有日本学者认为文献中所记录的这种盛放"蔷薇水"的琉璃瓶应是一种盘口、细长颈、大腹的瓶子[4]。这种造型的盘口直颈瓶名为"纸槌瓶"，其原型可追溯自9世纪到10世纪伊朗和埃及的玻璃制品，在9世纪至12世纪间颇为流行[5]。纸槌瓶玻璃器在宋、辽多处等级较高的寺庙或贵族墓葬中都有出土，如1966年建于浙江瑞安北宋景祐元年至庆历三年（1034—1043年）间的慧光塔，出土有蓝色磨花高颈玻璃瓶（图20-4），[6] 有学者认为该器物为伊斯兰产品[7]。南京北宋大中祥符四年（1011年）长干寺地

---

[1] ［清］陈梦雷：《古今图书集成》，坤舆曲第八卷，清雍正铜活字本。
[2] ［宋］苏东坡：《东坡诗集注》，卷十一"独酌试药玉滑盏有怀诸君子明日望夜月庭佳景不可失作诗招之"，四部丛刊景宋本。
[3] ［元］脱脱：《宋史》，卷四百九十"大食国"，中华书局，1977年，第14119页。
[4] ［日］由水常雄：《香水瓶》，上海书局出版社，2004年。
[5] 蔡玫芬：《论"定州白瓷器，有芒不堪用"句的真确性及十二世纪官方瓷器之诸问题》，《故宫学术季刊》，1997年，第75—80页。
[6] 浙江省博物馆：《浙江瑞安北宋慧光塔出土文物》，《文物》，1973年第1期，第48—58页。
[7] 安家瑶：《中国的早期玻璃器皿》，《考古学报》，1984年第4期，第413—448页。

宫开泰七年（1018年）辽代陈国公主墓中有类似产品[1]，但是盘口较小并呈漏斗状，10世纪初的井里汶沉船中也发现了这类玻璃瓶残件。无独有偶，与这两件玻璃器同时期的陶瓷器物中亦出现这种造型，如宝丰清凉寺官汝窑（图20-5）、张公巷窑、南宋老虎洞官窑产青釉纸槌瓶。南宋龙泉窑中典型的凤耳、龙耳盘口瓶的器身，也应根据这种折肩瓶发展而来，在此基础上增加了双耳，细节稍作调整（图20-6）[2]。有人认为玻璃纸槌瓶造型被陶瓷借鉴烧成，应最早见于汝窑[3]，是在官方的要求下仿造玻璃器而成[4]。也有学者指出：汝窑这种盘口折肩瓶不仅在造型上模仿阿拉伯玻璃器，其采用的裹足支钉支烧工艺也是为了达到阿拉伯玻璃器之光滑的底足而采取的措施，由于汝窑特殊的官府窑场属性，因此这种模仿也是中央官府意志的反映和结果。经汝窑到南宋官窑再到龙泉窑，这种影响一直存在着[5]。

图20-4 蓝色磨花高颈玻璃瓶
（浙江省博物馆、法门寺博物馆编：《香远益清：唐宋香具览粹》，中国书店，2015年，第167页）

图20-5 宋汝窑青瓷盘口折肩瓶
（林柏亭主编：《大观—北宋汝窑特展》，台北故宫博物院，2006年，第114页）

图20-6 宋龙泉窑凤耳瓶
（李辉炳主编：《中国陶瓷全集·宋（下）》，上海人民美术出版社，1999年，第113页）

---

1 内蒙古自治区文物考古研究所、哲里木盟博物馆：《辽陈国公主墓》，文物出版社，1993年，第58页。
2 刘淼、胡舒扬：《沉船、瓷器与海上丝绸之路》，社会科学文献出版社，2017年，第307—320页。
3 陈玉秀，"北宋汝窑青瓷奉华纸槌瓶"注释，源自林柏亭主编：《北宋汝窑特展》，台北故宫博物院出版，2006年，第119页。
4 蔡玫芬：《论"定州白瓷器，有芒不堪用"句的真确性及十二世纪官方瓷器之诸问题》，《故宫学术季刊》，1997年，第75—80页。
5 王光尧：《古代中外陶瓷生产技术的互动》，《中国古代瓷器生产技术对外传播研究论文集》，浙江人民出版社，2014年，第212—213页。

第三节　陶瓷生产技术的进一步外传

就瓷器而言，其广义上的输出还包括技术层面的外传。大约在 10 世纪末到 11 世纪上半叶，朝鲜半岛的窑工在本地陶器制作的传统上，充分借鉴了中国制瓷工艺，生产出了高丽青瓷，结束了以往只能从中国进口瓷器的历史。《宣和奉使高丽图经》载："盘盏之制，皆似中国。"[1]"燕饮之礼，供帐帘幕之属，悉皆光丽。堂上施锦茵，两廊籍以缘席……卓（桌）面覆以纸，取其洁也。器皿多以涂金，或以银，而以青陶器为贵。"[2] 当时中国陶瓷对高丽青瓷的影响可见一斑。根据考古发掘可见，该时期朝鲜半岛窑炉形式由之前较为落后的地下式或半地下式的窖穴窑进入到先进的龙窑时期。从当时的窑具及燃料来看，中国北方的马蹄形窑及用煤炭作燃料的习惯在这里未见踪迹，但是却出现了只有浙江地区才使用的 M 形匣钵，可见高丽时期朝鲜半岛的窑业技术主要是受中国南方尤其是浙江越窑的影响，与中国北方窑业技术关系不大[3]。从釉色和烧造工艺上看，最早的高丽青瓷以模仿越窑的技术及造型为目标，康津云龙里窑址出土的 I 式玉璧底碗和与之同出的青瓷花口碗都是越窑常见的产品样式，越窑秘色瓷的裹足支钉支烧法也在高丽青瓷中出现（图 20-7）。[4] 正如徐兢在《宣和奉使高丽图经》中记载："陶器色之

图 20-7　高丽青瓷划花牡丹莲花纹长颈瓶（侧面、外底）
（林柏亭主编：《大观—北宋汝窑特展》，台北故宫博物院，2006 年，第 94、97 页）

---

1 ［宋］徐兢：《宣和奉使高丽图经》，卷三十"器皿一·盘盏"，中华书局，1985 年，第 105 页。
2 ［宋］徐兢：《宣和奉使高丽图经》，卷二十六"燕饮"，中华书局，1985 年，第 91—92 页。
3 熊海堂：《东亚窑业技术发展与交流史研究》，南京大学出版社，1995 年，第 250 页。
4 王光尧：《韩国访瓷札记》，《收藏家》，2001 年第 11 期，第 21 页。

青者，丽人谓之翡色。近年以来，制作工巧，色泽尤佳。酒尊之状如瓜，上有小盖，而为荷花伏鸭之状。复能作碗、碟、杯、瓯、花瓯、汤盏，皆窃仿定器制度，故略而不图……其余则越州古秘色，汝州新窑器，大概相类。"[1] 但高丽青瓷在发展中并不仅局限于对越窑的仿制，定窑、汝窑、龙泉窑、耀州窑也间接地对其产生影响，如高丽青瓷中花口碗、奁式炉、梅瓶、玉壶春、狻猊出香等样式的瓷器都能在同期的中国陶瓷中找到原型。关于中国窑业技术是如何传到朝鲜半岛，学界倾向于认为这与9世纪初期的张宝皋政权（？—941年）和9世纪后期的后百济王甄萱有着密切关系，他们都曾与新罗政权对立并先后分裂出来，活动地点以菀岛为中心或在半岛西南沿海上，与中国交流机会较多。"张宝皋"于公元829年回到朝鲜半岛，活动于明州港、博多港之间从事贸易，并数次与吴越国进行交流，为中国越窑青瓷技术的东传提供了可能[2]。

约在南宋至元代时，日本陶工加藤四郎来中国学习了6年的制陶技术，回国后就在濑户开窑烧造，主要仿制龙泉窑青瓷和泉州窑的黄釉褐彩瓷器。很快濑户窑就进入了快速发展的阶段，天目、印花、贴花等装饰技法广泛流行，产品有白釉四耳壶、水注、梅瓶、香炉、天目茶碗，以及仿江西赣州窑的褐釉柳斗纹鼓钉罐等。但此时日本窑业对中国瓷器的仿制，主要停留在造型和装饰方向，在技术上的发展十分有限[3]。比如濑户窑所产青瓷，造型上吸收了龙泉青瓷的样式，但釉色青中发褐、发灰，与龙泉窑青瓷差别明显。

11世纪初期，李公蕴在越南建立了李朝，国号"大越"（1010—1225），宋人称其为安南。约12世纪至13世纪，安南的瓷窑业有所发展，生产出了黄釉、黄釉褐彩、绿釉、透明釉、白釉及青瓷等产品，李朝时的陶瓷一般都无文字，在钵、碗的内壁饰唐草纹、牡丹纹，外面雕以莲瓣纹，胎土为灰白色或淡褐色，质地较细腻，釉色一般呈淡黄或青黄色，有的瓷器表面有冰裂纹，造型和装饰多模仿中国北宋到南宋前期江西、浙江、广东等地窑场所产瓷器。1920年法国在越南修筑建筑道路开凿运河时，在河内南边的清化省境内发现很多陶瓷，1938年比利时商人曾在越南收集了5000余件古陶瓷，其中3000件后来卖给了布鲁塞尔皇家美术馆。这些陶瓷经研究认为是清化省和河东省出土的，应是10世纪后期到13世纪之间生产[4]。安南这一时期的陶瓷产品多仿龙泉窑和耀州窑，如一些刻划花装饰的黄釉器皿及高温绿釉器具有龙泉窑装饰风格，或与耀州窑的风格特征十分接近，

---

1 ［宋］徐兢：《宣和奉使高丽图经》，卷三二，"器皿三·陶尊"，中华书局，1985年，第109页。
2 熊海堂：《东亚窑业技术发展与交流史研究》，南京大学出版社，1995年，第251页。
3 熊海堂：《东亚窑业技术发展与交流史研究》，南京大学出版社，1995年，第272—276页。
4 潘春芳：《略论唐宋以来中国陶瓷对柬、泰、越陶瓷的影响》，《陶瓷研究》，1991年3月第6卷第1期，第21页。

有学者认为其技术可能直接来自中国广西地区[1]。

今柬埔寨北部及泰国南部一带是东南亚中南半岛上最早使用施釉陶器的地区，公元9世纪至15世纪，属高棉王国统治。从9世纪上半叶至13世纪，该地窑业已初具规模，以黄绿釉和黑釉陶质产品为主流，器型有钵、盒子、罐、瓷砖及建筑装饰等，可明显看到受同时期中国瓷窑业的影响[2]，为之后泰国申康彭窑、素可泰窑和宋加洛瓷窑业的蓬勃发展奠定了基础。

第四节　陶瓷之路初步形成

宋金的陶瓷对外贸易中，中国商人是贸易的重要参与力量，主要往返于东亚及东南亚地区。针对去往不同国家和地区的商船，政府对于其出港口是有明确规定的，北宋元丰三年（1080年）政府下令：凡"诸非广州市舶司，辄发过南蕃纲船舶，非明州市舶司而发过日本、高丽者，以违制论[3]。"通过法律条文明确规定驶往南蕃诸国的船舶，必须经由广州市舶司出港，去往日本、高丽的船舶则必须经过明州市舶司出港。从海外考古发掘的宋代瓷器看，史实与文献基本吻合，但并不局限于此。

据研究，这一时期去往日本博多湾进行贸易的中国商船应至少通过两条路线，一是从明州港出发东行，经过东海直接到达博多港，另一路线为从福州港经由台湾北部，沿着日本琉球诸岛、萨南诸岛等的岛屿北上，通过九州地区西边海域到达博多[4]。

北宋前期，宋与高丽的往来航线基本上采用传统的北路航线，以山东半岛的登州（今山东蓬莱市）和密州板桥镇（今山东胶州湾）为中心港，一般从登州出发，向东航行并横渡黄海，到达朝鲜半岛西岸，或从密州板桥镇出发，东渡黄海，到达朝鲜半岛。北宋中后期，中国与高丽的交流路线改由明州港出发，明州市舶司是官方规定的对朝出港口，商船从明州穿过东海、黄海北上到达朝鲜礼成港口岸。这一时期泉州港也有商人发船赴高丽，如元祐四年（1089年）苏轼抓获泉州船商徐戬，作《论高丽进奉状》奏秉朝廷："福建狡商专擅交通高丽，引惹牟利，如徐戬者甚众。"[5]《高丽史》亦有数十条记载提及北宋泉州人曾多次赴高

---

1 ［日］西野范子：《模仿陕西耀州窑系与广西严关窑青瓷的越南陶瓷——以河内郊外Kim Lan 遗迹、Nam Dinh 省出土资料为中心的分析》，《美术史研究集刊》，第25期。
2 潘春芳：《略论唐宋以来中国陶瓷对柬、泰、越陶瓷的影响》，《陶瓷研究》，1991年3月，第4—5页。
3 ［清］陈梦雷：《古今图书集成》，食货典第二百二十九卷，清雍正铜活字本。
4 ［日］田中克子：《日本福冈市博多遗址群出土的潮州窑产品与外销》，《东方收藏》，2016年第9期，第26页。
5 ［清］陈梦雷：《古今图书集成》，食货典第一百九十四卷，清雍正铜活字本。

丽进献方物[1]。北宋前期，泉州海船通往高丽须经由明州至登莱，再沿登州海行入高丽渤海道，北宋中期以后，泉州商船须首先驶至明州，再从明州直接北上入朝鲜，这条路线应在南宋一直延续，如南宋赵汝适在《诸蕃志》中载："新罗国，弁韩遗种也。其国与泉之海门对峙。俗忌阴阳家子午之说，故兴贩必先至四明而后再发。或曰泉之水势渐低，故必经由四明。"[2] 所述路线即为泉州至明州再赴朝鲜半岛。

东南亚诸国是此时中国陶瓷最重要的贸易区，在今越南、泰国、柬埔寨、马来西亚、印度尼西亚等国家都有发现。这些地区不仅直接购买并消费我国输出的陶瓷产品，有的还作为贸易中转站，连接中国南海、印度洋和阿拉伯海，是中国陶瓷行销西方的交通枢纽。三佛齐（即室利佛逝，今印尼及马来半岛）是当时最主要的商品集散区，以苏门答腊岛为核心，控制着通往南亚、西亚和北非的交通要道——马六甲海峡。有学者认为：室利佛逝具备一套完善的运营制度，为了方便各国前来进行商品交易，汇集了海中各个岛屿的土特产，如沉香、樟脑、丁香、象牙、锡等，同时收购大量外域产品，如中国瓷器、阿拉伯蔷薇水、玻璃瓶等。从世界各地前来贸易的商人，不需要到南海中的各个岛屿去搜寻商品，可以短时间内在此完成交易，赶上季风回城，到下一站去，室利佛逝的主要收入来源靠商船入港及交易税[3]。这个时期，销往阿拉伯国家及非洲地区的中国的陶瓷应有很大一部分由中国东南沿海港口发船，通过三佛齐转运而至。

南亚印度故临（今印度西南沿岸奎隆）濒临阿拉伯海，是宋金时期连接中国和阿拉伯国家的重要中转站。《岭外代答》记："中国舶商欲往大食，必自故临易小舟而往，虽以一月南风至之，然往返经二年矣。"[4] 宋《诸蕃志》称："故临国自南毗舟行，顺风五日可到，泉舶四十余日到蓝里住冬，至次年再发，一月始达。土俗大率与南毗无异。土产椰子、苏木，酒用蜜糖和椰子花汁酿成。好事弓箭，战斗临敌以彩缯缠髻。交易用金银钱，以银钱十二准金钱之一。地暖无寒。每岁自三佛齐、监篦、吉陀等国发船，博易用货亦与南毗同。大食人多寓其国中。每浴毕，用郁金涂体，盖欲仿佛之金身。"[5] 根据自 2014 年至 2017 年间对奎隆港地区的考古发掘，发现了一些 10 世纪至 14 世纪的中国瓷器残片，产品来自浙江、江西、福建、广东等省，还有一些来自于地中海和伊斯兰地区的文物[6]，印证了两

---

1 ［朝鲜］郑麟趾：《高丽史》，"世家传第四、第五""列传十"等，人民出版社，2014 年。
2 ［宋］赵汝适：《诸蕃志》，卷上"新罗国"，《诸蕃志校释》，中华书局，1996 年，第 151 页。
3 秦大树：《中国古代陶瓷外销的第一个高峰——9—10 世纪陶瓷外销的规模和特点》，《故宫博物院院刊》，2013 年第 5 期，第 47 页，转引 "Munoz, Paul Michel, Early Kingdoms of Indonesian Archipelago and the Malay Peninsula, published by Editions Didier Miller Pte Ltd, 2006"。
4 ［宋］周去非：《岭外代答》，卷二"故临国"，《岭外代答校注》，中华书局，1999 年，第 91 页。
5 ［宋］赵汝适：《诸蕃志》，卷上"故临国"，《诸蕃志校释》，中华书局，1996 年，第 68 页。
6 《故宫考古发掘到印度：奎隆港口遗址发现中国古瓷与铜钱》，《澎湃新闻》，2017 年 1 月 18 日，http://www.itmsc.cn/archives/view-145817-1.html

宋时期中国与奎隆港的陶瓷贸易往来，以及该港作为中国和阿拉伯国家贸易中转站的史实。

位于西亚和北非的阿拉伯地区土产丰富，时人记："诸蕃国之富盛多宝货者，莫如大食国，其次阇婆国，其次三佛齐国，其次乃诸国耳。"[1] 阿拉伯诸国不仅拥有对中国市场而言极具吸引力的丰富宝货，由当地走出的阿拉伯商人也是跨国贸易中的活跃力量，《蒲寿庚考》录："阿拉伯商人之与中国通商，虽屡经盛衰，而自唐经五代至于宋，连绵继续，未尝中辍，有宋一代，其盛遂极。"[2] 宋代中国瓷器大量销往伊斯兰世界的伊朗、伊拉克、叙利亚、黎巴嫩、土耳其、埃及等地，一般是由阿拉伯商人去往三佛齐国家购得，回城时经由印度奎隆港，再向西到达波斯湾进行产品集散。

纵览宋金时期中国对外陶瓷贸易，在唐代的基础上获得了进一步的发展和完善，发达的商品经济和政府的积极扶持，加速了我国瓷窑业的进步和对外贸易的繁荣发展，使得中国瓷器更大规模地输出到世界广大地区，同时对输入国当地的陶瓷窑业产生了深远影响，形成了更加复杂庞大的窑业系统和贸易网络。在这样的背景下，以海上贸易为主导形式的中国陶瓷之路基本形成。

---

[1]［宋］周去非：《岭外代答》，卷三"航海外夷"，《岭外代答校注》，中华书局，1999年，第126页。
[2]［日］桑原骘藏（陈裕菁译订）：《蒲寿庚考》，第一章"蕃汉通商大势"，中华书局，1954年，第4页。

第二十一章
蒙古统一与对瓷器生产的影响

忽必烈于至元八年（1271年）定国号为"大元"。至正二十八年（1368年）朱元璋等农民起义军灭元。文章采用了历史学研究中关于"元代"的时间概念，元代从忽必烈正式定国号到灭亡，历十一世，共九十八年。

建元前，蒙古统一西域，结束吐蕃分裂局面，并统一大理国。建元后的至元十六年（1279年），灭南宋统一全国。元代统治者在各地设官建制，甚至使部分少数民族与内地在经济上形成统一的整体[1]。同时蒙古征服欧亚大陆，设立四大汗国，最终建成大一统元代帝国。

元代统治者来自草原，崇尚武力，在建立新王朝之后，承袭汉制，汲取了成熟、丰富的中原文化，也带来了剽悍、质朴的草原文化。大一统帝国的稳定局面和开放包容的经济文化政策促进南北文化交流和世界多民族文化融合。元代早期制瓷手工业继承了宋金端庄、清雅的风貌，而后逐渐形成大气、粗犷的艺术魅力，同时有所创新。元代制瓷手工业蓬勃发展，瓷器的器型、纹饰、工艺、功用等方面呈现多元文化特征。元代丰富繁荣的瓷器物质文明，揭示出元代开放交融、安定强盛的政治局面，也呈现出承前启后、不断革新的文化特征。元代在制瓷技术、器物品类、造型和纹样几个方面有所创新和发展，同时以瓷器为商贸载体的中国在元代成为世界性市场，进一步促进瓷器物质文化的传播和双向交流，为明清两代瓷业的进一步发展创造了良好的条件。

第一节　不断发展的元代制瓷技术

元承宋制，特别是元初瓷器和南宋时期难分伯仲。入元，宋代官窑的工匠和制瓷技术转入民窑，随着宋室南渡，制瓷技术由北向南推广，北方瓷窑的彩绘技法、窑变技术和覆烧工艺等

---

[1] 佟柱臣：《中国边疆民族物质文化史》，巴蜀书社，1991年，第204—205页。文中论述元代货币流通到吐蕃，说明吐蕃与内地在经济上形成统一的整体。

传入南方，促进南方制瓷技术产生划时代的变化。同时蒙古西征后，西域工匠直接参与到中原地区的瓷器生产，从而带动全国瓷器制造业的变革。"真正的技术传播往往是通过人群的流动，带动原料选择、成型工艺、窑炉形态、装烧方法等方面的技术交流而实现的。"[1] 蒙古统一带来中国南北、欧亚大陆之间制瓷技术的广泛交流，进而促进元代制瓷技术在胎釉、装饰和成型工艺、窑炉形态和装烧方式等方面的不断发展。

一、釉胎技术的进步

在釉料选择和制釉工艺上，变化最大的元代瓷器当属江西景德镇窑产品，这与浮梁磁局在景德镇设立、统治阶层的定烧需求和新原料的率先使用等因素有关。元代景德镇窑典型产品包括卵白釉、青花、釉里红、红釉、蓝釉、蓝地白花、翠蓝釉青花等多种，基本都是釉、胎原料和制作工艺不断革新的产物。

元朝国俗尚白，成吉思汗"建九游白旗"[2]、黄金家族专用"白马之奶"[3]、忽必烈设"白色伞盖"[4] 等举措皆反映出蒙古统治阶层对白色的推崇。元朝政府命枢密院在景德镇定烧白瓷，由此湖田窑创烧出色白微青、釉面失透似鹅卵色的"卵白釉"瓷器，在瓷坛独步一时，为明初洪武、永乐"甜白釉"瓷器的烧制奠定基础。

元青花的烧制成功很大程度上取决于钴料和二元配方制胎技术的使用[5]。元青花钴料分国产和进口两种。国产钴料在元代早期已被使用，但国产钴料纯度低，提炼技术不到位，因此青花呈青蓝偏灰或淡蓝色，例见通辽市博物馆藏元青花凤穿牡丹纹玉壶春瓶。元代中期，中国在引入西域技术人才的同时，也将产自西亚和中亚一带的"回回青"和"苏麻离青"两种进口青料引入中国[6]，此时窑工已熟练掌握了青花烧制工艺，因此烧制出成熟的元青花产品。国产钴料绘制的元青花纹饰底釉发卵白色；进口钴料绘制的青花纹饰底釉属于青白釉范围[7]。当然，元代还有部分青花图案采用云南本地钴土矿绘制，如1973年云南禄丰县元代火葬墓出土的元玉溪窑青花鱼藻纹玉壶春瓶等，青花发色不如进口钴料。

元代景德镇窑创制出蓝釉、红釉瓷器，成为明初"宝石蓝"和"宝石红"釉

---

[1] 王光尧：《对中国古代输出瓷器的一些认识》，《故宫博物院院刊》，2011年第3期，第44页。

[2] ［明］宋濂等：《元史》卷一，中华书局，1976年排印本，第13页。

[3] ［意］马可波罗著，冯承钧译：《马可波罗旅行记》卷一，商务印书馆，1936年，第2780页。

[4] ［明］宋濂等：《元史》，卷七七，中华书局1976年排印本，第1926页。

[5] 刘新园、白焜：《高岭土史考——兼论瓷石、高岭与景德镇十至十九世纪的制瓷业》，《中国陶瓷》，1982年第7期（增刊）。

[6] 尚衍斌、林欢：《"回回青"的来龙去脉》，《紫禁城》，2008年第6期，第145页；康青：《互动互文的青花——透过元青花看土耳其伊兹尼克与景德镇青花瓷的文化互涉》，《中国陶瓷》，第49卷第12期，第104页。

[7] 叶佩兰：《元代瓷器》，九州图书出版社，1998年，第20页。

瓷的前身。元朝统治阶层崇尚蓝色，陶宗仪于《元氏掖庭记》记载："元祖肇建内殿……瓦滑琉璃，与天一色。"[1]表明元朝宫殿建筑模仿伊斯兰地区大量采用蓝琉璃砖瓦。元人"尚蓝"的传统表现为对蓝釉瓷器的执着追求。元代蓝釉瓷器采用与青花相同的原料，将进口钴料作为呈色剂融入釉料中，施于器物之上，经高温烧成。元代蓝釉瓷并不多见，器形包括梅瓶、碗、爵、杯、匜、壶、高足杯、盘等[2]。安徽歙县人民银行支行建筑工地出土的蓝釉爵杯，釉色与明永宣时期"宝石蓝"釉相近[3]。

元代统治者重视红色。宫廷建筑以红色为主，"朱砂涂壁，红重胭脂"[4]。《大元圣政国朝典章》（如下简称《元典章》）规定民间禁用的九种颜色，五种与红色相关。北方工匠南迁，钧瓷技艺在南方得以使用。在钧瓷工艺的启迪下，元代匠人创造性地使用铜料，烧成红釉瓷，以满足统治者的祭祀、常陈需求。红釉发色以暗红居多，部分红色发灰，釉层可见小暗点，采用工艺与同时期卵白釉、卵白釉一致。目前发现的红釉瓷较少，器类主要为碗、盘、壶、高足杯、俑、盏等，纹饰包括云龙、花卉、朵云纹等。北京故宫博物院、甘肃省博物馆、首都博物馆、江西省博物馆、浙江杭州市文物考古所等文博单位皆藏有元代红釉瓷器。[5]

除了景德镇窑产品，其他窑场瓷器釉胎也呈现出不断革新的技术特征。翠蓝釉[6]是一种以铜为呈色剂，发色浅蓝的中温釉，翠蓝釉瓷产生于北方地区，影响至全国。吉州窑结晶釉类瓷器在元代达到顶峰阶段，剪纸、玳瑁、兔毫、油滴等制作工艺娴熟，出现了人为利用结晶斑组成图案的工艺。钧釉也有所创新，釉色多见天青、天蓝、青蓝，有的釉色为两种釉色相互交融，釉层较厚[7]，少数采用铜红斑彩装饰[8]。

元人通过对钴蓝料、铜红料、釉上彩料等釉料的创新使用，烧制出青花、釉里红、蓝釉、蓝地白花、红釉、翠蓝釉青花、卵白釉、黑釉褐彩、钧釉、影釉等名品。元代制胎技术亦有突破性发展。景德镇窑瓷胎使用瓷石加高岭土的"二元配方法"[9]，使得器物胎骨致密坚固，减少变形，并增加釉胎的白度，为明清两代

---

[1] ［清］虫天子辑：《中国香艳丛书》（标点本）第三集第二卷，学苑出版社，2000年，第267—271页。
[2] 李辉炳：《中国陶瓷鉴赏图典》，上海辞书出版社，2007年，第38页。
[3] 李辉炳：《歙县元代窖藏瓷器的几点观感》，《文物》，1988年第5期，第90页。
[4] ［明］徐应秋：《玉芝堂谈荟》卷三，清文渊阁四库全书本。
[5] 叶佩兰：《元代瓷器》，九州图书出版社，1998年，第110页。
[6] 国内常称为"孔雀绿釉"，也称"孔雀蓝釉""孔雀绿釉""法翠釉"等，日本学者常称"翡翠釉"。秦大树先生以直观描述的翠蓝颜色称之为"翠蓝釉"，本文为了描述方便，统一采用了这个名称。参见：［日］长谷部乐尔：《磁州窑》，《中国の陶磁》第7卷，东京平凡社，1996年；秦大树：《试论翠蓝釉瓷器的产生、发展与传播》，《文物季刊》，1999年第3期，第59—60页。
[7] 秦晓杰、彭善国：《东北地区出土元代瓷器初探》，《内蒙古文物考古》，2010年第2期，第118页。
[8] 田华等：《黑龙江哈尔滨市郊发现元代瓷器窖藏》，《考古》，1995年第5期，第96页。
[9] 刘新园、白焜等：《高岭土史考——兼论瓷石高岭与景德镇十至十九世纪的制瓷业》，《中国陶瓷》，1982年第7期（增刊）。

异彩纷呈的釉上彩瓷提供了广阔空间；龙泉窑胎土配方中减少了紫金土的用量，从而显著降低胎的含铁量，增加钾钠含量，两种胎土变化都为烧制大件和微型器物奠定基础。因此，元代瓷器典型特征为胎厚、器大。元代釉胎制作技术的进步，促进了元代制瓷技术划时代的发展。

二、装饰和成型工艺的创新

模印、露胎、绞胎、褐斑点彩等传统制瓷工艺在元代继续发展，同时贴花、绞化妆土、加饰金彩、红绿彩、分段粘接、贴塑等装饰和成型技法也被熟练运用到制瓷工艺中，这些工艺的创新运用，使得元代瓷器具备鲜明的时代风格。

宋瓷上少量存在的模印装饰，大量出现于元代瓷器上。贴花技法更是成为元代区别于宋代装饰的典型工艺，模印贴花在元代瓷器中十分流行。尤其是以胎的装饰技法见长的元代龙泉窑瓷器，其露胎装饰别具特色。龙泉窑特有的胎土成分和生产工艺，使得露胎后呈火石红色（亦称"赭红色"等），与青釉相映成趣。如韩国中央博物馆藏元青釉露胎贴花褐斑盘（图21-1），口径16.3厘米、底径5.3厘米、高2.9厘米，平折沿，唇部上翘，浅折腹，小圈足，内底中心露胎贴饰一朵桃花[1]。龙泉窑露胎贴花和露胎印花工艺独步海内，对明代景德镇青花露胎氧化瓷器的烧制产生影响。

绞胎，也称绞泥，指"利用两种不同色调的泥料，分别制成泥坯，并把不同色调的坯泥擀成板块，相间叠合，然后进行特定的绞揉、切片、镶拼、贴花、模压，器胎上便呈现出不同色调相间、变化多端的纹理"[2]。绞胎瓷始创于唐代，主要吸取了犀皮漆器的制作工艺[3]。目前所知，宋元时期烧造绞胎器的北方窑场主要有：密县西关窑、巩县（今巩义市）芝田窑、登封曲河窑、郏县黄道窑、鲁山段店窑、宝丰清凉寺

图21-1　元青釉露胎贴花褐斑盘

---

[1] 浙江省博物馆沈琼华主编：《大帆元影——韩国新安沉船出水文物精华》，文物出版社，2012年，第233页。
[2] 廖永民、张毅敏：《黄冶窑唐三彩的绞胎器》，《中原文物》，2003年第4期，第79—82页。
[3] 叶佩兰：《元代瓷器》，九州图书出版社，1998年，第161页。

窑、新安城关窑、修武当阳峪窑、焦作矿山窑、恩村窑、王庄窑、西王封窑、牛店窑、太原孟家井窑、淄博磁村窑、大街窑等，产品以"磁州窑类型"为主要特色[1]。元代绞胎器继承宋瓷传统，部分产品不施釉，传世品种有白、赭、白灰、白黑等不同花色的绞胎器[2]。内蒙古集宁路古城遗址出土的元绞胎高足杯（图21-2），口径10.5厘米、

图21-2　元绞胎高足杯

足径4.2厘米、高9.4厘米，碗壁为淡黄色胎土和褐色胎土相绞而成[3]。此外，山西焦作创烧出翠蓝釉绞胎瓷器[4]。元代磁州窑系产品在绞胎基础上还发明了绞化妆土工艺[5]，即日本学者所称"流泥纹"，日本国立博物馆藏有元流泥纹瓶。

南宋时，褐斑点彩技法得以恢复，在元代广为流行，成为中国陶瓷史上特有的制瓷工艺。褐斑点彩，亦称"铁斑纹"，指在瓷器上用含铁量较高的釉料加点斑块，入窑一次烧成，常见于元代龙泉窑瓶、盘、碗、洗、罐、杯等器皿之上。元代龙泉窑上的褐斑点彩装饰，主要受到越窑、长沙窑和景德镇窑影响，与北方瓷窑的黑釉铁锈花纹有异曲同工之处。

元代在瓷器上首创"蓝釉戗金"工艺，前人论述时多称其为"蓝釉金彩"[6]。《新增格古要论》载：元代瓷器中"有青黑色戗金者，多是酒壶、酒盏，其可爱"[7]，青黑色指的是钴蓝釉色。河北保定元代窖藏出土的元蓝釉金彩匜（图21-3）和元蓝釉金彩梅月纹杯[8]、安徽歙县人民银行支行建筑工地窖藏出土的元蓝釉金彩爵杯[9]、台北故宫博物院藏元蓝釉金彩盏盘[10]皆为"青黑戗金者"中的典型

---

1 刘涛：《宋辽金纪年瓷器》，文物出版社，2004年。
2 叶佩兰：《元代瓷器》，九州图书出版社，1998年，第161页。
3 陈永志主编：《内蒙古集宁路古城遗址出土瓷器》，文物出版社，2004年，第208页：图151。
4 秦大树：《试论翠蓝釉瓷器的产生、发展与传播》，《文物季刊》，1999年第3期，第63页。
5 杨静荣：《谈陶瓷装饰工艺——绞胎》，《故宫博物院院刊》，1986年第4期，第36页。
6 如下采用"金彩"说法，不同之处加以注明。
7 [明]曹昭著、王佐补：《新增格古要论》下册，中国书店，1987年。
8 河北省博物馆：《保定市发现一批元代瓷器》，《文物》，1965年第2期，第18页。图片转引自故宫博物院：《故宫博物院藏元代瓷器（上）》，故宫出版社，2016年，第73页图24。
9 方晖：《安徽歙县窖藏枢府瓷精品鉴赏》，《东方收藏》，2011年第9期，第30页。
10 台北故宫博物院器物处：《故宫文物赴德展展品系列选介三：瓷器》，《故宫文物月刊》第246期，1992年9月。原文中为元蓝釉戗金把盏。

产品。河北保定元代窖藏烧造于元代中期[1]，证明该工艺于元代中期已经比较成熟，此外元代还生产卵白釉金彩瓷器[2]等。

红绿彩是中国北部地区生产的一种低温釉上彩绘，它通常是在烧成的白瓷或白釉黑彩、白釉褐彩瓷上，以红、绿、黄等色料描绘花纹，再经低温烘烤而成，日本学者称为"五彩"[3]。也有的仅使用红绿双色的，有学者称之为"宋加彩"或"金加彩"等[4]。元代红绿彩在装饰上相对宋金时期有所改变，纹饰除花卉外，增加了山水人物纹，主要采用磁州窑铁锈花技法，并结合了中国绘画中的写意画法。[5] 磁州窑系的红绿彩瓷器以红彩为主，以铁和矾作为主要呈色剂，是窑工们发明的最早的可以自如控制的半高温红彩。元代景德镇窑渐兴，北方制瓷工匠纷纷南迁，红绿彩制作技术随之传入景德镇，对景德镇制瓷窑业产生重要影响。从考古发现来看，在景德镇市区中渡口和落马桥等窑址元代地层中皆发现有不少元代红绿彩瓷残片。这为釉里红和五彩的创制奠定基础；红绿彩瓷器的发展直接导致了景德镇斗彩瓷器的产生[6]（图21-4）[7]。

元代成型工艺的重大变化之一是采用分段粘接技术。瓶罐类琢器，以阴模印坯分段成型，然后接装，内壁可见接胎痕；碗盘类瓷器，采用人工直接挤压拍打坯泥成型工艺，脱模后在辘轳车上旋修外壁和挖足；高足杯等器物，器身和器足分别采用阳模和阴模成型，以"接头泥"接装[8]。安徽繁昌元代窖藏出土的霁蓝釉

图21-3 元蓝釉金彩匜

图21-4 元红绿彩"招财利市"铭钵

---

1 河北省博物馆：《保定市发现一批元代瓷器》，《文物》，1965年第2期，第22页。
2 方晖：《安徽歙县窖藏枢府瓷精品鉴赏》，《东方收藏》，2011年第9期，第30页。原文为元卵白釉戗金高足杯。
3 转引自叶佩兰：《元代瓷器》，九州图书出版社，1998年，第157页。
4 陈万里：《宋代北方民间瓷器》，朝花美术出版社，1955年。
5 叶佩兰：《元代瓷器》，九州图书出版社，1998年，第158页。
6 秦大树、马忠理：《论红绿彩瓷器》，《文物》，1997年第10期，第58—60页。
7 图片转引自深圳博物馆、深圳望野博物馆等：《精彩——金元红绿彩瓷器中的神祇和世相》，文物出版社，2009年，第182页图116。
8 黄云鹏、黄滨：《元代景德镇青花瓷的烧制工艺》，《元青花研究——景德镇国际学术研讨会论文集》，上海辞书出版社，2006年。

胆瓶，从外壁显现此器分五节成型，从瓶口往里可见护头泥[1]。贴塑等工艺技法也出现在元代瓷器的制作中，如繁昌元代窖藏出土的霁蓝釉胆瓶，双耳均用手工捏塑出来后，用接头泥另黏接上[2]；江西高安窖藏出土的元釉里红彩斑贴塑螭龙纹高足转杯（图21-5），螭龙系捏塑粘贴于外壁之上[3]。分段粘贴和贴塑工艺，不仅提高了瓷器的生产效率，而且有利于元代大量烧制大型和微型器物，以满足国内外市场需求。

图21-5 元釉里红彩斑贴塑螭龙纹高足转杯

三、窑炉形态和装烧方式的发展

元代瓷窑窑型沿用了宋代长条形斜坡式龙窑，但窑炉长度缩短，因此利于热量均匀分布，且能快速提升窑内温度，提高了瓷器生产效率。装烧工具仍然以匣钵为主，分为筒形匣钵、钵形匣钵、随形匣钵、平底直壁浅式匣钵和盘形匣钵等[4]。其中筒形匣钵中的M型匣钵是具有浓厚地方特色的装烧窑具，元代龙泉窑仍然使用，并将其扩展到福建、广东地区[5]；随形匣钵中的方形匣钵在北京元代龙泉务窑烧制白琉璃瓦时使用过[6]。

元代垫烧工具以瓷质垫具和垫砂为主，此外也使用粉末、谷壳、泥点、支条、支烧台等垫具。瓷质垫具主要指各种形式的垫具，以饼形为主。金末元初，河北磁县观兵台窑址烧造粗品白瓷、黑瓷时，常以砂堆作为"支钉"垫烧瓷器[7]。砂垫的应用有其独特的优点：一是节省耐火材料，二是使用时更具随意性，因此在10世纪至14世纪成为比较普遍的一种垫隔方法，被定窑、龙泉窑、广元窑、彭县窑、灌县窑、南丰窑、磁州窑、耀州窑、湘阴窑等窑场所采用[8]。采用垫砂的元代瓷器，足部多露胎或仅底心有釉，底足会留有垫渣和"米糊底"痕迹。而元代

---

1 王承旭：《繁昌元代窖藏瓷器（下）》，《收藏家》，2013年第3期，第47页、第48页。
2 王承旭：《繁昌元代窖藏瓷器（下）》，《收藏家》，2013年第3期，第47页、第48页图60。
3 刘金成：《高安馆藏元代陶瓷撷萃上篇》，《收藏》，2013年第9期，第77、78页：图3。
4 熊海堂：《中国古代的窑具与装烧技术研究》（后编），《东南文化》，1992年第1期，第223—227。
5 熊海堂：《中国古代的窑具与装烧技术研究》（后编），《东南文化》，1992年第1期，第228页。
6 赵光林：《近年北京地区发现的几处琉璃窑址》，《考古》，1986年第7期，第629页。
7 陈丽琼：《四川古代陶瓷》，重庆出版社，1987年，第149页。
8 熊海堂：《中国古代的窑具与装烧技术研究》（前编），《东南文化》，1991年第6期，第100页。

景德镇地区生产高级的仰烧瓷时，会使用高岭土粉与谷壳粉夹杂的粉末作为垫隔物[1]，留痕较少。还有部分瓷窑使用谷壳作为垫隔物，见于报告的有广东惠阳县（今惠州市惠阳区）元明时期的窑址等[2]。湿泥点垫烧法，是一种经济实用的垫烧方式，有学者称为"粘顶法"，在山西宋元窑场一度流行[3]。北京海淀公主坟窑在元代烧造白琉璃瓦时使用过"支条"垫烧[4]。德化窑采用了多级伞形支烧台[5]作为垫烧工具。

由上文可知，元代制瓷垫具种类丰富，垫烧方法主要包括叠烧、覆烧、支烧、仰烧等。值得注意的是覆烧法。覆烧法创制于宋代定窑，主要见于北方地区。元代定窑继续采用覆烧和叠烧工艺。磁州窑、霍州窑采用了通底匣内釉口覆烧方法[6]。芒口覆烧可以降低制瓷成本，是装烧工艺中的一次技术革命。宋室南迁后，覆烧工艺被推广到中国南方的景德镇窑和福建地区的民窑中，江西湖田窑、吉州窑、白舍窑均先后效法[7]；南安窑生产青白釉瓷器时开始采用支圈覆烧和涩圈叠烧的装烧工艺[8]。此时期部分德化窑产品则运用了"包釉支烧"技法[9]。

第二节 元代瓷器的器类和造型

元代统治者为蒙古游牧民族，其"不为固定的积累所约束，因为他没有固定的居所予积累，所以他们不为物质积累所羁绊，从而显得自由、洒脱和奔放"[10]。蒙古人统一全国，其民族特性主导了元代瓷器的器类和造型特征。相对宋朝，元代瓷器显得雄伟浑厚、奔放粗犷，典型风格是形制硕大、古朴厚重。

元代忽必烈采用世界主义政策，在异国和异族的文化、宗教及与其贸易等方面皆呈开放、接纳的态势。元代统一后引发民族迁徙和交往潮流，形成汉人、蒙

---

1 刘新园、白焜：《景德镇湖田窑各期碗类装烧工艺考》，《文物》，1982年第5期，第88页。
2 曾广亿：《广东博罗揭阳澄迈古瓷窑调查》，《文物》，1965年第2期，第19—25页。
3 水既生：《山西古代窑具及装烧方法的初探》，《中国古陶瓷研究》，科学出版社，1987年，第336页。
4 赵光林：《近年北京地区发现的几处琉璃窑址》，《考古》，1986年第7期，第629页。
5 熊海堂：《中国古代的窑具与装烧技术研究》（前编），《东南文化》，1991年第6期，第106页。
6 熊海堂：《中国古代的窑具与装烧技术研究》（后编），《东南文化》，1992年第1期，第226页。参见图32"悬伏通底釉口伏烧匣的分布"。
7 转引自余家栋、徐菁、余江安：《赣江上游的瓷业明珠——江西赣州七里镇窑》，《南方文物》，2007年第1期，第116页。
8 孟原召：《宋元时期泉州沿海地区制瓷业的兴盛与技术来源试探》，《海交史研究》，2007年第2期，第86页。
9 福建省博物馆：《德化窑》，文物出版社，1990年，第121页。
10 赵诣：《意识学——自然主义生命观》，团结出版社，2008年，第646页。

古人、波斯人等多民族杂居的泛亚文化现象。[1]大批西亚的波斯、阿拉伯人和中亚突厥人来到中原，不仅带来了大量阿拉伯货物，还带来了阿拉伯文化。他们是伊斯兰教的传播者，先后在广州、泉州、长安、扬州、杭州等地穆斯林居住区修建了清真寺[2]。技术人才和能工巧匠带来不同的制瓷原料、工艺和技术，促进元代瓷器的不断创新，有学者甚至称元青花就是产生于元朝和西亚的互动，元青花将抽象的阿拉伯花纹和具象写实的图案纹饰相结合，是中国瓷器装饰的重要突破[3]。

一、元代瓷器造型的突出特征

元代统一后，蒙古草原的游牧习惯、好酒风俗以及伊斯兰文化和艺术风格慢慢渗透到大江南北，因此元代瓷器在造型上有很大的突破，显著特征包括高足、四系、扁形、八棱、带座等。

"高足"器，主要指高足杯（或称高足碗），是为了方便蒙古人游牧生活和伊斯兰地区席地而坐的生活传统特别烧制的器具。高足杯是元代典型器型之一，景德镇窑、龙泉窑、磁州窑、钧窑、霍县陈村窑等主要窑口皆有烧制。高足杯多为敞口，部分为敛口；腹分弧形和漏斗形两种；高足大致分竹节式、喇叭式两类。元代高足杯主要用作酒具，有学者认为用于饮葡萄酒、马乳酒等[4]。高安元代窖藏出土青花缠枝牡丹纹高足杯，盏心可见青花铭文："人生百年长在醉，算来三万六千场。"[5]漏斗形高足杯，大口尖底，出土和传世量较少，例见安徽歙县人民银行支行建筑工地出土的元漏斗状青花高足杯[6]。

"四系"器造型特征为短颈，因颈部有对称的四系，故名。常见于瓶、壶、罐等器物。相对"双系"或"双耳"，"四系"更加稳固，便于悬挂、提拎，更加契合游牧民族的生活习惯。元代四系瓶多属于磁州窑系产品，烧造窑址包括河北磁县彭城窑、山东淄博坡地窑及磁村窑、山东枣庄中陈郝南窑、安徽萧县窑、辽宁抚顺大官屯窑、内蒙古赤峰缸瓦窑等，彭城窑是四系瓶烧造的中心地点，元代晚期宁夏灵武窑也生产带四系的瓶。四系瓶主要见于北方地区，在河北、黑龙江、

---

1 康青：《互动互文的青花——透过元青花看土耳其伊兹尼克与景德镇青花瓷的文化互涉》，《中国陶瓷》，第49卷第12期，第104页。
2 李荣建：《古代中国与阿拉伯的经济往来与文化交流》，《江汉论坛》，2004年第1期，第109页。
3 康青：《互动互文的青花——透过元青花看土耳其伊兹尼克与景德镇青花瓷的文化互涉》，《中国陶瓷》，第49卷第12期，第104—105页。
4 江建新：《景德镇宋、元、明初瓷器酒具考》，《中国历史文物》，2004年第6期，第32—33页。
5 转引自江建新：《景德镇陶瓷考古研究》，科学出版社，2013年，第125页。
6 歙县博物馆叶函銎、夏跃南、胡承恩：《歙县出土两批窖藏元瓷珍品》，《文物》，1988年第5期，第88页。

北京、山东、安徽、内蒙古、辽宁均有出土。[1] 根据腹部划分，四系器大致可分卵腹、鼓腹和扁腹几种。四系壶以四系扁壶造型最为突出，常见于景德镇窑元青花、釉里红和磁州窑白地黑花瓷中，如伊朗国家博物馆藏元青花凤凰瑞兽穿花纹四系扁方壶[2]、故宫博物院藏元釉里红四系扁方壶和元大都遗址出土的元磁州窑龙纹四系扁方壶[3]等。通常认为元青花、釉里红产品较多的仿自磁州窑器物，那么四系器可能最早出现于北方地区，以后流传至中国南部地区。四系器也是元代重要的外销瓷品类。

"八棱"器，有人又称"八方器""八角器"，是元代一种典型的器物造型。元代八棱瓷带有中亚和西亚伊斯兰地区金属器的特点[4]，是异域文化与中原文化相融合的产物。在伊斯兰文化影响下，八棱造型在元代大为流行，主要出现在梅瓶、玉壶春瓶、执壶、象耳瓶、罐等器物中，例见河北省保定市永华南路元代窖藏出土的元青花海水龙纹八棱带盖梅瓶（图21-6）[5]、元青花双狮戏球纹八棱玉壶春瓶[6]、元青花折枝花卉纹八棱执壶[7]、辽宁省博物馆藏元青花开光松竹梅纹八棱罐[8]和维多利亚与艾伯特博物馆藏元青花八棱罐[9]等。

"带座"器，也是元代瓷器中的典型产品。器体、器座常插连或粘连在一起，配套使用。器座多为六棱镂空花窗式墩形，六条外鼓的如意形脚与底相连，形成五个如意形镂空花窗。《侯鲭录》记载北宋时期人们称之为"酒置"，是放置酒瓶用的木制器座。元代带座瓷器由木制"酒置"演变而来[10]，同时元代器座造型具有宽唇平折的特征，可能受到了西亚铜器造型的影响[11]。元代带座器主要包括带座梅瓶、带座净瓶和带座蒜头瓶等器形，例见福建省南平市福建林学院出土的元青釉带座净水瓶[12]（图21-7）、安徽繁昌元代窖藏出土的元蓝

---

[1] 彭善国：《柳孜运河遗址出土"仁和馆"铭四系瓶及相关问题》，《辽金元陶瓷考古研究》，科学出版社，2013年，第205页。
[2] 上海博物馆编：《幽蓝神采：元代青花瓷器特辑》，上海书画出版社，2012年，第120页。
[3] 陆明华：《元青花瓷器综论》，《幽蓝神采：元代青花瓷器特辑》，上海书画出版社，2012年，第40页。
[4] 尚刚：《元代工艺美术史》，辽宁教育出版社，1999年，第19页。
[5] 图片转引自北京艺术博物馆等：《元青花》，河北教育出版社，2009年，第13页。1964年河北省保定市永华南路小学出土，河北省文物保护中心藏。
[6] 图片转引自北京艺术博物馆等：《元青花》，河北教育出版社，2009年，第33页。1964年河北省保定市永华南路小学出土，河北省文物保护中心藏。
[7] 上海博物馆编：《幽蓝神采：元代青花瓷器特辑》，上海书画出版社，2012年，第182、183页。
[8] 北京艺术博物馆等：《元青花》，河北教育出版社，2009年，图片见第55、57页。
[9] 陈逸民、陈莺：《元代青花瓷器的另类解读》，上海大学出版社，2014年，第332页。
[10] 北京艺术博物馆等：《元青花》，河北教育出版社，2009年，第9页。
[11] 王承旭：《繁昌元代窖藏瓷器（下）》，《收藏家》，2013年第3期，第48页。
[12] 张柏主编：《中国出土瓷器全集11》（福建），科学院出版社，2008年，第152页图152。

图21-6　元青花满池娇纹带盖梅瓶　　图21-7　元青釉带座净水瓶　　图21-8　元青花菊纹鼎式连座炉

釉带座胆瓶和带座三足炉[1]、江西高安元代窖藏出土的青花带座梅瓶[2]、江西萍乡市博物馆藏元青花梅纹带座净水瓶[3]和江西景德镇陶瓷馆藏元青花缠枝菊花带座蒜头瓶[4]等。

部分瓷器和器座粘连在一起，此类连座器流行于元代，器座多为六棱形、五棱形或四棱形，造型相对简单，主要包括连座香炉、连座净瓶和连座如意耳瓶等。如1985年出土于福田乡峡石村，现藏江西省萍乡市博物馆的元青花菊纹鼎式连座炉（图21-8），香炉三足粘接在座上[5]；景德镇出土的元青白釉印花连座小瓶，高13.8厘米，瓶座为镂空四方形[6]。新安海底沉船也出水过类似造型的青釉瓷器。带座器（包括连座器）可能多作为供器使用[7]。

二、器类和造型的变化

传统瓷器器类主要包括碗、盘、盏、执壶、壶、罐、炉等，在此基础上，元

---

1. 王承旭：《繁昌元代窖藏瓷器（下）》，《收藏家》，2013年第3期，第47页。胆瓶和三足炉为霁蓝釉，器座为卵白釉。
2. 范凤妹：《江西省博物馆馆藏元瓷珍品》，《南方文物》，1999年第3期，第69—72页。
3. 北京艺术博物馆等：《元青花》，河北教育出版社，2009年，第35页。
4. 北京艺术博物馆等：《元青花》，河北教育出版社，2009年，第37页。
5. 北京艺术博物馆等：《元青花》，河北教育出版社，2009年，第80页。
6. 香港大学冯平山博物馆：《景德镇出土陶瓷》，香港大学出版社，1992年，图版114。
7. 陆明华：《元青花瓷器综论》，《幽蓝神采：元代青花瓷器特辑》，上海书画出版社，2012年，第36页。

代创制出大碗、大盘、劝盘、小杯、凤首扁壶、梨形执壶、葫芦形执壶、塔式盖罐、马镫壶、僧帽壶、多穆壶、扁壶、六方炉等新的瓷器品类，这都是元代统治者推行开明包容、尊重技艺的文化政策，采用兼容并用的宗教举措的结果。

大碗、大盘具有典型的伊斯兰文化特征，其出现主要为了满足蒙古族人和汗国贵族需求[1]。由于伊斯兰文化反对偶像崇拜，没有祭祀敬神的传统，因此大件碗、盘作为实用器或陈设器被使用[2]。元代大碗口径多在30厘米以上，主要发现于西亚地区[3]。大碗按口沿分，主要分为平口和花口。大盘作为元代龙泉窑青瓷和景德镇青花瓷的代表性的器物，在传世品和出土遗物中数量很多。顺应伊斯兰地区人群席地而坐、群体而食的需求，大盘成为元代重要饮食器具之一。为方便端取，大盘造型上出现口沿宽折的改变，并慢慢应用到各类中盘、小盘中。元代中晚期，元代折沿盘中出现卧圈足造型，以后发展为元明时期的主流盘形之一。元代中晚期还流行一种浅盘，尺寸相对较小，口沿多为葵花口或菱口，也有平口，腹部很浅，大平底，胎壁较薄，又被称为"劝盘"，主要功用是酒杯垫[4]。和劝盘同时组合的有"小杯"和小型"高足杯"，是元代酒文化盛行的产物。

元代执壶品类丰富，主要包括传统造型执壶、凤首扁壶、八棱执壶、葫芦形执壶、梨形执壶等。除传统的长颈弧腹造型外，其他造型皆为元代首创。凤首扁壶，壶身扁圆，细颈小口，以凤首作壶流，目前存世仅有两件：1970年北京旧鼓楼大街豁口元代窖藏出土的元青花凤首扁壶和1998年新疆伊犁哈萨克自治州霍城县芦草沟镇西宁庄村出土的元青花凤首扁流执壶[5]。梨形壶因形似梨而得名，始见于元代，流行于明代，其和小型葫芦形执壶，皆是适应元代蒸馏酒而生产的注酒器具。

罐，主要分为小罐和大罐。小罐造型包括敛口四系方形、撇口双系瓜棱形、唇口双系鼓式、唇口圆腹双系式等[6]。小罐器类主要为带盖小罐和鸟食罐。带盖小罐多是盛装粉脂和盐等生活用品的器具。元代鸟食罐在龙泉窑和景德镇窑等窑址中皆有出土，龙泉窑青釉小罐出土较多，而青花类小罐在国内出土较少，主要流行于菲律宾等东南亚一带，可能是为出口南洋专门生产的[7]。首都博物馆藏元青花

---

1 朱伯谦：《览翠集》，科学出版社，2009年。
2 张咏梅：《西亚藏中国元青花》，《东南文化》，2002年第6期，第36—42页。
3 北京艺术博物馆等：《元青花》，河北教育出版社，2009年，第88页。
4 田胜昌：《朝鲜前期的白瓷盘考察》，《湖岩美术馆研究论文集》，1997年第2期，第102页。
5 转引自北京艺术博物馆等：《元青花》，河北教育出版社，2009年，第66—69页。
6 [菲律宾]庄良有撰、王宁译：《元代出口瓷器——马尼拉的罗伯特·维拉纽沃藏品介绍》，《南方文物》，1996年第2期，第117页。
7 北京艺术博物馆等：《元青花》，河北教育出版社，2009年，第44页。

雕塑婴戏鸟食罐[1]，为元代青花小罐中的佳作。大罐多为储存器，按器口分为直口和盘口两种。盘口罐一般较高，口径小于足径。元代出现一种塔式盖罐，因瓶身和器盖呈多级塔式而得名，由唐代塔式瓶发展而来，是专为随葬而制造的明器。典型器物为1974年江西省景德镇凌氏墓出土的"大元至元戊寅（1338年）"款青花釉里红堆塑四灵塔式盖罐，盖以藏式覆钵塔作纽，塔龛内有一佛像，弧拱门边饰连珠，内塑身着袈裟坐佛一尊，顶尖为花苞状，中饰仰莲，面施青白釉；塔下为六方形须弥座；罐颈以青花书"大元至元戊寅六月壬寅吉置"12字铭文，肩部青料书"刘大使宅凌氏用"7字款。[2] 该器反映出藏传佛教对瓷器的重要影响，藏式覆钵塔形盖纽的出现，表明藏传佛教对内地瓷器的影响不仅限于器物的整体造型，还渗透到若干传统造型的细部[3]。元代汉地瓷器在造型和纹饰方面开始受到藏族文化的浸染；同时瓷器不断地输入到青藏高原，成为藏地僧俗的重要用品[4]。

壶，是一种传统器型，主要用作酒器和水器。元代壶式新颖多样，始见马镫壶、扁壶、僧帽壶、多穆壶等具有鲜明时代特征的造型。其中马镫壶和扁壶主要为了适应蒙古游牧生活被创制而成，从其功能来看多为游牧民族随身携带的器具，元代磁州窑、龙泉窑、景德镇窑产品中皆有同类器物。僧帽壶和多穆壶的流行，和藏族宗教文化和风俗习惯密切相关。僧帽壶，带盖，口似僧帽，流作鸭嘴形，束颈，鼓腹，圈足，因仿制藏传佛教僧帽的形制而得名。例见萨迦寺藏"大元国至正八年"款釉里加红绿彩异兽纹僧帽壶[5]和首都博物馆藏元青白釉僧帽壶（图21-9）[6]。多穆壶的"多穆"一词，发音源于藏语tong mo，原意是"盛酥油茶的桶"，为藏区用以盛贮酒、油等液体的器具[7]。目前所知较早的元代瓷质多穆壶是1963年

图21-9　元青白釉僧帽壶

1　北京艺术博物馆等：《元青花》，河北教育出版社，2009年，第63页。分别藏于首都博物馆和新疆伊犁州文物管理所。
2　张柏主编：《中国出土瓷器全集》，科学出版社，2008年，第93页。盖罐现藏江西省博物馆。
3　达哇彭措、朱德涛：《从元代瓷器看汉藏文化交流》，《中国藏学》，2016年第2期，第210页。
4　达哇彭措、朱德涛：《从元代瓷器看汉藏文化交流》，《中国藏学》，2016年第2期，第211页。
5　李辉炳、陈焕伦：《元明瓷器研究》，燕山出版社，2013年，第141页。
6　张柏主编：《中国出土瓷器全集01》（北京卷），科学出版社，2008年，第84页图84。该壶于1965年出土于北京市海淀区墓葬。
7　达哇彭措、朱德涛：《从元代瓷器看汉藏文化交流》，《中国藏学》，2016年第2期，第213页。

图21-10　元青白釉多穆壶

图21-11　元龙泉窑青釉莲花纹六方炉

北京市崇文区（今东城区）元代铁可墓（建于皇庆二年，即1313年）出土的青白釉多穆壶（图21-10），壶体呈上细下粗筒形，宝珠纽盖，盖模印莲瓣纹，壶腹有仿箍和铆钉装饰[1]。

元代瓷炉的造型也在承袭前朝的基础上有所创新。主要包括奁式炉、鬲式炉、鼎式炉、六角炉、连座炉等品类，其中前三种造型最为常见，反映出元代尊法古式的文化取向。由宋至元，炉已由深腹向浅腹的盘式方向发展。元代新见六角炉造型，口为六边形，束颈，下接六边形的外鼓式炉腹，外附双鱼耳，底足呈六边形。该造型在国内较为少见，曾出水于韩国元代新安海地沉船（图21-11）[2]，可能是专为外销生产的造型。

炉主要作为宗教日用器被使用，适用于焚烧瓣香、立香、塔香、盘香、香末、卧香等各种形状的香。《元史》记载，至大三年郊祀祭器中，有"陶瓦香鼎五十，神座香鼎、香盒案各一"[3]，表明元代香鼎（鼎式炉）已经与香盒等器物组合，用于国郊祭祀活动。蒙古贵族在祭祀中选用瓷炉，也说明了汉地文化对蒙古族文化的影响和渗透。

日常焚香成为元代风尚，因此元代传世器及出土物中，瓷炉所占比例甚高。有学者认为香炉是元朝佛教兴盛的物证[4]，也有学者考虑其可能为儒教等祭祀用具[5]。有学者认为元代炉和瓶组成佛前"三供"，或与其他材质（铜锡之类）的烛

---

1 北京市文物研究所：《元铁可父子墓和张弘纲墓》，《考古学报》，1986年第1期，第100页。现藏首都博物馆。
2 ［韩］文化公报部、文化财管理局编：《新安海底遗物》，同和出版公社，1984年，第49页图51。
3 ［明］宋濂等：《元史》卷七十二志二十三，清乾隆武英殿刻本。
4 翁善珍：《元朝佛教兴盛的物证》，《内蒙古文物考古》，1999年第2期，第57—59页。
5 彭善国：《试论内蒙古地区出土的元代瓷器》，《辽金元陶瓷考古研究》，科学出版社，2013年12月，第210页。

台构成"五供"[1]。除用以佛前供养，香炉、香盒与匙瓶所代表的另一种组合，成为风雅生活的重要点缀[2]。在元上都附近元墓中，釉陶（蓝釉、绿釉、蓝绿釉、三彩）香炉数量很多，此类香炉可能为随葬明器[3]。

第三节　呈现多元文化特征的元代瓷器纹样

元代采取民族大迁徙政策，使得中国南北民族文化融合得较为彻底。蒙古西征班师，不仅带回大量的西域工匠，也将伊斯兰文化和宗教艺术传入中原地区。同时，元代瓷器海外贸易繁荣，在瓷器输出的同时，也产生了制瓷技术的双向交流，如湖田窑的青白釉釉下贴花装饰就是受到朝鲜高丽青瓷的镶嵌技艺的影响[4]。国内窑场制瓷工艺的传承和多元文化的碰撞、交流，在瓷器纹样上体现得尤为直接和充分。元代瓷器上常见动植物纹、人物故事纹、几何图案装饰和宗教纹饰题材，装饰采用了印花、模印、描绘等工艺技法，这样便于大批量生产，以满足国内外市场的需求。

植物纹样主要包括牡丹纹、莲花纹、莲叶纹、菊瓣纹、莲瓣纹、竹石纹等。牡丹纹是元代瓷器上的主要纹饰之一，相对于宋瓷上的牡丹纹仅见正、侧两种姿态，元代瓷器上的牡丹纹，或俯仰，或正侧，或向背，极尽变化。部分瓷器上的牡丹纹可能参考了刺绣花样，或为描造刺绣花样的匠人所设计[5]。同样受到丝织刺绣工艺影响的纹样是"满池娇"纹，指的是元青花上的"莲池水禽纹"或"莲池鸳鸯纹"，源自宫廷服装图案的名称[6]。牡丹纹、莲花纹多采用折枝或缠枝的构图方式，缠枝花装饰具有典型的S型特点，和折枝花装饰一样强调对称性，结构较为严谨工整，主要汲取了阿拉伯文化艺术特征，这在元代以后仍然十分流行。为满足批量生产的需要，元代动物纹样程式化特征较为明显，如常见的龙纹和云龙纹，形体矫健轻盈，凶猛霸气，大同小异。

人物装饰题材，主要来源于元曲故事等。《萧何月夜追韩信》《昭君出塞》《尉迟恭救主》《蒙恬征拿兵卒》《文姬归汉》三顾茅庐等元代杂剧题材的元青花以及四爱图等反映汉地文人情趣的装饰，代表了元代晚期江南民间制瓷艺术[7]。王国维

1　陆明华：《元青花瓷器综论》，《幽蓝神采：元代青花瓷器特辑》，上海书画出版社，2012年，第33页。
2　袁泉、秦大树：《新安沉船出水花瓶考》，《考古与文物》，2016年第6期，第76—99页。
3　彭善国：《试论内蒙古地区出土的元代瓷器》，《辽金元陶瓷考古研究》，科学出版社，2013年12月，第210页。
4　江建新：《景德镇陶瓷考古研究》，科学出版社，2013年，第148—149页。
5　刘新园：《元青花特异纹饰和将作院所属浮梁磁局与画局》，《景德镇陶瓷学院学报》，1982年第3卷第1期，第14页。
6　刘新园：《元文宗——图帖睦尔时代之官窑瓷器考》，《文物》2001年第11期，第61—62页。
7　林梅村：《元朝重臣张珪与保定出土元代宫廷酒器》，《故宫博物院院刊》，2009年第3期，第41页。

认为元曲"摹写胸中之感想与时代之情状，而真挚之理与秀杰之气，时流露于其间"[1]。曲词和元曲故事相结合的人物图，此乃蒙古专制统治下的汉人表达情感的方式，或明或暗表达出元代文人追求隐逸、萧散的意义[2]。

几何图案常作为辅助纹样存在，显现出程式化的特征，多装饰于器物口沿、颈、腹等部位，呈现整齐而统一的特征。元代几何图案纹主要包括缀珠纹、连续回纹、几何形开光装饰等。缀珠纹又叫联珠纹、串珠纹，指陶工用泥条模仿相互串缀的小颗珍珠并组成的花纹。这是元代景德镇瓷器上特有的纹饰，在青白釉、卵白釉、青花、青花釉里红瓷器上皆有出现。元末明初，S型缀珠纹又形成独特的卷草纹饰，仅见于青花和青花釉里红瓷器之上。刘新园先生参照文献和实物资料，认为瓷器上的缀珠纹是对礼服上珠绣花的模仿[3]。缀珠纹、云肩纹及杂宝图形，在元代瓷器上首见，具有典型的蒙、藏喇嘛教文化特征，常与中国传统的动物、植物纹组合出现，体现当时多元文化融合发展的时代风格。几何图案中比较典型的是连续回纹和开光装饰。回纹通常从左上位置开始沿逆时针方向绘制两层框架，部分呈现出正反兼有的四方形状，部分首尾相连呈现出带状。几何纹在龙泉窑、景德镇窑、磁州窑、吉州窑等瓷器上皆有出现，除了几大窑场之间的技术传承和模仿导致纹饰的流行外，几何纹饰不同于传统装饰，主要受到伊斯兰艺术文化的影响，切合了伊斯兰文化中波斯细密画的艺术风格。

元代瓷器纹样沿袭宋金装饰艺术风格，受宋金绘画艺术影响较深。宋元时期"文人画"风行。文人画由宋代苏轼正式提出，其指出："观士人画如阅天下马，取其意气所到。"[4]文人画艺术集中体现在北方最大的民窑磁州窑和南方重要瓷窑景德镇窑的装饰风格之上。如竹石纹，作为专门的一科，得到文人绘画的广泛运用[5]。磁州窑上竹石纹的构图方式主要受到了宋代宫廷花鸟墨竹画折枝式取景的影响，构图方式上采用了截取式，仅表现局部的一枝或几枝竹[6]。景德镇窑画工则偏爱元代画谱中画家对整株竹的表现[7]。

兼容并用的宗教政策在瓷器纹样上有突出表现。元代很多瓷器纹样组成，都是伊斯兰教、藏传佛教、汉传佛教等宗教融合的产物。元青花的成功烧制，本身

---

[1] 王国维：《宋元戏曲考》，《王国维文学论著三种》，商务印书馆，2010年，第133页。
[2] 姚颖：《金元时期磁州窑书法装饰艺术的成因分析》，《北方美术》，2008年第4期，第66页。
[3] 刘新园：《元青花特异纹饰和将作院所属浮梁磁局与画局》，《景德镇陶瓷学院学报》，1982年第3卷第1期，第10—13页。
[4] 龚云表：《中国绘画这棵树》，上海书店出版社，2004年，第56页。
[5] 参见孙洪：《文人画的实验田——论元人竹石一科》，南京艺术学院学报，2004年1月，第44页。
[6] 韩玮：《中国画构图艺术》，山东美术出版社，2002年1月，第134页。转引自吴若明：《元代磁州窑与景德镇窑竹纹艺术风格比较研究》，中国优秀硕士学位论文全文数据库2011年第S1期，第4页。
[7] 吴若明：《元代磁州窑与景德镇窑竹纹艺术风格比较研究》，中国优秀硕士学位论文全文数据库，2011年第S1期，第9—10页。

是伊斯兰教对元代瓷器影响的结果。元代流行的垂云纹（又称"如意云纹"或"云肩纹"）、联珠纹、变形莲瓣纹，是从蒙藏喇嘛教文化中脱胎出来的。[1] 藏传佛教纹饰从元代开始[2]。重要的藏传佛教纹饰包括梵文、八吉祥纹、金刚杵纹等。元代许多瓷器饰有梵文，如20世纪80年代宁夏灵武出土的元代褐釉瓷盘，系佛教密宗信徒使用的器物，盘内饰有八个变形莲瓣，内底各饰一个梵文。元瓷上的八吉祥纹排列没有规律，金刚杵纹在汉、藏佛教密宗法器中占有不可或缺的地位[3]，两者皆常见于景德镇窑青花、卵白釉、龙泉窑青釉等瓷器上，表明了元代蒙古上层人物的信仰和审美取向。

第四节　元代瓷器市场的世界性

元代政治稳定、国家统一，元廷采取"重商"和重市舶政策，带来海外贸易的繁荣。元代在西太平洋地区形成的巨大的贸易网络使东方各国联成一体，有力地衔接了东亚与印度以及伊斯兰世界，从而形成从东亚到东南亚以至印度洋的范围广阔的交流圈。

为不断满足世界性市场的需求，元代瓷器主要通过两种形式进行贸易输出：一种是以官府资本为主，用官船和官府资金并派遣官员进行海外贸易[4]，这种官府贸易瓷属于中国统治者控制下具有以物易物性质的交换瓷器[5]；另一种是具有纯粹商业目的民间贸易，这是元代瓷器输出的主要类型，菲律宾和肯尼亚等地遗址出土的青白瓷、龙泉青瓷、元青花等输出瓷器就是以民间贸易的形式实现的[6]。有学者认为元代陶瓷的销售形式已由宋代的中方卖方市场逐渐转入外方的买方市场，元代以后，陶瓷产品的外销则越来越取决于是否满足外商的审美要求和订货需求，进货渠道也不再局限于沿海地区而拓展到内陆各窑场[7]。

部分元代瓷器，以大盘、大碗、大瓶等大型器物为主，多属景德镇窑"伊朗型"青花、卵白釉和龙泉窑青釉产品。这类瓷器是元代宫廷对汗国和外国君臣的赏赐用瓷[8]和朝贡贸易产品[9]，大量输往汗国地区和中东、西亚、东南亚诸国宫殿，满足社会上层所需。

---

1 熊寥：《中国陶瓷艺术与西方文化》，《陶瓷研究》，第4卷第3期，第7页。
2 刘新园：《元文宗——图帖睦尔时代之官窑瓷器考》，《文物》，2001年第11期，第55—56页。
3 吴明娣：《金刚杵纹考》，《中国藏学》，2012年第2期，第196—202页。
4 朱培初：《明清陶瓷和世界文化的交流》，轻工业出版社，1984年，第78页。
5 王光尧：《对中国古代输出瓷器的一些认识》，《故宫博物院院刊》，2011年第3期，第38页。
6 王光尧：《对中国古代输出瓷器的一些认识》，《故宫博物院院刊》，2011年第3期，第41页。
7 郑东：《厦门古陶瓷生产兴衰原因探析》，《南方文物》，2001年第1期，第78页。
8 余城：《明代青花瓷器的发展与艺术之研究》，台北文史出版社，1986年，第83页。
9 林梅村：《元朝重臣张珪与保定出土元代宫廷酒器》，《故宫博物院院刊》，2009年第3期，第28页。

更多产品属于世界各地的民间用瓷。元帝国的建立使得北疆开发到了新阶段，漠南一带涌现应昌、集宁、全宁、德宁、砂井城、察罕脑儿等一批新兴城市[1]。草原丝绸之路的畅通利于瓷器等手工业产品的输出。哈喇和林（今蒙古国后杭爱省）既是蒙古汗国前期政治中心，也是元代向漠北草原和西方市场输出瓷器的重要节点。哈喇和林出土的元代瓷器包括山西琉璃、河南钧瓷、磁州窑褐釉瓷、黑釉瓷、红绿彩瓷、龙泉窑青瓷、景德镇窑青白瓷、卵白釉瓷和青花瓷[2]。产品与内蒙古集宁路出土的瓷器面貌相同，反映出草原丝绸之路上的贸易瓷与国内市场流通的一致性。

有一类产品，即所谓的"菲律宾型青花"，器类包括碗、盘、盒、盏、高足杯、劝盘、梅瓶、玉壶春瓶、执壶、匜、觚、瓶、罐、造像、笔架、水盂、砚盒等，既是满足国内各阶层生活需求的日用品，也是东南亚一带生活商品瓷。景德镇湖田北岸和老城区大部分元代遗迹先后出土的元青花标本，多属于此类产品，青花色料灰暗[3]。内需元青花瓷器既包括南京市江宁区牛首山沐英等名臣墓出土的精品，也包括名不见经传的普通百姓墓所出的日用品。外销东南亚菲律宾和印度尼西亚一带的元青花以折腰碗、葫芦形壶、罐、瓶、水滴、水注等小件器物为主。同出的还有同样形制的釉里红瓷器。此类器物风格舒朗、清雅，纹饰题材为中国传统图案为主，和内销瓷器风格一致。曼谷大学东南亚陶瓷博物馆馆长布朗（Roxanna Maude Brown）通过梳理东南亚水域15艘沉船出水陶瓷器，得出中国陶瓷器于1325年以前垄断瓷器出口市场的结论[4]。

龙泉窑、景德镇窑、德化窑和福建同安窑等产品还大量销往非洲地区，器类包括碗、盘、罐、洗、盏、瓶、尊等生活常用品类[5]。肯尼亚沿海地区的调查结果显示，龙泉窑青瓷、景德镇窑青花和釉里红瓷器于元末明初仍然处于外销高峰时期[6]。此类产品同样见于国内各地的民间用瓷。

通过官府贸易和民间贸易两种形式，中国为世界各地输出大量的中国瓷器。贸易品种主要包括龙泉窑系青瓷、景德镇系的青白瓷、青花瓷、釉里红瓷、磁州窑系白地黑花瓷等，还有东南沿海各地窑场烧制的仿龙泉青瓷、仿青白瓷和青花瓷等。器类既包括各国社会上层使用的高档陈设器皿，也包括

---

[1] 彭善国：《试论内蒙古地区出土的元代瓷器》，《辽金元陶瓷考古研究》，科学出版社，2013年12月，第213页。

[2] 转引自林梅村：《和林访古（上、下）》，《紫禁城》，2007年第7期，第212—219页；第8期，第208—217页。

[3] 参见刘新园、白焜：《景德镇湖田窑考察纪要》，《文物》，1980年第11期，第39—49页；曹建文、徐华烽：《近年来景德镇元代青花窑址调查与研究》，《故宫博物院院刊》，2009年第6期，第78—88页。

[4] Roxanna Maude Brown: The Ming Gap and Shipwreck Ceramics in Southeast Asia: Towards a Chronology of Thai Trade Ware, Bangkok: The Siam Society under Royal Patronage, 2009.

[5] 申浚：《非洲地区发现的元明龙泉窑瓷器》，《考古与文物》，2016年第6期，第116页。

[6] 刘岩、秦大树等：《肯尼亚滨海省格迪古城遗址出土中国瓷器》，《文物》，2012年第11期，第59页。

占多数的民间生活用具，几乎涵盖了国内生产和消费瓷器的大部分品类，综合反映了元代国土幅员辽阔，陆海交通畅达，陶瓷器外销兴盛一时，是元代瓷器"器成走八方"的生动写照。正如《元史纪事本末》记载："元有天下，薄海内外，人迹所及，皆置驿传，使驿往来，如行国中。"[1] 以瓷器为商贸载体的中国在元代成为世界性市场，进一步促进古瓷文化的传播和中外制瓷文化的双向交流。

---

[1] ［明］陈邦瞻：《元史纪事本末》卷十三，明末刻本。

第二十二章
中国各地窑场概貌

元代政治、经济的变化对中国南北窑场格局产生重大影响。蒙古军队在占领北方中原地区的过程和早期统治中，严重破坏了北方农业和手工业生产。正如兴定三年（1219年）六月晋阳公郭文振的上奏"河朔受兵有年矣……此殆不可测也"[1]，"金亡，都汴、燕、赵、青、齐之野，皆成草莽"[2]，因此北方地区的制瓷业受到毁灭性的破坏，工匠散失，宋代官窑、汝窑、钧窑、定窑、耀州窑等名窑风采不再，产品逐渐向粗犷厚重的民间用瓷方向发展。但北方制瓷业并非纯粹进入衰落期，实际上元代北方瓷窑数量在宋金西夏的基础上显著增加，且类型更加丰富。元代北方瓷器以两大窑系最具代表性：磁州窑系和钧窑系。磁州窑系产品以白瓷、釉下彩绘瓷著称，彩绘瓷对南方景德镇窑系产生重要影响；钧窑系窑场除烧制青釉钧瓷外，也烧造白地黑花瓷器，产品彻底民窑化。

宋元时期，中国南方地区制瓷业一般概括为"景德镇窑系"和"龙泉窑青瓷窑系"两大瓷窑体系[3]。元朝统治者对南方的统治基本上维持了旧有的生产关系，因此以景德镇窑和龙泉窑为代表的南方窑场有了进一步发展。北方能工巧匠们纷纷南迁，促成南方地区制瓷技术的突飞猛进，尤其是景德镇窑业迅速崛起，逐渐成为全国的制瓷中心，创烧出卵白釉、青花、釉里红、红釉、蓝釉、翠蓝釉青花等名品。龙泉窑窑址迅速由大窑、溪口地区向松溪两岸扩展，龙泉青瓷在元代发展到空前的规模，成为南方青瓷窑系中规模最大、烧瓷量最高的窑系，不仅为皇宫烧制祭祀用具，更是成为元代瓷器输出的代表性产品。

元代瓷业处于变革时期，北方名窑发展受阻甚至中断，传统青瓷衰落，以景德镇和龙泉窑为代表的南方窑场有了进一步发展，景德镇窑系总体上呈现由青白瓷向白瓷进而向彩瓷发展的趋势。元代南北瓷器在继承前朝的器物类型和生产工艺基础上，呈现出较活跃的生产态势，如磁州窑的白地褐花、霍窑的白地印花（仿定窑）、钧窑的雕花、吉州窑的彩绘与剔花、江西赣

---

1 ［元］脱脱：《金史》卷一〇八《胥鼎传》，中华书局排印本，2013年。
2 ［宋］张端义：《贵耳集》卷上，清文渊阁四库全书本。
3 中国硅酸盐学会编：《中国陶瓷史》，第六、七章《宋、辽、金的陶瓷》、第八章《元代的陶瓷》，文物出版社，1982年，第227—356页。

州七里镇窑鼓钉纹、德化窑的印花、广东海康窑的褐色花等品种，异彩纷呈。[1]

第一节　南北窑场的差异

一、北方窑场

1. 磁州窑系

磁州窑系泛指以磁州窑为中心，北方广大地区生产的具有相同或相似工艺特征和陶瓷面貌的民间窑场，又被称为磁州窑类型，以河北、河南、山西、山东等地最为集中。陶瓷品种以白釉为主，另有黑釉、绿釉、酱釉、绞胎、红绿彩、翠蓝釉和三彩等。[2]磁州窑系历经宋、金的繁荣发展，至元，产品和窑场数量达到了顶点，产品品种繁多，形式新颖别致，侧重实用性。彭城作为磁州窑中心，成为北方瓷都，因此民间素有"北有彭城，南有景德"的说法。

磁州窑系白釉装饰以"白釉黑花"为主。"白釉黑花"，实际分为白地褐花、白地黑褐花、白地红褐花，又称"铁锈花"（图22-1）[3]，绘画以中国国画技法为基础，画工以较快速度绘画图案[4]。元代装饰沿袭宋金艺术风格，受宋金绘画艺术影响较深。受磁州窑系影响，耀州窑、汝窑、钧窑、萧窑等北方

图 22-1　元白地黑花童子唐草纹瓶

---

1 叶佩兰：《元代瓷器》，九州图书出版社，1998年，第3、298页。
2 刘涛：《"磁州窑类型"几种瓷器的年代与产地》，《故宫博物院院刊》，2003年第2期，第56页。
3 熊玉莲：《海外藏中国元明清瓷器精选》，江西美术出版社，2008年，图版2。元白地铁绘童子唐草纹瓶，现藏美国西雅图艺术博物馆，高88.9厘米，口径26.7厘米。
4 转引自叶佩兰：《元代瓷器》，九州图书出版社，1998年，第151页。

地区重要窑场也烧制白釉黑花器[1]。

黑釉瓷也是磁州窑系产品的重要品种，在北方地区大量出土。如元大都出土的瓷器中，磁州窑系产品约占40%以上，其中黑釉瓷占八成[2]；河北磁县南开河元代木船中发现117件黑釉瓷[3]。凸起白线是金元时期北方黑釉瓷上的常见装饰；黑釉剔花是雁北地区最突出的装饰方法，窑址位于山西浑源大磁窑、大同青磁窑、怀仁鹅毛口、宁夏灵武窑等处[4]。缸瓦窑也是辽、金、元三代北方地区重要的白釉、酱釉、黑釉、白地黑花陶瓷生产基地。元代缸瓦窑遗存较少，主要有赤峰大营子窖藏[5]、包头燕家梁遗址[6]、清水河县下城湾古城遗址[7]等。1996年内蒙古文物考古研究所在发掘中，清理残窑一座，还发现大型元代龙窑遗址一处，所出的器物与金代器物有密切的承袭关系[8]。

宋代磁州窑彩绘瓷器继承了唐代长沙窑青釉釉下彩的传统，开创了古代瓷器绘画装饰的新途径，这为元代景德镇青花和彩绘瓷器的大发展奠定了基础。元代磁州窑系继红绿彩之后新创釉上彩工艺，开始生产白地黑花加红绿彩的制品。其纹饰画法是先用黑颜料在白地上勾出开光边框及开光线条，施釉烧成后在釉上绘出红彩纹样线条，再加饰绿彩，入锦窑彩烤而成，例见日本大和文华馆藏元彩绘人物纹罐[9]。翠蓝釉初期制品仅限于磁州窑系化妆白瓷[10]，而后慢慢影响到中国北方，并蔓延至南方景德镇地区。此外，三彩器在元代继续生产，成为明代珐华瓷器的先驱，并流行于中国南北的建筑装饰上。除磁州窑系外，中国南部的江西、福建、广东等地也烧制三彩瓷器。磁州窑系产品作为北方地区的民间用瓷和外销瓷，具有物美价廉的商品属性，装饰风格多样，以满足不同的社会生活和艺术审美需求。

元代磁州窑系产品器型有罐、盘、碗、壶、瓶、枕等百余种，以日用器为主。纹饰多见龙凤纹、缠枝花纹、鱼藻纹、云雁纹、婴戏纹、人物纹、墨书书法等民间百姓喜闻乐见题材，用笔自由写意，构图质朴简约，瓷器上艺术风格与技法的变化发展凝结了大众审美意趣。如国内外常见的龙凤纹罐（图22-2），有大、中、

---

[1] 叶佩兰：《元代瓷器》，九州图书出版社，1998年，第148页。

[2] 李德金等：《宋元彩绘瓷》，中国社会科学院考古研究所，1982年油印本。转引自刘新园：《元青花特异纹饰和将作院所属浮梁磁局与画局》，《景德镇陶瓷学院学报》，1982年第3卷第1期，第19页。

[3] 朱金升：《河北磁县南开河村元代木船发掘简报》，《考古》，1978年第11期，第288—299页。

[4] 叶佩兰：《元代瓷器》，九州图书出版社，1998年，第159—160页。

[5] 唐汉三：《内蒙古赤峰大营子元代瓷器窖藏》，《文物》，1984年第5期，第89—93页。

[6] 刘幻真：《包头市燕家梁出土元代瓷器调查记》，《内蒙古文物考古》，1981年创刊号。

[7] 内蒙古文物考古研究所：《清水河县下城湾古城发掘报告》，《万家寨水利枢纽工程考古报告集》，远方出版社，2001年。

[8] 王大方：《赤峰松山区缸瓦窑遗址发掘获重大新成果》，中国文物报，1996年4月28日第1版。

[9] ［日］长谷部采尔著、刘志国译：《元代磁州窑的特征》，《陶瓷研究》，2000年第2期，第45—46页。

[10] ［日］长谷部采尔著、刘志国译：《元代磁州窑的特征》，《陶瓷研究》，2000年第2期，第46页。

小多种规格,最高者高度为50厘米,最低者仅20厘米,造型有灯笼形、宽肩形等。元代磁州窑龙凤纹罐既有白釉褐彩龙凤纹罐,也有翠蓝釉釉下黑彩龙凤纹罐。元代瓷枕也是磁州窑的代表产品之一。瓷枕多长为50厘米左右,主要为纳凉寝具,正如磁州窑瓷枕上书:"久夏天难暮,纱橱正午时。忘机堪昼寝,一枕最幽宜。"[1]

山西霍窑是磁州窑系重要瓷窑之一。元代霍窑主要指山西霍州市陈村窑。[2] 霍窑瓷器特点是:制作规整,釉白胎洁,主要器型包括碗、

图 22-2 元磁州窑龙凤纹罐

盘、高足杯等。元代霍窑典型特征是均为小器,常采用叠烧和支钉支烧技法,器心一圈无釉或有细小支钉痕。[3] 素面为主,有少量印花和黑花器[4]。《遵生八笺》记载:"效古定折腰制者甚工,土骨细白,凡口皆滑,惟欠润泽,且质极脆。"[5] 指的是元代霍窑仿烧定窑器。定窑以烧制白瓷著称,元代以后渐渐衰落停烧。为适应上层社会对白釉瓷的需求,元代霍窑生产出胎薄釉白、制作精致的仿定器。[6] 例见1978年杭州元代窖藏出土的霍窑仿定白釉托盘和柄杯,同出的还有少量白地黑花器和蓝釉金彩杯等[7]。

2. 钧窑系

钧窑属北方青瓷系统,中心窑场在今河南禹州。创烧于唐,成熟于北宋,元代仍有所发展,元末明初生产渐衰,后代皆为仿造。元代钧窑制瓷业处于新的发展阶段,产品烧制由河南扩展到河北、山西、内蒙古中南部等地,产品特征相近,烧制区域延伸到黄河以北,沿太行山东、西两麓主要是东麓向北发展,形成范围广泛的钧窑系。[8] 以河南的禹州、鹤壁、安阳、浚县、淇县、新安、临安、陕县、

---

[1] 张子英:《磁州窑瓷枕》,人民美术出版社,2000年,第18页。
[2] 陶富海:《山西霍州市陈村窑址的调查》,《考古》,1992年第6期,第522—525页。
[3] 叶佩兰:《元代瓷器》,九州图书出版社,1998年,第203页。
[4] 秦晓杰:《内蒙古、东北地区出土元代瓷器初步研究》,吉林大学硕士学位论文,2009年,第25页。
[5] [明]高濂:《遵生八笺·燕闲清赏笺上卷》,明万历刻本。
[6] 范冬青:《试论元代制瓷工艺在陶瓷发展史上的地位》,《上海博物馆馆刊》,1981年第1期,第95—110页。
[7] 桑坚信:《杭州市发现的元代瓷器窖藏》,《文物》,1989年第11期,第21—27页。
[8] 权奎山:《简论钧窑系形成的过程》,《中原文物》,1999年第3期。

宝丰、鲁山、内乡，河北的磁县，山西的浑源和介休最为集中[1]。钧窑系瓷器是北方地区的日用器皿。元代瓷业兴盛，元朝张克己所撰东张镇百灵公庙碑文对其有所描述[2]。

传统认为，宋代钧窑中心窑场曾为皇宫烧制陈设和日用瓷器。元代钧瓷烧制技术普及民间，产品基本为碗、盘、高足杯、香炉、罐、执壶等民间生活用具[3]。为了最大限度满足百姓生活需求，适应批量、模式化生产的要求，元代钧窑系瓷器成型简练，产品多施半釉。造型单调，釉色欠佳，器表光素无纹，胎釉衔接处泛紫红色。多为素面，器物装饰以堆贴和铜红釉为主，一般在香炉上堆贴兽首衔环、花朵、乳钉纹，或利用流釉进行雕花装饰[4]。部分碗、盘通过涂抹铜为呈色剂，使釉面上出现斑彩，但红斑呆板。

元代钧窑仍烧制陈设瓷，器形崇尚实用，表明钧瓷已彻底民窑化，例见呼和浩特出土的高座瓶和察右前旗土城子出土的盆架[5]。1970年内蒙古呼和浩特市白塔村出土了元钧窑天青釉凸雕龙纹双耳炉（图22-3）[6]，造型与景德镇青花炉一致，上刻"己酉年（1309年）九月十五小宋自造香炉一个"楷书铭文，是元代中期重要的钧窑产品。

南宋迁都后，北方钧窑工匠聚集临安，钧瓷技艺传播至南方，江南仿钧之风日盛。宜兴的釉陶被称为宜钧，广窑的釉陶被称为广钧，景德镇瓷器上的低温装饰被称为炉钧釉，这些都是钧瓷工艺延续和扩大的结果。广东省佛山市石湾窑陶工也多自河南一带迁去，他们带去了中原地区的陶瓷技术和先进经验。这些制瓷技术又溯珠江而上传到广西的柳城。在柳河北岸的大浦镇发现有元代瓷窑遗址，产品釉色为月白色或天蓝色，但釉层很薄。在广

图22-3 元钧窑天青釉凸雕龙纹双耳炉

---

1 转引自李辉炳：《中国陶瓷鉴赏图典》，上海辞书出版社，2007年，第32页。
2 转引自阎夫立、阎飞、王双华：《中国钧瓷》，河南科学技术出版社，2005年，第45—46页。
3 阎夫立、阎飞、王双华：《中国钧瓷》，河南科学技术出版社，2005年，第48—50页。
4 叶佩兰：《元代瓷器》，九州图书出版社，1998年，第196—197页。
5 汪宇平：《内蒙古发现的元代遗存简况》，《文物参考资料》，1957年第4期。
6 李作智：《呼和浩特市东郊出土的几件元代瓷器》，《文物》，1977年第5期，第75—77页图版壹：1。现藏内蒙古自治区博物馆。

西的兴安、永福等地区也有类似的标本，都是受钧窑影响而生产的一种仿钧产品。[1]元代浙江金华铁店窑专烧钧釉瓷器，品种以盘、碗、罐、炉、洗、花盆为主，新安海底沉船出水的一百多件仿钧釉瓷器均产自铁店窑，是外销瓷的重要产品。

二、南方窑场

南方瓷窑以景德镇窑系和龙泉窑青瓷窑系为代表。元代早期，青白瓷仍然为景德镇窑主要产品；元代中后期，景德镇地区青白瓷生产渐衰，取而代之的是卵白釉瓷器的盛烧，以及青花、釉里红、蓝釉、红釉等新品种流行。此外，元代福建地区尤其是泉州和漳州制瓷业渐兴，为适应瓷器输出的需求，青白釉和白釉瓷器生产扩大，如德化窑、南安窑、同安窑等青白釉和白釉瓷器逐渐展露出来。而元代龙泉窑系的生产中心仍是浙江龙泉地区，其对福建等周边地区的青瓷烧造产生一定影响，如"土龙泉"、同安窑系青瓷皆是元代福建地区仿龙泉青瓷的重要产物[2]。此外，受到磁州窑系制瓷风格的影响，南方地区出现白釉、黑釉和彩釉瓷等新品种。

1. 景德镇窑

元代景德镇窑瓷器烧造取得突破性进展。元代蒋祈于《陶纪》开篇描绘景德镇场景："陶，昔三百余座。蜒埏之器，洁白不疵，故鬻于他所，皆有'饶玉'之称。其视真定红瓷、龙泉青秘相竞奇矣。"景德镇制瓷业已与农业分离，逐渐专业化，瓷业生产分工越来越细。[3]元代窑炉主要为龙窑和"镇式窑"，窑具主要包括用于"仰烧"的比宋代大且薄的垫饼、用于"覆烧"的泥质支圈和用于"叠烧"的筒式匣体。[4]景德镇地区元代窑址主要包括：景德镇市东南寿安乡南山街附近的一处元代白釉瓷堆积[5]；出土元青花、蓝釉、翠蓝釉（孔雀绿釉）瓷器的景德镇珠山明清御窑厂遗址[6]；出土白釉瓷、青釉瓷、黑釉瓷、卵白釉瓷和青花瓷的景德镇

---

1 阎夫立、阎飞、王双华：《中国钧瓷》，河南科学技术出版社，2005年，第45—46页。
2 栗建安：《福建仿龙泉青瓷的几个问题》，《东方博物》第三辑，杭州大学出版社，1999年，第79—83页。
3 江建新：《景德镇陶瓷考古研究》，科学出版社，2013年，第69—70页。
4 江建新：《景德镇陶瓷考古研究》，科学出版社，2013年，第9页。
5 江建新：《景德镇陶瓷考古研究》，科学出版社，2013年，第4页。参见"景德镇古代窑址分布表"。
6 江建新：《景德镇陶瓷考古研究》，科学出版社，2013年，第5页。参见"景德镇古代窑址分布表"。

市东南竞成乡湖田窑遗址[1]和景德镇市东北瑶里乡绕南村的元覆烧芒口白釉瓷遗存[2]等。

元代早期，景德镇窑瓷以青白瓷为代表。青白瓷主要采用印花、刻划花、点彩、镂雕等制作技法以及覆烧、叠烧和仰烧等装烧工艺。江西地区生产的青白瓷在国内的流通范围达到全国三分之二的省份，受到人们广泛的喜爱，[3]同时也是重要的外销瓷品种。受景德镇窑系影响，广东、福建等东南沿海地区也生产仿青白釉瓷器，主要输出至海外市场。宋代，景德镇窑青白瓷的烧造技术传播至全国各地，进而形成以景德镇为中心，江南地区竞相仿制的青白瓷窑系。元代产品以景德镇窑、吉州窑、德化窑等窑场最具代表性。

元代景德镇设立了"浮梁磁局"，监烧瓷器，创烧出卵白瓷。卵白瓷的主流产品是枢密院定烧的瓷器，胎体厚，釉面呈失透状。目前所知，卵白瓷款识主要有"枢府""太禧""东卫"等官府铭，"福禄""福寿"等吉祥语，"昌江""江夏""德星桥"等地名，"椿""冯""郝"等物主、工匠姓名。[4]造型以盘、碗、高足杯最为多见，圈足足壁厚，削足规整，底心常有乳钉状突起。其中折腰碗属于元代新创的典型造型之一，装饰以印花为主，刻划花为辅。[5]内壁印花，以缠枝花卉最常见，也有少量龙纹。景德镇窑成功地烧制出了青花、釉里红等品种，蓝地白花、蓝釉、蓝地金彩和红釉也相继出现，此外还生产少量的黑釉器。产品以大盘、高足杯、折腰碗和小酒杯为多。[6]景德镇成为多元化制瓷窑场，举世瞩目。元代末期，瓷业生产开始向交通便利的镇区转移，市郊窑场逐渐停烧后，瑶里一带窑场始兴。瑶里乡绕南村出土的白釉瓷，釉质白中略带青灰，亦有闪黄者，多数光素无纹，少数有简单的纹饰。[7]

景德镇窑兼采众长，对南北窑场的制瓷技术和瓷器皆有借鉴、仿制，民窑产品独具特色。《宋史》有载："高宗南渡。民之从者如归市。"[8]据考古资料获悉，景德镇窑在南渡后采用的支圈覆烧和印花技术，受到北方定窑的影响，故有所谓

---

1 江建新：《景德镇陶瓷考古研究》，科学出版社，2013 年，第 25—29 页。此外还有位于景德镇市区未全面发掘的曾家弄、十八桥、太白园落马桥等地采集到部分菲律宾型青花瓷、白釉瓷、青白釉瓷和卵白釉瓷等遗物，见第 72—76 页。
2 江建新：《景德镇陶瓷考古研究》，科学出版社，2013 年，第 5 页。参见"景德镇古代窑址分布表"。正如清乾隆七年《浮梁县志·陶政》记载"陶土新出新正都麻仓山（今瑶里一带）……新正都长岭出黄釉，曰义坑，出浇白器釉"。
3 叶佩兰：《元代瓷器》，九州图书出版社，1998 年，第 219 页。
4 肖发标：《湖田窑发现元代"玉"字款卵白瓷高足杯》，《南方文物》，2001 年第 2 期，第 76 页；叶佩兰：《元代瓷器》，九州图书出版社，1998 年，第 128 页。
5 叶佩兰：《元代瓷器》，九州图书出版社，1998 年，第 126—127 页。
6 江建新：《景德镇陶瓷考古研究》，科学出版社，2013 年，第 51 页。
7 江建新：《景德镇陶瓷考古研究》，科学出版社，2013 年，第 69—70 页。
8 ［元］脱脱：《宋史》，卷一百七十八"食货志第一百三十一"，中华书局，1977 年。

"南定器"之称[1]。景德镇窑自元代起还仿烧龙泉青瓷[2]。此外，粗瓷产量激增，以黑釉器为主，元代景德镇在烧制青花、釉里红之前还一度烧制过釉下黑彩瓷器[3]，参见新安海底沉船出水的元景德镇窑釉下黑彩小盘。

2. 龙泉窑系

龙泉窑系是南方青瓷窑系中规模最大、烧瓷量最多的窑系，中心窑场位于浙江龙泉地区。据目前所知，元代龙泉窑遗址有300余处。

宋末元初，龙泉窑承宋遗风，青釉瓷器仍具有薄胎厚釉、胎质细腻的特征。元代中、晚期，为适应国内外市场的需求，龙泉窑大量运用刻花、划花、印花、凸线花、堆贴和镂雕等技法，擅制大件器物，青瓷的造型工艺呈现出粗犷奔放的艺术风格。为提高窑炉产量，元代龙泉窑常常采用套烧、叠烧的垫烧工艺，如盖碗、盘、杯等外底无釉的圈足器常置于香炉内叠烧。同时溪口窑创造出凸线花装饰，这在其他窑址中较为少见。[4]

除了生活、陈设器具，元代龙泉窑也烧制高档祭祀用具。《元史·祭祀一》载："昊天上帝色皆用青，皇地祇色皆用黄。"还提到"青瓷牲盘"，"毛血盛以豆，或青瓷盘"，"匏爵一，有坫，沙池一，青瓷牲盘一"。[5]文献中提及的"青"和"青瓷"皆指龙泉青瓷，是元代宫廷祭祀中使用的器物。有学者通过故宫清宫旧藏的产品和大窑龙泉窑的瓷器具有很大的相似性，综合文献说明元、明时期龙泉窑产品已进入皇宫，至迟到元至正年间，龙泉窑已经为皇宫烧造瓷器。[6]

龙泉窑临瓯江等水路通温州、明州、扬州、广州、泉州等港口，因此龙泉青瓷成为最重要的外销瓷之一。元代龙泉窑迅速由大窑、溪口地区向松溪两岸扩展，龙泉青瓷规模在元代发展到空前的程度。[7]元代龙泉窑窑场对外扩张的线路主要是沿瓯江和飞云江而下，目的就是将瓷器从海外输出[8]。元人汪大渊在《岛夷志略》中提及数十个瓷器输出港，根据统计的瓷器出口数量，龙泉窑青瓷居第一位[9]。经过8次打捞的新安海底沉船，出水遗物也多为元代龙泉窑贸易瓷[10]。

宋元时期，闽粤地区受龙泉窑青瓷影响，兴起许多仿烧龙泉青瓷的瓷窑，烧

---

1 江建新：《景德镇陶瓷考古研究》，科学出版社，2013年，第68—69页。
2 杨后礼：《谈景德镇仿龙泉青瓷》，《江西文物》，1991年第4期，第78—79、67页。
3 叶佩兰：《元代瓷器》，九州图书出版社，1998年，第17页。
4 转引自叶佩兰：《元代瓷器》，九州图书出版社，1998年，第255页。元代溪口窑生产的小件罐、执壶、蒜头瓶上常见凸线花装饰，多为外销产品。
5 ［明］宋濂等：《元史》卷七十二志，"第二十三"，清乾隆武英殿刻本。
6 王光尧：《从大窑到故宫——元、明皇宫用龙泉青瓷产地的确定》，《紫禁城》，2007年第5期，第152—157页。
7 叶佩兰：《元代瓷器》，九州图书出版社，1998年，第251页。
8 吴水存：《江西吉州窑彩绘瓷器的研究》，《故宫博物院院刊》，2001年第5期，第80页。
9 参见王承旭：《繁昌元代窖藏瓷器（上）》，《收藏家》，2013年第1期，第20页。
10 冯先铭：《南朝鲜新安沉船及瓷器问题探讨》，《故宫博物院院刊》，1985年第3期，第112—118页。

造俗称"土龙泉"[1]的青瓷器。元代龙泉青瓷外销日盛，龙泉窑系规模不断扩大。福建地区的划花篦点青瓷为其特色产品，其中最有名的是"珠光青瓷"，烧造窑址主要分布于沿海或近海的南安、同安、连江、闽侯、闽清、莆田和仙游等地。闽北山区的浦城、松溪窑址也烧造类似珠光青瓷的器物，但釉色稍浓或绿中闪黄等。[2]这些青瓷器，有的釉色浅淡近灰，多作钵等浅形器，底部刻印花卉和双鱼；有的青瓷在釉色上虽然近似于浙江龙泉的青瓷，但褐色的胎体要比龙泉器细致得多。福建地区的青瓷产品在质量、制作精细程度上与龙泉窑存在着较大的差异，纹饰简化或变形，适应了消费者对青瓷整体风格的需求。[3]这类瓷器多为外销产品[4]，在日本、朝鲜、泰国、新加坡、菲律宾、印尼、马来西亚等亚洲国家以及东非、地中海沿岸各地均有出土，其中以日本最为多见。[5]

元代龙泉地区还有一处重要窑场：哥哥窑（或称传世哥窑）。文献记载："'古哥器色好者类官，亦号百极碎，今但辨隐纹耳。'又云：'汁油究不如官窑。'按：哥窑在元末新烧，土脉粗糙，色亦不好，见《格古要论》。"[6]"宋、元时龙泉琉华山下有章氏造窑，出款贵重，古董行所谓哥窑器者即此。"[7]文献表明哥窑作为浙江龙泉另一处重要窑场，在元代既生产"土脉粗糙，色亦不好"的产品，又生产"出款贵重"的器物。元人孔齐于《至正直记》中载："乙未冬在杭州时，市哥哥洞窑器者一香鼎，质细；虽新，其色莹润如旧造，识者犹疑之。会荆溪王德翁亦云：近日哥哥窑绝类古官窑，不可不细辨也……至正癸卯冬记。"[8]证实元代晚期哥哥窑仿烧南宋官窑青瓷，到达"绝类"程度。目前所知，元代哥哥窑包括大窑、溪口古窑址出土的仿官窑青瓷和上海任氏墓、安徽安庆元代窖藏和江苏溧水元代窖藏等地出土类似哥窑型瓷器。[9]关于哥哥窑的研究尚存较多争议，期待更多的发现和论证。

---

1 庄为玑：《浙江龙泉与福建的土龙泉》，《中国考古学会第三次年会论文集》(1981)，文物出版社，1984年，第177—181页。
2 叶文程、林忠干：《福建陶瓷》，福建人民出版社，1993年。
3 Chuimei Ho, Yue-Type and Longquan-Type Green Glazed Wares Made outside Zhejiang Province, New Light on Chinese Yue and Longquan Ware: Archaeological Ceramics Found in Eastern and Southern Asia, A.D.800-1400, Centre of Asian Studies the University of Hong Kong, 1994, pp.103-119.
4 转引自叶文程：《厦门地区古代陶瓷的生产与外销》，《闽南古陶瓷研究》，福建美术出版社，2002年，第14页。文中记载见于陈万里的《闽南近代窑址调查小记》一文。
5 叶文程：《厦门地区古代陶瓷的生产与外销》，《闽南古陶瓷研究》，福建美术出版社，2002年5月，第14页。
6 [清]蓝浦：《景德镇陶录》卷六"镇仿古窑考"之"龙泉窑"条，《古瓷鉴定指南（二编）》，北京燕山出版社，1993年，第34—35页。
7 [明]宋应星：《天工开物》卷七《陶埏》，上海古籍出版社，1992年，第283页。
8 [元]孔齐：《至正直记》卷四，丛书集成初编2886册，中华书局，1991年，第110页。
9 转引自叶佩兰：《元代瓷器》，九州图书出版社，1998年，第277页。

3. 其他主要窑场

江西吉州窑，位于江西吉安县永和镇一带，邻近赣江河畔，又称永和窑。吉州窑创烧于唐代晚期，中经五代、北宋，鼎盛于南宋，至元末终烧。[1]蒙古人攻打吉州时，吉州窑被严重破坏，但政局稳定后吉州窑又开始生产且迅速繁荣起来，其产品水平已超过南宋[2]。元代吉州窑主要品种为白釉、窑变黑釉和釉下彩绘瓷。典型的白釉瓷包括碗、碟、高足杯和玉壶春瓶，黑釉瓷包括碗、碟、高足杯、罐、扁壶、鼎等，其中黑釉彩绘折唇盆为元代新创，仿自银器造型[3]。此外，油滴、剪纸、玳瑁、兔毫等窑变釉瓷器于元代继续生产，以花釉茶盏最著名[4]，但数量已经大减，可能与元代茶文化变迁有关。宋室南迁后，吉州窑还生产仿定器。

吉州窑釉下彩绘瓷是直接在胎坯上彩绘，然后施薄釉烧成。纹样包括缠枝、蕉叶、荷叶、荷花等植物纹（图22-4）[5]、飞凤、喜鹊、鸳鸯、奔鹿、鱼等动物纹、回纹、"卍"字等几何纹，还有海水纹、诗词、人物纹[6]。纹饰布局和元青花相近，亦分层次型、满地型和格面型等[7]。吉州窑彩绘瓷与磁州窑先在胎壁上施白粉，然后加釉彩绘不同，两者似有承前启后的密切关系[8]。有学者论述这种彩绘工艺继承了磁州窑彩瓷的烧造技法，在元代发展到成熟阶段后，又为景德镇窑釉下彩青花开创了道路[9]。

江西省赣州市东南郊分布着宋元时期的著名窑场——七里镇窑。同治《赣县志》载："郡东南七里镇，七山排列如鲤，故名。镇为东关务，又为窑场。"[10]元代七里镇窑仍盛极一时，以烧造酱釉瓷和黑釉瓷为主，兼烧青白瓷，瓷器均为生活用具。1992年，赣州地区博物馆附近的赣江西岸发现大批瓷器，均属吉州窑

图22-4 元吉州窑彩绘石竹花卉纹盆

---

1 余家栋：《试论吉州窑》，《江西历史文物》，1982年第3期，第43—50页。
2 吴水存：《江西吉州窑彩绘瓷器的研究》，《故宫博物院院刊》，2001年第5期，第83页。
3 余家栋：《试论吉州窑》，《江西历史文物》，1982年第3期，第45页。
4 叶佩兰：《元代瓷器》，九州图书出版社，1998年，第286页。
5 吴水存：《江西吉州窑彩绘瓷器的研究》，《故宫博物院院刊》，2001年第5期，图版五。
6 吴水存：《江西吉州窑彩绘瓷器的研究》，《故宫博物院院刊》，2001年第5期，第80页。
7 吴水存：《元代纪年青花瓷器及其相关问题的研究》，《中国古陶瓷研究》第六辑，紫禁城出版社，2001年。
8 余家栋：《试论吉州窑》，《江西历史文物》，1982年第3期，第38页。
9 江西省文物考古队等：《吉州窑遗址发掘报告》，《江西历史文物》，1983年第3期，第1—24页。
10 转引自余家栋、徐菁、余江安：《赣江上游的瓷业明珠——江西赣州七里镇窑》，《南方文物》，2007年第1期，第114页。

黑釉和乳白釉，可见元代吉州窑的影响已扩至赣州地区。七里镇窑生产的高档黑釉兔毫碗，斑纹可与吉州窑同类产品媲美，但黑釉瓷中未见木叶贴花，也未见白地彩绘瓷。七里镇窑产品上的鼓钉装饰和素胎刻花篦状涡旋纹颇为典型[1]。有学者认为带白色点釉或旋涡纹装饰的外销瓷，应为赣州七里镇窑的产品，其窑口当属江西赣州窑[2]。

德化窑，位于今福建德化，故名。元代德化窑品种和烧造工艺主要受到景德镇窑的影响[3]。装饰工艺既有仿自当时名窑的刻花、划花、剔花、贴花等胎体装饰，以及低温色釉、釉下彩绘装饰，同时也具有自己的风格，特别是德化窑独具特色的印花装饰影响深远[4]。元代德化窑青白釉和白釉产品，主要是适应外销的需要而生产的，造型包括壶、瓶、钵、碗、盘、碟、盏、杯、洗、盒、高足杯、盅、水注等。德化窑瓷器是重要的外销产品，在世界文明进程中发挥了重要作用。在东南亚，精美实用的德化窑瓷器改变了当地"多以葵叶为碗，不施匕筯，掬而食之"的生活习俗；在欧洲，德化窑瓷堂而皇之替代了原有的金银厨具，引发了当地的厨房革命，甚至引发了当地仿制德化窑瓷的热潮；在非洲，基瓦尔岛的大清真寺遗址、苏丹墓地都出土过德化窑瓷，有些还被寺院镶嵌在庙宇建筑或墓柱上作装饰。福建其他地区也颇多生产类似德化窑的瓷器，窑址涉及泉州、永青、安澳、同安、南安等地，还有浦城、崇安、政和、光泽、建甄、建宁、莆田、连江、闽清、闽侯、仙游及潭浦等县[5]。

第二节 传统透明青瓷的衰落

入元，传统青瓷名窑渐衰。汝窑于北宋晚期达鼎盛，烧制出似脂如玉的天青色汝官瓷。宝丰清凉寺窑于金、元时期继续生产民汝青瓷，但釉色变深，釉面缺乏光泽并夹杂褐色小斑点，胎体气孔较多，分布很不均匀，残余石英多且颗粒大，器形增大，不似前朝精巧，表明其原料的选取、粉碎、淘洗等处理工序比较随意，生产工艺缺乏严格的管理，显示金元时期青瓷技术已进入衰落期[6]。河南汝州大峪

---

[1] 余家栋、徐菁、余江安：《赣江上游的瓷业明珠——江西赣州七里镇窑》，《南方文物》，2007年第1期，第115—119页。
[2] 薛翘：《宋元时期外销日本的赣州陶瓷》，《南方文物》，1981年第4期，第56—57页。
[3] 叶文程：《浅谈福建陶瓷文化》，《福建陶瓷与海上丝绸之路——中国古陶瓷学会福建会员大会暨研讨会论文集》，东北师范大学出版社，2016年，第12页。
[4] 孟原召：《试析闽南地区宋元时期陶瓷器的装饰工艺》，《福建文博》，2010年第2期，第44页。
[5] 中国硅酸盐学会编：《中国陶瓷史》，文物出版社，1982年，第264—276页。
[6] 丁银忠：《清凉寺窑出土汝官瓷与民汝青瓷胎釉配方及工艺的对比研究》，《故宫博物院院刊》，2013年第3期，第62—73页。

东沟窑出土元代青瓷和钧瓷，器形粗大，釉已转变为釉层较厚的钙-碱釉[1]。

北方青瓷系统中的钧窑，于宋代生产典型的乳光青釉产品。工匠巧妙地配入铜、铁的氧化物及磷酸钙等类物质，控制恰到好处的还原火焰，烧成的青釉厚润柔美，具有荧光润泽的特征。元代钧釉保持了天蓝釉、月白釉及蓝釉红斑，特征为釉面浑浊失透，多棕眼，垂釉如蜡痕，光泽较差；釉色天蓝、月白交融，以月白色为主；釉层厚而失透，施釉不到底，圈足内外无釉。元代钧釉中没有了红紫交融的玫瑰紫和海棠红釉色。[2] 涂抹的铜红斑装饰，红色与青色几乎不融合，显得机械呆板。修胎草率，胎质疏松夹砂，制作粗放，胎色多呈深灰、黑灰、灰白或灰黄色，胎釉间施化妆土。

耀州窑，主要烧制青瓷、黑瓷、唐三彩等品种，以青瓷最负盛名。元代耀州窑产地从陕西铜川黄堡镇转移到立地坡、上店、陈炉各镇。金末元初，耀州窑产品仍以传统青瓷为主，元代后期黑釉兴起，传统青瓷渐衰。[3] 受磁州窑影响，元代耀州窑开始烧制白底黑花瓷器，以"窑系"已很难进行概括[4]。元代耀州窑瓷器造型和装饰日趋简单粗犷，器物外壁一般施半釉，挖足浅，足较宽，似玉环，足内心有乳状凸起。一般采用叠烧，盘、碗内有叠烧痕，也有用一钵一器装烧的瓷器，则足端无釉。

南宋时期官窑和龙泉窑采用乳浊釉和多次上釉技术，制造出大量厚釉温润的透明青瓷。元代龙泉青瓷渐渐不再使用乳浊釉技术，釉层减薄，普遍采用刻划、印花、贴花、镂空等手法装饰青瓷。东南地区制瓷业最为丰富的产品是青白瓷和"土龙泉"青瓷，土龙泉代表性窑址为同安汀溪窑，产品釉色青黄或黄绿，釉层厚薄不匀，釉面有细小开片。

元代景德镇窑青白釉瓷器沿袭宋代工艺感，釉层比宋代乳浊厚重，釉色也渐深，但整体釉层不如宋代通透，胎体较薄（图22-5）[5]。器型沿袭宋代传统，常见盘、高足杯、罐、匜、盏托、佛造像等，整体以小件器物居多。宋室南迁，北方窑工带来了定窑制瓷工艺，受其影响，景德镇窑青白瓷的传统装饰渐被印花代替。青白瓷在南方各地较为流行，除景德镇外，元代烧制青白瓷的地区还包括江西吉州、乐平、赣州和福建政和、闽清、德化、泉州、同安以及广东惠阳、中山等处。

---

1 丁银忠等：《汝州东沟窑金元时期青瓷与钧瓷原料和工艺特征的比较研究》，《文物保护与考古科学》，第26卷第3期，2014年8月，第71页。
2 谢天宇主编：《中国瓷器收藏与鉴赏全书·下卷》，天津古籍出版社，2004年，第349—350页。
3 耀州窑博物馆等编：《立地坡·上店耀州窑址》，三秦出版社，2004年，第320页；陕西铜川耀州窑博物馆：《陕西铜川陈炉镇发现元代窖藏》，《考古》，1988年第8期，第725—727页。
4 彭善国：《试论内蒙古地区出土的元代瓷器》，《辽金元陶瓷考古研究》，科学出版社，2013年12月，第212页。
5 故宫博物院：《故宫博物院藏元代瓷器（上）》，故宫出版社，2016年，第129页图54。

宋代一统天下的传统青釉,要么如景德镇窑青白釉,色釉白中泛青、青中见白;要么如钧窑青釉由乳浊变得浑浊,官钧民窑化;要么如龙泉窑青釉,釉色由温润澈青变得单薄黄绿。青釉瓷器的胎质、造型等种种特征,也反映出青釉产品质量大不如前。受儒家文化、士大夫文化及禅宗思想的影响,宋代青瓷具有了温润雅致、薄胎厚釉的艺术风貌;而元代瓷器是游牧文化、伊斯兰文化及世俗文化综合影响的结果,因此青瓷整体呈现出急就古朴、厚胎薄釉的特征,同时卵白瓷和彩瓷受到统治阶层更大的推崇,青瓷地位渐渐不比前朝,青瓷多为粗糙急就、批量生产的民间用瓷。传统青釉衰落的深层次原因是社会文化变迁的结果。

图 22-5　元青白釉云龙纹玉壶春瓶

第二十三章
元青花和釉里红

第一节　元青花

青花瓷是以天然钴料为着色剂，描绘纹样于白瓷坯胎上，罩透明釉经高温烧成。根据历史上钴料的使用情况，有所谓唐青花[1]、宋青花[2]之说，还有一种意见认为元青花的出现，才是真正意义上青花瓷的产生[3]。

人们对元青花的认识起于英国霍布森（Hobson, R.L.）[4]和美国波普博士（Dr.Pope, J.A.）[5]自20世纪70年代起，元青花研究持续成为研究热点，涉及创烧年代、纹饰、造型、制作工艺、文化来源、流传、性质及鉴定、鉴赏等多个方面[6]。元青花源于元朝皇家艺术，蒙古统治者将蒙古游牧文化和色目伊斯兰文化与汉地制瓷技术相结合，主导了元青花的创烧。浮梁磁局停烧之后，汉地工匠于元末明初才开始主导元青花艺术创作。[7]

元青花的部分制瓷技术，源于元代前期浮梁磁局青白釉瓷工艺。林梅村先生认为浮梁磁局起初只烧造印花、镂雕等高档青白釉瓷，比如北京颐和园元至元二十二年（1285年）耶律铸夫妇合葬墓和北京市丰台元大德九年（1305年）张弘纲墓等早期高等级墓葬仅出土卵白釉瓷

1　文化部文物局扬州培训中心：《扬州新发现的唐代青花瓷片概述》，《文物》，1985年第10期，第67—71页。青花最早产生于唐代，扬州出土的唐青花瓷片和2006年郑州上街峡窝7号墓出土的一对唐青花塔形瓶，对于研究青花的起源有重要意义。
2　冯先铭：《广州小北宋墓简报》，《文物参考资料》，1955年第10期，第50—59页。此文发表时尚未见唐青花窑址及标本。
3　江建新：《元代至明初景德镇地区制瓷技术及其源流考察》，《中国国家博物馆刊》，2015年第2期，第55页。
4　Hobson, R.L.: "Blue and White before the Ming Dynasty", Old Furniture, Vi: 20—1929.
5　Dr.Pope, J.A.: "Fourteenth Century Blue-And-White: A Group of Chinese Porcelains In the Topkapu Sarayi Muzesi, Istanbul", Smithsonian Institution Freer Gallery of Art Occasional Papers〈Ⅱ：1〉1952; Dr.Pope, J.A.: "Chinese Porcelains From the Ardebil Shrine", the Freer Gallery of Art, Smithsonian Institution, Washington 1956.1981年出版修订本。
6　参见陈克伦：《元青花研究六十年》，《幽蓝神采：元代青花瓷器特辑》，上海书画出版社，2012年，第13—29页。文章对国内外学者关于元青花的重要研究进行了系统梳理。
7　林梅村：《元朝重臣张珪与保定出土元代宫廷酒器》，《故宫博物院院刊》，2009年第3期，第41页。

器，未发现元青花瓷。至元二十二年至大德九年（1285—1305年）年间，浮梁磁局始烧卵白釉瓷器，而烧造青花瓷则是后来之事。[1] 蒙古族以白为美，汗国以蓝为贵，又盛产钴矿，正是"苏麻离青""回回青"钴料从中亚和波斯等地大量输入元朝帝国，才有了成熟元青花的大量生产[2]。

目前学界多认为元青花创烧于元代中、晚期，成熟青花瓷的流行年代，应该在14世纪30年代至14世纪50年代前后这段时间内[3]。安徽繁昌元代窖藏出土的15件元青花、英国大维德基金会藏至正型象耳瓶、高安元代窖藏出土的19件元青花等即为元青花成熟期产品[4]。

景德镇地区出土元青花的地点包括湖田窑刘家坞、珠山御厂故址、落马桥、戴家弄、再胜弄、十八桥、曾家弄、中渡口等[5]。根据目前掌握的考古资料，带有浮梁磁局官窑产品特征的元青花窑场，大概在珠山明御厂、湖田窑和落马桥一带[6]。有学者考证，珠山御窑厂出土的元青花与官窑关系密切，属元文宗时期的官窑产品[7]。

玛格丽特·梅德雷指出："中国14世纪几乎专为近东市场而制作的青花瓷，其设计式样，远非中国式的，实为伊斯兰的。"[8] 元青花借鉴伊斯兰艺术表现手法，模仿伊斯兰玻璃器、金属器和青花陶器，采用钴蓝"苏麻离青"着色[9]。"苏麻离青"作为呈色剂，以朝贡和易货贸易的形式流向景德镇，以这种钴料烧制出来的青花瓷发色浓艳，色调深浅不一，有深入胎骨的黑褐铁斑痕。

元青花出现分级。1980年江西省景德镇落马桥元代窑址出土了"头青""戴彩""黄""吴"等字铭的青花火照，"头青"（图23-1）[10] 指最好的青花料，表明当时似已出现专门制作青料的作坊[11]。在前期民窑青花的基础之上，元代晚期景德镇窑场在官府控制下生产两种迥异风格的青花瓷：外销中东的大型青花瓷和内销民用粗瓷。外销中东的青花，应该就是选用了"头青"，深受国内外上层统治阶层的喜爱；内销民窑器物较多，可能是昔日官匠为了生存回到民窑而烧制的瓷

---

[1] 林梅村：《元朝重臣张珪与保定出土元代官廷酒器》，《故宫博物院院刊》，2009年第3期，第26—27页。
[2] 张咏梅：《西亚藏中国元青花》，《东南文化》，2002年第6期，第42页。
[3] 周丽丽：《关于龙泉青瓷几个问题的认识》，《东南文化》，2006年第3期，第71—77页。
[4] 王承旭：《繁昌元代窖藏瓷器（下）》，《收藏家》，2013年第3期，第51页。
[5] 江建新：《元青花与浮梁磁局及其窑场》，《中国国家博物馆馆刊》，2013年第6期，第83页。
[6] 江建新：《元青花与浮梁磁局及其窑场》，《中国国家博物馆馆刊》，2013年第6期，第76—85页。
[7] 刘新园：《元文宗——图帖睦尔时代之官窑瓷器考》，《文物》，2001年第11期，第46—65页。
[8] ［英］玛格丽特·梅德雷著、于集旺译：《论伊斯兰对中国古瓷的影响》，《景德镇陶瓷》，1987年第3期。
[9] 林梅村：《元朝重臣张珪与保定出土元代官廷酒器》，《故宫博物院院刊》，2009年第3期，第29页。
[10] 北京艺术博物馆等：《元青花》，河北教育出版社，2009年4月，第147页。现藏景德镇市陶瓷考古研究所。
[11] 江建新：《元青花与浮梁磁局及其窑场》，《中国国家博物馆馆刊》，2013年第6期，第83页。

器，这种情况在官窑停烧后的明末清初也有出现。[1]

宋室南迁，带动流民的不断南移，其中就有许多磁州窑窑工迁至吉州，而蒙古军攻打吉州时，吉州窑很多陶工又转移到景德镇[2]。元青花上常见开光装饰和螺旋菊花纹样。开光边饰多为三道细、粗、细弦纹；螺旋菊花纹常见于销往东南亚一带的小件器物上，元青花上的这两类纹饰皆晚于吉州窑彩绘瓷器，同样也是借鉴吉州窑彩绘装饰而来，[3]因此学界多认为，元青花与其他瓷窑的承续关系是磁州窑——吉州窑——景德镇窑青花。装饰除了吸取磁州窑和吉州窑技法和纹样[4]，还受到宋末元初景德镇瓷器的刻印花装饰[5]、同时期绘画和版画[6]、同时期刺绣工艺[7]和藏传佛教文化[8]等多种因素的影响。

图23-1　"头青"铭火照

元青花装饰题材包括动植物、人物故事、几何图案等，既承袭了传统，又见创新。动植物题材包括龙、凤凰、瑞兽、牡丹、菊花、莲花、莲瓣、莲池鸳鸯、松竹梅、瓜果、变形莲瓣、卷草等纹饰。人物故事纹以元曲为主，人物造型多着宋装，少数穿元装，印证了元曲勃兴[9]。蓝底白花也是青花瓷重要的装饰，例见伊朗国家博物馆所藏元青花杂宝双凤纹大盘[10]。有的采用两者相结合的装饰工艺，如上海博物馆藏元青花蕉叶瓜果竹石印花缠枝牡丹纹菱口盘（图23-2）[11]。

1　陈明华：《元代景德镇白瓷烧造及相关问题研究》，《上海博物馆集刊》，2005年，第203页。
2　吴水存：《江西吉州窑彩绘瓷器的研究》，《故宫博物院院刊》，2001年第5期，第80—81页。
3　吴水存：《江西吉州窑彩绘瓷器的研究》，《故宫博物院院刊》，2001年第5期，第80页。
4　冯先铭：《我国陶瓷发展中的几个问题——从中国出土文物展览陶瓷展品谈起》，《文物》，1973年第7期，第20—27页；刘新园：《元代窑事小考（一）——兼制约翰·艾惕思爵士》，《景德镇陶瓷学院学报》，1981年第2卷第1期，第67—78页；吴水存：《江西吉州窑彩绘瓷器的研究》，故宫博物院院刊，2001年第5期，第80页。
5　转引自刘新园：《元青花特异纹饰和将作院所属浮梁磁局与画局》，《景德镇陶瓷学院学报》，1982年第3卷第1期，第9页。
6　[日]矢部良明：《元の染付》，平凡社，1974年。
7　刘新园：《元青花特异纹饰和将作院所属浮梁磁局与画局》，《景德镇陶瓷学院学报》，1982年第3卷第1期，第9—15页。
8　达哇彭措、朱德涛：《从元代瓷器看汉藏文化交流》，《中国藏学》，2016年第2期，第209—215页。
9　陈克伦：《元青花研究六十年》，《幽蓝神采：元代青花瓷器特辑》，上海书画出版社，2012年，第20—21页。
10　北京艺术博物馆等：《元青花》，河北教育出版社，2009年4月，第134页。原藏阿迪比尔陵寺，1935年转入伊朗国家博物馆。
11　上海博物馆编：《幽蓝神采：元代青花瓷器特辑》，上海书画出版社，2012年，第115页。

有人提出元青花构图大致分为饱满形和舒朗形两种[1]；也有人认为元青花布局分为层次型、满地型和棱面型等[2]，都是对元青花布局的不同描述。元青花运用了"密不透风"的绘画布局，主体纹饰和次要纹饰繁而不乱，常将图案进行四方、六方、八方等连续重复，具有典型的伊斯兰文化特征，正如孙瀛洲先生记述"层次繁密，尤以青花纹饰最为复杂，有的达七八层之多"[3]。部分元青花上面带有波斯文款，有学者参照巴黎卢浮宫和叙利亚发现的釉下彩青花陶器，认为波斯文款元青花是浮梁瓷局"回回工匠"直接参与烧造的产品，这也与蒙古西征后从西域掠入能工巧匠有关[4]。

图23-2　元青花蕉叶瓜果竹石印花缠枝牡丹纹菱口盘

元代是青花瓷发展的重要时期，为明清青花瓷的鼎盛奠定了基础。元青花品类繁多，造型丰富。根据不同的市场需求，主要分为三种：一是为皇室烧造的宫廷用瓷[5]，带有与宫廷相关的装饰和铭文的元青花皆属这个类型；二是为适用国内各阶层以及东南亚地区生活需求的商品瓷，即"菲律宾型青花"；三为主要输出中东、西亚、东南亚诸国宫殿的大件器物，即"伊朗型青花"，以土耳其托普卡比宫殿和伊朗阿迪别尔寺藏品较为典型，青花发色鲜艳，器型有大件瓶、罐、碗、盘之类，此类元青花可能是浮梁磁局生产的[6]。国内景德镇湖田窑南岸、落马桥太白园机米厂等地出土的元青花遗物也属于第三种类型。从发展的角度看，元青花经历了从内需到外销两个阶段。

在国内，元青花具有广泛的流动性。有人通过对元代墓葬、城址、窖藏和沉船等遗存的统计，认为出土元青花集中分布于京杭大运河南岸、元朝通往汗国的

---

[1] 叶佩兰：《元代瓷器》，九州图书出版社，1998年，第27页。

[2] 吴水存：《元代纪年青花瓷器及其相关问题的研究》，《中国古陶瓷研究》第六辑，紫禁城出版社，2001年。

[3] 孙瀛洲：《孙瀛洲陶瓷研究与鉴定》，紫禁城出版社，2008年，第154页。

[4] 林梅村：《元朝重臣张珪与保定出土元代宫廷酒器》，《故宫博物院院刊》，2009年第3期，第27—28页。

[5] 李一平：《景德镇元代瓷窑遗址概述》，《元青花研究——景德镇国际学术研讨会论文集》，上海辞书出版社，2006年。

[6] 江建新：《元代至明初景德镇地区制瓷技术及其源流考察》，《中国国家博物馆馆刊》，2015年第2期，第55—56页。

交通干线，通过元代便捷的江运、大运河水运和驿站陆运等交通系统，元青花可以销往国内所有市场；元代政治中心和中书省、江浙行省出土的元青花分别占目前全国出土元青花的三分之一，是景德镇元青花的主要销售和消费地区[1]。不仅是元代都城和商贸中心，在国土边陲也有出土，如宁夏银川明代城垣遗址就出土了元青花牡丹纹小罐[2]。

元青花主要产自景德镇地区，福建、广东一带民窑仿制过景德镇青花，此外在云南、浙江等地也烧造过青花瓷，其中以云南玉溪窑青花最具特色。云南玉溪窑的建立、烧造与军屯有关，这里可以参照《玉溪窑综合勘察报告》的论述："一般认为玉溪窑始建于元世祖至元三十年以后。1294年元迁蒙、汉族军屯士兵一千人至玉溪（《元史·兵志·屯田》），军屯中有部分江西来的士兵掌握烧瓷技术，便在玉溪建窑烧瓷……玉溪瓷窑存在年代在元末明初至明末。"[3] 军屯士兵中有江西籍的窑工，可能也有来自景德镇窑绘制元青花的工匠[4]。云南青花较粗率，色料产自当地，因云南曾被不花剌贵族统治，此地青花与伊斯兰文化有较多的联系[5]。

第二节　釉里红

釉里红是元代景德镇创造的釉下彩新品种，采用铜料在胎上绘画或涂抹，再罩以透明釉，在高温还原焰气氛中烧成。唐代长沙铜官窑蓝绿彩饰中的红彩应是目前所知出现最早的釉里红，相传宋代也出现过釉里红，但根据目前的考证和研究，元代景德镇窑算是真正烧制成功了釉里红瓷器。[6]

有学者推断在张珪、张弘东时（1312—1316年），河浒磁厂御用工匠成功烧造了元青花、青花釉里红和镂雕等新工艺。[7] 目前所知，元釉里红瓷器共存世三十余件，器类主要包括玉壶春瓶、罐、高足杯、盘、谷仓、塔式盖罐等，以玉壶春瓶最多。[8] 部分釉里红产品打破了传统工艺和装饰习惯，如高安元代窖藏出土的元代釉里红彩斑堆塑螭纹高足转杯，侈口，斜壁，深腹，把柄中空呈竹节形，喇叭状高圈足，把柄与杯底结合处置"公母榫"斗接，可自由旋转。下腹堆贴螭龙，器

1　崔鹏：《从出土青花瓷窥景德镇元代商业交通》，《社会科学战线》，2012年第3期，第109—112页。
2　转引自陈逸民、陈莺：《元代青花瓷器的另类解读》，上海大学出版社，2014年10月，第57页。
3　云南省文物考研究所等：《玉溪窑综合勘察报告》，《文物》，2001年第4期，第70页。
4　吴水存：《江西吉州窑彩绘瓷器的研究》，《故宫博物院院刊》，2001年第5期，第80页。
5　杜哲森：《中国美术史》，齐鲁书社、明天出版社，2000年，第297页。
6　叶佩兰：《元代瓷器》，九州图书出版社，1998年，第89页。
7　林梅村：《元朝重臣张珪与保定出土元代官廷酒器》，《故宫博物院院刊》，2009年第3期，第40页。
8　叶佩兰：《元代瓷器》，九州图书出版社，1998年，第90页。

内模印折枝梅、缠枝菊和回纹；杯身饰釉里红斑纹，装饰结合了涂抹、泼墨技法，制作工艺独特、复杂。[1]

由于釉下彩绘铜料较易挥发，釉里红瓷器烧制难度大，元代釉里红一般呈暗红色，或者红色发灰，少量呈色艳丽鲜红。江西高安窖藏出土了4件釉里红瓷器，其中元釉里红芦雁纹匜（图23-3），口径14.4厘米、底径8.7厘米、通高5.5厘米、流长3.6厘米，器面施青白釉，釉质明润。施釉不匀，器腹绘有以灰红色为地的环状宽带纹一圈，带纹上下各有一道的弦纹，器底绘一只以灰红色为地、以暗红色为轮廓线条的飞雁，绕飞雁画芦苇一枝，轮廓线亦艳丽，叶片内呈灰红色[2]；元釉里红开光花鸟纹罐（图23-4），高25.4厘米，口径13.2厘米，底径15.2厘米，颈部饰弦纹三道，肩部绘变体莲纹一周及双线菱形纹一周，腹部主体纹是在4个对称的菱花开光内饰鹤穿菊纹、孔雀栖牡丹图案[3]。该罐造型和纹饰与官府用瓷一致。此外典型产品还包括新安海底沉船出水的元青白釉釉里红诗文碟、北京丰台一号塔基出土的元釉里红玉壶春瓶[4]和景德镇南河南岸湖田窑址出土的元釉里红凤纹和五爪龙纹建筑构件等。

以14世纪中叶为界，元代釉里红先后经历了从青白釉釉里红到白釉釉里红的发展过程[5]。外观上分为白地红花、红地白花和带红斑三种[6]。元釉里红胎色灰白，器体修削不规整，红釉施釉不匀，发色浓重泛灰，边缘晕化，有颗粒状深色点等特征，反映元代釉里红烧制工艺还处于初始阶段。

元代出现了青花釉里红产品，数量不多。如1974年江西省景德镇凌氏墓出土的"大元至元戊寅（1338年）"款青花釉里红堆塑四灵塔式盖罐，盖以藏式覆钵塔作纽，塔龛内有一佛像，弧拱门边饰连珠，内塑身着袈裟坐佛一尊，顶尖为花苞状，中饰仰莲，面施青白釉。塔下为六方形须弥座。罐颈上青花书"大

图23-3　元釉里红芦雁纹匜

1　刘金城：《元代高足杯中折射出来的草原文化和农耕文明》，《南方文物》，2012年第2期，第213页。
2　江西省高安县博物馆刘裕黑、熊琳：《江西高安县发现元青花、釉里红等瓷器窖藏》，《文物》，1982年第4期，第60页。图片转引自刘金成：《高安馆藏元代陶瓷撷萃上篇》，《收藏》，2013年第9期，第76页；图2。
3　刘金成：《高安馆藏元代陶瓷撷萃上篇》，《收藏》，2013年第9期，第75图1。
4　杨俊艳：《北京出土元代景德镇瓷器管窥》，《收藏家》，2004年第11期，第22页。图片见第21页图12。
5　李辉炳：《中国陶瓷鉴赏图典》，上海辞书出版社，2007年，第41页。
6　叶佩兰：《元代瓷器》，九州图书出版社，1998年，第89页。

图 23-4　元釉里红开光花鸟纹罐　　　　图 23-5　元青花釉里红开光镂空花卉纹盖罐

元至元戊寅六月壬寅吉置"12字铭文，肩部青料书"刘人使宅凌氏用"7字款。[1] 河北保定元代窖藏出土的元青花釉里红开光镂空花卉纹盖罐（图23-5）[2]，和青花、卵白釉、蓝釉金彩酒具同为元朝皇帝所用宫廷酒具[3]。

元釉里红和元青花瓷器造型、纹饰相仿，属于相同釉下彩工艺下的不同品种。釉里红和青花釉里红瓷器主要为官用器物。釉里红瓷器不仅出土于国内，小件器物（如小罐、小碗等）也外销至东南亚国家，如菲律宾曾出土过14世纪的小件釉里红瓷器[4]，而非洲肯尼亚的马林迪市格迪古城、坦桑尼亚的马菲亚岛、索马里等地也发现了釉里红产品[5]。其和青花瓷一起，皆销往亚、非地区，这证明元代瓷器市场的广泛性。远销海外的青花和釉里红瓷器，使用阶层主要为宫廷和贵族等社会上层。

---

[1] 张柏主编：《中国出土瓷器全集》，科学出版社，2008年，第93页。该盖罐现藏江西省博物馆。
[2] 上海博物馆编：《幽蓝神采：元代青花瓷器特辑》，上海书画出版社，2012年，第174、175页图55。现藏河北省文物保护中心，其与英国伦敦大维德基金会所藏元青花釉里红镂雕花卉纹罐造型和装饰较为相似，不过后者没有器盖。
[3] 林梅村：《元朝重臣张珪与保定出土元代宫廷酒器》，《故宫博物院院刊》，2009年第3期，第38—39页。
[4] ［菲律宾］庄良有撰、王宁译：《元代出口瓷器——马尼拉的罗伯特·维拉纽沃藏品介绍》，《南方文物》，1996年第2期，第120页。
[5] 转引自申浚：《非洲地区发现的元明龙泉窑瓷器》，《考古与文物》，2016年第6期，第115页表一"非洲地区发现龙泉窑瓷器及元至明代中期青瓷的出土情况"。

第二十四章
元代宫廷与汗国用瓷

"蒙古皇族入主中原之初，仍留恋草原民族崇尚金银艺术的古老传统，尚不认可中国内地烧造的瓷器。"[1] 由于金银器具有便于携带和高价值的特征，因此统治阶层对金银器十分喜爱。元代前期皇室的生活用具，不是以瓷器为主，而是多用镀金金属制成品或玉器[2]，宫廷仪仗、服饰、饮食具、炊具、家具、殿堂、祭祀等皆用金银，贵族生活也充斥着金银器。1998年考古发现了北京颐和园元耶律铸夫妇合葬墓，该墓是目前所见元朝早期最高级别的贵族墓，随葬品中精美金银器多而瓷器很少。元代金银器不只局限于贵族阶层，也向世俗化和大众化发展。[3] 金银器工艺对瓷器产生重要影响，比如很多龙泉青瓷能在金银器皿中找到与之相似的造型[4]，甚至部分瓷器直接照搬了金银器的形制[5]。

蒙古人入主中原后，瓷器地位渐升，成了社会上层人士的新宠，南方瓷器文化开始受到统治者的重视[6]。到了元文宗统治时期（1328—1331年），上层贵族已明显汉化，京城的蒙古和色目贵族甚至争要瓷器。《元史·别儿怯不花传》记载："至顺元年（1330年）……宣徽所造酒，横索者众，岁费陶瓶甚多。别儿怯不花奏制银瓶以贮，而索者遂止。"[7] 此时宣徽院皇家酒坊所用"陶瓶"，可能是浮梁磁局为京城皇家酒坊烧造的至治新器[8]。元代"内府"指皇室宫廷[9]，或指存放皇室宝藏和财务的库房[10]。《元史·百官志三》记载："大都尚饮局，秩从六品。

---

1 林梅村：《元朝重臣张珪与保定出土元代宫廷酒器》，《故宫博物院院刊》，2009年第3期，第24页。
2 转引自熊廖：《浮梁瓷局的设置与撤销》，《河北陶瓷》，1986年第1期，第36页。[明]刘绩《霏雪录》和《清朝野史大观》卷一，载有此事。
3 张景明、赵爱军：《内蒙古地区蒙元时期金银器》，《内蒙古文物考古》，1999年第2期，第59页。
4 刘净贤：《龙泉窑双鱼洗研究》，《东方博物》，第五十四辑，第88页。
5 王爱东：《蒙元瓷器风格形成因素分析》，《北方文物》，2017年第2期，第77页。
6 蔡玫芬：《转型与启发：浅论陶瓷所呈现的蒙元文化》，《大汗的世纪：蒙元时代的多元文化与艺术》，台北故宫博物院，2001年，第220—244页。
7 转引自林梅村：《元朝重臣张珪与保定出土元代宫廷酒器》，《故宫博物院院刊》，2009年第3期，第29页。
8 林梅村：《元朝重臣张珪与保定出土元代宫廷酒器》，《故宫博物院院刊》，2009年第3期，第31页。
9 陆鹏亮：《"内府"款梅瓶探考》，《东南文化》，2003年第3期，第73页。
10 Charles Hucker, A Dictionary of Official Titles in Imperial China, Stanford University Press, 1985, p.345.

中统四年始置……掌酝造上用细酒。"[1] 元大都尚饮局、尚酝局隶属于元大都皇家酒坊宣徽院。施静菲先生通过例证文献，进一步指出"内府""细酒"铭梅瓶，可能就是用来装盛宣徽院所产美酒的储酒瓶，[2] 即文献所记"陶瓶"。例见甘肃漳县元代汪世显家族墓M12出土的"细酒"款卵白釉瓷梅瓶[3]、陕西西安北郊红庙坡元墓出土的"细酒"款梅瓶[4]、北京房山良乡镇元代窖藏出土的磁州窑"内府"款梅瓶[5]、浙江杭州元代窖藏出土的翠蓝釉"内府"款梅瓶[6]等。至此，瓷器已成为元代宫廷中重要的礼器和日用器具。

在多元民族的国家背景下，作为中原汉文化的物质载体，瓷器逐渐得到统治者的接受和重视，成为宫廷常备之物。而14世纪初，元朝帝国先后同汗国保持或恢复了密切关系，为中西交通、贸易的繁荣奠定了基础。元代宫廷与汗国之间的交流促进了元代瓷器的发展。元代瓷器具备的器形大、胎体厚的特点，反映出蒙古人固有的草原文化对元代瓷器整体特征的决定性影响。元代宫廷和汗国用瓷，在窑业管理制度、装饰和铭文规制等方面展现出专供、垄断的御用特质，呈现统治阶层的草原文化、宗教信仰对宫廷文化的重要影响，同时宫廷用瓷和民间用瓷互通共融的技术和产品交流，展示出元代宫廷和民间的密切关系。

第一节　专供、垄断的窑业管理制度

唐宋时期，地方贡瓷和实物瓷税是中央政府和皇室获取瓷器的主要手段。宋代中国官府瓷业生产制度已经形成，表现是瓷窑税务使的设置和作为征收标准的样、贴烧器。[7] 元朝末年之前，中央设局院官专管手工业生产，官窑管理制度进一步发展，中央于景德镇设立浮梁磁局，并先后建立了大都四窑场和御土窑等专供皇室御用的制瓷窑场。

浮梁磁局是带有行政性质的官府机构。《元史》载："浮梁磁局，秩正九品。至元十五年（1278年）立。掌烧造磁器，并漆造马尾、棕藤笠帽等事。大使、副

1　[明]宋濂等：《元史》卷八十七志第三十七《百官三》，中华书局，1976年。
2　施静菲：《蒙元宫廷中瓷器使用初探》，《美术史研究集刊》，2003年第15辑，第169—192页。
3　漳县文化馆：《甘肃漳县元代汪世显家族墓葬·简报之二》，《文物》，1982年第2期。
4　卢桂兰、师晓群：《西安北郊红庙坡元墓出土一批文物》，《文博》，1986年第3期，第92—94页。
5　田敬东：《北京良乡发现的一处元代窖藏》，《考古》，1972年第6期。
6　桑坚信：《杭州市发现的元代瓷器窖藏》，《文物》，1989年第11期。
7　王光尧：《宋代官窑制度初探》，《文物》，2005年第5期，第74—79页。

使各一员。"[1] 元代早期，其督造高档青白瓷作为官样瓷器[2]，泰定后"有命则供"，为皇室提供"税课"用瓷[3]。浮梁磁局，在一定时间内实施专供、垄断的窑业管理制度，为皇室提供宫廷用瓷的定位是确定无疑的。

"御土窑"和浮梁磁局的关系，有学者曾作出如下阐释：御土窑就是元官窑或官窑的一种形式，其可能是浮梁磁局管理下的烧造窑场，是与明代景德镇御器厂相仿的官方瓷厂[4]。"御土窑"器是元代皇室专用品，统治者常降召宣付各级官吏专门董造。《至正直记》记载："饶州御土，其色白如粉垩，每岁差官监造器皿以供，谓之御土窑，烧罢即封土，不敢私也。或有贡余土，作盘盂、碗、碟、壶、注、杯、盏之类，白而莹，色可爱。底色未着油药处，犹如白粉。甚雅薄，难爱护，世亦难得佳者。今货者皆别土也，虽白而垩□耳。"[5] 文献中"御土窑""以供""不敢私也"表明了御土窑产品的御用身份，这部分产品也是浮梁磁局管理的重要部分，御土窑烧制的贡器主要有官府征用的五爪龙纹以及"枢府"和"太禧"款卵白釉瓷等[6]。

《元史》卷九十《百官六》记载："大都四窑场，……营造素白琉璃砖瓦，隶少府监，至元十三年（1276年）置，其属三，南窑场……西窑场……琉璃局，大使、副使各一员，中统四年（1263年）置。"[7] 大都四窑场烧造的是琉璃砖瓦建筑构件产品，分厂设有三家，实际考察在京西门头沟一带[8]。有学者认为其"即俗呼官窑，或西窑。元时由山西搬来，初建窑宣武门外海王村，嗣扩增于西山门头沟琉璃渠村，充厂商，承造元、明、清三代宫殿、陵寝、坛庙各色琉璃作，垂七百年于兹。"[9] 文献中提及的"官窑"或"西窑"，即属大都四窑场，建于1277年，主要烧制各类琉璃建筑构件，所用原料主要采于京西一带[10]。这说明大都四窑场于元初建成，甚至更早，朝廷已设专门的管理机构，委任官员监烧琉璃，为宫廷建筑所使用。

元代在一定时间内确实存在特定机构或窑场专门负责宫廷和汗国用瓷的烧制。浮梁磁局作为明确的中央官府管理机构，执行监烧、垄断的窑业管理制度，中央

---

1 [明]宋濂等：《元史》卷八十八《百官四》，中华书局，1976年排印本，第七册，第2227页。
2 蔡玫芬：《转型与启发：浅论陶瓷所呈现的蒙元文化》，《大汗的世纪：蒙元时代的多元文化与艺术》，台北故宫博物院，2001年，第223页。
3 [清]蓝浦：《景德镇陶录》卷五，光绪辛卯夏重锓京都书业堂藏版。文载："元改宋监镇官为提领，至泰定后又以本路总管监陶，皆有命则供，否则至，税课而已。"
4 陆明华：《元代景德镇官窑瓷烧造及相关问题研究》，《上海博物馆集刊》，2005年，第199—200页。
5 [元]孔齐著，庄敏、顾新校注：《至正直记》，上海古籍出版社，1987年，第80页。
6 陈文平：《卵白釉瓷年代考》，《景德镇陶瓷》，1990年第1期，第44页。
7 [明]宋濂：《元史》卷九十《百官六》，中华书局，1976年，第2281页。
8 赵光林、刘树林：《北京琉璃窑考辨》，《文物春秋》，1997年第51期，第151页。
9 刘敦桢：《刘敦桢文集》，中国建筑工业出版社，1982年，第58页。
10 孙殿起：《琉璃厂小志》，北京古籍出版社，1982年，第1、2页。

官府窑场生产的瓷器具有专供、御用的属性。元代宫廷和汗国用瓷，部分为宫廷定烧器物，部分可能为贡瓷，大多出自景德镇窑。此外，杭州老虎洞窑址元代晚期地层出土的瓷片，器底满釉，书有褐彩"官窑"款，同出的还有八思巴文窑具，此窑址在元代可能也烧制供给宫廷使用的瓷器[1]。元代受命为皇室提供贡瓷的瓷窑还包括龙泉窑、钧窑、磁州窑等，有学者总结元代宫廷祭祀用瓷器类包括景德镇蓝釉白龙盘、卵白釉盘、龙泉窑青釉大盘、大尊、钧窑天蓝釉大罐等[2]。《至正直记》中记载："每岁差官监造器皿以贡。"[3] 清人蓝浦《景德镇陶录·景德镇历代窑考》"枢府窑"条记载："元之进御器，民所供造者……然所贡者，俱千中选十，百中选一，非民器可逮。"[4] 虽然不完全具备垄断的官窑性质，但"贡"和"进御"揭示龙泉和景德镇等地民窑在特定时段生产御用贡瓷时，同样要接受朝廷官员的监烧，"百中选一"的器用规格和"非民器可逮"的产品质量，表明皇室至高的特权和尊贵。

第二节　皇室御用的装饰、铭文规制

宫廷文化的重要特征是皇室垄断。《元史·舆服一》"服色等第"条记载："一，服色等第，上得兼下，下不得僭上……御赐之物，不在禁限。"[5] 同时，元朝统治者也制定了"违者，职官解见任，期年后降一等叙，余人决五十七下。违禁之物，付告捉人充赏。有司禁治不严，从监查御史、廉访司究治"[6] 的惩治制度。元代宫廷和汗国用瓷，在生产管理上表现为官府窑场的贡烧垄断和奴隶式官匠管理制度，在产品工艺上则表现为明确的等级规制约束，纹饰和铭款同时决定器物的使用特性，这种器物属性的界定与明清时期的官窑瓷或御用瓷是相当的[7]。元代宫廷和汗国用瓷上的使用属性，则表现为御用纹饰和与皇室有关的铭款，具有专属、垄断的印记。

谈及宫廷用瓷纹样，最具代表性的就是龙纹。日本学者矢部良明于《宋元の龙文样と元瓷》文中提到，宋代已经开始规定双角五爪龙成为皇室的标记，并为以后历代王朝所承袭[8]。《元史·舆服一》记延祐元年（1314年）规定："双角

---

[1] 施静菲：《蒙元宫廷中使用瓷器初探》，《美术史研究集刊》，2003年第15辑，第169—192页。
[2] 叶佩兰：《元代瓷器》，九州图书出版社，1998年，第17页。
[3] ［元］孔齐著，庄敏、顾新校注：《至正直记》，上海古籍出版社，1987年，第80页。
[4] 转引自熊寥：《中国陶瓷古籍集成》，上海文化出版社，2006年，第508页。
[5] ［明］宋濂：《元史》第七十八卷《舆服一》，中华书局，1976年，第1944页。
[6] ［明］宋濂：《元史》第七十八卷《舆服一》，中华书局，1976年，第1944页。
[7] 余金保：《元代"枢府"款枢府釉瓷烧造年代及有关问题》，《南京艺术学院学报（美术与设计版）》，2012年第3期，第53页。
[8] ［日］矢部良明：《宋元の龙文样と元瓷》，Museum，242号，1971年，第4—26页。

五爪龙"纹臣庶不得使用。《元典章》云:"延祐二年(1315年)二月,钦奉圣旨,谕内外百官大小官吏军民诸色人等:'朕临宝御,励志俭勤,思与普天同臻至治……命中书省立定服色等第于后:一、蒙古人不在禁限,及见当怯薛诸色人等不在禁限。惟不许服龙凤文(原注:龙谓五爪二角者)'。"[1] 文献揭示至少在元代中期以后,五爪龙造型专属皇室,民间只能用三爪或四爪龙的图案。

图 24-1　元青花鼓式盖罐

1988 年景德镇珠山北麓风景路出土了元青花鼓式盖罐(图 24-1),分大小两式,大者口径 8.8 厘米、高 11.2 厘米;小者口径 7.2 厘米、高 9.8 厘米。盖顶绘十字杵,罐外壁绘双角五爪行龙。元青花砚盒,直径 32 厘米、高 11.8 厘米,盖面绘双角五爪云龙,外壁或绘祥云或绘潮水或作行龙。[2] 刘新园先生根据耀州窑遗址发现的北宋刻花鼓形盖罐,推证盖罐为围棋罐,和砚盒皆可能是元文宗在奎章阁与阁臣们雅集时使用的文房用器[3]。20 世纪 80 年代,湖田窑刘家坞窑第 33 层出土元代卵白釉器和青花大盘、罐、瓶等标本,部分器物饰五爪龙纹[4]。金阳先生根据珠山北麓和湖田窑遗址等地出土的实物,包括卵白釉瓷、青花瓷和其他彩瓷中带有五爪龙纹和饰有金彩的瓷器等,推测元朝统治者令景德镇地区搭烧宫廷用瓷[5]。当然不是说宫廷用龙纹必为五爪,台北故宫博物院藏元蓝釉金彩盏盘,所绘龙纹为三爪;保定元代窖藏出土的瓷器酒具,多饰三爪和四爪龙纹,但因为饰有金彩,可能同属重要的皇室用瓷。

有学者指出金彩器属帝王享用的官窑瓷器[6]。开国之初,元朝政府就明令禁止民间百姓使用描金瓷器[7]。《元典章》记载:"至元八年(1271 年)四月二十日,御史台承奉尚书省扎付,钦奉圣旨:节该今后诸人,但系磁器上并不得用描金生

1　[元]佚名:《大元圣政国朝典章》,卷二九《礼部二·礼制二·服色》"贵贱服色等第"法令。
2　《景德镇发现一批元代官窑瓷器》,《光明日报》1990 年 9 月 14 日第 1 版;图片转引自北京艺术博物馆、北京市元青花文化交流中心:《元青花》,河北教育出版社,2009 年 4 月,第 145 页。
3　刘新园:《元文宗——图帖睦尔时代之官窑瓷器考》,《文物》,2001 年第 11 期,第 55—59 页。
4　刘新园、白焜:《景德镇湖田窑考察纪要》,《文物》,1980 年第 11 期。
5　[日]金阳:《元末明初の景德镇"官窑"成立件についての试考》,《出光美术馆研究纪要》,1998 年第 4 期,第 53—65 页。
6　江建新:《宋元明初釉上彩瓷考略》,《中国历史文物》,2006 年第 1 期,第 50 页。
7　林梅村:《元朝重臣张珪与保定出土元代宫廷酒器》,《故宫博物院院刊》,2009 年第 3 期,第 33 页。

活，教省里遍行榜文禁断者。钦此。"¹1964年保定元代窖藏出土的卵白釉、蓝釉金彩和青花三种瓷器等，即为浮梁磁局管理烧造的皇室御用器具。

景德镇珠山北麓风景路还出土元代青花、蓝地白花、翠蓝釉青花、蓝釉金彩、翠蓝釉金彩等瓷器残片，装饰纹样除了占90%以上的双角五爪龙纹，还有凤穿花、十字杵、折带云、江崖海水、八吉祥、八宝、杂宝等类。²其中的八吉祥纹不仅在景德镇窑瓷器上出现，还见于龙泉安仁口窑址元代地层出土的龙泉青瓷盘残片上³。《元史》记载元代宫廷祭祀用器包括青瓷盘，可能指的就是这类瓷器。《元史》至元二年（1336年）夏四月丁亥诏谓："禁服麒麟、鸾凤、白兔、灵芝、双角五爪龙、八龙、九龙、万寿、福寿字、赭黄等服。"⁴揭示出除龙纹外，宫廷用器装饰的其他特异纹样。刘新园先生总结元代瓷器上的特异纹饰包括云肩、缀珠、幽兰、灵芝、百合、牵牛、竹叶、芦雁、莲池鸳鸯、白鹭、火焰马、角鹿、飞凤等动植物纹样，多见于元青花或卵白釉瓷器上，此类纹样粉本极可能由将作院下设的画局匠师提供，浮梁磁局按图复制成瓷⁵。特异纹样瓷器能否归属宫廷用瓷，需要结合器物的形制、铭文等综合分析。

元代宫殿建筑所用装饰也带有明显皇家色彩。2002年至2003年，景德镇南河南岸湖田窑址龙窑（Y2）窑内出土的元卵白釉五爪龙纹瓷瓦、卵白釉凤纹瓦当、釉里红凤纹、五爪龙纹水滴等建筑材料，属于可证的专供皇室使用的瓷器⁶。《南村辍耕录·宫阙制度》载元大都兴庆宫正殿"白玉石重陛、朱阑，涂金冒口，覆以白磁瓦，碧琉璃饰其檐脊"⁷，其中的"白磁瓦"应为卵白釉瓷瓦。明承元制，明初制瓷手工业延续了元代遗风，在宫廷用瓷上表现更加明显，如景德镇南河南岸湖田窑址元代地层出土的釉里红建筑构件和南京明故宫出土洪武时期的釉里红建筑构件，其造型以及凤纹装饰均相同⁸等，反映出元代宫廷用器装饰规制的延续。

部分宫廷器物会以"贡余"名义御赐贵族和大臣。宪宗六年（1256年）卢不鲁克在《卢不鲁克行记》中记载"蒙哥汗每年在此（哈喇和林城）宫内大宴

---

1 [元]佚名：《大元圣政国朝典章》卷七《吏部一·官制条》，台北故宫博物院，1972年，第26页。
2 刘新园：《景德镇瓷窑遗址的调查与中国陶瓷史上的几个相关问题》，《景德镇出土陶瓷》，香港大学冯平山博物馆，1992年，第15页。
3 转引自周丽丽：《瓷器八吉祥纹新探》，《上海博物馆集刊》，1987年，第316页。
4 [明]宋濂等：《元史》，卷三十九《本纪》第三十九，清乾隆武英殿刻本。
5 刘新园：《元青花特异纹饰和将作院所属浮梁磁局与画局》，《景德镇陶瓷学院学报》，1982年第3卷第1期，第9—20页。
6 徐长青、余江安：《湖田窑考古新收获》，《故宫博物院院刊》，2004年第2期，第48—59页。
7 转引自林梅村：《元朝重臣张珪与保定出土元代宫廷酒器》，《故宫博物院院刊》，2009年第3期，第27页。
8 江建新：《元代至明初景德镇地区制瓷技术及其源流考察》，《中国国家博物馆馆刊》，2015年第2期，第53—78页。

两次。大宴时以衣物厚赐诸臣"[1]，说明蒙古统一前，大汗即有赏赐忠臣传统，元代统一后，更是如此。保定窖藏出土的高档瓷器可能是皇帝赏赐高官的宫廷酒器[2]。

谈到元代赏赐瓷器，则涉及汗国用瓷。汗国用瓷的属性要根据古今世界政区格局和中国元代疆界来界定[3]。元朝帝国在中央直辖领土外，还包括察合台汗国、窝阔台汗国、钦察汗国、伊利汗国四大汗国，领域涵盖如今的新疆天山南北、中亚、西亚和欧洲部分地区，因此汗国统治者应为元朝帝国的贵族。14世纪初，延续40年的西北叛乱结束，政局相对和平，中西陆路交通畅达。从山西太和岭（大同北）到别失八里设三十个驿站，从罗布泊经于阗至叶尔羌设十三个驿站，增强了东西往来。元廷在西域更设立交钞提举司和交钞库，推行元王朝的货币，吐鲁番出土蒙汉文字的至元通行宝钞，证明西域与元代经济一体。[4] 元廷与伊利汗国、察哈台汗国和钦察汗国保持或恢复了密切关系，这为中西交通、贸易的繁荣奠定了基础[5]，也为元代宫廷和汗国之间的文化交流创造了条件，促进了元代瓷器的发展。有学者在蒙古哈喇和林城址考察时采集到元代景德镇窑蓝釉金彩龙纹瓷片（图24-2）[6]，与景德镇发现的元文宗时代宫廷用蓝釉金彩龙纹砚和蓝釉青花龙纹盖盒残片的艺术风格一致，应是元朝统一中国后从内地带到哈喇和林的瓷器[7]。

图24-2 元翠蓝釉金彩龙纹瓷片

---

1 佟柱臣：《中国边疆民族物质文化史》，巴蜀书社，1991年，第93页。
2 郭学雷：《保定元代窖藏主人及相关问题的探索》，《幽蓝神采2012上海元青花国际学术研讨会论文集第2辑》，上海古籍出版社，2015年，第183—190页；林梅村：《元朝重臣张珪与保定出土元代宫廷酒器》，《故宫博物院刊》，2009年第3期，第38—39页。保定元代瓷器窖藏中的11件瓷器和1件玻璃器，玻璃器下落不明，林梅村先生认为保定出土元代彩色玻璃可能是元代来华的埃及穆斯林传入中国的。
3 王光尧：《对中国古代输出瓷器的一些认识》，《故宫博物院刊》，2011年第3期，第37—38页。
4 佟柱臣：《中国边疆民族物质文化史》，巴蜀书社，1991年，第184页。
5 马文宽：《中国青花瓷与伊斯兰青花陶》，《中国历史文物》，2003年第1期，第65页。
6 转引自林梅村：《和林访古（上）》，《紫禁城》，2007年第7期，第214页。
7 林梅村：《和林访古（上、下）》，《紫禁城》，2007年第7期，第212—219页；第8期，第208—217页。

图24-3 元青白釉贴花花卉纹瓶　　图24-4　元龙泉窑青釉双凤纹大碗（摹本）　　图24-5　元青花缠枝莲花杂宝纹蒙古包

多数学者认同元青花的烧成主要为了满足元朝宫廷和汗国对于瓷器的需求[1]。有人提出，伊朗型元青花就是依照将作院提供的官样器形、纹饰专为西亚伊斯兰地区烧造的赏赐品[2]。元代输出至汗国地区的瓷器还包括高质量的龙泉青瓷。元人苏天爵于《元朝名臣事略》卷五《杨忠肃公》记载："元太祖使用的盛酒器皿是槽口镶金所谓金属制成品。"[3] 元代伊斯兰地区统治者也喜欢给瓷器配以金银制器盖，例见英国阿尔伯特维多利亚美术馆藏元青白釉贴花花卉纹瓶（图24-3）[4]和元青花缠枝牡丹纹银盖葫芦瓶[5]。新疆伊犁霍城阿力麻里（即察合台汗国东部汗王廷所在地）出土了元代青花双凤纹高足碗、云龙纹大碗、卵白釉"福禄"盘、龙泉窑青釉双凤纹大碗（图24-4）等瓷器，其器型、胎釉、纹饰与北京故宫博物院所藏以及景德镇官府窑场所出相近，皆为重要的汗国用瓷[6]。此外，俄罗斯伏尔加河地区出土了一件元青花缠枝莲花杂宝纹蒙古包（图24-5），高18厘米，底径18.5厘米，造型呈半球形，平底，下方开有门洞[7]。有人认为该器是元朝政府在景德镇定烧后专门赏赐给钦察汗国即别的御用之物[8]。综上，元代宫廷用瓷展示出御用垄断的特性，汗廷所用虽属高级贵族用瓷，但其规格与帝国宫廷用瓷相近，正如上文所述"御赐之物，不在禁限"，彰显了元代皇权的慷慨

1　刘新园：《元青花特异纹饰和将作院所属浮梁磁局与画局》，《景德镇陶瓷学院院报》，1982年第3卷第1期，第9—12页等。
2　徐长青、余江安：《湖田窑考古新收获》，《故宫博物院院刊》，2004年第2期，第57页。
3　转引自叶佩兰：《元代瓷器》，九州图书出版社，1998年，第17页。
4　熊玉莲：《海外藏中国元明清瓷器精选》，江西美术出版社，2008年，图版14。
5　讲谈社：《托普卡比宫殿藏中国陶瓷Ⅰ》（元明），讲谈社，1987年，第54页、第78页。
6　新疆博物馆：《新疆伊犁地区霍城县出土的元青花瓷等文物》，《文物》，1979年第8期，第26—29页、图三。该地出土的瓷片中有景德镇窑、龙泉窑、磁州窑和钧窑等产品，器形有碗、盘、盏、罐等。
7　上海博物馆编：《幽蓝神采：元代青花瓷器特辑》，上海书画出版社，2012年，第96页、第97页图18。该器现藏俄罗斯艾尔米塔什博物馆。
8　施泳峰：《从俄罗斯艾尔米塔什博物馆馆藏元青花看钦察汗国与元朝的联系》，《文物鉴定与鉴赏》，2017年第2期，第77页。

恩施。

带有皇室机构专属铭款的瓷器，主要为湖田窑卵白釉产品。铭款包括"太禧""玉""东卫""内府""细酒""萨""福禄"等，常见于盘、折腰碗和高足杯内壁，多与龙纹、八吉祥纹一起出现。此外部分"枢府"款卵白釉瓷器也属宫廷所用瓷器。刘新园先生论证"枢府"款卵白釉瓷器是元至治三年（1323年）六月以前最高军事机构枢密院武成王庙祭祀用器[1]，以后学者多沿袭此说。仍有观点认为"枢府"款瓷器是为枢密院或下辖军事机构在景德镇窑场定制的办公日用器[2]；有观点提出，此类瓷器与主掌军事的枢密院之关系令人质疑，"枢府"之意解释为禁秘之府，这些瓷器可能为专门供应天子御用器用的"宣徽院"所定制的御用品[3]；还有观点指出"枢府"釉瓷也可能不只是枢密院的定烧瓷，它的使用比较广泛[4]。无论哪种观点，皆指明"枢府"款瓷的官器属性，部分瓷器甚至专供天子御用。

第三节　宫廷祭祀文化

同宋代官窑用瓷相似，生产铭款宫廷用瓷和汗国用瓷的出发点可能也是为了规范祭礼用器。蒙古人对重大祭祀活动选用的器物要求很高，景德镇设立"浮梁磁局"的初衷可能是为元廷提供高等级的祭祀专用器物[5]。蒙古统治阶层重视祭祀之礼，往往在先帝、先后专有的藏传佛教寺院里，设神御殿（旧称"影堂"）供奉御容，祭祀不断[6]。据《元史·祭祀一·郊礼上》载："元兴朔漠，代有拜天礼。衣冠尚质，祭器尚纯，帝后亲之，宗戚助祭……世祖中统二年（1261年），亲征北方。夏四月己亥，躬祀天于旧桓州之西北"[7]。随着皇权的更替，元政府对祭器用瓷的需求峰值一般出现在各帝登基之初举行祭祀礼仪之时。

蒙古统治者崇尚白色，因此在元代建筑上常见白色琉璃，重要的宗庙祭器中常见景德镇窑卵白釉瓷，比如广为人知的卵白釉"玉"字款器物和太禧盘即为在

---

[1] 刘新园：《元代窑事小考（一）——兼致约翰·艾惕思爵士》，《景德镇陶瓷学院学报》，1981年第10期，第67—78页。
[2] 余金保：《元代"枢府"款枢府瓷使用对象及其用途》，《考古与文物》，2014年第6期，第87—89页。
[3] [日]金阳：《景德镇湖田窑烧造の"枢府手"碗に见る元代"官搭民烧"の傍证》，《出光美术馆纪要》，2000年第6期，第149页。
[4] 陆明华：《对元集宁路窖藏出土瓷器的初步认识》，《中国古陶瓷研究》第十一辑，紫禁城出版社，2005年11月，第53—70页。
[5] 张庆玉：《元青花与大草原》，《东方收藏》，2015年第12期，第76页。
[6] 尚刚：《故事：三件元朝宫廷文物》，《书城》，2011年第10期，第30页。
[7] [明]宋濂等：《元史》，卷七二《祭祀一》，中华书局，1983年，第1781页。

玉宸院和太禧院设立之初，宫廷于浮梁磁局专门定烧的祭器[1]。《元史·百官一·礼部》载："仪凤司，秩正四品。掌乐工、供奉、祭飨之事。至元八年（1271年），立玉宸院，置乐长一员，乐副一员，乐判一员。二十年（1283年）改置仪凤司，隶宣徽院……大德十一年（1307年），改升玉宸乐院……至大四年（1311年），复为仪凤司。"[2] 由此可知元朝前期设立的掌管供奉和祭飨的机构是玉宸院。《元史·百官三》载："天历元年，罢会福、殊祥二院，改置太禧院以总制之……二年，改太禧宗禋院"[3]，表明元廷又于天历元年（1328年），设立帝王供奉祖宗容像

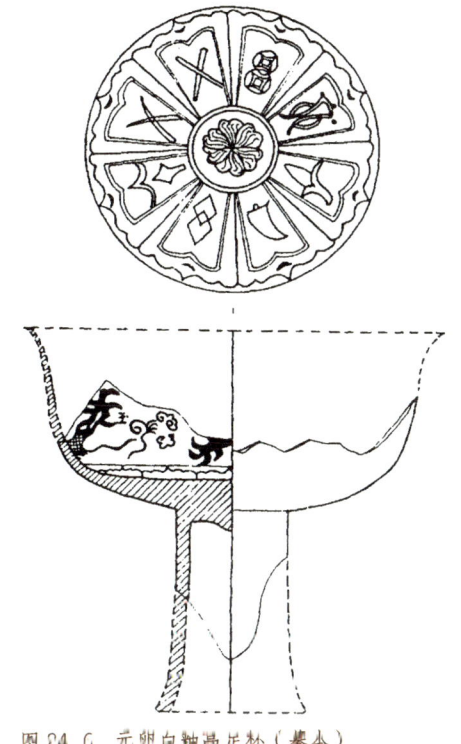

图 24-6　元卵白釉高足杯（摹本）

的场所：太禧院（又名"太禧宗禋院"）。目前所知带有两地铭款的瓷器存世很少。"玉"字款器物有湖田窑出土的"玉"字款小足盘[4]、湖田窑刘家坞窑发现的3件"玉"字款高足杯（图24-6）和江西省博物馆于"江西省出土精品陶瓷展"中展出的"玉"字款高足杯等[5]。该类器物内壁皆模印四爪或五爪云龙纹，龙前爪处模印"玉"字，卵白釉白中泛青，高足细长，具有元代早期特征。据刘新园先生记述，太禧盘仅见4件，分别藏于故宫博物院、北京大学塞克勒考古艺术博物馆、北京颐和园和英国维多利亚与阿尔博博物馆[6]（图24-7）[7]。

景德镇和龙泉地区可能是皇家祭器主要的烧造点[8]。隶属江浙行省的处州龙泉窑曾承命烧造新祭器，至少在元至明初，龙泉大窑窑址是皇宫用瓷产地之一[9]。

---

1 刘新园：《元文宗——图帖睦尔时代之官窑瓷器考》，《文物》，2001年第11期，第52—53页；江建新：《元青花与浮梁磁局及其窑场》，《中国国家博物馆馆刊》，2013年第6期，第76—86页。

2 ［明］宋濂等：《元史》，卷八五《百官一》，中华书局，1983年，第2138页。

3 孙瀛洲：《元卵白釉印花云龙八宝盘》，《文物》，1963年第1期，第25—26页。

4 江建新：《元青花与浮梁磁局及其窑场》，《中国国家博物馆馆刊》，2013年第6期，第77页。

5 肖发标、徐长青、李放：《湖田刘家坞"枢府窑"清理报告》，《南方文物》，2001年第2期，第6—14页。

6 刘新园：《元文宗——图帖睦尔时代之官窑瓷器考》，《文物》，2001年第11期，第46—65页。

7 图片转引自故宫博物院编：《故宫博物院藏元代瓷器（上）》，故宫出版社，2016年，第86—87页：图32。

8 陆明华：《元代景德镇官窑瓷烧造及相关问题研究》，《上海博物馆集刊》，2005年，第201页；王光尧：《从大窑到故宫——元、明皇宫用龙泉青瓷产地的确定》，《紫禁城》，2007年第5期，第152—157页。

9 王光尧：《从大窑到故宫——元、明皇宫用龙泉青瓷产地的确定》，《紫禁城》，2007年第5期，第152—157页。

《元史·祭祀一》中载:"三曰笾豆登俎……鲍爵一,有坫,沙池一,青瓷牲盘一。"[1]《元史·祭祀二》又载:"太官令率宰人以鸾刀割牲,祝史各取血及左耳毛实于豆,仍取牲首(原注:用马首)贮于盘,俱置于馔殿,遂烹牲。"[2]《元史·祭祀志》记"皇帝受瓒,内侍奉匜沃水"[3]。青瓷指的是龙泉窑青瓷,文献指明元代皇家祭祀时必备的礼仪之物包括盘、匜、豆等。内蒙古地区元代皇家祭祀遗址曾出土过龙泉青瓷[4],印证了文献记载的可靠性。有专家考证,带有八吉祥图案的元代龙泉窑高足杯,是专为朝廷机构或内地的西蕃(又作"西番")塔寺定烧的祭祀用器[5]。

在宫廷祭祀文化的影响下,元代地方郡县也很重视国祭,设立祭祀地址、制定祭祀制度和祭祀仪式,共同祭祀伏羲、神农、黄帝三位远古皇帝。正如《元史·祭祀志》记载:"至元十年八月甲辰朔,颁诸路立社稷坛壝仪式。十六年春三月,中书省下太常礼官,定郡县社稷坛壝、祭器制度、祀祭仪式……元贞二年冬,复下太常……三献官以州长贰为之。"[6]又载:"元贞元年,初命郡县通祀三皇,如宣圣释奠礼。太皞伏羲氏以勾芒氏之神配,炎帝神农氏以祝融氏之神配,轩辕黄帝氏以风后氏、力牧氏之神配。"[7]《元史·祭祀志》记载元代宫廷在祭祀

图 24-7 元卵白釉"太禧"款云龙纹盘

---

1 [明]宋濂等:《元史》,卷七二《祭祀一》,中华书局,1983年,第1798页。
2 转引自王光尧:《关于清宫旧藏龙泉窑瓷器的思考——官府视野下的龙泉窑》,《中国古代官窑制度·二》,故宫出版社,2017年,第88页。
3 [明]宋濂等:《元史》,卷七十四《志第二十五·祭祀三》,中华书局,1976年,第1851页。
4 《内蒙古首次发现蒙元皇族祭祀遗址》,《中国文物报》,1993年8月。
5 转引自叶英挺、华雨农编著:《发现:大明处州龙泉官窑》,杭州:西泠印社出版社,2005年10月。
6 [明]宋濂等:《元史》,卷七十六《志第二十七上·祭祀五》,中华书局,1976年,第1901页。
7 [明]宋濂等:《元史》,卷七十六《志第二十七上·祭祀五》,中华书局,1976年,第1902页。

活动中需进行的礼节仪式——"礼仪、乐仪、射仪、御仪"[1]。高安窖藏梅瓶上墨书楷体"礼""乐""书""数""射""御"儒家六艺，成为元代地方政府传承宫廷祭祀文化的实证。刘金成先生结合《瑞州路重修郡学记》和《元史》的部分史料，考证高安窖藏出土的青花器为元代瑞州路总管府所有，是总管府在景德镇窑定烧的祭祀用器[2]。元青花蕉叶纹觚（图24-8），就是高安窖藏瓷器中在造型上明确其祭祀功能的器物[3]。觚和高足杯功用相近，既可作为饮酒器，又可作为中国古代用于祭祀的礼器，元代蒙古人有"敬献饮食致祭"[4]的祭祀礼仪，这种酒祭文化一直影响至今。

元朝政府在落实国家祭祀政策的同时，没有排斥来自汗国的官员将其祭祀中的部分文化融入其中，助驱了元代各级地方祭祀文化的发展。甚至有人认为，元代青花瓷器的创烧及使用，与这些来自西域汗国的祭祀文化有着不可割裂的关联[5]。

图24-8　元青花蕉叶纹觚

第四节　宫廷和民间的关系

虽然元代宫廷文化具有皇室垄断性质，宫廷用瓷和汗国用瓷呈现出专供、御用的皇家威仪，但宫廷用瓷并没有局限于皇室，其在民间的出现以及与民间用瓷互通共融的技术交流，展示出元代宫廷和民间的密切关系。以元青花为例，其烧制成功与统治者需求密切相关，元青花存世量少且珍贵，但元青花并不为皇家专属，同样可为民间百姓所用。宫廷器物除了以"贡余"名义流入民间外，民间还可以通过官匠途径获得与宫廷器物一致的产品。尤其是元代中后期，官匠制度松

1　[明]宋濂等：《元史》，卷七十五《志第二十六·祭祀四》、卷七十七《志第二十七·祭祀六》，中华书局，1976年，第1859、1875、1915页。
2　刘金成、刘璟邦：《高安元代窖藏之再研究——窖藏埋藏年代及其主人身份考》，《南方文物》，2013年第4期，第101—118页。
3　刘金成：《揭开高安元代窖藏的神秘面纱——窖藏主人身份、窖藏器物用途及其埋藏年代再考（中）》，《文物鉴定与鉴赏》，2014年第8期，第76页。元青花蕉叶纹觚于1989年调入中国国家博物馆。
4　[明]叶子奇：《草木子》，卷三下《杂制篇》，中华书局，1983年，第61页。
5　刘金成：《揭开高安元代窖藏的神秘面纱——窖藏主人身份、窖藏器物用途及其埋藏年代再考（上）》，《文物鉴定与鉴赏》，2014年第7期，第79页。

散。元代官匠有大量的役外劳作，许多"至正型"元青花瓷器是浮梁瓷局匠户役外烧造的商品[1]。

即使是御土窑等中央官窑在元代后期，也难逃流入民间的时代命运，其生产的瓷器，除皇室宫廷外，民间百姓同样可以拥有。《至正直记》"窑器不足珍"条记载："沈子成自余干州归，携至旧御土窑器径尺肉碟二个，云是三十年前所造者，其质与色绝类定器之中等者，博古者往往不能辨。"[2] 可知沈子成所携仿定大盘是用御土窑"余贡土"烧制的产品，属于仿定瓷，胎质釉色与中等定窑瓷相似[3]。这表明，御土窑"余贡土"烧制白瓷已流入市场，质量不及贡瓷，同时民间对类似的产品亦有仿制。

宫廷用瓷不仅包括精致、珍贵、质量较高的器物，同样包括粗糙产品。北京故宫博物院在清宫内务府遗址附近和神武门以西北墙下，发现一批元代琉璃建筑遗物和少量的磁州窑、龙泉窑瓷器，磁州窑产品与北京元朝遗址和北方官僚墓葬出土物相近，而龙泉窑多属龙泉东区产品[4]；元上都皇城内也采集到龙泉青瓷、钧窑瓷、磁州窑瓷和景德镇窑青花瓷[5]。成书于天历三年（1320年）的《饮膳正要》提及宫廷药材和膳食材料，储存于"大瓷瓮""净瓷器""新瓷瓶""净瓷瓶"中，文献记载的瓶瓮类瓷器主要放置于宫内厨房或库房中，可能就是此类粗制产品。有学者认为质量较高的龙泉青瓷、青白瓷、枢府型瓷和青花瓷是宫廷日常用具，而较为粗制的磁州窑系、钧窑系产品大部分用作宫廷储藏器和杂器[6]。此类宫廷储藏器和杂器在民间是很容易获得的。

民窑生产一直受到中央官窑和地方官窑的影响，元代民窑为宫廷烧制贡瓷，使得元代宫廷和民间用瓷具有借鉴和互通的可能性。前文记述部分"枢府"款卵白釉瓷器为宫廷用瓷，其纹样多半是将作院下辖机构画局设计[7]。根据目前所见刊布资料，带"枢府"款卵白釉瓷器仅见盘类和碗类，纹样分两种：多数内壁和内底模印缠枝莲纹；少数内壁模印大雁和云纹，外壁刻划海水纹和仰莲瓣纹[8]。缠枝莲纹、海水纹和莲瓣纹皆借鉴了民窑用瓷的纹饰。（图24-9）[9]

---

1 尚刚：《元代陶事两题》，《文物》，2017年第9期，第50—51页。
2 ［元］孔齐著，庄敏、顾新校注：《至正直记》，上海古籍出版社，1987年，第156页。
3 冯先铭著、冯晓琦选编：《冯先铭谈宋元陶瓷》，紫禁城出版社，2009年，第53页。
4 李知宴：《故宫元代皇宫地下出土陶瓷资料初探》，《中国历史博物馆馆刊》，1986年第6期，第78页。
5 中国科学院考古研究所元大都考古队、北京市文物管理处元大都考古队：《元大都的勘查和发掘》，《考古》，1972年第1期，第19—28页。
6 施静菲：《蒙元宫廷中使用瓷器初探》，《美术史研究集刊》，2003年第15辑，第169—192页。
7 王光尧：《宋代官窑制度初探》，《文物》，2005年第5期，第74—79页。
8 余金保：《元代"枢府"款枢府瓷使用对象及其用途》，《考古与文物》，2014年第6期，第85—88页。
9 图片转引自故宫博物院编：《故宫博物院藏元代瓷器（上）》，故宫出版社，2016年，第81页图29。

蒙古人最早信奉萨满教，后又信奉藏传佛教，元代宫廷和汗国用瓷上常出现梵纹、金刚杵纹、八吉祥纹、变形莲瓣纹、琛宝纹等纹饰，这些皆是藏传佛教特有的纹饰。元代统一后，汉藏民族文化交流广泛且深入。藏传佛教则在统治阶层中备受推崇。元廷为了有效管理西藏和全国佛教，达到固国兴邦的目的，在中央和西藏地方政府中重用僧人，推行"僧俗并用"的政策。[1] 忽必烈尊八思巴为国师，管理宣政院，开始政教合一制

图24-9 元卵白釉"枢府"款缠枝莲纹盘

度。忽必烈以后诸朝帝王，登基之前都要受佛戒九次[2]。藏传佛教于元代迅速发展，不只西藏，多地建有佛教寺院和喇嘛塔。而汉地佛教在民间流传更广，"梵式密宗造像"和"汉式造像"在全国同时流行。藏传佛教纹饰常与瓷器上的中原传统装饰相结合，宫廷用瓷上大量出现龙纹、凤纹与藏传佛教因素相结合的实例，比如景德镇窑址出土的元卵白釉高足杯，杯心饰有十字杵纹，内壁为龙纹[3]；元五彩描金暗龙纹碗，碗心的柿蒂形开光内饰有梵文[4]；日本出光美术馆收藏的元青花双凤牡丹十字杵纹碗，碗心装饰十字杵纹，内壁饰双凤牡丹纹，口沿处饰有一周卷草纹[5]等。

元代统治者对宗教采取兼容并蓄的政策，因此各种宗教交叉融合，构成多元文化奇观。13世纪后半叶到14世纪上半叶，四大汗国中的察哈台汗国、伊儿汗国和钦察汗国先后信奉了伊斯兰教。在元代，伊斯兰文化在中原地区也进入全面发展的新阶段，伊斯兰教的传播仅次于佛教和道教。元代新流行瓷器中，八棱器、大碗、大盘等典型宫廷和汗国用瓷，具有明显的伊斯兰文化特征。除了民间禁用的龙凤纹等宫廷纹样，其他常见的中原传统装饰也常与藏传

---

1 达哇彭措、朱德涛：《从元代瓷器看汉藏文化交流》，《中国藏学》，2016年第2期，第214页．
2 [元]陶宗仪：《辍耕录》受佛戒条，中华书局，1969年，第20页。
3 吴明娣、石瑞雪：《金刚杵纹考》，《中国藏学》，2012年第2期，第199页。
4 叶佩兰：《元代瓷器》，九州图书出版社，1998年，第139页。
5 吴明娣：《汉藏工艺美术交流史》，中国藏学出版社，2007年，第76页。

佛教、伊斯兰教纹饰结合使用。浮梁磁局根据穆斯林的饮食生活习惯为伊利汗国贵族烧造的青花瓷器上，彩画西藏佛教徒的礼佛供器——杂宝纹和汉族文人标榜清高的"岁寒三友"——松竹梅纹等，这些现象不仅是汉文化、西藏文化与伊斯兰文化在汗国用瓷上交汇融合的实证[1]，同时也是元代宫廷文化和民间文化互存共生的佐证。

---

1 刘新园：《元文宗——图帖睦尔时代之官窑瓷器考》，《文物》，2001年第11期，第63页。

第二十五章
浮梁磁局、官府窑场与官匠

多数学者承认浮梁磁局是带有行政性质的官府机构，其管理下的湖田窑刘家坞窑址和景德镇珠山御窑厂一带，以及大都四窑场、御土窑、浙江杭州老虎洞窑等地，可能就是元代官府窑场的所在地。对于官府窑场的性质、烧造情况和管理方式等问题，目前仍存在争议。元代浮梁磁局的设立、官府窑场的监烧管理和奴隶式官匠体制，使得元代宫廷用瓷和官府用瓷具有特殊的装饰和铭文印记，对以后的御窑管理制度和御用瓷或官窑瓷的生产皆带来重要影响。

第一节 浮梁磁局

浮梁磁局，因隶浮梁而得名。浮梁一地归属于元朝统治的时间至少从至元十四年（1277年）开始[1]。《元史》载："浮梁州，中唐以来为县，元元贞元年（1295年）升州。"[2] 元代景德镇由浮梁县（州）所辖，隶江浙行中书省的饶州路[3]。景德镇的瓷业在元朝后，走上了玄化的历史进程，标志之一就是浮梁磁局在景德镇设立[4]。

20世纪80年代以来，许多学者尝试探讨元代浮梁磁局，并取得不错的成果[5]。其中对浮梁

---

1 ［明］宋濂等：《元史》，卷六十二《志第十四·地理五》饶州路条，中华书局，1976年，第1500页。
2 ［明］宋濂等：《元史》，卷六十二《志第十四·地理五》，中华书局，1976年，第1501页。
3 ［明］宋濂等：《元史》，卷九十一《志第四十一·百官七》，中华书局，1976年，第2306页。行中书省条："江浙等处行中书省，至元十三年初置江淮行省，治扬州。二十一年，以地理民事非便，迁于杭州。二十二年，割江北诸郡隶河南，改曰江浙行省。" 以至元二十二年为界，饶州路先后隶属江淮行省和江浙行省。
4 林梅村：《元朝重臣张珪与保定出土元代宫廷酒器》，《故宫博物院院刊》，2009年第3期，第25页。
5 刘新园：《元代窑事小考（一）——兼致约翰·艾惕思爵士》，《景德镇陶瓷学院学报》，1981年10月第1期；刘新园：《元青花特异纹饰和将作院所属浮梁磁局与画局》，《景德镇陶瓷学院学报》，1982年10月第1期；徐文：《浮梁瓷局的设置及其他》，《景德镇陶瓷学院学报》，1982年10月第1期；熊寥：《浮梁磁局的设置与撤销》，《河北陶瓷》，1986年3月；李民举：《浮梁磁局与御土窑》，《南方文物》，1994年第3期；江建新：《浮梁磁局及其窑场与产品探》，《南方文物》，2008年第1期；曾令怡：《浮梁磁局大使和督陶官》，《中国国家博物馆馆刊》，2012年第4期；余金保：《关于元浮梁磁局若干问题的补充》，《故宫博物馆院院刊》，2016年第1期等。

磁局性质的认识，主要分三种：一、其为烧造宫廷及官府机构用瓷的机构[1]；二、浮梁磁局除烧制宫廷及官府机构用瓷外，还兼烧贸易瓷[2]；三、浮梁磁局可能是官窑的一个管理协调机构或许是税收机构[3]。

《元史·百官四·工部》载，工部"掌天下营造百工、屯田、山泽之政令。凡城池之修浚，土木之缮葺，材物之给受，工匠之程式，铨注局院司匠之官，悉以任之……至元元年（1264年），始分立工部"[4]。《元史·百官四·将作院》记载，将作院"秩正二品，掌成造金玉珠翠犀象宝贝冠佩器皿，织造刺绣段匹纱罗，异样百色造作。至元三十年（1293年）始置，院使一员，经历、都事各一员。"[5]根据文献和前人研究，推知浮梁磁局可能分别由工部、行工部和将作院管辖，是一个带有行政性质的官府机构[6]。

浮梁磁局早期管理烧制青白釉瓷器。北京市东城区吕家窑村色目贵族斡脱赤墓出土了青白釉玉壶春瓶、青白釉多穆壶、青白釉缀珠纹莲瓣盘、青白釉匜、青白釉印花碗，据考证，这些高档青白釉瓷是浮梁磁局较早督造的官样瓷器[7]。

一般认为浮梁磁局的设置与元代"国俗尚白"有关[8]。20世纪80年代湖田窑出土的卵白釉"玉"字铭小足盘和1999年江西省文物考古研究院在湖田刘家坞窑发现的三件卵白釉"玉"字铭高足杯及一大批卵白釉瓷器，釉色具有从青白向卵白过渡的性质，很可能就是磁局烧造的第一批卵白釉制品[9]。除了卵白釉瓷器，浮梁磁局管理下的窑场也创制出青花、釉里红、蓝釉和红釉等名品，为明清青花和彩瓷的发展奠定了良好的基础。

关于浮梁磁局被废止的时间，目前学界仍有争议。有学者根据文献记载的不同的督陶政策，认为至迟在泰定年间（1324—1327年），浮梁磁局就已经被撤销了[10]。又有学者通过对元泰定前后御用瓷烧造过程中制瓷工匠、任务下达、落选

---

1 肖发标：《湖田窑发现元代"玉"字款卵白瓷高足杯》，《南方文物》，2001年第2期，第73—76页；徐长青、余江安：《湖田窑考古新收获》，《故宫博物院院刊》，2004年第2期，第48—59页。
2 刘新园：《元青花特异纹饰和将作院所属浮梁磁局与画局》，《景德镇陶瓷学院学报》，1982年10月第1期，第9—20页。
3 陆明华：《元代景德镇官窑瓷烧造及相关问题研究》，《上海博物馆集刊》，2005年第12期，第197—208页；余金保：《元代"枢府"款枢府釉瓷烧造年代及有关问题》，《南京艺术学院学报》，2012年第3期，第52—55页。
4 [明]宋濂等：《元史》，卷八十八《百官四》，中华书局，1976年排印本，第七册，第2143页。
5 [明]宋濂等：《元史》，卷八十八《百官四》，中华书局，1976年排印本，第七册，第2225页。
6 李民举：《浮梁磁局与御土窑器》，《南方文物》，1994年第3期；江建新：《元青花与浮梁磁局及其窑场》，《中国国家博物馆馆刊》，2013年第6期，第76—86页等。
7 蔡玫芬：《转型与启发：浅论陶瓷所呈现的蒙元文化》，《大汗的世纪：蒙元时代的多元文化与艺术》，台北故宫博物院，2001年，第223页。
8 刘新园：《元代窑事小考（一）——兼致约翰·艾惕思爵士》，《景德镇陶瓷学院学报》，1981年第1期，第67—78页。
9 江建新：《元青花与浮梁磁局及其窑场》，《中国国家博物馆馆刊》，2013年第6期，第77—78页。
10 熊寥：《浮梁磁局的设置与撤销》，《河北陶瓷》，1986第1期，第34—39页。

瓷器处理方式、窑场性质等多方面比较，认为浮梁磁局于泰定年间被裁撤，代之而起的是地方官窑[1]。目前学界多遵从这一观点：浮梁磁局，终于农民起义军首领之一项普率军攻占浮梁的至正十二年（1352年），在景德镇存在74年[2]。乾隆四十八年（1783年）版《浮梁县志》记载："至正十二年三月二十七日，斩贼项普陷城，杀戮甚惨。"[3]因此至正十二年以后景德镇地区陷入战乱，景德镇制瓷业陷入停顿。至正十三年以后直至明朝立国，浮梁地区长期处于战争或战争边缘状态，史料未见有关浮梁磁局的记载，因此这个阶段浮梁磁局存在的可能性很小。

元代浮梁磁局的设立和官府窑场的管理制度，对以后的御窑制度有着重要影响。景德镇官窑遗址曾出土"局用""局"字款瓷片标本，专家指出"局"常指"磁局"，瓷片的出土说明御器厂于明初仍沿用元代浮梁磁局的名称[4]。陆明华先生甚至提出"'明设御器局'是受到了元代浮梁磁局影响而建立的专门机构，两者职能没多大区别"[5]。

第二节　官府窑场

20世纪80年代以来，学者曾争议元代官府窑场是否存在的问题。经研究考证，多数学者认为官府窑场的存在已有较多的依据[6]。关于元代官府窑场所在地，学界亦多有讨论：有人认为官府窑场分散于景德镇元代生产瓷器的各个地方[7]；有人认为与明代的御厂有固定的地点不同，元代烧造官器的窑场分散在有一定基础的民窑窑场[8]；有人认为官府窑场不一定像明代御器厂那样是相对集中的一片窑区，每个朝代可以有各自不同的烧造情况和管理方式[9]，还有人认为元官窑就是文献中所见的"御土窑"[10]等。除了前文提及的官府窑场——大都西窑场和御土窑，

---

1 余金保：《关于元浮梁磁局若干问题的补充》，《故宫博物院院刊》，2016年第1期，第133—138页。
2 刘新园：《景德镇珠山出土的明初与永乐官窑瓷器之研究》，《景德镇出土明初官窑瓷器》，台湾鸿禧艺术文教基金会，1996年，第11页。
3 ［清］王监元修、曹鼎元撰：《浮梁县志》卷之八，康熙二十一年版复印本。
4 刘新园、权奎山、樊昌生：《发掘景德镇明清御窑》，《文物天地》，2004年第4期。
5 陆明华：《元代景德镇官窑瓷烧造及相关问题研究》，《上海博物馆集刊》，2005年，第199页。
6 主张存在"官府窑场"的学者依据的文献主要有：《元史》《大元圣政国朝典章》《至正直记》《格古要论》中关于"浮梁磁局""御土窑"的记载。
7 曹建文、徐华烽：《近年来景德镇元代青花窑址调查与研究》，《故宫博物院院刊》，2009年第6期，第78—88页。
8 江建新：《元青花与浮梁磁局及其窑场》，《中国国家博物馆馆刊》，2013年第6期，第78—83页。
9 陆明华：《元代景德镇官窑瓷烧造及相关问题研究》，《上海博物馆集刊》，2005年，第200页。
10 李民举：《浮梁磁局与御土窑器》，《南方文物》，1994年第3期，第4页；江建新：《元青花与浮梁磁局及其窑场》，《中国国家博物馆馆刊》，2013年第6期，第76—86页；陆明华：《元代景德镇官窑瓷烧造及相关问题研究》，《上海博物馆集刊》，2005年，第199—200页。

如下将对其他与官府窑场相关的瓷窑进行梳理。

浮梁磁局作为元代官府机构，其负责管理的官府窑场有哪些呢？首先是景德镇地区的重要窑场之一：湖田窑。根据"供御拣退方许出卖"时期的汝窑窑场具有受命承烧的地方官窑特点[1]，有学者认为湖田刘家坞窑元代后期窑业堆积物内涵与汝窑的阶段特点相同，从而推断湖田刘家坞窑元代后期窑业烧制过官器，属于由饶州路总管府主导下的地方官窑[2]。其次，落马桥窑址出土了至正前期缀珠纹青白瓷片和伊朗型青花瓷大盘等[3]，景德镇珠山御窑厂遗址也发现元代官窑瓷器[4]，因此学界多认为湖田窑刘家坞窑、落马桥及珠山明御厂一带大概就是浮梁磁局管理的官府窑场所在地[5]。此外，还有学者根据耶律铸夫妇墓出土的卵白釉"白王"款高足杯，认为该器的烧造窑场——景德镇老区戴家弄窑场于元代早期隶属于浮梁磁局[6]。

在景德镇地区以外，浙江杭州老虎洞窑也是重要的官府窑场。元灭南宋，南宋修内司官窑作为南宋官手工业归元政府所有，其旧址老虎洞窑作为元代官府作坊继续生产[7]，产品即为传世哥窑瓷器。由于承袭南宋旧法和承接南宋官匠，元代杭州老虎洞窑的早期产品与南宋晚期基本相同：釉色偏青或青灰，品质较高；而中后期，由于奴隶制官匠制度等因素，官匠的生产积极性大为降低，官府作坊产品质量日趋下降，釉色米黄或灰中泛黄，因此遗址中出土物曾被称为"类哥窑"器[8]。王光尧先生还根据元代匠籍制以及《元史》中龙泉窑为皇宫烧造瓷器的记载，认为元代应有大量隶属官府的龙泉窑场存在[9]。

明万历陆万垓《江西省大志》卷七《陶书续补·建置》载："宋以奉御董造，元泰定本路总管监陶，皆有命则供，否，则止。"[10] 乾隆四十八年（1783年）《浮梁县志·陶政》载："泰定后，本路总管监陶，皆有命则供，否则止。"[11] 这两条文献备受重视，元代后期，浮梁磁局管理下的窑场，属于官窑的烧造，还是贡窑

---

1 王光尧：《汝窑与北宋汴京官窑——从汝窑址考古资料看宋代官窑的出现及官窑制度的形成》，《故宫博物院院刊》，2010年第5期，第90—100页。
2 转引自余金保：《关于元浮梁磁局若干问题的补充》，《故宫博物院院刊》，2016年第1期，第139—141页。
3 李一平：《景德镇元代瓷窑遗址概述》，《元青花研究——景德镇国际学术研讨会论文集》，上海辞书出版社，2006年，第2页。
4 《景德镇发现一批元代官窑瓷器》，《光明日报》，1990年9月14日第1版。
5 江建新：《元青花与浮梁磁局及其窑场》，《中国国家博物馆馆刊》，2013年第6期，第76—86页。
6 余金保：《耶律铸夫妇合葬墓出土枢府瓷刍议》，《北方文物》，2012年第2器，第34—36、46页。
7 王光尧：《从考古新材料看章氏与哥窑》，《故宫博物院院刊》，2004年第5期，第62—77页。
8 王光尧：《杭州老虎洞瓷窑遗址对研究官、哥的启示》，《故宫博物院院刊》，2002年第5期，第11—14页。
9 王光尧：《关于清宫旧藏龙泉窑瓷器的思考——官府视野下的龙泉窑》，《龙泉大窑枫洞岩窑址出土瓷器》，文物出版社，1997年。
10 熊寥、熊微编注：《中国陶瓷古籍集成》，上海文化出版社，2006年，第47页。
11 乾隆四十八年《浮梁县志·陶政》卷五。

或官搭民烧的做法，期待更多的考古发现来解释。

第三节 官匠

元代手工业生产已建立了专门的管理机构，在中央设工部，在各行省设立了司或局。元代统治者在立国初期几乎把全国工匠都集中在朝廷和贵族手中，这种史无前例的掠夺使景德镇拥有了空前数量的"诸路工匠"与一批颇具实力和规模的"局院"机构。[1]

浮梁磁局主要负责管理官府窑场瓷器事务，浮梁磁局的职官，先后经历了至元时期设立的浮梁磁局大使（七品）、副使（正九品），到元中后期中央政府加派较高级别的督陶官员的转变[2]，这也反映出元代中期社会各阶层对瓷器需求量增加，统治者越来越重视瓷器生产。杭州老虎洞窑场出土的八思巴文"卓（或张）记"即为官府对官匠或主烧者加强管理的明记[3]。

元代《通制条格》记载："一、各处管匠官吏、头目、堂长人等，每日绝早入局监临人匠造作，抵暮方散。提调官常切点视，如无故辄离者，随即究治。"[4]《元典章》载："诸局分造作，局官每日躬亲遍历巡视。"[5]文献记载的"局官""工官""管匠官吏"，所指元代从事造作的"局院"机构中的官员，其主要职责就是监视官匠的造作过程[6]。

南宋时期，景德镇地区制瓷业已分工明确，"陶工、匣工、土工之有其局，利坯、车坯、釉坯之有其法，印花、画花、雕花之有其技，秩然规制，各不相紊"[7]。南宋时为便于差雇，普遍建立了民匠名籍[8]，民匠名籍成为元代签发官匠的依据。元代匠籍制源南宋旧法，匠人分为官匠和民匠两种。官匠是指在官府设立的各级手工业场所工作，受官府专门机构管理的匠人，户籍世代沿袭。官匠制度

---

1 高阿申：《枢府春秋——漫话元卵白釉瓷器》，《收藏家》，1998年第12期，第39页。
2 转引自曾令怡：《浮梁磁局大使和督陶官》，《中国国家博物馆馆刊》，2012年第4期。元代中后期，至迟于泰定二年，即1325年。较高级别的督陶官包括官阶为正三品的饶州路总管段廷珪和元政府临时委派的官员如官阶为正五品的堵闰等。
3 王光尧：《杭州老虎洞瓷窑遗址对研究官、哥窑的启示》，《故宫博物院院刊》，2002年第5期，第11—14页。
4 黄时鉴点校：《通制条格》卷三十《营缮·造作》，元代史料丛刊本，浙江古籍出版社，1986年，第337—342页。
5 中国广播电视出版社编：《大元圣政国朝典章》五八《工部》卷一《造作·缎定》，中国广播电视出版社，1998年，影印元刊本，第2115页。
6 余金保：《关于元浮梁磁局若干问题的补充》，《故宫博物院院刊》，2016年第1期，第135页。
7 ［元］蒋祈：《陶记》，见《江西通志》卷九十三《陶政》。
8 包伟民：《宋代民匠差雇述略》，《宋史研究集刊》，浙江古籍出版社，1986年。

属于官府匠籍奴隶制[1]，民匠为可自由生产的手工业者，可能偶尔也会接受官府的生产任务[2]。

至元二十四年（1287年）新制度推行后，匠官体制逐渐稳定下来。元代的匠官制度有着地域上的区别，体现了元朝统治者实行的民族分化政策。根据《元史》和《元典章》记载：至元二十二年（1285年）和至元二十四年（1287年），政府先后制定了两个不同的匠官制度，前者实行于中原及北方地区，五百户之上置提举司，一百户之上置局，一百户之下置院；后者实行于南方地区，二千户之上置提举司，五百户之上置局，五百户之下置院[3]。这说明南方官手工业作场中人数多，官作中造作任务繁重，但是匠官的品级并不比北方高，元代的官手工业机构呈现出的总趋势是渐趋萎缩而不是渐趋发达[4]。元代中后期，旧有官匠生产积极性下降，匠籍制度松动，官匠大量逃亡，为维持手工业生产，官府常括民间匠人入籍官匠[5]。官府奴隶式的"匠籍"制度，使得在籍匠人只能无偿的为官府服务[6]，正如诗云：南康路的官局匠人"列肆六百家，不得食郡仓""愁悴六十年，悔不躬耕桑"[7]。

元代浮梁磁局官匠的人数，目前并无定论。史载"伯颜命（张）惠与参知政事阿拉罕等入城，按阅府库版籍……籍江南民为工匠，凡三十万户，惠选其有艺业者，仅十余万户，余悉奏还为民"[8]。事实上根据目前研究，可确定的元代浮梁磁局管属的官匠人数并不多。有的学者根据元延祐七年（1320年）《元典章》记载浮梁磁局从七品，副使正九品，认为至元二十四年左右浮梁磁局拥有匠户五百至一千户[9]。也有学者根据《元史·选举二》记载："凡匠官，至元九年，工部验各管户数，二千户之上至一百户之上，随路管匠官品级……凡一百户之下管匠官资品，受上司剳付者，依已拟充院长。已受宣牌充局使者，比附一百户之上局使资品递降，量作正九资品。"[10]认为浮梁磁局的工匠不越百户[11]。

参与官府窑场瓷器生产的官匠不只出自浮梁磁局，还与画局有关。有人根

---

1 王光尧：《杭州老虎洞瓷窑遗址对研究官、哥窑的启示》，《故宫博物院院刊》，2002年第5期，第12页。
2 转引自王爱东：《蒙元瓷器风格形成因素分析》，《北方文物》，2017年第2期，第75页。
3 转引自李民举：《浮梁磁局与御土窑器》，《南方文物》，1994年第3期，第48页。
4 李民举：《浮梁磁局与御土窑器》，《南方文物》，1994年第3期，第48页。
5 高树林：《元代赋役制度研究》，河北大学出版社，1997年，第167—168页。
6 王光尧：《从大窑到故宫——元、明皇宫用龙泉青瓷产地的确定》，《紫禁城》，2007年第5期，第153页。
7 [元]揭傒斯：《题黄文学所作南康杂造局使曹君寿诗工校记后》，《揭傒斯全集·诗集》卷7。
8 [明]宋濂等：《元史》，卷一六七《张惠传》，中华书局点校本。
9 李民举：《浮梁磁局与御土窑器》，《南方文物》，1994年第3期，第48页。
10 [明]宋濂等：《元史》，卷八二《选举二》，中华书局，1983年，第2050页。
11 江建新：《元青花与浮梁磁局及其窑场》，《中国国家博物馆馆刊》，2013年第6期，第77页。

据浮梁磁局生产的御用或官用瓷器，题材、形式与贵族使用的织绣花纹非常相似，推测全部出自同一画局的匠师们之手[1]。将作院下属机构分工极细，除司、局二十五所外，还设有职责特殊的画局，"画局，秩从八品。掌描造诸色样制。至元十五年置。大使一员"，由此推断"掌造诸色样制"的画局为官府窑场提供制瓷粉本，画局工匠同时也属元代瓷器的制样官匠。

蒙古西征中，为满足宫廷和官府需要，俘获了大批能工巧匠。窝阔台从中原"括其民匠得七十二万余户"[2]。元朝统一，社会废除科举制，汉文人沦为"九儒十丐"[3]，文人处于较低的社会等级，部分文人投入手工业生产。刘因《静修文集》卷二《武遂杨翁遗事》载："（1214年1月下旬）保州屠城惟匠者免。予冒入匠中，如予者亦甚众。"又称"能夹锯者即可混称匠人而免于一死"[4]，因此元代官匠中有不少伪装加入的宋金文人。蒙军西征班师，东徙带回不少西域、中亚、西亚及东欧的各族移民，包括钦察、康里、阿速、斡罗思、大食、波斯等地色目人[5]。元代许有壬《至正集》卷九"元赠效忠宣力功臣太傅开府仪同三司上柱国追封赵国公谥忠靖马合马沙碑"有铭："西域有国，大食故壤，地产珍异，户饶良匠，匠给将作，以实内帑。"[6]说明将作院中大量的西域工匠就是此时进入中原的。文人和西域良匠加入官匠之列，直接影响官府窑场生产的官府用瓷风貌。有学者认为元青花的出现，就与西域工匠的直接参与有关[7]，而元代瓷器上模仿文人画的纹饰也是文人官匠直接参与瓷器生产的结果。

浮梁磁局是目前所知受政府严格控制的制瓷官府机构，其管理下的官府窑场，不仅生产官府用瓷，还生产具有商品性质的瓷器产品，这与禁止民间使用的"官窑"瓷有着极大的差别。[8] 1994年在明御厂东侧出土一批洪武青花大盘、罐、壶、碗等大件瓷器，其形制和彩饰风格具有元官窑青花的特征，侧面说明原浮梁磁局的工匠仍继续为明御厂生产瓷器。[9]

---

1 刘新园：《元青花特异纹饰和将作院所属浮梁磁局与画局》，《景德镇陶瓷学院学报》，1982年第3卷第1期，第9—20页。
2 朱绍侯等主编：《中国古代史》（下册），福建人民出版社，2003年，第189页。
3 转引自洪再新：《中国美术史》，中国美术学院出版社，2000年，第255页。
4 ［法］雷纳·格鲁塞：《蒙古帝国史》，商务印书馆，1994年，第12页。
5 葛承雍：《蒙元时代胡人形象俑研究》，《文物》，2014年第10期，第64页。
6 ［元］许有壬：《至正集》卷九，《北京图书馆古籍珍本丛刊·集部·元别集类》，书目文献出版社，1998年，第233页。
7 黄薇、黄清华：《元青花早期类型的新发现——从实证角度论元青花瓷器的起源》，《文物》，2012年第11期。
8 李辉炳：《歙县元代窖藏瓷器的几点观感》，《文物》，1988年第5期，第90页。
9 江建新：《元青花与浮梁磁局及其窑场》，《中国国家博物馆馆刊》，2013年第6期，第79页。

第四节　官府用瓷

官府作坊自可考最早的西周以来，其产品除供应官府外，还有相当的部分是作为商品投放市场的。为了加重官物的属性，部分器物上便有了某些宫室或官府机构名称的刻写。[1] 由于缺乏款识特征，元代官窑、民窑的区分变得困难。有学者提出，釉里红、青花釉里红、金彩工艺、卵白釉加彩等瓷器，这类特殊工艺作品，应该出自官窑。[2] 除了第四章涉及的宫廷和汗国用瓷，本章重点介绍官府机构公用和高级官员家用瓷器。

"枢府""使司帅府公用""宪台公用""中和"等铭款，揭示元代官府机构有着一种置办"公用"器物的习惯，以备官府机构使用[3]，带有这种铭款的瓷器应属官府用瓷。上文揭示"枢府"款卵白釉瓷器多为元代宫廷用瓷。新安海底沉船出水的卵白釉瓷器中未见"枢府"款，但碗、盘的器形、纹饰与元大都遗址内大量出土的"枢府"款碗、盘和河北磁县元代木船中所出的"枢府"款碗是相同的[4]。这表明元代存在官窑与民窑互用纹饰的情况，该情况同样在明清时期的官窑和民窑中得以彰显。正如所言："在未违反元政府所颁布禁用纹饰情况之下，其肩负烧造官方用瓷和自身商业生产之间借用画局设计的纹样在元代景德镇窑应是可行的。"[5] 当然，目前所见的枢府型卵白釉瓷器数量较多，流布较广，有学者提出这是元代官窑制度不严谨的表现[6]。

从北宋末年开始，官府用瓷施行"制样须索"[7]，官府用瓷多为景德镇窑器物。元朝官府也曾采用龙泉窑生产所需用品[8]，如龙泉窑"使司帅府公用"款刻花盘和刻有八思巴文的龙泉青瓷即为此类官方用瓷。新安海底沉船共出水两件刻有"使司帅府公用"字铭青瓷盘，根据《元史·百官七》记载："宣慰使司都元帅府，秩从二品。使三员，同知二员，副使二员，经历二员，知事二员，照磨兼架阁管勾一员。"[9] 目前公认观点是使司帅府当为"宣慰使司都元帅府"的略称，瓷盘为浙

---

[1] 王光尧：《元"内府官物"漆盘铭小考》，《文物季刊》，1999年第2期，第92页。
[2] 转引自陆明华：《元代景德镇官窑瓷烧造及相关问题研究》，《上海博物馆集刊》，2005年，第205页。
[3] 余金保：《元代"枢府"款枢府瓷使用对象及其用途》，《考古与文物》，2014年第6期，第88页。
[4] 李德金、蒋忠义、关甲堃：《朝鲜新安海底沉船中的中国瓷器》，《考古学报》，1979年第2期。
[5] 余金保：《元代"枢府"款枢府釉瓷烧造年代及有关问题》，《南京艺术学院学报》，2012年第3期，第53—54页。
[6] 转引自［日］金阳：《景德镇湖田窑烧造の"枢府手"碗に见る元代"官搭民烧"の傍证》，《出光美术馆纪要》，2000年第6期，第115页。
[7] 王光尧：《宋代官窑制度初探》，《文物》，2005年第5期，第74—79页。
[8] 叶佩兰：《元代瓷器》，九州图书出版社，1998年，第255页。
[9] ［明］宋濂等：《元史·百官七》，第九十一卷，中华书局，1976年，第1426页。

东道宣慰使司都元帅府定烧的器皿，烧造时间为公元1302年以后[1]。

1988年春，江苏扬州市建筑工地出土了一件卵白釉"宪台公用"青花铭文碗，其器心印十字宝杵，并环以缠枝莲花[2]。余金保先生根据《乌台笔补序》和《新元史·百官三》"御史台"条记载，推知"宪台公用"款卵白釉瓷为御史台下辖地方机构定制用瓷[3]，御史台对全国的官吏进行监督廉察，极有权力。江西高安窖藏出土的"中和"款卵白釉印花龙纹高足杯，内壁印五爪龙，外壁印莲瓣八吉祥纹饰，是官府祭祀远古皇帝用瓷[4]。"宪台公用"款、"中和"款和部分"枢府"款卵白釉瓷与"使司帅府公用"盘一样，属《秘书监志》中所谓"公用"器物，是官府机构为维持其正常运转而定制的一般日用器[5]。

还有部分瓷器为贵族和高级官员的专属用具，一般百姓很少使用，这类器物也可归入统治阶层用瓷范畴。如北京颐和园内耶律铸夫妇合葬墓，出土的一件带"王白"款卵白釉高足杯，高9.5厘米、口径12.5厘米、足径4.5厘米，高足杯内壁口沿部位模印一周回纹，其下模印荷塘三游鱼纹，花纹间对你印有"王""白"二字，釉色白中闪青，莹润透彻。[6]耶律铸官至中书省，耶律铸夫妇合葬墓是目前所见元朝最高级别贵族墓，墓中随葬的金银器极其精美，也印证了其身份的尊贵，该高足杯可能是信奉佛教的耶律铸专门为白王定制的祭器[7]。

考古资料显示，官府用瓷不仅产自景德镇窑，也来自龙泉窑、磁州窑和钧窑产品。如至正十二年（1352年）后沉没的磁县南开河元代木船出水的元代官厅——彰德中书分省用瓷，有93%的比例属褐花磁州窑，还有少量的龙泉窑和景德镇窑瓷器[8]；北京东城区发现的色目贵族铁可夫妇墓以及铁可父斡脱赤墓，墓中不仅出土景德镇窑青白瓷和龙泉窑青瓷，也掺杂少数磁州窑系和钧窑系瓷器，其中青白瓷可能是由官府赏赐、浮梁磁局督造的官样瓷器[9]；元初重臣何荣祖家居生活用瓷主要是龙泉青瓷[10]。

另外，浮梁磁局尽管是官府机构，集中了优秀官匠，但其管理下的瓷窑，不仅烧制官用瓷器，还为国内外生产商品瓷。元代中期瓷器需求量增加，表现在两

---

1 冯先铭：《南朝鲜新安沉船及瓷器问题探讨》，《故宫博物院院刊》，1985年第10期，第112—118页。
2 王晓莲：《元枢府釉瓷"宪台公用"青花铭文碗》，《收藏家》，2000年第3期，第27—29页。
3 余金保：《元代"枢府"款枢府瓷使用对象及其用途》，《考古与文物》，2014年第6期，第88页。
4 刘金成：《揭开高安元代窖藏的神秘面纱——窖藏主人身份、窖藏器物用途及其埋藏年代再考（中）》，《文物鉴定与鉴赏》，2014年第8期，第82—84页。
5 余金保：《元代"枢府"款枢府瓷使用对象及其用途》，《考古与文物》，2014年第6期，第88页。
6 余金保：《景德镇元代高足杯分期研究》，《陶瓷学报》，2012年第1期，第109页。
7 余金保：《元代"东卫"款枢府釉瓷刍议》，《北方文物》，2013年第3期，第35—36页。
8 磁县文化馆：《河北磁县南开河村元代木船发掘简报》，《考古》，1978年第6期，第388—399页。
9 北京市文物研究所：《元铁可父子墓和张弘纲墓》，《考古学报》，1986年第1期，第95—113页；蔡玫芬：《转型与启发：浅论陶瓷所呈现的蒙元文化》，《大汗的世纪：蒙元时代的多元文化与艺术》，台北故宫博物院，2001年，第223页。
10 转引自熊廖：《浮梁磁局的设置与撤销》，《河北陶瓷》，1986年第1期，第34页。

个方面：一是官方用瓷（如祭器、酒器）需求量的增加；二是贸易用瓷需求量的增加。有学者研究，"至正十一"年铭青花象耳瓶似为浮梁磁局工匠为民间定烧的制品，传世品中与该器类型相似的制品，亦为磁局工匠烧制的产品[1]。浮梁磁局还仿烧北方窑系许多瓷种。部分明代早中期墓葬随葬的元青花瓷器，与流散国外的精美青花瓷的质地、发色相同，也是元代官府工匠生产的高档商品。[2]

---

[1] 江建新：《元青花与浮梁磁局及其窑场》，《中国国家博物馆馆刊》，2013年第6期，第83页。
[2] 叶佩兰：《元代瓷器》，九州图书出版社，1998年，第18页。墓葬包括1959年南京江宁发现的黔宁王沐英夫妇合葬墓（卒于明洪武二十五年）；1973年安徽蚌埠发掘的东欧王汤和墓（卒于明洪武二十八年）；南京市发现的东胜侯汤兴祖墓（卒于洪武四年）等。

第二十六章
元代的酒茶文化和祭供雅玩之风

酒文化是元代文化的重要组成部分。蒙古草原民族的好酒之风和蒸馏酒技术的成熟使用，促使蒸馏酒在各酒类中出现，并在全国各地、社会各阶层中普及开来，从而推动了瓷质酒具的创新。元人生活中的必备之物是酒具，同时也常见茶器组合。随着饮茶习俗渐渐深入至民间大众生活之中，茶文化有了新的发展。除饮食器具外，元代大量出现的瓷质供器和陈设器，反映出元代宗教、祭祀文化的盛行和元人燕闲清赏的风雅生活。

第一节　元代酒茶文化

元人画作中常见酒茶陈设规仪和相关生活场景，在墓室壁画上尤为多见，成为两者在元人生活中处于重要地位的存证。陕西蒲城洞耳村元代张按答不花夫妻墓绘有"堂中对坐图"（图26-1）；东北壁壁画中，案上可见一直颈盘口花瓶，里面插支荷花，还有一红色盖罐、黄色高足碗、蓝色圆盒；西北壁壁画的条案上可见直颈盘口花瓶一只、玉壶春瓶一只、匜一个、托盘一个、酒盏两只。[1] 黄色高足碗看起来尺寸较大，除了是饮酒器，还可能用来摆放果实。侍女手捧的红色套盒，相似造型见于上海博物馆藏元

图26-1　陕西蒲城洞耳村元代张按答不花夫妻墓"堂中对座图"

---

[1] 杜文：《试析元代磁州窑绘画枕上的蒙元人物形象》，《收藏家》，2015年第2期，第50页图11上。

青花莲池鸳鸯纹套盒（图26-2）[1]。内蒙古赤峰沙子山元代壁画墓南壁东段的"布宴图"，画面中央长条桌上放有黄色注壶、托盘、四系罐、白色莲花盏和盏托，左侧男子双手捧匜，中间女子怀抱玉壶春瓶，右侧女子双手托盘，盘内置盏；南壁西段的"闲居图"，一男子正于庭院内持盏端坐，面前长方几上置有碗、盏，几前还有一黄色葫芦瓶[2]。墓室墓主既有蒙古权贵，也有汉族富庶人家，壁画中出现的酒具、茶具等饮食陈设组合，生动还原富贵阶层饮酒喝茶的日常生活。

壁画展示出匜、盏、玉壶春瓶、托盘几类酒具，有学者通过元墓中壁画的分布、备酒图中的器物组合以及墓葬和窖藏出土物的共存关系综合分析，认为元代匜、玉壶春瓶、托盘、盏类酒具常常组合出现，其中匜可能为注酒器[3]。元代酒具组合中，既有宋代常见器类，也有元代新出器型，揭示了宋元酒文化的传承与发展。

宋元时期，酒文化进一步发展。宋人张择端于《清明上河图》中描绘了北宋汴梁地区酒肆茶坊林立的繁荣场景。饮酒之风盛行，瓷质酒具作为主流酒具，在南北窑场中被大量烧制。宋代瓷质酒具主要包括盏、梅瓶、玉壶春瓶、执壶、温碗等，器物具有沉静俊秀的典型风格，反映出宋代文化兼具精巧雅致的美学境界和独特趣味的实用追求。与宋并存的辽、金、西夏少数民族地区，常以鸡冠壶和鸡腿瓶作为酒具，皆因鸡冠壶和鸡腿瓶的便携功能，十分适合游牧民族特性。

玉壶春瓶、梅瓶、盏、执壶仍是元代重要的酒具类型。玉壶春瓶，因宋人诗句"玉壶先春""玉壶买春"而得名。故宫博物院藏元黑釉加彩"酒"字玉壶春瓶（图26-3）[4]，表明元代此类器物的用途依旧。陕西蒲城洞耳村元代张按答不花

图26-2　元青花莲池鸳鸯纹套盒

图26-3　元黑釉加彩"酒"字玉壶春瓶

---

1 上海博物馆编：《幽蓝神采：元代青花瓷器特辑》，上海书画出版社，2012年，第156页、第157页图47。该套盒通高23.3厘米、口径18.5厘米、足径13.5厘米。
2 刘冰：《内蒙古赤峰沙子山元代壁画墓》，《文物》，1992年第2期，第24—27页、图版贰：2。
3 杨哲峰：《从蒲城元墓壁画看元代匜的用途》，《中原文物》，1999年第4期，第71—74页。
4 图片引自故宫博物院：《故宫博物院藏元代瓷器（下）》，故宫出版社，2016年，第572页。

夫妻墓西壁和西南壁绘有"行别献酒图"（图26-4）[1]更是直接绘出元人以玉壶春瓶作为贮酒器在庭前奉酒的场面。元代梅瓶和玉壶春瓶一样，存世量颇为丰富。梅瓶造型承袭宋金之风，但相比宋代，器形渐渐变大，一般高为35厘米至50厘米之间，部分带盖。其中带有"内府""细酒"铭款的梅瓶，可能是用来装盛宣徽院所产美酒的储酒瓶[2]。

图26-4 陕西蒲城洞耳村元代张按答不花夫妻墓壁画"行别献酒图"

宋人饮酒器多为口径较大的盏，而到了元代，瓷盏尺寸变小，口径多小于10厘米，许多人称之为"小杯"，如山东省青州市青州粮食中转库铁路西元墓出土的元青花菊花纹小杯（图26-5），口径7.5厘米、足径2.9厘米、高3.9厘米[3]；英国大维德基金会收藏的元釉里红桃形杯（图26-6），口径9厘米、高3.2厘米[4]。执壶亦是如此，元代执壶大小有别，其中许多小型执壶造型独特，为前朝少见。如浙江杭州朝晖路元代窖藏出土的元龙泉窑青釉印花葫芦形执壶（图26-7），口径2.3厘米、足径4.8厘米、高12.5厘米[5]；内蒙古自治区乌兰察布市察右前旗土城子古城窖藏出土的元青花折枝牡丹纹梨形执壶（图26-8），口径3厘米、底径4.6厘米、高13.5厘米[6]。小型酒具在景德镇窑、龙泉窑、磁州窑、钧窑、霍州窑等南北窑场皆有生产，极具时代特色。此类小型酒具的流行，与元代蒸馏酒的引入和普及关系密切。

中国于元代才开始生产出真正意义上的蒸馏酒。黄时鉴在《中西关系史年表》中总结道："阿剌吉酒在元代中土各民族中广泛流行，对人民的饮食文化产

---

1 陕西省考古研究所：《陕西蒲城洞耳村元代壁画墓》，《考古与文物》，2000年第1期，第17页，图片转引自该期期刊封面。
2 施静菲：《蒙元宫廷中瓷器使用初探》，《美术史研究集刊》，2003年第15期，第17页。
3 北京艺术博物馆、北京市元青花文化交流中心、首都博物馆：《元青花》，河北教育出版社，2009年，第97页。现藏山东省青州市博物馆。
4 叶佩兰：《海外遗珍·陶瓷（卷二）·宋金陶瓷·元代陶瓷》，北京大学出版社，2016年，第290页。图片转引自第291页。
5 张柏主编：《中国出土瓷器全集9（浙江）》，科学出版社，2008年，第217页图217。现藏杭州市历史博物馆。
6 北京艺术博物馆、北京市元青花文化交流中心、首都博物馆：《元青花》，河北教育出版社，2009年4月，第76页。

图 26-5　元青花菊花纹小杯

图 26-6　元釉里红桃形杯

图 26-7　元青釉印花葫芦形执壶

图 26-8　元青花折枝牡丹纹梨形执壶

生影响。'阿剌吉'这一源于阿拉伯语的词汇，也因此成为蒙古语、藏语、维吾尔语、满语的词汇，成为这些民族'烧酒'（即蒸馏酒）的名称。"[1]蒸馏酒在全国普及，促进瓷质酒具的创新，从而使得元代酒文化发生质的变化。蒸馏酒作为度数较高的酒，常常不需要温热，因此宋代常见的温酒器渐渐不再流行。元代南北宴席上所饮黄酒，可用银质或铜质铫子随时烫热[2]。度数较高的酒，决定了瓷质酒具的尺寸变小，因此元代小杯大量出现，随之组合的是劝盘。如安徽太湖县白里镇阮氏一世祖墓出土的一组元青花缠枝花小杯、劝盘（图26-9）[3]；江西景德镇落马桥元代窑址出土的青花小杯、劝盘，小杯直口卧足，涩底，口径6.9厘米，劝盘口径16厘米、底径14厘米，劝盘盘心有承托杯的凸起圈，可知两者是成套使用的。[4]

劝盘不仅和小杯成套使用，还与高足杯相组合，劝盘、高足杯皆是适用蒙古游牧习俗和伊斯兰生活传统创制的酒具。《新增格古要论》载："古人……饮酒

---

[1] 黄时鉴：《中西关系史年表》，浙江人民出版社，1994，第298页。
[2] 扬之水：《元明时代的温酒器》，《南方文物》，2006年第1期，第232—233页。
[3] 北京艺术博物馆、北京市元青花文化交流中心、首都博物馆：《元青花》，河北教育出版社，2009年，第100页图100。现藏于安徽省太湖县文物管理所，原文名为缠枝花卉纹盏和双芦雁穿花纹托。
[4] 香港大学冯平山博物馆：《景德镇出土陶瓷》，香港大学出版社，1992年。

用盏，未尝把盏，故无劝盘。……古人用汤瓶、酒注，不用胡瓶及有嘴盂、茶钟、台盘。此皆胡人所用，中始于元朝。"[1] 高足杯是元代十分常见的器具，有人认为其主要用于饮用马乳酒等。部分高足杯口径较小，可能饮用的是多次蒸馏的乳酒。如北京故宫博物院藏元青花龙纹高足杯（图26-10），口径9厘米、足径3.2厘米、高8.5厘米；[2] 甘肃平凉崆峒区出土的元白地黑花高足杯（图26-11），口径9.4厘米、足径4厘米、高10.3厘米。[3] 小型高足杯在景德镇窑、龙泉窑、钧窑、磁州窑等南北窑场皆有生产，反映了蒸馏酒的流行。

蒸馏酒的普及，促进元代酒具的造型、尺寸和器类组合发生变化，这不仅反映了与酒本身的搭配不同、社会饮酒习俗的变迁，还反映出器物工艺和社会审美的发展。虽然元代统治者十分注重吸收、借鉴中原文化，并对各种外来文化秉持开放兼容的做法，但来自统治阶层的草原游牧文化仍然占据上风，因此多数瓷器有朴实粗犷、厚重硕大的时代特征，瓷器的造型和功用也主要适用于统治阶层的习俗和审美需求。双系、四系瓶壶也成为元代重要的酒具品类，造型特征为短颈、颈部有对称的双系或四系。此类设置便于悬挂、提拎，与游牧民族生活习惯有

图26-9　元青花缠枝花小杯、劝盘

图26-10　元青花龙纹高足杯

图26-11　元白地黑花高足杯

1　[明]曹昭著、王佐补：《新增格古要论》（下册），中国书店出版社，1987年。
2　故宫博物院：《故宫博物院藏元代瓷器（上）》，故宫出版社，2016年，第58页、第59页图18。
3　张柏主编：《中国出土瓷器全集16（甘肃等）》，科学出版社，2008年，第83页图83。现藏甘肃省平凉市博物馆。

关。明初酒具承元之制，少有创新，从遗物来看，蒸馏酒和酿造酒皆有流行。明清时期，部分瓷质酒具形制变得轻巧美观，逐渐向陈设器转变。瓷质酒具作为酒文化的重要载体，随着社会政治、经济、文化、科技的发展而变化，始终与人类文明的发展同步。

元人好酒，亦喜茶。中国是茶的故乡，关于茶的文字记载已有三千多年历史[1]。历史上，茶文化于唐、宋时进入繁荣时期，到了元代，饮茶习俗不仅没有消退，而且在民间大众生活中，成为"柴米油盐酱醋茶"[2]的开门七件事之一。

宋代斗茶在元代渐渐消隐，元初点茶之风继续流行。元代前期耶律楚材于《西域从王君玉乞茶因其韵（七首之七）》中有描写点茶的诗句："黄金小碾飞琼屑，碧玉深瓯点雪芽。"[3] 元代壁画中也出现点茶场景。内蒙古赤峰沙子山元代壁画墓北壁东段绘有"点茶图"（图26-12），中央有一长桌，桌上摆有碗、茶盏、双耳瓶和小罐，桌后有三人，左侧女子左手端碗，右手持双筷搅拌，中间一人正双手持壶往女子碗内注水，右侧女子右手托茶盏[4]。山西大同元冯道真墓墓室东壁南端壁画（图26-13）中绘有一道童正用盏托端茶，他背后的方桌上就摆着鼎形风炉、汤挑、茶笼、三个茶盏、三个茶托、两盘果品及一个带盖罐，上斜贴一纸条，墨书二字"茶末"，[5] 茶末为点茶所用。

宋人饮茶喜用黑釉茶器。元代茶具除了黑釉瓷，还可见青瓷、青白瓷、白

图26-12　内蒙古赤峰沙子山元代壁画墓北壁东段所绘"点茶图"

图26-13　山西大同元冯道真墓壁画"进茶图"

---

1 参见《尔雅·释木篇》。
2 元杂剧《刘行首》二折诗曰："教你当家不当家，及至当家乱如麻。早起开门七件事，柴米油盐酱醋茶。"
3 转引自孙机：《唐宋时代的茶具与酒具》，《中国历史博物馆馆刊》，1982年第00期，第114页。
4 刘冰：《内蒙古赤峰沙子山元代壁画墓》，《文物》，1992年第2期，第24—27页、图版贰：1。
5 转引自孙机：《唐宋时代的茶具与酒具》，《中国历史博物馆馆刊》，1982年第00期，第116页、第116图五。

瓷和窑变瓷等，此外青花瓷、卵白釉瓷等也成为新兴茶具品种。茶盏造型既有斗笠碗造型，如冯道真墓壁画"进茶图"中的盏和江西高安元代窖藏出土的卵白釉印花斗笠形碗一致。也有侈口、圆弧腹的形制，下承盏托，参见陕西西安张达夫夫妇墓出土的白瓷盏和盏托（图26-14），盏口径9.3厘米、足径3.6厘米、高3.7厘米[1]；北京旧鼓楼大街豁口东窖藏出土的元青花缠枝花卉纹盏、盏托（图26-15），盏口径10厘米、足径3厘米、高5厘米，盏托内口径5厘米、外口径12.5厘米、足径4.5厘米、高5.1厘米[2]。元代瓷质茶具的釉色和造型没有特定要求，茶具组合也趋于简化。茶具的演变与茶文化的发展息息相关，由宋入元，茶文化已由社会上层普及至广大百姓的生活之中。中国茶类由团饼茶向散茶转折，饮茶亦由煎点向冲泡过渡[3]。内蒙古赤峰市元宝山元代壁画墓东壁的"生活图"（图26-16）绘画中，长桌上可见宝珠钮黑花执壶、黑花盔罐和倒扣的白盏，桌旁男子左手捧碗，右手握研杵，正在研茶[4]。新安沉船也出水了石茶磨，壁画和实物共同揭示元代流行散茶，常将茶研成茶末冲泡饮用的习俗。

蒙古人本好酒，汉人素喜茶。元朝实行民族大迁徙和大杂居政策，清代赵翼于《蒙古、色目人随便居住》中认为，元代蒙古人、色目人与汉人相混，并无限制，因而在中原、江南分布甚广[5]，这种民族融合，促使蒸馏酒技术在全国普及以及茶文化在南北疆域的盛行。北方游牧民族的茶饮和茶道，显然受到中原文化的

图26-14 陕西西安张达夫夫妇墓出土的白瓷盏和盏托　　图26-15 元青花缠枝花卉纹盏、盏托

---

1 张小丽：《西安曲江元代张达夫及其夫人墓发掘简报》，《文物》，2013年第8期，第33页、第35页图二三。
2 上海博物馆编：《幽蓝神采：元代青花瓷器特辑》，上海书画出版社，2012年，第226页、第227页图81。
3 王子怡：《中日陶瓷茶器文化研究》，清华大学文学博士学位论文，2004年，第81-87页。
4 项春松：《内蒙古赤峰市元宝山元代壁画墓》，《文物》，1983年第4期，第43页、第97页　图版伍：1。
5 [清]赵翼：《蒙古、色目人随便居住》，《陔余丛考》，河北人民出版社，1992年，第191页。

图 26-16　内蒙古赤峰元宝山元代壁画墓东壁"生活图"　　图 26-17　山西兴县红峪村元至大二年墓壁画"备酒图"和"备茶图"

影响，体现元人对茶文化的追求和趋同；而相同酒器组合在蒙汉墓葬中的出现，展现酒文化的推广和流行。酒茶文化成为元人生活中并存的常态，有时同一种器具也可既作茶具，又作为酒具被使用。山西兴县红峪村元至大二年（1309年）墓壁画"备酒图"和"备茶图"（图26-17）[1]中皆出现荷叶盖罐。备酒图中，大的荷叶盖罐与玉壶春瓶同时放于桌上，一位仕女正在桌旁斟酒，应为酒具；而备茶图的荷叶罐则展示其储存功用。荷叶盖罐在耀州窑、龙泉窑、景德镇窑、磁州窑、吉州窑、钧窑、玉溪窑等瓷窑皆有生产，是元人生活中的常见器物。元代特有的酒茶文化，反映出在元朝大一统的时代背景下，蒙汉文化、南北文化和谐交融的社会场景。

第二节　祭供与雅玩——元代香花器具的两种样态和陈设组合

元代宗教、祭祀文化盛行，瓷器的重要品类除了饮食器具，还包括大量的供器和陈设器，共同组成元人日常生活用具。陈设供器中以"香花供养"的仿古炉瓶最为常见。有学者参考书画、文献资料，梳理新安海底沉船出水的仿古器物的类型和组合，认为以炉、瓶为代表的仿古瓷器，既是供奉祭祀的香花之具，又为燕闲清赏的重要组合。[2]

宋代所确立的祭器制度，是在以《三礼图集注》和《重修宣和博古图》为代表的两种范式的相互补正中建立起来的[3]。自宋以来，一炉二瓶的三供组合逐渐

---

[1] 山西大学科学技术哲学研究中心等：《山西兴县红峪村元至大二年壁画墓》，《文物》，2011年第2期，第42页图五第4幅、第43页图九第12幅。

[2] 袁泉：《新安沉船出水仿古器物讨论"以炉瓶之事为中心"》，《故宫博物院刊》，2013年第5期，第70—93页。

[3] 袁泉：《洛渭地区蒙元墓随葬明器之政治与文化考》，《中国国家博物馆馆刊》，2013年第10期，第68页。

图 26-18 元青花带座香炉和"宗位"铭带座长颈瓶

成为佛前香花供奉的主要样式[1]。《元史·祭祀志》载："中统以来，杂金、宋祭器而用之。至治初，始造新器于江浙行省，其旧器悉置几阁。"[2] 元代祭供组合也承袭宋金之制。元代瓷器遗物中常见香炉、花瓶供器组合，如上海青浦区任氏墓出土的卵白釉香炉、双耳瓶和卵白釉器座[1]和江西萍乡市福田乡下石村窖藏出土的青花带座香炉和"宗位"铭带座长颈瓶（图26-18）组合[4]等。而山西地区元墓出土的陶瓷明器也展示了一炉居中、一烛台、二瓶左右对称摆陈的五供模式[5]。元至治《新刊全相平话五种·前汉书续集》"吕后祭汉王图"（图26-19），以元人视角再现吕后祭汉高祖的场景，供桌上设鬲式香炉一、贯耳花瓶二、香盒一，展现14世纪前期，香盒、香炉与花瓶构成三供组合，同为爇香供具；而"汉高祖升遐立惠帝

---

1 袁泉：《新安沉船出水仿古器物讨论"以炉瓶之事为中心"》，《故宫博物院院刊》，2013年第5期，第86页。
2 [明]宋濂等：《元史》卷七四《祭祀志》，中华书局，2005年，第1847页。
1 沈令昕、许勇翔：《上海市青浦县元代任氏墓葬记述》，《文物》，1982年第7期，第54—60页。现藏南京博物院。
4 萍乡博物馆：《萍乡市发现元代青花瓷器等窖藏文物》，《江西历史文物》，1986年第1期，第46—48页。图片转引自上海博物馆编：《幽蓝神采：元代青花瓷器特辑》，上海书画出版社，2012年，第211页图73。
5 袁泉：《新安沉船出水仿古器物讨论"以炉瓶之事为中心"》，《故宫博物院院刊》，2013年第5期，第86页。

图 26-19 元至治《新刊全相平话五种·前汉书续集》"吕后祭汉王图"

图 26-20 元至治《新刊全相平话五种·前汉书续集》"汉高祖升退立惠帝图"

图"（图 26-20），供桌上则设五供，鬲式香炉一、托盏二、贯耳花瓶二[1]。因此陆明华先生论证，元代瓷质供器以三供为主，亦存在五供。五供包括鬲式香炉一、烛台二、花瓶二，而烛台用其他材质（铜锡之类）的可能性大[2]。

新安海底沉船曾出水大量青瓷和铜质炉、瓶、烛台类器物，沉船目的地是日本，表明元代祭供文化和仿古器具风尚已输出至日本。镰仓中期以来，通过中日寺社贸易，精致的宋元瓷器大量流入日本，在禅林社会与武家阶层的祭供、鉴藏活动中均扮演重要角色[3]。14 世纪至 15 世纪，"三具足"和"五具足"在日本寺社供器和瘗埋类祭器中十分流行。香炉一、瓶二、蜡台二，形成"五具足"（与中国"五供"一致）；从镰仓末期到室町时代，"五具足"简化成香炉、花瓶、蜡台各一的样式，组成"三具足"。材质上瓷、铜并用。

13 世纪至 14 世纪，江南地区的文风雅韵主导了工艺品面貌[4]，江南文人在风雅生活中点缀了烧香、点茶、挂画、插花的"四般闲事"[5]。明人周祈《明义考》载："以蹴香插花，谓之炉瓶。"仿古炉瓶频频出现于南方文人墓葬中，以上海

---

1 元至治《新刊全相平话五种》前汉书续集卷下，文学古籍刊行社，1956 年，第 339—341 页。转引自陆明华：《元青花瓷器综论》，《幽蓝神采：元代青花瓷器特辑》，上海书画出版社，2012 年，第 34 页、第 35 页插图 8、插图 9。

2 陆明华：《元青花瓷器综论》，《幽蓝神采：元代青花瓷器特辑》，上海书画出版社，2012 年，第 33—34 页。

3 袁泉、秦大树：《新安沉船出水花瓶考》，《考古与文物》，2016 年第 6 期，第 76 页。

4 蔡玫芬：《转型与启发：浅论陶瓷所呈现的蒙元文化》，石守谦等《大汗的世纪：蒙元时代的多元文化与艺术》，台北：故宫博物院，2001 年，第 233—235 页。

5 袁泉、秦大树：《新安沉船出水花瓶考》，《考古与文物》，2016 年第 6 期，第 96 页。

青浦任氏家族墓和杭州元代鲜于枢墓出土的瓷质香炉、壶瓶组合为典型[1]。文人墓中，与瓷炉、瓶伴出的还有砚滴、笔山、画轴、印章、砚台等文房雅具，以及铫子、盏托等点茶之具[2]。此外，元末佛画《祇园大会图卷》已初现"瓶炉三事"的香具组合，至16世纪成为文人香式陈设的流行组合[3]。除了祭供习俗，元代雅玩风尚也传入日本，对日本的社会审美产生重要影响。日本清净光寺和称名寺收藏了全为龙泉青瓷的奁式香炉、烛台和花瓶。而著写于贞治二年（1363年）的《仏日庵公物目录》记载了花瓶、香吕、笔山、砚滴、画轴等精雅唐物一并输入镰仓著名寺社的史实，材质包括陶瓷器、雕漆器、古铜器等[4]。该组合亦可与宋元江浙地区文人墓出土的随葬品相互印证。

宋元社会，瓶炉组合既可用于祭奉供养，又当得堂斋清赏，元代社会文化中的复古运动和精致生活美学，表明瓷器在宗教与世俗世界全方位、多层次的发展变容。[5]

---

[1] 袁泉：《新安沉船出水仿古器物讨论"以炉瓶之事为中心"》，《故宫博物院院刊》，2013年第5期，第88页。
[2] 蔡玫芬：《转型与启发：浅论陶瓷所呈现的蒙元文化》，石守谦等《大汗的世纪：蒙元时代的多元文化与艺术》，台北：故宫博物院，2001年，第233—235页。
[3] 袁泉、秦大树：《新安沉船出水花瓶考》，《考古与文物》，2016年第6期，第96页。
[4] 转引自袁泉：《新安沉船出水仿古器物讨论"以炉瓶之事为中心"》，《故宫博物院院刊》，2013年第5期，第69—93页。其中文中提到，近代开始使用的"唐货"一词，是对从中国和朝鲜半岛等大陆用船运过来的器物的统称。
[5] 袁泉、秦大树：《新安沉船出水花瓶考》，《考古与文物》，2016年第6期，第96页。

第二十七章
元代瓷器输出和中外双向文化互动

元代海外贸易发达，瓷器输出以海运交通为主，兼用陆路、水运，从整体上看，输出的路线、范围同宋代相比相差不多。置于世界人类文明史的大范畴内，中国以元代瓷器为代表的物质文明的输出和传播，对欧、亚、非地区产生重要影响。元代中国瓷器的输出，不仅改变了亚非地区古代民族的生活习俗，同时影响到了欧洲人的日常生活方式，元代瓷器和制瓷技术输入欧洲并得以普及后，欧洲日常用器面貌也为之一新[1]。而输出地的制瓷技术和社会文化也持续地引入中国，促进了元代瓷业的变革和发展。中国从西亚经印度、中亚地区不断输入中国的琉璃与琉璃生产技术、低温彩釉生产技术等[2]，大大促进了元代琉璃、翠蓝釉和珐华瓷器的发展，为明清制品奠定基础。

第一节　元代瓷器输出路线

一、国内主要的瓷器运输路线

元朝发展江河航运、开辟海洋航线，通过水运和陆运，全国设置驿站1500处，构成以大都为中心的稠密交通网[3]。北方（主要是大都）所需粮食及其他物资多由江南供应，江南物资主要依靠运河北运，采用海运、漕运、陆运三种方式[4]。瓷器作为重要物资，也是如此。浙江、江苏、山东、河北、北京、天津、内蒙古等地都出土了龙泉窑和景德镇窑产品，在出土地点和

1　王光尧：《对中国古代输出瓷器的一些认识》，《故宫博物院院刊》，2011年第3期，第48页。
2　王光尧：《对中国古代输出瓷器的一些认识》，《故宫博物院院刊》，2011年第3期，第43页。
3　崔鹏：《从出土青花瓷窥景德镇元代商业交通》，《社会科学战线》，2012年第3期，第110页。
4　秦晓杰、彭善国：《东北地区出土元代瓷器初探》，《内蒙古文物考古》，2010年第2期，第118页。

瓷器的数量上也较同时期其他地区为多，而这些地区正处于漕运和海运路线的临近地带[1]。山东菏泽沉船[2]出土的元代景德镇窑、龙泉窑、钧窑、磁州窑等生活用具，同出的还有漆器、玉器、铜器和金饰等，直接揭示元代内河航运的盛况。此外江西、四川、安徽、山东、甘肃等地也出土了大量元代瓷器[3]，集中于长江流域和大运河沿岸。大都作为政治中心和商业中心，是大运河的起点，成为瓷器产品的集散地，通过瓷器贸易将南方产品流向北方各地。

而元上都则是这些瓷器的第二个重要中转站[4]。大都与上都交通繁忙。元朝与北方蒙古草原交通发达，大都至上都之间，除帝王所走的黑谷路，至少有3条商贸交通干线[5]。根据北方草原地带元代城镇分布特点，从元大都出发，沿西部漕运路线，经陆路和水路至宁夏[6]，逆黄河而上到内蒙古、新疆地区。在陕西西安曲江[7]、甘肃武威[8]、内蒙古元上都遗址[9]、集宁路遗址[10]、包头燕家梁遗址[11]、黑水城遗址[12]到蒙古国的哈剌和林古城遗址[13]和新疆伊犁霍城县[14]都发现了元代南北方瓷器的遗迹。

元朝通往钦察汗国的交通干线即由上都出居庸关，经天德军（今大同），沿河套而至河西走廊至沙州（今安西），取天山北路至察合台汗国的阿里麻里（今霍城一带），再西行至钦察汗国辖境[15]。国内出土元青花主要分布于大运河沿岸城市和元朝通往钦察汗国的交通干线[16]，展示由景德镇通往汗国地区的分布路线图。

---

1 秦晓杰：《内蒙古、东北地区出土元代瓷器初步研究》，吉林大学硕士学位论文，2009年，第32页。
2 山东省文物考古研究所、菏泽市文物事业管理处：《山东菏泽元代沉船发掘简报》，《文物》，2016年第2期，第47—49页。
3 例见江西陂阳县窖藏、江西九江市墓葬、江西丰城县墓葬、四川三台县窖藏、安徽歙县窖藏、山东菏泽沉船、甘肃漳县汪氏家族墓等元代遗存。
4 秦晓杰：《内蒙古、东北地区出土元代瓷器初步研究》，吉林大学硕士学位论文，2009年，第32页。
5 德山、乌日娜、赵柏璧：《蒙古族古代交通史》，辽宁民族出版社，2006年。转引自崔鹏：《从出土青花瓷窥景德镇元代商业交通》，《社会科学战线》，2012年第3期，第110页。
6 吴宏岐：《略论元朝的西部漕运》，《河北学刊》，1991年5月，第88—90页。
7 西安市文物保护考古研究院：《西安曲江元代张达夫及其夫人墓发掘简报》，《文物》，2013年第8期，第27—48页。
8 贾建威：《介绍几件甘肃省出土的元青花瓷》，《考古与文物》，2009年第4期，第112—113页。
9 彭善国：《试论内蒙古地区出土的元代瓷器》，《辽金元陶瓷考古研究》，科学出版社，2013年12月，第210页。
10 陈永志主编：《内蒙古集宁路古城遗址出土瓷器》，文物出版社，2004年。
11 祝福：《包头燕家梁考古发掘出土大批元代文物》，《内蒙古日报（汉）》，2006年7月7日。
12 Bo Sommarstrom: Archaeological Research in the Edsen-Gol Region Inner Mongolia, Stoekholm, 1956—1958；内蒙古文物考古研究所等：《内蒙古黑城考古发掘纪要》，《文物》，1987年第7期，第1—23页。
13 佟柱臣：《中国边疆民族物质文化史》，巴蜀书社，1991年，第94页。
14 新疆博物馆：《新疆伊犁地区霍城县出土的元青花瓷等文物》，《文物》，1979年第8期，第26—28页。
15 萧樾：《中国历代的地理学和要籍》，广西师范大学出版社，2002年。转引自崔鹏：《从出土青花瓷窥景德镇元代商业交通》，《社会科学战线》，2012年第3期，第110页。
16 崔鹏：《从出土青花瓷窥景德镇元代商业交通》，《社会科学战线》，2012年第3期，第110页。

而元代中国南部的主要运输路线则以赣江、珠江两大水系为基础，将景德镇瓷器销售到西南、华南一带，并输出至海外[1]。江西瓷器产品外销的途径主要靠水路航运，次为水陆路兼程：一为由昌江至赣江，再由鄱阳湖入长江出海，经明州（宁波）、泉州等大港出海，这条水道是当时的主要路线；另一经铅山河口，逾福建崇安过武夷，泛江建阳，会于建宁；或由王虎打关逾光泽，下邵武，过顺昌，会于延平（南平），这两路均从闽江上游下船运到福州，而后易舟出海抵泉州；还有一路由瑞金逾汀州（长汀），陆路至漳州、同安到泉州，这三路均为由水路和陆路经肩挑和畜驮，转运到福建泉州出海；再一路是由赣州贡水启运，经短途陆路入浈水至广州出海[2]。

二、瓷器输出路线

元代瓷器输出主要靠海运。元朝在允许、扶植、参与工商业、推动海外贸易方面与宋朝一脉相承，造就了以东南沿海地区为先导的全国性经济繁荣[3]。史载："至元十五年（1278年）诏行中书省唆都、蒲寿庚等曰：'诸蕃国列居东南岛寨者，皆有慕义之心，可因蕃舶诸人宣布朕意，诚能来朝，朕将宠礼之，其往来互市，各从所欲。'"[4] 元代造船技术提升和航线航行技术改进[5]，"诸蕃国之入中国，一岁可以往返，唯大食必二年而后可"[6]。大连市甘井子区元代墓葬、江苏丹徒照临村元代窖藏及河北磁县漳河故道发现的元代沉船中出土的"王"字碗，经考证是元磁州窑中的航海用水罗盘，应为"针"碗[7]。

制度化管理和法制实施对于瓷器的海外合法交易具有重要意义。元世祖定江南后，凡邻海诸郡与蕃国往返互易舶货，以市舶官主之。14世纪上半叶，元朝统治阶层在泉州、庆元、上海、澉浦等地设立市舶司[8]，收取关税以补财政。至元三十年（1293年）制定了市舶法以加强市舶贸易管理，海外贸易实行双轨制，同时允许官本和民间商人参与[9]。至元二十一年（1284年）元朝实行了"官本船"贸

---

1 崔鹏：《从出土青花瓷窥景德镇元代商业交通》，《社会科学战线》，2012年第3期，第111页。
2 余家栋、徐菁、余江安：《赣江上游的瓷业明珠——江西赣州七里镇窑》，《南方文物》，2007年第1期，第118页。
3 栾成显：《宋元明时代经济发展的新趋势与明太祖的经济政策》，中国明史学会编：《明史研究》，第10辑，第192—201页。
4 许慕羲：《元朝官廷秘史》，内蒙古人民出版社，2008年，第409页。
5 汶江：《元代的开放政策与我国海外交通的发展》，《海交史研究》，1987年第2期，第31—35页。
6 周去非著、杨武泉校注：《岭外代答校注》，中华书局，1999年，第127页。
7 王振铎：《试论出土元代磁州窑器中所绘磁针》，《中国历史博物馆馆刊》，1979年第1期，第73—79页。
8 ［明］宋濂等：《元史》，中华书局，2000年，第1592—1593页。
9 李治安：《元至明前期的江南政策与社会发展》，《历史研究》，2016年第1期，第45页。

易[1]。"官本船"多数航往印度洋贸易，如杨枢于大德五年（1301年）航往印度洋[2]；民间海外贸易分为正当贸易和走私贸易两种，其相对"官本船"更加频繁，如汪大渊曾两次带有元青花等商品的商舶航往太平洋、印度洋[3]。同时元朝实行"选人入蕃"制，对官民贸易分类管理，通过政府调控税率，加强控制官僚权势之人经商，确保统治者对海外贸易的控制权[4]。元代政府继承了南宋的鼓励对外贸易方法，采取积极开放的贸易政策，海外贸易比宋代扩大，在海外出土的瓷器数量大大超过以前各个时代。

根据前人研究，元代瓷器输出海运航线至少分为三个方向：一是自大都出发，由渤海湾（主要是直沽港，今天津）及东部沿海港口（主要为山东登州港）出发，东至朝鲜半岛、日本岛；二是主要由扬州港、明州港、杭州港、泉州港等江南港口出发，北上至朝鲜半岛和日本岛。两条航线主要见于《元史》《日本国传》《日本传》等文献记载；三是由浙江、福建、广东沿海港口城市出港，经过东南亚、印度，到达波斯湾、红海的南海路[5]。

《真腊风土记》描述："真腊国或称占腊，其国自称曰甘孛智。……自温州开洋，行丁未针，历闽、广海外诸州港口，过七洲洋，经交趾洋，到占城；又自占城顺风可半月到真蒲，乃其境也。又自真蒲行坤申针，过昆仑洋，入港；……至大德丁酉六月回舟，八月十二日抵四明泊岸，其风土国事之详虽不能尽知，然其大略亦可见矣。"[6]文献梳理了元代通东南亚诸番的南洋贸易。元顺帝时《岛夷志略》多处描述中国与西洋的瓷器贸易，如《岛夷志略》之"龙牙门"条载"贸易之货……赤金、青缎、花布、处瓷器、铁鼎之类。……舶往西洋，本番置之不问"[7]等。元代西洋贸易除了直接贸易外，还有多条间接贸易路线，有学者统计《岛夷志略》的"甘埋里"条、"北溜"条、"苏禄"条、"旧港"条、"无枝拔"条、"淡邈"条、"须文答剌"条等东南亚国家同西洋的通商货品。[8]

---

1 ［明］宋濂等：《元史》卷九十三《志第四十二·食货二》，中华书局，1976年，第2402页。
2 黄溍：《松江嘉定等处海运千户杨君墓志铭》，《金华黄先生文集》卷三五，四部丛刊初编，商务影印元写本，1929年，第15—17页。
3 ［元］汪大渊著、苏继庼校释：《岛夷志略校释》，中华书局，1981年，第1页。
4 ［明］宋濂等：《元史》，北京：中华书局，2000年，第1273页。
5 中国历史博物馆地图组：《〈元代中外交通路线示意图〉说明》，《历史教学》，1981年4期，第63页。文曰：沿途可到越南、印度尼西亚、文莱、沙捞越、菲律宾、柬埔寨、泰国、马来西亚、缅甸、孟加拉。沿印度东海岸航行至马八儿（今马德拉斯地区）、加异勒（今土提科林）。向南渡海就可达僧伽那山（今斯里兰卡）。沿着印度西海岸向西北航宁就直抵波斯湾著名商港忽里模子（今属伊朗阿巴斯港）、波斯啰（今伊拉克巴士拉）。由忽里模子往南就可达祖法儿（今阿曼佐法儿），向西就可达亚丁湾入红海到默伽城和密昔尔（今埃及）。由祖法儿往西南经速可亦剌岛（今索科特拉岛）直抵层摇罗（今属坦桑尼亚达累斯撒拉姆沿海）、马达伽思迎儿（今马达加斯加）等非洲地区。
6 ［元］周达观：《真腊风土记校注》，中华书局，1981年，第15—16页。
7 ［元］汪大渊、苏继庼校释：《岛夷志略校释》，中华书局，1981年，第213—214页。
8 潘天波：《从部落到国家：元代海上丝路漆器文化的历史与逻辑》，《深圳大学学报》，第33卷第1期，第25—26页。

元代陆运交通仍占重要地位。《万历野获编》曾记述了元代陆运瓷器方式："余于京师，见北馆伴口夫装车，其高至三丈余，皆鞑靼、女真诸部及天方诸国贡夷归装所载。他物不论，即以瓷器一项，多至数十车。余初怪其轻脆，何以陆万里？即细叩之，则初买时，每一器内纳沙土及豆麦少许，叠数十个，辄牢缚成一片，置之湿地，频洒以水。久之，则豆麦生芽，缠绕加固，试投之牢确之地，不损破者，始以登车，临装驾时，又从车上掷下数番，其坚韧如故者，始载以往，其价比常加十倍。"[1] 表述了陆运瓷器成本之高，因此成为奢侈之物。13 世纪晚期和 14 世纪，元代瓷器重要的陆路路线是经大都、元上都中转，到达蒙古国

图 27-1　元青白釉镂雕玉壶春瓶

的哈剌和林、新疆伊犁霍城之后，继续向西进入汗国区域，陆路到伊朗大不里士（主导两河流域贸易）。[2] 此外，水陆运交通还包括西南丝绸之路，指经四川、贵州、云南、西藏、广西到达印度、东南亚以及更远的道路[3]。

1936 年至 1939 年，伊朗尼沙布尔考古发掘出元青花瓷器[4]；1977 至 1978 年，波斯湾巴林的巴林堡出土两片元青花瓷片[5]；黎巴嫩的巴勒贝克出土一片元青花碗片[6] 等。都柏林爱尔兰国立博物馆藏有元青白釉镂雕缀珠玉壶春瓶（图 27-1），又称"冯席勒瓶"（Fonthilivase）[7]，林梅村先生根据史料考证，元顺帝曾派安德烈（Andrew Frank）使团从汗八里（今北京）出访阿维农（今法国南部）拜会教皇本笃十二世，途径匈牙利时将此器赠予路易斯。这是目前所知最早传入欧洲的中国瓷器之一[8]。马其顿的斯科普里也发现青地白花双凤穿花纹盘和四鱼纹盘[9]。元代瓷

---

[1] 转引自崔鹏：《从出土青花瓷窥景德镇元代商业交通》，《社会科学战线》，2012 年第 3 期，第 112 页。
[2] 朱亦梅：《伊朗、土耳其藏元青花来历探究》，《东方收藏》，2011 年第 9 期，第 33—35 页。
[3] 孟庆利：《论中国北方草原地带元代的瓷器贸易》，内蒙古师范大学硕士论文，2015 年 5 月，第 22—35 页。
[4] ［日］三上次男著、李锡经等译：《陶瓷之路》，文物出版社，1984 年，第 98 页。
[5] Michele Pirazzoli-t' Serstevens: Chinese Ceramics Excavated in Bahrain and Oman, Essay in Honour of Professor Dr. Tsugio Mikami on His 77th Birthday, Vol.Arehaeology, Tokyo, Heibonsha, 1985, PP.315—335。
[6] ［日］三上次男著、李锡经等译：《陶瓷之路》，文物出版社，1984 年，第 71 页。
[7] John Carswell, Blue and White: Chinese Porcelain around the World, London: British Museum, 2000, P171—173, Plate201.
[8] 林梅村：《元朝重臣张珪与保定出土元代官廷酒器》，《故宫博物院院刊》，2009 年第 3 期，第 30 页。
[9] John Carswell, More About the Mongals: Chinese Porcelain from Asia to Europe, Asian Affairs, Vol. XXXVI, No. II, 2005.

器在西亚、欧洲的发现，勾勒出元代瓷器的西行之路。

除官府和民间商贸活动外，元代瓷器还通过政府外交方式走向世界，此类瓷器可称为赏赉瓷或朝贡贸易瓷，指中国皇帝或中央对外国和汗国君臣的赏赐用瓷。[1] 上文所述青白釉镂雕玉壶春瓶，表明至治年间，中国已与欧洲地区建立良好的外交。在西亚和中东地区，现藏伊朗、土耳其的精美元青花龙泉窑瓷器，更是皇室外交的有力物证，部分"赐赉瓷"带有波斯文、阿拉伯文铭款。哈佛大学福格美术馆（Fogg Art Museum）收藏一件波斯文款元青花大盘[2]，有研究认为这些波斯文款元青花为浮梁磁局"回回工匠"直接参与按照蒙古大汗志趣烧造的朝贡贸易产品[3]。"在东爪哇发现一片满绘莲花及典型葫芦形莲叶大盘残片，带有阿拉伯字母，它和原伊朗阿特别尔寺以及美国哈佛大学萨格拉博物馆藏品中带有波斯文的大盘相似。这说明他们都是为波斯定制的。"[4] 印尼也发现了釉下彩波斯文款青花碗[5]。

第二节　以输出为主导的文化交流

通过海陆交通，元代瓷器的输出范围包括西亚、东亚、东南亚、南亚和非洲东海岸的广大地区，少数欧洲国家也发现了元代瓷器踪迹。输出品种主要包括龙泉窑青瓷、景德镇窑青白瓷、青花瓷、釉里红瓷、磁州窑白地黑花瓷、钧窑瓷，还有福建、广东沿海地区民窑烧制的仿龙泉青瓷、青白瓷、青花瓷等。多数元代输出瓷器与同时期国内遗址出土的瓷器完全相同。元代中国瓷器的输出，不仅改变了亚非地区古代民族的生活习俗，同时影响到了欧洲人的日常生活方式，元代瓷器和制瓷技术输入欧洲并得以普及后，欧洲日常用器面貌也为之一新。[6] 中国制瓷工艺引导着亚非欧民族社会审美和工艺制作的转变，直接推动民代瓷器制造业的发展。同时输出地的制瓷技术和文化艺术也持续地被引入中国，促进了元代瓷业的变革和发展。

元代瓷器中极具特色的大盘、大碗等器物，主要输出至汗国和其他伊斯兰地区。伊斯兰地区的饮食习惯，通常是将食品放在大盘中，众人围坐或席地而食。[7] 土耳其托普卡比宫殿所藏14世纪波斯绘画显示，宫廷宴会的桌上摆放着青花大

---

1 余城：《明代青花瓷器的发展与艺术之研究》，台北：文史出版社，1986年，第83页。
2 John Carswell, Blue and White: Chinese Porcelain around the World, London: British Museum, 2000, 46, Plate49。
3 林梅村：《元朝重臣张珪与保定出土元代宫廷酒器》，《故宫博物院院刊》，2009年第3期，第28页。
4 汪庆正：《世界各地元青花瓷的发现与收藏》，《收藏》，2004年第5期，第15—20页。
5 周礼顺：《我在印尼收藏元青花》，《文物天地》，2006年第1期，第76页。
6 王光尧：《对中国古代输出瓷器的一些认识》，《故宫博物院院刊》，2011年第3期，第46、48、54页。
7 朱伯谦：《览翠集》，科学出版社，2009年。

碗、壶、瓶等瓷器（图27-2）[1]；伊斯兰细密画用餐图（图27-3）[2]绘有自元至明初众人围坐饮食的场景，中间放置盛有米饭或汤汁的白地蓝花大盘和大碗；1396年，在扎拉伊尔王朝的细密画中也出现了作为宫廷宴会用具的元青花和蓝釉白龙纹玉壶春瓶[3]，皆表明中国瓷器已成为宫廷重要的日常生活饮食器。世界上考古发掘出土元青花最多的地方——印度德里图格拉克宫，于1960年出土了72件元代瓷器，器物多为大型元青花瓷器和青瓷，上面有明显的使用痕和锔眼，表明这批瓷器主要是用作伊斯兰帝王、贵族的餐具[4]。

瓷器输送到中东地区，打破了伊斯兰教不得有偶像崇拜的桎梏，题材中加入龙凤、麒麟等中国传统题材，这种影响波及伊朗和中西亚地区，对土耳其伊兹尼克陶

图27-2　土耳其托普卡比宫殿所藏14世纪波斯绘画

图27-3　伊斯兰细密画用餐图

---

1 图片转引自王爱东：《蒙元瓷器风格形成因素分析》，《北方文物》，2017年第2期，第76页。
2 图片转引自陆明华：《元青花瓷器综论》，《幽蓝神采：元代青花瓷器特辑》，上海书画出版社，2012年，第53页：插图31、插图32。
3 Walter B. Denny: Blue and White Islamic Pottery on Chinese Themes, Boston Museum Bulletin, Vol. LXXII, No.368, 1974, PP.76—99. 转引自马文宽：《中国青花瓷与伊斯兰青花陶》，《中国历史文物》，2003年第1期，第70页。
4 Ellen S. Smart: Fourteenth Century Chinese Porcelain From A Tughlaq Palace in Delhi, T.O.C.S. 1975—1976, 1976—1977, PP.199—230。

瓷产生巨大影响[1]。元青花行销伊斯兰世界后，埃及、叙利亚、伊朗等地陶工立即进行了仿制。叙利亚哈马（Hama）古城的 14 世纪文化层不仅出土了中国青瓷、德化白瓷、青花瓷，也发现一些仿元青花造型和纹饰的伊斯兰青花陶器[2]。丹麦哥本哈根国家博物馆收藏的 14 世纪末期伊斯兰陶碗[3]就是重要的实物例证。15 世纪起，东到中亚、西至埃及的伊斯兰世界陶瓷生产均出现了元青花瓷的仿制品，伊斯兰各国仿制元明青花持续了 300 余年，并将中国制瓷技术传入了欧洲[4]。

元代瓷器被当作重要的装饰或礼仪用具使用。非洲地区出土的瓷器，主要发现于靠近红海的北非和临近印度洋的东非，除了用作生活用具，部分中国瓷器还装饰于宫殿、贵族邸宅、清真寺、墓葬、城墙等建筑表面[5]。非洲东海岸肯尼亚等地常见柱墓的柱子或丘墓的墓表镶嵌龙泉窑青瓷罐、碗、盘和青花碗、盘（图 27-4）[6]。

国内日常用瓷输出到国外，常被尊为奢侈之物。伊朗阿德比尔陵神殿和欧洲多国王宫内常把中国的瓷盘镶嵌到墙或天花板上，作为重要财物展示出来。元青花和龙泉青瓷传入古波斯地区长期受到王室和贵族的喜爱。尤其是伊朗阿巴斯王（1578—1629 年）在 30 余件瓷器上面钻刻或堆贴阿拉伯文以示主权，例如现藏伊朗国家博物馆的元青花缠枝花梅瓶，肩颈部钻刻有阿拉伯文阿巴斯王的名字[7]。始发自庆元（宁波）港欲与日本、高丽交易的新安海底沉船，出水的瓷器以供器、陈设器和文房器为主，中国瓷器在其后的室町时代成为日本武家权门标示权利财

图 27-4　曼布鲁伊柱墓与顶部保留的龙泉窑青瓷大罐底部

1　康青：《互动互文的青花——透过元青花看土耳其伊兹尼克与景德镇青花瓷的文化互涉》，《中国陶瓷》，第 49 卷第 12 期，第 104—106 页。
2　马文宽：《中国青花瓷与伊斯兰青花陶》，《中国历史文物》，2003 年第 1 期，第 69 页。
3　J.A.Pope: Chinese Porcelain from Ardebil Shrine, Second Edition, Sotheby Parke Bernet, London and New Jersey, 1981, PP70、71.
4　马文宽：《再论中国青花瓷与伊斯兰青花陶》（下），《收藏家》，2010 年第 12 期，第 29 页。
5　马文宽、孟凡人：《中国古瓷在非洲的发现》，紫禁城出版社，1987 年，第 12—13 页。
6　转引自申浚：《非洲地区发现的元明龙泉窑瓷器》，《考古与文物》，2016 年第 6 期，第 111 页：图一。
7　转引自北京艺术博物馆、北京市元青花文化交流中心：《元青花》，河北教育出版社，2009 年 4 月，第 24 页。该梅瓶原藏阿迪比尔陵寺。

富与赏鉴品位的仪物[1]。

元代制瓷技术传播至亚洲多国。泰国拉麻卡曼国王于至元三十一年至大德四年（1294—1300年）两次访问元大都，并带陶工回国传授制瓷工艺，产品有仿龙泉青瓷、仿磁州窑白地黑花瓷和青花瓷；越南在14世纪后期仿制元青花，几乎以假乱真。[2] 朝鲜和日本地区也仿制过元青花和白地黑花瓷器[3]。

元朝瓷器输出成为国家重要的财政来源。虽然贸易瓷的生产仍以中国文化为主导，但为适应市场、扩大销售，中国输出瓷器在器类、造型、纹样等方面受产地和消费地的双重文化引导。如销往东南亚各国的福建窑场所产的军持、小盖盒等，就是顺应东南亚市场专门生产的瓷器品类。[4] 元青花也是蒙汉文化和伊斯兰文化共同的结晶。1998年安徽太湖白里镇阮氏一世祖墓出土的元青花鸡心扁腹执壶（图27-5）[5]与菲律宾罗伯特·维拉纽沃收藏的元青花鸡心扁腹执壶[6]造型相同，该器型受到了伊斯兰金属器形的影响[7]。

众所周知，高丽青瓷是在唐越窑和宋汝窑的影响下出现并发展起来，并长期受到中国青瓷影响[8]。元代中朝交往密切，《异域志》记载朝鲜国"其医巫卜筮，百工技艺，礼乐诗书，皆从中国。衣冠随中国各朝制度，用中国正朔，王子入中国太学读书"[9]。关于中国和朝鲜半岛

图27-5 元青花鸡心扁腹执壶

---

1 袁泉、秦大树：《新安沉船出水花瓶考》，《考古与文物》，2016年第6期，第76页。
2 转引自叶喆民：《中国陶瓷史纲要》第十二章，轻工业出版社，1989年；任荣兴：《宋元时期中国瓷器外销述略》，《史林》，1995年第3期，第46页。
3 叶佩兰：《元代瓷器》，九州图书出版社，1998年，第307页。
4 王光尧：《对中国古代输出瓷器的一些认识》，《故宫博物院院刊》，2011年第3期，第47页。
5 张柏主编：《中国出土瓷器全集·8·安徽》，科学出版社，2008年，第201页图201。元青花鸡心扁腹执壶，现藏安徽省太湖县文物管理所。
6 马希桂：《中国青花瓷》，上海古籍出版社，1999年，第32页图二四。
7 马文宽：《再论中国青花瓷与伊斯兰青花陶》（下），《收藏家》，2010年第12期，第30—32页。
8 冯先铭：《南朝鲜新安沉船及瓷器问题探讨》，《故宫博物院院刊》，1985年第3期，第115页。
9 ［元］周致中：《异域志》，中华书局，2000年，第2页。

陶瓷交流情况，冯先铭、耿宝昌、陆明华、江建新、彭善国等都有过专门论述[1]。12世纪中期至14世纪中期，中韩陶瓷交流呈现双向趋势[2]。元代在瓷器上书写酒诗之风影响到高丽青瓷，高丽瓷瓶上出现铁彩诗文："此酒不可不饮，佳人才子利逢，酒为温无毒，茶因冷不香。"[3]而景德镇湖田窑的青白釉下贴花和蓝釉填白花装饰，则是

图27-6　元青瓷镶嵌牡丹莲花云鹤纹梅瓶　　图27-7　元青瓷镶嵌云鹤菊花牡丹纹梅瓶

受镶嵌青瓷技艺影响而烧造的制品。[4]相似的镶嵌青瓷在中韩皆有出土和收藏。辽宁辽阳石灰窑村出土的元青瓷镶嵌菊花纹枕[5]和韩国收藏枕[6]造型和装饰一致；河北石家庄太保村史氏族墓M1出土的青瓷镶嵌牡丹莲花云鹤纹梅瓶（图27-6）[7]与韩国湖岩美术馆藏青瓷镶嵌云鹤菊花牡丹纹梅瓶（图27-7）[8]极为相近。正如宿白先生认为，青瓷镶嵌梅瓶是元代中朝文化交流的重要文物[9]。

---

1 冯先铭：《中国出土朝鲜、伊朗古代陶瓷》，《冯先铭中国古陶瓷论文集》，紫禁城出版社、两木出版社，1987年；耿宝昌：《闲话朝鲜高丽青瓷》，《博物馆研究》，1985年第3期；陆明华：《略谈上海博物馆所藏高丽瓷》，《文物》，1988年第6期；彭善国：《宋元时期中国与朝鲜半岛的瓷器交流》，《辽金元陶瓷考古研究》，科学出版社，2013年12月；江建新：《景德镇宋元时期瓷器外销与新安沉船中的瓷器——兼论高丽青瓷和朝鲜白瓷青花与景德镇窑之关系》，《景德镇陶瓷研究》，科学出版社，2013年。

2 彭善国：《宋元时期中国与朝鲜半岛的瓷器交流》，《辽金元陶瓷考古研究》，科学出版社，2013年12月，第226页。

3 ［韩］郑良谟：《记铭・诗文のある高丽陶磁》，《世界陶磁全集》卷18，高丽。转引自彭善国：《"仁和馆"四系瓶析疑》，《辽金元陶瓷考古研究》，科学出版社，2013年12月，第199、200页。

4 江建新：《景德镇陶瓷考古研究》，科学出版社，2013年，第148—149页。

5 丁丽：《辽阳出土的高丽青瓷》，《辽海文物学刊》，1994年第2期。

6 ［日］青柳南冥：《朝鲜国宝的遗迹与遗物大全》，京城新闻社，1927年。

7 河北省文物研究所：《石家庄市后太保元代史氏墓群发掘简报》，《文物》，1996年第9期，第52页图17。

8 ［韩］湖岩美术馆：《湖岩美术馆图录》，三星文化财团，1984年。

9 《〈文物〉月刊出刊500期纪念笔谈》，《文物》，1998年第1期，第27页。

第三节 琉璃、翠蓝釉和珐华瓷器

一、琉璃

陶瓷史上的"琉璃"指的是以铅作助熔剂，配以石英制成的琉璃釉陶器，一般采用低温二次烧成[1]。《格致镜原》引《郡国志》云："朔方太平城，后魏穆帝治也，太极殿琉璃台及鸱尾，悉以琉璃为之。"[2] 表明自4世纪起中国已开始在建筑装饰上应用到琉璃[3]。两河流域有着使用琉璃的悠久历史，早在亚述时代（公元前900—800年）美索不达米亚人就用相关材质的方砖做建筑材料。南宋赵汝适《诸番志》载："琉璃出大食诸国，烧炼之法，与中国同，其法用铅硝石膏烧成，大食则添入南鹏砂，故滋润不烈，最耐寒暑，宿水不坏，以此贵重于中国。"[4] 13世纪，中亚建筑上开始流行琉璃装饰。

陈万里先生曾讲述中国琉璃制作起于山西，由此流传到山东、河南、北京等地[5]。元世祖忽必烈尚未入主中原时，于中统四年（1263年）置"琉璃局"，专司监造釉陶砖瓦之事。次年，蒙古人入京，大兴土木，从山西榆次召来善制釉陶砖瓦的赵氏家族营建"元大都"宫殿。《元史·百官志》记载："大都四窑场……营造素白琉璃砖瓦，隶少府监。至元十三年（1276年）置。其属三：南窑场，大使、副使各一员。中统四年（1263年）置。西窑场，大使、副使各一员。至元四年（1267年）置。琉璃局，大使、副使各一员。中统四年置"[6]，"即叫官窑，或西窑。元时自山西搬来，初建窑宣武门外海王村，嗣扩增于西山门头沟琉璃渠村，充厂商，承造元、明、清三代宫殿、陵寝、坛庙各色琉璃作，垂七百年于兹"[7]。可知元大都四窑场烧造的是琉璃砖瓦建筑构件产品，分厂设在三家，实际考察在京西门头沟一带[8]。文献中提及的琉璃厂建于1277年，主要烧制各类琉璃建筑构件[9]，所用原料多采于京西一带。

1964年7月，北京海淀区公主坟琉璃窑遗址出土了大量用坩子土制成的未上

---

1 赵光林、刘树林：《北京琉璃窑考》，《文物春秋》，1997年第S1期，第150页。
2 [清]陈元龙：《格致镜原》卷一九，第178页。
3 赵永：《琉璃名称考辨》，《中国国家博物馆馆刊》，2013年第5期，第69页。
4 [南宋]赵汝适：《诸番志》，《函海》本。
5 转引自叶佩兰：《元代瓷器》，九州图书出版社，1998年，第301页。
6 [明]宋濂：《元史·百官志》卷九十，中华书局，1976年，第2881页。
7 刘敦桢：《刘敦桢文集》，中国建筑工业出版社，1982年，第58页。
8 赵光林、刘树林：《北京琉璃窑考》，《文物春秋》，1997年第S1期，第151页。
9 孙殿起：《琉璃厂小志》，北京古籍出版社，1982年，第1、2页。

釉的砖瓦，瓦件上大多模印龙凤纹。1983年该地又发现3处窑址，出土白釉砖、素面砖、沟纹砖、粉白色檐椽、筒瓦、板瓦、褐色琉璃宝顶以及白、黄色琉璃片，也有少量黑釉瓷片，多为黑胎，为北方各窑所少见。根据地理位置和出土文物的工艺特征，公主坟琉璃窑遗址应是《元史·百官志》中所指的大都西窑厂，烧制年代可能由元一直延续到明代前期。[1]

元代宫廷所用建筑材料来源是多渠道的，琉璃泥胎除黑胎外，还包括白胎和红胎[2]。元代琉璃在原料上，多数是以坩子土作坯。胎体颜色白中泛黄，通体均匀，制作规整，为宋代琉璃构件所不及。元代宫廷用的琉璃工艺相当高，主要用在宫殿和寺庙建筑的屋脊上。各色琉璃是蒙古民族建筑用彩的实物例证。文献记载元大都"凡诸宫殿……屋之檐脊，皆饰琉璃瓦"[3]；"顶上之瓦，皆红黄绿蓝及其他诸色，上涂以釉，光泽灿烂，犹如水晶，致使远处亦见此宫光辉"[4]；元代陶宗仪于《元氏掖庭记》记载"元祖肇建内殿……瓦滑琉璃，与天一色"[5]；蒙古国前期政治中心哈喇和林城的万安宫地面还大面积使用翠蓝釉琉璃方砖铺设[6]；蒙古人喜好白色，素白色的琉璃瓦覆顶屋顶，远处望去，就像草原上的那些蒙古包[7]。

有学者根据故宫出土的元代皇宫琉璃和北京后英房元代建筑出土的琉璃比较，宽板瓦前端滴水的凸弦纹和绳索纹基本一致，推测可能是同一窑场烧造的，说明这些琉璃构件不仅宫内使用，在北京城内也有使用[8]。熊梦祥《析津志辑佚·寺观》云："青塔，永福寺青琉璃。"[9]元顺帝时重修夏鲁寺，在乌策元殿二层前廊中部的地面上还铺有绿色琉璃瓦[10]，印证元代琉璃建筑从都城皇宫到地方寺庙大量兴起。

元代琉璃器除了建筑构件，还包括琉璃工艺品。琉璃工艺品多为祭祀陈设器，主要包括香炉、宝灯、宝塔、牌坊、香亭等供器，上面常刻工匠姓名、制作地点和烧制年代[11]。内蒙古呼和浩特白塔村出土的己酉年[12]钧窑"小宋自造香炉"、托克托县尔胜下出土的琉璃镂空龙纹香炉、北京元大都遗址出土的琉璃镂空龙凤纹香炉，与1991年5月出土于呼和浩特昭君墓附近辛板村的"己亥年"龙纹镂空石香

---

1 张利芳：《北京海淀区辽金元时期考古发现与研究》，《文物春秋》，2013年第6期，第32页。
2 李知宴：《故宫元代皇宫地下出土陶瓷资料初探》，《中国历史博物馆馆刊》，1986年第6期，第78页。
3 陶宗仪：《南村辍耕录》卷二十一《宫阙表度》，中华书局，1958年。
4 陈开俊等合译：《马可波罗游记》卷二，福建科学技术出版社，1981年，第324页。
5 ［清］虫天子辑：《中国香艳丛书》（标点本）第三集第二卷，北京学苑出版社，2000年，第267—271页。
6 林梅村：《和林访古（下）》，《紫禁城》，2007年第8期，第151页。
7 张维用：《琉璃与琉璃瓦》，《玻璃与搪瓷》，第28卷第1期，第71页。
8 李知宴：《故宫元代皇宫地下出土陶瓷资料初探》，《中国历史博物馆馆刊》，1986年第6期，第77页。
9 熊梦祥：《析津志辑佚·寺观》，北京古籍出版社，1983年，第67、117页。
10 陈耀东：《夏鲁寺——元官式建筑在西藏地区的珍遗》，《文物》，1994年第5期，第7页。
11 叶佩兰：《元代瓷器》，九州图书出版社，1998年，第301页。
12 己酉年为元武宗至大二年，即公元1309年。

炉造型风格一致,皆为元代佛教兴盛的物证[1]。元代琉璃工艺影响到明清制品的发展,琉璃和珐琅的结合体——珐华,多是琉璃釉发展的产物[2]。

二、翠蓝釉和珐华瓷器

9世纪至10世纪,中东伊斯兰世界已开始烧造翠蓝釉和青花陶器。以铜呈色的蓝色低温碱釉在伊斯兰地区(伊朗、伊拉克和埃及等地)皆有广泛生产,如中东地区马木鲁克王朝(The Mumluk,1250—1517年)曾生产翠蓝釉陶器[3]。

翠蓝釉,吸收西亚釉法形成,是中国继灰釉、铅釉之后的第三种施釉技术。[4]其产生于北方地区,影响至全国。目前学术界一般笼统地将其始烧年代界定为金元时期:任志录、秦晓杰、彭善国等认为生产可追溯至金代[5];秦大树分析,其产生可能受到伊斯兰地区同类釉的影响,翠蓝釉约在金末元初的13世纪创制[6]。元代山西、河北、河南、景德镇等南北多地皆生产翠蓝釉产品。不同地区翠蓝釉的使用有较大区别。有学者认为山西地区发现的瓷器上的翠蓝釉与中亚、西亚翠蓝釉有一定的渊源[7]。元代翠蓝釉瓷器最发达的地区是山西焦作,有素面不带纹饰的翠蓝釉器,也有翠蓝釉黑花、翠蓝釉印花、翠蓝釉绞胎等瓷器。翠蓝釉在磁州窑是作地釉使用,产品有素面不带纹饰的翠蓝釉器,多见翠蓝釉黑花器,器类主要为瓶罐类。山西地区的翠蓝釉一般作为多彩器物的一种色彩,主要用于建筑琉璃色,或三彩器中的釉色。[8]目前学术界一般笼统地将翠蓝釉的始烧年代定为金元

图27-8 元翠蓝釉褐花罐

---

1 转引自翁善珍:《元朝佛教兴盛的物证》,《内蒙古文物考古》,1999年第2期,第57—59页。
2 蒋玄怡:《古代的琉璃》,《文物》,1959年第6期,第10页。
3 秦大树:《试论翠蓝釉瓷器的产生、发展与传播》,《文物季刊》,1999年第3期。
4 [日]长谷部采尔著、刘志国译:《元代磁州窑的特征》,《陶瓷研究》,2000年第2期,第46页。
5 任志录、孟耀虎:《中国翠蓝釉器物的产生及其原因探讨》,《中原文物》,2002年第1期;秦晓杰、彭善国:《东北地区出土元代瓷器初探》,《内蒙古文物考古》,2010年第2期,第116页。根据吉林德惠揽头窝堡金代遗址出土翠蓝釉葵口印花盘、玉壶春瓶等出土资料推断创烧时间。
6 秦大树:《试论翠蓝釉瓷器的产生、发展与传播》,《文物季刊》,1999年第3期,第60页。
7 任志录、孟耀虎:《中国翠蓝釉器物的产生及其原因探讨》,《中原文物》,2002年第1期,第72页。
8 秦大树:《试论翠蓝釉瓷器的产生、发展与传播》,《文物季刊》,1999年第3期,第61—65页。

时期[1]。翠蓝釉技术于元代中后期传播到南方景德镇地区，装饰变得丰富，主要包括素面翠蓝釉、翠蓝釉釉上金彩、翠蓝釉釉下青花、翠蓝釉划花和作为多种色彩的所谓"三彩器"中的配色。[2] 红绿彩中加入翠蓝色，使得红绿彩更加夺目。

元代翠蓝釉工艺技术不成熟，产品胎釉特征为：将蓝釉罩在黑彩之上，大部分釉面剥落，露出白色的化妆土（图27-8），剥釉不严重的釉层较厚，透明感差。刘新园先生分析元人在白瓷胎上覆盖化妆土之后再上釉，显得多此一举，而且还导致瓷釉剥落，主要原因是亦步亦趋地模仿波斯12世纪的制瓷技术，成为汉文化与波斯文化在元代相互交会与融合的实证。[3] 伊斯兰地区生产的器物，釉色大体与元代磁州窑、山西、景德镇、福建生产的翠蓝釉相同，胎体为粗松陶胎。[4]

珐华三彩是我国陶瓷艺术中一个特殊品种，亦称法华、法花，属山西南部一带烧制的低温彩色釉瓷。有专家认为珐华是在琉璃基础上发展的新品种[5]，也有学者认为珐华受到山西地区翠蓝釉的影响发展而来[6]。清代许之衡《饮流斋说瓷》："法花之品萌芽于元，盛行于明。大抵皆北方之窑。"珐华器初创期以翠蓝釉为主色[7]。珐华特点是以陶土为胎，体质轻薄，器表用古代塑像或彩画技术中的沥粉之法，即用前部有硬管的囊袋，将图案用泥浆绘出凸起的线条纹饰，经素烧后，再分别填入黄、绿、蓝、紫、褐等彩釉作为地子和花纹，入低温烤花窑二次烧成[8]。

烧造地点集中于山西地区。元代珐华器物较少，胎质白灰，釉色鲜亮明快。[9] 出土于吉林省辉南县辉发城内的元珐华三彩梅瓶（图27-9），通高23厘米、口径3.8厘米、足径9厘米，

图27-9　元珐华三彩梅瓶

---

1 秦大树：《试论翠蓝釉瓷器的产生、发展与传播》，《文物季刊》，1999年第3期，第60页；任志录、孟耀虎：《中国孔雀蓝釉器物的产生及其原因探讨》，《中原文物》，2002年第1期；秦晓杰、彭善国：《东北地区出土元代瓷器初探》，《内蒙古文物考古》，2010年第2期，第116页。
2 秦大树：《试论翠蓝釉瓷器的产生、发展与传播》，《文物季刊》，1999年第3期，第64—65页。
3 刘新园：《元文宗——图帖睦尔时代之官窑瓷器考》，《文物》，2001年第11期，第19页。
4 秦大树：《试论翠蓝釉瓷器的产生、发展与传播》，《文物季刊》，1999年第3期，第63页。
5 叶佩兰：《元代瓷器》，九州图书出版社，1998年，第301页。
6 任志录、孟耀虎：《中国翠蓝釉器物的产生及其原因探讨》，《中原文物》，2002年第1期，第72页。
7 秦大树：《试论翠蓝釉瓷器的产生、发展与传播》，《文物季刊》，1999年第3期，第63页。
8 秦大树：《试论翠蓝釉瓷器的产生、发展与传播》，《文物季刊》，1999年第3期，第63页。
9 叶佩兰：《元代瓷器》，九州图书出版社，1998年，第302页。

极富特色。胎为陶质，釉色中带有翠蓝的呈色，可以说是一件处于初期阶段的珐华类制品。[1] 翠蓝釉从金代开始在北方流行，珐华釉是在翠蓝釉的基础上发展起来的。

元代蒙古贵族扶持的永乐宫采用翠蓝釉装饰脊饰，而永乐宫属于全真教。元代翠蓝釉和珐华工艺对明代之后的珐华三彩产生重要影响，明代工艺成熟起来，目前发现山西地区翠蓝釉和珐华器物几乎全是与道教有关的供器和装饰[2]，这表明其产生、发展与宗教信仰有很大关系。

琉璃、翠蓝釉和珐华瓷器，从技术上看，皆属低温釉器，不比元代已有的技术先进。这种富有异域色彩的文化因素，随着工匠的流动进入中国并稳定下来，受到统治阶层的青睐，这种选择并非一定出自进化论式的"技术优胜劣汰"，可能与统治者猎奇、物以稀为贵和新的审美取向等有关，使得人类历史充满多元化的文化。[3]

---

1 高雪：《吉林省博物院收藏的元代瓷器》，《收藏家》，2011 年第 1 期，第 61-62 页图六。
2 任志录、孟耀虎：《中国翠蓝釉器物的产生及其原因探讨》，《中原文物》，2002 年第 1 期，第 72 页。
3 黄珊：《从陶瓷考古角度论元代景德镇的外来工匠——以青花和孔雀蓝釉瓷器为中心》，《故宫博物馆院刊》，2013 年第 6 期，第 57 页。

参考书目

北京大学考古系编：《北京大学赛克勒考古与艺术博物馆藏品选》，科学出版社，1998年。

北京艺术博物馆等：《元青花》，河北教育出版社，2009年。

陈丽琼：《四川古代陶瓷》，重庆出版社，1987年。

陈万里：《宋代北方民间瓷器》，朝花美术出版社，1955年。

陈逸民、陈莺：《元代青花瓷器的另类解读》，上海大学出版社，2014年。

陈永志主编：《内蒙古集宁路古城遗址出土瓷器》，文物出版社，2004年。

德山、乌日娜、赵相璧：《蒙古族古代交通史》，辽宁民族出版社，2006年。

杜哲森：《中国美术史》，齐鲁书社、明天出版社，2000年。

冯先铭著、冯晓琦选编：《冯先铭谈宋元陶瓷》，紫禁城出版社，2009年。

福建省博物馆：《德化窑》，文物出版社，1990年。

傅宋良编：《闽南古陶瓷研究》，福建美术出版社，2002年。

高树林：《元代赋役制度研究》，河北大学出版社，1997年。

故宫博物院：《故宫博物院藏元代瓷器》，故宫出版社，2016年。

龚云表：《中国绘画这棵树》，上海书店出版社，2004年。

韩玮：《中国画构图艺术》，山东美术出版社，2002年。

洪再新：《中国美术史》，中国美术学院出版社，2000年。

黄时鉴点校：《通制条格》，元代史料丛刊本，浙江古籍出版社，1986年。

黄时鉴：《中西关系史年表》，浙江人民出版社，1994。

黄云鹏编：《元青花研究——景德镇国际学术研讨会论文集》，上海辞书出版社，2006年。

江建新：《景德镇陶瓷考古研究》，科学出版社，2013年。

李德金等：《宋元彩绘瓷》，中国社会科学院考古研究所，1982年油印本。

李辉炳：《中国陶瓷鉴赏图典》，上海辞书出版社，2007年。

李辉炳、陈焕伦：《元明瓷器研究》，燕山出版社，2013年。

李科友、吴水存：《古瓷鉴定指南·二编》，燕山出版社，1993年。

刘冰：《赤峰博物馆文物典藏》，远方出版社，2007年。

刘敦桢：《刘敦桢文集》，中国建筑工业出版社，1982年。

刘涛：《宋辽金纪年瓷器》，文物出版社，2004年。

马文宽、孟凡人：《中国古瓷在非洲的发现》，紫禁城出版社，1987年。

马希桂：《中国青花瓷》，上海古籍出版社，1999年。

［明］曹昭著、王佐补：《新增格古要论》，中国书店，1987年。

［明］陈邦瞻：《元史纪事本末》，卷十三，明末刻本。

［明］高濂：《遵生八笺·燕闲清赏笺上卷》，明万历刻本。

［明］宋镰等：《元史》，中华书局，1976年排印本。

［明］宋应星：《天工开物》，上海古籍出版社，1992年。

［明］徐应秋：《玉芝堂谈荟》，卷三，清文渊阁四库全书本。

［明］叶子奇：《草木子》，中华书局，1983年。

［南宋］赵汝适：《诸番志》，《函海》本。

内蒙古文物考古研究所：《万家寨水利枢纽工程考古报告集》，远方出版社，2001年。

彭善国：《辽金元陶瓷考古研究》，科学出版社，2013年。

［清］虫天子辑：《中国香艳丛书》（标点本），学苑出版社，2000年。

［清］蓝浦：《景德镇陶录》，光绪辛卯夏重锓，京都书业堂藏版。

［清］王监元修、曹鼎元撰：《浮梁县志》，康熙二十一年版复印本。

［清］赵翼：《蒙古、色目人随便居住》，《陔余丛考》，河北人民出版社，1992年。

尚刚：《元代工艺美术史》，辽宁教育出版社，1999年。

上海博物馆编：《幽蓝神采：元代青花瓷器特辑》，上海书画出版社，2012年。

石守谦、葛婉章：《大汗的世纪：蒙元时代的多元文化与艺术》，台北故宫博物院，2001年。

深圳博物馆、深圳望野博物馆等：《精彩——金元红绿彩瓷器中的神祇和世相》，文物出版社，2009年。

［宋］张端义：《贵耳集》卷上，清文渊阁四库全书本。

宿白：《藏传佛教寺院考古》，文物出版社，1996年。

孙殿起：《琉璃厂小志》，北京古籍出版社，1982年。

孙机：《汉代物质文化资料图说》（增订本），上海古籍出版社，2008年。

孙瀛洲：《孙瀛洲陶瓷研究与鉴定》，紫禁城出版社，2008年。

佟柱臣：《中国边疆民族物质文化史》，巴蜀书社，1991年。

王光尧：《中国古代官窑制度·一》，紫禁城出版社，2004年。

王光尧：《中国古代官窑制度·二》，故宫出版社，2017年。

王国维：《宋元戏曲考》，《王国维文学论著三种》，商务印书馆，2010年。

吴明娣：《汉藏工艺美术交流史》，中国藏学出版社，2007年。

厦门博物馆、泉州市博物馆编：《福建陶瓷与海上丝绸之路——中国古陶瓷学会福建会员大会暨研讨会论文集》，东北师范大学出版社，2016年。

香港大学冯平山博物馆：《景德镇出土陶瓷》，香港大学出版社，1992年。

谢天宇主编：《中国瓷器收藏与鉴赏全书》，天津古籍出版社，2004年。

萧樾：《中国历代的地理学和要籍》，广西师范大学出版社，2002年。

熊寥：《中国陶瓷古籍集成》，上海文化出版社，2006年。

熊梦祥：《析津志辑佚·寺观》，北京古籍出版社，1983年。

熊玉莲：《海外藏中国元明清瓷器精选》，江西美术出版社，2008年。

许慕羲：《元朝宫廷秘史》，内蒙古人民出版社，2008年。

阎夫立、阎飞、王双华：《中国钧瓷》，河南科学技术出版社，2005年。

耀州窑博物馆等编：《立地坡·上店耀州窑址》，三秦出版社，2004年。

叶佩兰：《元代瓷器》，九州图书出版社，1998年。

叶佩兰：《海外遗珍·陶瓷（卷二）·宋金陶瓷·元代陶瓷》，北京大学出版社，2016年

叶文程、林忠干：《福建陶瓷》，福建人民出版社，1993年。

叶英挺、华雨农编著：《发现：大明处州龙泉官窑》，西泠印社出版社，2005年。

叶喆民：《中国陶瓷史纲要》，中国轻工业出版社，1989年。

余城：《明代青花瓷器的发展与艺术之研究》，台北文史出版社，1986年。

［元］孔齐著，庄敏、顾新校注：《至正直记》，上海古籍出版社，1987年。

［元］孔齐：《至正直记》丛书集成初编2886册，中华书局，1991年。

［元］揭傒斯：《题黄文学所作南康杂造局使曹君寿诗工校记后》，《揭傒斯全集·诗集》。

［元］陶宗仪：《南村辍耕录》，中华书局，1969年。

［元］脱脱：《金史》，中华书局排印本，2013年。

［元］脱脱：《宋史》，中华书局排印本，1977年。

［元］汪大渊著、苏继庼校释：《岛夷志略校释》，中华书局，1981年。

［元］许有壬：《至正集》，书目文献出版社，1998年。

［元］佚名：《大元圣政国朝典章》，元刻本。

［元］周达观：《真腊风土记校注》，中华书局，1981年。

［元］周致中：《异域志》，中华书局，2000年。

张柏主编：《中国出土瓷器全集》，科学院出版社，2008年。

张子英：《磁州窑瓷枕》，人民美术出版社，2000年。

赵诣：《意识学——自然主义生命观》，团结出版社，2008年，第646页。

中国广播电视出版社编：《大元圣政国朝典章》，中国广播电视出版社，1998年影印元刊本。

中国硅酸盐学会编：《中国陶瓷史》，文物出版社，1982年。

中国考古学会：《中国考古学会第三次年会论文集》，文物出版社，1984年。

周去非著、杨武泉校注：《岭外代答校注》，中华书局，1999年。

朱宝镛、章克昌：《中国酒经》，上海文化出版社，2000年。

朱伯谦：《览翠集》，科学出版社，2009年。

朱培初：《明清陶瓷和世界文化的交流》，中国轻工业出版社，1984年。

朱绍侯等主编：《中国古代史》，福建人民出版社，2003年。

Charles Hucker, A Dictionary of Official Titles in Imperial China, Stanford University Press, 1985.

Chuimei Ho, Yue-Type and Longquan-Type Green Glazed Wares Made outside Zhejiang Province, New Light on Chinese Yue and Longquan Ware: Archaeological Ceramics Found in Eastern and Southern Asia, A.D.800-1400, Centre of Asian Studies the University of Hong Kong, 1994.

Dr.Pope, J.A.: Fourteenth Century Blue-And-White: A Group of Chinese Porcelains In the Topkapu Sarayi Muzesi, Istanbul, Smithsonian Institution Freer Gallery of Art Occasional Papers〈Ⅱ：1〉, 1952.

Dr.Pope, J.A.: Chinese Porcelains From the Ardebil Shrine, the Freer Gallery of Art, Smithsonian Institution, Washington, 1956.

J.A. Pope: Chinese Porcelain from Ardebil Shrine, Second Edition, Sotheby Parke Bernet, London and New Jersey, 1981.

John Carswell, Blue and White: Chinese Porcelain around the World, London: British Museum, 2000.

Roxanna Maude Brown: The Ming Gap and Shipwreck Ceramics in Southeast Asia: Towards a Chronology of Thai Trade Ware, Bangkok: The Siam Society under Royal Patronage, 2009.

Michele Pirazzoli-t'Serstevens: Chinese Ceramics Excavated in Bahrain and Oman, Essay in Honour of Professor Dr. Tsugio Mikami on His 77th Birthday, Vol. Arehaeology, Tokyo, Hcibonsha, 1985.

［日］长谷部乐尔：《磁州窑》，《中国の陶磁》，东京平凡社，1996年。

［日］讲谈社：《托普卡比宫殿藏中国陶瓷Ⅰ》（元明），讲谈社，1987年。

［日］青柳南冥：《朝鲜国宝的遗迹与遗物大全》，京城新闻社，1927年。

［日］三上次男著、李锡经等译：《陶瓷之路》，文物出版社，1984年。

［日］矢部良明：《宋元の龙文样と元瓷》，Museum242号，1971年。

［日］矢部良明：《元の染付》，平凡社，1974年。

［日］小学馆：《世界陶瓷全集》（辽·金·元），小学馆，1981年。

［韩］湖岩美术馆：《湖岩美术馆图录》，三星文化财团，1984年。

［韩］文化公报部、文化财管理局编：《新安海底遗物》，同和出版公社，1984年。

［意］马可波罗著、冯承钧译：《马可波罗行记》，商务印书馆，1936年。

［法］雷纳·格鲁塞：《蒙古帝国史》，商务印书馆，1994年。

图书在版编目（CIP）数据

中国古代物质文化史. 瓷器. 下 / 彭晓云, 张米编著.
-- 北京：开明出版社, 2020.8
ISBN 978-7-5131-6202-9

Ⅰ. ①中… Ⅱ. ①彭… ②张… Ⅲ. ①物质文化-文化史-中国-古代 ②瓷器（考古）-中国-古代 Ⅳ. ① K220.3 ② K876.3

中国版本图书馆 CIP 数据核字（2020）第 135643 号

出 版 人：陈滨滨

责任编辑：柴小星　卓　玥
装帧设计：羽人·高伟

出　版：开明出版社（北京市海淀区西三环北路 25 号青政大厦 6 层）
印　制：保定市中画美凯印刷有限公司
开　本：889×1194　1/16
印　张：34（本册 16）
字　数：524 千（本册 244 千）
版　次：2020 年 8 月　北京第 1 版
印　次：2021 年 7 月　北京第 2 次印刷
定　价：300.00 元（全二册）

印刷、装订质量问题，出版社负责调换货。联系电话：（010）88817647